몽골 제국과 러시아

몽골 제국과 러시아

초판 1쇄 발행 2016년 6월 22일

지은이 게오르기 베르낫스키
옮긴이 김세웅
펴낸이 윤관백
펴낸곳 ◿돌색출판 선인

등 록 제5-77호(1998.11.4)
주 소 서울시 마포구 마포대로4다길 4(마포동 324-1) 곳마루빌딩 1층
전 화 02)718-6252 / 6257
팩 스 02)718-6253
E-mail sunin72@chol.com
Homepage www.suninbook.com

정가 35,000원
ISBN 978-89-5933-982-2 93900

몽골 제국과 러시아

게오르기 베르낫스키(George Vernadsky) 지음

김세웅 옮김

도서
출판 선인

몽골의 지배기는 전(全) 러시아사에 있어서 매우 의미 있는 획기적인 시기이다. 몽골은 전(全) 러시아를 100여 년간 지배하였으며, 14세기 중반 서부 러시아에서 제한적인 권력을 누렸던 이후에도 비록 약화된 형태이긴 하지만 동부 러시아에 대한 통치를 100년간 계속했다. 이 시기야말로 국가의 정치적 · 사회적 구성 전반에 걸친, 특히 동부 러시아에 있어서 커다란 변혁의 시기였다. 몽골의 침입은 직 · 간접으로 키예프시대 정치제도의 몰락과 더불어 절대주의와 농노제의 성장을 가져왔다.

러시아의 상황이 더욱 악화된 것은 동으로부터 몽골의 침입과 동시에 서로부터 튜턴 기사단의 침입이 있었다는 사실에서 비롯된다. 두 전쟁의 사이에서 러시아인들은 칸의 영주권을 당분간 인정해야 했으며, 그로써 튜턴 십자군 전쟁에 대한 반격을 준비하고자 했다. 몽골인들은 적어도 자신들에게 복속된 러시아인들의 종교에 대해 간섭하지 않은 반면, 독일인들은 자신들의 고유한 종교를 참패한 '분열자'들에게 엮어보려고 노력했다. 독일인의 침입을 저지한 후, 칸들에 의하여 가혹하고도 견고하게 엮여진 '몽골의 멍에'에서 벗어난다는 것은 결코 쉬운 일은 아니었다. 몽골의 지배로부터 러시아 민중이 해방되는 과정은 멀고도 험난한 구곡(九谷)의 길이었다. 침입자들에 맞선 반격에서 충분한 힘을 보유하지 못한 초기, 러시아 공후들은 유일하게 남은 무기로서 그럴듯한 굴종과 잔꾀를 이용해야만 했다. 그러나 민중의 혼은 절대 굴복하지 않았기에 몽골 권력에 대한 일련의 대담한(설령 성공하지 못했다 하더라도) 봉기가 일어났다.

이 먼 과거 시대의 사건을 연구하는 역사학자들은 대체로 생존을 위한 러시아인들의 투쟁의 과정에서 보여준 불멸의 의지에 대해 감동받지 않을 수 없었다. 정상적인 삶의 파괴와 빈곤에도 불구하고, 그들은 복구할 수 있는 만큼, 힘의 정도에 따라 재건하면서, 일상의 노동을 이어갔다. 1350년까지 많은 상처가 아물었으며, 민족은 다시 자신의 경제적 동력을 확대하고, 자신의 문화를 누릴 수 있는 가능성을 얻게 되었다. 14세기 말까지 러시아 산업 및 군사의 잠재력은 정복자들보다도 더 앞선 것이었으며, 이제 러시아의 해방은 단지 시간문제였다. 마침내 15세기 중반 모스크바 대공국은 사실상 ―법적으로는 1480년― 칸으로부터 독립을 쟁취했다.

그러나 몽골의 지배는 막을 내렸지만, 황금 오르다(Golden Horde)가 몰락한 이후에도 지배의 상처는 러시아에게 오랫동안 남아 있었다. 몽골에 대한 투쟁 속에서 러시아인들은 불가피하게 통치와 행정에 있어 몽골식 정치 특성과 몽골식 체제를 받아들일 수밖에 없었다. 그와 동시에 이러한 쓰라린 경험은 그 민중을 단련시켰고, 다가오는 시련을 견디는 생존의 능력을 지니게 했으며, 결국 미래를 쟁취했다.

러시아는 몽골 제국의 일부이자 한 세기 동안 황금 오르다의 지방 칸국이었고, 또 다른 한 세기 동안은 황금 오르다 칸국의 일부이었으므로, 이 기간 동안 러시아史의 전개는 그에 상응하는 전체 몽골 제국의 배경에 대한 연구 없이는 충분한 방식으로 이해될 수 없다. 러시아에 영향을 미친 많은 중요한 정치적 결정 또는 행정 명령들은 몽골이나 중국에 거주하고 있던 대칸에 의해 수립되었다. 몽골 제국이 존재하던 전 기간에 걸쳐서 모스크바 대공국은 황금 오르다 칸의 가신(家臣)이자 북경 지배자의 속민(屬民)이기도 했다. 황금 오르다가 따르고, 러시아가 복종하던 통치와 행정의 기본 원칙은 몽골 제국의 건설자이자 몽골족의 정신적 아버지인 칭기즈칸에 의해서 제정된 것이었으며, 그 추종자들은 그가 하늘로부터 지상 통치를 위해 축복을 받은 자라고 믿었다. 몽골인들이 러시아에 적용하던 행정체제에 대한 분석은 칭기즈칸의 통치제도 연구에 선행되어야 할 것이라는 점은 명백하다. 한편, 러시아는 비록 자유로운 권력은 아니었다 하더라도 황금 오르다는 물론 몽골 제국 전체의 강화와 번영을 위해 많은 기여를 했다. 몽골군에 편입된 러시아 동원군은 황금 오르다 칸과 대칸의 체제 유지에 중요한 역할을 했다. 1330년 북경에서 조직된 러시아 근위대는 당시 중국의 제국 체제의 중요한 지주(支柱)가 되었다는 점은 분명하다. 훌륭한 러시아 장인들은 칸의 복무에 소집되었고, 많은 이들이 황금 오르다와 몽골 제국에서 복무했다. 구육 칸의 권좌와 옥쇄가 러시아 장인들에 의해 제작되었다는 것이 이를 증명해 주고 있다. 더군다나 러시아에서 공물로 모은 금은(金銀)은 황금 오르다의 소득의 주요 원천이었으며, 황금 오르다는 그것을 지방 칸이 중국의 대칸에게 보내던 '선물'의 일부로도 지불할 수 있도록 도왔다. 제국의 풍요에 기여하던 이러한 부분의 중요성이 평가절하 되어서는 안 된다. 따라서 러시아사에 있어서 이 시기가 지닌 의미는 몽골 제국 전체와 특히 황금 오르다를 연구하는 자에게 있어서 커다란 의미를 지닌다고 말할 수 있는 것이다.

이런 점들을 염두에 두고 나는 본서가 단지 몽골 시기에 관한 러시아 역사가 아니라, 당시 몽골과 러시아의 상호관계에 대한 연구라는 것을 독자에게 제안하고 싶다. 이것이야말로 그 변혁기의 러시아의 정치 사회발전의 기본 경향을 이해하는 유일한 방법이라는 것을 확신한다. 또한 나의 시각이 몽골 및 투르크 역사 연구자들에게도 일정 정도 수준까지는 유용할 것이라는 점을 제안하고자 한다. 내가 보기에 본서가 지닌 단점은 본서에서 몽골 치하의 러시아의 사회, 경제, 문화의 삶을 볼 수 있는 균형 있는 공간을 마련하지 못했다는 것이다. 이 점은 특히 서부 러시아와 노브고로드 공국에 대해서 더욱 그렇다. 이러한 부족함이 다음 연구서에서 회고의 방식으로 보상되기를 희망한다.

기꺼이 나의 연구에 대해 관심을 보이고, 충고해 주고, 귀중한 연구서를 보내 준 모든 친구와 동료들에게, 특히 프란시스 우드만 클리우스, 세르게이 엘리세에프, 로만 야콥슨, 악데스 니멧 쿠라트, 니콜라스 N. 마르티노비치, 블라지미르 미노르스키, 그리고 요한슨 라데르에게 감사를 표해야 한다. 오래전 내가 처음으로 몽골과 러시아 관계의 문제에 대해 연구할 때, 깊은 지지의 반향을 보내왔던 故 블라지슬라브 코트비치를 지금이 자리에서 따뜻한 연민과 깊은 존경의 마음으로 기억하고 싶다. 또한, 이 연구시리즈의 후원자인 故 보리스 A. 마흐메치예프가 이 책을 못 보게 되어 매우 애석하다.

예일대 도서관, 예일대 출판부 편집국의 친절한 지원에 깊은 감사를 드리며, 특히 로버트 예커스와 엘레 홀리데이에게 출판 전 교정에 대해 감사한다. 또한 자신의 벅찬 일에도 불구하고 원고 수정을 기꺼이 도와준 미하일 카르포비치와 본서의 색인을 준비해준 아내 니나 베르낫스카야에게도 빚을 졌다. 스테를링 기념도서관 지도편찬실에서 일하는 로버트 L. 윌리암스가 지도 제작을 도왔다.

헨리 G. 호와트 경(卿)의 위대한 연구서『몽골사』(Longmans, Green & Co.) 제1권을 인용하도록 허락해준 루퍼트 B. 호와트 경(卿)에게 감사를 드리며,『타타르시대의 페르시아 문학사』를 인용케 해준 캠브리지 대학, A. K. 크레이의『제1십자군 전쟁』인용을 허가해 준 E. G. 브라운과 프린스턴 대학에 감사드린다.

이 책의 출판은 뉴욕 인문재단의 재정 지원이 없었다면 불가능했을 것이다. 이 재단에 대해 깊은 사의를 표하고 싶다.

G. V.
New Haven, 코네티컷
1953.2.6.

　본서는 미국으로 망명한 러시아 역사학자 게오르기 블라디미르비치 베르낫스키의 러시아사 전집(A History of Russia) 5권(Ancient Russia, Kievan Russia, The Mongols and Russia, Russia at the Dawn of the Modern Age, The tsardom of Moscow(1547-1682, volume 1,2)) 가운데 제3권이다.

　러시아는 몽골 제국의 지배를 약 2백 년 동안 받았다고 하는데, 그 지배 양상은 무엇이고, 어떤 결과를 가져왔으며, 러시아 역사에서 무슨 의미를 지닐까 하는 궁금증으로 본서를 접하게 되었다. 하지만 번역을 시작하고 그만두기를 반복한 지가 벌써 10년이나 되었다. 결국, 러시아 역사에서 몽골 제국의 모습을 궁금해 하는 독자들에게 이야기하고자 하는 욕심이 10여 년 동안 꾸물거린 게으름을 마침내 이겼다.

　영문학에서 러시아문학으로 전공을 옮긴지 20년이 넘었으나, 박사학위 논문 말고는 제대로 한 게 없었다. 더구나, 러시아가 한국학을 시작한 지가 얼추 150년이나 된다고 하는데, 조러수호통상조약 이후 우리의 러시아학은 몇 년이나 될까 생각해보니 근현대사를 감안한다 해도 언뜻 숫자가 떠오르지 않는다. 2015년이 한국과 러시아가 수교한지 25년이 되는 해이고 2016년은 몽골 건국 810주년이 되는 해이니, 옮긴이도 뭔가는 기여해야 한다고 마음먹었다. 우연인지 필연인지, 러시아 말고도 옮긴이가 근무한 헝가리, 아제르바이잔도 몽골이 족적을 남긴 나라들이었다.

　모스크바 첫 근무 시 공론(公論)이 난무하던 바빌로바 영화(榮華) 시절의 강금구, 김동업, 김무호, 문인석, 박기창, 박창배, 이동렬, 정태인, 지원정(가나다순) 논객들에게 감사한다. 그 기나긴 모스크바 겨울밤의 고뇌들이 아직도 별처럼 빛난다. 조국의 항일 영웅들을 찾아 대륙을 누비던 박환 교수의 정열은 언제나 내게 학자로서의 존경심을 불러일으켰다. 한러 관계 발전을 위해 불철주야 다니시는 박노벽 대사님과 하태역 공사께 감사드린다.

옮긴이의 뜻을 받아준 출판사 대표 및 직원들에게 감사한다. 선인 출판사가 아니었다면, 이 책은 한반도에서 섬처럼 사는 독자들과 영원히 만나지 못하였을 것이다. 10년 넘게 변덕이 죽 끓듯 하였지만 덤덤했던 아내와 아이들에게도 감사한다. 이미 이 세상을 뜨고, 천국에 계신 어머님에게 바친다.

2015년 겨울, 모스크바

목차

저자 서문 · **5**
역자 서문 · **9**
일러두기 · **14**

제1장 몽골의 정복

1. 몽골 확장의 세계사적 의의 · **17**
2. 몽골 침입 이전의 이슬람 및 기독교 세계 · **23**
3. 12세기 말의 몽골족 · **29**
4. 테무친의 등장 · **37**
5. 몽골 제국의 탄생 · **51**
6. 칭기즈칸 통치 시기의 몽골 확장 · **58**
7. 우게데이(Ugedey) 통치하의 몽골 확장 · **74**

제2장 몽골 제국

1. 구육(Guyuk)의 통치 · **95**
2. 몽카(Mongka)의 통치 · **104**
3. 쿠빌라이(Kubilay)의 통치 · **110**
4. 쿠빌라이 이후의 원 왕조 · **123**
5. 몽골 제국의 이념 · **140**
6. 대야사(대법전) · **150**
7. 몽골군과 전술(戰術) · **164**
8. 몽골 정부와 행정 · **178**
9. 몽골 제국의 내부 모순 · **190**

제3장   황금 오르다

　　1. 주치 울루스(Juchi's Ulus) · 203
　　2. 바투(Batu) 및 그의 아들들의 통치 · 206
　　3. 베르케(Berke)의 통치 · 222
　　4. 망구–테미르(Mangu-Temir)의 통치기 · 239
　　5. 황금 오르다의 이원 정부와 노가이(Nogay)의 집정 · 254
　　6. 14세기 전반의 황금 오르다 · 275
　　7. 황금 오르다의 국가와 사회 · 301
　　8. 러시아에서의 몽골 행정 · 309

제4장   황금 오르다의 몰락과 러시아의 부흥

　　1. 두 러시아 · 337
　　2. 황금 오르다의 내홍과 모스크바의 봉기 · 353
　　3. 토흐타미쉬(Tokhtamysh)와 타멜를란(Tamerlane) · 378
　　4. 에디게이(Edigey)의 통치 · 398
　　5. 1419–39년의 황금 오르다, 리투아니아, 모스크바 · 419
　　6. 오토만 투르크, 비잔틴, 그리고 모스크바 · 436
　　7. 바실리 2세 통치 후반기의 모스크바, 리투아니아, 그리고 타타르 · 452

제5장   몽골이 러시아에 미친 영향

　　1. 예비적 논평 · 483
　　2. 몽골 정복이 러시아 민족 경제에 미친 영향 · 490
　　3. 정부 및 행정에 대한 영향 · 498
　　4. 사회 변화 · 528
　　5. 종교 생활 · 542
　　6. 후과(後課) · 553

축약어 · **561**

원 전 · **573**

참고문헌 · **593**

가계도 · **602**

저자 · 역자 소개 · **614**

■ 지도 목차

지도 1.   1300년경 몽골제국 · **126**

지도 2.   몽골 치하 러시아의 세금 구역도(тьмы) · **316**

지도 3.   모스크바 지역의 강들(볼가-모스크바 운하 건설 이전) · **350**

지도 4.   1396년경 러시아 · **404**

지도 5.   15세기 동부 러시아 · **456**

　번역의 원서는 *The Mongols and Russia*, New Haven, Yale University Press, 1963(Third Printing, First Published in 1953)이다. 본서의 본문에 있는 인명, 지명, 서명 등은 원저자의 영문 표기에 따라 한글로 옮겼다. 러시아 인명, 지명, 서명 등은 옮긴이가 반드시 러시아 표기가 필요하다고 간주한 것을 제외하고 원저자의 영어 표기를 한글로 옮겼다. 간혹 외국어 표기법을 '위반'할 수밖에 없었던데 대해 독자의 너그러운 양해를 구한다.

　옮긴이의 가장 큰 허점은 주석을 접할 수 없었다는 것이다. 따라서 주석을 옮기는 데에 한계를 인정해야 한다. 주석 중 원저자가 러시아 논문, 서명을 영어로 표기한 것에 대해 러시아어로 복원, 표기한 것이 더러 있다. 더 복원하고자 하였지만, 옮긴이의 러시아어 부족도 있고 러시아어에 어려운 독자들도 염두에 두자는 이유도 있었다.

　원서의 장점 가운데 하나는 방대한 원전 및 참고 문헌들이다. 1953년에 초판 된 반세기 전의 책이지만, 중세의 원전 및 문헌 정리는 물론, 출판 당시로부터 반세기 전, 즉 19세기 말 20세기 초의 문헌들을 참고로 인용하였으니, 지금으로부터 100년 전의 연구 문헌들을 총정리 해 놓은 것이다. 결국 몽골 제국과 관련한 문헌들이 모두 망라된 셈이다. 이 점은 몽골 제국의 연구자들에게는 더 할 수 없는 광활한 기댈 언덕이다.

　원서 말미에 있는 색인(찾아보기)은 한글로 옮기지 않고, 달지도 않았다. 이 점 또한 독자들의 혜량을 구할 사항이다. 다만, 칭기즈칸을 비롯한 후손 및 당시 갈리시아와 볼리냐, 리투아니아, 모스크바, 그리고 트베르 공국의 가계도와 지도는 원서 그대로 실었다.

제 1 장

몽골의 정복

1. 몽골 확장의 세계사적 의의

　13세기 몽골의 확장은 때로는 세계의 운명을 변화시킨, 인류역사에 있어 결정적으로 중요한 숙명적인 폭발 가운데 하나였다. 세계사에 미친 그 영향의 규모로 볼 때, 로마제국을 멸망시켜 고대 세계의 종식에 이르게 한 5세기 바바리안의 침입이나 7세기 이슬람의 연이은 승전의 행진과도 비교될 수 있는 것이다. 이슬람 세계에 대한 서구 기독교 세계의 대립 운동을 표방한 십자군 원정조차 유럽 경제 및 문화사에서 지닌 중요성에도 불구하고, 아랍의 강습보다도 대단히 제한된 목적을 달성하였으며, 말할 것도 없이 몽골의 침공보다도 훨씬 더 적은 영토의 변화를 가져왔다.

　흔히 몽골의 침공을 "인류가 마주쳤던 재난 가운데 가장 혹독한 불행 가운데 하나로 생생하게 묘사될 수 있다"[1]고 말해왔다. 물론 말할 필요도 없이, 몽골의 승리가 가져온 결과에 대해서 중국과 페르시아 같은 국가들의 고대문화를 파멸시켰고, 번영하던 호라즘(투르키스탄) 왕조의 영화를 황폐하게 만들었으며, 선도적인 문명을 지닌 러시아 도시 문명을 파괴하고, 그리고 무엇보다도, 어떠한 민족이라도 감히 침략자에 대해 저항한 경우에 초래되었던 초토화를 말한다면, 몽골이 이슬람이나 기독교에 대해 자행하였던 잔혹함을 상상한다는 것은 어렵지 않을 것이다. 그리고 몽골의 침입과정에서 피살된 남자, 여자, 어린이의 숫자가 기록자에 의해

---

[1] Browne 3, p. 4.

과장되었다 하더라도, 몽골 전쟁이 낳은 전체 희생자의 숫자는 수백만에 이르렀을 것이다.

희생자의 수는 정말 충격적이다. 그 어느 지역에서도, 그 어떤 역사에서도 그런 대규모의 죽음은 없었다. 그렇지만, 기억해 둘 것은 몽골에 대항하는 자들이 유혈 사태에 대해서 그다지 큰 혐오감을 갖지 않았다는 것이다. 중세 유럽과 중세 중동에서 실현된 높은 이데아와 발달한 문명에도 불구하고, 오랜 기간에 걸쳐서 민족 간 전쟁에서뿐만 아니라 민족 내부에서도 종교적 탄압과 소수 민족에 저지른 잔혹함과 야만의 슬픈 기록을 볼 수 있다. 더구나 우리는 두 번의 세계 대전과 두 차례에 걸친 붉은 그리고 갈색 혁명(소비에트 혁명과 중국 혁명: 역주)을 겪은 목격자로 기술적 진보와 함께 대규모 학살이 증폭되었다는 것을 잘 알고 있다. 정말로 우리 "계몽" 세대는 칭기즈칸과 그의 장군들이 세운 기록을 갈아 치웠다. 그리고 점차적으로, 일간지에서 평가하듯이, 제2차 대전의 사망자 수는 우리가 가용 가능한 새로운 에너지 자원을 활용하여 싸울 미래의 지구 전쟁보다 훨씬 더 많을 것이라는 생각에 사로잡히게 되는 것은 아닐까?

물론, 몽골의 침입은 피점령국에게는 혹독한 불행이었다. 그러나 인류의 잔혹성과 비이성의 비극적 결과를 묘사하는 것만이 역사가의 유일한 임무는 아니다. 역사가라면 전쟁과 혁명이 인류의 삶과 역사에 미친 합목적적인 영향을 연구해야 한다. 제2차 대전을 연구하는 역사가들은 이제 희생자 수와 비용을 계산하는 데에서 벗어나 전시 정부와 군사정책 및 전쟁이 세계에 미친 영향에 대한 폭넓은 연구에 몰두해야 한다. 마찬가지로 몽골 침공을 연구하는 자는 몽골이 인류에 가져온 암흑의 테러에 대한 연구와 함께, 아시아 및 유럽 민족에 미친 영향도 고찰해야 한다. 과장 없이 있는 그대로 말한다면, 태평양 해안에서 아드리아 해안까지, 중국에서 헝가리까지 거대한 영역 대부분의 '낡은 세계'는 몽골 침략의 강온 정도에 따라 오랜 기간 동안 혹은 짧은 기간에 걸쳐 몽골의 지배를 받았다.

수많은 강력한 아시아 및 유럽 민족에서 진행되던 역사의 경로가 갑자기 변경되었고, 몽골 지배의 결과와 잔재는 중국, 페르시아, 러시아에 걸쳐 수세기 동안 지속되었다.

유럽 제(諸) 민족이 처음으로 러시아에 대한 몽골의 침입소식을 듣고 부들부들 떨고 있을 때, 그리고 그 침략의 파도가 폴란드와 헝가리에 다 다랐을 때,[2] 유럽은 그저 유럽 밖에서 벌어지고 있는 엄청난 변혁이 미치지 않았던, 낡은 세계의 조그만 변방에 지나지 않았다. 더군다나, 14세기 말 15세기 초 오토만 투르크의 유럽 침입도 역사적 관점에서는 몽골 확장의 부산물이었다. 오토만에 의한 콘스탄티노플(지금의 이스탄불)의 함락 (1453년)은 200년 전 몽골에 의한 키예프 탈취보다도 훨씬 더 서유럽 민족들을 놀라게 했다. 몽골의 기마병들이 비엔나의 문 앞에 다다랐지만, 그리 오래 머무르지는 않았다. 하지만, 오토만 투르크의 비엔나에 대한 위협은 17세기 말까지 지속되었다. 이러한 간접적인 방식으로 몽골 침입은 몽골이 러시아를 약탈하고 있는 동안 서유럽을 위협하고 있었다. 기억해 둘 것은 콘스탄티노플이 아직은 투르크인의 손안에 있다는 것이다. 물론, 그 이상한 운명의 아이러니에 의해 이스탄불은 이슬람에도 불구하고 오늘날 서유럽의 보루로 간주되고 있는 반면, "신성한 모스크바"는 아직도 많은 서구주의자들에게는 무신론자들의 수도이자 가톨릭에 반하는 동방 정교의 보루이다.

그러나, 역사의 그림은 언제나 뚜렷이 구별되는 흑백만 있는 것은 아니다. 어떤 민족 간 갈등에 있어서도 한편에는 바보들이 또 다른 한편에는 영웅들이 나뉘어 있는 경우는 없다. 역사에는 선의 지배자들 및 악의 지배자들의 정치를 동등하게 균형을 이루게 하는 객관적인 힘이 존재한다.

---

2) 몽골의 출현에 대해 영국 왕에게 보내는 프리드리히 2세 황제의 서한 일부 : "그리하여 이 강력한 침입자들의 광폭함으로 놀란 우리들에게 공포와 전율이 엄습했다" Matthew Paris, *1*, 343 참조.

역사적 과정의 기초 동력은 모든 가능한 통로를 이용한다. 헨리 호워드 경(卿)이 밝혔듯이 몽골인은 "결핍과 혹독한 상황 속에서 성장한 단단한 근육질의 종족으로, 그들의 핏속에는 적합한 비율로 철의 원소가 들어있으며, 화려함과 충만함 속에서 살고 있는 것들을 주기적으로 파괴하기 위하여, 오로지 부와 손쉬운 삶의 안식처 하에서만 자라는 예술과 문화를 잿더미로 남겨두기 위하여 원정을 다녔다. 페스트와 기아(飢餓)처럼 몽골인은 근본적으로 파괴의 동력이었다. 설령 읽기에 고통스럽고, 마음을 억누르는 역사라 할지라도 우리가 진정 인류 진보의 위대한 길을 이해하고자 한다면, 그 역사 역시 필요한 것이다."[3] 헨리경의 견해에 따르면, 몽골인들이 선택한 급진적인 방법은 침략당할 수밖에 없는 몰락한 사회를 복원시킨다는 목적에 부합했다. 그러한 사회들의 전망이란 "빈 것에 불과하고 작위적인 것이었으며, 그들의 위업은 눈에 띄기는 하지만 피상적인 광휘에 불과했고, 신속한 회복을 필요로 하는 병든 육체였다. 다가오는 중풍의 증상은 아마도 과다 출혈만이 운명을 넘기는 것이 가능했을 것이고, 부도덕한 도시들은 소금을 뿌려야만 했고, 도시의 거주민들은 오염되지 않은 사막으로부터 활발하고 신선한 피를 공급받아야만 했던 것이다."[4]

이것은 역사에 있어서 전쟁의 사회학적 기능에 대한 해석에 수 세기 동안 사용되어 왔던 "피와 철"이라는 논거의 한 예이다. 그러나 몽골 확장은 보다 긍정적인 역사적 역할이라는 측면이 존재한다. 몽골인들은 유라시아 대륙 대부분을 몽골이 계승하는 단 하나의 정부 하에 통일시키고, 비록 비교적 짧은 시기이기는 하지만, 중국에서 지중해에 이르는 위대한 대륙의 길을 안전하게 유지할 수 있었다. 범(汎)몽골연합은 중국과 중동, 그리고 유럽 사이의 일정한 문화적 교류에서 자연적으로 비롯된 결과이다. 호워드 경은 "인쇄술, 해양지도 기술, 화약 무기 등 수많은 사회적 삶

---

[3] Howorth, *1*, x.

[4] *Idem*, *1*, xi.

의 기술들은 유럽이 창조한 것이 아니라, 몽골의 영향이라는 수단을 통해 극동으로부터 수입된 것이라는 데에 의심할 여지가 없다"라고 말한다.[5] 터키 역사가 A. 토간이 밝혔듯이, "투르크족과 몽골족의 침입은 절대로 재앙이 아니라, 새로운 지역들이 문명의 권역 안으로 편입되는 역사적 계기를 강화시킨 것이다".[6]

사회학적으로 몽골의 확장은 유라시아 유목민들이 서쪽으로 향하게 되는 마지막 이주의 물결이었다. 몽골인들은 스키타이, 사르마트인, 흉노의 길을 뒤따랐으며,[7] 그들 앞에는 러시아 남부 흑해 스텝을 침입한 피치네족과 폴로베츠가 있었다.[8] 7세기 아랍의 확장은 또 다른 유목민 그룹의 강습이었다.

몽골에 의해서 점령당한 거대한 영토의 규모를 고려한다면, 우리는 유목민 확장의 역사에서 몽골 확장의 단계는 그러한 강습에서 최고조에 달했다고 말할 수 있다. 하지만, 테무친(칭기즈칸)에 의해 연합된 최초의 몽골족은 수적으로 볼 때 피치네 족이나 폴로베츠보다 강력한 것은 아니었다. 도대체 강렬한 인상을 남기게 된 몽골 침입의 성공 이유는 어디에 있는 것일까? 백만의 인구도 안 되는 민족이 약 1억에 가까운 다른 민족들을 지배했다는 것이 어떻게 가능할 수 있었던가? 몽골 전사(戰士)에게 있어서 그러한 동기 가운데 하나가 전리품의 약탈과 분배라고는 하지만, 이행동의 동기는 똑같은 정도로 다른 유목 민족의 전사에게도 해당된다. 몽골족이 성공을 거둔 주요한 원인 가운데는 그 상대가 전혀 준비가 되지 않았다는 것, 몽골족을 제외한 다른 세계가 분열되어 있었다는 것, 다른 민족들은 몽골 침입이 지닌 결정적 성격을 이해할 수 없었다는 데 있는

5) *Ibid.*

6) A. Zeki Validi [Togan], "Considérations sur la collaboration scientifique entre l'Orient islamique et l'Europe," *REI* (1935), p. 269.

7) *Ancient Russia* (『고대 러시아』), 2-4장 참조.

8) *Kievan Russia* (『키예프 러시아』), pp. 224-225.

것이다. 다른 원인으로는 칭기즈칸에 의해 이루어진 전투 조직의 완성에 있다. 화약 및 화포의 발명 이전에 그 어떤 민족도 전술적으로 전략적으로 몽골의 기마부대에 견줄만한, 군기에 있어서나, 의지에 있어서도 대적할 만한 군사력을 결집시키고 유지할 수 없었다.

13세기 초 몽골의 갑작스런 공격적 에너지의 폭발은 아직도 심리학적 수수께끼로 남아있다. 만약 물리학의 분석으로 비유한다면, 일종의 화학 폭발이 일어난 것이다. 7세기 아랍 확장의 원초적 힘은 심리적으로 말해서 새로운 종교에 대한 열의와 광신주의로부터 비롯된 것이다. 하지만 칭기즈칸은 그 어떤 기존의 종교에도 속해 있지 않았다. 이슬람교도들은 물론 기독교도들도 그를 이단자라고 불렀다. 그의 종교정책은 상대적으로 모든 종교의 교리에 대해 인내하였다. 몽골인의 전통적인 종교는 샤머니즘과 하늘에 대한 숭배의 혼합이었다. 칭기즈칸은 자신의 모든 결정적인 삶의 순간에 "영원한 푸른 하늘"을 상기했다. 하지만 그는 무당이 국사에 개입하는 것을 허용하지 않았다. 그래서 칭기즈칸이 무속의 '교회'에 속했다고 말할 수 없다. 오히려 그 반대로 그는 자신과 종교와의 관계는 개인적인 것으로 느꼈다. 그리고 이러한 감각은 자기 고유의 임무, 즉 항구적 평화를 구축하기 위해 세계를 정복하는 데에 대한 자각과 함께 결합했다. 이것이 그의 메시지였다. 내부 투쟁과 끊임없는 전쟁에 지쳐 있던 중동의 이슬람과 서구 기독교의 일부 민족들은 강력한 인상을 받았음에 틀림없다. 13세기 역사가 그레고리 압-울-파라지는 칭기즈칸의 기본이념을 이렇게 정의했다. "이 같은 행위 속에서 신에 대한 몽골의 믿음 자체를 보여주었다. 그것으로 그들은 정복해 왔으며, 앞으로도 정복해 갈 것이다."[9]

결론적으로 칭기즈칸은 보편적 국가의 이상으로 투영된 종교적 감성의 영감을 받았다고 말할 수 있다. 하지만 심리적으로 그와 신의 관계는 직

---

9) Ab-ul-Faraj, p. 354.

접적인 것이지, 그 어떤 기존의 종교를 통한 것이 아니기에 그것을 국가의 종교라고 부를 수는 없다. 이것을 토대로 Gibbon은 칭기즈칸의 종교가 지니는 성격을 "순수한 유신론과 완전한 관용의 체계"라고 규정할 수 있었다. 그 체계를 칭기즈칸의 법과 비교하면서, 그는 "무엇보다도 우리의 찬사와 경의를 불러일으키는 것은 바로 칭기즈칸의 종교이다"라고 말한다.[10]

2. 몽골 침입 이전의 이슬람 및 기독교 세계

1095년 11월 프랑스 클레몽 사원에서 서구세계의 정신적 지도자 교황우르반 2세는 기독교 민족들에게 비(非)교도들에 대항하여 신성한 땅을 "해방"시키는 것이 바로 신의 의지임을 설교하면서 "창을 뽑을" 것을 호소하였다. 몇 주 뒤에 전 유럽은 이를 알게 되었고, 마찬가지로 곧 공격의 대상이었던 레반트의 이슬람에게도 기독교의 계획이 알려지게 되었다. 이것은 중세 당시 기독교 세계와 이슬람 세계가 긴밀한 관계를 유지하고 있었다는 것을 보여주는 예이다. 평화로운 일상의 삶을 만끽하든지 또는 전쟁의 준비에 몰입하든지 이 두 세계는 함께 연결된 단일한 상태를 유지하였다. 잘 알려진 대로 제1차 십자군 원정은 승리를 가져왔다. 예수살렘은 1099년 함락되었다. 우리는 십자군 전쟁의 고상한 목표에 대해 허풍을 떨면서도 신성한 도시의 점령에 잔혹한 학살이 수반되었다는 것을 잊곤 한다. 풀세르에 따르면, 십자군은 여자와 어린이들조차 잔혹하게 살해했다. 또 다른 서지가 레이몬드는 "사원과 솔로몬의 입구에 사람들의 무릎과 말고삐까지 피가 차올랐다… 도시는 온통 시체로 꽉 차고 피로 물들었다."라고 전한다. 하지만 그는 이것이 "신의 위대한 심판이며, 그에

---

10) Gibbon, *2*, 1203.

따라 그곳은 비(非)교도들의 피로 채워져야 했는데, 왜냐하면 자신들의 성물 모독으로 오랫동안 고통을 받아야 했기 때문이다"[11]라고 생각했다. 도시는 다시 1187년에 이슬람교도에 의해 탈환되었다. 제3차 십자군 원정은 그 도시를 이슬람 권력으로부터 해방시키는 데 실패했다. 제4차 십자군 원정은 베네치아의 야비한 외교 술수와 상업적 야욕에 의해 이슬람 제국이 아닌 비잔틴 제국에 대항하게 되었다. 예루살렘은 "해방"되지 못하였으나, 대신에 십자군은 콘스탄티노플을 함락하고 무자비하게 약탈하였다(1204년).[12]

기독교도들이 이슬람과 성전을 벌이고, 서유럽 기독교인들이 동유럽 기독교인들을 공격하고 있을 때, 동방에서 먹구름이 두텁게 밀려오고 있었다. 1206년 몽골의 지방에서 족장회의(쿠릴타이)가 열려 그들 가운데 한 사람 테무친을 천하의 황제라 칭하고 그에게 새로운 이름 칭기즈칸을 부여했다. 몽골의 "십자군" 진군이 시작되었다.

이러한 세기적 사건은 이슬람교도들이나 기독교도들에게 전혀 알려지지 않은 채 진행되었다. 유럽의 그 누구도 몽골의 존재에 대해 전혀 몰랐다. 기원후 1241년이 되어서도 유럽의 한 지식인은 이렇게 밝히고 있다. "세상에는 오직 인도인, 에티오피아인 또는 모로코인, 이집트인, 예루살렘인, 그리스인, 로마인 그리고 프랑스인, 7개의 족속만이 있다." 이러한 근거 하에 그들은 몽골인들이 정말로 동방에서 왔다는 것을 믿기를 거부하였다.[13]

---

11) Fulcher of Chartres, E. McGiuty, trans., University of Pennsylvania "Translations and Reprints," 3d ser., p. 69; A. C. Krey, *The First Crusade*(『제1차 십자군 운동』) (Pennsylvania University Press, 1921), p. 261에 인용된 대로 Raymond of Argiles. 두 발췌 모두 La Monte, p. 342에 인용되어 있다.

12) H. Grégoire. "The Question of the Diversion of the Fourth Crusade to Constantinople," (「콘스탄티노플에 대한 제4차 십자군 전환의 문제」) *Byzantion*, 15(1940-41), 158-166 참조.

13) Matthew Paris, *1*, 348.

물론 중동 이슬람은 몽골보다 서구 유럽에 더 가까웠다. 호라즘의 상인은 동(東) 투르키스탄의 위구르인과 교역을 하였으며, 위구르의 상인은 자신들의 카라반을 몽골로 보내곤 했다. 그럼에도 불구하고 1206년 쿠릴타이의 결정이 호라즘 왕국에 알려지기까지 수많은 해가 흘렀고, 그때도 그 불길한 징조의 의미조차 즉각 이해되지 않았다.

호라즘 제국은 당시 중동에서 가장 중요한 이슬람의 권력이었다. 호라즘 샤의 권력은 투르키스탄과 페르시아에서 인정받았다.[14] 좀 더 남쪽으로 이라크의 아바스 칼리프는 권력이 쇠퇴하였다. 이집트와 시리아는 1169년 그 유명한 살라딘(Salah ad-Din)에 의해 세워진 아이유브 왕조의 술탄들에 의해 통치되었다. 소아시아에서는 셀주크 술탄이 가장 강력한 세력이었다.[15] 이러한 강력한 국가들 사이에 규모가 작은 국가들도 있었는데, 그들 가운데 기독교 왕국 코카서스 조지아와 아르메니아가 있었다. 레바논에도 한 분파를 가진 페르시아의 독특한 이슬람 종교 그룹은 그 신봉자들이 소수임에도 커다란 영향력으로 권력을 장악하였다. 11세기 말에 세워진 그 그룹은 이슬람 시아파에 속한 소위 이즈마일 운동이란 그룹이었다. 이 그룹은 엄격한 규율, 그리고 "산의 노인"이라고 십자군들이 붙인 수령에 대한 충성으로 다른 그룹들과 대비되었다. 적대자에 대한 그들의 기본 징벌 방법은 비밀 살인이었다. 그들을 모독한 그 어떤 자도 그 추종자의 칼에서 도망칠 수 없으며, 그로부터 "암살자"(assasin)의 개념이 파생되었다. 그들의 광신도는 최고조에 달했고, 대마초를 상습 사용할 정도였다.[16] 암살단들은 아바스, 십자군, 셀주크에 대해 지속적인 비밀

---

[14] 호라즘 제국에 관해서는 W. Barthold, "Kwarizm-shah," *EI, 2*, 913-914; *idem*, Turkistan, chap. 3; Tolstov, *Po sledam*(『발자취를 따라』), 273-289; 『키예프 러시아』, p. 236 참조. 호라즘 역사에 대한 문헌 정리에 대해서는 Togan, pp. 206-207 참조.

[15] 셀주크에 대해서는 Gordlevsky 와 『키예프 러시아』, pp. 235-236, 361-362 참조. 셀주크 역사에 대한 문헌정리에 대해서는 Togan, pp. 204-206 참조.

[16] 이즈마일파와 암살파에 대해서는 "Assassins," *EI, 1*, 421-422; C. Huart, "Ismailia,"

전쟁을 수행하였다. 그들의 희생자 가운데에는 예루살렘의 왕으로 선출된 콘라드(1192년 살해), 정부(政府)에 관해 주목할 만한 해석을 내린 "시아세트-나마"의 저자이자 셀주크의 유명한 재상인 니잠 알-물크도 1092년에 암살되었다.[17]

기독교 세계는 이슬람 세계보다도 더 단합되지 못했다. 당시 서구에는 로마 가톨릭 교회와 게르만 족의 신성로마제국이라는 두 사회 제도가 경합하고 있었다. 그러나 동유럽은, 특히 그리스 정교는 그들의 권력을 인정하지 않았다. 더군다나 로마 제국의 진정한 역사적 연속성을 지닌 비잔틴 제국은 1204년까지 콘스탄티노플을 중심으로 번영을 누리고 있었다.

보스포루스 해협에 있던 그리스 제국의 몰락 및 그곳에 라틴 제국의 건설 이전에도 로마 교황의 권력은 십자군 원정 덕분으로 거대하게 증폭되었다. 교황은 이제 군대를 자신의 권력 하에 두게 되었고, 그 권력을 자신의 이해관계에 따라 사용할 수 있는 유혹에 끌리게 되었다.[18] 십자군 원정은 점차 새로운 사상을 획득하고, 이슬람에 대한 적대감뿐만 아니라, 분리주의자(그리스 정교주의자)들에 대한 적대감으로 방향을 돌리게 되었다. 콘스탄티노플에 대한 공격은 로마 가톨릭 교회의 남진이었다. 동시에 북으로 독일 기독교와 기사들은 발트 해로 진격하였다. 리보니아 지역에 독일 기사단 수호회가 설치된 것은 1202년의 일이다. 그 뒤를 이어 프러시아에 튜턴 기사단이 결성되었다(1229년).[19] 반 그리스정교 십자군 원정은 매우 신속하게 결성되었다. 동시에 1209년에는 내부 "이단자"들인

(「이즈마일리아」) *EI*, *2*, 549-552; W. Iwanow. *Studies in Early Perisian Ismailism* (Leyden, 1948); *idem, The Alleged Founder of Ismailism* (Bombay, 1946) 참조.

17) *Siyaset-nama*; 또한 K.E. Schabinger, "Zur Geschichte des saldschuqen Reichskanzlers Nizamu'l Mulk," *Historisches Jahrbuch, 62* (1949), 250-283 참조.

18) La Monte, p. 335, 413.

19) 1237년 두 기사단이 합쳐졌으며, 튜턴 기사단이 우세하였다. 『키예프 러시아』 p. 235 참조.

알비파와 카타리파를 향한 십자군 정복도 시작되었다.[20] 교황의 권력은 매우 빠르게 확대되었지만, 그 성장은 상당 부분 로마 교황과 독일인의 "로마 제국" 사이의 이견으로 훼손되었다. 황제들과 교황들의 깊은 갈등은 양측 힘을 겨루는 데까지 이르렀다. 프레데릭 바르바로싸(1155-99년) 황제의 교황에 대한 격렬한 투쟁은 타협으로 종결되어 황제의 원대한 계획은 수포로 돌아갔다. 프레데릭의 아들 콘라드는 적어도 표면적으로 교황과 평화를 유지했다. 하지만 그의 아들 프레데릭 2세 때에는(1215-50년) 교회와 제국 간의 새로운 무력 충돌이 시작되었다. 게다가 황제는 자신의 가신들로부터 뿐만 아니라 일련의 도시들로부터 저항을 받았으며, 제국의 밖에는 프랑스와 영국 같은 강력한 국가도 존재했다.

이슬람 세계 및 기독교 세계에서 정치적 그리고 종교적 마찰은 팔레스타인에서 두 세력 사이의 분쟁은 물론 몽골 침입과 같은 대외로부터의 안보 위협에 대해 저항할 수 있는 잠재력을 약화시켰다. 사회 조직에 있어서도 서구 봉건제와 근동 및 중동의 봉토(ikta) 제도 사이에는 많은 유사성이 있었다.[21] 황제들과 왕들은 강력한 귀족들의 지원에 의해 유지되었기에, 때로는 과도한 신하들의 요구에도 부응해야만 했다. 농민들은 체제의 성격에 관계없이 언제나 영주 또는 세리(稅吏)들에 의해 착취를 당했다. 도시는 발전했다. 유럽과 중동에서, 호라즘에서 이태리까지 수공업과 교역이 성행했다.[22] 교육과 기술에 있어서는 소위 "12세기의 르네상

20) 알비파 Albigensians와 카타리파 Cathari에 대해서는 La Monte, pp. 411, 413-416, 505; D. Obolensky, *The Bogomils* (Cambridge, Cambridge University Press, 1948), pp. 156, 157, 215, 216, 242-246, 286-289 참조. 이러한 "이단"은 마니교의 서구로의 확장을 나타내고 있다. 마니교에 대한 최근 연구는 H. C. Puech. *Le Manichéisme, son fondateur, sa doctrine* (Paris, 1949) 참조.

21) *ikta*에 관해서는 M. Sobernheim, "Ikta," *EI, 2,* 461-463; Siyaset-nama, chaps.5, 22, 23, 27. Cf. M. Fuad Köprülü. "Le Féodalisme Turc-Musulman au Moyen-Age," Belleten, 5(1941), 335-350; A. N. Poliak. *Feodalism in Egypt, Syria, Palestine, and the Lebanon*, 1250-1900(London, The Royal Asiatic Society, 1939); Minorsky, *Tadhkira*, p. 27-28 참조.

스"에도 불구하고 이슬람의 동방이 서구보다 더 높은 문화수준에 있었다. 유럽에서나 근동 또는 중동에서의 삶은 단지 소수에게만이 풍요로웠다. 동방 권력자들의 전제(專制)주의적 전횡은 이런 선택된 자들에게도 영향을 미쳤으며, 마찬가지로 서구 통치자들 역시 전제 군주였다. 북부 이태리에서 영화를 누리던 도시들은 황제들에 의해 파괴되었다. 내부 십자군 원정이 진행될 때에는 이단자로 의심받든지 아니면 실제로 이단자이든지 상관없이 많은 이들이 무차별하게 살해되었다. 원죄가 없는 자들의 영혼을 구원하는 임무는 신의 역할로 남겨졌다.

서구와 중동, 근동에서 "이단"의 빠른 전파는 그 자체가 자기 운명에 대한 일반 대중의 불만의 표시였다. 이것은 또한 기독교 및 이슬람세계 내부의 또 다른 측면을 보여 주었던 것이다.

지금까지 논거를 복잡하게 만들고 싶지 않았기에 러시아에 대한 어떤 언급을 끌어들이는 것을 자제하였다. 독자들은 이 역사 시리즈의 앞선 책 (역주 : 『키예프 러시아』)에서 12세기 말 13세기 초 러시아의 정치적, 경제적, 문화적 상황에 대한 그림을 그릴 수 있을 것이다.[23] 여기서는 단지 서유럽과 마찬가지로 러시아도 공작들 간에 정치적 이견이 있었음에도 불구하고, 안정적인 경제적, 문화적 업적을 달성하고 있었다는 것을 언급하는 것으로도 충분하다. 더군다나 러시아의 자유로운 정치 제도는 동방의 군주들과 서구 유럽의 봉건국가들 사이의 독특한 입장을 취하도록 만들었다. 그럼에도 불구하고, 공작들의 내부투쟁과 서구로부터 밀려오는

---

22) 호라즘의 수공업과 산업에 대해서는 W. Barthold, *Istoriia Kulturnoi zhizni Turkestana* (『투르키스탄 문화생활사』)(Leningrad, 1927), pp. 74-81; A. Iu. Iakubovsky, "Feodalnoe obshchestvo sredni Azii i ego torgovlia s vostochnoi Evropoi v x-xv vekakh,"(「중앙아시아 봉건사회와 10-15세기 동유럽과의 교역」) *materialy po istorii Uzbekskoi i Turkmenskoi i Turkmenskoi S.S.R.*(『우즈벡, 타직, 투르크멘 사회주의공화국 역사자료』)(Leningrad, 1933), 1, 4-9, 27-36; Tolstov, *Po sledam*(『발자취를 따라』), pp. 285-287 참조.

23) 『키예프 러시아』, 8-10장.

십자군 원정의 위협은 러시아로 하여금 동쪽으로부터 밀려오는 침략을 저지할 수 있는 기회를 상실하게 만들었다.

3. 12세기 말의 몽골족

몽골은 만주에서 헝가리까지 이르는 유라시아 스텝지역의 동쪽에 위치했다. 기원전부터 그 스텝지역은 이란, 투르크, 몽골 및 만주 계통의 다양한 유목민의 요람이었다.

유목 사회는 고도의 기동성을 지니고 있었으며, 유목민의 정치는 역동적이었다. 이웃한 정주 민족들을 침탈하고, 육상의 교역로를 통제하려는 노력 속에서 유목민들은 때때로 멀리 있는 지역을 점령할 수 있는 거대한 오르다(칸)를 형성하기도 했다.[24] 하지만 대부분의 경우 그들이 세운 제국은 그렇게 강력하지 않았으며, 쉽게 무너지고, 쉽게 다시 세워지곤 했다. 그래서 유목민의 통일 및 권력이 특정한 종족 또는 종족 그룹에 집중되던 시기들은 권력의 분열과 정치적 통일의 부재 시기와 뒤섞여 있기도 했다. 서부 흑해연안의 폰트 스텝지역은 처음에는 이란인(스키타이와 사르마트인)에 의해 통치되었고,[25] 그 다음에는 투르크족(흉노, 아바르, 카자르, 피체네, 폴로비츠)이 계승하였다는 점을 기억해 둘 필요가 있

---

[24] 역사 속에서 유목민의 역할에 대해서는 W. Kotwicz, "O role ludów koczowniczych w historji," *Pamietnik IV Zjazdu historikow polskich W Poznaniu* (1925); A J. Toynbee, *A Study of History*(『역사 연구』)(Oxford, Oxford University Press, 1934; 2판, 1935; 3쇄 1945), 3, 393, 395, 399-402, 421, 431; G. Vernadsky, "The Eurasian Nomads and Their Art in the Histroy of Civilization,"(「문명사에서 유라시아 유목민과 예술」) *Saeculum, 1*(1950), pp. 74-85; *idem*, "Sarmat. Hintergrund," pp. 340-392 참조.

[25] M. I. Rostovtzeff, *Iranians and Greeks in South Russia*(『남부 러시아의 이란인과 그리스인』)(Oxford Clarendon Press, 1922); 『고대 러시아』, 2, 3장. 상세는 G. Vernadsky, "Sarmat. Hintergrund,"(「사르마트. 힌터그룬드」) pp. 340-392 참조.

다.[26] 일찍이 몽골 지역을 지배했던 자들 또한 투르크족이었다. 흉노가 고대부터 기원 후 2세기까지, 소위 동 투르크족이 6세기에서 8세기까지, 위구르족이 8세기 말에서 9세기 초까지 몽골 지역을 지배했다. 몽골의 요소는 투르크족에 대한 수많은 원정을 통해서 투르크족 요소들과 섞이게 되었으며, 몽골족은 때때로 상대적으로 강력한 자기 고유의 국가를 건설하는 데 성공하였다(1세기에서 4세기 동 몽골 지역에 선비, 11세기 몽골, 만주, 북중국의 거란).[27] 하지만 대체로 칭기즈칸 이전까지 몽골족은 스텝 지역에서 어떤 지도적인 역할을 하지 못했다.

12세기 몽골에는 중앙집권국가가 없었다. 다수의 종족 및 씨족 연합들은 자신들 사이에 어떠한 일정한 영역선도 국경도 없이 지역 곳곳에 흩어져 살고 있었다. 그들 다수는 투르크어가 통용되던 서부지역을 제외하고는 몽골어를 사용했다. 보다 거슬러 올라가 인종적 배경을 두고 보면 투르크족이나 몽골족이나 이란인의 피와 많이 섞여 있었다. 코카서스 인종에 속해있던 민족은 이미 기원전부터 중앙아시아와 중국을 포함한 동아시아에 거주했었다고 추정된다. 그룹-그르지마일로에 따르면, 중국 문헌에서 나타나는 딘링(Dinling)이라는 이름이 이 민족을 지칭하고 있다고 한다.[28] 사실 확인이 어려운, 다소 빈약한 논거에도 불구하고, 기원전 수세기 동안에 호라즘 지역을 역사적 중심무대로 삼고 있던 북부 이란인들이 호라즘의 동과 서로 확장하였다고 분명히 말할 수 있다. 언어학적으로나 고고학적으로 이러한 확장을 증명해 주고 있다. 예니세이 강가의 바위

---

[26] Moravcsik; F. Altheim. *Attila und die Hunnen* (Baden-Baden, 1957); 『고대 러시아』, 4-6장; 『키예프 러시아』, pp. 224-225 참조.

[27] McGovern; W. Barthold, *Turkestan* (투르키스탄); Wittfogel, 특히 appendix 5 (Qara-Khitay, 서요); W. Eberhard. "Kultur und Siedlung der Randvölker Chinas," *TP, 36,* Suppl.(1942) 참조.

[28] Grum-Grzymailo, 2, 5-27; Menges, p. 3. P. A. Boodberg's study; "Ting-ling and Turks," *Sino-Altaica*, 2, No.5(Berkeley, Calif., 1934)는 참조하지 못함.

에 새겨진 기마상은 크림반도의 벽에 새겨진 알란족 기마상과 놀라울 정도로 그 모양이 비슷하다.[29] 몽골에서 발견된 8세기 초 고문(古文)은 투르크족과 아스족(알란족[30])과의 전쟁을 묘사하고 있다.[31] 몽골 국가의 "우익(右翼)"에 포함되었던, 즉 서(西) 몽골족들 가운데 "아수드"(즉 아스)를 앞으로 만나게 될 것이다.[32]

12세기에 몽골에 정착했던 종족의 인종적 기원이 어떤 인종이었다 할지라도 그들 모두는 생활과 사회조직에 있어 매우 유사했기 때문에 그들이 하나의 문화적 영역에 속했다고 말할 수 있다. 그러나 동시에 이들 종족과 씨족의 통일성을 의미할 수 있는 종족명은 존재하지 않았다. 몽골이란 이름은 처음에 한 작은 종족을 부르는 이름이었다. 이 종족은 12세기 초에 지배적인 권력을 지녔지만, 12세기 중반에 이웃 타타르에 의하여 격파되어 분열되었다. 이후 타타르는 몽골 종족 가운데 지도적인 위치를 차지하는 종족의 하나로 등장하였다.[33] 메르키트(Merkits), 케라이트(Keraits), 나이만(Naimans) 세 종족도 지도적인 위치에 있던 다른 종족이었다.[34] 기억해 둘 것은 서유럽에서 '타르타르'로 발음되는 '타타르'라는 말은 모든 몽

---

[29] M. Rostovtzeff, "The Sarmatae and the Parthians," *CAH, 11*, 100; A.M. Tallgren, "Inner Asiatic and Siberian Rock Pictures,"(「아시아와 시베리아 바위그림」) *ESA, 8*(1933), 174-210, 특히 p. 204 참조. A. P. Okladnikov, "Kon' i znamia na lenskikh pisanitsakh,"(「말과 깃발」) *Turkologicheskii sbornik*(『투르크학 전집』)(Moscow and Leningrad, 1951), *1*, 143-154 와 비교할 것.

[30] 아스와 알란의 일치에 대해서는 『고대 러시아』, pp. 105-106; H.W. Bailey, "Asica," *TPS*(1945), pp. 1-2 참조.

[31] W. Kotwicz and A. Samoilovitch, "Le Monument turc d'Ikkekhuchotu en Mongolie centrale," *RO, 4*(1928), 15(of the reprint); Berashtam, p. 47 참조.

[32] Vladimirtsov, p. 131.

[33] P. 펠리오의 견해에 따르면, 타타르인은 퉁구스족보다는 몽골족 그룹에 속했다. Grousset, p. 25 참조.

[34] 펠리오에 의하면, 케라이트족과 나이만족은 투르크족과 몽골족의 혼혈이다. Grousset, p. 28. 서부 몽골 종족의 인류학 및 인종학에 대해서는 Grum-Grzymailo, 3, 초판 그리고 재판 1장 참조.

골 침입자들을 일컫는 종족으로 적용되었다는 점이다. 이러한 이름의 형식은 부분적으로 고전에서 타르타루스(Tartarus)의 이름에 기원을 둔 유사성에 관한 일종의 놀이였다. 서지(書誌)가 매튜 파리스는 "이 혐오스런 사탄의 종족인 타타르는 타르타루스에서 뒤쳐 나온 악마들처럼 앞으로 질주했다(그래서 그들을 '타르타르'라고 불렀던 것인데, 왜냐하면 타르타루스에서 거주하는 자들이기 때문이다)."라고 설명한다.[35] 러시아어에는 원형 그대로 '타타르'(Tatary)로 보존되었다. 러시아를 침략했던 몽골의 많은 전사들은 몽골 지도하에 있던 투르크족이었기에, 러시아에서 타타르라는 이름은 결국 몽골 침입 이후 카잔 타타르나 크림 타타르처럼 그곳에 거주하던 일련의 투르크족을 지칭하게 되었다. 현대에 와서 러시아 동양학자들은 이 투르크족을 표기하기 위해 투르크-타타르라는 이름을 사용하기 시작했다. 몽골이라는 이름은 미래의 황제 칭기즈칸이 몽골 씨족의 한 부류에 속했기 때문에 역사의 변덕에 의한 망각으로부터 구할 수 있었다. 그가 권좌에 들어서면서 몽골의 모든 종족은 그의 선도 하에 연합을 이루었고, 몽골이라고 하는 새로운 '민족'이 탄생하였다. 우리는 이 모든 종족을, 12세기에 관해서 말할 때에도 간략히 몽골족이라고 부르기로 한다.

비록 몽골족이 스텝지역에 살았지만, 몇몇 종족과 씨족들은 스텝 북쪽 지역 또는 삼림 지역에, 바이칼 호 지역에, 예니세이 강 북부와 알타이에도 살고 있었다. 초기 몽골족을 삼림 및 스텝 지역으로 구분하는 것은 초기 몽골족을 이해하는데 매우 중요하다.[36] 스텝 종족은 기본적으로 말과 가축을 길렀으며, 사냥은 부차적인 것이었다. 다른 한편으로 삼림에 거주하던 종족들은 대부분 사냥꾼과 어부들이었으며, 그들 가운데에는 매우 숙련된 대장장이도 있었다. 경제적으로 몽골족의 이러한 두 부분은 상호 보완적 관계에 있었다. 스텝지역의 사람들은 삼림 지역의 주민들에 의해

---

35) Matthew Paris, 1, 312.
36) Vladimirtsov, pp. 33-36.

공급되는 시베리아의 모피에 관심이 있었고, 또한 무기제조에 필요한 경험 많은 숙련된 대장장이를 필요로 했다.

삼림 종족들의 종교적 신앙은 무속 샤먼이었다. 스텝지역의 사람들은 샤먼의 영향을 받기는 했지만, 무엇보다도 천(天)을 섬기는 사람들이었다. 삼림과 스텝 두 그룹 사이에 불에 대한 숭배가 널리 퍼져 있었다. 두 그룹은 토템 동물과 타부를 지니고 있었다. 두 그룹 모두 거칠게 새겨진 형상을 사용했고, 그 가운데에는 사람 모습도 있었고, 동물 형상도 있었다. 이것들은 초기 유럽 탐험가들이 부르곤 했던 "우상" 또는 단어의 일반적인 의미로 "주물(呪物)"이 아니라, 오히려 종교적 또는 마술적인 숭배의 상징이었다. 온곤(ongon)이라고 한다.[37]

삼림 종족 가운데 샤먼은 결과적으로 상당한 정치적 권력을 얻었다. 스텝의 환경 속에서는 전능(全能)한 상류 귀족이 빠르게 발전하였으며, 그들 가운데 상당수는 12세기 동안에 불교 신자 아니면 기독교 계통의 네스토리안교 신자들이었다.[38] 서지(書誌)가 압-울-파라지에 의하면, 모든 케라이트 족은 이미 11세기에 네스토리안교를 받아들였다.[39] 네스토리안교는 중동지역에서 투르키스탄을 거쳐 몽골에까지 전파되었다. 이 경우에 있어서 동 투르키스탄(현재의 중국 신장)에 거주하였던 투르크족의 한

37) "온곤"에 대해서는 Rashid 1, p. 24, 198; Vladimirtsov, p. 50; D. K. Zelenin, Kult ongonov v Siviri(『시베리아의 온곤 숭배』)(Moscow and Leningrad, 1936) 참조. 몽골 종교와 유사한 고대 투르크족 종교에 대해서는 Schmidt 참조. 또한 N. Veselovsky, "O religii tatar po russkim letopisiam,"(「러시아 문헌에 나타난 타타르의 종교」) ZMNP, N. S., 64(1916), 81-101; Poppe, "Opisanie"(「기술(記述)」) 참조.

38) 중앙아 및 동아시아에 네스토리아교 전파에 대해서는 W. Barthold, Zur Geschichte des Christentums in Mittel-Asien bis zur mongolischen Eroberung (Tübingen and Leipzig, 1901); P. Y. Saeki, The Nestorian Documents and Relics in China (Tokyo, 1937); J. Dauvillier, Le Droit chaldéen (Paris, 1939; 접할 수 없었다.) 참조.

39) 이 경우에 펠리오는 압-울-파라지의 서술의 진정성을 의심하고 있다. Grousset, p. 29 참조.

종족으로, 8세기 중엽에 상대적으로 높은 문화수준에 도달했던 위구르족은 다른 많은 경우처럼 중동과 몽골 사이의 매개자 역할을 하였다.

12세기 몽골은 수직적 위계질서의 씨족을 기초로 한 사회였다.[40] 몽골 씨족(obog)은 부계를 따라 구성되었으며, 외족(外族)혼을 시행했다. 동족 간의 혼인은 금지되었으며, 그에 따라서 신부는 중매를 통하거나 혹은 다른 종족으로부터 구매하는 방법으로 얻었다. 일부다처제가 몽골족의 전통적인 제도이었기에 몽골인 각자에게 많은 신부를 필요로 하여 복잡한 문제들이 발생했다. 종종 미래 신부들을 약탈하게 되었으며, 결과적으로는 종족 간의 잦은 충돌을 가져왔다. 평화를 유지하기 위해서 일부 종족들은 정기적 교환을 기초로 후손들의 혼인에 관한 상호협정을 맺었다. 가족의 자연적 확장의 과정에서 씨족이 하나의 기초단위로 남아 있기에는 너무 크게 확장된 경우 새로운 종족을 형성할 목적으로 원래의 줄기에서 따로 가지를 형성하여 뻗어갔다. 그러나 그런 방식으로 형성된 새로운 씨족들도 스스로가 공통의 부(父)에서 파생된 계통으로 인정되었다. 그들을 이런 또는 저런 "골(骨)"(yasun)에 속해있다고 불렀다.[41] 이러한 종족의 후손들 간의 혼인은 금지되었다. 몽골인 개개인은 어릴 적부터 가족의 계보와 씨족 관계에 대해 교육받았으며, 이러한 지식은 그에게 매우 신성한 것이었다. 역사가 라시드 앗-딘(Rashid ad-Din)은 몽골인 사이에서의 씨족 연합 세력을 아랍인들의 씨족 연합 세력과 비교했다.[42]

씨족의 통합은 혈족 관계에서 뿐만 아니라 종교적인 믿음에 기초를 두고 있었다. 각각의 씨족은 그 살아있는 구성원, 죽은 선조들 및 미래의 후손들을 포함하여 자족(自足)의 종교적 그룹이었으며, 이런 점에서 각각의

---

[40] Vladimirtsov, p. 46-59 참조.

[41] 골(骨, 야순)에 대해서는 W. Kotwicz, "Contributions á l'histoire de l'Asie centrale," *RO, 15*(1939-49), 161, cf. Cleaves, Inscription III, p. 75와 비교할 것.

[42] Rashid 1, p. 8; Vladimirtsov, p. 46와 비교할 것.

씨족은 영생하는 것으로 여겼다. 씨족의, 그리고 최소 단위로 가족의 영적인 삶의 중심은 화로(火爐)에 대한 숭배였다. 씨족의 제례와 숭배의 행위에 참가할 권리로부터 배제된다는 것은 그 종족에서 추방된다는 것을 의미했다. 씨족 지도자들 가운데 최고령 가계의 장자는 전통적으로 씨족의 숭배를 담당했다. 그러한 가장 추앙받는 자들에게 벡(beki)이라는 칭호가 부여되었다. 한편, 일가(一家)에서 막내아들은 화로의 수호자(ochigin)로 간주되었고, 친부 재산의 대부분을 상속했다.[43] 이러한 기능과 권리의 이중성은 씨족과 가족들의 종교 및 혈연관계의 체계 속에 종교와 경제의 상이한 개념이 존재하고 있음을 증명해주고 있는 것이다.

다른 씨족과 종족으로부터 갑작스런 침략에 대항하여 자신의 가축을 방목하고 일정한 보호를 받기 위해서 몇몇의 씨족은 대개 이주 계절 동안 하나의 대규모 연합을 구성하였다. 그러한 연합은 때때로 천여 명이 거주할 수 있는 쿠리옌(kuriyen)이라고 알려진, 거대한 원을 그리며 자리잡은 공동의 야영 천막을 세웠다.[44]

그러나, 가장 부유하고 강력한 씨족들은 자신들의 가축을 스스로 방목하기를 선호했다. 상대적으로 적은 수의 야영천막으로 구성된 작은 그룹의 야영 천막을 아일(ayil)이라고 불렀다. 일부 부유한 씨족은 각각 가신(家臣) 또는 노예 씨족(unagan bogol)을 거느리고 있었는데, 이 경우 노예 신분이 된 것은 종족 간 전쟁에서 패배한 결과였다. 가축 방목에서 아일 방식은 세력 있는 씨족들의 부 및 권력의 경제적 토대를 구성하였다. 이러한 기초위에 중세 유럽의 봉건사회와 비교될 수 있는 몽골 귀족사회가 형성되었다. 몽골의 전사(戰士)는 바가투르(bagatur, 용감한, 러시아어의

---

43) Vladimirtsov, p. 49-51 참조.

44) 러시아어 'Kuren'은(우크라이나어 **куринь**) 다른 뜻의 몽골어에서 파생되었다. Zaporozhie 지역에서 코사크 집단의 막사는 쿠린 **куринь**으로 알려져 있다. 현대 러시아어에서 **курень**은 집을 의미한다(목재를 엮어 만든 오두막과 같은).

'바가띠르'와 비교하라) 또는 세첸(sechen, 현명한)으로 알려져 있다. 전사 그룹의 대장을 노얀(noyan, 주인)으로 불렀다.

수직적 위계 구조에서 전사의 하부에는 자유로운 일반인들이 있었다. 그들을 카라추(kharachu)라고 불렀으며, 글자 그대로 "검다"(黑)는 뜻이다.[45] 가장 낮은 신분으로는 노예가 있었다. 대부분의 노예는 지배자 개인과 개별적으로 관련이 없었지만 피정복 씨족의 구성원이었으며, 승리한 씨족을 수발하는 것이 그 임무였다. 전사 계급의 형성으로 봉건적 통합의 과정이 시작되었고, 가장 강력한 노얀은 다른 전사 및 가신들에 대한 영주의 권력 기능을 대신 행사하였다. 중국인과의 교류로 가신관계에서 등급의 개념이 형성되었고, 일부 노얀은 중국의 황제에게 봉지(封地)를 헌납하고 중국식 칭호, 타이쉬(taishi, 公) 또는 왕(wang)이라는 칭호를 받았다. 12세기에 중국은 두 제국으로 나뉘어져 남중국은 송(宋)이 지배하고 있었다. 북중국에는 만주 정복자 여진(중국어 누첸)이 침략하여 1125년에 지금의 북경에 도읍을 정했는데, 바로 금(Chin) 왕조이다. 금은 초기에 중국 황제들의 전통을 따라 몽골에서 통일 국가가 성립되는 것을 막기 위해 그곳에서 일어나는 사건들을 매우 면밀히 주목하고 있었다. 금의 칙사들은 몽골 개별 종족 간 권력의 균형이 유지되도록 노력했다. 한 종족의 세력이 강력해져 위험 수위에 이르게 되면 이웃 종족에게 무기를 공급하여 세력의 성장을 막도록 싸우게 하거나, 그 종족에 적대적인 종족 간 동맹을 구성하기도 했다. "북의 오랑캐"에 대한 이러한 외교는 로마와 비잔틴이 북쪽의 이웃에게 펼쳤던 '분리하여 통치하라(Divide et impera)'라는 원칙에 기초했던 것이었다. 타타르 인이 12세기 중엽에 몽골족을 격퇴할 수 있었던 것은 바로 금의 도움으로 가능했다. 1161년 타타르를 지원하기 위해 강력한 금의 군대가 몽골에 파병되었다. 타타르는 속임수로

---

[45] Vladimirtsov, p. 70, 118; 모스크바 공국에서 그와 유사한 용어(검은 사람)에 대해서는 본서 5장 4절, p. 537 참조.

몽골의 칸 암바가이를 생포하여 그를 금의 수도 북경(당시 연경)으로 보냈다. 거기서 그를 당나귀 모양의 나무에 못으로 쳐 박아 처형시켰다. 그러한 처형은 죄인에 대한 처벌로 매우 모욕적인 방식이었다. 금 왕조는 몽골의 위협이 그런 방법으로 해소되기를 희망했다. 그러나 결과적으로 금은 단지 시간만 벌고 있었다는 것을 보여줄 뿐이었다.

4. 테무친의 등장

스텝 귀족의 권력은 그의 시종(侍從)과 씨족으로부터, 또한 그 씨족과 동일한 "골(骨)"의 씨족들의 지원에 의존했다. 귀족의 부는 기본적으로 자신의 가축과 그와 경쟁관계에 있는 씨족 또는 종족에 대한 습격에서 얻은 획득물로 구성하였다. 습격이 성공할 경우 경쟁자의 가축은 승리자의 소유로 편입되었다. 습격에 성공하지 못한 지도자는 동족과 가신들을 소유하는 특권을 상실하게 되고, 일부 동족과 가신들은 그를 버리고 더 강력한 노안을 찾아 나섰다. 만약 그의 말과 가축이 가축 전염병에 의해 대량 살상되거나 경쟁자들에 의해 빼앗긴 경우라면 그는 자신의 생명을 바쳐야만 했다. 만약에 살아남는다면, 그와 그의 동족들은 정복자의 노예가 될 것이다. 설령 노예 상태를 벗어난다 하더라도 항상 궁핍의 위험에 처해 있으며, 사냥과 낚시에 의존하여 연명해야 했다. 만약 모든 가신들과 친족들이 그를 내버려 두고 떠나간다면, 그것은 맹수를 포위하여 사냥할 사람들과 대규모 사냥에 필요한 사람들을 갖지 못한다는 것을 뜻하며, 그는 쥐 같은 설치류를 잡는 데에 만족해야만 한다는 것을 의미했다. 바로 이러한 사건이 미래 세계 정복자의 유년기에 일어났다. 오직 강철 같은 사람만이 그러한 상황에서, 성공의 확률이 적더라도, 절망에 빠지지 않고 종국적으로 승리할 수 있었다. 테무친은 자신이 그러한 자임을 증명했다.

어릴 적부터 자신에 배어든 씨족 전통과 자기 운명에 대한 믿음으로 무장했다.

혈통 상 테무친은 몽골의 보르지긴 족에 속했다.[46] 그는 타타르뿐만 아니라 중국에도 공격을 감행한 강력한 카불 칸의 증손자였다. 타타르와의 전쟁에서 패배 후 몽골족은 자신의 영향력을 크게 상실했다. 테무친의 아버지 에수가이-바가투르는 할아버지와 비교해서 작은 수장에 불과했지만, 그가 속한 작은 세계에서 그는 용맹한 전사와 전사 사회의 수장으로 전통적인 자기 종족을 대표하는 영예로운 특권을 향유했다. 몽골인 들에게 대대로 이어오는 관습처럼, 에수가이는 자기 혈통의 계보를 기억하였고, 후에 그의 아들 또한 새겨두었다. 1240년 그 계보는 문자화된 형태로 기술되었고, 소위 비사(秘史)라고 부르는 공식 몽골 역사 속에 편입되었다. 비사는 부분적으로 현실적인 사실에 근거를 두었다 하더라도, 학술용 연구서라기보다는 영웅 서사시에 가깝다.

그 계보에 따르면, 몽골족은 회색 늑대(Borte Chino)와 암사슴(Qoa-Maral)이라는 토템 한 쌍의 동물에서 출발한다.[47] 이와 관련해서 지적해 둘 것은 늑대와 사슴은(또는 암사슴) 투르크족과 북 이란인들의 토템 동물들에 속해 있다는 점이다.[48] 코아-마랄 외에도 몽골인은 또 다른 조상, 최초 시조(始祖) 부부의 후손인 도분-메르간(Dobun Mergan) 전사(戰士)의 아내 알란-코아(Alan Qoa)를 기억한다. 알란-코아라는 이름에 특별히 주목할 필요가 있다. "코아"는 "아름답다"를 뜻한다. "알란"은 강력한 이란 족, 알란

---

[46] 테무친의 전기에 대한 기본 자료로는 몽골 비사(秘史), 칭기즈칸 중국 원정사, 그리고 라시드 앗-딘의 저술이 있다. 이 저술들의 단행본과 번역본에 대해서는 본서 말미의 원전 목록을 볼 것. 또한 1362년 몽골어본, Cleaves, Inscription 1, pp. 83-85 참조.

[47] "마랄"(Cervus maral)은 서부 몽골지역에도 분포한 알타이 순록. Grum- Grzymailo, 1, 517-518 참조.

[48] 북 이란인(알란인) 가운데 동물 토템으로서 늑대와 순록에 대해서는 Abaev, p. 49 참조.

종족명일 가능성이 있다. 이미 밝혔듯이 몽골족 가운데 알란 계통의 씨족들이 존재하고 있었다. 보르지긴 족은 일부 다른 몽골족들처럼 알란 계통과의 혼혈일 것으로 추정된다. 주목할 만 한 점은 "영광"이란 뜻의 몽골어 "aldar"는 알란어에서 차용되었다는 것이다.[49] 오세티아 말[50]로 "알다르"는 "수령", "왕자"를 의미한다.[51] 알란족 기사들의 용맹은 몽골의 선조들에게 매우 강한 인상을 남겼을 것으로 보인다. 그런데 서부 그루지아어에서 alani(Alan)는 "영웅", "용맹한 자"라는 뜻이다.[52] 결국, 알란-코아는 '용감한 미인'이라고 해석될 수 있다.

몽골 족보에 따르면, 알란-코아의 마지막 세 아들(그 가운데 하나가 칭기즈칸의 선친)은 부가 사망한 지 한참 뒤에 태어났다. 이에 관한 전설이 창조되었고, 세 아들의 탄생 개념에는 초자연적인 개입이 묘사되었다.[53] 이 설화가 몽골의 계보에 편입되었고, 그 설화 한 편이 페르시아 역사가 라시드 앗-딘의 몽골 역사 속에서 기술되고 있다. 라시드는 매우 훌륭하게 그리고 조심스럽게 그 이야기의 진실성에 대한 책임을 자신의 인용근거, 몽골 전통에 지우고 있다.[54] 비사(秘史)와 라시드 앗-딘에 따르면, 알란-코아는 친척들에게, 그리고 후에 아들들에게 자신에게 일어났던 기적을 설명한다. "매일 밤 꿈에서 나는 소리 없이 들어와 내게 다가오다가 사라지는 밝은 빛의 머리털과 푸른 눈을 지닌 누군가를 보곤 한다.[55] 그

---

[49] *Idem*, p. 85.

[50] 오세티아어는 알란어에서 파생된 것으로 간주된다.

[51] Abaev, p. 85.

[52] *Idem*, p. 45.

[53] 전설의 내용상 알란-코아의 세 아들이 한꺼번에 태어났는지, 아니면 차례로 태어났는지에 대해서 불분명하다.

[54] Rashid 1A, p. 7, 9.

[55] 지적해 둘 것은, Ammianus Marcellinus에 따르면, 알란인의 머리카락은 "종종 금발이었다"; 『고대 러시아』, p. 90 참조. 오세티아인들의 후손들 가운데에도 금발이 있었다. V. Miller. "Osetiny,"(「오세틴족」) *ES, 43*, p. 263 참조.

들이 자라서… 내가 낳은 이 세 아이들이 우리 종족과 다른 종족의 황제들과 칸이 될 것이다".56) 비사(秘史)는 알란-코아를 찾아온 신비한 방문객으로부터 발산되는 빛줄기에 관해서 말하고 있다.57)

이 설화의 근거는 어디에서 오는가? 고(故) 에른스트 헤르츠펠트는 몽골 전설은 알렉산더 대왕의 초자연적인 탄생에 관한 서술이 변형된 것에 다름 아니라고 주장한다.58) 헤르츠펠트는 알렉산더 대왕에 대한 전설은 이슬람 세계에 널리 퍼져있다고 지적하면서, 알란-코아라는 이름을(알론 고아로 기술하면서) 올림피아(알렉산더 모친의 이름)의 왜곡이라고 간주하고, 어떻게 올림피아가 아랍어 표기 방식으로 왜곡되었는가를 설명하려고 노력한다. 비록 그의 이론이 매우 기발하고, 호기심을 불러일으키지만, 그의 논거는 신빙성이 없으며, 일부는 완전한 오해에 기초하고 있다. 알렉산더 대왕에 대한 전설이 페르시아를 포함하여 이슬람세계에서 널리 알려진 것은 사실이라 하더라도 초기 몽골 문헌에서 그에 대한 기록을 발견할 수 없다. 근동으로부터 몽골로 하나의 이름을 전달하는 과정에서 아랍어 텍스트와 아랍식 문자 기술에 어떤 역할을 부여한다는 것은 바로 칭기즈칸 이전에 몽골인이 문맹이었다는 사실에 대해, 몽골 민담의 전반적인 배경에 대해 주목하지 않았다는 것을 의미한다. 사실, 헤르츠펠트는 몽골 혈통의 시조에 대해 충분히 검토하지 않은 것으로 보인다. 그의 모든 논거는 15세기 초 티무르의 묘비에 새겨진 비문과 연결된다.59) 이 비문은 티무르의 혈통에 대한 내용을 묘사하고 있다. 티무르는 스스로를 알

---

56) Rashid 1A. p. 10.

57) Kozin, p. 81.

58) E. Herzfeld, "Alongoa," *Der Islam*, 6(1916), 317-327; cf. E. Blochet, "Les Inscriptions de Samarkand,"(「사마르칸드의 비문」) *RA* 3d ser., *30*(1897), 67-77. A. J. Toynbee, *A Study of History*(『역사 연구』) 6, 268 그리고 각주 4는 Herzfeld의 이론을 받아들이고 있다.

59) 티무르(타메를란)에 대해서는 본서 4장 2절, pp. 356-357 참조.

란-코아의 후손으로 자처했기 때문에 그녀의 이야기가 서술되고 있다. 티무르는 이슬람교도였기 때문에 결과적으로 설화는 비문에서 코란을 인용하는 이슬람 관습을 따랐다. 알란-코아와 관계되는 코란으로부터 인용한 두 구절(19.17 과 19.20)은 실제로는 처녀 마리아를 다루고 있다.[60] 여기서 우리는 알란-코아 전설의 진정한 기원을 밝히는 열쇠를 발견하게 된다. 일부 몽골 종족에 네스토리우스 기독교가 상당히 널리 퍼져있었다는 점을 주목하면, 처녀 마리아의 이야기는 몽골의 개념에 차용되어, 결과적으로는 비사에 기술되게 된다는 것이 충분히 납득이 된다.

이제 우리는 다른 문제와 마주치게 된다. 언제 알란-코아 세 아들의 초인간적인 탄생에 관한 전설이 몽골의 계보에 등장하게 되었는지를 밝히는 일이다. 다시 말해서 테무친이 황제가 된 이후인가 아니면 그 이전인가? 이 문제는 테무친의 정신과 사고방식을 담고 있는 문제이다. 만약 그전설이 테무친의 탄생 이전에 몽골 전통의 일부였다고 가정하면, 우리는 어린 테무친의 성장에 대한 그 전설의 영향을 완전히 인정해야만 한다. 이런 경우에 전설은 테무친의 위대한 운명에 대한 믿음의 근거들 가운데 한 역할을 했을 것이다. 비록 정확한 해답을 얻을 수 있는 문제는 아니지만, 알란-코아의 아들 칭기즈칸뿐만 아니라 다른 두 아들도 마찬가지로 설화에 따라 초자연적으로 탄생했다는 단순한 사실은 테무친이 옥좌에 이르기 전에 그리고 그가 탄생하기 오래 전부터 전설이 성립되었다고 하는 사실을 증명하고 있는 것이다.[61] 그 전설은 분명히 보르지긴 족(즉, 테무친의 혈족)뿐만 아니라 그가 속한, 그리고 그와 관계된 종족의 모든 그룹에 대한 찬양을 목적으로 하고 있는 것이다.

---

[60] 이러한 형식 속에서 알란-코아 이야기는 티무르의 전기 연구자인 샤라프 앗-딘 알리 야즈지(Sharaf ad-Din Ali Yazdi)의 자파르-나마(Zafar-nama)에서 반복되고 있다. Blochet(각주 58), pp. 202-221 참조.

[61] Yuan-shi에 의하면, 알란-코아의 한 아들만이 초자연적인 방식으로 태어났다. Krause, *Cingis Han*, p. 8; Iakinf, p. 2 참조.

에수가이-바가투르는 스텝 공동체에서 상당한 인정을 받고 있었던 것으로 보인다. 그는 자신이 속한 종족의 여성과 남성들로부터 칭송받았다. 하지만 그가 결혼을 결정했을 때 그는 종족의 '골(骨)' 내부에서는 혼인을 금지한다는 관습을 염두에 두어야 했다. 그래서 에수가이는 종족 밖에서 신부를 찾기로 결심한다. 그는 메르키트 족이 집으로 데려온 아름다운 올코노우트 족의 여자를 납치함으로써 문제를 해결했다.[62] 그녀의 이름은 오엘룬(윌룬)이었다. 메르키트 족과 보르지긴 족 사이의 지리멸렬한 피맺힌 적대관계는 바로 이 일화에서 비롯된 결과이다.

테무친은 오엘룬과 에수가이 사이의 첫 아들이었다. 그의 생일에 대해서는 몇 가지 불명확한 점이 있다. 라시드 앗-딘의 계산에 따르면 테무친은 헤지라 549년 줄카다 월에 태어났는데, 이것은 1155년 1월7일에서 2월 5일 사이에 해당한다.[63] 한편, 지금까지 전해지는 중국의 원사(元史)에서는 칭기즈칸은 66세에 사망한 것으로 되어있다.[64] 그는 1227년에 사망한 것이 분명하므로 역으로 추정하면 그가 1162년에 태어난 것이 된다.[65] 이것은 사실상 불가능한데 왜냐하면, 몽골 달력의 순환 순서가 뒤섞일 리가 없는 것이다. 매 12년을 주기로 반복되는 달력은 매년마다 동물의 이름이 붙어있다.[66] 라시드 앗-딘에 따르면, 칭기즈칸은 돼지띠이다.[67] 바로

---

62) 올코노우트족은 몽골 동부지역에 거주하던 웅기라트족의 한 계열이다. 이와 관련하여 흥미로운 코멘트는 L. Olschki. "Ölün's Chemise," *JAOS, 67*(1947), pp. 54-56 참조.

63) Rashid, 1A, p. 88; Grousset, p. 51.

64) Krause, *Cingis Han*, p. 41; Iakinf, p. 137.

65) Krause, *Cingis Han*, p. 41. 지적해둘 것은, 중국의 관습에 따르면, 신생아에게 태어난 날에 1살을 부여한다. Grousset, p. 51 참조.

66) 몽골의 연대기에 대해서는 W. Kotwicz. "O chronologji mongolskiej," *RO, 2* (1925), 220-250; *4*(1926), 108-166 참조. 몽골은 결국 티베트의 육십 갑을 받아들였다. 그에 대해서는 A. Pozdneev, "Mongolskaia letopis' Erdeninii-erikhe,"(「몽골의 고대문헌 에르데니인-에리헤」)(St. Petersburg, 1833); P. Pelliot, "Le Cycle sexagénaire dans la chronologie tibetaine," *JA*(May-June 1913), pp. 633-667; Baron

1155년이 돼지해이고 1162년은 말해이기 때문이다.

설령 원(元) 왕조의 몰락 후 왕조 역사가 필사되었다 하더라도 어떻게 공식 원의 왕조 역사에서 실수가 있을 수 있는가? 실수는 원본에 있기보다는 필사본에 있을 것으로 추정된다. 우연히도 팔라디 대수도원장이 번역을 위해 사용한 "칭기즈칸 전쟁 기술서"에서는 칭기즈칸은 65세에 사망한 것으로 되어있다. 그러나 팔라디는 원본의 숫자가 '60'이었고 '5'는 19세기에 중국학자 호 치-타오(팔라디는 그로부터 필사본을 받았다)에 의해 추가되었고, 이것은 칭기즈칸이 죽음에 이르게 되는 나이를 '기술서' 전편에 기술되어 있는 나이만족을 대항해서 전쟁을 치룬 시기와 일치시키기 위한 것이라고 지적한다.[68] 주목할 것은 티베트 전통에 따르면 칭기즈칸이 61세에 사망한 것으로 되어있다.[69] 더구나 고(故) 펠리오는 최근에 그러한 증거를 중국문헌에서 발견했다.[70] 만약 1227년 그의 사망한 나이가 60세였다는 것을 받아들이면, 1167년을 그의 탄생해로 받아들여야 한다. 1167년은 1155년과 마찬가지로 돼지해이다.

만약 1167년을 테무친의 탄생해로 받아들인다면, 이것은 1219년 투르키스탄 원정 초기에 칭기즈칸 나이가 최근에까지 받아들이고 있는 64세가 아니라 52세라는 것을 의미한다. 수년간 진행되고 매우 어려운 처지였던 이 전쟁에서 보여준 칭기즈칸의 왕성한 활력은 늙은 노인네보다는 50대에 가깝다는 것을 뒷받침해 주고 있다. 더군다나 1155년에 태어났다는 추정으로부터 출발한다면, 칭기즈칸의 인생은 혼인 시기로부터 거의 1200년까지 공백으로 남게 되는데, '비사'의 서술로부터 채울 수 없는 부

A. von Stael-Holstein, "On die Sexagenary Cycle of the Tibetans," *MS, 1*(1935), 277-314. cf. George N. Roerich's introduction to *Blue Annals*, p. xxi.

[67] Rashid 1A, pp. 88-89; Khara-Davan, p. 17.

[68] Palladi, *Kitaiskoe skazanie*(『중국 설화』), p. 195, 그리고 각주 5.

[69] *Blue Annals*, p. 58.

[70] Grousset, p. 51; Cleaves, *Inscription* I, p. 99 참조.

분이다.

에수가이는 자신이 자행했던 것처럼, 아들이 혼령 시기에 신부를 훔쳐올 수 없도록 하기 위해 테무친이 9세 때 약혼에 관한 협상을 시작하기로 결정했다. 이런 목적으로 아버지와 아들은 올코노우트 족에 속했던 오엘룬 친척에게로 떠났다. 가는 도중에 그들은 올코노우트 족의 일족인 웅기라트 종족의 전사(戰士) 다이-세첸을 만났다. 그에게는 보르테라고 부르는 아주 어여쁜 딸이 있었다. 아버지들은 서로에 대한 호감뿐만 아니라 아이들에 대한 관심도 가지게 되어 곧 혼인 계약을 맺었다. 미래의 다이-세첸의 사위가 되는 테무친은 고대 몽골의 관습에 따라 장인의 야영지에 남아야만 했다.[71]

혼약에 만족한 에수가이-바가투르는 혼자 집으로 돌아왔다. 돌아오는 길에 그는 타타르족의 향연에 초대되었다. 초대를 거부한다는 것은 스텝 윤리에 거스르는 일로 타타르와는 전통적으로 피맺힌 적대관계에 있음에도 불구하고 그는 주연에 합류했다. 주연 후 그는 계속 집으로 길을 재촉했지만 몸에 이상함을 느끼자, 타타르 인들이 그의 음식에 독을 탔다는 것을 알게 되었다. 그는 집으로 돌아온 지 며칠 후 사망했다(1177년경, 만약 테무친이 1167년에 태어났다고 가정하면).

죽기 전 에수가이가 남긴 유언을 이행하기 위해 가계의 후견인으로 지명된 문릭은 테무친을 집으로 불렀다. 테무친의 어머니 오엘룬은 용감한 여인으로 가계를 자신이 통솔하려 했지만 남편의 친족은 그녀를 지도자의 역할로 받아들이기를 거부하여 노력은 수포로 돌아갔다. 얼마 후 타이치우트 족을 포함, 에수가이의 친척과 가신들은 오엘룬 소유의 대부분의 가축을 데리고 그녀를 떠났다. 문릭조차 그녀를 떠났다. 오엘룬에게는 다섯 아이(맏아들 테무친, 그리고 세 아들과 딸)와 남편의 다른 부인 및 그

---

71) Vladimirtsov, p. 48.

아이들, 그리고 하인 몇 명만 남았다. 에수가이 가족의 역경과 궁핍의 시기가 시작되었다. 그러나 오엘룬은 굴하지 않았다. 그녀는 테무친에게 과거 가문의 영광을 가르치기 위해 온 힘을 쏟았다. 어린 테무친은 열심히 배워 모든 고대 설화를 전부 기억하였다. 하지만 가족의 비운은 끝나지 않았다. 동맹이었던 타이치우트 족이 그들의 야영지에 침입했다. 테무친은 포로로 잡혔으나, 도망칠 수 있었다. 그는 하늘이 도왔다고 믿었다.

몇 년이 흘러 테무친은 이제 더 이상 어린이가 아닌 힘센 남성 전사가 되었다. 언젠가 도둑들이 가족에게 남은 아홉 마리 말 가운데 여덟 마리를 훔쳐 가자 테무친은 마지막 남은 말을 타고 그들을 쫓아가다가 만난 아이의 도움으로 말들을 찾을 수 있었다. 그의 새로운 친구는 전사의 동지(同志) 자격으로 테무친의 가족에 합류했다. 그의 이름은 보구르치였고, 후에 그는 칭기즈칸 군의 뛰어난 장수들 가운데 한 사람이 되었다. 이 첫 번째 성공에서, 비록 대수롭지 않은 것이라고 해도 테무친은 자신의 힘에 대한 자신감을 얻었고, 결국 약혼녀와 결혼하기로 결정했다. 18세 때였다. 다이-세첸은 테무친의 아버지에게 한 약속을 지켰고, 곧 그의 야영지에서 결혼식을 열었다. 결혼식 후 테무친은 보르테를 데려왔다. 신부의 예단은 가난한 테무친의 집에서는 들어본 적이 없는 값비싼 호화스런 예단이었다.[72] 이 값비싼 의복이 테무친의 정치적 경력의 토대가 되었다. 모피를 가지고 그는 강력한 케라이트 족의 지도자 토그룰-칸의 집에 나타났다. 에수가이 생전에 그와 토그룰은 서로 형제(anda)라고 불렀다. 이제 테무친은 모피 선물을 들고 예전에 "아버지"라고 불렀던 그를 아저씨라고 부르며 찾아왔다. 토그룰은 테무친에게 기꺼이 후원을 약속했다(1185년경).

몽골의 강력한 지도자의 한 사람인 토그룰로부터 후원을 받으며, 그의

---

[72] 흑담비 가죽은 특히 중국에서 매우 큰 가치를 지니고 있었다. 마르코 폴로에 따르면, "외투를 덮을 만한 커다란 담비 의복은 2,000 비잔틴 금화 또는 최소한 1,000 이상이었으며 이러한 종류의 망토를 타타르인들은 가죽의 황제"라고 불렀다. *MPYC*, 1, 405; *MPMP*, 1, 232.

가신(家臣)이 된 테무친은 봉건사회에서 일정한 지위를 얻었다. 이제는 예전처럼 구차한 그가 아니었으며, 적어도 스스로를 그렇게 보지 않았다. 스텝 전사의 삶에는 많은 위험이 따랐다. 토그룰에게 찾아간 지 얼마 후에 테무친의 야영지에 메르키트 족이 침입했는데, 20년 전에 에수가이가 메르키트 전사의 약혼녀를 훔친 것에 대한 복수에서 비롯된 것이었다. 침입자들이 너무 많다는 것을 알아챈 테무친은 야영지를 수호하지 않고, 자기 부인을 남겨둔 채, 보르지긴 족에 속하고 신성시 여기는 근처의 부르칸 산으로 소수의 형제들과 도주했다. 그 때 보르테는 메르키트 족에 의해 포로로 잡혔다. 침입자들이 돌아갔다는 소식을 듣고 테무친은 생명을 구해준 산에 하늘에 대한 감사의 표시로 허리띠와 모자를 벗어 기도와 아홉 번의 짧은 절을 하고 꾸미스(馬乳)를 뿌리는 것으로 예를 마쳤다. 그리고 그는 토그룰-칸에게 아내를 구하는 데 도움을 요청했다. 그의 집에서 테무친은 이제 쟈무가-세첸이라는 위대한 전사가 된 옛 친구 쟈무가를 만났다. 그들은 의형제였고, 토그룰과 쟈무가는 메르키트를 처벌하기로 결정했다. 공격은 성공적이었으며, 메르키트는 뿔뿔이 도망쳤고 보르테는 다시 남편과 만났다. 부인은 포로가 되면 납치자의 정부(情婦)가 되어야만 했다. 하지만, 테무친은 그녀의 불행이 자신에게 있다는 것을 이해하고 그녀에 대한 애정은 식지 않았다. 다만, 그녀가 아들 주치를 낳았을 때 테무친은 그 아이가 자신의 아이라는 확신할 수 없어 그 아이에게 크게 관심을 두지 않았다.

메르키트 족과의 전쟁에서 테무친은 탁월한 용맹을 보여주며 많은 친구들을 얻었다. 사실상 이것은 그의 입신의 전환점이었다. 에수가이의 죽음 이후 떠났던 많은 친척들은 테무친의 토그룰-칸과의 우호관계, 쟈무가와의 우정에 대해 감동받았으며, 이제 테무친의 지도력을 인정할 준비가 되었다. 곧 테무친은 그의 아버지처럼 강한 장수가 되었고 인정받는 지도자가 되었다. 토그룰의 가신으로서 테무친은 고위 정치그룹에 속하게 되었고 종족 간 전쟁에 투신하였다. 그 속에서 그는 뛰어난 장수로서 뿐만 아니라 다양한 경험을 보유한 외교관으로서의 역할을 보여 주었다. 몽골 내정에 금 왕조의 대신들의 역할이 커다란 영향을 미치고 있었기에 테무친은 금나라 사람들과 많은 접촉을 가지게 되었고, 그들의 외교방식에 대해 많은 것을 터득하였는데 미래에 금과의 협상에서 탁월한 능력을 보이도록 돕는 결과를 가져왔다.

스텝 정치의 기본 유형은 대단히 단순했다. 만약 한 종족의 힘이 너무 커지게 되면 다른 종족들은 그에 대해 대항하기 위해 연합했다. 씨족 간 다양한 관계, 하나의 종족 내부에서 씨족들의 통일과 분열, 우두머리 간의 우정 또는 경쟁 등 다양한 양상을 띠고 있었다. 영주 혹은 의붓 형제에 대한 가신으로서의 복종과 충성은 오직 양측 서로에게 정치적으로 이득이 되는 한, 상대에 대한 침략으로 우호 관계가 종식되지 않는 한 지속되었다. 하지만, 이러한 역동적 스텝 봉건사회의 관습에 따라 가신은 주인을 거부하고 다른 주인에게 자신의 충성을 자유롭게 제공할 수 있었다. 그러므로 종족 우두머리가 대규모 칸국을 세우는데 성공했다 하더라도 그의 권력은 견고하게 안정되지 않았으며, 그가 세운 칸국은 신속히 세워진 만큼 오래되지 않아 몰락했다. 그러한 유형의 전쟁은 끊임없이 지속되었으며, 그 규칙을 바꾼 자가 바로 칭기즈칸이었다.

테무친이 취한 첫 번째 조치는 쟈무가와의 견고한 관계를 유지하는 것이었다. 그들은 연합하여 약 1년 반을 같은 야영지에서 함께 거주했다. 그 후 그들의 관계는 소원해지고 결국 결별하기로 결정했다. '비사'에 따르면, 테무친에게 쟈무가와 병영을 나누기를 충고한 자는 바로 보르테였다. W. 바르톨드는 두 지도자 간의 결별을 그들이 지닌 사회철학의 근본적 차이가 빚어낸 결과로 해석하려고 노력한다. 그는 테무친을 귀족사회의 옹호자로, 쟈무가를 일반 평민의 옹호자로 상정한다. B. 블라디미르초프는 처음 이러한 해석을 받아들였으나, 후에 거부하고 있는데, 우리가 보기에는 올바른 판단이다.[73] 실제로 쟈무가의 정책에는 그 어떤 '민주적' 프로그램을 증명할 만한 것이 아무것도 없었다. 그와 테무친과의 갈등은 권력을 지향하는 두 귀족 지도자간의 충돌이었던 것이다. 추정하건데 테무친이 토그룰 가에 나타났을 당시에 유명한 전사였던 쟈무가는 당연히 스스로를 동맹의 지도자로서 간주했을 것이다. 테무친이 그러한 조건하에서 우정을 오랫동안 받아들일 수 없었다는 것은 분명하다.

두 지도자간의 결별에 관한 소식은 종족 간, 그리고 가신들 사이에 깊은 관심을 유발했다. 그들 가운데 대부분은 쟈무가보다는 테무친의 지도력에 더욱 감명을 받았다는 것이 즉시 분명해졌다. 대다수의 영향력 있는 씨족의 지도자들은 쟈무가보다는 테무친을 따르기로 결정했다. 그들 가운데에는 테무친의 숙부, 그리고 보르지긴 족과 관련 있는 일부 씨족 족장들이 있었다. 그들 가운데 바아린 씨족에 속한 코르치는 꿈속에서 위대한 영혼이 테무친이 도달한 최고의 운명을 보여주었다고 퍼뜨렸다. 결국 테무친의 궁정에서 열린 씨족 지도자들의 회의에서 테무친이 칸으로 지명되었고, 그에게 신의를 맹세하고, 향후 전쟁에서 얻은 전리품 가운데 가장 값비싼 물건을 그에게 약속했다. 비사에 따르면, 그 뒤 그들은 새로운 칸에게 새로운 이름 칭기즈를 부여했다.[74] 이것은 후에 일어난 사건을 미리 앞서 기록한 것으로, 비사를 편집한 자가 원래의 서사시에 추가한 것으로 보인다.

테무친의 주인 토그룰-칸은 정식으로 몽골족의 지도자들의 결정 소식을 상세하게 접하였다. 토그룰은 자신의 가신에 주어진 영예에 만족하여 선출의 결과를 재확인했다. 그 후 금의 외교적 지원 하에 토그룰과 테무친은 타타르에 대한 전쟁을 개시하였고, 당연히 테무친은 자기부친에 대한 복수의 기회로 삼고자 하였다. 타타르는 패했다. 승리의 증표로 금 왕

---

73) Vladimirtsov, p. 83-86.

74) Kozin, p. 109.

조는 토그룰에게 '왕'의 칭호를 부여했고, 테무친에게는 "자우쿠리"라는 국경을 책임지는 수령의 칭호를 주었다. 이때부터 토그룰-칸은 왕 칸으로 알려지게 되었으나, 테무친에게 부여된 칭호는 자랑하기에는 보잘 것 없는 것이었다.

한편, 쟈무가는 엄청난 수의 가신들과 친족들을 모아 부족의 지도자임을 자처하고 추종자들로부터 구르-칸이라는 칭호를 받았다.[75] 왕 칸과 테무친 칸은 즉각 이 상황에 대응, 쟈무가에 대해 군사를 동원했다. 쟈무가의 군사력은 별로 강하지 못하여 급히 도망쳐야 할 상황이 되었다. 자신의 힘을 신뢰하게 된 테무친은 독자적으로 행동하기로 결심했다. 우선 그는 타이치우트 족에게 배신의 대가를 갚아 주었다. 그 다음 타타르의 잔당을 자신에게 복속시켰다. 타타르의 두 미인 에수이와 에수겐이 그의 부인이 되었다. 이 전승으로 테무친의 권력은 더욱 확장되었다. 이제 왕 칸은 의붓아들의 의도에 대해 의심스런 눈초리를 가지게 되었다. 그럼에도 불구하고, 그는 칭기즈에게 몽골 서부에서 강력히 부상하고 있는 나이만 족에 대한 원정에 참가하기를 요청했다. 테무친은 이에 동의했다. 원정이 시작되자 왕 칸은 자신의 계획을 바꾸어 자신의 동맹군에게 알리지 않고 회군을 감행했다. 테무친은 겨우 함정을 빠져 나올 수 있었다. 테무친은 배신에 대한 배상으로 왕 칸의 딸을 요구했다. 그러나 토그룰은 거부했고 두 지도자는 외교관계를 단절, 전쟁에 돌입했다.

토그룰과의 전쟁에서 테무친은 대부분 속임수를 사용했다. 왕 칸 토그룰은 칭기즈가 군대를 동원하여 케라이트 야영지에 갑자기 나타나자 불시에 사로잡혀 포로가 된 후, 나이만족에게 도망쳤지만 그들에 의해 살해되었다. 케라이트 족은 테무친에게 충성할 것을 맹세했다. 테무친은 쟈무가에게 피난처를 제공함으로써 자신을 모욕한 나이만 칸에 대한 전쟁 준

---

75) 구르 칸의 명칭에 대해서는 Wittfogel, p. 431 참조.

비를 개시했다. 이 계기에 테무친은 매우 중요한 군의 개혁을 시작했다. 그가 왕 칸을 사로잡은 것처럼 부지불식간에 미래의 적들에게 생포될 가능성을 배제하기 위해 테무친은 주야간 자신의 병영을 지키는 특수 군대를 창설했다. 그 군은 80명의 야간, 70명의 주간 보초로 구성됐다. 추가로 잘라이르 족의 장수 하에 천 명의 전사들로 구성된 군을 조직했는데, 잘라이르 족은 테무친이 쟈무가와 관계를 단절하자마자 테무친에게 가담한 여러 씨족들 가운데 하나였다.[76] 모든 군대를 천 명, 백 명, 열 명의 단위로 구성하였다.

테무친은 작전 본부 및 군대에 대한 개혁을 마치고 나이만과의 전쟁을 준비하였는데, 나이만족은 몽골족 가운데 가장 강력할 뿐만 아니라 보다 문명화된 몽골 부족이었다. 위구르족을 이웃에 둔 나이만족은 위구르 문자를 사용하고 있었는데, 위구르 문자는 시리아에 뿌리를 둔 소그디아 알파벳을 기초로 한 문자였다.[77] 나이만 칸은 서기(書記)와 국새도 보유하고 있었다.

테무친은 나이만에 대한 전쟁을 선포하기 전 자신의 종족의 깃발을 세우고 원정길에 축복이 내리길 신에게 헌주(獻酒)했다. 나이만족은 1204년에 패배하고 그 칸은 전사했으며, 오직 그의 아들 쿠츨룩이 전쟁터에서 시종 무관과 도주하는 데 성공했다. 그는 처음에 알타이로 도망갔으나, 그곳에서도 안전을 느끼지 못하고 후에 서요(西遼)로 도망쳤다. 서요는, 1125년 여진족(금)이 북중국 거란의 요 제국을 전복시키자, 패퇴한 거란족이 서쪽으로 진출하여 트란스옥사니아[78]와 중국의 투르키스탄(신장)의 호탄 지역에 걸쳐 제국을 건설한 거란의 일족이었다.[79] 한편 지도자를

---

76) Kozin, p. 144.

77) 위구르 문자에 대해서는 *Barthold, Turkistan* (『투르키스탄』), p. 387-391; G. Vernadsky, "Uigurs," (「위구르」) p. 454; Wittfogel, pp. 243, 443, 670 참조.

78) 아랍의 투르키스탄 정복 이후에 트란스옥사니아는 아랍어로 마베란나르(강위의 지역)로 알려지게 되었다.

잃은 나이만족은 테무친에 복속하였다.

테무친은 뒤이어 옛 원수인 메르키트를 공격하여 궤멸시켰다. 메르키트족의 미인 쿨란은 그의 네 번째 부인이 되었다. 곧 테무친의 경쟁자 쟈무가는 나이만에 대한 공격을 틈타서 도망치는데 성공하였으나, 오히려 자기 가신들에게 붙잡혀 테무친에게 끌려 왔다. 테무친은 그에게 죽음을 선고하였으나 옛 우정을 생각하여 스스로 '피 흘리지 않고' 자결할 기회를 주었다. 몽골의 풍속에 따르면, 인간의 영혼은 핏속에 자리 잡고 있기에 피를 흘리지 않고 죽도록 하는 것은 그 영혼의 안식을 기리는 자비였다. 이러한 자비는 대개 배반죄를 지은 신하들에게 주어지곤 했으며, 예외로 국가의 고위권력을 지낸 범죄자들에게도 베풀었다. 테무친의 명에 따라 쟈무가의 유골은 예를 갖추어 특별한 관에 매장되었다.

테무친이 스스로 약속한 '전(全) 몽골족의 통합'이라는 임무는 이제 성공적으로 완결되었다. 그를 지지하는 씨족들의 지휘관들은 경험이 풍부한 군대를 보유한 새로 건설된 국가가 이제 정복의 길을 떠날 준비가 되어있음을 본능적으로 느낄 수 있었다. 그리하여 몽골 정치의 새로운 목적과 국가의 개혁을 완성시키기 위한 토론을 위해 성대한 민족 회합이 소집되었다. 그 운명의 쿠릴타이가 오논 강 상류 근처 동 몽골에서 호랑이 해(1206년)에 개최되었다.

5. 몽골 제국의 탄생

모든 몽골 종족이 ─ "펠트 천막에 사는 민족들"이라고 비사는 말하고 있다 ─ 대 쿠릴타이에 참가하도록 초대되었다.[80] 그러나 이것은 "민주적

---

79) 서요 Kara-Khitan에 대해서는 Wittfogel, pp. 619-674 참조.
80) Secret History, sec. 202. 이 경우 Haenisch의 번역을 따랐다.

인" 회합[81)은 아니었다. 그곳에서 "민중"을 대표한 것은 씨족 지도자들이 었다. 테무친의 형제들과 조카들, 그리고 그가 신임하는 장수들은 물론 참가의 특권을 누릴 수 있었다. 아홉 개의 꼬리를 가진 흰 깃발이 회합의 광장에 마치 몽골의 국기처럼 휘날렸다.[82) 예전에 씨족의 지도자 테무친 을 의미하는 상징 또는 온곤이었던 깃발은 이제 몽골 국가의 통치자에 대한 온곤이 되었으며, 보이지 않던 씨족의 위대한 천재는 이제 국가를 보호하는 눈에 보이는 재현(才賢)으로 믿게 되었다.

회합의 최초 행동 및 근본 목표는 테무친 칸을 황제(kagan 또는 kaan)[83) 로 선언하고, 그에게 새로운 이름 칭기즈를 부여하는 것이었다. 학자들 사이에서 칭기즈라는 이름의 기원에 대한 의견은 일치하지 않는다. 투르 크어로 뎅기즈(현대 터키어로 '데니즈')에서 파생된, 즉 "바다"에서 왔다는 것은 펠리오가 제안한 것이다. 하지만 우리가 만약 "바다"라는 용어를 추 상적인 의미("바다처럼 무한한")로 받아들이지 않는 한, 테무친을 "바다의 지배자"라고 부를 만한 근거는 없을 것으로 보인다.[84) 해니쉬는 "칭기즈" 라는 이름을 중국어 "치엔"(믿음의, 올바른, 진실한)에서 나온 것으로 추

---

81) I. Krader의 견해는 1206년의 쿠릴타이는 민주적인 회합이었다는 점이다. Haenisch 의 비사(祕史) 번역에 대한 그의 서평, *JAOS, 70*(1950), 205 참조.

82) 몽골의 깃발에 대해서는 Khara-Davan p. 46; A. P. Okladnikov, "Kon' i znamia," (「기마와 깃발」)(각주 29) pp. 148-153 참조. 칭기즈칸의 깃발은 그의 정신적 지주(Sulde)라고 믿었다. Vladimirtsov, p. 145; Okladnikov, p. 151; Poppe, "Opisanie," (「기술」) pp. 171-172와 비교하라.

83) 대략 기원후 50년부터 주장(Jou-Jan)족 가운데 사용하기 시작한 카간(카한) 직 위에 관해서는 Gimpu Uchida, "A Study of the Jon-Jan Tribe," *ASTH*, pp. 4-5(영 문 요약) 참조.
지적해 둘 것은, 펠리오에 따르면, 칭기즈는 "카간"의 직위를 받은 것이 아니 라, "칸"의 직위를 받았다. Cleaves, *Inscription I*, pp. 98-99 참조. 그러나 비사 123편에서 칭기즈는 카간(Qaqan, Kozin, p. 230 참조)을 받은 것으로 되어있 다. Haenisch, p. 33에서는 그 용어를 독일어 "칸"으로 번역한다. 그 설명에 대 해서는 Haenisch, p. 153 참조.

84) Cleaves, Inscription(비문) I, p. 98; Khara-Davan, p. 33-35; O. Turan, "Cingiz adi hakkinda," *Belleten*, 5 (1941), 267-276 참조.

정한다. 이 때 칭기즈칸은 "매우 올바른 지도자"라는 의미가 된다.[85] 라시드 앗-딘은 "칭기즈칸"을 "위대한 최고 통치자"로 번역한다.[86] 카라-다반은 서부 몽골어(오이라트어 또는 칼미크어)에서 "칭기즈"는 "힘센", "단단한"을 의미한다고 지적한다.[87] 카라-다반의 견해에 따르면, 고대 몽골에서 그리고 테무친에게 적용시킨 것처럼 "칭기즈"는 육제 및 영혼의 충만한 에너지를 지닌 통치자의 힘을 의미한다. 지적해 둘 것은, W. 코트비츠에 따르면, 칭기즈라는 단어는 현대 동(東) 몽골에서는 만날 수 없다는 것이다.[88] 카라-다반은 이 단어가 칭기즈칸의 시대에 동 몽골어에서 존재했지만, 그의 사망이후 터부시되었다고 추정한다.[89]

"칭기즈"라는 말이 어떤 뜻을 의미한다 하더라도 테무친이라는 존재에 상징적 의미를 부여하려는 것은 분명했다. 과거 씨족의 우두머리, 그 후 몽골의 칸이었던 테무친은 이제는 전능한 황제로 선언되었다. 이러한 사건의 직접적인 결과는 무엇보다도 이웃 제국 금나라가 던진 도전에서 비롯되었다. 몽골인은 무엇보다도 몽골과 중국사이 국경지대에 거주하는 다양한 투르크 족과 탕구트 족뿐만 아니라 몽골의 후방인 시베리아 숲속에 거주하는 종족들에 대해 우선적으로 확고한 통제를 확보하지 않고서는 금 제국에 대한 그 어떤 공략도 감행할 수 없다는 것을 잘 알고 있었다. 결과적으로, 바로 그러한 종족들이 몽골의 강력한 확장을 최초로 감지할 운명에 처했다.

새로운 황제가 직면한 주요 임무가 군대 및 행정의 강화라는 것은 말할 필요도 없다. 바로 이것이 자신을 선출하였다고 하는 사실로부터 획득

85) Haenisch, p. 153.
86) Rashid 1A, p. 65.
87) Khara-Davan, p. 32.
88) Idem, p. 34.
89) Idem, p. 33-34.

한 황제의 전권이었다. 일단 선출된 이상 그에게는 완전한 전권이 주어졌다. 그리고 쿠릴타이는 마치 제헌의회처럼 통치자로 하여금 필요한 개혁 수행을 지원하는 황제의 참모기관이 되었다.[90] 열 명, 백 명, 천 명 단위로 구성된 군대조직의 십진법 체계는 완성 단계에 이르렀고, 만 명 단위(몽골어로 투멘(tumen), 러시아어로 찌마(tima))의 대규모 조직이 구성되었다. 수천 명의 군사로 군대가 구성되었을 때, "숲 속의 사람들을 고려하지 않아도"(아직 완전히 복속되지 않은) 그 군의 규모는 96개의 대대를 조직하기에 충분한 숫자였다.[91]

황제는 95명의 노얀, 즉 천 명으로 구성된 대대를 이끌 새로운 장수들을 직접 임명했다. 그들 가운데에는 유년기에 도난당했던 말을 되찾아 테무친에게 돌려주게 한 보구르치,[92] 타이치우트의 가신이었고 한때는 테무친의 적수였던 제베, 적들로부터 막중한 어려움을 당하던 시기에 자신의 운명에 대한 믿음을 테무친에게 불어넣었던 무칼리, 후에 몽골의 유럽 원정을 지휘했던 수부데이가 있었다. 보구르치와 무칼리는 천 명의 연대를 지휘하는 장수 칭호 외에도 만 명으로 구성된 새로운 연합군 사단을 지휘하는 임무를 각각 부여받았다.

나이만족과의 전쟁 이전에 구성되었던 일반 궁정 호위군은 칭기즈칸의 명에 따라 만 명의 황제 친위군 케식의 핵심을 구성하기 위해 재정비되고 확대되었다. 천 명의 바가투르 전사가 친위군의 대대를 구성했다. 각 군대로부터 가장 뛰어난 장수들과 군인들이 선발되어 친위군을 구성했다. 백 명 및 천 명 단위의 군대를 지휘하는 장수의 아들들은 자동으로 친위군에 소속되었으며, 다른 친위군들은 경쟁방식으로 선발되었다. 이

---

90) 이후 1206년의 개혁과 행정구현에 대한 요약은 비사, 202-234편에 의존한다.
91) Liddel Hart의 용어 사용에 따라 백호는 중대(squadrons), 천호는 대대(battalions) 그리고 만호는 사단(divisions)으로 각각 부르겠다.
92) 본장 4절 참조.

러한 구성방식은 친위군에 대한 충성과 복종을 보장했으며, 그 외에도 다른 이점들을 가지고 있었다. 각 군 하부 조직으로부터 친위군으로 파견되었으며, 십 호, 백 호, 천 호의 군대는 적든 많든 씨족들과 씨족 그룹들로 연결되었기에 각 씨족에서도 친위군에 파견된 형국이었다. 신뢰할 수 있는 친위군과 군 단위 속에서 군 내부간의 관계로 인하여 칭기즈칸은 이제 모든 몽골 민족에 대해 자신의 권력을 강화할 수 있었다. 바로 친위군이 칭기즈칸 제국의 전 군사조직과 행정체제의 토대가 되었다. 별도의 군대 조직으로서 친위군은 많은 특권을 누렸다. 칭기즈칸의 명령에 따라 친위군 병사는 천 명의 군사를 보유한 군사령관을 포함, 그 어떤 군 단위의 장수보다도 상위 직으로 간주되었다. 그러므로 어느 친위군 병사도 필요한 경우 그 어떤 군대도 지휘할 수 있었다. 그런 방식으로 친위군은 지금의 군사 아카데미와 흡사하게 되었으며, 친위군을 복무하고 나온 병사들은 필요한 경우 군대의 최고의 중대 임무가 부여되었다.

친위군은 평시에도 전시 근무상태였으며, 전시에는 황제의 직접 명령을 받는 중앙군을 구성하였다. 군인으로서 복무하면서 그들은 자신의 생계에 대해 돌볼 수가 없으므로 그들은 황제의 병영에서 주택과 식량을 받았다. 특별한 궁중 관리(cherbi)들이 임명되어, 황제 가족 및 친위군의 식량을 담당했다. 얼마 후 황제 가족에게는 봉록(封祿)이 제공되었다.[93] 유럽 봉건제와는 달리 재산은 봉토(封土)가 아니라 가축이 딸린 사람들의 집단으로 구성되었다. 예를 들어, 칭기즈칸 모친 오엘룬은 에수가이의 막내 동생 오치긴과 함께 일 만 유르트(천막, 살림 및 사람들이 딸린 야영 단위)를 받았다.[94] 칭기즈칸의 네 아들에 할당된 재산은 장자 순서에 따

---

93) 비사, 242-343편.

94) 비사, 242편에서 irke라는 용어가 사용되고 있다. Kozin은(p. 566) 요르케, 즉 가족과 동일시하고 있으며 "유르타"로 번역하고 있다("천막", "가족"이란 의미에서). Haenisch와 그를 이어 비사의 터키어 번역자인 Ahmet Temir는 이르케라는 용어를 "사람"("Leute", adamlar)으로 번역하고 있다.

라 분배되었다. 장자 주치는 구천 유르트, 자가타이(자가타이, 자아다이)는 팔천, 우게데이(오가타이)와 툴루이는 각각 오천 유르트를 받았다. 칭기즈칸의 형제들 가운데 카자르는 사천 유르트, 빌구타이는 천오백 유르트를 받았다. 조카 알치다이는 이천 유르트를 하사 받았다. 재산 분배는 황제의 통제를 받아야 했으며, 따라서 칭기즈는 일부 노얀들이 각 수혜자들을 권고하도록 명했다. 결과적으로, 황제 가족은 하나의 기관으로서 황제 체제의 일부가 되었다. 황제 가계(家系) 각 구성원의 병영(오르드, 오르다)은 위대한 칸에게 복속된 하나의 권력 단위가 되었다.[95]

또한, 당시에 칭기즈칸은 후에 몽골 제국의 가장 유용한 제도의 하나로 발전하는 전령(傳令) 그리고 파발(yam) 제도의 기초를 세운 것으로 추정된다. 다른 중요한 개혁은 최고 법원을 설치한 것이었다. 칭기즈의 이복형 쉬기-쿠투쿠가 장(長)으로 있었는데, 그는 양심적이고 권위 있는 법관으로 인정받았다.

앞에서 서술한 것들과 함께, 모든 개혁은 새로운 몽골 제국의 법전―칭기즈칸의 대야사(The Great Yasa)의 토대를 구성하는 것이다.[96]

칭기즈는 샤만이 국사에 개입하는 것을 허용하지 않았지만 전통 씨족의 우상에 대한 숭배를 강조하는 일은 유용한 일이라고 여겼다. 그래서 그는 바아린 씨족의―알란-코아 후손들 가운데 가장 오랜 가문―노인 우순을 벡으로 임명했다.[97] 우순에게는 흰 가죽의 외투와 백마를 하사했다. 그의 기능은 "해와 달을 정하고 조명하는 일"이었다. 그가 몽골 달력을 제정한 것으로 추정된다. 그는 또한 민족의 예언자가 되었다.

칭기즈칸을 제국의 황제로 추앙할 당시에 몽골 민족에게는 문자가 없

---

95) 제도로서 오르다(오르두, 오르도)에 대해서는 Wittfogel, pp. 508-517 참조.

96) 대야사에 대해서는 본서 2장 6절, pp. 149-163 참조.

97) 카간 권력의 한계에서 벡의 역할에 대해서는 Hirosato Iwai, "Chingis Qakhan's Enthronement and the Shamans,"(「칭기즈칸 즉위와 샤만」) *ASTH*, pp. 3-4(영어 요약) 참조.

었다. 새로운 제국이 문서 기록 및 보관 없이 기능할 수 없다는 것은 분명했다. 나이만 족을 격퇴시키면서 몽골인은 나이만족 칸의 서기를 포로로 잡아 갔다. 포로가 된 서기에게 테무친은 기록의 비밀과 국새가 지닌 의미에 대해 설명할 것을 명했다. 테무친은 모든 새로운 기술(記述)과 상황을 이해하는 타고난 명민함으로 문자 해독이 잠재적으로 지니고 있는 중요성을 즉각 이해했다. 그래서 그는 일부 참모 그룹들을 뽑고, 그들에게 글을 가르칠 것을 포로에게 명령했다. 쉬기-쿠투쿠 법관은 나이만의 서기를 활용하여 위구르 문자를 익힌 최초의 몽골인 가운데 한 사람이었다.

삼림 종족을 정복하는 일을 완수하라는 임무가 칭기즈의 장남 주치에게 내려졌다. 바이칼 호 서부 지역의 오이라트 족과 예니세이 강 상류 지역의 키르기스 족을 포함한 민족들은 별다른 저항 없이 1207년 몽골 제국에 복속되었으며, 복종의 표시로 흰머리 수리, 백 담비, 백마 등 값비싼 선물을 바쳤다. 매와 모피 이외에 예니세이 강 유역은 곡물을 생산하는 지역이기에 그 지역을 정복한다는 것은 제국에 있어서는 중요한 경제적 토대를 담지할 수 있다는 의미였다. 선발된 몽골 유년기의 아이들에게 문자를 익히도록 하는 훈련은 당시 위구르의 이디쿠트 지역에 대한 칭기즈 칸의 통치력을 인정하는데 결정적으로 기여했다.[98] 몽골족과 보다 더 문명이 발전한 위구르족과의 긴밀한 접촉은 여러 분야에서 몽골족에게 더 유익했다. 결국 위구르의 학자는 칭기즈칸의 서기가 되었다.

삼림 종족의 수장들이 칭기즈에 복종하는 가신들이 된 반면, 샤먼들은 황제의 권력 강화에 저항했던 것으로 보인다. 몽골족 가운데 가장 영향력 있는 샤먼으로는 코코추라는 무당이 있었는데, 에수게이가 죽기 직전에 그를 남은 가족의 보호자로 지명하였으나, 그는 바로 고난의 시기에 그

---

[98] 위구르 통치자의 직명인 이디쿠트(idiqut)는 "신성한 행운"(iduq qut)을 의미한다. Thomsen, pp. 129-130 참조. 몽골의 1362년 비문에서는 이디쿠트가 스스로를 칭기즈칸에게 복종하자 "천상의 의지를 따르는" 것이라고 칭송하고 있다. Cleaves, Inscription I, p. 84 참조.

가족을 버린 노인 문릭의 장남이었다.[99] 코코추는 추종자들로부터 "천상인"(텝 텡그리)이라고 불리던 인물로 알려져 있다. 그는 칭기즈로 하여금 자기 형제들의 의도를 의심하게 함으로써 황제 가계에 불화의 씨앗을 뿌리려고 시도했다. 한때 이러한 시도가 성공하여, "비사"에서 조차 칭기즈의 모친 오엘룬의 죽음을 아들들의 불화가 가져온 근심에서 기인한 것으로 적고 있다. 코코추는 또한 일반인들 및 노예들의 ─ 몽골인들 그리고 삼림 종족들 가운데 ─ 불만을 씨족 지도자들이 누리는 귀족적 특권에서 기인한 것으로 돌리려는 술책을 쓰곤 했다. "비사"에 따르면, 칭기즈칸의 일부 마부들과 노예들조차 샤먼에 동조할 준비가 되어 있었다. 칭기즈의 인내는 한계에 다다랐다. 결국 그는 형제들과 타협하여 그들이 원하는 대로 코코추를 처리하도록 허락했다. 그 샤먼은 "피 한 방울 흘리지 않고" 척추가 절단된 채 죽음을 맞게 되었다.[100]

6. 칭기즈칸 통치 시기의 몽골 확장

몽골의 군과 행정을 재정비하고, 위구르족 그리고 삼림 종족에 대한 정복으로 제국을 강화한 칭기즈칸은 오르도스 지역의 탕구트 왕족과 티베트 계통의 민족 칸수 족을 공격할 준비를 마쳤다. 칭기즈칸이 탕구트 수도에 도달하자 탕구트 인들은 몽골에 조공을 바칠 것을 약속했다. 칭기즈칸은 그들이 완전히 복속되기를 고집하지는 않았다. 원정의 주요 목적은 탕구트 족을 무력화함으로써 향후 계획대로 진행될 중국 원정 시에 탕구트 족으로부터 역습당할 위험을 제거하는 일이었다.

중국 원정 준비는 외교적인 그리고 군사적인 측면에서 매우 세밀하게

---

[99] 본장 4절, p. 44 참조.

[100] Kozin, p. 178.

준비되고 있었다. 금 제국에 수많은 첩자를 밀파하여 제국의 정황을 염탐하였다. 또한 중국과 교역하는 위구르 상인들에게는 필요한 정보를 수집하라는 지침이 내려졌다. 금 왕조의 치명적인 약점은 중국의 일부만을 통치하고 있었다는 점이었다. 더구나 금과 인접한 중국 남송은 대대로 중국 왕조의 통치하에 있었다. 금은 여진족 계통이 세운 왕조로 중국인에 대한 신속한 동화에도 불구하고 중국의 원주민은 그들을 이방인으로 간주했다. 금의 통치는 만주로부터 발해만, 한시, 산동 성과 허난 성 북부 지방을 포함하여 황하 남부의 지역까지 미쳤다.[101] 여진족의 원래 거주 지역은 북만주였다. 남만주에는 거란족이 거주하고 있었으며, 거란족은 여진족이 침입하기 전까지 북중국을 지배하고 있었다. 금 왕조에 대한 거란족의 충성은 매우 의심스러운 일이었다. 칭기즈와 그 참모들은 이러한 모든 정황에 대해 매우 주목하였다. 미래의 협력을 준비하기 위해 신뢰할 만한 첩자들이 영향력 있는 거란족의 지도자들에게 접근하였다.

　몽골에 있어서 금과의 전쟁은 타타르족에 대한 금의 지원, 특히 약 오십 년 전 치욕스런 암바가이 칸을 처형한 것에 대한 당연한 보복 행위였다. 스텝의 씨족사회에서 피맺힌 원수는 해를 거듭할수록 쌓여갔으며, 선조가 당한 모욕은 잊혀 지지 않고 자손 대대로 전래되었다. 몽골 민족 국가의 구현을 위해 칭기즈칸은 성전(聖戰)을 선포하였다. 출정을 앞두고 칭기즈칸은 자신의 거처로 가서 초자연의 푸른 하늘에 자신의 선조들이 겪은 고난에 대해 보복할 준비를 할 수 있도록 도움을 청하면서 3일 동안 기도를 드렸다. 군사들과 백성은 자신들의 황제가 처소에서 기도를 드리는 동안 처소 주위에서 사기충천하여 "텡그리(tengri), 텡그리"라고 부르며 하늘에 호소했다. 4일째 되는 날 칭기즈는 처소에서 나와 하늘이 승리를 보장했다고 선언했다.[102]

---

101) 이후 다른 언급이 없는 한 중국 지명 및 지방의 표기는 오류를 피하기 위하여 현대명을 사용한다.

몽골 최초의 중국 원정은 1211년에 시작되었다.[103] 금의 군사는 수적으로 우세했으나, 칭기즈칸은 금의 장군들보다 빈틈없는 전략가였다. 몽골군은 다양한 군 그룹으로 분리되었으며, 그들은 긴밀하고 완전한 상호 협조 속에 움직였다. 그에 반해서 여러 방면에서 공격을 받은 금의 장수들은 자신들의 군대를 분산시켜야만 했다. 이것은 칭기즈칸의 친위군으로 하여금 만리장성의 높은 성벽을 뚫고 전혀 예측할 수 없는 지점에서 공격을 감행할 수 있게 하였다. 몽골군 사단은 곧바로 북경을 향해 진격하는 한편, 다른 사단은 발해만 연안까지 도달하였다. 몽골군이 북경의 북쪽에 자리 잡은 황족의 말떼들을 대부분 차지할 수 있었다는 것은 대단히 중요한 요소였다. 이로 인하여 금은 자신들의 기마병을 보충할 수 있는 토대를 상실했다. 성에 대한 공략 경험 및 포위 장비 부족으로 몽골군은 견고하게 수비를 갖춘 북경을 서둘러 점령하려고 하지 않았다. 대신 북경 주위 전체를 매우 강력히 통제하고 있었다. 칭기즈의 외교력은 차츰 성과를 거두기 시작했다. 1212년 거란족은 금에 대항하여 반란을 일으켰고, 거란 종족의 수장들은 칭기즈칸의 영주권을 인정하였다. 2년 후 금 황제는 칭기즈와 평화조약을 맺었다. 그 조약에 따르면, 칭기즈는 엄청난 양의 값비싼 예물과 함께 금 황제의 양녀를 부인으로 들였다. 하지만, 양측 어느 누구도 평화가 오랫동안 유지되기를 원치 않았기에 평화는 곧 깨져버렸다. 금 황제는 수도를 제국의 남쪽으로 옮겨 방어선을 구축할 목적으로 북경을 포기하기로 결심했다. 남으로 향하는 길에 거란족에 포위된 황제의 군사 일부가 혼비백산하여 다시 북경으로 돌아갔다. 몽골군은 이 유리한 절호의 기회를 놓치지 않고 즉각 전쟁을 다시 개시했다. 1215년 북경은 함락되었다.

---

[102] Vladimirtsov, *Chingis-Khan* (『칭기즈칸』), p. 98-99.

[103] 중국 원정에 대해서는 Vladimirtsov, *Chingis-Khan*, p. 102-113; Khara-Davan, 8장; Martin, 5-9장 참조.

그러나 이것으로 전쟁이 끝난 것은 아니었다. 금 제국은 남부에서 항전을 계속하였다. 하지만 칭기즈칸의 주요 목적은 달성되었다. 북중국과 만주에서 몽골의 지배가 확고히 수립되었으며, 이들 지역은 칭기즈칸 제국의 일부를 구성하는 부분이 되었고, 몽골 군대 및 국가 구조에 상당히 오랜 기간 동안 영향을 미쳤다. 칭기즈는 이제 중국의 군사 기술자들을 자기 손에 넣게 되었을 뿐만 아니라, 경험이 많고, 교양 수준이 높으며, 잘 훈련된 문민의 관료들을 활용할 수 있게 되었다. 몽골인이 세계를 지배할 수 있는 능력을 지니게 되었고, 세계 정복에 매우 가까워진 것은 바로 그들의 도움과 위구르의 지원 하에 가능한 일이었다. 칭기즈칸의 참모 가운데 가장 잘 알려진 중국 참모로는 엘류이 추짜이로, 그는 원래 거란 귀족 가문의 후손이었으나 교육, 문화적인 측면에서 그는 중국인에 다름없었다.

북경에 정부를 세운 후 칭기즈칸은 무칼리에게 금 제국에 대한 전쟁을 마치도록 임무를 부여한 후 몽골로 되돌아갔다. 그는 이제 중국으로부터 중앙아시아에 눈을 돌렸는데, 그곳에는 아직 끝내지 못한 몇 가지 일들이 남아 있었다. 테무친이 1204년 나이만족에 승리를 거둘 때 마지막 나이만 칸의 아들 쿠츨룩은 서쪽으로 달아나 마침내 서요에 도달했다. 얼마 후 쿠츨룩은 피난처를 얻은 그곳에서 국내 정세의 불화의 틈을 타 직접 권력을 장악했다. 원래 네스토리우스 기독교인이었던 쿠츨룩은 후에 불교로 개종하였다. 서요 제국의 통치자로서 그는 기독교와 이슬람을 탄압하여 거센 저항을 불러 일으켰다. 칭기즈칸은 위구르족을 통하여 이러한 정세에 대해 상세히 파악하고 있었다.

칭기즈칸 전략의 중요한 원칙 가운데 하나는 적을 끝까지 궤멸시키는 데 있었다. 수 년 동안 중국에 대한 원정준비를 하면서 그리고 중국 원정을 감행하면서 쿠츨룩에 대해서는 잊어버렸으나, 이제 비로소 북중국에서의 권력이 강화되자 칭기즈는 불구대천의 원수에 대해 결정적인 타격을 입힐 준비가 되었나. 마침내 서요 지역으로 제베 노얀의 지휘 히에 두 몽골 사단 또는 투멘을 파견했다. 제베는 적국 서요의 영토 안으로 들어서자마자 종교의 자유를 선포하였다. 그렇기에 몽골인들은 기독교인들로부터 그리고 이슬람교도들로부터 해방군으로서 환영을 받았다. 제베는 원주민들의 지원 하에 쿠츨룩의 군에게 전광석화 같은 타격을 입히고 승리했다. 쿠츨룩은 도주하다가 살해되었다. 제베의 승리의 결과로 몽골 제국의 서부 국경은 이제 호라즘까지 이르게 되었다.

아무다리야 강 하류 지역, 서(西) 투르키스탄에 자리 잡은 호라즘(Khwarezm, Chwarezm)은 세계에서 가장 오래된 고대 문화지역 가운데 하나다. 높은 농업 수준은 아무다리야 강으로부터 매우 발전된 관개 체계를 수립하는 성과를 가져왔다. 수공업과 산업은 기원전부터 이 지역에서 번창했다.[104] 호라즘은 국제 무역에서 매우 중요한 역할은 하고 있었다. 중국과 지중해 국가들 사이, 인도와 남부 러시아 사이에 위치한 이유로 호라즘은 동과 서에서, 남과 북에서 오는 무역 대상들이 만나는 장소였다. 그래서 호라즘을 스텝과 사막의 바다에 떠 있는 정주 문명의 섬이라고 부를 수 있다. 바르톨드는 스텝 지역에서 호라즘의 교역의 역할을 해상 무역에서 영국 해협이 지닌 역할의 중요성과 올바르게 비교하고 있다.[105]

호라즘 주민의 뿌리는 이란인으로부터 기원을 두고 있다. 9세기와 10세기에 사마니 왕조의 계몽 권력 하에 나라가 번성했다. 하지만 10세기에 들어서면서 사마니 왕조는 오구즈라고 알려진 광범위한 투르크족 연맹으로부터 끊임없는 그리고 점증하는 강한 압력에 놓이게 되었다. 역사적으로 오구즈 국가는 6세기에서 8세기까지 존립했던 투르크 칸국의 일부였다.[106] 인종적으로 오구즈인은 투르크족과 이란족(알란)과의 혼혈이다.[107]

---

104) Tolstov, *Po sledam* (『발자취를 따라서』), 11장.

105) W. Barthold, *Istoriia Kulturnoi zhizni Turkestana* (『투르키스탄 문화생활사』), p. 34.

11세기 중반 우두머리 이름을 따서 셀주크라고 알려진 오구즈족 한 일파는 호라즘과 페르시아에 정착했다. 후에 셀주크는 소아시아를 침입했으나,[108] 중동지역에 대한 통치력을 점점 상실해 갔다. 그들에 대한 반대 저항세력의 중심 가운데 하나가 중앙아시아에서는 호라즘이었다. 1117년부터 이 지역은 대개 노예들로 구성된 투르크 용병 출신의 군사 총독 쿠트벤딘 무하마드가 지배하고 있었다.[109] 그는 독자적인 통치능력을 가진 왕조를 세울 수 있었다.[110] 처음에는 셀주크의 영주 하에 놓여 있었으나, 결국에는 독자적인 왕조를 건설하고 오랜 페르시아 전통의 '샤'라는 칭호를 받아들였다. 아무다리야 하류 지역의 도시 우르겐치가 제국의 수도가 되었다. 12세기의 마지막 25년에 걸쳐서 부하라와 북 페르시아는 호라즘에 통합되었다. 1206년과 1215년 사이에 호라즘 샤 무하마드 2세는 페르시아 남부와 아프가니스탄을 정벌하였다. 이제 그는 칭기즈칸과 조우할 운명이었다. 그러나 그는 그리 유리한 조건에 있지 않았다.

무하마드 2세의 제국은 넓은 영토에 번성하고는 있었지만 견고하지는 못했고 내부모순으로 분열되었다. 새로운 점령지 페르시아 변방의 주민들에게 있어서 호라즘-샤는 이방인이었다. 대체적으로 제국 내에서 그의 이란족은 투르크족과 잘 융합하지 못했다. 종교와 관련, 제국의 대부분의 주민은 이슬람교도였으나, 수니파와 시아파 원리간의 영원한 갈등이 있었으며, 다양한 시아파의 분파들은 이러한 대립을 더욱 부채질했다. 농민은 과도한 세금 부담을 불평하였고, 상인들은 도시 관리들에 대한 뇌물과

---

106) 투르크족의 카가나트에 대해서는 『고대 러시아』, pp. 178-179, 182-184 참조. 투르크족의 사회조직에 대해서는 Bernshtam, 5-6장과 비교할 것.

107) Tolstov, *Po sledam*(『발자취를 따라서』), p. 245.

108) 본장 2절, p. 25 참조.

109) 호라즘 군사의 투르크 용병의 역할은 이집트의 맘루크의 부흥과 비교될 수 있다.

110) Tolstov, *Po sledam*(『발자취를 따라서』), p. 174-176; Zambaur, p. 209와 비교.

무역통로의 치안 부재에 대해 분개했다. 통합된 군내도 존재하지 않았다. 영지(ikta) 소유자들은 자신들의 토지 임차인들 가운데에서 징집한 비정규군으로 편성된 군을 보유하고 있었다. 이러한 군은 훈련되지 못했다. 투르크멘의 전사들은 용맹하고 군인답기는 했으나 규율이 없는데다가 샤의 캉글리(킵차크) 친위대는[111] 군기가 문란했다. 석궁과 다른 전쟁무기 생산을 담당하는 군사기술자들은 권위 있는 경쟁력을 갖고 있었으나, 그들의 부대는 다른 군과 유기적으로 연결되지 못하였다. 게다가 샤의 궁정은 음모로 가득 찼다. 캉글리 출신으로 야망에 차있고 정열적인 샤의 모친은 자주 자기 아들의 계획에 개입하여 방해하곤 하였으며, 샤의 아들 가운데 가장 능력 있는 잘 랄 앗-딘에게는 아버지의 질투를 자극하도록 불어넣었다. 잘 랄 앗-딘의 인기는 부친의 권위가 빨리 떨어지는 만큼 주민들 사이에서 높아갔다. 설상가상으로 샤에게 재능의 부재는 일부 이슬람 율법학자들과의 암투에까지 이르게 되었다.

위구르인 및 중국인들과 교역을 하던 호라즘의 상인들로부터 호라즘-샤는 칭기즈칸의 북중국 정벌에 대한 소식을 알게 되었다. 그는 몽골의 지도자에게 겉치레로 축하 사절을 보내기로 결정했다. 진정한 목적은 몽골의 힘을 평가해보려는 것이었다. 그와 동시에 이슬람 상인들은 몽골에 대규모 대상을 보냈다. 칭기즈칸은 호의적으로 사절단과 상인들을 맞이했고, 그 응답으로 투르키스탄으로 자신의 사절단과 무역대상을 보냈다. 외교사절이자 무역 대상이기도 한 사절단은 호라즘 및 부하라 상인들로 구성되었다. 그들은 극동과의 교역을 확대하기 위해 일부러 무하마드 2

---

111) 『키예프 러시아』에서는 서구 및 비잔틴의 문헌에서 사용되고 있는 이름 형식에 맞춰 킵차크인들을 쿠만으로 언급해 왔다. 러시아인들은 쿠만인들을 폴로베츠인으로 부르고 있다. 동양 문헌에서는 대개 킵차크인으로 언급되어 있으며, 그들의 국가는 킵차키아 혹은 데쉬트-이-킵착으로 부르고 있다. 몽골의 시기에 이 이름을 사용하는 것이 보다 적합할 것 같다. 동부 킵차크인들을 자주 캉글리라고 부른다. Barthold, *Turcs*, pp. 88-91 참조.

세의 국민이 되었고, 칭기즈칸의 밀사들이 되기로 기꺼이 동의했다. 호라즘 제국의 국경에 도달한 사절단은 시르다리야 강가 오트라르 시에 머물렀다. 그곳에서 샤의 접견을 받아내기 위해 사절단은 우르겐치로 떠났다. 샤는 그들을 접견하기로 하였지만, 오트라르 총독은—샤의 비밀 명령에 의한 것으로 추정된다—칭기즈의 사절단을 살해하고 그들의 선물들을 탈취하라고 명령했다. 몽골 황제는 이 사건에 관한 소식을 듣고 사신을 무하마드에게 보내 오트라르 총독을 넘겨줄 것을 요구했다. 무하마드는 이 요구를 거절했을 뿐만 아니라 그 몽골 사신을 살해하라고 명령했다. 사신을 수행했던 자는 수염을 잘리는 모멸감을 겪고서야 비로소 몽골로 돌아갈 수 있도록 허락되었다. 칭기즈칸은 전쟁 이외 다른 대안을 선택할 수 없었다. 그는 비상 쿠릴타이를 소집하여 투르키스탄 원정에 필요한 모든 조치들을 검토하고 실행에 옮길 것을 결정했다(1218년). 이 쿠릴타이에서 1206년에 공표된 몽골 제국의 기본법들이 체계화되고, 문자화된 법전인 대야사가 승인된 것으로 추정된다.[112]

호라즘-샤 제국에 대한 원정은 중국 원정과 마찬가지로 매우 세심하게 준비되었다.[113] 제베는 의심할 여지 없이 자신의 서요 정벌 경험을 기반으로 유용한 조언들을 할 수 있었다. 제베 외에도 이슬람 상인, 위구르인, 그리고 다른 정보원(源)으로부터 획득된 투르키스탄에 관한 모든 정보들이 분석되었다. 이후 일련의 사건들이 증명하겠지만, 칭기즈칸은 호라즘샤의 군사력을 과대평가 할 수도 있었다. 군대를 확장하기 위해 칭기즈칸은 탕구트 지도자들에게 사절을 보내 군사원조를 요청하였다. 대답은 그렇게 우호적이지 않았다. "만약 당신에게 충분한 군사가 없다고 하면, 칸이라고 불릴 자격이 없다." 이것은 모욕에 다름 아니었다. 그렇지만 칭기

---

[112] 야사에 대해서는 본서 2장 6절, p. 149-163 참조.

[113] 투르키스탄 원정에 대해서는 Vladimirtsov, *Chingis-Khan*, pp. 125-140; Barthold, *Turkestan*; C. C. Walker, *Jenghiz Khan* (London, Luzac & Co., 1939), 4-6장 참조.

즈칸은 본연의 절제력을 발휘하여 투르키스탄 전쟁이 끝나기까지 탕구트 족에 대한 정벌은 뒤로 미루기로 했다. 1219년 봄 몽골군은 중가리아(중가얼 분지) 북부에 집결을 마쳤다. 주군(主軍)은 약 10만의 기병으로 구성되었다. 추가 병력까지 합치면 대략 15만 명에 이르렀다. 칭기즈칸 병사의 대부분은 중국 원정에서 장수들에게 아주 훌륭한 군사의 모습을 보여준 베테랑들이었다. 호라즘-샤의 군은 약 30만에 이르렀으나, 대부분이 병졸들은 충분한 자질을 지니지 못한 보잘 것 없는 군에 불과했다. 더군다나 무하마드에게는 어려운 시기에 갖추어야 할 황제의 끈기와 자질이 부족했다. 많은 주민들은 잘 랄 앗-딘을 총사령관으로 지명했다면 환영했을 테지만 앞서 말했듯이 샤는 만약 아들이 승리할 경우 권력을 잃게 될 것을 두려워하여 그를 신임하지 않았다.

이와 같은 상황에서 무하마드는 전쟁 작전을 승인했는데, 당시 주변인들뿐만 아니라 대부분의 역사가들에게도 매우 당혹스런 작전이었다. 몽골군의 대대적인 침략에 대비하여 군사를 집중시키는 대신에 상당부분의 군사를 오트라르, 부하라, 사마르칸트와 같은 대규모 수비 요새를 갖춘 도시에 배치하여 전력을 분산시켰다. 그리고 겨우 일부 호라즘 군에게 도시 방어선과 도시 외곽 야전군 사이의 연결 수송로를 확보하라는 임무가 주어졌다. 한편, 페르시아 지방의 현지통치자들에게는 원주민으로 구성된 예비군을 소집하라고 명령했다. 무하마드의 전쟁 작전은 칭기즈칸과 불화가 있기 전 칭기즈에게 보낸 사절들이 전해 온 칭기즈칸의 중국 원정에 대한 정보를 기초로 하고 있었다. 당시에 몽골인들은 그 어떤 요새도 함락시킬 수 있는 능력을 보유하지 못했다. 만약에 이런 점이 무하마드의 전략 수립에 고려되었다면, 그는 치명적인 오산을 내린 것이다. 칭기즈칸은 이제 자신의 휘하에 지원 준비를 갖춘 상당수의 중국 군사 기술자들을 보유하고 있었다. 투르키스탄 원정에서 몽골인들이 사용한 석궁과 같은 몇 가지 포위 무기들은 실제로 중국에서 실어온 것인지, 아니면 중국인의 지도하에 현장에서 이슬람 기술자들에 의해 직접 제조된 것인지는 명확하지 않다. 분명한 것은 이러한 장비들이 여러 전황(戰況)에서 자주 사용되었다고 하는 사실이다. 어떠한 장비도 사용할 필요가 없는 경우, 몽골인들은 오트라르, 부하라와 같은 견고하게 수비된 도시들을 포위할 때 기본적인 방식과 전술, 예를 들어 참호를 진흙과 돌멩이로 메우거나 성벽을 공격할 때에는 계단 구조물을 제작하는 등 원초적인 장비들과 전술들을 적용했다. 이러한 작업들은 중국 기술자들이 직접 또는 그들이 가르친 몽골인들이 제작하였을 것으로 추정된다. 전쟁 포로들 그리고 군에 소집된 원주민들은 노동력으로 활용되었다. 많은 경우에 있어서 그들이 먼저 성벽을 기어오르는 공격에 보내져 많은 사상자를 낳았지만, 그것은 몽골인들이 걱정할 일은 아니었다.

1219년 가을 칭기즈칸의 병사들이 오트라르 시 성벽에 나타났다. 도시를 포위하기 위해 일부 사단을 남겨놓고, 몽골 황제는 곧바로 선발 부대를 이끌고 부하라로 향하였다. 부하라로 향하는 길에 소규모의 거주민 대부분은 멸족을 두려워하여 대항하지 않고 투항하였다. 몽골족은 매번 도시 성벽을 파괴할 것을 명령했다. 대체로 주민들을 동요시키지는 않았으나, 그들은 정해진 수의 노예들을 제공해야만 했으며, 상당한 공물을 바쳐야만 했다. 그러나 부하라 도시의 권력가들은 도시를 사수하기로 결심했다. 부하라 수비대가 포위망을 뚫기 위하여 도시를 벗어나 저항하다가 궤멸당한 후에야 부하라는 투항했다. 성벽내부에 갇히게 된 군사들은 최후까지 12일간을 더 저항하다가 대부분 전사(戰死)했다. 전투에서 승리하자 칭기즈칸은 주민들에게 모든 재산을 남겨놓고 도시를 떠날 것을 명했다. 상인들과 장인들은 몽골인들을 위해 동원됐다. 일부 사료에 따르면, 운명에 목숨을 맡기고 남은 자들 대부분은 도살당했다. 버려진 도시는 군사들에게 약탈거리로 남겨졌고 도시는 불에 탔다(1220년).

부하라는 굴복하기 원치 않는 모든 도시의 적들에게 좋은 본보기가 되었다. 오트라르가 점령되자 칭기즈의 사절 대상을 살해한 도시 수장은 생포되어 혹독한 고문으로 숨졌다. 곧이어 사마르칸트도 몽골에게 함락되었다. 이렇게 하여 주요 요새들과 병사들을 잃게 된 호라즘 샤와 그 아들은 남으로 도망쳤다. 그러나 아버지와 아들의 도주 목적은 얼마 되지 않아 뚜렷한 차이를 드러냈다. 무하마드는 자신의 목숨만을 생각하여 그가 바라던 대로 카스피 해의 한 섬에서 무사히 살아남았다. 잘 랄 앗-딘은 그와 반대로 계속 저항하기로 결심하고 아프가니스탄 가즈니에 도착하여 새로운 군대를 조직하기 시작했다. 제베와 수부데이가 각각 이끄는 두 대대는 도망친 샤를 생포하기 위해 남으로 파병되었다. 무하마드를 추적하여 쫓던 몽골 원정군은 카스피 해 남쪽 해안을 따라 영토를 점령하면서 호라즘 샤의 서부 지방, 아제르바이잔까지 깊숙이 진격하였다. 두 장군은 이제 코카서스를 거쳐 북으로 '서유럽 국가' 정탐을 허락해 주도록 칭기즈칸에게 요청했다. 칸은 그들의 계획을 승인했다. 그 결과 1221-1223년에 러시아 남부에 대한 대담한 원정이 있었고, 러시아는 칼카 전투에서 대참패를 당하게 된다.[114]

1220-1221년에 이르는 몽골군의 전쟁 작전은 두 가지의 임무를 지니고 있었다. 호라즘의 수도 우르겐치 점령과 잘 랄 앗-딘이 새로 조직한 군사를 격퇴시키는 것이었다. 잘 랄 앗-딘의 격퇴를 위해 칭기즈칸은 자신의 이복형제이자 최고 법관 쉬기-쿠투쿠를 대장으로 하는 사단을 파병하였다. 이 군대는 잘 랄 앗-딘에 의해 패배를 당하여 몽골의 투르키스탄 원정에 있어서 유일하게 패배한 전투로 남게 되었다. 상황의 심각성을 깨달은 칭기즈칸은 자신의 막내아들의 수행 하에 자신의 주군을 호라즘 왕자에 대한 전투를 수행토록 하였다. 잘 랄 앗-딘은 퇴각하다가 인더스 강상류 강가에서 전투를 벌였다. 그곳에서 그의 군대는 격퇴를 당하고 그의

---

114) 『키예프 러시아』, pp. 235-239 참조.

아내들과 아이들은 몽골군에 의해 생포되었다. 그러나 그 자신은 말을 몰아 험한 강을 건너 도망쳐 육지로 사라지고 결국에는 델리까지 이르게 된다. 한동안 칭기즈칸은 남으로 계속 진격하여 인도까지 점령하는 가능성을 저울질했을 것이 틀림없다. 그러나 그와 장수들은 이러한 전쟁을 수행하는 것이, 특히 고산준령을 넘는다는 것이 대단히 어렵다는 것을 알고 있었다. 다른 이들 가운데 누구보다 엘류이 추짜이는 원정을 강력히 반대했다. 결국 몽골 칸은 인도 원정을 포기하고 회군하였다.

한편, 우르겐치를 점령하라는 명을 받은 칭기즈칸의 세 아들은 ― 주치, 자가타이, 우게데이 ― 주치와 다른 두 아들사이의 불화로 늦어지기는 했으나 함락에 성공할 수 있었다. 포위작전의 일부로 몽골군은 도시 상부에 위치한 아무다리야 강의 중심 둑을 파괴함으로써 관개 체계에 돌이킬 수 없는 타격을 입히고, 결과적으로 호라즘의 농업을 다시는 재건할 수 없을 만큼의 막대한 손실을 입혔다. 대규모 둑을 파괴한 결과, 최근까지도 아무다리야 강의 물길은 이전처럼 아랄 해로 유입되지 않고 서쪽 카스피 해로 흘러들게 바뀌었다고 추정해 왔다. 하지만 최근의 고고학 연구들은 이러한 이론을 확인시켜 주지 못하고 있다.[115]

투르키스탄 점령을 끝내고 칭기즈칸은 자신과 군에게 휴지기를 주었다. 칭기즈칸이 도교 승려인 창춘과 철학의 대화를 나누게 되는 시기가 바로 이 때이다.[116] 이미 1219년에 칭기즈는 도교인들이 연금술을 이해하고 생명의 영약을 발견하였다고 들었다. 그래서 그는 도교의 보다 유명한 대표자인 창춘에게 자신을 방문해 줄 것을 제안했다. 그때까지 초대를 거부하였던 창춘은 이번만큼은 제안을 수용하여 길고도 험한 여정을 시작했다. 칭기즈는 병영에서 그를 최고의 예우로 대접하였다. 첫 번째 만남

---

[115] Tolstov, *Po sledam*(『발자취를 따라서』), pp. 296-316.

[116] Bretschneider, 1, 93-97; A. Waley, *Travels of an Alchemist*(『연금술사의 여행』) (London, G. Routledge & Sons, 1931), pp. 100-102, 111-120.

에서 황제는 즉각 생명 영생의 비밀을 알기를 원했다. 철학자는 자신이 그러한 비밀을 갖고 있지 않다고 솔직하게 말했다. 비록 실망하기는 하였으나, 칭기즈는 도교 원리에 대한 관심을 잃지 않고 창춘과 세 번을 더 만났다. 서요의 관리는 창춘의 말을 몽골어로 통역했다. 칭기즈칸은 강의에 흡족하였고, 장춘의 철학이 사람을 영생하도록 할 수는 없더라도 적어도 사람의 생명을 지킬 수 있음을 지적했다.

한편, 새로 점령된 국가의 질서 회복을 위한 조치들이 수립되었다. 현지 상인들의 통제 하에서 새로운 과세 체계가 시행되었고, 그러한 상인 가운데에 마흐무드 얄라바흐는 칭기즈칸이 신임하는 참모 가운데 한 사람이었다. 주민들에게는 평화로운 일상의 일을 할 것을 명했고, 통행 길에 나타나는 노상강도들을 없앴다. 그렇게 해서 초기 처참한 폐허의 시기가 지나고 나라는 일상의 삶으로 돌아왔을 뿐만 아니라, 이전보다 더욱 훌륭한 행정을 얻게 되었다. 하지만, 호라즘의 관개시설이 복구되기까지는 많은 시간이 흘러야만 했다.

칭기즈칸은 1225년 몽골로 돌아왔다. 이제 그는 투르키스탄 원정에 도움 요청을 거부한 탕구트 족을 정벌할 준비를 마쳤다. 하지만 그들이 필연적으로 궤멸할 수밖에 없다는 것을 알기에 서두르지 않았다. 그는 자신의 제국의 조직 완성도를 높이는 데에 많은 시간을 할애했다. 이미 설립된 행정 제도는 이제 정복된 거대한 세계, 그리고 정복될 세계에 대한 통치에 적용되어야만 했다. 소위 야사라도 불리는 법전의 최종본이 완성되고 공포된 것은 1225-26년이었을 것이다.

1226년 가을 칭기즈칸은 탕구트를 향해 진격했다. 탕구트족의 도시들은 하나 둘씩 함락되고 몽골군은 승리의 향연을 만끽했다. 그러나 원정이 끝나기도 전에 칭기즈칸은 말에서 떨어질 때 얻은 부상으로 사망한다.[117]

---

117) 일부 문헌에 따르면, 칭기즈칸은 화살에 맞아 치명상을 입었다. 그의 마지막 원정과 죽음에 대해서는 E. Haenisch, "Die letzte Feldzüge Cinggis Hans und

칭기즈의 지시에 따라 막내아들 툴루이는 아버지의 죽음을 비밀에 부쳤다. 막내아들은 탕구트 원정뿐만 아니라 투르키스탄 원정에도 아버지를 수행한 장본인으로 전쟁 수행을 지휘하는 군사령관의 직위를 상속받았다. 탕구트족의 저항이 마침내 진압되고 나서 칭기즈칸의 죽음을 아군과 적군들에게 알렸다. 칭기즈칸의 주검은 몽골로 이송되었다. 그를 매장한 정확한 장소는 비밀에 부쳐졌다. 일부 사료에 따르면, 몽골인들이 신성시하는 부르칸 산맥 숲 속에 매장되었다고 한다.[118]

　칭기즈칸은 사후에도 민족을 인도하는 영혼, 민족의 구현자로 몽골 역사 속에서 계속 살아 있다.[119] 그의 이름은 그를 계승한 지도자가 출간한 중요한 국가 문서마다에 언급되고 있다. 야사는 몽골 제국의 기본법으로, 칭기즈칸의 잠언록(bilik)은 미래 세대에게 주는 지혜의 샘이 되었다. 칭기즈칸의 자손들만이 옥좌를 계승할 수 있었다. 칭기즈칸에 대한 열정적인 숭배는 역사가로 하여금 제국 건설에 있어 그의 역할에 대한 평가를 어렵게 한다. 칭기즈칸의 성공의 비결은 무엇보다도 그 자신의 끊임없는 노력의 결실인가? 어느 정도가 그의 점령지 지도자들과 참모들의 재능이며 그리고 어느 정도가 적들의 분열인가? 모든 지도자들이 적의 실수를 활용하는 방법을 아는 것은 아니다. 칭기즈칸은 적들의 실수를 완전히 활용했다. 그의 참모들의 역할에 관해서는, 적재적소에 사람을 배치하는 칭기즈칸의 능력은 전쟁을 수행하는 데 있어서나 제국 건설에 있어서 여러 조치들이 성공을 거둘 수 있도록 하였다는 데에는 의심의 여지가 없다. 칭기즈칸은 자신에게 도움을 베푼 장수들, 외교관들, 그리고 관리들의 도

　　sein Tod nach der ostasiatischen Überlieferung," *AM*, 9(1933), 503-551 참조.

118) 몽골 칸들의 장례에 관해서는 Grum-Grzymailo, *2*, 64-66 참조.

119) 1362년의 몽골 비문에서 칭기즈칸을 Suu Jali로 부르고 있으며, '지도하는 영혼'이라는 뜻이다. Cleaves, *Inscriptions* 1, p. 92와 p. 131, 주석 259. Cf. Kotwicz, "Formules initiales," p. 131; Mostaert, p. 321; Poppe, "Opisanie,"(「기술」) pp. 171-172 참조.

움에 대해 기꺼이 사의를 표하고 성대한 포상을 내렸다. 그럼에도 칭기즈칸의 통치기에 수립되었던 모든 중대한 정치적, 군사적 결정의 이면에 그가 있었다는 점은 분명하다. 칭기즈칸은 부하들의 행동을 조정할 수 있는 능력을 가지고 있었다. 그리고 군사령관으로서 일국의 관리자로서 넓은 시각과 현실에 대한 감각을 소유했다는 것을 확신 있게 말할 수 있다.

칭기즈칸은 생을 마칠 때까지 글을 읽을 줄 몰랐으며, 습관에 있어서도 생의 기쁨을 이해하는 데 있어서도 전형적인 유목민이었다. 모든 유목민들이 그런 것처럼, 그에게 있어서 삶의 낙은 사냥이었다. 그는 말을 잘 알았다. 그는 자신이 살았던 시대의 전통에 따라서 몇 명의 아내와 많은 첩을 두고 있었다. 그는 백성들의 지나친 음주를 경고하였으며, 자신 또한 과하지 않았다. 어떤 점에 있어서는 위대한 장군은 그 자신이 부관들보다도 더 본능적이었고 야만적이기도 했다. 라시드 앗-딘에 따르면, 칭기즈칸은 어느 날 부관들과 생의 최고의 덕은 무엇인지에 대해 이야기하고 있었다. 보구르치는 최고의 덕은 봄에 매를 데리고 최고의 속력으로 말을 타는 것이라고 말했다. 다른 이들도 사냥을 최고의 덕이라고 평했다.

칭기즈칸은 동의하지 않았다. "인간 최고의 덕은 ― 승리에 있다. 적에게 승리하고, 그들을 추적하여 그들의 재산을 박탈하고, 그들을 사랑하는 자들로 하여금 통곡하게 하고, 그들의 말을 타고 그들의 딸과 아내들을 껴안는 일이라고 그는 말했다."[120] 이러한 발언을 한 사람이 당시의 학자들과 토론의 즐거움을 만끽할 수 있었고, 항상 새로운 지식을 얻으며, 삶과 죽음에 대해 철학적으로 사유할 준비가 되어 있었다는 것은 역설적이다. 분명한 것은 칭기즈칸은 건강하고 굳건한 사람이었다. 하지만 개인의 품성에 있어서는 신경 발작이 있었다고 하는 지적이 있으며, 이것은 유년기와 청소년기에 겪었던 많은 병리적인 충격들로 인하여 확대되었음에

120) D'Ohsson, 1, 초판, 306; Vladimirtsov, *Chingis-Khan*, p. 166과 비교할 것.

틀림없다. 중국 원정 이전까지 겪었던 삶의 심각한 위기 때마다 그의 종교적인 열광, 기도 주문에 대한 열정이 여기서 나오는 것이다. 비록 유년기부터 그는 자신의 추종자들을 이끌고 수 없이 적과 싸우는 용감한 전사로 간주되었지만, 그에게는 그의 아버지에게 존재했던 주위에 대한 진정한 자비로운 관계가 부재했던 것 같다. 그는 경솔하지 않았으며, 전형적인 몽골 청년이 오직 전투에 관해서 생각했을 법한 상황들 속에서도 자기 개인의 안전에 관해서 생각했다. 이것은 특히 메르키트 족이 자기 병영을 침입했을 때 적에게 자신의 젊은 신부를 남겨두고 도망갔을 때 뚜렷이 드러난다. 확실한 것은 그의 삶은 자기 자신을 위해서가 아니라, 그의 위대한 운명, 그가 반드시 세워야 할 운명에 처한 미래 제국의 이름으로 보존되어야만 했던 것이다. 그럼에도 칭기즈칸의 행위는, 설령 이 행위를 자기 통제의 증거로서 간주한다 하더라도, 무엇보다 비겁함에 가까워 보인다.

블라지미르초프는 칭기즈칸을 "천재적인 야만인"으로 적절하게 불렀다. 천재적인 야만인의 문제를 다루면서 라도슬라브 A. 차노프는 특정한 위인과 행복한 사람들에게는 초자연적 능력, 소위 "마나mana"라고 부르는 것이 존재한다는 폴리네시아 신앙을 인용한다. 이것은 비밀스런, 최고의 관념으로 "인간의 보통의 힘 이상, 일상의 자연적인 과정밖에 존재하는"의 그 무엇인 것이다.[121] 이러한 시각에서 보면, 칭기즈칸 자신의 초우주적인 메시아에 대한 믿음은 그를 사로잡은 힘 "마나"에 대한 자기 반영으로 간주될 수도 있는 것이다. 스스로 그는 이것을 천(天)이 인도하는 것으로 이해했다.

칭기즈칸의 외모에 대한 신빙성 있는 기술은 존재하지 않는다. 1221년

---

[121] Radoslav A. Tsanoff, *The Ways of Genius* (New York, Harper & Brothers, 1949), pp. 40-41; R. H. Codrington, *The Melanesian* (1891), p. 119, and R. R. Marett, *The Threshold of Religion* (2nd ed., 1914), p. 105.

북경을 방문한 송나라 사신의 기록이 얼마 전까지만 해도 중요한 근거였
으나, 지금은 그것이 칭기즈칸을 묘사한 것으로 간주되지 않는다.[122] 하
지만, 북경의 황궁에 있는 중국 화가가 그린 일련의 몽골 황제들의 초상
화 가운데에는 훌륭한 칭기즈칸 초상화가 존재한다. 1928년에 간행된 것
이다. 안토니 모스타에르트 신부에 따르면, 이 초상화들은 원조(元朝)시
기의 황제들의 모습과 틀림없다. 각 황제의 용안과 의복은 신뢰할 만하
다.[123] 황제들의 초상화에 나타난 각각의 얼굴은 당시 각 황제가 통치했
던 시대의 그림들이 아니라 할지라도 신빙성 있는 묘사들에 근거했던 것
으로 추정된다.

7. 우게데이(Ugedey) 통치하의 몽골 확장

칭기즈칸은 죽음에 앞서 첫 부인 보르테로부터[124] 얻은 아들들에게 제

---

[122] Vladimirtsov, p. 9와 각주 2.

[123] Antoine Mostaert, "A propos de quelques portraits d'empereurs mongols," *AM, 4*
(1927), 147-156. 내게 보낸 1951년 5월 3일자 서한에서 모스타에르트 신부는
친절하게도 초상화에 대한 몇 가지 추가 정보를 알려주었다. 그는 "이 몽골
황제와 황녀들의 초상과 관련하여 나는 북경에 있는 오래된 황궁에서 초상
화들을 보았습니다. *AM IV*에 수록된 일화를 쓰기까지만 해도 초상화들을 보
지는 못하였습니다. 내가 받은 인상은 그것들이 원조 시기의 것들이라는 것
이었습니다."라고 적고 있다. 그 초상화들에 대한 사진은 *Portraits of Emperors
and Empresses of China*(『중국 황제와 황녀의 초상』)(Shanghai, The Times
Publishing Co., 1927년경; 소장하고 있지 않음)이라는 이름으로 발간된 것으
로 알고 있다. 초상화들은 또한 중국에서 발간된 "Former Palace Weekly,"(「구
궁주간」) 1932, Nos, 131-138에도 실려 있다.(저자는 이와 관련하여 Francis
W. Cleaves와 Richard L. Walker에게 감사드리는 바이다) 칭기즈칸의 초상을
포함하여 일부 초상화들은 위에서 밝힌 모스타에르트 신부의 논문에도 수록
되어 있다. 칭기즈칸의 초상은 또한 Khara-Davan과 Kh. D. 마르틴을 포함하
여 1928년 이후에 출간된 대부분의 그의 전기에서도 볼 수 있다.

[124] 오직 그들만이 합법적인 승계자들로 간주되었다.

국의 일부 울루스를 각각 나눠 주었다.[125] 툴루이는 막내아들로서 보르지긴족의 통치 핵심인 몽골 중앙 및 서부 지역을 할애 받았다. 자가타이는 일리 강 유역을 중심으로 하고 있는 이전 서요 제국의 영토를 받았다. 이르티시 강 상류를 포함한 중가리아 지역은 셋째 아들 우게데이 지배하에 들어갔다. 마지막으로 새로 점령한 아랄 해 북부지역(지금의 카자흐스탄)은 첫째 아들 주치에게 분배되었다. 주치 사망 후(칭기즈칸은 주치의 사망 소식을 자신의 죽음을 앞으로 얼마 남겨두지 않고 알게 되었다) 그 지역은 주치의 둘째 아들 바투에게 넘겨졌다.

울루스 외 칭기즈의 각 아들은 몽골군에 대한 분할 지휘권을 추가로 받았다. 툴루이는 가장 커다란 배당을 받았다. 129,000명 가운데 101,000명의 군사를 받았다. 땅의 분배, 군사의 분배 그 어느 것도 통일제국의 분열을 지향하지는 않았다. 군사의 분배는 단지 쿠릴타이에서 새로운 칸이 선출되기 전까지만 해당되는 것이었다. 일시적으로 툴루이의 섭정이 되었다.

모든 몽골의 지도자들은 오직 칭기즈칸의 후손들만이 왕좌를 차지할 수 있다는 데에 동의하였다. 쿠릴타이는 단지 그들 가운데 선출하는 것뿐이었다. 이와 관련하여 지적할 것은 툴루이가 비록 아버지의 총애를 받았지만 칭기즈칸은 자신이 죽기 전에 후계자로서 우게데이를 선택하였는데, 그의 견해로는 우게데이가 다른 세 아들보다 더 제국을 통치할 능력이 있었기 때문이었다. 섭정은 명백하게 씨족의 지도자들에게 어떤 압력도 가하기를 원하지 않았으며, 그들로 하여금 후보자를 잘 선택할 충분한 시간을 주었다. 1229년 결정을 내려야 할 쿠릴타이가 마침내 열렸다. 쿠릴타이 구성원의 많은 이들이 툴루이를 선호했다. 하지만 툴루이는 후보

---

125) "울루스"라는 용어는 여러 가지 의미로 사용되었다. 그 단어는 "영지", "국가", 그리고 "민족"(국가 또는 그 일부의)를 의미하기도 한다. Vladimirtsov, p. 59, 98-101 참조.

로 나서기를 거부하여 만장일치로 우게데이가 선출되었다.[126]

새로운 통치자는 통일 제국에 대한 아버지의 이상을 유언으로 받아들여 이 과업에 대해 매우 진지하게 받아들였다. 그의 권력 하에서 몽골 제국은 뚜렷이 스텝생활의 낡은 관습에서 새로운 행정체제로 이동했다. 이에 대한 특징이 몽골 왕조에 관한 중국사에 서술되어 있다. 북중국을 점령한 뒤 몽골 구세대의 한 현인은 우게데이에게 북중국의 민족을 없애고, 도시와 촌락을 땅에서 사라지게 하고, 북중국 전영토를 방목지로 바꾸라고 제안했다. 그는 몽골에게 있어서 북중국에 거주하는 민족의 존재는 아무런 쓸모가 없다고 설파했다. 엘류이 추짜이는 이러한 야만적인 계획을 수립하는 데에 반대하며 몽골 제국에 거주하는 비유목민에 대해 그들의 상업과 산업에 대해, 철광 및 다른 광물자원의 활용에 대해 세금부과와 징수를 통해 이익을 얻는 방법을 우게데이에게 제안했다. 그는 화폐, 포목, 쌀 등에서 많은 이득을 얻을 것이라고 주장했다.[127] 중국인에게 다행히—몽골인에게도—우게데이는 엘류이 추짜이의 프로그램을 받아들였다. 그렇게 함으로써 그는 미래 몽골 제국 통치의 굳건한 기초를 닦았다.

우게데이는 또한 위구르인 국사 친카이와 이슬람 상인 마흐무드 얄라바흐의 조언에도 귀를 기울였다. 그들의 견해를 참고하여 그는 제국 행정제도의 발전과 향상, 그리고 대내 및 대외관계에서 제국권력의 강화를 위해 막대한 노력을 들였다. 그는 자가타이와 긴밀한 상호 협력관계 속에서 행동했으며, 생존해 있는 제일 나이 많은 형으로서 그와 중요한 모든 사안에 대해 협의하였다.

어떤 나라에 대한 새로운 정복을 숙고하기 전에 중국과 페르시아에서의 몽골의 지배를 회복해야 했는데, 이 두 지역에서 몽골의 권력이 약화되었기 때문이다. 1223년 무칼리의 죽음 이후 몽골의 중국 진격은 속도가

---

126) 우게데이의 즉위에 관해서는 Iakinf, pp. 148-287; Grousset, pp. 285-301 참조.
127) Ratchnevsky, pp. vii-viii 참조.

느려졌고, 1228년 적군의 반격에 부딪혔다. 몽골은 칭기즈칸의 사망 이전에 페르시아에서 후퇴했다. 처음 기회를 맞이하여 델리로부터 돌아올 수 있었던 잘 랄 앗-딘을 페르시아 현인들과 도시들은 술탄으로 인정하였다. 우게데이는 페르시아보다는 중국에서의 상황을 더 염려했다. 따라서 몽골의 주군은 툴루이의 지휘 하에 금나라 정벌에 나섰다. 금 정벌에 성공하기 위해서 우게데이는 남송과 화친을 맺었다. 남송은 몽골군의 승리 후에 금의 지방 허난 성을 자신들에게 돌려줄 것을 조건으로 금 정벌에 원군을 보낼 용의가 있음을 표명하였다. 송과 협력 하에 몽골은 1234년까지 금 정벌을 마쳤으며 툴루이는 정벌 종료 이전에 사망했다.

중국에 대한 본격적인 원정과 동시에 몽골군은 페르시아와 고려에도 파병되었다. 1231년 고려는 몽골의 지배를 인정하였다. 1230년 몽골의 세 사단은 초르마간-노얀의 지휘 하에 페르시아에 진입했다.[128] 몽골인에게는 행운이었으나 잘 랄 앗-딘에게는 불행했던 일은 그는 자신의 국가에 대한 미래 몽골군 원정의 불가피성을 이해하지 못했던 것이었다. 그와 그의 군은 몽골군과의 치열한 전투를 치를 준비를 하는 대신에 가까운 중동 지역에 빠져들어 이라크, 북시리아, 그루지아에 대한 지배를 확대하는 데 전력을 다했다. 이러한 헛된 노력이 가져온 결과로 몽골군이 잘 랄 앗-딘의 야전군이 머무르던 아제르바이잔에 나타났을 때, 그는 모든 이웃 나라들과의 잦은 충돌로 친구하나 없이 홀로 남게 되었다는 것이다. 비록 완전히 허를 찔리긴 하였으나, 잘 랄 앗-딘은 고난의 탈주를 다시 하게 되었고, 그 탈주로 후에 유명해졌다. 그러나 새로운 군대를 조직하려는 그의 시도는 무산되었다. 대부분의 지지자들에 의해 버림받은, 재상들로부터 배반당한 술탄은 아나톨리아로 도주하는 길에 몽골군에 의해 또 다시 포위되었다. 그는 다시 쿠르드스탄의 산악으로 도주하여 그곳에서 1231

---

128) 우게데이의 통치기에 몽골의 페르시아 원정에 관해서는 Spuler, *Iran*, pp. 35-38 참조.

년에 그가 누구인지도 모르는 강도들에 의해 살해되었다. "이것은 용맹한 사자가 여우들에 의해서 죽어야 하는 운명의 장난으로 보인다."라고 동방의 한 작가는 술탄의 죽음을 논평하고 있다.[129]

잘 랄 앗-딘의 패배가 가져온 결과 가운데 하나는 투르크멘(오구즈) 군의 분열이었다. 많은 투르크멘 종족은 몽골 침략으로부터 처음 도주할 당시에 잘 랄 앗-딘을 추종하여 뒤를 따랐다. 그들은 술탄이 델리에서 페르시아로 돌아왔을 때 그를 지원하기 위해 모여들었다. 이제 또다시 그들은 우두머리가 없는 상황에 처하게 되었다는 것이다. 그들 가운데 일부는 투르키스탄으로 돌아가 몽골의 속국임을 인정하였다. 다른 이들은 시리아와 소아시아 등 서구로 이주하기를 선호했다. 소아시아로 이주한 이들 가운데는 에르토그룰을 지도자로 하는 약 오백 세대의 가족들이 있었다. 이 그룹은 다행히 셀주크 술탄 통치 지역에 도달하는 데 성공하였다. 에르토그룰은 술탄의 가신이 되어 비잔틴 제국의 국경에 인접한 프리지아에 있는 수구트 가까이에 땅을 하사받았다. 당시 이 사건은 별다른 의미를 가지지 못하는 것으로 보였으나, 결국 에르토그룰의 아들 오스만이 오토만 제국의 설립자가 됨으로써 미래 근동 아시아 역사의 중요한 역사적 사건이 된다.

보다 투르크멘 전사, 보통 '호라즘인'으로 알려진 대규모 그룹이 이라크로 이동하여 현지 이슬람 통치자에게 자신들의 충성을 제안했다. 비도덕적이고, 규율이 없던 그들이었기에 주위 근처 지역을 정복할 수 있는 기회조차 상실하였다.[130]

금 제국의 멸망과 페르시아 정치 구도에서 잘 랄 앗-딘이라는 인물이 사라지고 몽골은 새로운 정벌을 준비했다. 정벌 계획의 승인을 위해 1235년 쿠릴타이 회의가 소집되었다. 이 역사적인 회의에서 몽골 지도자들은

---

129) An-Nasawi, *Histoire du Sultan Djelal el-Din Mankobirti*, O. Houdas, 번역 및 편집, p. 230; Grum-Grzymailo, 2, 461와 비교할 것.
130) Halphen, p. 415.

동시에 4개의 방향으로 원정을 단행키로 결정했다. 두 방향은 극동으로, 최초 점령 이후 반란을 일으킨 고려와 남송으로, 다른 하나는 중동―이라크, 시리아, 코카서스, 소아시아의 셀주크 술탄을 향해, 그리고 마지막으로 서구 유럽을 향하기로 결정하였다.

최고 정예의 몽골군은 고려와 유럽으로 파병되었고, 중동의 쵸르마간-노얀에게 일부 지원군이 파송되었다. 남송 정벌에 나선 군사 대부분은 금제국의 백성이던 여진족으로 북중국에서 동원되었다. 남송과의 전쟁은 불가피한 것이었는데, 원래 지원군 파견 조건이었던 허난 지방을 송에게 돌려주기를 거부한 우게데이의 결정 때문이었다. 몽골의 3개 군은 몽골 장수의 지휘아래 남송으로 진격하였으나, 초기의 손쉬운 승리 이후 후퇴해야만 했다. 전쟁은 장기전의 양상을 띠게 되었고, 우게데이의 후반기 지배 하에서 변화된 것은 없었다. 몽골군은 고려에서 발생했던 격렬한 저항을 수년간에 걸친 진압 끝에 확실한 승리를 거둘 수 있었다(1241년).

몽골군은 중동에서 쵸르마간-노얀의 지휘 하에 북(北) 페르시아에 대한 통치를 복원할 수 있었으나, 이라크의 바그다드 칼리프를 궤멸시키기에는 충분치 못한 군사력을 보유하였음을 증명하게 되었다. 그럼에도 불구하고, 몽골군은 그루지아, 아제르바이잔, 아르메니아를 정벌했다. 1220-21년 몽골군에 의해, 1226년에는 잘 랄 앗-딘에게 침탈당한 불행한 나라 그루지아는 1239년에 몽골의 보호령이 되었다. 몽골은 우게데이 통치시기에 셀주크 술탄에 한 번도 공격한 적은 없었으나, 이제는 소아시아의 셀주크 술탄에 대한 공격준비를 할 수 있었다.

우게데이 통치하에 이룩한 업적 가운데 가장 성대한 것은 바로 유럽을 향한 원정에서 상당한 성공을 거둔 것이었다. "유럽의 땅"은 주치 울루스의 잠재적 확장 대상의 영토로 간주되었다. 주치의 둘째 아들이자 계승자 바투(러시아어 바틔)가 유럽 원정의 총사령관으로 임명되었다. 하지만, 바투의 힘이 이 임무를 수행하기에 부족하다는 것은 분명했다. 칭기즈칸은 몽골군을 아들들에게 배분하면서 주치에게 4천의 몽골군을 배속시켰다. 그 이상의 군대가 그에게 배속되었다는 증거는 없으나, 바투는 몽골군하에 투르크멘 포로와 자신의 울루스에 사는 다른 투르크족으로 구성된 새로운 군대를 조직할 전권을 부여받았다. 투르크족의 충성에 대해서도 검증할 필요가 있었고, 설령 투르크족으로 보강된 바투의 지역 군대라 하더라도 유럽을 점령할 만한 힘은 되지 못했다. 그래서 우게데이는 몽골 제국이 모든 울루스가 자신의 군사를 보내 바투를 돕도록 명령했다. 그렇게 해서 유럽 원정은 범(汎) 몽골의 국가적 사안이 되었다.

바투는 칭기즈칸의 모든 후예들을 대표하는 황족으로 구성된 참모군단을 지휘했다. 그들 가운데에는 우게데이의 아들 구육과 카단, 툴루이의 아들 몽카, 그리고 자가타이의 아들 바이다르 및 손자 부리가 있었다. 각자는 엄선된 몽골군으로 구성된 대규모 정벌군을 동원했다. 한편 바투가 명목상의 참모총장이었으나, 몽골군 사령관들 가운데 보다 뛰어나고, 보다 경험이 풍부한 수부데이는 지금으로 말하자면 총사령관에 임명되었다. 수부데이는 1222-23년에 걸친 러시아에 대한 이전의 원정 경험에서 러시아 군대 작전을 잘 알고 있었다. 바투의 핵심군대는 아마도 5만여 명에 달했을 것이다. 새로 구성된 투르크 연합군과 다양한 지원군을 통산하면 총 군사는 12만 또는 그 이상이 되었을 것이나, 통치와 수비를 담당할 엄청난 지역을 감안한다면 진격 당시 작전에 동원될 수 있는 바투의 야전군 수는 많아야 5만 이상은 되지 못했을 것이다.

원정군은 칭기즈칸의 전형적인 작전과 마찬가지로 매우 훌륭히 준비되었다. 전령 군과 첩자들은 필요한 정보들을 미리 수집하였다. 볼가 불가르 인, 그리고 볼가 강을 따라 거주하던 러시아 동부 변방의 민족들뿐만 아니라 볼가 강 및 돈 강 하류의 킵차크 족과 다른 민족들도 러시아에서 활동하는 몽골 군대의 후방을 확보하고 그들과의 견고한 군수 통로를 확보하기 위해 최우선적으로 격퇴시켜야만 했다. 이러한 목표의 대부분은

2년간에(1236-37년) 걸쳐 성공을 거두었다. 몽카가 킵차크 족을 격퇴하는 한편, 바투는 수부데이와 협력 하에 볼가 강의 불가르 칸을 점령했다. 불가르 칸의 수도 대 불가르 The Great Bulgar는 1237년 궤멸되었다. 그 해 가을 바투의 주군은 불가르 지역의 볼가 강을 도하했다.

이와 관련, 지적해 둘 것은 1222-1223년 몽골의 최초 러시아 원정이 남부 러시아를 목표로 하였다면, 이번에는 최초로 북동부 러시아를 점령하기로 수부데이는 결정했다는 점이다. 그는 자신의 첫 번째 러시아 원정 중에 칼카 전투를 성공으로 이끌었던 이유들 가운데 하나는 블라디미르 공국의 수동성이었다는 점을 잘 알고 있었다.[131) 그는 포로들로부터 블라디미르 공국이 러시아 공국 가운데 가장 강력하다는 것을 알고 있었다. 수부데이는 키예프 땅과 헝가리로 유럽 깊숙이 진격을 계속할 의사를 가지고 있었으므로 미래 작전을 위해서 몽골 북익(北翼)군의 안전을 보장해야만 했다. 이것으로 북부 러시아 공국의 권력을 파괴시키는 것이 향후 유럽 확장의 전제조건이 되었다. 현대인에게, 특히 나폴레옹 및 히틀러의 군대가 러시아의 "동(冬) 장군들"로부터 겪은 잘 알려진 고난을 상기한다면 매우 역설적이라고 보일 테지만, 수부데이는 북부 러시아에 대한 작전을 펼치는 데 겨울이 가장 적합한 시기임을 간파했다. 몽골의 겨울도 혹독하고, 몽골인 또한 혹한에 익숙해 있었다. 더구나 그들은 자신들의 가죽 모피로 혹한을 잘 견딜 수 있었다. 몽골의 말 또한 겨울을 두려워하지 않았으며, 폭설이 내리지 않는 한, 눈 속의 잎들과 먹이들을 찾을 수 있었다. 겨울 원정의 유리함은 무엇보다도 북부 러시아의 수많은 강과 호수들이 얼음으로 뒤덮여 침략자들의 작전수행을 매우 용이하게 하였다는 점에 있었다.

비록 러시아인들은 볼가 강 유역 불가르 칸에 대한 몽골의 진격에 대해 알고 있었지만, 사태의 심각성을 깨닫지 못하고 있었다. 아마도 불가르인들이 얼마 동안은 몽골인들을 저지할 것으로 생각하고 있었을 것이

---

131) 『키예프 러시아』, pp. 237-238 참조.

다. 그렇기에 바투가 볼가 강을 건넜을 때 러시아인들은 그의 공격에 대항할 충분한 준비 태세가 되어있지 않았다.[132] 몽골인들은 곧장 블라디미르를 공격하는 대신에 먼저 오카 강 중류에 위치한 랴잔을 쳐들어갔다. 랴잔은 1237년 12월 21일 함락되었다. 그곳에서 몽골군은 모스크바로 향했다. 비록 당시에 모스크바는 주요 도시는 아니었지만, 도시가 차지한 중심적 위치는 수부데이의 전략에 있어서 중요한 목표가 되었다. 모스크바를 함락하고 도시를 불태운 그는 블라디미르를 봉쇄하였을 뿐만 아니라, 대공 권력의 재정적 토대가 되었던 부유한 노브고로드를 포함, 모든 러시아 북부를 위협할 수 있게 되었다.

유리 2세 대공이 할 수 있는 일이라고는 볼가 강 상류에서 저항군을 조직하기 위해 자신의 부하들과 함께 북으로 후퇴하는 일 외에 다른 대안이 없었다. 수도인 블라디미르의 축성 기술이 지닌 견고한 힘을 믿으며, 자신의 아내 및 두 아들 그리고 상당수의 수비군을 남긴 채, 북에서 새로 조직한 군대로 도시를 구하러 올 때까지는 포위망을 버텨낼 수 있다고 기대했다. 유리는 우선 몰로가 강의 지류인 시트 강 연안에 본영을 세웠는데, 몰로가 강은 볼가 강 상류에서 갈라지는 지류이다. 상황 분석을 마친 수부데이는 러시아 군대의 이동을 파악하기 위해 정탐 군을 북으로 파견하고, 블라디미르로 주군을 보냈다. 6일간의 포위 끝에 1238년 2월 8일 공격으로 도시는 함락되고, 대공의 가족을 포함, 살아남은 자들은 모두 살해되었다. 그리고 수도 블라디미르는 완전히 파괴되었다. 몽골군은 즉시 시트 강으로 향했다. 러시아군을 교묘히 속이고 대공의 군대를 여러 방면에서 공격했다. 러시아군은 궤멸되고 유리 2세는 3월 4일 전투에서 사망했다. 마침내 노브고로드로 향한 길이 열리고, 몽골군은 그곳으로 향

---

132) 바투의 러시아 원정에 관해서는 Karamzin, 3, 281-293 그리고 4, 9-15; Soloviev, 3, 171-176; Khara-Davan, pp. 171-176; Spuler, pp. 16-20; ZO, pp. 207-217; Minorsky, Caucasus III 참조.

했다. 하지만 그들은 목표를 100킬로미터 남기고 멈춰야만 했다. 몽골군 장수들은 봄이 찾아와 해빙이 되면 길을 다닐 수 없게 될 것을 두려워하여 세밀한 분석을 마친 뒤 되돌아가기로 결정했다. 오던 길로―식량과 말여물의 기반이 파괴된―돌아가는 대신에 몽골군은 곧장 남으로 향했다. 회군하는 길에 영지와 촌락을 약탈하면서도, 자신들의 행군을 지체시킬 수 있는 도시와의 충돌을 피하며 돌아갔음에 틀림없었다. 하지만 예외가 있었다. 그들의 귀로에 자리 잡고 있던 지금의 칼루가 주에 속하는 작은 도시 코젤스크는 투항하기를 거부했다. 도시를 함락하는데 오랜 시간이 걸리지 않을 것으로 확신한 몽골군은 공격하기로 결정했다. 하지만 오판했다. 코젤스크 함락에 7주가 걸렸으며, 그 수비대들이 모두 살해된 뒤에야 전투는 끝났다. 이후 몽골군은 남동쪽 돈 강 하류로 향했다. 여기서 몽골군은 병사와 말에게 필요한 만큼의 충분한 휴식을 가졌다. 말들은 카자흐스탄에서 탈취한 말과 더불어 킵차크 족으로부터 포획한 말들이 대부분을 차지했다.

1239년 한 해 동안 몽골군은 소규모 작전만 감행했다. 몽카는 북 코카서스의 알란인과 체르케스 인 거주 지역 대부분을 격퇴했다. 바투는 종국적으로 킵차크 족 대부분이 몽골의 권력을 인정토록 강요했다. 하지만 약 4만의 킵차크 인들은 코티안 칸의 지도하에[133] 헝가리로 이주하기를 선호했다. 그 뒤를 따라 도네츠 지역의 수많은 알란인들이 이주했다.[134]

1240년까지 휴식을 취하고, 재정비를 마친 바투군은 다시 유럽 원정의 개시 준비를 마쳤다. 그해 여름, 몽골군은 페레슬라브와 체르니고프 도시를 점령하고 약탈했다. 그 뒤를 이어 선발군을 이끌던 몽카는 사신을 키

---

[133] Kotian에 관해서는 『키예프 러시아』, pp. 237, 239 참조.

[134] 폴로베츠인들의 헝가리 이민에 대해서는 E. Csuday, *Die Geschichte der Ungarn* (2n ed. Budapest, 1900), 1, 537-539 참조. Homan, 1, 537-539. 알란족(Iasians) 의 동시 이민에 대해서는 Kulakovsky, *Alany*(『알란족』), pp. 71-72; S. Szabo, *Ungarisches Volk*(Budapest and Leipzig, 1944), pp. 41, 42 참조.

예프로 보내 투항을 종용했다. 당시 키예프를 갈리시아의 나니엘 윗자기 임명한 지방 관리가 지배했다.[135] 도시에는, 지금으로 말하자면 "협상단"이라고 부를 만한 그룹이 존재하고 있었다. 그러나 그 그룹들의 예상치 못한 행동을 두려워한 키예프 권력가들은 몽카의 사절단을 살해해 버렸다. 이 사건으로 도시에 저주가 내리기 시작했다. 즉각 몽골군은 성문으로 진격하여, 도시는 불과 며칠간의 처절한 저항 끝에 1240년 12월 6일 함락되고 말았다. 살아남은 자 대부분이 학살되었고, 도시는 폐허로 변했다. 우크라이나 드네프르 강 우안(右岸)의 보잘 것 없는 공작들과 촌락 사회는[136] 이제 점령자들의 권력을 인정하고 "몽골인을 위해 농사를 짓기를", 즉 몽골군이 필요로 하는 수수와 다른 농작물을 제공하는 데 동의했다.

그러나 대부분의 서부 러시아 공작들은 자신들의 피난처를 헝가리와 폴란드에서 찾았으며, 이것은 바투로 하여금 필요하다면 두 나라를 공략할 수 있는 빌미를 주었다. 바투는 또한 헝가리 국왕 벨라 4세가 코티안 칸과 그를 따르는 킵차크 인들에게 피난처를 제공하기로 한 결정을 빌미로 공격할 기회를 엿보고 있었다. 몽골군에게 있어서 헝가리가 지닌 근본적인 목적은 헝가리가 스텝지구의 가장 서쪽에 자리를 잡고 있어 8세기 이전에 아틸라와 그의 훈족이 했던 역할과 마찬가지로 미래에 중부 유럽에서 몽골의 기마 군단이 펼치는 그 어떤 작전에도 이용할 수 있는 훌륭한 기지가 될 수 있다는 데 있었다.[137] 게다가 고대 헝가리인 마자르 인 역시 과거에 유목민이었으며, 그들의 고대사(古代史)도 투르크족과 긴밀히 연관되어 있기에[138] 그들이 몽골-투르크 연합에 가담하는 것은 가능한 일이었다.

---

135) 갈리시아 다니엘의 초기 활동에 대해서는 『키예프 러시아』, pp. 226-227, 228-229, 230, 237-238, 240 참조.

136) 우안(右岸) 우크라이나 지역은 드네프르 강 서부 우크라이나이다.

137) 아틸라 제국에 대해서는 『고대 러시아』, pp. 137-146; E. A. Thompson, *History of Attila and the Huns*(Oxford, Oxford University Press, 1948); F. Altheim, *Attila und die Hunnen*(본장, 주석 27) 참조.

몽골군은 폴란드에 대해 직접적인 관심을 가지지는 않았으나, 수부데이의 전략은 헝가리 원정 작전에 있어서 있을지도 모르는 몽골 우익(右翼)군에 대한 잠재적인 위협을 제거하기 위하여 폴란드 원정을 필요로 하고 있었다. 아무튼 1240년 연말까지 중부 유럽뿐만 아니라, 서유럽도 몽골군의 위협에 직면해 있었다. 서유럽 제(諸)민족이 자신들의 행동을 어떻게 조정하고, 몽골 침략군에 대항하여 단합된 저항을 조직하느냐 여부에 많은 것이 달려 있었다. 하지만 이것은 행동하기보다는 말하기 쉬운 일이었다. 봉건 유럽은 내부 모순에 봉착해 있었고, 게다가 로마 가톨릭 유럽의 주요 갈등은 최고위급에서 — 상대방의 권위를 무너뜨리기 위해 모든 가능한 일을 벌였던 황제와 교황의 투쟁이 최고조에 달했다.

서유럽이 노브고로드와 시리아를 향한 두 전선으로 몽골군의 침입을 알게 된 것은 1238년이었다. 영국 서지(書誌)가 매튜 파리스는 "고트란드와 프리슬란드의 주민들은[139] 그들의 (몽골군) 침략이 두려워, 청어 시장이 열리는 시기에 일상적으로 청어를 선적하여 영국의 야머스로 항해하지 않았기에, 그 해는 청어가 너무 많아 헐값이었다."라고 전하고 있다.[140] 프리슬란드는 당시에 네덜란드인을 가리켰다. 분명히 그 나라는 1238년 당시 몽골의 러시아 침입으로 직접 해를 입을 수는 없었을 것이다. 하지만 프리슬란드와 발트 해의 고트란드 섬은 1195년 조약에 따라 노브고로드와 매우 긴밀한 상업관계를 가지고 있었다.[141] 노브고로드의 상선들은 고트란드와 프리슬란드 상선들과 마찬가지로 발트 해와 북해를 오고갔다. 이러한 사실을 염두에 둔다면 우리는 매튜 파리스의 서술을 더

---

138) Moravcsik, 1, 27-28, 58-64; L. Ligeti, ed., *A Magyarság Östörténete* (Budapest, 1943); 『키예프 러시아』, p. 319 참조.

139) 라틴어 원본에서는 "Gothia et Frisia," *Matthaei Parisiensis Chronica Majora*, H. R. Luard, ed. (London, Longman & Co., Trübner & Co.) *3* (1876), 488.

140) Matthew Paris, 1, 131.

141) 『키예프 러시아』, p. 121 참조.

잘 이해할 수 있게 된다. 노브고로드인들은 1238년 몽골군에 맞설 준비를 하면서 도시의 모든 인적, 물적 자원들을 동원해야만 했다. 결과적으로 노브고로드의 상인은 북해에 자신이 상선을 보낼 수도 없었고, 청어 매입과 관련된 그 어떤 의무도 이행할 수 없었다.[142]

　몽골 침입에 관한 소식이 발트 해를 통해서 알려지는 동시에, 근동에 대한 몽골의 침략 소식을 가지고 시리아로부터 영국과 프랑스에 사절들이 도착했다. 사라센 특사는 "단지 산악의 노인(이슬람 암살단 우두머리인 셰이크)의 입장을 대신하여" 유럽 국가에 도움을 청했다.[143] 중동 지역 이슬람의 이러한 태도에 대한 이해를 위해서는, 비록 교황으로부터 진정한 십자군 원정이라고 인정되지는 않았으나(그가 황제와 갈등을 빚고 있었기 때문에), 보통 6차라고 불리는 십자군 원정 당시 프리드리히 2세 황제의 유화 정책의 결과로 팔레스타인에서 이슬람과 기독교의 긴장 관계가 완화되었다는 것을 상기할 필요가 있다. 프리드리히의 정책은 "비신도"와 그 어떠한 타협도 원하지 않는 교황주의자들로부터 중재 정책이라는 비난의 낙인이 찍혔다. 이러한 이유로, 그리고 암살단들은 존경받을 만한 연합세력으로서 간주될 리 없었으므로 1238년 사라센의 대사들은 프랑스나 영국에서 환영받지 못했다. 원체스터 주교의 대답은 이점을 잘 설명해 주고 있다. "그 개들이 승리하고 혹은 패배할 때까지 서로 서로를 능란하도록 하라지. 바로 그때 우리는 살아남은 그리스도의 적들과 투쟁을 계속하여 세계가 하나의 가톨릭교회, 하나의 사제, 하나의 신도에 속하도록 그들을 살해하고 이 세계를 청소하자."[144]

---

[142] 언급해 둘 것은 Matthew Paris의 저서에서 Gothia와 Frisia라는 이름에 대한 상당한 혼란이 일고 있다는 점이다. 그가 번역한 프리드리흐 2세 황제의 서한(1, 339)은, "타타르인들이 초원에서 프리슬란드, 고틀란드, 폴란드, 보헤미아와 같은 나라들을 사막같이 황폐시켰다"고 말하고 있다. 여기서 분명히 고티야와 프리시야는 일부 러시아 혹은 국경지역을 가리키고 있는 것이다.

[143] Matthew Paris, *1*, 131.

[144] *Idem*, *1*, 132.

지적해 둘 것은 주교의 말속에 담겨있는 당시 가톨릭교도의 공격적 태도는 비기독교인 "비신도"뿐만 아니라 그리스 정교를 포함한 "이단자"와 "분리파"에게도 향한 것이라는 점이다. 가톨릭 국가들은 중동에서 이슬람교도들과의 협력 이념을 거부하였고, 그들 가운데 스웨덴족과 튜턴 기사들은 러시아를 침략할 절호의 기회가 왔다고 간주하기까지 했다. 스웨덴족이나 튜턴 기사들은 당시에 이교도들 ― 핀란드만 북쪽의 핀 족과 카렐리아 족, 남으로 리투아니아 족, 라트비아 족, 에스토니아 족들이 ― 모두 칼과 십자가로 기독교화 되어야 한다고 사로잡혀 있었다. 그리고 그들 모두 당시 북부 러시아 도시들 노브고로드와 프스코프의 세력이 약화된 것을 간파하고 있었다. 비록 노브고로드, 프스코프 그 어느 도시도 몽골군으로부터 궤멸되지는 않았으나, 적어도 당분간은 황폐한 블라디미르 대공국으로부터 그 어떤 도움도 받을 수는 없었다.

　마침내 1240년 7월, 스웨덴군은 강력한 비르게르의 지휘 하에 노브고로드의 해상 봉쇄를 위해 네바 강 하구에 나타났다. 그들이 내륙을 향해 나가기 전에 유리 2세의 조카이자 노브고로드의 젊은 왕자 알렉산드르는 작지만 정예군을 이끌고 네바 강에 도달하여 스웨덴군에 대해 혹독한 참패를 안겼다. 스웨덴군은 군사력의 대부분을 잃고 비르게르 자신을 포함, 겨우 소수의 패잔병만이 핀란드로 후퇴할 수 있었다. 이 승리로 알렉산드르 왕자는 넵스키("네바 강(江)의")로 더 유명해졌다.[145] 이 모든 일이 몽골군에 의해 체르니고프가 함락되던 시기에 일어났다.

　스웨덴이 노브고로드로 진격하는 동안, 리보니아(역주 : 지금의 발트3국) 기사들은 프스코프로 향했으나, 1240년 그 어떤 결정적인 성공도 거두지 못하였다. 한편, 몽골군이 폴란드와 실레지아로 진격하자, 리보니아 기사들과 우호관계에 있는 튜턴 기사단은 군사를 프스코프로 보내는 대신에 도움을 요청하는 실레지아 공작의 호소에 부응할 수밖에 없었다.

---

145) 네바 강의 전투에 대해서는 Karamzin, *4*, 25-28; Soloviev, *3*, 186-188 참조.

1241년 4월 9일 몽골 전위군은 폴란드-독일 연합군을 실레지아 지방의 리그니츠(Lehnica) 근처에서 격파했다.146) 폴란드 역사가 매튜 미에쵸프에 따르면, 숨진 연합군 수는 승리를 거둔 몽골군이 전투가 끝난 벌판에서 찾은 적군의 시체에서 잘라낸 한쪽 귀의 양이 9개의 커다란 포대에 담을 수 있을 만큼이나 되었다.147) 바로 그 전에 몽골 주군은 카르파타 산맥을 지나 헝가리로 진입했다. 4월 11일 바투와 수부데이는 티자 강과 사조(솔로나) 강이 합류되는 지점에서 헝가리 군을 격퇴했다. 몽골군의 유럽 원정군은 이제 실레지아에서 남쪽의 보헤미아와 모라비아로 향했다. 헝가리로 조속한 이동 명령을 받은 몽골군은 도시 포위에 시간을 낭비할 수 없었다. 그들은 소규모의 여단 단위로 나누어 진군하였으며, 이동 경로를 따라 위치해 있는 국가들을 약탈했다. 보헤미아의 왕 바츨라프는 클라즈코 근처에서 몽골군을 물리쳐 체코인의 정신적 사기를 올렸으나, 몽골군의 전략에 아무런 영향도 미치지 못하였다. 널리 퍼져있는 전설과는 달리 모라비아에서 커다란 결정적인 전투는 없었다. 1주 또는 2주 만에 소규모 몽골군은 모라비아 영토를 휩쓸고 갔다.148)

---

146) 바투의 서방원정에 대해서는 Grousset, pp. 298-300; Spuler, pp. 20-24; Harold T. Cheshire, "The Great Tatar Invasion of Europe,"(「타타르의 유럽 침공」) *Slavonic Review*, 5 (1926-27), 89-105; Shinobu Iwamura, "Mongol Invasion of Poland in the Thirteenth Century,"(「13세기 폴란드에 대한 몽골의 침공」) *MTB*, 10(1938), 103-157 참조. 보헤미아와 모라비아에서 타타르의 이동에 관한 가장 훌륭한 저술은 Vaclav *Novotný*이다. 특히 *Novotný*, *1*, 3쇄, 1005-1009 참조. 중부 유럽에 대한 몽골 원정에 관하여 원전에 대한 뛰어난 분석과 학구적인 저작으로는 *Novotný 1*, 3쇄, 715-748 참조.

147) Matvei Mekhovsky (Mathias de Miechov), *Tractatus de duabus Sarmatiis* (Traktat o dvukh Sarmatiiakh)(Moscow and Leningrad, 1936), p. 54(러시아 번역본은 "열 개의 보따리"에 대해 말하고 있다), 그리고 p. 136(라틴어 원본에는 "아홉 개의 보따리"- novem saccos에 대해 말하고 있다). 메콥스키의 저서는 1517년에 최초로 발간되었다.

148) 모라비아의 기사 야로슬라브 쉬테른베르그 하에 모라비아에서 체코인이 몽골에 입힌 심각한 타격에 대한 전설은 노보트니에 의해 명쾌하게 해체되었다. 하지만, 그 신화는 최근에도 Spuler(p. 23)와 Grekov(*ZO*, p. 217)에 의해서도

몽골군이 1241년 여름 내내 헝가리를 약탈하면서 체류하는 동안 벨라 4세는 크로아티아에서 저항군을 조직하려고 노력했다. 자그레브에서 그는 교황, 황제, 왕들에게 도움을 간청하는 내용의 절박한 서한을 보냈다.

벨라 국왕의 간청 이전 유럽 국가들은 폴란드와 보헤미아로부터 또는 그 명의로 유사한 도움을 요청하는 서한들을 받았다. 로펭 백작은 폴란드의 불행을 묘사하는 글을 브라반타 공작에게 보냈다. 브라반트 공작은 파리 주교에게, 코롱 대주교는 영국 왕에게 서한을 보냈다. 파리 주교는 즉각 편지 내용을 루이 9세의 모친인 여왕 블랑에게 알렸다. 그녀는 자기 아들을 불러 그가 다가오는 위험에 맞서 조치들을 취할 것을 부탁했다. 그는 자신의 깊은 종교적 감각과 운명에 순종하는 내용으로 화답했다. "어머니, 부디 천사의 평화로 우리를 지배토록 하시기를. 만약 우리가 타타르라고 부르는 자들이 우리에게 와야만 한다면, 우리가 그들이 나온 고향 타르타루스(역주 : 지옥)로 그들을 물리쳐 보내던가 아니면 그들이 우리를 천상으로 보내던지 둘 중의 하나입니다."[149]

헝가리의 비참한 패배 소식을 들은 황제 프리드리히 2세는 우선 전(全) 서유럽 군주들에게 헝가리, 보헤미아, 그리고 폴란드를 도와야 한다고 역설하는 내용의 서한을 돌렸다. 교황 그레고리 4세도 몽골군에 대한 십자군 원정을 호소했다. 그러나 황제와 교황과의 반목은 계속되었으므로 그 효과는 가져올 수 있었던 것보다 훨씬 적었다. 프리드리히는 프랑스 국왕에게 "교황의 잔꾀와 탐욕에 대해" 경고하였는데, "그는(교황) 자신의 탐욕스런 야망 속에서 이제 모든 기독교 왕국들을 자신에게 복속시킬 목표를 가지고 있으며, 예를 들어 영국의 옥좌를 차지하려는 계획을 세웠던

반복되었다. H. T. Cheshire는 또한 쉬테른베르그의 승리를 언급하고 있지만, 그의 연구는(각주 146에서 언급한) 노보트니의 저서가 출간되기 이전에 세상에 나왔다.

[149] Matthew Paris, *1*, 341.

것이다. 이제 그는 매우 성급하게 그리고 자기 망상 속에서 황제들을 자신의 머리아래 조아리게 강요하려고 한다."[150] 다른 한편, 교황을 지지하는 이들은 "황제가 타타르들과 이러한 침략을 조직하고 이러한 교묘한 편지로서 자신의 추악한 범죄를 감추려는 것이다. 그리고 자신의 억제할 수 없는 야망으로 그는 마왕처럼 또는 반(反) 그리스도처럼 모든 세계의 군주들에 대항하는 음모를 꾸며서 기독교 신앙의 최종적인 침몰로 몰고 가는 것이다."라는 소문을 퍼뜨렸다.[151]

이러한 갈등의 결과로 벨라 국왕이 유럽으로부터 그 어떤 실질적인 원조도 받지 못했다는 것은 너무나 당연하다. 실제로 진행되었던 유일한 십자군 원정은 프스코프와 노브고로드를 향한 튜턴 기사들의 원정이었다. 리그니츠 근교의 전투에서 패배에도 불구하고 튜턴 군대는 리보니아의 원정을 지원할 수 있었다. 프스코프는 1241년 함락되었고, 1242년 3월 튜턴 기사 군대는 노브고로드를 향해 진격했다. 그러나 그들은 멀리 못 갔다. 알렉산드르 공작은 그들을 마중, 그 유명한 "얼음 위의 전투"라고 부르는, 페이푸스 湖 빙상에서 그들을 궤멸시켰다(1242년 4월 5일).[152]

헝가리의 몽골군은 1241년 12월 말 결빙한 도나우 강을 건너 크로아티아를 진격하여 곧 자그레브를 함락시켰다. 달마티아로 도주한 벨라 국왕 뒤를 쫓아 군사들이 추격했다. 몽골 기마군이 아드리아 해 스플리트까지 추적하자 왕은 배를 타고 섬으로 위험을 피했다. 몽골군은 달마티아 연안 두브로브니크(Raguza)와 카타로(Cattaro)까지 도달했다. 또 다른 몽골군은 헝가리에서 비엔나 근처 클로스테르뉴부르그까지 파견되었는데 서(西)유럽으로 향하는 길을 정탐하려고 보낸 것으로 추정된다. 몽골 주군(主軍)은 헝가리에서의 오랜 휴식 후에 이제는 유럽에 대한 새로운 원정길

---

150) *Idem*, *1*, 347.

151) *Idem*, *1*, 348.

152) "빙판 위의 전투"에 관해서는 Karamzin, *4*, 30-32; Soloviev, *3*, 189-190 참조.

앞에서 평정을 가다듬고 있었다. 유럽 민족들은 자신들의 결속 부족으로 상황으로 점점 다가오는 침입을 막아낼 기회들은 거의 없었다.

뜻밖에도 유럽은 저 멀리 몽골에서 일어난 사건으로 구원받게 되었다. 대칸 우게데이가 1241년 12월 11일 사망했던 것이다. 1242년 봄 사망소식이 바투에게 도달하자 그는 원정에 대한 모든 준비를 연기했을 뿐만 아니라 자신의 군대를 북 세르비아와 불가리아를 거쳐 남부 러시아로 퇴각시켰다. 이러한 퇴각은 순전히 정치적 이유에서 비롯된 것이었다. 바투는 새로운 대칸의 선출에 영향력을 미치고 싶었다. 특히 스스로를 잠재적인 후보로 간주했기 때문이었다. 더군다나 헝가리 원정에서 그는 우게데이의 아들 구육과 자가타이의 손자 부리와 심하게 논쟁하였으며, 그 둘은 매우 분개한 상태에서 몽골로 돌아갔다. 바투의 소청에 따라 우게데이는 두 장수에게 혹독한 처벌을 내렸다. 이제 우게데이가 사망하였으니 그들은 바투를 음모하여 복수하리라는 것은 자명했다. 바투는 분명 염려되었다. 그에게 있어서 몽골 정치에서 권력 투쟁은 유럽의 점령보다 더 중요한 일이었다.

우게데이는 사망 당시 약 51세였음에 틀림없다. 그는 음주를 절제하지 못하여 건강을 해쳤던 것으로 보인다. 사망에 앞서 자신의 장점과 죄를 평가하면서 그는 자신이 두 가지의 나쁜 악을 가지고 있다고 공공연히 자랑했다. 술과 음란한 여인들.[153] 모스타에르트 신부는 원 왕조의 초상화 가운데 우게데이에서는 정말로 술 중독의 특징이 나온다고 지적한다.[154] 그러나 그가 자연사했다고 하는 것을 의심할 수도 있다. 요한 플라노 카르피니에 따르면, 그는 아들 구육의 "아주머니"에 의해 독살되었다고 한다.[155] 그 여자가 누구이든지 서구 유럽은 그녀를 구세주로 간주해야만 한다.

---

[153] Kozin, p. 199.

[154] A. 모스타에르트, *AM*, *4*, 147.

[155] Plano Carpini M, pp. 56-57.

제 2 장
몽골 제국

1. 구육(Guyuk)의 통치

테무친과 일부 다른 몽골 족장들의 의식 속에 꿈으로만 자리 잡고 있었던 몽골 제국은 마침내 1206년 칭기즈칸에 의해 실현되었다. 우게데이 통치 말까지 몽골에 수도―카라코룸을 건설한 제국은 이제 굳건히 수립되었다. 35년의 기간에 걸친 확장을 통해 태어난 강력한 국가는 세계의 지도자들에게 자신들의 요구를 제시했다. 비교적 짧은 시기에 몽골은 아시아와 유럽의 거대한 영토를 점령했다. 유라시아 스텝지역의 사실적인 주인으로서 그들은 이제 모든 북아시아와 동유럽의 대부분―유라시아 대륙을 통치할 수 있었다.

비록 몽골은 중국과 중동에서 새로운 영토 확장을 완성해야 할 운명이었으나 기본적으로 몽골 확장의 시기는 끝났다. 제국의 통치자들은 자신들이 점령한 것을 결속하고 병합시켜야 했다. 이 임무는 절대로 쉬운 일이 아니었다. 제국의 안정된 존재의 보장을 위해서 엄청난 노력이 요구되었고, 우게데이의 사망 후 1세기 동안에 제국의 사회 제도는 내부적 갈등에도 불구하고 상대적인 효율성과 정확성으로 제국의 영토 대부분에서 기능하였다.

1241년 우게데이의 죽음은 국제관계 및 몽골의 정치사에서 매우 중요한 이정표가 되었다. 그의 죽음으로 서구 유럽이 몽골 침입의 위기로부터 벗어났으나 몽골 자신은 심각한 정치적 위기를 낳았다. 자가타이도 곧 사망하였고, 칭기즈칸의 손자들은 상당히 복잡한 상황에 처하게 되었으니, 가족 내에는 연령으로나 권위를 가지고 해결할 만한 능력을 가진 어느 누구도 없었다. 우게데이의 미망인 카툰[1] 투라키나(토가라나)가 섭정을 하며 자신의 맏아들 구육에게 왕좌를 보존해 둘 것을 염두에 두고 있었다. 그러나 많은 왕자들과 족장들로부터 구육에 대한 강력한 반대를 무릅써야 했으며, 결과적으로 유럽에서 승리를 거둔 전지전능한 바투와 적대 관계에 서게 되었다. 그러므로 쿠릴타이의 소집까지는 수많은 정치적인 전술들을 펼칠 필요성이 있었다. 실질적으로 옥좌의 공백상태는 4년간이나 지속되었다(1242-46).

섭정에서 운신의 자유를 확보하기 위해 카툰은 우게데이의 세 참모, 중국인 참모 엘류이 추짜이, 위구르의 총리대신 친카야, 호라즘의 이슬람교인 마흐무다 얄라바흐를 경질했다. 또 다른 이슬람교인 압드 아르-라흐만은 카툰에게 중국으로부터 세수를 2배로 늘리겠다는 약속을 하자마자 최고의 섭정 참모가 되었다. 절망에 빠져 의기소침해진 엘류이 추짜이는 경질된 후 몇 달 뒤에 사망했다. 제국의 대외정세와 관련, 황위의 공백 기간 동안에 왕성한 공격을 필요로 한 곳은 단지 중동 지역뿐이었다. 이 지역에서 새로운 몽골군 장수 바이쥬-노얀은 1243년 셀주크에게 결정적인 패배를 안겨주었으며, 그 뒤 셀주크의 술탄은 몽골의 가신이 되었다. 이것을 경고로 받아들인 소 아르메니아의 칸 헤툼 1세는 몽골에게 서둘러 자신의 복속과 지원을 제안했다. 그는 사이프러스 섬 앞 실리시아 지역을 다스렸다. 그를 통해서 몽골의 영향은 지중해 동부 지역까지 미쳤다.

정치적으로 이 시기에 몽골 제국에 있어서 가장 중요한 변화는 바투에 의해 남부 러시아에 나중에 황금 오르다로 잘 알려진 킵차크 칸국의 건설이었다. 그 수도는 볼가 강 하류의 사라이였다. 바투가 최초로 시행토

---

[1] 카툰(Khatun, Хатун)은 귀족 출신의 여인, 특히 왕족의 여인을 가리킨다.

록 한 일 가운데 하나는 동부 러시아의 지도급 공작들을 사라이로 소집하여 그들이 가신으로서 충성의 맹세를 하도록 하는 일이었다. 바투가 이끄는 몽골군이 헝가리에서 남부 러시아로 돌아왔을 때, 주치에 편입되지 않는 대부분의 장수들은 군사들을 데리고 이미 몽골로 돌아갔다. 하지만 새롭게 정복한 나라가 마음에 들었던 일부 장수들과 병졸들은 남아있기로 결정했다. 따라서 바투 하에는 몽골군의 수는 얼마 늘어났으며, 바투는 물론 자신에게 충성을 다하는 장수들의 통솔 하에는 잘 훈련된 투르크 군대가 그들의 통제 하에 있었다. 또한 중앙아시아 투르키스탄 군사 외에도 수많은 폴로베츠 족과 알란족 군인들이 바투의 군대에 합류했다.

군사적 측면에서 바투의 전쟁 능력은 강력했던 반면, 규모가 작은 일부 몽골군 및 씨족 지도자들만이 그에게 의지했기 때문에 몽골 정치에 있어서 그의 위치는 상당히 약했다. 결국 필요에 의해 그는 유럽 원정 시기부터 가까운 친구로 지낸 툴루이의 아들 몽카와 정치적 동맹을 맺었다. 하지만 그들의 연합 세력도 단지 구육을 후보로 내세우는 예비선거의 결정을 늦출 수는 있어도 막을 수는 없었다. 1246년에 이르러 대부분의 몽골 귀족들과 족장들은 구육을 지원하기로 합의하여 카라코룸 근처의 오혼 강 수원지에서 선거를 위한 쿠릴타이가 소집되었다. 류머티즘을 이유로 바투는 선거 참여를 거부하고 사라이에 남았다. 그러나 그는 자신이 블라디미르의 대공으로 임명한, 죽은 유리 2세의 동생 야로슬라브(알렉산드르 넵스키의 아버지)를 몽골로 보내는데 동의했다.

야로슬라브 외에도 몽골 제국의 다른 가신들이 몽골로 소집되었다. 그 중에는 셀주크 술탄 킬리지-아르슬란 4세와 그루지아 왕 다비드 5세가 있었으며, 소 아르메니아의 왕 헤툼 1세는 동생 삼바투를 보냈다. 교황의 사신으로 수사(修士) 요한 플라노 카르피니도 구육의 선출 당시 제국의 본영에 있었다. 플라노 카르피니의 임무는 1243년 교황 자리에 취임한 인노켄트 4세의 입장에서 몽골 문제에 대해 새롭게 접근한 결과였다. 프리드리히 2세 황제에 대한 지칠 줄 모르는 로마의 투쟁을 계속하면서 교황은 세 가지 이상에 기반을 둔 국제정치의 힘으로 가톨릭교회의 권위를 복원하려고 시도했다. 즉, (1) 팔레스타인에서 십자군 원정에 지속하고, (2) 전쟁의 방법이 아닌 외교적 방법으로 동 로마교회에도 교황의 영향력을 전파하며, (3) 가능한 한 몽골을 기독교로 교화시키면서 그들과 상호이해에 도달하는 것2)이었다.

중동의 상황은 이슬람교도들과 합의에 이르는 것을 원하지 않는 서구유럽 지배자(황제는 예외로 하고)들 때문에 더 어렵게 변해갔다. 1244년 이집트 술탄은 호라즘 사람들이3) 이라크에서 시리아로 떠날 것을 강요했다. 그 해 8월 호라즘 인들은 예루살렘을 점령, 약탈했다. 교황은 그때 제7차 십자군 원정을 감행하기로 결정했다. 원정을 시작하기 위해 1245년 프랑스 리옹에서 종교회의를 소집, 로마 가톨릭에 의해 제13차 공회의로 인정받았다.4) 프랑스 황제 루이 9세는 기꺼이 새로운 원정 지도부를 받아들였으나, 물질적 지원은 매우 느리고 소극적 성격을 띠었다. 1248년 9월 중순에야 루이 9세의 군대는 사이프러스에 집결했다.

리옹 종교회의는 몽골의 상황에 대해서도 논의하였으며, 그 논의 가운데 대부분의 정보는 러시아 종교 활동가 피터 주교에게서 나온 것들이었다.5) 종교회의는 몽골과의 투쟁을 벌이기 위해 유럽의 힘을 모으려 노력

---

2) 교황 인노켄트 4세의 동방 정책에 관해서는 J. Uminsky, *Niebezpieczenstwo tatarskie w polowie XIII w.: papież Innocenty IV*(Lwów, 1922) 참조.

3) 호라즘 인들은 잘랄 앗딘의 투르크멘 군인들의 잔당들이었다. 본서 1장 7절, p. 78 참조.

4) 그리스 정교 교회는 제2차 니케아(Nicaean) 회의(787년) 이후 그 어떤 교회 회의도 세계 교회 회의로 인정하지 않는다.

5) 피터 주교의 보고서는 또한 Matthew Paris에 의해서 활용되었다. 지적해 둘 것은 당대의 러시아 교회 문헌에 그 어떤 피터 주교도 언급되고 있지 않다는 것이다. 그의 출생은 비밀에 싸여 있다. Spuler, *Iran*, p. 479; Pelliot, p.18, 주석 3 참조.

하였으나, 동시에 그들과도 협상하는 교황의 계획도 승인하였다. 종교 회의가 열리기 얼마 전 교황은 몽골군과의 접촉을 위해 몇몇의 사신을 보내기도 했다. 그 중 다음 두 가지는 성공적이었다. 도미니카 수사 아스첼린과 그의 일행들은 북서 페르시아로 떠났다.[6] 프란체스카 수사 요한 플라노 카르피니와 폴란드의 베네딕트 수사는 몽골에 도착했다. 요한 신부는 "타타르의 왕과 민중"에게 보내는 서한을 지참하고 1245년 4월에 리옹을 떠났다. 그 서한에는 기독교세계의 지도자로서 교황은 몽골군의 기독교 영토에 대한 침략에 대해 질책하고, 신의 처벌이 있을 것이라고 위협하며, 향후 그러한 침략을 중단하고 기독교를 수용할 것을 훈계하는 내용이 담겨 있었다. 신부들은 서부 러시아를 거쳐서 몽골에 도달해야 했기에, 교황은 신부들에게 서부 러시아 공작들을 "통일된 신성한 성모의 교회로 돌아올 것"을 확신시키며 그들을 훈계할 것을 호소하였다.

보헤미아와 실레지아를 거쳐 여행하면서, 플라노 카르피니는 크라코프에 도착하여 그와 그의 수행원들은 스텝 여행을 준비하기 위해 몇 달 동안 그곳에 체류했다. 그들은 볼리냐의 바실코 공작으로부터 우정 어린 환대를 받았다. 그러나 바실코 공작은 당시 바투의 본영에 있었던 갈리시아의 다니엘 형과 상의 없이 가톨릭을 받아들일 수는 없었다. 1246년 2월, 요한 신부와 동행인들은 폐허가 된 키예프를 거쳐 갔다. 4월에 그들은 바투의 본영에 도착, 바투를 알현하여 교황의 서한을 수교했다. 신부들은 역관들이 바투에게 그 서한을 러시아어, "사라센"어(페르시아어) 그리고 타타르어(몽골어)로 번역하는 것을 도왔다. 바투는 즉시 이 모든 번역된 친서를 카라코룸으로 특사를 통해 보냈으며, 프란체스코들에게는 계속 몽골로 갈 것을 충고했다. 그들은 7월 22일 황제 본영에 도착하여 환대를 받았으나, 교황의 친서에 대한 답신은 칸의 즉위 이전까지 줄 수 없다는

---

6) Risch, pp. 43-45 참조.

통지를 받았다.

칸의 즉위식은 8월 24일에 개최되었다. 즉위식의 대단히 중요한 순간은 새로운 칸을 두꺼운 펠트 천 조각 위에 높이 앉히는 것이었다.[7] 모든 몽골 귀족들과 족장들은 가신 통치자들과 마찬가지로 새로운 칸에 대한 자신들의 절대적인 복종을 맹세했다. 플라노 카르피니는 구육의 모습을 다음과 같이 묘사했다. "황제는 40 또는 45세, 아니면 그보다 더 많든지,[8] 중키에 매우 주의 깊고 날카로운 눈매에 움직임이 매우 신중하고 안정된 모습이다. 그가 가볍게 웃는다든가, 생각을 가볍게 하는 듯이 보인 적인 전혀 없었으며, 그와 같이 있었던 기독교인들은 모두 그렇게 확신했다. 또한, 그의 궁정에 머물러 있는 기독교인들은 그가 분명히 기독교를 받아들일 것이라고 믿는다고 우리를 안심시켜 주었다."[9] 구육의 왕궁에 있던 대부분의 기독교인들은 네스토리우스들이었으나, 일부의 정교인도 있었는데, 그들 대부분은 칸을 시중드는 러시아 장인들이었다. 그들 가운데 금을 다루는 장인 코스마스(쿠즈마)는 프란체스코들에게 호의를 베풀며 음식을 가져다주기도 했다. 코스마스는 프란체스코들에게 자신이 만든 아직 설치도 안 된 황제의 옥좌를 보여주기도 했다.[10] "옥좌는 흑단으로 만들어졌고 매우 정교한 조각이 새겨져 있었다. 황금과 값비싼 보석, 틀리지 않는다면, 진주들로 상감되었다. 그 꼭대기에는 계단을 놓고 뒤는 둥글게 처리했다."[11] 코스마스는 또한 구육 황제의 옥새를 제작했다.[12]

---

[7] Rockhill, p. 21, 주석 1(Vincent of Beauvais 의 성자 Quentin의 보고서를 기초로 한 "Speculum historiale," Bk. 31, 22장) 펠트의 신비로운 의미에 관해서는 L. Olschki, *The Myth of Felt* (Berkeley, Califonia University Press, 1949) 참조.

[8] 실제로 구육은 당시 30세를 넘지는 않았을 것이다.

[9] Rockhill, p. 29.

[10] *Idem*, p. 26.

[11] *Idem*, p. 24.

[12] *Idem*, p. 26.

구육이 최초로 시행한 일들 가운데는 자기 어머니의 섭정자 압드 아르-라흐만을 해직시키고(그리고 사형에 처했다) 친카이와 마흐무드 얄라바흐를 복귀시키는 일도 포함되었다.

교황의 사신들이 자신들의 임무에 관해 협의해야 했던 사람들은 바로 친카이 ─ 네스토리우스 기독교인 ─ 와 그의 두 참모였다. 대 칸의 회답에 대한 몽골어 문서가 완성되자, 프란체스코들에게 구술로 통역되었고, 그들은 그것을 라틴어로 기록했다. 몽골어로 된 원본 외에 추가로 그들은 페르시아어 번역본도 받았다. 그 때 친카이는 황제가 유럽으로 그들과 함께 사신을 보낼 것을 제안하였음을 알려주었다. 프란체스코들은 몽골인들이 이것을 철회하도록 하는 데 많은 공을 들여야만 했다. 플라노 카르피니는 후에 자신의 임무에 관한 보고서에서 자신들과 함께 떠나기를 바라는 몽골 사신들을 거부해야 하는 이유들에 관해서 솔직히 털어놓았다. "첫 번째 이유는 무엇보다도 그들이 우리 서구 유럽의 불화 및 전쟁을 보게 될 경우, 그로 인하여 그들은 우리를 공격할 것이며, 두 번째 이유는 몽골 간첩에 대한 우려였다."[13] 몇 번의 망설임 끝에 몽골은 계획을 철회했다.

몽골 황제 권력의 입장에서 보면 칸의 회답은 전형적인 것이었다. 칸은 기독교를 수용하기를 원하는 교황의 호소를 검토하기를 거부하고, 몽골 황제를 감시하겠다는 교황의 권한을 거절하면서 유럽의 교황과 왕들이 친히 몽골을 방문하여 자신에 대해 경의를 표할 것을 명령했다. "만약 이것을 거역한다면, 무슨 일이 일어날지는 아무도 모를 것이다."[14]

프란체스코들은 1246년 11월 중순에 카라코룸을 떠나 1247년 전(全) 성인의 날 즈음에 리옹에 도착했다. 하지만 그 전에 아스첼린 신부 사절단

---

[13] *Idem*, p. 29. 몽골의 사절단과 함께 여행하기를 거부했던 세 가지 다른 이유에 관해서는 신부 요한의 기록에 열거되어 있다. *Idem*, pp. 29-30.

[14] Voegelin, pp. 386-387.

은 중동 지역 몽골군 총사령관인 바이지-노얀의 서한과 구육 칸이 바이지-노얀에게 보낸 서한을 지참하고 페르시아에서 돌아왔다. 두 서한의 내용은 요한 신부가 황제에게 가져온 서한의 내용과 유사했다. 서로 적대적인 관계에 서 있는 동양과 서양의 권력 관계는 이제 불을 보듯 명확했다. 교황의 전 세계를 향한 지도력 요구와 그와 동등한 몽골 황제의 세계적 요구가 충돌한 것이었다. 그 둘 사이에서 타협이나 협력을 기대하기는 대단히 어려웠다.

최고의 고위급 수준에서 아무리 원칙 및 타협 불가에 엄격하다 하더라도, 현실적으로 몽골의 정치는, 특히 군사적 측면에서 본다면 현실의 상황에 유연하게 적용시킬 수 있었다. 구육은 적어도 일시적으로 중동에서 모든 힘을 집중할 계획을 수립했던 것 같다. 그곳으로 바이지-노얀을 대체하기 위해 새로운 총사령관 알지기다이를 보냈다.[15] 알지기다이는 새로운 지령을 가지고 1247년 7월 중순경 아르메니아의 몽골 진영에 도착했다. 중동에서 몽골 확장에 관한 구육의 새로운 계획은 이슬람에 대항하여 기독교 세계와 완전한 연합을 기초로 하고 있었던 것으로 보인다. 기독교인들은 이러한 계획에 대해 심각하게 검토했어야 했다. 구육 자신이 이제는 기독교도가, 결과적으로는 네스토리안교회의 일원이 될 가능성도 있었다. 그리하여 알지기다이는 루이 9세가 사이프러스에 도착했다는 소식을 접하자마자 팔레스타인의 기독교인을 "해방"시키기 위한 양측의 전력을 협의할 목적으로 사절을 보냈다. 이 사절단은 1248년 12월 14일 사이프러스에 도착하여 12월 10일 프랑스 왕에 의해 접견되었다. 한 달 뒤 그들은 앙드레 롱쥬메를 단장으로 하는 프랑스 사절단과 함께 돌아오는 길이었다. 하지만 구육 칸은 1248년 가을에 사망했고,[16] 알지기다이는 구

---

15) Pelliot, "Mongols et papauté," 2판, pp. 312-313.

16) Grum-Grzymailo 2, 467에 따르면, 구육은 1248년 4월에 사망했다. Tiesenhausen, *2*, 66, 주석 4에 따르면, 헤지라 646년이다(1248년 4월 26일에서 1249년 4월 15

육의 지령이 아직도 유효한 지에 대해 확신할 수가 없었다. 그래서 그는 프랑스 사신들에게 직접 섭정자를 만나러 몽골로 향할 것을 설득했다.

구육의 통치 기간은 자신의 이상을 완전히 실현하기에 매우 짧았다. 다른 경우에서도 매번 대규모의 몽골 원정이 있기 전에는 언제나 세밀한 준비 기간이 있었음을 놓고 보면, 그가 미래에 자신의 중동 원정 계획을 성공시키기 위하여 할 수 있는 일을 다 했다는 것을 확신할 수 있다. 구육에 관해 알고 있는 사실을 근거로 우리는 그가 몽골의 황제권력을 강화하기 위해 그 어떠한 가능한 일도 활용했다는 것을 확인할 수 있다. 이를 수행하면서 그는 많은 영향력 있는 공작들과 족장들을 자극했을 것이다. 그의 기독교에 대한 관심을 우리가 받아들인다면, 아니면 적어도 기독교 세계에 대한 그의 우호적인 관계는, 아직은 자신들의 전통적인 신앙에 충실한 소위 몽골의 당파들로부터 불만을 불러왔음에 틀림없다.

정치적인 관점에서 구육과 바투와의 관계는 바투 통치의 초기부터, 특히 쿠릴타이 선거 소집에 바투의 참가 거부로부터 긴장된 관계였다. 구육은 바투의 방문을 계속 고집했다. 1248년 여름 바투는 구육의 울루스로 향했다. 그가 중가리아 국경의 호수 알라쿨에 도착했을 때 툴루이의 미망인으로부터 구육이 바투를 중도에서 만나기 위해 출발했다는 소식을 들었다. 그녀는 구육이 악의에 차 있으니 바투는 조심해야 한다고 덧붙였다. 바투는 알라쿨에서 멈추고 신중한 조치들을 취했다. 구육은 바투의 병영에 이르기까지 일주일의 거리를 남겨두고 사망했다.[17] 그의 자연사에 대해 의심할 수 있다. 툴루이의 미망인 또는 바투 자신의 첩자에 의해 독살되었을 가능성도 있다.

일까지).

[17] 구육의 사망 상황에 관해서는 Tiesenhausen, 2, 66; E. Blochet, "La Mort du Khagan Kouyok," ROC, 23(1922-23), 160-171 참조.

2. 몽카(Mongka)의 통치

구육의 사망은 그의 부친의 사망이 가져왔던 것보다도 더 심각한 몽골의 정치적 위기를 낳았다. 섭정은 구육의 미망인 카툰 오굴-가이미시가 계승하였으며, 그녀와 적대적인 관계에 있는 정파의 관점을 반영한 대부분의 원전들에 따르면, 그녀는 무당에 가까운 탐욕스럽고, 감정에 사로잡힌 여인이었다. 카툰이 몽골의 지도자들로부터 권위를 지키지 못했다는 것은 분명했다. 현실 상황에서 그녀는 중동에서의 남편의 정책을 지속할 수 없었으며, 아마도 그것을 승인하지 않았을 것이다. 루이 9세의 사신이 그녀의 궁에 1250년 초에 도착하였다. 동등한 관계를 기초로 어떤 협력을 약속하는 대신에 그녀는 왕에 보내는 서한에서 매년 조공을 바칠 것을 요구했다.[18] 이 편지는 1251년 4월 루이 9세에게 도달하였다.

루이 황제의 사신들이 카라코룸을 왕복으로 여행하는 데 걸렸던 2년 후에 황제 자신에게도 많은 일들이 일어났다. 제7차 십자군 원정은 실패로 끝났다. 이집트를 쳐들어갔던 프랑스의 기사들은 페스트에 걸려 완전히 패배하고 말았으며, 루이 9세 자신은 1250년에 이슬람교도들에 의해 포로로 잡혔다. 이슬람교도들은 엄청난 대가를 받은 후에야 그를 풀어주었다. 카툰의 편지는 황제의 실망을 더해줄 뿐이었다. 역사가 죠인빌의 기록에 따르면, "황제는 사절을 보냈던 데 대해 대단히 후회했다."[19]

1250년 대칸의 계승을 둘러싼 몽골 지도자들의 뜨거운 논쟁은 막다른 골목에 이르러 칭기즈 후예들 사이에 적대적인 관계가 형성되었다. 한편으로 주치 및 툴루이의 후손들, 또 다른 한편으로 자가타이 및 우게데이의 후손들을 중심으로 하는 두 그룹의 불화가 뚜렷했다. 자가타이와 우게

---

18) Voegelin, pp. 390-391.

19) Jean Sire de Joinville, Histoire de Saint-Louis, N. de Wailly, ed.(Paris, 1868), p. 175; Voegelin, p. 381과 비교할 것.

데이의 그룹은 강력한 지도자를 가지지 못하였으므로 바투와 몽카는 자신들의 반대파보다는 더욱 확신에 차 있었으며, 결국에는 모든 권력을 장악하고 반대파에 압력을 가하기 시작했다.[20] 1250년 후계자를 뽑는 쿠릴타이가 자가타이 울루스에 위치한 이식쿨 호수에서 개최되었으나, 아무런 결정도 내리지 못하자 바투는 몽골의 케룰렌 강가에서, 즉 툴루이 울루스에서 제2차 쿠릴타이를 소집하는 것을 협의하도록 아들 사르탁과 자기 동생 베르케(베르카이)를 3개 대대와 함께 동쪽으로 파견했다. 자가타이와 우게데이 그룹의 가장 영향력이 있었던 후손들은 쿠릴타이에 참석하기를 거부하였기에 반대파가 회의의 합법성을 주장하는 것을 방해하지 않았다. 바투는 왕위 제안을 거부하였으므로 몽카가 1251년 7월 1일 대칸으로 선포되었다. 몽카와 바투 간에는 분명히 비밀협약이 있었을 것이며, 바투에게 자신의 울루스에 대한 완전한 자율권이 주어졌을 것이다. 이를 기초로 하여 두 이복형제는 진정으로 상호 협력하는데 합의하였다.

몽카가 시행한 최초의 조치는 반대파에 대한 잔혹한 압박이었다. 자가타이와 우게데이 家의 많은 공작들이 새로운 칸에 대한 음모를 꾸민 것으로 간주되어 처형을 당하거나 추종자들과 함께 투옥되었다. 그밖에도 페르시아의 총사령관 알지기다이가 몽골로 소환되어 처형되었다. 친카이 총리도 우게데이 가(家)에 대한 자신의 충성에 대해 목숨을 내놓아야 했다. 약삭빠른 마흐무드 얄라바흐가 유일하게 온전히 살아남은 황제의 고문이었다. 1252년 카툰 오굴-가이미시는 사형이 선고되었다. 그녀에 대한 몽카의 증오는 2년 후 루이 9세에게 보낸 서한에서 그녀에 대한 기억을 되살리는 부분에서 뚜렷이 엿보인다. "그녀는 암캐보다 더한 악녀다"라고 대칸은 프랑스 왕에게 쓰고 있었다.[21] 루브룩 출신의 신부 윌리엄에게 몽카는 오굴-가이미시가 "무녀(巫女)들 가운데 가장 추악한 무녀로, 그녀

---

20) 몽카 선출의 상황에 대해서는 Grousset, pp. 306-308; Tiesenhausen, 2, 66-67 참조.
21) Voegelin, p. 19.

는 자신의 주술로 자기 가족들을 모두 말살시켰다."라고 말했다.[22]

우게데이 가(家)에서 톨루이 가(家)로의 승계는 물론 쿠데타였다. 비록 몽카의 혹독한 테러 정치가 일시적으로 어떤 반란도 사전에 막을 수는 있었지만, 불화의 상처는 치료되지 못한 채 새로운 갈등이 그의 후계자 통치기에 일어날 수밖에 없었다. 그러나 일정기간 몽골 황제에게는 모든 것이 대단히 훌륭하게 비쳐졌다. 왜냐하면 몽카는 매우 능력 있는 정열적인 통치자였기 때문이었다. 그의 시대에 두 가지 중요한 원정, 중동과 남중국에 대한 원정이 개시되었다. 중동에서 루이 9세는 또 다시 몽골과 협정을 맺기를 시도했다. 기독교에 대한 바투의 호의와 그의 아들 사르탁의 요청을 들은 루이 왕은 앞서 언급한 윌리엄 신부를 단장으로 하는 새로운 프란체스코 사절단을 남부 러시아로 파견했다. 이번에 프란체스코인들에게는 방문의 외교적 성격을 감추고 단순한 선교자들로서 방문하도록 권고되었다. 그들은 1253년 5월 콘스탄티노플을 떠나 7월 31일 바투의 진영에 도착했다. 바투는 윌리엄 신부의 한 동행인에게 남부 러시아 사르탁의 궁에 체류하고, 나머지 둘은 계속 몽골로 여행을 계속할 것을 명했다.

신부들은 1253년 12월 몽카의 본영에 도착하여 1254년 1월 4일 대 칸에 의해 접견되었다. 자신의 임무에 관한 고지에서 윌리엄은 알현을 다음과 같이 묘사하고 있다. "몽카는 침대 겸 의자에 위엄 있게 바다표범 가죽처럼 점이 박힌 눈부신 모피를 입고 앉아 있었다. 그는 중키에 45세가량 되는 그리 크지 않은 사람이었다. 그 옆에는 젊은 아내가 앉아 있었다. 매우 못 생긴 얼굴의 나이든 공주 아이는 다른 아이들과 함께 옆에 베개가 있는 소파에 앉아 있었다. 이 처소는 그가 매우 사랑한 모종의 기독교 여인의 소유였고, 그녀로부터 그 계집아이를 얻었다."[23] 신부들에게 쌀로 빚은 술, "검은 꾸미스"[24]와 꿀 등이 음료로 제안되었다. 그들은 쌀로 빚

---

22) Rockhill, p. 250.

23) *Idem*, p.172.

은 술을 선택했다. 그리고 그들은 칸에게 그들이 몽골에 머무는 동안 칸과 칸의 가족들을 위해 "신의 예식"을 거행할 수 있도록 허락해 줄 것을 요청했다. 그들은 기독교에 대한 바투의 호의와 사르탁의 간청을 근거로 활용했다. 이에 대해 몽카는 자신의 완전한 동의의 표시와 환영의 목소리로 언급했다. "태양이 자신의 빛을 모든 곳에 비추듯이 나의 권력과 바투의 권력은 모든 것을 비출 것이다." 이때 윌리엄 신부에 따르면, 칸의 통역은 이미 술에 취했기에 몽카는 손님들의 말을 이해하기가 어려웠다. 대칸 역시 신부에게는 술에 취한 듯 보였다.[25] 공식적인 환대가 끝나자 대화 주제는 프랑스에 관해 넘어갔고, 몽골인들은 "그곳에 양, 염소, 말들이 많은지, 그들이 직접 그곳으로 달려가 모든 것을 잡아올 필요는 없는지" 신부에게 묻기 시작했다.[26]

신부들에게는 두 달을 더 몽골에 남아있도록 허락하였다. 사실 그들은 더 오래 체류했다. 요한 플라노 카르피니의 사절이 그랬듯이 윌리엄 신부와 그 일행은 카라코룸에서 수많은 기독교 포로들을 만났다. 그들 가운데는 러시아 목수의 아내가 된 로렌 지방의 메스에서 온 파샤라는 여인이 있었다. 그녀는 "파리 태생의 기욤이라는 이름의 금을 다루는 장인에 대해 말했다. 그의 성은 부셰이며 그의 아버지의 이름은 롤랑 부셰였다. 그가 여전히 그랑 폰트에 살고 있는 로제 부셰라는 형이 있다고 그녀는 믿는다."라고 말했다.[27] 후에 카라코룸에서 신부들은 기욤 부셰를 만나 위대한 궁전을 위해 만든 "마술의 분수"를 보고 경탄했다.[28] 윌리엄 신부는 1254년 4월 5일 다시 칸을 알현하고 그 자리에서 루이 9세에 보내는 칸의

---

24) "검은 꾸미스"에 관해서는 본서 3장, 각주 22 참조.

25) Rockhill, p. 174.

26) Idem, pp. 175.

27) Idem, pp. 176-177.

28) Idem, pp. 207-208; L. Olschki. Guillaume Boucher (Baltimore, Johns Hopkins University Press, 1946).

친서를 받았다. 그는 1254년 8월 카라코룸을 떠나 1255년 6월 16일 사이 프러스에 도착했다. 그 때 루이 9세는 이미 프랑스에 돌아와 있었으나, 프란체스코 교단의 지방 주교는 모종의 이유를 들어 윌리엄 신부가 왕을 방문하는 것을 허락하지 않았다. 칸의 서한과 신부의 보고는 교단을 통해 루이 9세에게 전달되었다. 마침내 칸의 서한을 받았지만, 왕은 그 속에서 그렇게 자신에게 유용한 것을 발견할 수는 없었다. 위대한 칸은 미래 협력의 근간으로서 몽골 제국에 대한 루이 왕의 복속을 정식으로 요구했기 때문이었다.[29]

몽카와 윌리엄 신부와의 협상 시기에 중동에 대한 몽골 원정이 시작되었다. 이 원정은 대칸의 동생 훌라구가 지휘했다.[30] 그의 주군(主軍)은 1253년 몽골에 집결했다. 몽골 제국 확장의 성공을 보장하기 위해 모든 것이 준비되고 있었다. 4천 명의 중국군 공병들이 적군의 도시에 대한 석궁과 투창, 뜨거운 수지 투척 등의 전술을 보장하기 위한 목적으로 동원되었다. 기마 군단의 여물과 식량이 몽골로부터 페르시아에 이르는 여정을 위해 비축되었다. 먼저 주요한 강의 교량 건설 및 수리를 위한 공병이 파견되었다. 대규모의 식량과 술 보관을 위한 창고가 페르시아에 건립되었다.[31]

1255년 9월 훌라구는 사마르칸트에 도착했고, 1256년 1월 정예군과 함께 아무다리야 강을 도하했다. 그 지점에서 그의 군대는 킵차크 칸국의 몇 개 대대가 추가로 보강되었다. 훌라구는 우선 이슬람 암살단에 대해 타격을 입혔다. 1년 내에 약 100여 개의 성 그리고 분파주의자의 보루 알라무트를 포함한 요새들이 궤멸되었다. 대부분의 분파들은 살해되거나

---

29) Voegelin, pp. 391-392.
30) 훌라구의 원정에 대해서는 Grousset, *Histoire* (『역사』), pp. 99-102; Spuler, *Iran*, pp. 48-53 참조.
31) Grum-Grzymailo, *2*, 474.

투옥되었다. 일부는 몽골에 투항했다. 암살단에 대한 정복 후 훌라구는 바그다드의 칼리프를 공격했다. 1258년 2월 바그다드는 함락되어 약탈이 자행되었으며, 아바스 왕조의 마지막 칼리프는 포로로 잡혀 처형당했다. 비록 전 수니파 세계가 이 소식에 아연질색 하였으나, 시아파는 "이단" 지도자의 파멸에서 만족감을 느끼지 않을 수가 없었다.[32]

훌라구의 다음 정벌 목표는 시리아였는데, 그곳의 유력자들은 이집트 술탄을 영주로 삼고 있었다. 1250년부터 이집트는 선대 술탄의 맘루크 친위대의 지도자가 설립한 새로운 맘루크 왕조의 통치하에 있었다. 맘루크 친위대는 외국인 포로들 가운데 차출되었는데, 대부분은 킵차크 출신들이었다. 새로운 왕조가 이집트에 새로운 활력을 불어 넣었고 몽골군에 대해 술탄의 거센 저항이 예상되었기에, 훌라구는 결정적인 진군에 앞서 세심한 준비를 해야만 했다. 그러기에 바그다드 함락 이후 중동에서의 몽골군 움직임은 고요했다.

한편, 1253년에 시작된 중국 원정도 몽카의 형제들 가운데 가장 능력이 뛰어난 쿠빌라이의 지휘 하에 역시 성공을 거두고 있었다.[33] 몽골의 장수들은 과감한 전략적 계획에 따라 움직였는데 그 계획에 따르면 쿠빌라이가 이끄는 가장 강력한 군대가 송의 중심을 봉쇄하는 것이었다. 쿠빌라이의 군은 쓰촨 지방을 지나 윈난을 점령하고, 1257년까지 몇 개의 대대는 통킹에까지 도달했다. 쿠빌라이의 성과와 점점 커져가는 인기는 몽카 주변으로부터 의심을 낳게 되었다. 1257년 몽카는 쿠빌라이를 카라코룸으로 소환하고 쿠빌라이의 행정가들이 자행한 것으로 추정되는 위반을 조사하기 위해 남중국으로 총감찰관을 파견하였다. 두 형제간의 불화는

---

[32] Krymsky, Persia, 3, 10. V. Minorsky는 몽골인들이 정통 이슬람교도의 불구대천의 적이었던 암살단들을 궤멸시키고 난 뒤, 뜻하지 않게 이슬람의 통일을 가져왔다고 지적하고 있다. Minorsky, "Middle East," p. 431.

[33] 몽카 통치기의 중국 원정에 대해서는 Grum-Grzymailo, 2, 470-472; Grousset, pp. 314-317 참조.

피할 수 없는 일이었다. 그러나 쿠빌라이는 현명하게도 몽카의 명을 따라 몽골로 돌아왔으며, 수부데이의 아들 우리안게데이로 하여금 통킹 지역의 군을 통솔하도록 하였다. 비록 대칸은 쿠빌라이의 설명에 대해 만족하기는 하였으나, 자신이 직접 원정군 총사령관을 맡았다. 쿠빌라이에게는 후난, 후베이, 안후이에서 작전을 벌일 군대를 지휘하는 임무가 주어졌고, 우리안게데이는 쿠빌라이 군과 연합하도록 통킹지역에서 북으로 이동하도록 명을 받았다. 대칸 자신은 쓰촨 점령을 마쳐야 했다. 대체적으로 모든 작전은 성공적으로 진행되었다. 그러나 곧 쓰촨에서 전염병 이질이 돌아 대칸의 군대에게 막대한 손실을 입었다. 그 희생자 가운데에는 몽카 자신도 있었다. 그는 1259년 8월에 사망했다.

3. 쿠빌라이(Kubilay)의 통치

몽카 통치기에 자가타이 및 우게데이 가(家)의 가족들은 툴루이 가에 대한 종속 이외 다른 대안을 갖지 못하였다. 전반적으로 대다수의 몽골인들은 몽카의 지도력을 받아들였다. 일련의 뛰어난 군사적 성공은 그의 권위뿐만 아니라, 쿠빌라이와 훌라구의 명성도 한층 더 치솟았다. 바투는 1255년경 서부 러시아에서 사망했다.[34] 그의 아들 사르탁은 카라코룸에 도착하여 몽카로부터 킵차크 칸으로 임명되었다. 그러나 그는 사라이로 돌아가는 도중 1256년에 사망했다. 그를 이어 동생 울락치가 승계하였으나 통치기 또한 매우 짧았다.[35] 사르탁과 울락치는 모두 삼촌인 바투의 동생 베르케에 의해 모두 독살된 것으로 추정된다. 베르케는 1258년경 킵

---

[34] 바투의 사망일에 대해서는 Pelliot, p. 29. 사르탁 및 울락치의 통치에 관해서는 pp. 34-35 참조.

[35] 울락치가 사르탁의 동생이었는지, 아들이었는지는 분명하지 않다. Pelliot, pp. 35-44.

차크의 권좌에 오른다.[36] 베르케와 몽카의 관계는 매우 우정 어린 것이었으며, 베르케는 툴루이 가(家)에 대해 충성을 다할 것으로 기대되었다.

왕좌는 툴루이 가의 후손들에 의해서 확고히 보존되었고, 툴루이의 건장한 아들 가운데 장남인 쿠빌라이가 황제 자리에 당연한 후보가 된다는 것은 분명했다. 그러나 예기치 않게 다른 후보, 쿠빌라이 형제들 가운데 가장 막내인 아릭-부카가 나타났다. 그의 권좌에 대한 맞대응의 요구는 툴루이 가의 분열을 낳았으며, 결국 서로 경쟁관계에 있는 집안들로 하여금 툴루이 후손들의 권위가 손상되는 결과를 가능케 하였다. 오치긴의 역할을 하는 아릭-부카는 카라코룸에 살았으며, 몽카 사후 섭정을 맡는 직을 부여받았다. 그는 자신의 권력을 남용하여 쿠빌라이 또는 훌라구의 도착을 기다리지 못하고 쿠릴타이를 소집, 몽골에서 서로 가까웠던 친족들과 족장들이 그 쿠릴타이에 참가하였다. 그들 가운데는 알란다르를 포함, 매우 유명한 장수들이 있었다. 아릭-부카는 스스로 권좌를 장악하는 뜻을 굽히지 않았다.

한편, 몽카의 죽음에 대한 소식을 접한 쿠빌라이는 거의 무너져가는 송과 서둘러 화친을 맺었으며, 덕분에 송은 숨 쉴 기회를 갖게 되었다. 그는 어떤 만약의 상황에도 준비할 수 있도록 강력한 군사와 함께 북으로 서둘러 길을 재촉 했다. 이러한 사전에 치밀한 준비를 한 이유로 북경에 도착해서 아릭-부카의 뜻을 접했을 때에도 그는 자신의 권력을 확인할 만큼 충분한 힘을 가지고 있었다. 그의 첫 번째 반격은 또 하나의 쿠릴타이를 북쪽 치흘리 근처 돌론-노르에서 소집하는 것이었다. 이 회의에는 쿠빌라이의 친척들과 우게데이의 아들 카단, 칭기즈의 막내 동생의 손자 테무가-오치긴이 참석했다. 이 쿠릴타이를 합법적이라고 부를 수는 없겠지만, 아릭-부카에 의해 소집된 쿠릴타이 또한 합법적이라고 볼 수는 없었다.

---

[36] 베르케에 관해서는 W. Barthold, "Berke," *EI, 1,* 707-709; Pelliot, pp. 47-51 참조.

1260년 5월 6일 쿠빌라이는 자신의 쿠릴타이에서 대칸으로 지명되었으며, 2주 후 다른 쿠릴타이는 아릭-부카를 황제로 선출하였다. 타협하고자 하는 쿠빌라이의 모든 노력은 수포로 돌아갔고, 두 형제간에 전쟁은 불가피했다. 아릭-부카를 추종하는 알란다르 및 다른 추종자들은 쓰촨과 강수의 군대를 자기편으로 끌어들이려 하였으나, 쿠빌라이의 장수들에 의해 무산되었다. 다음 해 쿠빌라이의 군은 몽골로 진격했다. 이에 뒤를 이어 아릭-부카는 중가리아로 가서 자신이 트란스옥사니아의 칸으로 인정한 자가타이의 손자37) 알루구와 동맹을 맺었다. 쿠빌라이는 전쟁 대신에 외교력을 발휘하여 알루구를 아릭-부카로부터 떼놓는데 성공했다. 아릭-부카는 결국 항복해야 할 위기에 처했다. 쿠빌라이는 그를 질책하였지만 용서해 주었다. 그러나 그의 추종자들은 체포되었다(1264년). 몇 주 지나서 아릭-부카가 병으로 사망했다고 공포되었다.38)

몽카의 죽음 및 그 이후에 처한 곤경으로 중동에 있어서 몽골의 입지는 매우 심각하게 약화되었다. 우게데이의 죽음이 서구 유럽을 구한 것과 마찬가지로 몽카의 사망은 시리아를 구출했다. 이것은 몽골의 정세가 얼마나 전쟁에 영향을 미쳤는가를 보여주는 또 하나의 결정적인 사례이다. 1259년 훌라구는 시리아로의 진격을 위한 모든 준비를 마쳤다. 대칸이 사망했다는 소식을 접하고 그는 시리아 원정보다 쿠릴타이에 참석하는 것이 더 중요하다는 것을 깨달았다. 그는 자신의 최정예 군대와 함께 몽골로 향하기로 결정했다.

시리아 원정의 주도는 경험 많은 장수 키트-부카에게 위임되었다. 그는 네스토리아교를 믿는 기독교인으로 이슬람교도에 대한 전쟁에서 근동 지역의 기독교인들로부터 지지를 받으려고 노력했다. 르네-그루쎄에 따르면, 이것은 "황색의 십자군 원정"이었다.39) 불행히도 몽골인과 기독교인

---

37) 가계도 III 참조.
38) Grum-Grzymailo, *2*, 481, 주석 2; Grousset, pp. 323-324.

에게 키트-부카를 장군으로 하는 군대는 이러한 임무를 완수하기에는 충분치 못했다. 그의 주군(主軍)은 몽골 장수들이 지휘하는 투르크군 한 그룹으로만 구성되었다. 처음에 그는 승리를 거두었다. 알레포와 다마스쿠스는 황색의 십자군 원정군에 함락되었다(1260년 1월-3월). 이때, 이집트 술탄은 침략자를 물리치기 위해 시리아로 자신의 정예군을 파견하기로 결정하였다. 맘루크 왕조의 군사 또한 기본적으로는 투르크 계통의 킵차크 인들로 구성되었다는 점은 앞서 밝혔다. 결국 1260년 9월 3일 갈릴리에서 벌어졌던 "몽골"과 "이집트"의 전투는 실제로는 투르크군 두 그룹간의 결전이었다.[40] 몽골군은 심각한 패배를 당했으며 키트-부카 자신은 포로로 잡혀 처형되었다. 이것으로 근동에서의 몽골의 확장은 한계에 봉착했다. 갈릴리 전투에서 이슬람군의 완전한 승리로 팔레스타인에서 서구의 십자군 원정에 의해 건설된 잔존 국가들은 사실상 사라질 운명에 처하게 되었다.

비록 훌라구는 자신의 시리아 원정의 성공으로 새로운 대칸 선출에 영향을 미치도록 노력해 보았으나 몽골의 최고 정치에 적극적으로 관여하기에는 부족했다. 쿠빌라이와 아릭-부카가 각각의 쿠릴타이를 소집하기 위해 취한 재빠른 행동은 그 어떤 쿠릴타이에도 훌라구가 참석할 수 없도록 만들어 버렸다. 페르시아와 몽골은 매우 먼 거리에 위치해 있기 때문이었다. 훌라구는 쿠빌라이에 대한 자신의 전폭적인 지지를 표명한 뒤, 페르시아에 대한 지배를 강화하고 맘루크 왕조에 대한 새로운 원정을 준비하고자 페르시아로 자신의 주군을 돌렸다. 하지만 이러한 계획은 킵차크 칸 베르케와의 충돌로 인해 연기해야만 했다. 훌라구가 이슬람 수니파 암살단과 바그다드의 칼리프를 상대로 전쟁을 수행하던 때에 킵차크 칸

---

39) Grousset, *Histoire*, p. 100.

40) 투르크군이 맘룩 왕조에서 한 역할에 관해서는 Poliac, "Caractère colonial," pp. 233-235 참조.

은 훌라구 군과의 연합을 강화하기 위해 군대를 파견했다. 원정이 끝나자, 베르케는 자신의 몫으로 바로 아제르바이잔을 집요하게 요구하고 있었다. 훌라구에게 그 대가는 너무 비싼 셈이었다. 그 자신 또한 아제르바이잔에 관심이 있었으며, 그 이유 가운데에는 무간 스텝은 자신의 기마군의 말들에게는 더 없는 훌륭한 방목지였기 때문이었다. 훌라구와 베르케의 갈등은 베르케의 아릭-부카에 대한 지지 표명 및 그의 이슬람 개종으로 더욱 첨예화되었다. 두 조카들 사이의 협상은 아무 결과 없이 수년간 동안이나 지속되었다. 마침내 베르케는 자신의 군대를 트란스코카서스로 이동시켰다. 전투는 심각한 타격을 입은 훌라구군의 패배로 끝났다(1263-1264년).[41]

훌라구는 1265년, 베르케는 1266년에 각각 사망했다. 일 칸(훌라구의 후계자)과 킵차크 칸과의 갈등은 약화될 기미가 보이지 않고 계속되었음에도 불구하고, 훌라구인들이나 주치인들은 쿠빌라이를 자신들의 주군(主君)으로 인정했다. 양측은 송(宋) 정벌을 완수하기 위해 자신들의 군대를 쿠빌라이에게 파견했다. 결국 쿠빌라이는 1267년에 시작된 남 중국에 대한 새로운 원정에 필요한 몽골군을 보유할 수 있게 되었다. 대부분의 그의 군대는 페르시아와 러시아에서 동원된 군인들로 구성되었다. 중국인 장군 스제 탕체(북 중국 출신)가 총사령관으로 임명되었다.[42] 전반적으로 중국에 대한 쿠빌라이의 태도는 그의 선조들과는 매우 달랐다. 1264년에 그는 칸-발릭(북경)을 수도로 삼았다. 1271년에는 중국식으로 자신의 새로운 왕조 이름을 원(元)이라고 칭하였다. 그는 자신이 지배하는 것 가운데 중국을 가장 가치 있는 것으로 간주하고, 점차 중국 문화의 영향 아래 놓이게 되었으며, 불교를 자신의 종교로 받아들였다.

---

[41] 킵차크 칸들과 훌라구 및 그의 후계자들과의 상호관계에 대해서는 본서 3장 참조.

[42] Grum-Grzymailo, *2*, 487 참조.

쿠빌라이의 새로운 정책은 그의 전쟁 수행에서도 반영되었다. 그는 중국인들을 전쟁의 참상으로부터 구하기 위한 모든 노력을 기울였으며, 자진해서 투항하는 중국의 도시마다 명예로운 평화를 약속했다. 이러한 정책은 결실을 맺었으며, 1276년 몽골 장군 바얀은 중국 황후와 그 아들이 피난처로 삼고 있던 저장성 항조우를 장악했다. 바얀은 그들을 북경으로 보냈고, 그곳에서 어린 소년 황제는 어머니의 조언에 따라 자신의 황제 권한을 형식적으로 쿠빌라이에게 넘겼다. 쿠빌라이는 이에 대해 아량을 베풀고 송의 마지막 황족을 보호했다.[43] 그 이후에도 송 왕조의 한 왕자는 강동에서 계속 저항했다. 1279년이 돼서야 전 중국이 몽골 황제의 통치하에 들어갔다.

비록 중국에서는 쿠빌라이 권력의 우선권이 인정되었지만, 몽골 본토에서는 우게데이의 손자 카이두로부터 저항에 직면하게 되었다. 몽카의 통치기에 카이두는 경쟁 관계에 있던 분파의 공작들 한가운데 가장 어린 축에 속해 있었기에 위험하거나 처형되어야 될 대상으로 고려되지 않았다. 오히려 그에게 일리 지역의 크지 않은 영토로 녹봉이 주어졌다. 카이두는 몽골 통치를 툴루이 가의 공작들이 독점하는데 대해 만족할 리는 없었지만, 툴루이 가에 대항할 수 있는 힘은 충분치 못하다는 것을 잘 알고 있었다.[44] 결국 그는 우게데이 울루스와의 연합을 달성하는 것을 중요한 목표로 삼았다. 1269년에 이르러 그는 트란스옥사니아와 카쉬가르의 주인이 되었으며, 그의 지도력은 자가타이 가의 일부 왕자들뿐만 아니라 대부분의 그의 혈족으로부터 인정받았다. 더군다나 일정 기간 동안 그는 쿠빌라이의 황제 권력에 대해 공공연히 반대하는 입장에 처하지 않도

---

[43] Grousset, p. 325.

[44] 카이두와 쿠빌라이와의 갈등에 관해서는 Grum-Grzymailo, 2, 480-482, 488-494; Grousset, pp. 325-331 참조. 카이두에 관해서는 Wassaf, pp. 126-146 (독일어 번역본) 참조.

록 노력했다. 1274년에 이르러서야 카이두는 독립을 선언할 만큼 스스로 충분히 강해졌다고 자신하게 되었다.

카이두의 첫 번째 조치는 카쉬가르, 야르칸드, 호탄에서 쿠빌라이의 참모 장수들을 몰아내는 것이었다. 1276년 그는 위구르 이디쿠트들에게 가신으로 복종할 것을 요구하기 위해 위구르의 중심지 쿠차-투르판 지역으로 쳐들어갔다. 쿠빌라이는 자기 아들 가운데 노모간을 총사령관으로 임명하고, 원정군을 중앙아시아로 보내는 등 신속한 조치를 취하였다. 곧 카쉬가르와 호탄에서 황제 권력은 복원되었다. 하지만 정열적인 카이두는 자신이 패배했다고 여기지 않았다. 몽카의 아들 및 쿠빌라이의 다른 조카들과 연맹을 맺고 카이두는 서둘러 몽골로 진격하여 1277년 구(舊) 수도인 카라코룸을 점령했다. 이 사건은 몽골 수구파 지도자들에게 깊은 인상을 안겨 주었다. 스스로를 몽골의 낡은 당파에 속한다고 간주하고 쿠빌라이의 친 중국정책에 반대했던 자들은 이제 모두 카이두를 자신들의 지도자로 간주했다.

상황의 심각성을 알게 된 쿠빌라이는 가장 뛰어난 장수 바얀을 몽골로 파견했다. 카이두와 그 동맹자들은 격퇴되어 카라코룸은 1278년 다시 쿠빌라이의 통치하에 들어왔다. 하지만 카이두는 여전히 서(西) 몽골과 투르키스탄 대부분을 통치하고 있었으며, 중국과 서(西) 칸국들(페르시아와 킵차크) 사이의 교통로를 단절시켰다. 쿠빌라이가 다른 전쟁을 제쳐두고서 모든 수단을 동원하여 카이두의 반역에 대해 압박을 가해야 한다는 것은 분명했다. 그러나 쿠빌라이는 준비되지 못했다. 그는 주기적으로 반복되는 카이두의 몽골 중앙 및 동부지역에 대한 공격(1287-88년과 1293년) 감행을 격퇴시킬 수 있는 만큼의 군사력만을 충분히 보유하고 있을 뿐이었다.

남중국의 원정에 뒤를 이어 쿠빌라이는 금 왕조나 송 왕조의 실질적인 또는 명목상의 속국으로 있던 주변국에 대해 관심을 갖기 시작했다. 티베트로 향한 길은 1227년 칭기즈칸에 의해 탕구트 왕조가 멸망한 이후 몽골인들에게 열려 있었다. 그 이후 중국과의 전쟁에서 몽골군은 티베트의 동부를 가로질러 몇몇 지방을 장악했다. 불교로 개종한 이후로부터 쿠빌라이는 자신을 티베트 승려의 당연한 보호자로 간주하고 1261년 파스파(파세파) 라마를 법왕으로 임명하여 티베트에서의 정신적 그리고 세속적 권력을 부여했다.[45] 그 대가로 라마는 원 왕조를 축복했다. 바로 파스파가 소위 "사각 문자"라고 부르는, 원 왕조시대에 몽골인들이 사용했던 새로운 몽골 알파벳을 고안했다.[46]

몽골과 티베트가 우호적인 관계를 유지했던 반면, 쿠빌라이는 미얀마와 인도차이나 반도에 있던 권력을 복속시키기 위해 군대를 보내야 했다. 안남, 참파, 캄보디아, 미얀마에서의 전투에서 1280년대 몽골군은 처음에 승리의 기세를 보이기는 했으나, 대부분의 경우 몽골군은 전염병과 다른 열대병으로 고통 받아 결국에는 몽골군이나 투르크군도 전쟁을 수행하는 데 있어서 새로운 습한 기후 환경에 적응할 수가 없었다. 이것으로 몽골군은 패배를 겪고 후퇴하지 않을 수 없었다. 그럼에도 불구하고, 인도차이나 국가의 지배자들은 몽골군의 강력한 군사력에 전투 의지를 잃고 1288년까지 많은 이들은 쿠빌라이를 영주로서 인정하게 되었다. 다만, 1293년 몽골군은 자바에 대한 해상 원정에서 강력한 저항을 받아 대칸의 권력은 마드자파히트 왕으로부터 인정받지 못하였다.

몽골군이 해상에서 강력한 군사력을 발휘하지 못함으로서 1274년과 1281년에 일본을 점령하려는 시도들도 수포로 돌아가게 되었다. 2차 원정

---

[45] Grousset, *Histoire*, p. 79; Cordier, *2*, 337-338.

[46] 몽골의 사각 문자에 대해서는 B. Vladimirtsov, *Sravnitelnaia grammatika mongolskogo pismennogo iazyka i khalkhasskogo narechiia*(『몽골 문어와 칼카스 부사와의 비교문법』)(Leningrad, 1929), pp. 22-23; A. Dragunov, "The hPhags-pa Script and Ancient Mandarin," *OGN*(1930), pp. 627-647, 755-797; M. Lewicki, "Les Inscriptions mongoles inédites en écriture carrée," *CO, 12*(1937); N. Poppe, *Kvadratnaia pismennost'*(『사각 문자』)(Moscow and Leningrad, 1941) 참조.

에서 쿠빌라이는 큐슈의 하카다에 원정군을 실어 나르기 위해 북중국과 고려의 항구에서 대규모의 함대를 징발하였다. 군대의 상륙은 계획대로 이루어졌으나, 곧 몽골의 함대는 태풍에 의해 침몰되거나 파괴되었다. 함정 후방으로부터 격리된 몽골군은 일본군에 의해 포위되어 격퇴되었다. 그 결과 일본 점령은 쿠빌라이의 이상(理想)으로 남게 되었다.[47]

중국에 대한 쿠빌라이의 정책이 선조들과 뚜렷이 대비되는 만큼, 유럽에 대한 쿠빌라이의 태도 역시 선조들과 뚜렷이 차별된 모습을 보였다. 그는 자신이 중국 제국을 건설하고 몽골의 여타 왕족들에 대한 통제 유지에 만족하고 있었기에 유럽 정복의 이상을 포기했다. 그는 세계에서 가장 전능한 통치자였다. 대부분의 아시아 국가는 물론, 동유럽 국가들도 마찬가지로 그를 최고의 권력자로 인정하였다. 그는 자신의 제국을 유럽으로 확대시켜야 할 시급한 동기를 갖고 있지 않았다. 설령 있다하더라도, 그 이득은 황제에게가 아니라, 현지 칸들에게 돌아갔을 것이다. 게다가 쿠빌라이는 만약 유럽의 지배자들이 근동에서 몽골과 협력하기를 동의한다 해도, 그들의 국가들이 그의 속국으로서보다는 동맹국으로서 동의했을 것이라고 인정할 만큼 신중한 현실주의자였다. 불교에 대한 그의 개종에도 불구하고, 그는 또한 기독교에 대해 진심으로 경의를 표하였다. 네스토리우스 교회는 그의 제국 안에서 완전한 자유를 누렸으며, 그는 자신의 통치가 미치는 곳에서 로마 가톨릭 교회를 인정할 준비가 되어 있었다.

정치적 관점에서 페르시아의 몽골 칸국들이 기독교와 협약을 맺는다는 것은 대단히 중요한 일이었다. 왜냐하면, 일 칸들이 그러했던 것처럼 그 통치자들은[48] 이집트와 전쟁을 계속할 의지가 있기 때문이었다. 1267년

---

47) 코르디에, 2, 299-301; Grousset, *Histoire*, p. 71; Franke, *Geschichte*, pp. 439-442. 그 에피소드를 깊이 다룬 논문이 있다. N. Yamada, *Ghenko, The Mongol Invasion of Japan* (『Ghenko, 몽골의 일본 침공』)(뉴욕, Dutton, 1916).

초에 훌라구의 후계자 아바가는 교황에게 호엔슈타우펜, 시실리의 맨프레드에 대한 교황의 승리에 대해 축하 서한을 보냈다.[49] 중동의 네스토리아교들은 자신들의 입장에서도 몽골과 유럽이 상호이해 관계를 유지할 수 있도록 노력했다. 아바가의 허락 하에 두 명의 네스토리아교의 성직자는 1274년 리옹에서 개최된 제14차 세계 공회의에 참석하였다.[50]

쿠빌라이의 통치기에 세 사람의 베네치아 상인 – 마피오 및 니콜로 폴로, 그리고 니콜로 폴로의 아들이자 동방견문록으로 유명한 마르코 폴로가 몽골과 유럽 사이에서 얼마나 중요한 매개역할을 했는지는 잘 알려져 있다. 마피오 및 니콜로 폴로는 1262년에 중국에 처음 도착했다. 1266년 쿠빌라이는 서구 유럽의 삶의 방식과 종교가 자신의 백성들에게 소개되도록 중국에 수백 명의 기독교 학자들과 기술자들을 보내 줄 것을 교황에게 요청하는 특별한 임무를 부여하고 그들을 다시 유럽으로 돌려보냈다. 폴로 형제가 1269년에 로마에 도착했을 때는 교황의 자리는 비어 있었다. 새로운 교황 그레고리 5세가 1271년에 선출되자마자 폴로 형제는 다시 황제의 축복 및 협력의 약속을 전하기 위해 다시 몽골로 파견되었다. 이번에 청년 마르코는 아버지와 삼촌을 따라 수행했다. 중국에서 마르코 폴로가 겪은 일과 쿠빌라이 제국에 관한 그의 인상은 그의 불멸의 책에 생생히 기록되어 있다는 것은 잘 알려져 있다. 그는 대칸의 외모를 다음과 같이 기술하고 있다. "그는 크지도 작지도 않은 중간키에 건장한

---

48) "일 칸"이라는 명칭은 일(엘)로부터 왔는데, "일"은 고대 투르크어에서 "민족", "종족"을 의미한다. 원래의 의미는 "한 민족의 칸"(한 "울루스"의 칸)으로, 즉 "지역의 칸"을 의미한다. Grousset, *Extreme-Orient, 2*, 458, 주석 1을 참조할 것.

49) Spuler, *Iran*, p. 228.

50) 이 시기에 근동 및 원동의 종교 생활에서 네스토리아교의 역할과 로마와의 관계에 대해서는 A. C. Moule, *Christians in China before the Year 1550*(『1550년 이전 중국의 기독교』)(London, Society for Promoting Christian Knowledge, 1930), 4장; K. S. *Latourette, A History of the Expansion of Christianity*(『중국에서의 기독교 전파의 역사』)(New York, Macmillan, 1932), pp. 61-77 참조.

육체를 가지고 있다. 불필요한 근육이란 하나도 없고, 매우 견고하다. 그의 눈의 빛깔은 희고 붉은 빛을 띠고 검고 아름다운 눈동자에 코가 매우 안정된 형태로 자리 잡고 있다."51) 마르코 폴로는 쿠빌라이의 궁정에서 17년간(1275-92년)을 보냈고, 극동 지방에서 중요한 외교적 임무뿐만 아니라, 다양한 행정상 임무를 완수토록 임명되었다. 중국에서 그의 성공은 유럽에 대한 쿠릴타이의 호감을 표하는 중요한 요인으로 작용했다.

일 칸들은 중동에서 몽골-기독교간 협력이라는 이상에 대해 리옹의 종교회의가 보인 호의적인 태도를 자신들과 교황간의 동맹에 대한 확인으로 간주했다. 사실상 유럽도 고유한 내부 분열로 말미암아 일 칸국에 대해 어떤 군사적인 지원도 제안할 수도 없는 처지였다. 그러나 일 칸들은 유럽과 상호이해에 도달할 수 있다는 희망을 버리지 않았다. 1285년과 1290년 사이 일 칸 아르군은 서구의 지도자들—교황 니콜라스 4세, 프랑스의 필립 4세, 영국의 에드워드 1세 등에게 수차례 외교사절단을 파견하여 이집트에 대한 원정에 모두가 연합할 것을 강력히 설파했다.52) 그러나 이러한 외교사절들은 어떤 군사협력도 이끌어 내지 못했다. 1291년 이집트 술탄 칼라운의 군사는 십자군 원정군의 마지막 보루인 팔레스타인의 아크라를 공격했다. 다른 한편, 몽골과 유럽 간의 협상은 중동과 극동 지역으로 가톨릭 사절들을 파송하는 토양을 마련하기도 했다. 1289년 교황 니콜라스 4세는 프란체스카인 요한 몬테코르비노를 자신의 서신을 지참하여 일 칸 아르군과 대칸 쿠빌라이에게 보냈다. 요한의 임무는 동방에 가톨릭 교구를 세우는 일이었다. 그는 1290년 타브리즈에 도착하였고, 이

---

51) MPYC, 1, 356; MPMP, 1, 204. 쿠빌라이의 초상에 대해서는 Khara-Davan, p. 187; 모스타에르트, AM, 4, 149 참조.

52) 유럽 통치자들에 보내는 일 칸의 서한에 관해서는 Spuler, Iran, pp. 229-230; Kotwicz, "Lettres" 1, 2; E. Haenisch, "Zu den Briefen der mongelishen Il-Khane Argun und Öljeitu an den Koenig Philipp den Schönen von Frankreich," Oriens, 2 (1949), 216-235; Cleaves, "Chancellery" 참조. Minorsky, "Middle East," pp. 434-437 참조.

듬해에는 인도에 있는 네스토리우스 교인들에 대한 종교적 지도를 위하여 인도로 향했다. 마침내 북경에 도달했을 때, 이미 쿠빌라이는 사망했다.

쿠빌라이의 내부 개혁은 그의 전쟁 그리고 외교 활동만큼이나 중요한 것이었다. 가장 훌륭한 중국의 전통에 따라서, 그는 예술과 지식의 발전을 지원했다. 중국에서는 고대로부터 학자들로 구성된 고문은 훌륭한 정부의 핵심적 부분으로 간주되어 왔다.[53] 마치 학문 아카데미와 같은 그러한 고문 제도는 쿠빌라이 하에서 형성되었고, 그의 후계자들의 통치 기간에도 존속해 갔다.[54] 그것은 또한 중국 및 몽골 사회제도의 활동을 조정하는 임무도 맡았다. 몽골의 점령 후 초기에 중국은 군법에 따라 지배되었다. 몽골의 군 지휘관들은 마찬가지로 민간 행정을 통솔했다. 몽골인 스스로는 자신들의 고유한 법, 오직 야사만 인정하고 있었다. 하지만 그 법은 고대문명을 가진 정주 민족 중국인에게는 잘 맞지 않았다. 점령 초기의 파괴 단계가 종결되고 나서 몽골 통치자들은 중국에 고유한 민족법 및 규정이 존재한다는 것을 넌지시 인정해야만 했다. 북중국을 점령하고 나서 몽골의 황제들은 금의 법체계가 야사와 모순되지 않으므로 중국인을 위해 금의 법전의 효력을 유지시켰다. 그러나 쿠빌라이는 자신의 권력이 북중국에서 확고하게 수립되었음을 확인하고 현존하는 법과 통치체계를 바꿀 것을 결정했다. 그는 1271년 금의 법전을 폐지하고 몇 가지 새로운 법들을 제정했다. 그 법들은 중국의 법체계의 정신과는 이질적인 것이었다. 이에 쿠빌라이의 중국인 출신 참모들은 겸손하게 그러나 끊임없이 새로운 법전을 준비할 필요성에 대해 쿠빌라이에게 역설했다. 쿠빌라이는 마침내 승복하여 1291년에 새로운 법안을 승인하였다.[55]

---

[53] Escarra, p. 15.

[54] Otto Franke, "Kublai Khan und seine chinesischen Berater," *Forschungen und Forschritte*, 18 (1942), 283-285 참조. 또한 *idem, Geschichte*, pp. 470-471.

[55] Ratchnevsky, pp. x-xi.

쿠빌라이는 행정적으로 중국을 12개의 지방(행성)으로 나누었다. 북경에는 세 개의 중앙행정 기관, 내정을 담당하는 중서성, 외교 및 군사 행정 업무를 담당하는 추밀원, 사회 공직 업무에 대해 감독하는 어사대가 설립되었다.[56] F. E. 크라우제에 따르면, 쿠빌라이에 의해서 기초된 행정체계는 이후 중국에 존재했던 어떤 것보다도 가장 훌륭한 것이었다.[57]

교육 및 재정 제도는 오랜 중국의 전통을 따랐다. 몽골군이 중국을 점령했을 때 그들은 종이 화폐를 알게 되었다. 쿠빌라이는 그것을 제국의 공식 화폐로 만들었다. 1282년에는 종이 화폐의 발행, 금과 은에 대한 화폐의 관계, 손상된 화폐 사용의 폐지에 관한 중요한 법을 공표했다. 5년 뒤에는 지폐와 금 및 은과의 환전을 정하는 새로운 규정이 나왔다.[58] 쿠빌라이는 자신의 선조들과 같이 도로의 안정 및 질 향상에 많은 관심을 두었다. 중국에서 또한 수로에 대해 염려하고 있었다. 바로 쿠빌라이 시기에 양쯔 강 하구와 페이 호(湖) 하구를 연결하는 대운하의 건설이 완성되었다.[59] 무엇보다도 이 운하가 빠른 속도로 증가하는 북경 인구에 대한 쌀의 안정된 보급을 보장했다.

쿠빌라이는 그 당시의 사람으로서는 매우 드물게 약 70세까지 생을 누렸다. 그는 1294년에 사망했다.

---

[56] Krause, *Geschichte*, pp. 183-184. 중국 원조 시대의 몽골 행정체제에 관해서는 Cordier, *2*, 324 ff.; Ratchnevsky; Franke, *Geld*; Matsuo Otagi, "The Census of Northern China Taken by the Mongols in the Middle of the xiiith Century,"(「13세기 중엽 몽골 점령하의 북중국 인구 조사」) *ASTH*, pp. 9-10(영어 요약) 참조.

[57] Krause, *Geschichte*, p. 184; 또한 Franke, *Geschichte*, pp. 470-490 참조.

[58] Franke, *Geld*, pp. 57-82 참조. 쿠빌라이대 중국 지폐에 관해서는 Marco Polo, MPYC, *1*, 423-426; MPMP, *1*, 238-240 참조.

[59] 대운하 건설에 관한 라시드 앗-딘의 증거에 대해서는 J. Klaproth, "Description de la Chin sous le régne de la dynastie mongole," *JA*, 2d ser., *2*(1833), 341-345; *Cathay*, *3*, 115-116 참조.

4. 쿠빌라이 이후의 원 왕조

I.

앞에서 살펴본 바와 같이 몽골 제국의 초기 칭기즈칸의 모든 네 왕자와 그들의 후손은 왕좌에 오를 자격이 있었으며, 후보의 선출은 쿠릴타이에 의해 이루어졌다. 몽카의 선출로부터 사실상 옥좌의 권한은 툴루이 가의 후손들에게만 주어졌다. 몽카의 사망 이후 톨루이 가(家)가 두 편으로 갈라져 권력 장악을 위한 경합을 벌이기는 했지만 어느 한편도 권력을 장악하기에는 충분한 능력을 지니지는 못했다. 여하튼 툴루이 가의 가장 건장한 맏아들과 막내아들과의 충돌은 제국의 통합을 거의 무너뜨렸으며, 쿠빌라이 자신뿐만 아니라, 많은 그의 참모들에게도 고통스런 인상으로 남겨졌다. 상속권에 대한 개혁은 무르익어 갔다. 이것은 쿠빌라이가 중국에 원 왕조를 세움으로써 비롯되었다. 중국식 왕위 계승을 따라서 쿠빌라이는 상속권을 남성 직계로 한정지었다. 마르코 폴로에 따르면, 쿠빌라이의 네 부인은 법적인 황후로 간주되었으며, "첫 부인의 장남은 법적으로 황제가 되어야만 했다."[60] 이로써 국가와 사회에 관한 전통적인 중국식 관념에 의거했다는 것을 지적해야만 한다. 이에 따르면, 장남만이 가족에서 부친을 대신할 수 있으며, 가족의 우위에 따라서 상속되는 것은 부친의 유산을 상속받는 것을 의미하며, 국가 차원에서는 권력의 승계를 의미했다.[61]

따라서, 쿠빌라이의 장남은 왕좌의 법적인 승계자로 선언되었다. 그러

---

[60] MPYC, *1*, 356; MPMP, *1*, 205. 첫째 부인의 장남이 분명한 승계자로 간주되었다는 것은 Moule-Pelliot에 의해서 밝혀졌다. Yule-Cordier의 번역에 따르면, "그 네 명의 부인으로부터 낳은 아들들 가운데 장남"이다.

[61] Escarra, p. 19 참조. 앞에서 밝혔듯이(1장 3절), 몽골족에는 종족 우상의 장으로서 장남의 권력과 가족의 정신적 원리이자 부친의 소유에 대한 상속자로서 막내아들들의 권력과의 균열이 있다.

나 장남은 아버지보다 먼저 사망했기에 그의 아들이자 쿠빌라이의 손자인 티무르(몽골 제사명은 올자이투, 중국식 왕명은 성종)는 1293년에 승계자로 결정되었다.[62] 장자가 일찍 사망하여, 뚜렷한 승계자가 없는 만약의 경우에는 황제가 직접 승계자를 지목했던 것으로 추정된다. 새로운 규정은 원 왕조가 끝날 때까지 오직 쿠빌라이의 후손만이 정당한 왕권의 후계자로 간주되었다는 의미에서 목적을 달성했다고 볼 수 있다. 그러나 장자의 순서가 항상 지켜지는 것은 아니었다. 대부분의 경우 쿠릴타이에서 새로운 황제의 추인은 필수불가결한 것이었다.

쿠빌라이가 죽기까지 세자에 머물던 티무르는 있을지도 모르는 카이두의 공격에 맞서기 위해 몽골 지방을 지키는 임무가 주어져 우연하게도 몽골에 머물고 있었다. 티무르의 모친은 쿠릴타이를 소집하여 북경 또는 북경 근처에 사는 칭기즈칸의 후예들이 모였다. 당초에 티무르 후보는 강력한 반대에 부딪힐 것으로 예상되었다.[63] 하지만 티무르가 쿠빌라이에 의해서 후계자로 지목되었기 때문에 티무르에 대한 어떤 반대도 있을 수 없다고 설파한 황제 친위대장 바얀의 노력으로 모든 문제는 해결되었다.[64] 바얀의 최후 담판은 받아들여져 쿠릴타이 회의는 티무르를 승인했다. 그는 즉시 수도로 소환되어 황제로 선포되었다.

티무르의 통치기(1294-1307)에 쿠빌라이가 완성하지 못한 국가사업은 대부분 만족스럽게 완결되었다. 캄보디아와 버마의 왕들은 황제에 대한 충성을 맹세했다(1296-97년). 태평양 지역의 문제에 개입하는 것을 되도

---

[62] MPYC, 1, 360; MPMP, 1, 206; Franke, Geld, p. 84. 원조시대의 몽골과 중국 직위는 A. C. Moule, "A Table of the Emperors of the Yüan Dynasty,"(「원조 시대의 황제 가계도」) JNCB (1914), p. 124 를 따랐다. 이 논문에 대한 열람을 허락해 준 Richard L. Walker에게 감사드린다.

[63] D'Ohsson, 2, 646.

[64] Idem, 2, 645-646; 코르디에, 2, 342와 비교할 것. 바얀은 칭기즈 가에 속하지 않고, 바아린이라는 지도격인 몽골 씨족에 속해 있었다는 점을 지적해 두고자 한다.

록 자제하면서 티무르는 몽골에 대해 많은 관심을 두었다. 그의 군대는 1297-98년 카이두 및 그의 동맹군에 맞서 일련의 전투를 치렀다. 전쟁은 끊임없이 변절하는 공작들의 연합, 개인 간 경쟁 및 배반, 외교적 행위와 반작용 등으로 복잡한 양상을 띠게 되었다. 전반적으로 카이두는 자신의 기반을 잃어갔다. 그러나 그는 일시적인 소강상태를 틈타 1301년 카라코룸을 점령하기 위해 결사적인 시도를 감행했다. 그러나 그는 패배하였고, 그 해 사망했다. 지도자를 상실한 카이두의 아들들과 우게데이 가(家) 및 자가타이 가의 많은 공작들은 티무르의 황권을 인정하고 앞으로 모든 갈등은 전쟁이 아니라 대화로써 해결하기로 합의했다(1303년). 이 중요한 합의는 페르시아 일 칸이 한 당사자로 참여함으로써 보완되었다. 1304년 일 칸 가잔이 사망하자 티무르는 새로운 일 칸으로 가잔의 동생 올자이투를 앉히기 위해, 그리고 그에게 중앙아시아에 대한 평정을 알리기 위해 페르시아에 대규모 사절단을 보냈다. 황금 오르다의 칸 토흐타 또한 새로운 합의를 지지했다. 매우 이례적인 것은 그가 수즈달 공국의 페레야슬라블에서 개최되는 회의에 가신들인 러시아 공작들을 소집하여 자신의 특사로 하여금 몽골의 통치 지도자가 채택한 결정을 통보하도록 한 일이다.[65] 티무르 정책의 성공은 물론 매우 인상적인 것이었고, 몽골 제국은 그의 통치기에 이르러 권력의 절정에 이르렀다고 말할 수 있다. 이러한 모든 것은 북경의 대 칸을 우두머리로 하는 범(汎)몽골 연합이라는 새로운 형식 속에서 몽골 제국 통일의 복원을 가능케 했다.[66]

티무르는 내부 정치에 대해서는 대유럽 정책과 마찬가지로 쿠빌라이의 전통을 따랐다. 요한 몬테코르비노가 마침내 북경에 도착하자(1295년) 그는 성대한 환대를 받았고 기독교 전파와 가톨릭교회의 교구를 조직하는 것을 허가받았다. 요한 몬테코르비노의 활동은 매우 성공적이었다.

---

65) Nanosov, pp. 79-80.

66) W. Kotwicz, "Mongols," p. 2; Grum-Grzymailo, 2, 504-505.

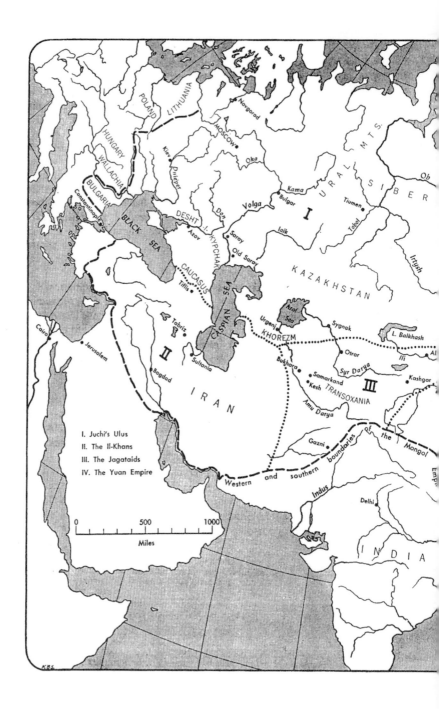

I. Juchi's Ulus
II. The Il-Khans
III. The Jagataids
IV. The Yuan Empire

0   500   1000

Miles

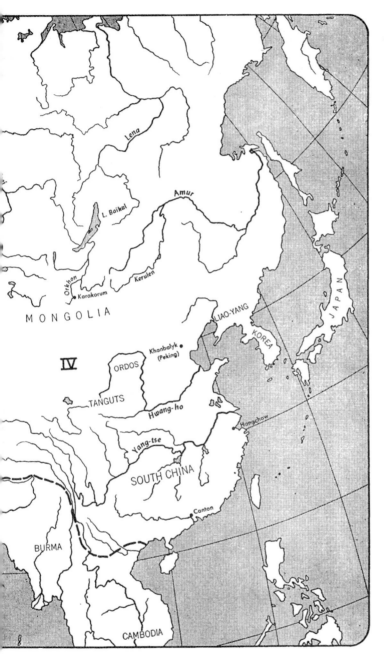

〈그림 1〉 1300년경
몽골제국

1304년 북경에서 로마 가톨릭 제례에 따라 6천 명이 세례를 받았으며, 그들 가운데 많은 이들이 아마도 중국인들이 아니라 중국에 사는 외국인들이었다고 추정된다.[67] 라틴어와 그리스어를 가르치며, 티무르가 매우 좋아하던 그레고리 송가 찬양도 150명의 청년들에게 가르치는 신학교가 설립되었다.[68] 1305년 황궁 근처에 이탈리아 상인의 지원으로 가톨릭 성당이 건립되었다. 2년 뒤 교황 클레멘트 5세는 요한을 중국의 대주교로 임명하였으며, 세 명의 프란체스카 수사를 그의 사제로 파견했다.[69]

페르시아에서 일 칸 가잔(1295-1304년)과 올자이투(1304-16년)는 유럽과의 접촉이 유지되기를 희망하였는데, 가잔은 자신의 통치 초기에 이슬람교도가 되었으며, 올자이투는 애초에 기독교인이었으나, 통치 중반기에 이슬람교도로 개종하였다(1307년). 올자이투는 교황의 사절이 동방에서 계속 활동하도록 허가했다. 1300년 아라곤 왕국의 제이콥 2세는 가잔에게 이집트를 공격할 군사 지원을 제안하였으나,[70] 실질적인 후속은 없었다. 1303-05년 범(凡)몽골 연합 이후 올자이투는 이집트는 물론 서구 유럽에 대해 몽골의 새로운 정책을 선포할 필요가 있다고 간주하고, 전 세계의 모든 민족 간 평화관계를 수립할 것을 이슬람과 기독교 세계의 통치자들에게 촉구하였다.[71] 이 호소의 의미를 유럽은 충분히 이해할 수 없었다.

---

[67] A. C. Moule, 중국의 기독교(각주 50), p. 150, 주석 17에 의하면, 몽골 지배기에 기독교로 개종한 중국인 숫자는 적었던 것으로 보인다. K. S. Latourette, *A History of the Expansion of Christianity*, *2*, 339를 참조할 것.

[68] Grousset, *Histoire*, p. 93.

[69] 중국에서의 가톨릭 전파에 관해서는 A. C. Moule (각주 50과 67), 7장; K. S. Latourette, *A History of the Expansion of Christianity*(『중국에서의 기독교 전파의 역사』), 5장. 중국과 인도의 신부-선교사들의 서한과 보고서에 관해서는 *Cathay*, *3*, 3-105 참조.

[70] Spuler, *Iran*, p. 232.

[71] Kotwicz, "Lettres," 2; Kotwicz, "Mongols", pp. 3-5; E. Haenisch, "Zu den Briefen der mongolischen Il-Khane Argun und Öljeitu an den König Philipp den Schönen von Frankreich," *Oriens*, *2*(1949), 216-235 참조.

영국 왕 에드워드 2세는 회신에서 팔레스타인을 이슬람으로부터 "해방"시키기를 요청했다(1307년).[72] 정치적 관점에서 이러한 논의는 앞선 모든 것들이 그랬던 것처럼 별다른 효과를 거두지 못했다.[73]

II.

티무르의 사망과(1307년) 원 왕조의 마지막 황제 토간-티무르(1333년)의 즉위 사이 26년간에는 8명의 황제가 통치했다. 대부분의 통치기간은 매우 짧았다. 이 기간에는 주변국과의 전쟁 및 해외 공략의 부재로 인하여 사가(史家)들의 관심을 끌었던 것은 궁정의 음모와 권좌를 둘러싼 정쟁 양상이었다. 바로 이러한 이유로 최근까지도 역사 문헌에서는 이 기간에一다시 말해서 쿠빌라이의 죽음과 원 왕조의 몰락(1368년) 사이一일어난 일들을 정체되고 몰락하는 것으로 기술하는 편향적인 특성을 가지고 있다. 하지만 이 기간 동안 궁정의 삶으로부터 제국 통치의 일반 정치로 눈을 옮기면 많은 건설적인 작업에 대한 증거들을 발견하지 않을 수 없다. 티무르는 남자 후손을 남기지 못했다. 황권은 그의 조카 아난다와 다른 두 조카, 즉, 다르마팔라의 두 아들 사이의 투쟁 대상이 되었다. 아난다 지지 세력은 경쟁에서 참패하고, 나머지 두 조카 사이의 합의로 다르마팔라의 큰 아들 카이샨(몽골 제사명은 쿨룩, 중국식 왕명은 무종)이 황제가 되었다(1307-1311년).[74] 황제 선출을 위한 모든 파벌의 경쟁자들이 벌인 방탕한 행위들로 제국의 국고는 거의 바닥내고 말았다. 1308년까지 재정 적자는 당시 화폐단위로 7백만 팅게 이상이었다. 은(銀) 증서(1309년)와 동폐(銅幣)(1310년)를 발행하려고 시도한 적도 있었다. 그러나 개혁은 실패로 돌아갔고, 1311년에 다시 지폐 체제로 환원되었다.[75] 쿨룩

---

72) Spuler, *Iran*, p. 232.

73) 가계도 II 참조.

74) Grum-Grzymailo, *2*, 506; Franke, *Geld*, pp. 83-84.

의 후계자는 그의 동생 아유르파리바드라(몽골 제사명은 부얀투, 중국식 왕명 인종, 1311-1320년)가 되었다. 부얀투는 뛰어난 국가 재상들로 둘러싸인 매우 재능 있는 통치자였다는 인상을 주고 있다. 그의 국가 행정의 확고함은 자가타이가의 후손인 중앙아시아의 칸 에센-부카가[76] 1316년 제국에 반란을 일으켰을 때 명확히 예증되고 있다.

주목할 것은 에센-부카가 반란을 일으키며 황금 오르다의 칸 우즈벡으로부터 지원을 받으려고 시도했다는 점이다. 소위 "라시드 앗-딘의 연대기 후속"에 따르면, 에센-부카는 우즈벡에게 "칸"(즉 부얀투)이 우즈벡을 권좌에서 내쫓고 그를 대신하여 주치가의 귀족을 옹립하려 한다는 소식을 알리기 위해 사신을 보냈다. 그 소식을 접한 우즈벡은 처음에 매우 격노하여 반란에 가담하려 했으나, 참모들은 에센-부카를 믿어서는 안 된다고 우즈벡을 설득했다. 그리하여 우즈벡은 부얀투를 여전히 신뢰하게 되었다.[77] 제국의 군대는 신속하게 반란군을 제압하였고, 패배한 에센-부카의 군대는 이식쿨 호수 서안(西岸)까지 이르게 되었다. 제국 군대의 승리는 결정적인 것으로, 이후 중앙아시아의 공작들로부터 제국이 몰락할 때까지 대칸에 대한 더 이상의 반란의 시도는 없었다.

부얀투는 몽골인 및 비중국인의 수만큼 똑같이 각 정부 기관에 중국인을 등용했다.[78] 부얀투는 궁정 음모를 종식시키기 위해[79] 칙령을 선포하여 사원과 기독교를 포함한 여타 종교 기관을 세금과 부역으로부터 해방시켰다.[80] O. 코발렙스키에 따르면, 부얀투는 예술과 학문의 숭배자였다.

---

[75] Franke, *Geld*, pp. 85-93, 102.

[76] 가계도 IV 참조.

[77] Tiesenhausen, *2*, 141-142.

[78] D'Ohsson, *2*, 664.

[79] Cordier, *2*, 345.

[80] J. Devéria, "Notes d'épigraphie mongole-chinoise," *JA*, *8*(1896), 396-398; Lewicki, "Les Inscriptions mongoles inédites,"(주석 46) pp. 20-36. 종교단체에 관한 몽골

그의 궁정에서는 사마르칸트, 부하라, 페르시아, 아라비아, 비잔틴에서 온 학자들을 만날 수 있었다.[81] 부얀투의 통치기는 쿠빌라이 시대부터 시작되고, 후계자들의 통치시기를 통해 천천히 점진적으로 진보해 온 법령 제정에 대해 새로운 자극을 받게 되었다. 1316년에는 이전에 발행된 제국의 선언, 칙령, 명령을 비롯하여 왕궁의 규정을 집성한 법전이 편찬되었다. 이 법전은 1323년 부얀투의 아들 숫디팔라(몽골 제사명 게겐, 중국식 왕명 영(英)종, 1320-23년) 통치기에 특별 위원회에서 승인되었다.[82]

이후 게겐은 곧 궁정 음모로 살해되었다. 쿠빌라이의 후손들은 이 기회에 카라코룸에 머물던 자신들의 후보 예순-티무르(중국식 왕명 진종)를 권좌에 앉히는 기회로 활용하였다. 예순-티무르는 5년(1323-28년)간을 통치했다. 그는 몽골 구세대에 속했을 것이다. 부얀투와 게겐의 통치기에 국가 업무를 관장했던 재상 그룹들은 아마도 영향력을 상실했을 것으로 추정된다. 새로운 황제에 대한 그들의 반대 입장은 충분히 이해할 수 있다. 그 입장이란 개별적인 동기뿐만 아니라 정치적 동기로도 설명할 수 있다. 반대파들은 국가 행정과 입법에서 이루었던 업적들에 대해서 자랑스러워했으며, 정책의 변화를 증오해야 했다. 그들에게는 예순-티무르가 건강하고 확고히 권좌를 유지하는 한 행동의 기회는 오지 않았다. 그러나 그가 사망하자, 반대파는 득세하여 그 지도자들은 예순의 아들을 황제로 인정하기를 거부했다. 그를 대신하여 권좌 계승권을 가진 쿨룩의 아들을 지지했다. 결국 짧지만 매우 격심한 내전이 일어났으며, 혁명군이 승리를 거두었다. 쿨룩의 차남 쿠살라(몽골식 신전명 쿠투쿠, 중국식 왕명 명종)

법에 관해서는 Ratchnevsky, pp. lxviii-lxxxvi; E. Haenisch, "Steuergerechtsame der chineisischen Klöster unter der Mongolenherrschaft," *BVSAW*, 92, Pt. 2(1940), H. Schurmann 감수, *HJAS*, *14*(1951), 291-306 참조. 또한 Shunjô Nogami, "The Hsüan-ching-yüan of Mongol Dynasty of China," *ASTH*, p. 17 (영어 요약) 참조.

[81] Grum-Grzymailo, *2*, 507, 주석 2; D'Ohsson, *2*, 664와 비교할 것.

[82] Ratchnevsky, pp. xvi-xvii.

가 황제로 선포되었다. 그는 즉위 후 며칠 만에 사망했는데 반대파의 독살이라고 추정된다. 그의 동생 투그-티무르(몽골 신전명 자야가투, 중국식 왕명 문종(1329-32년)이 뒤를 이었다.[83]

Ⅲ.

투그-티무르는 "중국 문화에 대해 깊이 동경하고 관심을 두었다. 그 자신이 직접 중국시를 지었으며, 중국 서예를 배우고, 중국 전통의 그림을 그렸다."[84] 그를 권좌에 올린 혁명은 단순한 군사 쿠데타가 아니었다. 부얀투와 게겐 시기에 적극적으로 활동했던 국가 재상그룹들이 다시 권력으로 돌아왔다. 예순-티무르에 대한 반대파의 지도자인 엘-티무르(얀-티무르)가 새로운 총리대신이 되었다. 그는 그때까지 발간된 법령의 주석을 달도록 하는 임무가 부여된 입법위원회의 장으로 임명되었다. 그 법령 주석은 1331년에 공포되었다.[85]

동시에 북경의 학술 자문관은 몽골 제국의 전도(全圖)를 준비했다.[86] 사실상 이 "지도"는 제국의 주요 구성 부, 주요 지방, 지방의 주요 도시를 표시한 체계적인 도해였다. 대체적으로 매우 정교하고, 명칭도 인식 가능하다. 지도에 표기된 중국의 국경을 넘어선 제국의 주요 세 부분은 두-라이 티무르(두바-티무르, 자가타이의 후손)[87]가 지배하는 중앙아시아 칸국, 부-사-인(일 칸국의 아부-사이드, 훌라구의 후손)[88]의 지도하에 페르

---

83) Wen-tsung 황제의 몽골 이름(개별적인 이름 그리고 사직의 이름)에 관해서는 L. Ligeti, "Les Noms mongols de Wen-tsong des Ynan," *TP*, 27(1930), 57-61 참조. Cleaves, Inscription II, p. 52, 주석 172를 참조할 것.

84) Küchirô Kanda, "The Attitude of Emperor Wĭn-tsung of the Mongol Dynasty towards Chinese Culture," *ASTH*, p. 11(영어 요약).

85) Ratchnevsky, pp. xx-xxi; Franke, *Geld*, pp. 26-27.

86) 이 지도의 제작에 관해서는 Bretschneider, 2 참조.

87) 두바-티무르는 예센-부카의 동생이었다.

132 · 몽골 제국과 러시아

시아, 그리고 유에-드수부(우즈벡, 주치의 후손)가 지배하는 황금 오르다가 자리 잡고 있다. 우즈벡이 통치하는 북서부에는 아-로-스, 즉 러시아를 찾을 수 있다.[89]

지도는 제국 정세 및 통일에 대한 북경 정부의 관심 및 의식을 증명해 주는 것이다. 법 주해 또한 그 제정 목적의 명백함과 내부 정치에 대한 정부의 선의를 강조하고 있다. 결국 당시 제국은 광활한 시야의 비전을 지닌 의식 있는 국가 재상들에 의해서 운영되었다고 말할 수 있다.

제국의 통일성이 지도에만 담겨있지 않았다는 것을 증명하는 당시의 증거들이 있다. 1330년경 로마 교황 요한 22세를 위해 살타니아의 대주교에 의해 작성된 "대칸통서"라고 하는 원 제국에 대한 회고록은 다음과 같이 시작된다. "중국의 위대한 칸은―세계의 가장 전능한 왕들 가운데 한 사람으로 이 나라의 군주들은 모두 그의 가신들이며, 그에게 충성을 다한다. 특히 위대한 세 황제들이 있는데, 아르말렉(알말릭),[90] 부사이(아부-사이드), 우즈벡이 그들이다. 이 황제들은 매년 살아있는 표범과 낙타, 흰 수리매 외에 엄청나게 많은 매우 값비싼 보물들을 칸에게 보낸다. 왜냐하면 칸을 자신들의 통치자이자 주군(主君)으로 인정하고 있기 때문이다."[91]

더군다나 이 시기에는 중국과 황금 오르다 사이의 교역이 활발했다. 알-우마르와 이븐-바투타(1332년 사라이를 방문했던)에 따르면, 황금 오르다의 수도 사라이의 시장에서 무수히 많은 중국 상품을 살 수 있었다. 중국 비단을 사기 위하여 이태리나 헝가리의 상인들은 중국까지 갈 필요가 없었다. 사라이에서 자유롭게 살 수 있었다.[92]

---

[88] 가계도 IV 참조.

[89] "Russia"를 의미하는 중국어 아로스 A-lo-sz는 몽골식 또는 투르크식 "Orus" 또는 "Urus"에서 비롯된 것이다.

[90] 일리 Ili 강(江) 지역의 알말릭 Almalyk은 당시에 중앙아시아 자가타이 칸국의 수도였다. *Cathay*, *3*, 87, 주석 1 참조.

[91] *Ibid.*, *3*, 89.

중국에 러시아 군대의 강력한 조직이 있었다는 것은 그 시대에 황금 오르다와 대칸 사이에 긴밀한 협력을 유지하고 있었다는 데에 대한 또 다른 면모를 보여주고 있다. 킵차크, 알란, 러시아 군이 쿠빌라이 주군의 일부를 구성하고 있었다는 점을 상기할 필요가 있다.[93] 티무르의 통치하에 그리고 다시 부얀투의 통치기에 중앙아시아에 대한 제국의 통제가 복원되고 난 후 황금 오르다의 칸에 의해서 킵차크 및 러시아 군으로 구성된 새로운 부대를 중국에 파견해야만 했다. 투그-티무르의 통치 시기까지 내려와서도 러시아 군사(수백 명 많게는 수천 명)들은 몇몇의 만 단위 부대(투멘)의 제국 군대에 배속되었다. 이제는 특수한 러시아 부대(러시아어로 찌마)가 구성되었다(1330년). 원사(元史)에 따르면 그 부대 사령관(러시아어로 춈닉)은 "충성 친위군 투멘의 (이름) 대장"이라는 칭호를 받았다.[94] 그는 제국의 관료체계에 따르면 3등급의 관리로 외교 및 군사 행정업무를 담당하는 추밀원 직속이었다. 러시아 군 사령부를 설립하기 위하여 북경의 북부 땅을 러시아 부대에 할당하였다. 러시아인들에게는 의복, 소, 농기구, 종자들이 공급되었다. 그들은 자기들에게 할당된 영토 내 숲, 강, 호수 등에서 획득한 갖가지의 야생 동물과 어류 등을 황제의 식단에 제공했다. 1331년 러시아 부대의 춈닉은 충성 친위군의 같은 직급에 마찬가지로 "러시아 경호군 사령관"이라는 새로운 이름을 얻었다. 그는 직위 은장(恩獎)도 받았다.[95] 대장 직위의 칭호가 바뀐 이유는 분명하지

---

92) *ZO*, pp. 151, 157; R. S. Lopez, "China Silk in Europe in the Yuan Period," *JAOS*, *72*(1952), 72-76 참조.

93) 원조 시대의 외국군에 관해서는 Chang Hsiang-lang, "The Rebellion of the Persian Garrison in Ch'üan-chon, A. D. 1357-1366," *MS*, *3*(1938), 611-627 참조. Franke, "Europa," p. 70 참조. 중국의 알란족에 대해서는 Palladi, "Странные христианс тва в Китае,"(「중국에서 기독교의 발자취」) *VS*, *1*, 47-48; Bretschneider, *2*, 84-90; *Cathay*, *3*, 184 이하 참조.

94) Franke, "Europa," p. 70. Cf. Palladi, *VS*, *1*, 49-50; Bretschneider, *2*, 80.

95) Franke, "Europa," p. 71.

않다. 러시아 군의 수적 구성이 축소된 결과로 더 이상 부대 전체를 구성하지 않기 때문일 수도 있다. 또 다른 이유로는 러시아 군 부대가 확대되어 이제는 한 사단 규모 이상보다 더 많을 수 있기 때문이다. 그 해에 실제로 600명의 새로운 징발된 러시아군에 대해 언급하고 있는 자료가 있다.[96] 이런 점으로 보아 추가로 러시아 및 알란족 대대가 랴오양 지방(남만주와 고려 일부를 포함하는)에 동시에 설립되었다고 말할 수 있다.[97]

러시아에 주재하고 있는 몽골 행정부에 의해 징발된 병사 이외에 추가로, 러시아에 대한 몽골군의 징벌 원정의 시기에 포로로 잡혀 노예가 된 러시아인들은 때때로 중국으로 이송되어 그곳에 정착했다. 1331년 사툰(엘-티무르의 남동생)은 황제에게 열여섯 러시아 가족을 "선물"하였고, 그 대가로 107 은괴(銀塊)와 오천 팅게를 지폐로 "하사" 받았다.[98] 이런 경우, 러시아인들에게는 염소와 목장이 보장되었다. 1332년 창-키 왕자(분명히 자가타이가 왕자 징크시)는 황제에게 170명의 러시아 포로를 선물하고 그 대가로 72 은괴와 오천 팅게를 지폐로 받았다. 동시에 엘-티무르 재상은 황제에게 2,500명의 러시아인 포로를 바쳤다.[99] 이것은 아마도 1327-28년 겨울 몽골군과 모스크바 공국 연합군의 징벌 원정에서 잡힌 트베리 공국의 러시아인들로 추정된다.[100]

---

[96] *Ibid.*

[97] *Ibid.*

[98] *Ibid.*

[99] *Ibid.* Franke가 "황제가의 왕자"라고 번역했던 중국 직위를 그는 *chu-wang*으로 붙였다. Bretschneider는 왕자 Chang-ki(Jangi)는 자가타이 가의 Jinkshi를 의미한다고 제안한다. 1362년의 몽골 비문에서 Jangki(Chang Chi)라는 이름의 관헌이 나타난다. 그러나 그의 직위는 공작이었으며(*kuo-kung*, 8관등 가운데 세 번째 위치하는) 왕자가 아니었다. Cleaves, Inscription, 1, pp. 30, 83, 85; p. 40, 주석 14; p. 96, 주석 13 참조.

[100] 본서 3장 6절 p. 292 참조.

Ⅳ.

투그-티무르의 사후 그의 7살짜리 조카(쿠살라의 막내아들)가 황제로 즉위했다. 곧 그는 몇 달 뒤 사망하고 그의 형, 토간-티무르가 황제가 되었다(중국식 왕명 순제, 1333-68년). 곧 뒤이어 투그-티무르 통치기에 지도적인 인물이었던 엘-티무르가 사망했다. 이제 그의 남동생 사툰과 사툰의 친구 바얀이 주도 세력이 되었다. 바얀은 1339년 러시아 경호군 사령관으로 임명되었으나,[101] 남중국으로 파견되었고, 여정 도중에 사망했다.[102]

1307년부터 1332년 기간에 가톨릭의 선교사들은 페르시아, 인도, 중국에서 자신들의 활동을 계속했다. 특히 이 세 나라를 모두 방문했던(1318-1330년) 포르데노네 출신의 프란체스카 선교사 오도리크의 포교가 특별히 중요한 의미를 띠었다.[103] 북경에서 오도리크는 요한 몬테코르비노의 손님이었다. 1332년경 요한이 사망하자, 북경 교구를 프란체스카 교인이자 프랑스인으로 파리 대학의 교수인 니콜라스 신부가 계승하였으며, 그는 중국에 26명의 신부들과 함께 도착했다. 1336년 그들 가운데 한 신부인 앤드류는 토간-티무르의 서한을 교황 베네딕트 12세에게 전하기 위해 유럽으로 향했다. 당시 대칸은 선조들과 마찬가지로 기독교에 대해 우호정책을 폈기 때문이다. 교황은 서한에 대한 회답으로 중국에 두 선교사를 추가로 보냈다. 그중 한 선교사는 1342년 토간-티무르를 알현했다.[104]

황제는 법률학 교과서도 개정하라고 명하고, 1346년 새로운 황제 칙령 및 포고 집전이 발간되었다.[105] 그러나 토간-티무르의 통치 초기에 정부

---

101) Franke, "Europa," p. 72. Cf. Palladi *VS*, *1*, 50; Bretschneider, *2*, 81(모두 1334년에 바얀을 임명한 것으로 가리키고 있다)

102) Cordier, *2*, 351을 따르면, 바얀은 불명예를 안고 남중국으로 추방되었다.

103) *Cathay*, *2* 참조.

104) Grousset, *Histoire*, p. 93; *Cathay*, *3*, 213-214.

가 잘 통제해야 할 가장 중요한 문제는 황하의 끊임없는 수로 변화였다. 1300년경 황하의 수로는 카이펑에서 동쪽으로 돌아 발해 만까지 흘러들면서 급격히 변했다.[106] 북중국의 젖줄인 황하의 수로 변화는 수백만 명의 삶과 연관되어 있었다. 어떤 이들은 범람으로, 어떤 이들은 관개 지대를 상실함으로써 삶의 터전을 잃었다. 주기적인 범람이 온 후에는 기아가 계속해서 찾아왔다. 1330년대 상황은 지극히 위협적인 것이었다. 1334년과 1342년 기아가 온 나라에 만연했다.[107]

대칸 정부는 댐 축조 및 복구의 방법으로 수로의 흐름을 통제하려고 노력했다. 1351년 주(主) 댐들이 붕괴되면서 긴급사태가 발생했다. 하안(河岸)의 안전을 강화하기 위해 17만 명의 노동자가 동원되었다.[108] 토간-티무르 정부가 시행했던 이러한 사회사업에는 상당한 재정이 요구되었고, 국고에 추가 부담을 안겼다. 통화량을 민중의 수요와 균형을 이루게 할 목적으로 1350년 지폐에 대한 새로운 규정이 발표되었다. 비록 1341년 1백만 팅게 미만의 지폐가 발행된 반면, 1352년에는 두 배가 증가하였고, 1356년에는 6백만 팅게의 지폐가 발행되었다.[109]

자연 재해와 제국 재정의 악화로 백성들 사이에서 불만이 고조되었다. 전 시기에 걸쳐 모든 제국의 나라들의 민중은 불행과 궁핍의 원인을 정부의 탓으로 돌리기 시작했다. 이것은 특히 중국에 있어서는 정당한 것이었다. 왜냐하면 전통적인 중국의 관념에 따르면, 자연재해의 책임조차 정부에게 있기 때문이었다. 인간사회는 우주질서의 일부로 인식된 것이었다. 통치자의 죄는 사람뿐만 아니라, 자연의 분노를 일으키는 원인의 하

105) Ratchnevsky, p. xxi.
106) Krause, p. 189.
107) Grum-Grzymailo, 2, 508.
108) Ibid., Franke, Geld, p. 94; Eberhard, p. 268.
109) Franke, Geld, p. 93-98, 103.

나였던 것이다.[110]

그 결과 북중국에서 제국의 권위는 급격히 추락했다. 남중국에서 제국의 권위는 언제나 높지 않았다. 이(異)민족 왕조에 의한 통치가 그 이유였다. 이런 관점에서 남중국과 북중국 사이에는 원 왕조에 대한 관계에 뚜렷한 차이가 존재했다는 점에 주목해야 한다. 몽골의 지배 이전에도 북중국은 많은 경우는 이민족 계통의 왕조가 지배했다. 금 왕조도 중국계가 아닌 만주계의 국가였다. 그러므로 북중국에게는 이방인의 권력을 받아들이는 데에 특별히 이상할 것이라고는 없었다. 특히, 이민족들이 지배했던 각각의 경우에 있어서 정도의 차이는 있으나, 이민족들은 적어도 일부분이나마 중국식 문화를 따르려고 하였다. 남중국에서의 상황은 달랐다. 그곳은 언제나 현지정부에 의해 통치되었다. 몽골이 송 왕조를 전복한 이후 남중국은 불가피하게 쿠빌라이와 그 후계자들의 통치를 받아들일 수밖에 없었으나, 그들의 가슴속에는 원 왕조가 이민족의 왕조이며, 몽골 제국에 대한 그들의 충성은 의심스러운 것이었다.

수년간에 걸친 몽골군의 주둔은 남중국에서의 대대적인 반란의 가능성을 차단할 수 있었다. 그러나 시간이 흐르면서 지방에서 반란과 저항이 발생했다. 점차적으로 몽골군은 중국에 정착했다. 페르시아와 같이 고대 문명을 가진 다른 나라에서처럼 군대 본연의 열정을 상실하고, 마르코 폴로에 따르면, "상당히 기울어 갔다."[111] 1352년 반란은 양쯔 강 하안(河岸)을 따라 일어났을 뿐만 아니라, 동시에 강동 지역에서도 일어났다. 이러한 운동은 결국 몽골인이나 중국인을 막론하고 대규모의 토지를 소유한 영주들에 대한 농민과 소작인들의 반란으로 변질되어 사회 혁명의 성격을 띠기 시작했다.[112] 1360년까지 남중국은 수많은 지방 정부에 의해 지

---

110) Escarra, p. 77; cf. Latourette, 2, 27. 중세 러시아에도 유사한 관점들이 퍼져 있었다. 『키예프 러시아』 참조.

111) MPYC, *1*, 263.

배되었고, 그들은 때로 서로 적대적인 관계에 있기도 했다.

　대략 비슷한 시기에 제국의 통일성은 일 칸국의 몰락으로 심각한 위협에 처하게 되었다. 아부-사이드의 사후(1335년) 페르시아에 혼란이 닥치자 왕권은 서로 적대적인 관계에 있는 후보자들로 교체가 신속히 이루어졌으며, 그때마다 왕권은 강력한 지방정부의 통치자들의 손에 좌우되는 단순한 도구에 지나지 않았다. 황금 오르다의 칸들은 이러한 상황을 활용하여 아제르바이잔에 대한 자신들의 영향력을 강화했다. 결국 1356년 칸 자니벡은 타브리즈를 점령하고 그곳에 대리통치자로 자신의 아들 베르디벡을 남겨두었다. 1357년 귀환하는 길에 자니벡은 사망했고, 이에 베르디벡은 서둘러 왕위를 장악하기 위하여[113] 페르시아를, 슈풀러가 지적하듯이, 폐허로 남겨둔 채 사라이로 향했다.[114] 베르디벡의 죽음(1359년) 이후, 황금 오르다 왕조는 곧 길고 긴 분열과 정치적 위기의 시기로 들어섰다.[115] 중앙아시아의 자가타이 울루스 역시 정치적 역경에 처하게 되었다. 이 모든 사건들은 범(汎) 몽골 무역에, 특히 흑해지방과 지중해 연안, 다른 한편으로는 중국과의 육상 무역 발전에 심각한 영향을 미쳤다. 이것은 북경 권력의 재정 측면에도 부정적 영향을 미치지 않을 수 없었다. 그 이외에도 매년 페르시아와 황금 오르다에서 오던 공물은 더 이상 들어오지 않았으며, 적어도 정기적으로 헌납되지는 않았다.

　남중국으로 다시 돌아가서, 1360년경 서로 권력투쟁을 하던 지방정부의 수장 가운데 주원장이란 자가 대부분의 적을 궤멸시키거나 자신에게

---

112) Meng Su-ming, *Social Classes of the Yuan Dynasty* (Peking, 1938)(중국어)이 인용되고 있는 Franke, Geld, p. 2, 주석 1 참조. 이 연구에 대한 Eberhard의 *Orientalische Literaturzeitung* (1941), p. 540의 서평과 비교하라.

113) 일부 문헌에 따르면, 자니벡은 베르디벡의 추종자들에 의해서 살해되었다. 본서 3장 6절 p. 301 참조.

114) Spuler, *Iran*, p. 137.

115) 본서 4장 2절 pp. 353-354 참조.

복속시켰다. 사회적 반란은 이제 민족 혁명의 성격을 띠었다. 북경 정부에 이러한 위기가 코앞에 닥쳤을 때, 몽골에 있던 많은 족장들은 토간-티무르에 대해 반란을 일으켰다.[116] 토간-티무르는 중국인의 입장에서 보면 몽골인에 다름없었으나, 몽골의 수구 세대의 눈으로 보면 그는 지나치게 친(親) 중국이었다. 북경 정부는 스텝 몽골인들의 북경 침공을 격퇴하기는 하였지만, 자신들의 가장 강력한 군사를 만리장성 방어를 위해 북쪽에 배치하고 있었다. 그와 같은 상황에서 중국 혁명군의 신속한 이동은 불가피한 것이었다. 1363년 주원장은 후베이, 허난, 안후이 지방을 점령하고, 1367년에는 저장 및 광시 지방을 장악했다. 1368년 북경 동부에서 몽골군을 격퇴하고 승리를 거두며 수도에 진입했다. 토간-티무르는 고비 사막으로 도망가고, 그곳에서 1369년 사망했다. 그의 아들들과 잔당들은 몽골로 후퇴했다. 한편 북경에서 주원장은 자신을 황제라 선포했다. 그가 세운 왕조가 명(明)이다.

5. 몽골 제국의 이념

몽골의 확장은 풍부한 전리품 획득에 따른 전쟁에 대한 욕망으로부터 몽골 통치자들의 보다 건설적인 상업 제국주의를 거쳐 보편적 제국이라는 원대한 개념에 이르기까지 많은 변형된 요인들과 동기들이 조합된 결과였다.

봉건적 씨족 사회의 원초적 사고를 극복하면서, 몽골의 정복에 대한 진취적인 정신 속에서 뚜렷한 궤적을 보인 것은 바로 제국 이념이었다. 몽골의 황제들은 보편적 평화와 국제 관계의 안정에 전념한다는 목적을 부여하고 전쟁을 수행했다. 목적은 달성되었다. 인류 안보를 위한 대가는

116) Grousset, *Histoire*, pp. 261-262.

국가 각 부분 및 전체에 대해 항구적으로 봉사하게 될 것이다. 이것은 질서 있는 생활 방식과 사회 평등을 구축할 것이다. 부자는 가난한 자가 국가에 헌신하는 만큼 똑같이 국가에 봉사하게 될 것이다. 가난한 자들은 부자들에 의한 부정과 착취로부터 보호될 것이다. 아르메니아 역사가 그리고르 아칸츠에 따르면, 야사의 기본 인식은 "노약자와 가난한 자에 대한 경의"였다.[117] 이븐 알-아티르는 몽골인들은 오직 부자들에 대해서만 혹독하였다고 말한다.[118]

황제의 권위가 지닌 근본 개념은 유럽의 통치자들에게 보내는 초기 대칸들의 서한에서 분명히 밝혀져 있다.[119] 각각의 서한 서두에서 그 성격이 뚜렷이 나타난다. 서한은 항상 하늘에 대한 인용에서 시작되며, 그 뒤를 이어 칭기즈칸과 현재의 통치 황제에 대한 인용이 뒤따른다. 요한 플라노 카르피니 신부가 유럽에 전달한 구육의 편지(1246년), 루브룩의 윌리엄 신부가 가져온 성자 루이에게 보낸 몽카의 편지(1254년), 그리고 그의 편지와 동반한 몽카의 포고를 예로 들어보자.

구육 편지의 몽골어 원본은 남아있지 않으며, 적어도 아직은 발견되지 않고 있다. 그 편지는 오랫동안 요한 신부의 라틴어 번역본만 알려져 있다. 1920년대에는 페르시아어(투르크어와 혼합된) 번역본이 발견되었다. 라틴어 번역본에서 서두는 다음과 같다. "Dei fortitudo, omnium hominum imperater".[120] 페르시아어 본에 대한 펠리오의 프랑스어 번역은 다음과 같다. "영원한 천력의 이름으로, (우리는) 모든 위대한 민족의 대양의 칸은 명한다."[121] 라틴어 번역본에서 요한 신부는 몽골식 정식의 상세한 것

117) Akanc, p. 291.

118) *ZO*, pp. 228-229.

119) 몽골 및 중국 원전에 근거한 몽골 권력 양상에 대한 훌륭한 논의에 대해서는 Kotwicz, "Formules initiales" 참조.

120) Voegelin, p. 288.

121) *Idem*, 386; Kotwicz, "Formules initiales," pp. 134-135 참조.

은 생략하고 짧은 문장으로 압축했음이 분명하다. 페르시아어본이 보다 몽골어 원본에 가까운 것으로 보인다. 프랑스어 번역본에 "대양(大洋)의"라는 단어를 사용한 것은 논란의 여지가 있다. 이것은 몽골어 "달라이"를 전달하려는 노력에서 비롯된 것이다. 펠리오는 그것을 "대양"으로 해석하고 "칭기즈"라는 이름과 비교하여 "바다"로 이해하고 있다. 하지만 그 뜻은―"전능한", "위대한"의 뜻을 의미한다.122) "달라이"는 구육의 편지에서 사용한 것과 같은 의미를 지녀야 한다. E. 카라-다반에 따르면, 오이라트족(칼미크족)의 언어에서 원래 "달라이"란 뜻은―"위대한", "끝없는"의 뜻으로 "대양"은 단지 연상(聯想)에 불과하다.123) 펠리오의 번역본에서 "모든 위대한 민족의"라는 구절은 역시 펠리오가 번역한 구육의 옥쇄에서 해당되는 구절과 비교할 수 있다. "영원한 하늘의 선지자와 위대한 몽골 민족의 최고 칸의 이름으로 명한다."124) 위의 사정들을 모두 고려해 보면, 서두는 다음과 같은 뜻이 된다. "영원한 천상의 덕을 통해 위대한 (몽골) 민족의 최고 칸은 우리의 명(命)이다."

루이 9세에게 보내는 몽카의 서한은 루브룩의 윌리엄 신부의 라틴어본만이 알려져 있다. 서한에 첨부된 칸의 포고는 칭기즈 후계자들의 국제

---

122) 본서 1장 5절, p. 53.

123) Khara-Davan, pp. 33-35. A. de Smedt 와 A. Mostaert, *Dictionnaire monguor-français*(Pei-ping, 1933), p. 41에 따르면, Dalai(몽골 방언에서 dale)는 "바다" (불어로 mer)를 의미한다. A. R. Rinchine, *Kratkii mongolsko-russkii slovar'*(『몽골-러시아 소사전』)(Moscow, 1947), p. 63에서는 dalai에 두 가지 의미가 있다. (1) 바다; 호수 (2) 영원한, 최고의(두 번째 의미는 "역사적인" 특성을 부여하고 있다). 구체적인 의미("바다") 또는 추상적인 의미("끝없는", "영원한")를 의미하든지 관계없이, 적어도 내가 보기에, 구육의 서한에서 그 단어는 추상적인 의미로 사용되고 있다. 비사(sec. 280)에서 우게데이를 "Dalai Kagan"으로 부르고 있다. Haenisch는 이 명칭을 "세계의 지배자"(Weltherrscher)라고 번역하고 있다. 여기서 세계 'Welt'라는 의미는 펠리오의 'Oceanique'에 해당된다는 F. W. Cleaves 지적이 독자에게 더 이해하기 쉽다고 본다. Haenisch의 독일어판 비사에 대한 클리브스의 서평 참조. *HJAS, 12*(1949), 533.

124) Pelliot, "Mongols et papauté," Pt. 1, p. 15.

관계 문서들이 근거를 두고 있는 통상적인 법적 정식(定式)을 알려주고 있다. 에릭 뵈겔린이 지적하듯이 이 정식은 야사에서 기원한다.[125]

다음은 포고에서 기술되고 있는 서두와 실제 편지에서 기술된 서두 형식의 라틴어본이다.

> 포고 : Preceptum eterni: Dei est. I coelo non est nisi unus Deus eternus, super terram non sit nisi unus dominus Chingischan, filii(sic) Dei. Hos est verbum quod vobis dictum est.
> 서한 : Per Virtutem eterni Dei, per magnum mundum Moallorum, preceptum Mangu chan.[126]

W. W. 로크힐의 영어 번역본이다.

> 포고 : (이것은) 영원한 신의 명이다. 천상에는 오로지 영원한 한 신만이 존재하며, 지상에는 오로지 신의 아들, 칭기즈칸만이 한 지배자로 존재한다. 이점을 그대에게 말하노니.
> 서한 : 영원한 신의 선의를 통하여, 몽골인들의 위대한 세계를 통하여. 이는 —칸 몽카의 말이니.[127]

위에서 인용한 세 문서를(구육의 편지, 몽카의 포고, 그리고 몽카의 서한) 근거로, 그리고 동시대에 다른 몽골 궁정 서한들도 참고하여 보면, 우리는 다음과 같이 황제 권력에 대한 몽골인의 인식의 세 가지 기본 요소의 위계를 설정할 수 있다.

---

[125] Voegelin, p. 412.

[126] 텍스트는 Wyngaert가 복원하였으며 Voegelin에 의해서 재간되었다. p. 391.

[127] Rockhill, pp. 248-249. 번역은 저자가 조금 바꿨다.

1. 신(천상 — 영원한 신)
2. 칭기즈칸(신이 내린)[128]
3. 통치 중인 황제

두 번째 항과 관련, 칭기즈칸의 이름은 오직 몽카의 포고 — 즉 대 야사에 의해 권고된 제국 서한의 반복된 양식에서 언급되고 있다. 그러나 구육의 서한이나 몽카의 서한에서 모두 칭기즈칸의 이름이 언급 없이 인용되었다고 확신한다. 구육의 서한에서 그는 "최고의 칸"(달라이-칸)으로 호칭된다. 펠리오가 (그의 프랑스어 번역본에서) 황제 호칭 앞에 첨사한 "우리는"(nous) 불필요할 뿐만 아니라, 혼란을 일으키고 있는데, 왜냐하면, 그 첨사가 몽골 국가의 설립자(칭기즈칸)를 가리키는 것이 아니라 현 지배 황제(구육)를 가리키고 있기 때문이다. 국가 설립자를 가리켜야 한다고 확신한다. 결어인 "우리의 명(命)이다"(notre ordre)는 현재의 황제를 가리키고 있다. 몽카의 포고에서 그에 상응하는 문구는 "이것이 그대에게 말한 것이니", 그리고 몽카의 서한에서는 "이것이 몽카-칸의 말이니"이다.

구육 서한의 페르시아어 본에서 뚜렷한 두 가지 구별 요소(최고의 칸과 몽골 국가)는 윌리엄이 번역한 몽카 서한 라틴어본에 녹아있다. "위대한 몽골의 세계." 몽골어 원본에서는 "전(全) 몽골의 위대한 칸"이라는 구절이 사용되었을 것으로 추정할 수 있다. 몽골인의 사고방식에서 몽골 국가는 그 설립자인 칭기즈칸과 형이상학적으로 연관되어 있다. 권력 요소

---

128) 기독교인들이 편집한 라틴어본 칸의 서한에서는 "신의 아들"로 부르지만, 고대 몽골어로는 "신이 내린"이라는 의미였음에 틀림없다. 기억해 둘 것은 칭기즈칸의 권력 서열에 있어서 중국어로는 "T'ien-t'se"이며, Tôru Haneda는 이것을 (불어로) "하늘에 의해서 주어진 자" 또는 "하늘에 의해서 선사된"으로 해석하고 있다. *MTB*, 8, 87. 좀 더 후기에는 몽골들이 사이에서 라마교의 확장과 함께 칭기즈는 몽골인들 사이에서 정말 신의 아들로 불리고 있었다. 몽골의 귀족들은 "봉인 해제" 예식 시 자신들의 지방 왕자에게 칭기즈칸을 "비교될 수 없는 신의 아들, 전능한 칭기즈칸"으로 부르고 있다. A. Mostaert "L'Ouverture du sceau," p. 321 참조.

라는 측면에서 보면 칭기즈칸은 하늘의 아들로서 현재 통치하는 황제와 천상을 연결하는 중간의 고리이다. 몽골 민족의 최고 칸으로서 그는一몽골 제국을 안내하는 혼이다.

몽골 지배자들이 이해하는 몽골 제국이란 지상에서의 질서를 세우기 위한 신의 도구이다. 에릭 뵈겔린은 지적하기를 "칸은 스스로에게 부여한 신적 질서에 기초한 세계 지배를 요구하고 있다. 그는 단지 신적 질서로부터 발생한 권리를 가지고 있을 뿐만 아니라 의무로 행동하고 있다."[129]

몽골 황제는 자신을 신의 도구로 느끼며, 적에게 군사력을 자만하는 것이 아니라, 단지 신의 의지라는 것을 밝히고 있는 것이다. 여기서 칭기즈칸의 대야사는 다음과 같은 정식(formula)을 권고하고 있다. "만약에 당신이 저항한다면, 우리는 알 수 있는 것은 무엇인가? 위대한 신께서 당신들에게 무슨 일이 일어날지를 안다."[130] 우리가 보았듯이, 이러한 정식은 구육 칸이 교황에게 보낸 서한에서 실제로 사용되었다.[131] 비록 모든 국가들이 사실상 몽골 국가의 권력을 법적으로는 인정하지 않았다 하더라도 최초의 위대한 칸의 관점에서 보면, 모든 국가들은 자신들의 신민(臣民)이었던 것이다. 이러한 원칙에 따라서 왕에게 그리고 황제에게 보내는 서한에서 구육이나 몽카는 서구의 지배자들이 자신들을 위대한 칸의 가신으로 인정할 것을 고집했던 것이다.

지역 칸들의 태도가 바뀌고, 국제 정세에 대해 다른 접근법이 시도된 것은 오직 쿠빌라이 통치기에서였다. 모든 국가들을 몽골 지배에 완전히 복속시킨다는 이념은 이제는 위대한 칸을 정점으로 하는 세계 연방의 건설이라는 계획으로 대체되었다.[132] 그러나 그 이후에서조차 제국 권력이

---

129) Voegelin, p. 405.
130) Vernadsky, "Yasa," p. 345.
131) Voegelin, pp. 387-388.
132) 본서 2장, 4절 참조.

신으로부터 출발했다고 하는 기본 관념은 예전과 같았으며, 변하지 않았다. 그래서 우리는 프랑스 왕에게 보낸 일-칸 아르군의 편지에서(1289년) 구육의 친서 및 몽카의 서한 속에 있는 서두와 매우 유사한 정식을 보게 된다.

W. 코트비치의 프랑스어 번역에서는 다음과 같다. "영원한 천상의 권력의 이름으로, 황제 sun의 이름으로 우리 아르군은 이르기를…"[133] Sun (또는 su)은 '운명'을 지칭한다.[134] 따라서 우리는 다음과 같은 영어번역본을 얻게 된다. "영원한 천상의 덕을 통해서, 황제 운명의 덕을 통해서, 우리, 아르군이 말하기를…"

1305년으로 표기된 프랑스 왕에게 보내는 일 칸 올자이투의 서한에서 전통적인 서두는 보이지 않는다. 처음에 올자이투는 자신의 조상을 언급하는데, 그의 증조부(훌라구)까지 거슬러 올라가 인용하고 편지 본문에서는 티무르 황제와 칭기즈칸의 다른 후손들을 언급하고 있다. 그는 또한 천상의 영감 및 수호를 언급하고 있다.[135] 기억할 것은 아르군이나 올자이투 모두 대칸이 아닌 현지의 통치자였던 만큼, 그들이 사용한 서두는 대칸이 사용했던 서두와 구별된다고 설명할 수 있다는 점이다.

몽골 제국의 이념의 배경은 무엇이며 어디서 비롯되는 것인가? 칭기즈칸이 비록 그 이념의 발현자이자 상징이라 하더라도 그가 창안해 낸 것이 아니라는 것은 분명하다. 그는 단지 자신의 환경에서 성장한, 다시 말

---

133) Kotwicz. "Lettres" 1, 11.

134) Kotwicz, *Idem*, 15를 보라; *idem*, "Formules initiales," pp. 144-147; P. Pelliot "Les Documents mongols du Musée deTeheran," *Athar-e Iran*, *1*(1936), 37. Cf. Cleaves, Inscription 1, pp. 83, 85, 91; M. Lewicki, "Turcica et Mongolica," *RO*, *15*(1949), 239-269. su 개념은 위구르(idikut)의 통치자들에 대한 호칭의 후반부에 표시된 것에 일치한다. 본서 1장, 주석 98 참조. 몽골 서한에 관한 파리 국립문서보관서의 새로운 자료들에 대해서는 Cleaves, "Chancellery," pp. 508-526 참고.

135) Kotwicz, "Mongols," pp. 3-4; *idem*, "Lettres" 1, 34.

해서 몽골 종족 및 씨족의 엘리트 가운데, 특히 자신이 속했던 보르지긴 족과 씨족('골') 그룹 가운데 형성된 개념을 정형화한 것이다. 대체로 천상(天上) 개념 (영원한 푸른 하늘)은 유목 민족의 수호자로서 몽골 및 투르크계 민족의 기본 신앙인 것이다.

알란-코아 세 아들이 신성한 출신이라는 전설은 몽골족 사이에서 제국 권력의 신적 토대라는 이념 형성에 기독교 개념이 영향을 미쳤을 가능성을 말해준다.

몽골 제국 정식의 또 다른 뿌리는 몽골과 중앙아시아에 있었던 구(舊) 유목 제국, 투르크계 (훈) 또는 이란계 제국의 역사적인 전통에서 발견된다. 이러한 관점에서 칭기즈가 1206년에 받았던 "카간"("카안") 칭호는 그 자체로 매우 흥미 있는 것으로 6-8세기에 알타이-투르크계와 7-9세기 카자르에 의해서 사용되었던 낡은 투르크계 개념을 표현하고 있기 때문이다. 또한 9세기 다뉴브의 불가르 족에게서도 "최고의 칸"[136]이라는 칭호를 발견한다. 우리가 알기에는 그들은 5세기에 유럽을 침공했던 훈족 계열의 일부다. 그리고 정말로 이들 훈족의 위대한 칸 아틸라는, 발견된 마르스의 검으로부터 추정하건대, 신이 자신을 전 세계의 지배자로 임명했다고 선언했다.[137] 알타이 투르크계의 황제를 "천상과 같은, 천상이 낳으신 현명한 카간"으로 명명했다.[138] 8세기의 오르혼 비석에는 투르크 왕자는 투르크 황족의 출현을 다음과 같이 묘사하고 있다. "푸른 하늘과 검은 땅이 그 아래 나타나자 사람들이 하늘과 땅 사이에서 창조되고, 나의 선조 부민-이스테미 카간께서 (왕위에) 즉위했다."[139]

---

[136] *Kanas üvigi*, Moravcsik, *2*, 277.

[137] Priscus, 4장, sec. 10 (Latyshev, *Scythica et Caucasica*, *1*, 839), cf. E.A. Thompson, *A History of Attila and the Huns* (Oxford, Clarendon Press, 1948), p. 89. 검의 발견에 관한 이야기에 대한 프리스쿠의 서술은 모순되고 편견을 띠기는 하지만, 그 의미는 분명하다.

[138] Thomsen, p. 140; Bernshtam, p. 106.

중앙아시아와 중가리아에 대한 알란족의 초기 확장, 그리고 호라즘 지역의 투르크족과 이란족의 긴밀한 관계로 인하여 우리는 투르크(훈)족의 정치적 사고가 이란족의 군주 권력에 관한 개념에 영향을 미쳤다는 것을 추정할 수 있다. 남부 러시아 지방에서 스키타이와 사르마트 족이 자신들의 통치자의 권력을 신성한 신분 출신으로 돌렸다는 것을 M. I. 로스톱체프가 분명하게 설명하였다.[140] 훈족의 시기에 사산 왕조에 의해 지배된 페르시아 제국은 군주 이념의 또 다른 분파라고 볼 수 있다. 이런 점에서 호라즘의 역할에 대해 간과해서는 안 된다.[141] 투르크-몽골계의 지배층에 이란 형태의 정치적 이념의 발생의 중요한 통로가 위구르인들이었으며, 특히 중세문화를 지닌 소그디아나 지방 근처인 동 투르키스탄에 위구르인들이 정주한 이후에는 더욱 그러했다.

몽골 이념의 또 하나의 보다 의미 있는 원천은 중국의 정치사상에서 찾아볼 수 있다. 몽골과 중가리아 지역에서 고대 투르크(훈)족 제국은 중국과 일련의 끈질긴 전쟁을 벌여왔으며, 오랜 기간에 걸쳐 평화와 동화가 교차되었다는 것을 이해해야 한다. 결국에 훈족의 통치자들과 귀족들은 중국의 상당한 영향을 받았다는 것을 결론지을 수 있다. 훈족의 정치적 사상은 몇 가지 전통적인 중국식 이념을 반영하지 않을 수가 없었다. 그러므로 우리가 몽골 제국의 이념에 대한 중국적 개념의 영향에 관해서 사고할 때, 우리가 주목해야 할 점은 유목민이라는 정치적 개념에 대한 고대 중국인의 표상, 그리고 보다 늦게 12세기와 13세기에 몽골인에게 미친 중국의 영향이다. 중국에 대한 몽골인의 지배로 몽골 사상에 있어서

---

139) Thomsen, pp. 144-145. 톰슨은 여기서 두 명의 카간을 인용하고 있다. Bumyn 그리고 Istemi. W. Radloff(V. Radlov)에 따르면, 한 카간은 두 개의 이름을 가지고 있다. Bernshtam, p. 106.

140) M. I. Rostovtzeff, "Predstavlenie o monarkhicheskoi vlasti v Skifii i na Bospore," (「보스포르 스키타이족에 있어서 군주 권력의 의미」) AK, 49(1913), 1-62.

141) Tolstov, Khorezm, pp. 173-187 참조.

중국적 요소가 지니는 상대적 의의가 성장하였으며, 이것은 바로 제국 권력에 대한 몽골식 개념의 기본 성격이 형성된 이후에 비로소 발생하였다. 전통적인 중국식 사고에 따르면, 황제란 "신의 전권"(천명, 天命)을 체현한 자이다.[142] 그는 이것에 의해 지배되는 민족과 천상을 연결하는 주술적 고리이다.[143] 이것은 황제 권력이 신적인 발로라는 몽골 이념에 매우 가깝다. 그러나 천상에 대한 중국식 이해는 많은 부분에 있어서 몽골의 그것과 달랐다. 그것은 "자연의 법칙"의 일반적 원형의 일부로, 다시 말해서 사회적 질서와 자연의 질서는 일치한다.[144] 그러므로 황제는 자연의 기본 법칙에 복종하여야 하며, 가능한 한 적게 "통치"하여야만 하는 것으로 기대되었다.[145]

결국 제국 통치에 대한 전통적인 중국의 이념은 몽골의 그것보다는 덜 역동적인 것이다. 또 다른 한편으로 지적해야 할 것은 11세기와 12세기의 몽골은 중국의 전통적 통치자가 아닌, 북중국를 지배했던 - 거란 그리고 금이라는 다른 두 외국 왕조와 전쟁을 치러야 했다. 거란 왕조의 계통은 몽골 혈통이었으며, 금 왕조는 여진족 계통이었다. 양측의 사고방식은 중국식 사고방식보다 몽골식 씨족장들의 세계관에 훨씬 더 가까웠다.[146]

결론적으로 제국 권력이 신의 기원을 가지고 있는 몽골의 이념은 고대 전통과 거란 및 금 왕조시기에 널리 퍼져있던, 시기적으로 보다 근접했던 정치적 이념들을 기반으로 하고 있는 것이라고 말할 수 있다. 이러한 거대한 사상적 보고(寶庫)로부터 몽골의 씨족장들은 12세기 말 자신들의 행위의 원칙을 이끌어 내었으며, 이러한 지적(知的) 환경 속에서 종국적으

---

142) Latourette, *2*, 27; Escarra, pp. 15, 128.

143) Escarra, pp. 128-129.

144) *Idem*, p. 7.

145) *Idem*, p. 123.

146) 거란 Khitan 시대의 사회에 관해서는 Wittfogel 참조.

로는 칭기즈칸이 된 젊은 청년 테무친이 성장하였던 것이나. 칭기즈간이나 그의 가까운 참모들을 규정할 수 있었던 감성의 강약과 목표의 신중함을 설명하기란 쉽지 않다. 제국의 이념은 그들의 상상력에 불을 질렀을 뿐만 아니라, 그들 삶의 중요한 인자가 되었다. 우리는 아마도 칭기즈칸의 제국 이념의 발현을 종교적 부활, 더 나아가 새로운 신앙의 출현과 비교함으로써 정말 무슨 일이 일어났는지 가장 잘 이해할 수 있을 것이다. 칭기즈칸은 단지 새로운 신앙의 선지자가 아니었다. 그는 그 신앙의 구현(具顯)이 되었다.

6. 대야사(대법전)

몽골어 야사 yasa(야삭, 자삭) 는 "명령", "포고"를 의미한다. 최근까지도 대개 대야사에 대해서 일반적으로 통용된 몽골의 법체계의 전집을 가리켰다. 이것은 부분적으로 야사의 형법 및 형벌에 관련된 항목들이 법전의 다른 부분보다 역사가들의 관심을 더 끌어온 데서 비롯된 것이다.

대야사의 완전한 복사본이 현존하지는 않지만, 13-15세기의 동양 학자들은 그러한 복사본들이 존재했다고 증거하고 있다. 역사가 주베이니(1283년 사망)에 따르면 그러한 복사본이 칭기즈칸의 후손들의 보고(寶庫)에 하나씩 보관되었다.[147] 라시드 앗-딘(1247-1318년)은 이러한 복사본의 존재에 대하여 수차례나 상기하고 있다.[148] 나시르 앗-딘 투시(1274년 사망)에 의해서 기록된 재정에 관한 페르시아어 해석에는 야사로부터 인용한 구절이 몇몇이 있다.[149] 마크리즈(1364-1442년)는 자신의 친구 아부

---

[147] Juwaini, 페르시아어 텍스트, Mirza Muhammad, ed., pp. 17-18.
[148] Berezin, pp. 404 이후.
[149] Minorsky, "Nasir al-Din," pp. 773, 775, 776.

나심에 의해 바그다드 도서관에 있던 복사본에 관해 알게 된다.[150] 마크리즈는 아부-하심의 정보에 기초하여 야사의 내용을 완전히 정리해 보려고 시도했다. 실제로 그에 의해서 법전의 일부로 대부분 형법 및 형벌에 관한 항목들을 회생시킬 수 있었다. 한편으로 라시드 앗-딘은 수많은 칭기즈칸의 명령들과 언급들을 인용하고 있으며, 그들 가운데 몇몇은 야사의 구절일 가능성이 있으며, 다른 것들은 소위 "격언"(bilik)들이다. 오랫동안 야사를 다루었던 현대 역사가들 대부분은 마크리즈와 라시드 앗-딘에 의해서 제공된 정보를 근거로 하여 결론을 내렸다. 최근까지만 해도 그레고리 압-울-파라지(바르 헤브레어스, 1225/1226-86년)가 만든 야사에 대한 간략한 요약에, 또는 주베이니가 제시한 보다 확대된 설명에 충분히 주의를 기울이지 않았다. 그러나 이 두 저자들은 야사의 가장 의미 있는 부분을 밝혀냈는데, 바로 몽골의 국법을 다룬 것들이었다.

우리의 견해는 야사 전체가 어떤 경우에도 관습 법전으로 규정될 수 없다는 것이다. 야사는 칭기즈칸에 의해서 형성된 몽골의 제국 법전이었다. 몽골인들 자신들도 야사를 바로 이러한 측면에서 바라보았다. 그들에게 있어서 야사는 제국 창시자의 탁월한 현명함을 나타낸 것이었다. 우리는 몽골인들이 칭기즈칸을 신령이 있는 천상의 아들로 간주했다는 것을 안다. 아르메니아 역사가 그리고르 아칸츠는 몽골인들로부터 청취한 것을 기초로 하여 야사 기원에 대한 자신의 이야기를 작성하고 있다.[151] 비록 세세한 부분에서 정확한 것이라고는 간주할 수는 없지만, 칭기즈칸과 그의 업적에 대한 몽골인들의 정신을 적합하게 전달하고 있다. 그리고르에 따르면, 몽골인들이 "자신들의 불행하고 비천한 삶으로부터 오는 자신들의 처지를 자각하여 그들은 천지(天地) 창조자인 신의 도움을 청하고, 신의 명을 준수하도록 신과 대언약을 맺었다. 신의 명에 따라 황금 깃털

---

150) Sylvestre de Sacy, *Chrestomatie arabe* (1826), 2, 160-161.

151) Akanc, pp. 289-291.

을 단 독수리 형상의 천사가 나타나서[152] 장케스(칭기즈)라고 하는 수장(首長)에게 그들의 말과 언어로 말하였다… 그리고 독수리는 그들에게 신의 모든 명령을 말해주었다… 그들은 그 명들을 야삭이라고 불렀다."

주베이니 또한 칭기즈칸이 받은 신의 영감을 야사의 기원으로 간주하고 있다.

> 전능한 신이 칭기즈칸을 정신과 지성으로 그의 동시대인들과 구별하고… 그는(칭기즈칸), 오로지 자신의 깊은 영혼으로부터, (역사적인) 연대기에 대한 부단한 학습도 없이, 고대 시대로부터 (전통의) 장식들에 세밀하게 일치함도 없이, (국가 통치의) 모든 도구들을 발명했다.[153]

주베이니의 견해나 마크리즈의 견해 모두 야사는 초원에서의 전투 승리를 보장해주는 부적이었다.[154] A. N. 폴리악이 지적하듯이 몽골인들과 투르크인들은 대야사에 반(半)주술적인 힘을 부여하고 있다.[155]

대야사의 완전한 사본이 없이 우리가 확보하고 있는 야사의 항목이 어떤 질서에 따라서 배치되었는가를 말할 수는 없을 것이다. 추정하건대, 야사는 칭기즈칸의 후손들이 외국의 통치자들과 서한을 주고받을 때 사용하기 위한 토대의 역할을 했던 서두로부터 시작되었을 것이다. 그것은 천상과 몽골 민족의 최고의 칸, 칭기즈칸에 대한 언급을 상기하는 내용을

---

152) 독수리는 스키타이족과 사르마트족의 전제군주 권력의 문장이었다. 라시드 앗-딘에 따르면, 투르크족 일부 종족은 자신들의 조상을 독수리로 간주하고 일부는 매를 간주했다. Rashid I, pp. 25-28 참조. Altan Tobci, p. 124에 따르면 매는 몽골 씨족인 키야트-보르지긴족(칭기즈칸이 속해 있던)의 표상 ongon이다. 칭기즈칸의 죽음에 관한 전설에서 그는 매에게 부탁하여 하늘로 올라갔다고 한다. Altan-Tobči, p. 146. Kozin, p. 68-69과 비교하라.

153) Vernadsky, "Juwaini," p. 37.

154) Idem, p. 38; Makrizi, Khitat (ed. 1270 A.H.), 2, 221, Poliak, "Yasa," p. 862에서 인용된 것.

155) Poliak, "Yasa," p. 863.

지녔을 것이다. 서두 형식의 세 번째 문장 "명(命)하다"는 분명히 칭기즈 칸 자신의 명령을 의미하는 데, 왜냐하면, 그가 바로 국가의 창시자이자 당시의 제국을 통치하는 자였기 때문이다. 그 다음에는 아마도 주베이니 와 압-울-파라지가 설정한 순서에 따라서 일반 원칙과 국제 법규, 군사 및 국가의 조직에 관한 조항들이 기술되었을 것이다.

I. 개괄적 서언

대야사를 내용에 따라 분류하는 일은 현존하는 다양한 본의 구절들을 기초로 추정하여 재구성할 수 있다. 아랫부분은 일반적인 야사의 이념을 제공할 수 있다.

사람은 어느 부류에 속하던지 순수하고, 청순하고, 정당하고, 학구적이며, 현명한 자들을 칭송하고 존경해야 한다. 그리고 악하고, 부당한 자들을 비난하여야 한다.(압-울-파라지, 2부)[156]

제일 우선해야 할 것은 이것이다. 서로를 사랑할 것, 둘째는 간통하지 말며, 도적질하지 말며, 거짓 증거 하지 말며, 배신하지 말라. 노인과 가난한 자들을 공경하라.(그리고르 알칸츠)[157]

그는(칭기즈칸) 그들에게(몽골인) 손님이 있는 자리에서 음식을 청하지 않고 먹는 것을 금했다. 그는 그의 동료보다 더 많이 먹는 것을 금했다.(마크리즈, 12부)[158]

칭기즈칸은 어떤 종교에도 속하지 않고, 어떤 신앙도 추종하지 않았으므로, 그는 광신주의를 회피하였으며, 어떤 신앙을 다른 신앙보다 선호하거나 우위에 두지 않았다. 그와 반대로 그는 사랑받고 존경받는 그 어떤 종족의 현

---

[156] 이후 야사 압-울-파라지의 문헌의 구절에 대한 인용은 Budge의 영어본을 따른다(1, 354-355). 또한 Bruns 와 Kirsch의 라틴어본도 참고했다.

[157] Akanc, p. 291.

[158] 이후 마크리즈본의 야사의 구절에 대한 인용은 Riasanovsky에 따른다.

자들이나 은자들의 권위를 지지했다. 그는 이러한 행위를 신에 대한 사랑으로 간주했다.(주베이니, 2부)159)

그는(칭기즈칸) 모든 종교를 존경할 것을, 그 가운데 어떤 종교에 대한 선호도 언급하지 말 것을 명했다.(마크리즈, 2부)

야사의 이 부분은 몽골의 종교적 관용에 관한 정책의 토대가 되었다.

Ⅱ. 국제 법규

반란을 일으킨 자들에게 서한을 써야하고 그들에게 대표자를 파견해야 할 필요가 있는 경우, 당신이 지닌 무력과 군대의 규모로 그들을 위협하지 말고, 단지 이렇게 말하라. "당신이 자진하여 항복한다면, 당신은 좋은 대접과 평안을 얻을 것이나, 만약 저항한다면 우리가 무엇을 알 수 있을 것인가? 영원한 신께서 당신에게 무슨 일이 일어날지를 안다."(압-울-파라지, 1부)160)

지적해 둘 것은 야사의 관점에서 보면, 위대한 칸의 최고의 권위를 인정하기를 거부하는 모든 민족은 반란자들로 간주된다는 점이다. 에릭 뵈겔린에 따르면, 이것은 독립국가의 주권이 존재한다는 우리의 국제법적인 관념과 모순된다. "몽골 제국은 세계의 다른 국가들 가운데 있는 국가가 아니라, imperium mundi in statu nascendi, 즉 형성과정에 있는 세계 제국이다."161) 서구의 지배자들에게 보낸 대칸 구육과 몽카의 서한들은162) 위에서 인용한 야사의 구절들을 충실하게 따르고 있다는 것을 알게 된다.

몽골의 중요한 국제 관계의 원칙은 사절에 대한 불가침권이다. 적이

---

159) 이후 주베이니 본의 야사의 구절에 대한 인용은 저자의 번역에 의한 것이다.

160) "Juwaini," sec. 1, p. 39 참조.

161) Voegelin, p. 404.

162) 본서 2장, 1-2절, pp. 101, 108 참조.

이러한 원칙을 어길 경우에는 언제나 혹독한 보복이 뒤따랐다. 그러나 그러한 원칙을 언급하는 구절은 야사에는 존재하지 않는다.

Ⅲ. 정부, 국가와 행정

가. 황제와 황제의 가족

야사의 보존된 구절 가운데 황제의 직위에 관한 오직 한 항목이 황제와 그 가족에 관해 다루고 있다.

> (몽골인들은) 자신들의 칸과 귀족들에게 다른 민족들이 특히, 이슬람을 추종하는 사람들이 그렇듯이, 너무 많은 칭송하는 이름과 직함들을 주어서는 안 된다. 왕국의 권좌에 앉아있는 자에게 부여하는 이름은 하나, 즉 칸 또는 카안이다. 그리고 그의 형제들, 누이들, 친척들은 그가 태어나서 받은 이름으로 그를 불러야 한다.(압-울-파라지, 3부)[163]

"카안"(카간)이라는 칭호는 그 스스로가 황제 권력의 완전함을 표현하고 있다. 동시에 가족의 일원에 대해서는 황제는 씨족의 지도자, 가까운 친척으로 남는다. 따라서 그의 친척들에게 개인적 호칭의 형식이 권장되었다.

비사(秘史)로부터 우리는 칭기즈칸이 황제 가문의 경영 및 황제 가족의 구성원의 토지 분배를 위한 특별 칙령을 내린 것을 알 수 있다. 그러한 사안에 관한 기본 규정이 야사에 포함되어 있을 것으로 추정된다.

나. 몽골 민족

외국의 통치자에게 보낸 칸들의 서한에 나타난 서두에서 보았듯이 칭기즈는 몽골 민족의 최고의 칸으로 칭호 된다. 이러한 서두의 원형은 야

---

[163] Cf. "Juwaini," sec. 3, pp. 39-40.

사의 서두를 따라야만 했다. 현존하는 야사의 구절에는 민족의 권력에 관한 특별한 항목이 없지만, 이것에 관한 몇 가지의 지시들은 야사의 법에 포함될 수 있었다. 중국의 1338년 비문에는 몽골인들을 대개 "국가 종족"(kuo-tsu), 다시 말해서 "지배 민족"으로 부르고 있다.[164] 몽골 민족이 제국 하에서 스스로를 정치적으로 드러낼 수 있던 것은 바로 선대 황제 사후에 새로운 대칸의 선출을 통해서였다. 선출의 장(場)이던 쿠릴타이가 항상 명확하게 작동했던 것은 아니지만, 설령 설정된 절차가 항상 준수되었던 것은 아니라 해도, 그 회의의 일정한 규정 일반이 존재했다는 것은 분명하다. 제국의 각각의 울루스에는 현지의 칸을 선출하기 위한 현지의 쿠릴타이가 기능하고 있었다. 울루스의 이러한 회의에 관해 우리가 가지고 있는 대부분의 정보는 일 칸(페르시아)의 통치와 관련되는 것이다. 여기서 채택된 규정들은 무엇보다도 대(大) 쿠릴타이의 규범들을 따랐다. 이러한 원형이 대야사의 법에 포함되었을 것이라는 점은 매우 신빙성이 있다.

다. 군대와 행정

1. 사냥에 관한 규정. 몽골인들은 전쟁을 하지 않을 때는 사냥에 종사하여야 한다. 몽골인들은 자손들이 야생동물들과의 투쟁의 경험을 터득하고, 적과 대응할 수 있는 능력을 가지고, 고단함을 견딜 수 있는 에너지와 힘을 기르도록 하기 위해 야생동물들을 사냥하는 법과, 자신의 위험을 무릅쓰고 익숙하지 않은 야생 짐승들과의 투쟁에 어떻게 임하는가에 대해서 가르쳐야 한다.(압-울-파라지, 4부)[165]

사냥은 몽골인들의 가장 인기 있는 스포츠였다는 것 이외에도, 칭기즈

---

164) Cleaves, Inscription III, pp. 27, 36, 그리고 주석 28 참조.
165) 이 필사본의 상세한 묘사에 대해서는 "Juwaini," sec. 4, pp. 39-40 참조.

칸에 의해 국가제도 및 전쟁 훈련의 기초로 간주되었음이 분명하다.[166]

2. 군대에 관한 규정. 병사는 20세 이상의 남자를 모집한다. 병사 열 명 단위에, 백 명 단위에, 천 명 단위에, 그리고 만 명 단위에 각각 1명의 지휘관을 둔다… 1000명, 100명, 또는 10명 가운데 어느 한 병사도 그가 속하지 않은 다른 소속으로 이동해서는 안 된다. 그럴 경우 그는 처형되며, 그를 받아들인 장교도 처형될 것이다.(압-울-파라지, 5부, 7부)[167]

그는(칭기즈칸) 전쟁에서 돌아오는 군사들에게는 지배자에게 봉사하는 일정한 임무를 수행할 것을 명했다.(마크리즈, 20부)

황제 친위군의 구성은 칭기즈칸 군사 조직에서 가장 중요한 개혁 가운데 하나였다. 비록 현존하는 야사의 문헌에서 언급되고 있는 바는 없으나, 친위군의 최고 위상은 아마도 야사에 기록되어 있을 것이 분명하다.

몽골군의 10진법 단위의 조직 원칙은 물론, 하나의 제도로써 황제의 친위군이 지니는 중요성에 대해서는 이미 위에서 밝혔다.[168] 또 다른 원칙으로 모든 사람은 각각 그의 직무의 장소에 고정되어 있다는 것이 주목을 끈다. 특히, 초기의 전쟁 시기에서 군대는 몽골 행정 전체 일반의 중추였다. 그러므로 모든 사람에게는 그가 관계하는, 그리고 떠날 수 없는 일정한 장소가 있다는 것을 상정하는 보편적 직무의 원칙은 몽골 군대뿐만 아니라, 몽골 제국의 근간이 되었다. 우리는 이것을 종사 직무의 규정이라고 부를 수 있으며, 마크리즈가 분명히 언급하듯이, 이러한 직무는 단

---

166) "Juwaini," secs. 5-6, pp. 41-43 참조.

167) 병졸의 임무에 대한 묘사 이외에도 야사는 그들의 전쟁 전리물에 대한 분배 규정을 포함하고 있다. 나시르 앗-딘에 따르면, 친위대(*bagaturs*)가 우선 선택권을 가지고 있었다. 나머지 1/5은 대칸에게 속했으며 나머지 4/5는 병졸에게 속했다. Minorsky, "Nasir al-Din," p. 774 참조.

168) 본서 1장 5절, pp. 53-54 참조.

지 군역 의무에만 해당되는 것은 아니었다. 국가에 대한 직무의 의무가 가지는 중요한 측면은 이러한 의무가 모든 칸의 백성에게 동등하게 부여되었다는 점이다.

> 평등함이 존재한다. 모든 사람은 다른 이가 일하는 만큼 일한다. 차이는 없다. 부(富) 또는 중요도에 따른 그 어떠한 차이도 없다(주베이니, 5부)

남성뿐만 아니라, 여성도 일해야 한다.

> 그는(칭기즈칸) 군대를 수행하는 여성들에게 일할 것을 명하고, 남성들이 전쟁에 나가 부재할 경우, 남성의 의무를 다하라고 명했다(마크리즈, 19부)

직무 종속의 규정은 대칸의 전능함을 지탱하는 근간이 되었으며, 요한 플라노 카르피니 신부에 강한 인상을 남겼다. 그러나 강철 같은 규정에도 예외는 있었다. 모든 종교 성직자는 의사 및 학자들과 마찬가지로 일상적인 직무를 수행하지도 세금을 납부하지도 않았다.(마크리즈, 10부) 그들로부터 기대된 직무는 다른 성격들을 띤 것으로 정신적인 또는 전문적인 직무였다. 전체 사회적 범주에 대한 이러한 일반적인 면제 외에 추가로 다른 그룹에 속하는 개인들도 특권 면제를 받을 수 있었다. 그러한 면제의 수혜자는 몽골어로 다르칸(투르크어로 타르칸, 이 형태로 러시아어에 차용되었다)으로 알려져 있다.[169] 이러한 제도는 후기(14-15세기)에 들어서야 완전한 의미를 지니게 되었다. 하지만 현존하는 야사의 구절에는 언급되어 있지 않다.

대야사의 다른 항목들 가운데 행정적 권리를 다루고 있는 것은 다음과

---

[169] 다르칸 darkhan(tarkhan)이라는 용어에 대해서는 Vladimirtsov, p. 69, 93, 117, 164; R. N. Frye, "Taixun-Türxün and Central Asian History," *HJAS, 14*(1951), 105-129; Menges, pp. 54-57 참조.

같다. 파발마역 설립(압-울-파라지 8부, 주베이니 9부, 마크리즈 25부), 징수와 세금(압-울-파라지 6부, 주베이니 9부), 자신의 딸을 미인 대회에 내보내는 몽골인들의 의무(추정하건대 자신들이 소유하던 여자 포로들도 포함)로, 그 대회에서 선출된 아름다운 여인들은(주베이니가 그들을 부른 대로 하면, "달덩이 같은") 칸 그리고 황족 혈통을 지닌 왕자들의 부인이나 첩으로 선택되었다.(주베이니 7부, 마크리즈 21부)

IV. 형법

알-마크리즈의 야사 본은 몽골의 형법에 관한 일체의 증거들을 제공해 주고 있다. 여기에 다른 원전에서 분산되어 언급된 몇 가지 구절들을 덧붙일 수 있다.

야사의 형법 체계의 근본적인 목적은 평화의 지속과 국가 및 사회의 질서 유지이다. 그리고르 알칸츠가 모아 강조한 일반적인 도덕적 격언들은 다음과 같은 제재로 끝맺고 있다. "만약 이것을 위반하는 자가 그들 가운데 발견될 경우, 그 범법자들을 죽음에 처한다."[170] 그러므로 궁극적인 목적이 넓은 의미에서는 인도적이라고 할 수 있지만, 법은 엄정한 가혹함으로 강제되어야 했다.

야사는 처벌을 받아야 하는 범죄들로는 대체로 종교, 도덕, 그리고 기존의 관습에 반하는 경우, 칸과 국가에 반하는 경우, 개개인이 생명과 이익에 반하는 경우를 위반 유형으로 구분하고 있다.[171]

야사의 관점에서 처벌의 근본 목적은 범죄인의 육체의 제거(除去)다. 그러므로 처형은 이 법 체계에서 중요한 역할을 하고 있다. 부차적인 목적들로는 야사는 범죄자를 감옥, 유형, 강등을 통해서 일정 기간 격리하

---

170) Akanc, p. 291.

171) 야사의 형법과 처벌에 관한 상세한 것은 Riasanovsky, pp. 31, 35-37, Vernadsky, "Yasa," pp. 354-356 참조.

고 고통을 주거나 벌금을 부과함으로써 위협을 주도록 하고 있다. 몇 가지의 경우에 있어서는 범죄자뿐만 아니라 그의 아내와 아들들도 처벌되기도 했다.

처형은 거의 모든 범죄 유형에 대한 처벌로 처분하고 있다. 그것은 종교와 도덕, 또는 일반적 관습에 반하는 경우, 칸과 국가에 반하는 대부분의 경우, 소유권을 침해하는 몇 가지 경우, 세 번째로 파산하는 경우, 말을 훔쳤으나, 그 도둑이 벌금을 지불하지 못하는 경우 대부분은 처형에 처했다.

감옥 또는 유형을 통한 처벌은 칸의 혈통을 가진 자들이 야사를 위반할 경우에 해당되었다. 만약 군대에서 장교가 병역의 의무를 다하지 못할 경우에는 강등되었다. 병사와 사냥꾼들은 소소한 군대의 규정을 위반하는 경우 체형을 가하는 방법으로 처벌했다. 살인은 벌금으로 처벌했다. 말을 훔친 범인에게는 보복과 벌금 모두 처했다. 아니면 처형했다.

V. 민법

민법에 관한 야사의 증거들은 매우 빈약하다. 이것은 아마도 그에 관해 현존하는 구절이 없기도 하지만, 그러한 민사 관계는 일반적으로 받아들여지는 종족의 관습법에 의해서 조정되었기 때문일 것이다. 그러나 상속에 관한 중요한 항목 하나가 야사에 포함되어 있다.

상속자 없이 사망한 자로부터 왕이 취할 것은 없으나, 그의 재산은 그를 생전에 보살핀 자에게 주어야 한다.(압-울-파라지 9부, 주베이니 10부)

VI. 상법

칭기즈칸이 무역에 큰 관심을 두었다는 것은 알려져 있다. 국제무역을 위한 상업 통로의 안전을 보장하는 것이 그의 중요한 정책목표의 하나였다. 그러므로 야사는 어떤 형태로든지 무역에 관한 법규를 지니고 있었을 것이라고 가정하는 것은 당연하다. 그러나 현존하는 구절에는 단지 교환 무역에 관한 한 부분이 있을 뿐이다.

> 만약 물품을 (신용으로) 빌린 후 갚지 못하고, 그리고 다시 물품을 빌린 후 갚지 못하고, 또 다시 반복될 경우, 세 번째 파산 후 그를 사형에 선고하여야 한다.(마크리즈, 52부)

야사를 만드는 데 있어서 칭기즈칸이 한 역동적인 역할을 인정한다고 해서 법전의 원천들에 대한 연구를 배제하는 것은 아니다. 칭기즈칸과 그의 참모들은 일정한 환경과 모두 시대에 일정한 환경 속에서 살았다. 그들의 관념과 결정은 당연히 총체적인 역사적, 경제적, 사회적 배경의 조건 속에서 이루어진 것이다.

몽골 제국의 이념의 원천에 대해서는 앞부분에서 논의되었다. 야사에서 밝힌 도덕에 관한 격언은 비록 부분적으로는 적어도 그러한 문화적, 정신적인 순환에 속하기는 하나, 보편적 제국 개념과 긴밀히 연관되어 있다. 행정 규범에 관련, 그것들은 어느 정도 몽골-투르크족 전통에서 나온 산물이었고, 또한 당시 주변 국가 금, 위구르, 서요(西遼)에 존재했던 전형적인 몇 가지 특성들의 영향을 보여주고 있다. 폴리악은 대야사의 원천이 이슬람 투르크족의 통치자들이 지배한 중동 지역의 현지 법규일 수 있다고 제안한다.[172] 이것은 매우 의심스런 가설로서 여기서 논의하기에는 깊은 논거들이 부족하다.[173]

어떤 경우에도, 오래된 몽골 및 투르크의 전통들은 매우 세밀하게 칭기즈칸과 그의 참모들에 의해서 재검토되었고, 변형되어 새로운 개념과 규

---

[172] Poliak, "Yasa," p. 863.

[173] Poliak, "Yasa," p. 875에 대한 V. F. Minorsky의 노트 참조.

정의 집합으로 태어났다. 예를 들어 10진법을 기초로 한 군대조직은 비록 그것이 대개는 씨족 및 종족의 조직 체계와 병행하여 자리를 잡아갔지만, 투르크족뿐만 아니라, 이란족의 오래된 제도였다. 칭기즈칸은 이것을 현대화했을 뿐만 아니라, 그것을 직무의 원칙과 결합시킴으로써 그 이전의 어느 누가 했던 것보다 더욱 강하게 강화시켰다. 새로운 군대 조직의 엄격함은 구 씨족의 연합에도 강력히 부과되었다.

형법에 관한 야사의 항목들은 부분적으로는 몽골의 관습법을 기초로 했다. 그러나 여기에서도 또한 주변 제국의 법적 규범에 대해서 고려해야만 한다. 대체적으로 야사의 형벌 법규는 몽골의 전통 씨족 및 종족의 규범보다는 더욱 혹독했던 것이 틀림없다.

라시드 앗-딘과 마크리즈는 모두 야사의 공표시기를 1206년 대(大)쿠릴타이로 잡고 있다.[174] 그러나 이것은 단지 법전의 제1판(版)에 불과했다. 1210년과 1218년의 쿠릴타이에서 나온 새로운 칙령들이 추가되었다. 법전은 칭기즈칸이 투르키스탄 원정에서 돌아오고 나서, 그리고 탕구트에 대한 마지막 정벌이 있기 전까지, 즉 약 1226년경에 최종적으로 검수되고 완결되었다.

칭기즈칸은 자신이 세운 법체계를 확고부동한 것으로 만들려 했다. 그는 자신의 후계자들에게 법전을 수정하지 않고 보존할 것을 명했다.[175] 충정과 의지가 굳기로 유명한 그의 둘째 아들 자가타이가 야사의 보존자로 임명되었다. "그는 자가타이에게 야사의 보존에 힘쓸 것을 명했다."(마크리즈, 26부) 각 새로운 칸은 제국 전체를 통치하던, 아니면 자신의 울루스를 통치하던지 관계없이 야사의 유효성을 확인하는 것으로부터 자신들의 통치를 시작하였다.[176] 이븐-바투타에 따르면, 칭기즈칸의 후예들은

---

174) Riasanovsky, p. 10.

175) *Bilik*(『격언』), Rashid ad-Din의 해석본, art. 2, Riasanovsky, p.86.

176) Juwaini:. Persian text, p. 18.

각 제국의 최고의 관리들과 함께 일 년에 한 번씩 모여 지난 기간에 칭기즈의 혈통의 어느 누구도 야사의 원칙을 거역하지 않았다는 것을 증명해야 했다. 그 어느 왕자라도 죄가 있음이 밝혀지면, 폐위되어야 했다.[177] "야사를 위반한 자가 누구든지 자신의 목을 내놓아야 한다."는 킵차크 칸 바투의 전형적인 명령이었다.[178]

대야사가 존재한다고 해서 칭기즈칸의 후예들이 추가 입법을 아예 배제했던 것은 아니었다. 그러나 그러한 법은 야사의 원칙에 모순되지 않아야 하며, 기본적으로는 현지에 적용되었다. 예를 들어, 황금 오르다의 칸들은 칸 국을 통치하기 위한 많은 헌장들과 칙령들을 제정했다. 그것들은 야를릭(yarlik)으로 알려져 있다. 황금 오르다의 칸들이 제정한 러시아 교회에 내린 야를릭들은 성직자의 과세로부터 면제를 위한 권위로서 대야사를 직접 인용하고 있다는 것이 야사의 권위를 뚜렷이 말해주고 있다.[179] 또한 중국의 원조(元朝) 시기의 법전에서도 야사에 대한 인용들이 존재하고 있다.[180]

지적해 둘 것은 칭기즈칸의 후예들의 대야사의 반(半)신비적인 마력에 대한 신뢰로 인하여, 법전은 몽골과 투르크 통치자들에 의해 복속된 백성들이나 외국 민족에 대해서는 대개 은폐되었다는 점이다.[181] 유일한 예외로는 이집트의 경우인 것 같다. 아랍 작가 이븐-타그리비르디에 따르면, 이집트 군주 아르타시는 야사를 완전히 통달한 지식을 갖고 있었다.[182] 에쑤유티는 술탄 바이바르스가 야사의 법과 규범을 이집트에 적용하려 했다고 주장한다.[183] 사실, 아스-시야사라고 불리는 맘루크 왕조

---

177) Ibn-Batuta, *3*, 40-41.

178) Berezin, p. 404.

179) Priselkov, *Yarlyki*(『야를릭』), p. 96; Grigoriev, *Yarlyki*, p. 124.

180) Ratchnevsky, p. vii 그리고 주석 5 참조.

181) Poliak, "Yasa," p. 863

182) Tiesenhausen, *1*, xi-xii; cf. Vernadsky, "ZOEV," p. 82.

의 세속 법은 실제로 칭기즈칸의 법전을 토대로 하고 있다.[183] 그러나 이 집트의 경우는 매우 독특한 경우이다. 이집트의 맘루크 통치자들은 투르 크계 혈통을 지닌 자들이며, 게다가 그들은 일정 시기에는 자신들을 황금 오르다 칸의 가신(家臣)들로 간주했다.[185] 폴리악이 분명히 밝혔듯이 맘 루크 국가의 일반적인 조직은 몽골식을 따랐다.[186]

7. 몽골군과 전술(戰術)

13세기 몽골군은 가혹한 전쟁의 도구였다. 물론 의심의 여지 없이 당시 세계에서 가장 훌륭한 군사 조직이었다. 기본적으로 몽골군은 공병대가 수행하는 기마 군대였다. 역사적으로 말하자면, 몽골군과 전술은 스텝 유 목민의 오랜 전통적인 전술을 따랐다. 칭기즈칸 대(代)에 이르러 몽골인은 낡은 유형을 발전시켜 완성하였다. 몽골군의 전술과 전략은 스텝 민족의 초기 기마군의 전술과 전략의 최고 절정을 이룬, 가장 훌륭한 것이었다.

고대 세계에서 가장 강력한 기마군을 가진 것을 자랑삼았던 이들은 바 로 이란인들이었다. 이란의 파르티아인, 사산조인, 그리고 유라시아 스텝 의 알란인들이 그들이었다. 이란군은 검과 투창으로 무장한 중(重)기마군 과 방패와 화살로 무장한 경(輕)기마군으로 구별되었다.[187] 알란인들은 주로 중무장한 기마군에 의존했다. 알란족과 연합했던 동 게르만족 - 고

---

183) Tiesenhausen, *1*, p. xi.

184) Poliak, "Caractere colonial," pp. 235-236. Poliak, "Yasa"는 "As- Siyasa"와 "Yasa" 가 서로 언어학적 연관을 갖고 있다고 주장하지만 받아들이기 어렵다.

185) Poliak, "Caractere colonial," p. 233.

186) Poliak, "Yasa," p. 862.

187) F. Altheim. *Weltgeschichte Asiens im griechischen Zeitalter*(Halle a.d. Saale, 1947-48), *I*, 173 f.; 187 f.; *2*, 28 f. 이하 참조. Tolstov, *Khorezm*, pp. 211 이 후를 참조할 것.

트족과 반달족이 그들의 패턴을 따랐다.[188] 5세기에 유럽을 침략한 훈족은 기본적으로 활을 쏘는 궁수의 민족이었다. 알란족과 훈족의 기마군의 우세로 말미암아, 스텝 민족들의 견고한 압력과 마주치게 되었을 때, 강력하다는 로마 제국은 속수무책이라는 것이 증명되었다. 로마제국 서부 절반 지역에 게르만족과 알란족의 정착으로, 그리고 새로운 게르만 국가들의 형성으로, 알란 기마군의 유형을 중세 기사들이 뒤따랐다. 다른 한편, 몽골인들은 훈족의 장비와 전술을 발전시켜 완결에 이르도록 만들었다. 하지만 알란족의 전통도 몽골의 전술에 중요한 역할을 하였는데, 몽골인들은 경무장한 기마군에 더해 중무장한 기마군을 활용했기 때문이었다.

몽골의 군사조직을 평가하는데 있어서는 다음과 같은 측면들을 고려할 필요가 있다. 1. 인간과 말, 2. 무기와 무장(武裝), 3. 훈련, 4. 군사조직, 5. 전략과 전술.

Ⅰ. 인간과 말

"말 문화"는 스텝 유목민의 삶의 기본 양상이고, 그들 군대의 토대이다. 스키타이, 알란족, 훈족의 생활 방식을 묘사하던 고대의 작가들과 그리고 몽골과 교역하던 중세 여행가들은 기본적으로 유목 사회에 대하여 똑같은 그림을 그리고 있다. 모든 유목민은 타고난 기마인이다. 모든 사내아이들은 일찍이 말을 타기 시작한다. 모든 유년들은 이상적인 기병이다. 알란족 및 훈족에 당연한 것은 마찬가지로 몽골인에게도 당연한 것이었다. 하지만 몽골인들은 더 강인했다. 이것은 부분적으로는 그들의 나라가 매우 멀리 동떨어져 있었고, 당시 문화가 더 발전한 이웃으로부터의 원숙한 문명의 영향이 별로 없었던 결과이다. 또 다른 부분으로는 이란인들이 살고 있던 투르키스탄이나, 이란, 남부 러시아 기후보다 훨씬 더 혹독한

---

188) Vernadsky, "Sarmat. Hintergrund," pp. 368-371.

기후로 설명된다.

이에 더하여 모든 스텝의 몽골인 또는 투르크인은 타고난 정찰병이었다. 유목 생활의 환경은 자연 풍광의 세밀함에 대한 시각의 명민함과 시각 기억력을 가장 높은 수준으로 발전시켰다. 카라-다반이 지적하듯, 우리 시대에도 "몽골인이나 키르기스인은 그가 있는 곳으로부터 5 내지 6베르스트(약 4마일) 거리에 떨어져 있는 남자가 관목이나 바위 뒤에 숨으려고 하는 것을 알아차린다. 그는 상당한 거리에서도 장작불의 연기나 끓는 물의 증기를 인지하는 능력이 있다. 날씨가 쾌청한 새벽에는 그는 25베르스트(약 18마일) 거리에 있는 사람과 가축의 모습을 구별할 수 있다."[189] 특출한 관찰 능력을 지닌 몽골인들은, 모든 진정한 유목인들이 그러하듯이, 스텝 지방의 기후 및 계절의 조건들, 물 공급, 스텝의 식물군에 대한 깊은 지식을 가지고 있다.

몽골인들은 ― 적어도 13세기에 살았던 몽골인은 누구나 ― 경탄할 만한 인내력을 지니고 있었다. 그들은 최소한의 음식 섭취로도 며칠간을 하루종일 계속해서 말을 타고 달릴 수 있는 능력을 가지고 있다.

몽골의 말은 기마인의 충실한 동반자였다. 짧은 휴식으로도 먼 거리를 달릴 수 있으며, 달리는 동안 찾아낸 풀과 잎 등으로 연명하면서 살 수 있다. 몽골인들은 말을 매우 잘 다룬다. 원정을 하면서 기마인은 1마리에서 4마리의 말을 차례로 바꿔 탄다. 몽골의 말은 고대로부터 중국인들에게 잘 알려진 종마(種馬)에 속한다.[190] 기원전 2세기에 중국인들과 훈족들은 이란인들이 사용하던 중앙아시아산 종마들을 알게 되었다. 중국인

---

189) Khara-Davan, p. 166.

190) 이와 관련, 최근까지도 원시의 야생마(Equus Przewalskii)가 몽골에 살고 있음을 지적하고자 한다. Grum-Grzymailo, *1*, 507-509 참조. 또한 *Opisanie puteshestviia v Zapadnyi Kitai*(『서부 중국 여행기』)(St. Petersburg, 1896), *1*, 188-211. J. Hillaby, "Tough Primitive Ancestor of Horse is 'Biologically Resurrected' in Zoo," *New York Times*, November 20, 1952 참조.

들은 이 종마들은 매우 높이 평가했으며, 중앙아시아에 다녀온 중국 사신은 황제에게 가장 훌륭한 말들을 "천상의 야생 종마"에 의해 태어난 말들이라고 전하였다.[191] 많은 중앙아 말들이 중국으로 또한 추정하건데 몽골로 유입되었을 것이다. 13세기 몽골의 경주마는 잡종임이 틀림없을 것이다. 몽골인에게는 말의 종(種)뿐만 아니라, 말의 색도 중요한 의미를 지녔다. 백마는 신성한 것으로 여겼다.[192] 황제의 친위군의 각 휘하부대는 특별한 색의 말을 사용했고, 예를 들어 바가투르 전사들의 소대 병사들은 흑마를 탔다.[193] 이것은 러시아 원정 초기에 바투가 랴쟌 공국의 백성들에게 "모든 것"의 10할을 몽골인들에게 바치라는 명령의 뜻을 설명해 주고 있다. 말에 대해서 10할은 각 요구되는 색에 따라 징발되어야 했다. 흑마, 적마, 밤색말, 얼룩말 등이 언급되었다.[194]

Ⅱ. 무기와 무장(武裝)

활과 화살은 몽골군 경(輕)기마군의 표준 무기였다. 각각의 궁사는 대개 두 개의 활과 두 개의 활 통으로 무장했다. 몽골의 활은 매우 넓었고, 조립형이었다. 그것은 적어도 166파운드의 장력을 요구하고 영국의 긴 활보다도 더 컸다. 그 사정거리는 200에서 300야드에 달했다.[195]

중(重)기마병의 병사는 칼과 창을 지녔고, 추가로 살상 도끼 또는 철퇴와 투승을 보유했다. 수비용 무기로는 투구(처음에는 가죽으로 이후에는 철로 만든)와 가죽으로 만든 흉갑 또는 갑옷으로 무장했다. 말 또한 가죽

---

[191] Groot, 2, 12, 28, 110. cf. McGovern, pp. 143-151; F. Altheim, *Weltgeschichte Asiens*, 2, 127.

[192] Wittfogel, pp. 214, 261 참조.

[193] Khara-Davan, p. 77.

[194] *PSRL*, 1, Fasc. 3(1928), col. 514.

[195] Martin, pp. 19-20.

으로 만든 머리판과 머리갑옷으로 무장하였는데, 몸통의 윗부분과 가슴을 보호하기 위해서였다. 안장은 먼 거리를 달리기에 편하도록 간편하게 만들었다. 단단한 등자는 활을 쥐고 있는 기사가 지지할 수 있도록 매우 안정적으로 받쳐 주었다.

동절기의 원정에서 몽골인들은 가죽모자와 가죽 털옷, 두꺼운 펠트천의 양말과 무거운 가죽 장화를 입었다. 중국을 점령하고 나서 그들은 연중 비단으로 만든 내의를 입었다. 모든 몽골 병사는 말린 고기와 우유, 물 또는 꾸미스를 담을 수 있는 가죽 통, 활을 가는 연장통, 송곳, 바늘, 실을 항상 지니고 있었다.

몽골인들은 칭기즈칸 이전에 포(砲)를 가지지 못했다. 몽골인들은 중국 원정에서 성 공격용 투석 장비들을 처음 알게 되었고, 또 다시 그 장비들과 투르키스탄에서에서 마주쳤다. 몽골인들이 사용한 기계장비들은 기본적으로 근동지역에서 사용하던 것으로 거의 400야드의 사정거리를 가지고 있었다. 높은 궤도 하에서 돌덩이와 돌들을 투척하던 장비들은 묵중한 평형추로 작동했다(마치 서구의 투석기 같은). 투석(발리스타) 장비는 상당히 높은 적중률을 지니고 있었다.[196]

Ⅲ. 훈련

모든 몽골인들의 병영 생활을 위한 준비는 이미 유년기부터 시작되었다. 모든 사내아이나 계집아이들은 가축들을 방목하는 씨족의 계절이동에 적응해야만 했다. 말 타기는 사치가 아니라, 필수로 여겼다. 사냥은 만약에 가축을 잃어버릴 경우에 생존에 필요한 추가적인 일상이었다. 따라서 모든 몽골의 사내아이는 세살부터 손에 활과 화살을 쥐는 법을 배우기 시작했다.

---

[196] *Idem*, p. 30; Oman, *1*, 136 이하; *2*, 45-46; MPYC, *1*, 121-131(notes).

또한 사냥이 성인 병사들을 위한 매우 훌륭한 훈련법으로 간주되었다는 것은 사냥에 관하여 언급한 대야사로부터 알 수 있다. 대규모 추적과 관련한 야사의 규정들은 이러한 훈련이 군대의 전술에 역할을 하였다는 것을 뚜렷이 밝혀주고 있는 것이다.

전투를 해야 하는 자는 누구든지 무기를 다루는 법을 배워야 한다. 그는 사냥꾼들이 어떻게 야생짐승을 선택하고, 어떻게 사냥의 순서를 정하고, 사냥꾼들의 수에 따라서 어떻게 사냥감을 포위하는지를 알기 위하여 추적하는 방법을 알아야 한다. 추적하기 위해서는 우선 정보를 수집하기 위하여 정탐군을 미리 보내야할 필요가 있다. (몽골인들이) 전쟁을 하지 않을 때는 사냥을 해야 하며, 군대를 동원하여 훈련하도록 한다. 그러한 목적은 사냥이 아니라, 힘을 축적하고, 활과 다른 연습에 경험이 풍부하도록 하기 위한 군대 훈련인 것이다.(주베이니, 4부)

초겨울은 사냥하기 좋은 계절이었다. 명령은 대칸의 본영에 배치된, 그리고 대칸 혈족의 왕자들이 있는 오르다 또는 야영에 배치된 군인들에게 미리 하달되었다. 각각의 군부대는 일정한 수의 군인들을 사냥에 종사하도록 할당해야 했다. 사냥꾼들은 군대처럼 중앙, 좌익 그리고 우익의 편제로 나뉘었고, 각각의 군은 특별히 임명된 장수의 지휘 하에 놓였다. 그 다음으로 황제의 일행이 ─ 대칸 자신과 그의 부인들, 수행들과 양식 보급선 ─ 사냥의 중심축으로 이동한다. 천 평방마일이나 되는 사냥을 위해 지정된 거대한 영역 주위로 한 달부터 세 달간의 시기를 두고 점점 좁혀오는 몰이꾼의 포위가 이루어져, 대 칸이 기다리고 있는 지역의 중심으로 사냥감을 몰아온다. 칸에게는 특별 사신들이 사냥의 진행 과정과 사냥감의 위치 및 수를 상세히 보고한다. 만약 포위망이 제대로 이루어지지 않아 사냥감이 사라지면, 지휘 장교들은 ─ 천호, 백호, 십호의 장 ─ 이에 대해 책임을 지고 혹독한 처벌에 처하게 된다. 마침내 포위망이 닫히고 수십 킬로미터의 원을 형성한 중심부는 동아줄로 경계를 짓는다. 그 다음에 칸은 당황하고 포효하는 다양한 동물들이 혼란에 빠져있는 포위망의 안으로 이동하여 활시위를 당기기 시작한다. 칸의 뒤를 이어 귀족들과 병졸들이 그 뒤를 따르고 이 때 각각의 열들이 순서대로 시위를 당긴다. 본격 사냥은 며칠간이나 지속된다. 마침내 원로 그룹들이 경건하게 다가와 살아남은 사냥감의 생명을 살리도록 칸에게 청한다. 이러한 모든 절차가 끝나면 살아남은 야생동물들을 근처의 물과 먹이를 찾도록 포위망으로부터 방면시킨다. 잡은 사냥감은 한데 모아 수를 세었다. 각각의 사냥꾼은 관습대로 자기 몫을 받았다.[197]

IV. 군대 조직

칭기즈칸 군사조직 체계의 두 기본 특징 - 황제 친위군과 군사조직의 십진 체계는 이미 위에서 상술하였다.[198] 이와 더불어 몇 가지 더 지적할 것이 있다. 친위대 또는 오르다의 군대는 칭기즈칸 이전에도 거란족을 포함한 많은 유목 민족의 통치자의 병영에 존재하였다.[199] 그러나 칭기즈칸 시대처럼 하나의 통합체로서 그 만큼 긴밀하게 통합된 적은 없었다.

황제 외에도 봉토가 보장된 황제 가족의 일원에게는 자기 고유의 친위대를 보유하고 있었다. 봉토를 보유한 황제 가족 일원의 오르다에는 할당된 유르트 또는 가족들이 각각 배속되었다.[200] 황제 혈족의 카툰 또는 왕

---

197) Vernadsky, "Juwaini," sec. 4, 40-41. 주베이니의 문헌에서 마주치는 원(사냥 몰이의 선)을 의미하는 페르시아 용어는 네르게 라는 말로, 그에 대해서는 Steingass, p. 1395 참조. V. Mironovsky(Poliak, "Yasa," p. 876에 대한 노트)에 따르면, 그 말은 몽골어 jerge, "선"에 해당한다. 이에 대해서는 Pelliot, *Campagnes*, p. 143 참조. Minorsky, Caucasica III, p. 225, 주석 3 참조.

198) 본서 1장 5절, pp. 53-55 그리고 2장, 6절, p. 156 참조.

199) Wittfogel, pp. 508-517.

200) 본서 1장, 5절, p. 55 참조.

자는 이러한 유르트에 거주하는 백성들로 구성된 군사들을 보유하도록 허가되었다. 이러한 오르다 군대는 황제에 의해 봉토 가계의 고문으로 임명된 총사령관(노얀)에 의해 지휘를 받거나, 또는 왕자가 군에서 높은 직위를 차지하고 있는 경우, 그 왕자 자신의 지휘 하에 놓여 있었다. 추정하건대, 그러한 군의 단위는 그 규모에 따라서 "천호"의 정규군에 소속된 대대 또는 중대로 간주되었고, 특히, 해당 왕자가 천호장 계급을 지닌 경우 그 천호를 자신이 직접 지휘했다.

일반군사 조직에서 소규모 단위(십호와 백호)는 대개 씨족이나 씨족의 그룹에 일치하였다. 천호의 하부로는 씨족들이나 또는 작은 종족들의 조합으로 구성되었다. 그러나 대부분의 경우, 칭기즈칸은 다양한 씨족과 종족에 속한 군사들로부터 각 천호의 연합군을 구성하였다.[201] 만호의 연합군(투멘)은 항상 거의 다양한 사회적 단위들로 구성되었다. 이것은, 일정 정도는, 낡은 씨족과 종족보다는 제국에 충실한 대규모의 연합군을 설정하려 했던 칭기즈칸의 의도적인 정책의 결과였을 것이다.[202] 이러한 정책에 따라서, 대규모 연합군의 —천호와 만호— 사령관은 황제가 직접 임명하였고, 사회적 혈통과 관계없이 재능 있는 개개인을 선발하는 것이 칭기즈칸의 원칙이었다.

그러나 곧이어 새로운 경향이 뚜렷이 나타났다. 천호 또는 만호의 사령관은 만약 그에게 능력 있는 아들이 있다면, 자신의 직위를 아들에게 물려줄 수 있도록 시도할 수 있었다. 그러한 사례들은 오르다 군의 사령관 가운데에서, 특히 사령관이 왕자인 경우에 자주 일어났다. 아버지가 아들에게 물려준 경우들이 더러 알려져 있다. 그러나 그러한 행위는 일일이 황제의 승인이 요구되는 경우로,[203] 언제나 승인되지는 않았다.[204]

---

201) Vladimirtsov, p. 109.

202) Khara-Davan, p. 66.

203) Vladimirtsov, pp. 104-106.

몽골의 군사력은 세 그룹—중앙, 우익, 좌익으로 나뉘었다. 몽골인들은 언제나 자신들의 막사를 남쪽을 향하게 하였으므로,[205] 좌익은 동방 그룹, 우익은 서방 그룹을 의미했다. 군사 배치, 원정기간 동안의 군대의 이동 방향, 병영의 위치들을 위해 특별 장교(yurtchi)들이 임명되었다. 그들은 또한 정탐과 염탐의 임무를 띠고 있었다. 특별장교의 지휘관 직위는 현대군의 병참(兵站)감의 직위와 비교될 수 있다.

칭기즈칸의 통치기에 모든 군대조직은 항상 황제의 관찰 하에 그리고 황제 자신의 검열 하에 있었고, 대야사 또한 미래의 황제에게 이것을 권장하고 있다.

> 그는 자신의 후계자에게 직접 자신이 군과 전투 이전 전투태세를 점검하고, 진격에 필요한 모든 것들을 군대에게 제공하고, 실과 바늘에 이르기까지 모든 것들을 검열하여, 만약 어느 병사가 필요한 것을 구비하지 못할 경우에는 그를 규율에 처할 것을 명하였다.(마크리즈, 18부)

몽골군은 위에서부터 아래까지 강력한 군기로 무장하고 있었으며, 장교나 일반 병졸 모두가 이에 복종하였다. 각 부대의 지휘자는 자신의 모든 휘하에 대해 책임을 지었으며, 만약 스스로 실수를 저질렀다면, 그는 더욱 혹독한 처벌을 받았다. 병사의 군기 및 훈련, 조직의 전열체계는 몽골군이 전쟁에 대비하여 동원할 수 있는 만반의 준비를 항상 갖출 수 있도록 하였다. 황제의 친위군은—군의 핵심으로—평화의 시기조차 전쟁 준비의 전열을 갖추고 있었다.

---

204) *Idem*, pp. 105-109 참조.
205) Khara-Davan, p. 72, 주석 1.

V. 전략과 전술

대규모 원정이 있기 전 전쟁의 계획 및 목표에 대한 논의를 위해 쿠릴타이가 소집되었다. 그 회의에 모든 대규모 연합군 사령관이 참석하여 황제로부터 필요한 지시를 받았다. 공격의 대상으로 선정된 나라에서 돌아온 정탐 군과 척후병들에게는 질문이 이어졌으며, 만약 제공된 정보가 충분하지 못할 경우, 추가 정보 수집을 위해 새로운 정탐 군을 보냈다. 그리고 진격이 있기 전까지 군사를 집결할 지역, 그리고 도로에 이르기까지 군대가 진격할 통로들이 결정되었다.

적군에 대한 선전과 심리적 교란에도 많은 관심을 기울였다. 군사가 적국의 영토에 이르기 전까지 그곳에 머물던 비밀 요원들은 종교적 이단자들에게는 몽골군이 신앙에 대한 관대를, 가난한 자들에게는 몽골이 부자들에 대한 그들의 대항을 도울 것이며, 부자 상인들에게는 몽골이 무역 통로의 안전을 보장할 것이라는 점을 설득시켰다. 만약 저항 없이 항복하면, 모두에게는 평화와 안전을 약속하고, 만약 대항한다면, 가차 없는 정벌이 있을 것임을 알렸다.

군대는 적국 영토를 서로서로 일정한 거리를 두고 몇 개의 종대(縱隊)로 나누어 진격했다. 각각의 종대는 중앙, 우익, 좌익, 후위, 전위의 다섯의 부대로 구성되었다. 종대간의 연락은 전령들과 연기 신호를 통해 유지했다. 군대의 진격이 시작되면, 적군의 야전군과 전투하기 위하여 이동 군대가 서둘러 진격에 나서는 한편으로, 적군의 각 대규모 항전 요새를 관찰하는 병력을 주둔시켰다.

몽골 전략의 기본 목표는 적의 주군(主軍)을 포위하고 궤멸시키는 것이었다. 그들은 이러한 목표를 달성하기 위해 — 대개는 성공했는데 — 대규모 추적 전술인 원(圓)를 사용했다. 처음에 몽골군은 커다란 영역을 둘러싸고, 그 다음에 점점 범위를 축소하여 틈새 없는 원(고리)을 만들었다. 개별 종대의 지휘관들이 이러한 움직임으로 자신의 군대를 조정하는 능력은 경이적이다. 많은 경우에 있어서 몽골군은 시계와 같은 정확성으로 기본 목표를 달성하기 위한 힘을 축적했다. 헝가리에서 수부데이의 작전을 이러한 전술의 고전적인 사례로 간주할 수 있다. 만약 몽골군이 적의 주군과 격전을 벌일 때, 적을 돌파하기에 역부족일 경우에는 그들은 후퇴를 가장했다. 대부분이 경우에는 적장은 이것을 혼비백산으로 달아나는 것으로 착각하여 그 뒤를 맹추격한다. 이때 몽골군은 자신들의 전개 전술을 발휘하여 갑자기 뒤로 되돌아서 고리를 만들어 버린다. 이러한 전략의 전형적인 사례는 리그니츠 전투였다. 시트 강의 전투에서 러시아군은 그 어떤 강력한 반격을 시도하기도 전에 포위되었다.

몽골의 경(輕)기마군은 전장에서 제일 앞 선두에 있었다. 기마군은 적군을 공격하다 후퇴하다를 반복하며 적 진영을 혼란에 빠뜨린다. 기마군의 궁수들은 일정한 거리를 두고 적군 진열에 화살을 발사한다. 이러한 모든 작전에서 기마군의 전개 및 기동은 신호 깃발의 도움으로 그 지휘관들에 의해서 움직였다. 밤에는 다양한 색깔의 등불이 사용되었다. 적군이 충분히 약화되고 무기력한 수준에 도달하면, 전투의 중앙 또는 익(翼) 방향으로 중(重)기마군이 투입되었다. 그 공격의 충격으로 대개는 궤멸된다. 하지만 몽골군은 결정적인 전투에서 승리를 거두었다 해도 자신들의 임무를 수행하였다고 간주하지 않았다. 칭기즈칸 전술의 원칙 가운데 하나는 남은 적군이 최종적으로 궤멸될 때까지 추격하는 것이었다. 그러한 적들의 조직적인 저항의 최종적인 종결을 위해서는 한 두 사단이면 충분했기 때문에, 다른 몽골 병사들은 소단위 분대로 나뉘어 적 진영을 체계적으로 강탈하기 시작했다.

몽골인들은 최초의 투르키스탄 원정부터 상당히 효과적인 포위전술 및 견고히 수비된 도시들에 대한 결정적인 타격 방법을 획득하였다. 만약 광범위한 포위가 예견될 경우, 적에 대한 외부로부터의 물자 제공 및 도시를 벗어난 지역의 군대와의 연결을 차단하기 위하여 도시로부터 일정한 거리를 두고 도시를 둘러싸는 목벽(木壁)을 세웠다. 그리고 포로들이나 또는 주민들을 동원하여 도시 성벽 주위의 참호들을 파고, 섶나무나 돌멩이, 흙 등 손에 들 수 있는 것들로 채웠다. 포위 전술은 도시를 수지와 같은 것으로 채워진 투창이나 돌멩이들로 투석할 수 있는 상태에서 진행되었다. 성문에는 성문을 부수는 큰 통나무 기기를 밀착시켜 놓았다. 몽골인들은 마침내 공병대에 추가로 포위 전술에 보병을 사용하기 시작했다. 그들은 대부분 몽골에게 복종을 약속한 외국 주민들로 구성되었다.

고도의 군대 동원력뿐만 아니라 전사들의 강인함과 검소함 덕분에 원정시기에 몽골 병참 장교는 자신의 임무를 대단히 단순화시킬 수 있었다. 각각의 군 대열에는 최소한의 필수품을 적재한 낙타 대상이 뒤를 따랐다. 기본적으로 군대는 점령한 땅을 대가로 살아가야 하는 것이 마땅하다. 여기서 밝혀둘 것은 매번 대규모의 원정 때마다 몽골군은 후방보다는 전위에 필수적인 물품 공급을 담당하는 군수 기지(基地)를 잠재적으로 가지고 있었다는 점이다. 이것이 바로 몽골의 전략에 있어서 설령 군대 규모가 소규모라 할지라도 거대한 영토를 점령한다는 것은 가능할 뿐만 아니라, 대단히 유익한 작전으로 간주되었다는 독특한 사실을 설명해 주고 있다. 몽골군의 진격에 따라서 그들의 군사수도 점령한 국가의 주민을 동원함으로써 점점 증가했다. 도시의 장인들은 공병대에 배속되거나 또는 무기와 장비의 생산을 위해 동원되었다. 농민들은 요새 포위와 짐마차 이동을 위한 노동력을 제공해야 했다. 이전에 적군의 장수에게 복종하던 투르크족과 다른 유목민 또는 반(半) 유목 민족들을 무장한 몽골을 형제로 받아들였다. 그들이 몽골 장교의 지휘하에 놓인 정규군을 구성하였다. 결과적으로 몽골군은 원정이 시작될 때보다는 원정이 끝나고 나서야 수적으로 더 많은 군사력을 지닐 수 있었다. 이와 관련하여 칭기즈칸이 죽음에 이르기까지 몽골군의 숫자는 12만 9천 명에 달했다는 것을 상기하면 된다. 아마도 그 수치는 당시에 가장 많았던 것으로 그 이후에도 그 수를 넘지 않았던 것으로 추정된다. 비로소 몽골인들이 거대한 영토를 복속시키고 통솔할 수 있었던 것은 오직 그들이 점령한 곳에서 군사를 동원하고 유지할 수 있기에 가능한 것이었다. 점령한 각국으로부터 동원된 자원들은 차례로 그 다음의 정복을 위해 활용되었다.

몽골군의 창설 및 조직이 지닌 가혹한 의미를 적절히 이해하고 그 핵심을 기술하였던 최초의 유럽인은 요한 플라노 카르피니 신부였다.[206] 마르코 폴로는 쿠빌라이 통치 시기의 군대 및 작전에 관해 기술하였다.[207] 현대에 와서 최근까지만 해도 몽골군에 대해서 관심을 가진 학자들은 그리 많지 않다. 독일의 군 역사가인 한스 델브뤽은 자신의 "전술의 역사"에서 몽골군을 완전히 무시하고 있다. 우리가 알기로는, 델브뤽보다 오래전에 몽골군의 전략과 전술의 용맹과 독창성을 올바르게 평가하려고 노력한 최초의 군 역사가는 러시아의 M. I. 이바닌 장군이다. 이바닌 장군은 1839-40년에 러시아의 히바 칸국 점령 작전에 참가했으나 작전은 패배로 끝났다. 그 원정은 중앙아시아의 반(半) 유목민인 우즈벡에 대한 전쟁으로, 다시 말해서 칭기즈칸의 중앙아시아 원정에 대해서 생생한 기억을 살리게 만든 것으로, 이바닌으로 하여금 몽골 역사에 대해 관심을 불러 일으켰다. 그의 저서 『몽골과 중앙아시아 민족의 전술』이 1846년에 출간되었다.[208] 1854년 이바닌은 키르기스 오르다 내부 정세에 대해서 책임지는 러시아 감독관으로 임명되어, 중앙아시아의 투르크족에 관한 많은 정보를 얻을 수 있는 기회를 가질 수 있었다. 그 후에 그는 역사 연구를 다시 시작했다. 1875년 그가 죽은 뒤 그의 저서에 대한 확대개정판이 발간되었다.[209] 이바닌의 저서는 러시아 황제 군사 아카데미의 생도들의

---

206) Piano Carpini M, pp. 27-32.

207) MPYC, *1*, 260-263; MPMP, *1*, 172-175.

208) M. Ivanin, *O voennom iskusstve Mongolov*(『몽골의 병법에 관하여』)(St. Petersburg, 1846).

209) *Idem, O voennom iskusstve i zavoevaniiakh Mongolo-Tatar i sredneaziatskikh*

교과서로 권장되고 있다.

서구의 군사 역사가들이 몽골에 대해 관심을 갖기 시작한 것은 겨우 제1차 대전이 끝나고 나서였다. 1922년 잡지 『프랑스 군사 평론』에 13세기 몽골의 원정에 관한 앙리 모렐의 논문이 실렸다.[210] 5년 뒤 B. H. 리델 하르트는 자신의 저서 『베일에 가린 위대한 장군들』에서 제1장을 칭기즈칸과 수부데이에게 할애하였다.[211] 동시에 "위대한 몽골 원정 시기" 연구는 영국 총사령관에 의해서 공병대 장교들에게 권장되었다.[212] 1932년과 1933년에 걸쳐 기병중대장 C. C. 워커에 의해서 칭기즈칸에 관한 일련의 논문이 *Canadian Defence Quarterly*에 실렸다. 그 논문들은 재작업 후에 단행본의 형태로 『칭기즈칸』이란 제목으로 출간되었다(1939년).[213] 독일에서 알프레드 파블로프스크-초렐바는 『독일 기마병 연구』(1937년)의 부록으로 중앙아시아 기마병들의 군사조직과 전술에 관한 연구를, 또한 동양 군대에 대해 연구서 *Militarische Beitrage zur Geschichte des Nahen und Fernen Ostens*(1940년)을 출간하였다.[214] 윌리엄 A. 미첼은 1940년 미국에서 출간된 자신의 『세계 전사 요강』에서 알렉산더 대왕 및 시저에게 할애한 양 만큼이나 칭기즈칸에게도 할애하였다.[215] 역설적이게도 몽골군의 전술과 전략에 대한 관심은 탱크와 비행기의 시대에도 증대되었다.

---

narodov(『몽골-타타르와 중앙아 민족의 병법과 정복에 관하여』)(St. Petersburg, 1875). 이 책은 저자가 접하지 못하여 그에 대한 인용은 Khara-Davan의 책에 의존한다.

[210] H. Morel, "Les Campagnes mongoles an XIII-me siècle," *Revue militaire française*, *92*(1922); Spuler, p. 504 목록대로.

[211] B. H. Liddell Hart, *Great Captains Unveiled*(Edinburgh and London, W. Blackwood & Sons, 1927).

[212] Wittfogel, pp. 532-533.

[213] Martin, p. 326.

[214] Spuler, p. 503.

[215] Wittfogel, p. 533.

"여기에 정말 현대 군에게 교훈이 될 만한 내용이 없는 것인가?"라고 리델 하르트 대령은 되묻는다. 그의 관점에서는 "기갑과 탱크는 몽골 기마병의 직접적인 후손으로 보인다… 더구나 비행기는 매우 상당한 부분에 있어서 몽골군과 같은 특성을 지니고 있는 것 같다. 그리고 미래에는 몽골 기마병의 후예가 될 것이다."[216] 제2차 세계대전에서 탱크와 비행기는 적어도 일부분에 있어서는 리델 하르트가 예견했던 정당성이 드러났다. 몽골군의 원칙인 동원력과 공격력은 유목 세계와 현대 기술혁명 세계 사이의 모든 차이에도 불구하고 여전히 유효한 것으로 남아 있다.

8. 몽골 정부와 행정

대칸은 절대 군주였으며, 그의 권력은 적어도 이론적으로는 무한하였다. 요한 플라노 카르피니는 "그는 자신의 백성들에 대하여 경이적인 권력을 소유하고 있다."고 말한다.[217] 생캉탱의 시몬에 의해 보고된 폴란드 베네딕트 신부가 언급한 바에 따르면, 쿠릴타이에서 구육에게 권좌가 제안되었을 때, 구육은 "만약 그대들이 내가 통치하기를 원한다면, 그대들 모두가 내가 명령하여 언제든지 부르면, 오겠는지, 내가 어디든지 보낼 명령을 내리면, 가겠는지, 그리고 내가 살해하라고 명령하는 자를 살해하겠는지, 이런 준비가 되었는지?"라고 신하들에게 묻는다. 신하들은 그러겠다고 대답한다.[218] 라시드 앗-딘에 따르면, "칭기즈는 세상을 창조한 신이자, 대지와 시간의 군주이며, 모든 몽골의 종족과 부족들은 그의 노예와 종이 되었다."[219]

---

[216] Liddell Hart, pp. 32-33.
[217] Plano-Carpini M, p. 23; Risch, p. 142.
[218] Rockhill, p. 21, 주석 1; Risch, p. 242.

대칸의 권력을 묘사하는 흥미로운 다른 정식이 후기 몽골의 연대기 알탄 톱치(황금의 표본)에서 발견된다. 그 문헌에 따르면, 칭기즈칸은 다섯 가지 색의 신이었다.[220] 이 구절의 의미를 완전히 이해하기 위해서는 우리는 고대로부터 중국인들이 방향을 색으로 의미했다는 것을 기억해야 한다. 흑(黑)은 북(北)의 색, 적(赤)은 남(南), 청(靑)은 동(東), 백(白)은 서(西)를 의미했다. 중앙지대는 황(黃)색으로 나타냈다.[221] 모든 다섯 가지 색으로 전 세계를 상징했다.[222]

황색은―금색과 같으므로 여진족이 "황금"을 뜻한 금이라는 이름을 채택하게 하였을 것으로 추정된다. 다섯 가지 색에 대한 중국식 관념은 몽골을 비롯하여 많은 유라시아 유목민들에 의하여 수용되었다. 황금색은 황제의 색이었다. 대칸의 칸국에서 국가의 천막은 황금 오르다(*Altan Ordu*)라고 알려져 있다. 그러한 국가 천막 안에 구육의 권좌가 마련되어 있었다.[223] 바로 이와 같은 이유로 몽골의 황제의 가족, 칭기즈칸의 후손들은 황금 종족(*Altan Urug*)으로 알려져 있다.[224]

대칸의 모든 몽골인 또는 피점령국의 백성들은 국가에 봉사하고 칸의 뜻에 복종해야 했다. 하지만 적어도 복종의 수준에서 심리적 차이가 있었다. 몽골인들은 지배 민족이었으며, 대칸의 국민들은 또한 선택된 민족으

---

[219] Vladimirtsov p. 99를 보라.

[220] Altan-Tobči, p. 129; cf. Khara-Davan, p. 132.

[221] 중국식 방향과 색상의 의미에 관해서는 Groot, *1*, 20 참조. 또한 W. Kotwicz, "Contributions a l'histoire de l'Asie centrale," *RO, 15*(1949), 169 참조.

[222] 지적해 둘 것은 티베트의 5색(청, 적, 황, 백, 적)의 상징은 5원소(목, 화, 토, 금, 수)와 일치한다. 60윤회의 각 12년은 다섯 가지 색(혹은 원소)을 부여했다. 후에 이 체제는 라마교를 통해서 몽골인들이 받아들였다. 그러나 칭기즈칸의 권력의 체계를 의미할 때 "오색"이라는 말은 분명히 고대 중국의 방향색으로 사용된 것이다.

[223] Rockhill, p. 22.

[224] Vladimirtsov, p. 99.

로서 대칸은 그 민족의 영주였다. 그 종족의 수장들이 칭기즈칸을 권좌에 오르게 했다. 점령지의 전리품은 그들에게 귀속되었으며, 그들 가운데에서 군사령관과 행정 관료들이 선발되었다. 새로 선출된 칸 구육에게 변하지 않은 충성을 맹세하면서, 몽골의 고관들은 칸으로부터 "아낌없는 선물이 있기를, 정의에 은혜를 입으며, 각각의 왕자와 귀족에게는 그의 지위에 따른 영광"이 있기를 기대했다.[225] 중앙아시아와 남부 러시아의 투르크족은 알란족과 동등하게 몽골의 후원 하에 스텝 민족의 형제로 받아들여졌다. 몽골에 의해서 점령된 정착 민족은 정치적 위계질서에 있어서 하위에 위치하고 있었다.

이 위계질서 사다리의 최고 위치에는 칭기즈칸 자신의 종족, 특히 그의 후손들인 황금 종족이 자리를 잡았다. 미래의 황제들과 칸은 반드시 종족의 남성들 가운데 선출되었다. 처음에 전체 몽골 민족은 씨족 지도자들을 통하여, 그들 가운데 황제를 선택하도록 한 반면에, 후기에 선거 쿠릴타이는 황금 종족들로만 구성되었다. 대칸을 선출한 후에는 황제 가족의 구성원들은 모든 자신들의 부와 영향력을 동원하여 그와 그의 정책을 지지토록 기대되었다. 만약 그들 가운데 누군가 충성을 다하지 않고, 다른 방식으로 대야사의 규정을 어길 경우, 그는 대칸의 경고를 받았으며, 만약 계속하여 복종하지 않고 반항하는 자는 감옥에 갇히거나 처형당했다. 하지만, 친족의 회합에서 그의 문제에 대한 논의가 없었다면, 그는 처형되지 않을 수도 있었다.[226]

지도급 종족의 부와 권력의 기초는 칭기즈칸이 그들에게 혹은 그들의 선조에게 하사한 봉토였다. 이 토지의 법적 성격은 몽골 연구가들의 논쟁거리이다. B. 블라디미르초프는 이러한 봉토들을 모두 통틀어 울루스(국가)라고 부르기를 선호한다.[227] 그러나 뚜렷한 차이를 보이는 두 가지 형

---

225) Rockhill, p. 21, 주석. 1; Risch, p. 242.
226) *Bilik*, sec. 23; Riasanovsky, p. 89.

태의 울루스가 존재한다. 혈족의 왕자들에게 일정한 수의 유르트가 제공되었다. 이러한 가족들은 수혜자들을 유지, 관리해야 했으며, 그들로 구성된 군대를 보유할 수 있었다. 칭기즈칸의 모든 아들들은 그 같은 봉토를 받았다. 게다가 각각의 아들들은 정규군의 대대 또는 천호의 일정한 할당을 받았다. 이것은 봉건적 형태의 봉토를 받았을 뿐만 아니라, 그 역시 자기 울루스의 통치자였다는 것을 의미한다. 그의 직위는 제국의 일부를 통치할 의무를 지닌 황제의 사령관이었다. 이런 방식으로 페르시아의 일 칸국과 남부 러시아의 황금 오르다와 같이 지역의 칸국들이 존재하게 되었다. 이러한 거대한, 마치 국가와 같은 울루스가 현지 권력을 지닌 보잘 것 없는 왕자들의 봉토와 같은 수준에 있지 않았다는 것이 자명하다. 후자의 토지 소유는 인쥬라고 알려져 있다.[228] 물론 현재 재위 중에 있는 황제 역시 자기 고유의 토지 소유물을 가지고 있었으며, 그 크기는 대개 그의 친족이 가진 토지보다도 상당히 넓었다는 것은 말할 필요도 없다. 그러므로 몽골 제국 대부분의 영토와 백성은 정규 국가 행정의 대리자들에게 속해 있다기보다는 반(半)봉건 체제에 속해 있었다고 말할 수 있다.

황제가 소유한 토지는 강력한 경제적 유기체의 성격을 지니고 있어야만 했다. 그 토지는 대칸의 궁전을 중심으로 자리 잡았다. 칭기즈칸 시대에 황궁의 행정 구역은 네 부분으로 나누어져 있었고, 각각을 오르두라고 불렀다.[229] 쿠빌라이 시대에 황궁의 행정은 중앙집권화 된 것으로 보인다. 황제 개인의 소유물로 전속된 사람들은 칸의 가계 유지 및 칸의 영화

227) Vladimirtsov, p. 100.

228) 인쥬(inje)에 관해서는 Vladimirtsov, p. 100, 주석 3; W. Radloff. *Uigurische Sprachdenkmäler* (Leningrad, 1928); S. E. Malov, "Уйгурские рукописные документы экспедиции С. Ф. Олденбурга," *ZIV, 1* (1932), 129-150; Vernadsky, 『위구르』, pp. 457-459 참조. 몽골의 1335년 그리고 1338년 기록문은 매우 중요하다; Cleaves. Inscription II, p. 75(또한 pp. 54-55, 주석 184), 그리고 Inscription III, pp. 13, 67, 69 참조.

229) Wittfogel, p. 517.

를 위해 필요한 모든 것들을 황궁의 창고에 공급해야 했다. 1330년대 북경가까이 정착한 러시아인들은 황제의 식탁에 사냥감 새와 물고기를 제공해야만 했다는 것을 상기할 필요가 있다. 러시아인 집촌은 황궁에 납입하는 수많은 그룹들 가운데 하나에 불과했다. 그들의 봉사를 황궁 관청의 관리들이 감독하고 있었으며, 관리들은 말과 가축의 양육, 곡식과 채소의 채집, 사냥과 어업 등을 담당하는 특별 국을 각각 관장하고 있었다. 매사냥을 담당하는 국은 중요한 국으로 간주되었다. 구육의 오르두에서 일했던 러시아인 코스마스와 같은 최고 수준의 금은 세공인이나, 몽카의 황궁에서 일했던 프랑스인 부세와 같은 각 분야의 장인들은 궁내에서 또는 황궁을 위하여 일했다.

이제는 일반 국가 행정에 관하여 살펴보자. 무엇보다도 강조해야 할 것은 몽골 제국은 무력의 정복 과정, 즉 전쟁 과정에서 성립되었다는 것이다. 그러므로 군대가 적어도 제국발선이 초기에는 행정의 중추가 되었다는 점은 당연한 것이다. 백성에게 대칸의 명령이 전달된 것은 만호에서 십호에 이르는 군대의 장교들을 통해서였다. 장교들은 항상 황제와 개별적인 접촉을 유지해야만 했다. "연초와 연말에 우리 생각을 듣기 위해 왔던 만호, 천호, 백호 장들은 다시 자신들의 본영으로 돌아가서 우리 뜻대로 군사들을 통솔할 수 있었다. 유르타에 앉아 있거나, 우리의 생각에 귀기울이지 않는 자들의 상태란 깊은 물속에 가라앉는 돌과 같이 또는 갈대숲으로 빠진 활처럼 무력하게 된다. 그들은 사라진다. 그들에게 통치를 맡길 수는 없다."(Bilik, 3부) 황제의 군 통제는 황제의 친위군을 통하여 이루어졌다. 친위군의 최고 장수들은 언제나 황제의 부름에 준비되어 있었으며, 황제로부터 명령을 받을 준비가 되어 있었다. 그들이 황제 직속으로 모종의 상임 회의체 같은 것을 구성했던 것으로 추정된다. 만약 필요하다면, 칸은 참모 전체 회의를 소집했다. 우게데이 시대에 그와 같은 회의에는 대칸의 형제들과 원로 친척들은 물론, 모든 군대 단위의 지휘관들

도 참가했다.[230]

덜 눈에 띄는, 하지만 매우 중요한 것으로 소수의 고도로 훈련된 그리고 경험이 풍부한 대칸의 민간 참모들의 역할이었으며, 그들은 국가 서기나 재상과 같은 위치와 비교될 수 있는 지위를 차지하고 있었다. 제국 초기에 그들 대부분은 비(非)몽골인들이었다. 앞에서 보았듯이, 칭기즈칸과 우게데이 시기에 최고의 고관들은 한 사람은 중국인, 또 다른 이는 위구르 출신 그리고 마지막 한 사람은 중앙아시아의 이슬람교도였다. 단지 최고 법관만이 몽골인이었다. 처음에는 그들 어느 누구에게도 중동의 재상이 누리는 그런 권력이 부여되지 않았다. 한 회교도가 투라키나 섭정 시기에 재상의 권력을 얻으려고 시도하였으나, 구육이 권좌에 오르자마자 즉시 처형된 사실을 기억하면 된다. 재상 직위가 중요한 제도가 된 것은 오직 몽골 제국의 후기, 특히 일 칸국의 통치 영역에서만 가능하였다. 중국에서는 쿠빌라이의 통치부터 행정부의 중앙 직위는 중국식을 따라서 발전하였다.

참모들의 도움으로 황제는 정부 활동의 원칙 및 주요 임무를 제정하였다. 또한 황제는 지방 및 촌락 행정의 주요 대리자들에게 지시하고 그들을 통솔하고 있었다. 지방과 촌락의 행정은 나라를 분할한 군관구를 중심으로 성립되었다.

요한 플라노 카르피니가 아래와 같이 언급한 것은 우리로 하여금 칭기즈칸의 군사 배치 체제의 기본 특징 및 그 체제에 대한 통제를 파악하도록 도움을 주고 있다. "그는(칸) 만호장이 어디에서 살아야 하는지를 명령한다. 만호장은 다시 천호장에 명령을 내리고, 천호장은 백호장에게, 백호장은 십호장에게 명령을 내린다. 더구나 황제가 언제든지, 무엇이든지, 그 누구에게 명령하든지, 설령 그것이 전쟁이든, 죽음이든 삶이든, 반박

---

230) 비사 Secret History, sec. 280; Haenisch, pp. 147-148.

하지 않고 황제에게 복종한다."[231]

각 부대장은 자신의 지위를 표시하는 표장을 가슴에 달았다. 고대 투르크족 사이에서 — 아마도 몽골족 사이에서도 마찬가지로 — 활과 화살은 권위의 표상이었다. 투르크족의 역사적 전통에 따르면, 투르크족의 조상 오구즈-칸은 활은 우익군의 지휘관을 표시하고, 화살은 좌익군의 지휘관을 표시하도록 명령했다.[232] 5세기 흉노 제국 당시에 황금의 활은 아틸라의 장교들의 권위를 표시하는 휘장이었다.[233] 비사(秘史)에 따르면, 칭기즈칸은 자신의 가장 가까운 전우들 중 일부에게는 화살통, 활, 화살을 지닐 수 있는 권리를 주어 포상했다.[234] 이러한 장비는 투르크어로 사닥 또는 사이닥(고대 러시아어로는 사이닥 또는 사가이닥)으로 알려져 있다. 모든 몽골의 기마병은 화살통과 활, 화살로 무장하고 있었으므로, 칭기즈칸은 이 경우에 있어서 실제 무기를 염두에 두기보다는 그것을 치장하고 있는 자의 특권적 위치에 대한, 특별히 세수로부터 면제되는 다르칸과 같은 위치에 있다는 것을 표시하는 휘장을 염두에 둔 것이 틀림없다. 하지만, 몽골 제국의 일반 행정에서는 배지로 사용된 것은 활(또는 화살통)이 아니라, 마르코 폴로가 불렀듯이, "권위의 판"이 사용되었다. 그것을 파이체(러시아어로 바이사)로 불렀다. 칭기즈칸 통치하에 1등급 관료의 징표로는 호랑이 머리를 새긴 황금 판이었으며, 그곳에 다음과 같은 뜻의 한자가 새겨져 있었다. "천수('하늘이 선사한') 칭기즈 황제의 신성한 칙령. 만사가 그의 뜻대로 될지니." 2등급 관료의 징표는 마지막에 한 단어 "지급(支給)"이란 뜻의 글자가 추가되었을 뿐, 같은 글자 배열의 단순한 황금 판이었다. 똑같은 문구가 새겨진 은판은 3등급의 배지를 뜻했다.[235] 페르시아에서

---

231) Risch, p. 142.

232) Rashid, 1, p. 23.

233) Gy. László, "The Significance of die Hun Golden Bow," *AA*, 1(1951), 91-104; J. Harmatta, "The Golden Bow of the Huns," *AA*, 1, 105-149.

234) Haenisch, p. 102; Kozin, p. 167; cf. Harmatta(앞의 노트), pp. 132-133.

일 칸국의 가잔 통치 시기(1295-1304년)에 최고 등급의 배지는 황금으로 만든 둥근 것으로 호랑이 머리가 새겨져 있었다. 2등급 표시도 비슷하나 매우 독특한 무늬가 새겨져 있었다.[236] 쿠빌라이 대에 만호장 배지는 황금으로 만든 판에 사자의 머리가 새겨져 있었고, 천호장은—황금 또는 금도금한 은, 백호장은—은으로 배지를 만들었다. 최고 권력을 지닌 관료의 권위를 나타낼 시기가 되자, 그 상징으로 매를 판에 새겼다.[237]

각 군사령관의 병영은 지방 행정의 중심이었다. 염두에 둘 것은 황제의 친위군과는 달리, 군이 항상 대기 상태에 있던 것은 아니었다. 그러나 첫 통지가 있자마자 순식간에 동원이 가능했던 것으로 추정된다. 이러한 목적을 위해 나라 전체가 면적과 수에 따른 군 단위에 상응하는 수많은 군관구로 나누고 그에 따라서 군대를 호칭했다. 그래서 가장 큰 군관구를 투멘(만호)이라고 불렀으며, 각 투멘을 천호, 백호, 십호로 각각 나누었다. 백호까지 내려가는 각 군관구에는 각 부대 단위에 맞는 최소한의 군인이 있어, 필요시에 동원의 중심 역할을 하였다.

각 구의 주민은 통지가 있자마자, 완전한 장비를 갖춘 일정한 장정과 말을 제공해야 했다. 그래서 각 천호의 주민은 낮은 단위의 구와 협조 하에 천 명의 전사들과 이천 내지 오천의 말들을 제공해야 했다. 지역 주민 전체가 제공하여야 하는 군인의 수는 정확한 숫자가 부재하기에 단지 추정만 가능하다. 몽골의 전(全) 인구는 칭기즈칸의 사망 당시 약 백만 명으로 추정된다. 당시 그가 보유했던 총 129,000명의 군사를 확보하기 위해서는 각 지역에서는 적어도 그 지역 인구의 13%가 동원되어야 했다. 이 숫자는 11세기와 12세기 초 요(遼) 왕조(거란)시대 중국에서 "오르도 군"

235) Tôru Haneda, "Une tablette du decret sacré de l'empereur Genghis," *MTB*, 8(1936), 85-91; Cf. Cleaves, Inscription II, p. 55, 주석 188.

236) Rashid, 3, pp. 277-278.

237) MPYC, *1*, 356-357; MPMP, *1*, 203-204.

의 군사 비율과 비교될 수 있다. 당시 중국문헌에 따르면, 그 군의 최대 숫자는 101,000명에 달했다. 그들은 남자 성인 408,000명의 인구를 지닌 203,000가구로부터 동원된 것이다.[238] 이러한 가구의 총 성인 인구는 약 800,000명에 달했을 것이다. 그러므로 전체 성인에 대한 군인의 비율은 12.5%에 이른다.

몽골군에 있어서 129,000명이란 수는 영토 확장이라는 결정적 시기에 민족을 위한 헌신이 절정에 달하였음을 대변해 주고 있다. 주요한 원정이 끝나자 긴장상태는 해소되어야 했다. 제국의 군대에서 순수하게 몽골군이 차지하는 총 군사의 수는 100,000명을 넘지 못했다. 이를 기초로 하면, 전체 인구에 대한 군인의 비율은 거란군이 보유했던 만큼의 수와 대략 비슷한데, 다시 말해서 10%를 넘지 못한다는 것이다. 이것은 우리에게 군 관구에 거주하던 잠정적인 백성의 수치를 추측 가능하게 하고 있다. 하나의 백호 군관구의 인구는 분명히 천 명 미만이거나 때로는 천 명을 넘기도 했고, 천호는 만 명 또는 그 이상, 투멘의 경우는 십만 명 또는 그 이상이라고 추정할 수 있다.[239]

지역 사령부는 군 행정의 중심인 것처럼, 민간 행정의 중심이기도 했다. 지역 사령부를 통해서 역참(얌) 및 전령 체제는 물론, 세금 징수 체제가 조직되고 유지되었다. 따라서 좀 더 큰 군 단위의 연합군 사령관은 동시

---

238) Wittfogel, p. 515; 또한 pp. 55-56, 516도 볼 것.

239) 바르톨드는 "투멘이란 행정구역의 최소단위이자 과세단위이다"라고 말하고 있다. *EI*, *4*, 836. 이러한 견해는 중앙아시아의 보다 늦은 시기에 일부 영토 분할에 대해서는 정당하지만, 몽골 제국과 그 울루스에는 적합하지 않다. 바르톨드 자신은 이븐-아랍샤흐의 언급, 즉 투멘은 1만호의 병사가 주어진 영토라는 것을 인용하고 있으나, 이상하게도 그는 문제 전개에 있어서 이러한 상황에 대해서 무시하곤 한다. 바르톨드는 헤지라 1285년 이븐-아랍샤흐의 카이로판 17페이지를 인용하고 있다. S. H. Manger의 본에서 이것은 *1*, 80 (아랍어본)과 81(라틴어 번역본)이다. Manger의 라틴어 번역본의 구절은 다음과 같다. "*Taumana* (즉, tumen의 페르시아어 tuman) antem vulgo dicitur societas, quae educit decem milia militum."

에 그 지역의 민간 현령이 되었다. 역참관의 정상적인 조직은 전령을 통한 중앙정부와 그의 지방정부사이의 신속한 통신유지와 마찬가지로 연합군의 행동 조정 유지를 위한 핵심적인 것이었다. 외국사절 또한 말을 사용할 수 있는 특권을 지녔다. 상인에게는 처음에는 사용료 없이 역참을 이용토록 하였으나, 후에 몽카는 그들이 스스로 사용료를 지불하여 여행하도록 명했다. 상인은 그 어떤 경우에도 대상로의 안전으로부터 큰 이득을 누렸다. 파발역은 중심도로에서 일정한 간격을 두고 세워졌다.240) 우게데이의 명령에 따라 규정된 일정한 수의 전령관, 마부, 역참관과 마찬가지로 말, 수소, 마차 등이 각 파발역에 등록되어야 했다. 말과 염소 등도 여행자들의 꾸미스와 고기를 제공하기 위해서 파발역에 구비되어 있었다.241) 황제 전령들을 위한 말들은 이미 안장이 놓인 채로 준비되어 있었다. 모든 전령들은 허리에 종을 매고 다녔다. "다음 파발역에 있는 자가 종소리를 듣고서, 그와 마찬가지로 장비를 갖춘 말과 전령관을 준비했다."242)

역참 업무를 관리하기 위한 역참국이 설립되었다. 역참 도로는 효율적인 관리를 목적으로 많은 군관구 구역으로 나누었다. 역참 도로에 인접하여 주둔하고 있는 투멘은 각 역참 구역 내의 파발 업무를 유지하기 위해 필요한 모든 것을 제공해야 했다.243) 몽골의 역참 제도에 대해서는 요한 플라노 카르피니, 마르코 폴로, 그리고 다른 여행자들에 의해서 기술되고 높이 평가되었다. 물론 역참 제도는 말할 것도 없이 매우 유용한 그리고 훌륭한 제도였다.

---

240) 마르코 폴로에 따르면, 두 역참 사이의 거리는 40킬로미터였다. MPMP, *1*, 242.

241) Kozin, p. 198.

242) MPYC, *1*, 436; MPMP, *1*, 247.

243) Kozin, p. 198; Ab-ul-Faraj, sec. 8; cf. Pelliot, "sur yam on jam, 'relais postal'," *TP*, *27*(1930), 192-195; W. Kotwicz's study, "contributions aux études altaiques: les termes concernant la service des relais postaux," *CO*, *2*(1932). 이 논문은 저자가 접할 수 없었다.

오해와 남용을 방지하기 위해서 업무로 여행하는 관료와 전령, 그리고 외국 사절들에게는 군의 장수들이 가지고 다니던 표식과 유사한 권력 패(파이체)를 각각 받았다. 이러한 권력 증표는 여행자의 권력 등급에 따라서 다양한 재질로 제작되었다. 은으로 만든 세 개의 패와 쇠로 만든 한 개의 패가 상트페테르부르크의 에르미타주 박물관에 보관되어 있다. 그보다 낮은 등급의 권력 증표는 나무로 만들었다.[244] 높은 패를 지닌 높은 권력의 여행자는 낮은 패를 지닌 낮은 지위의 관리보다 더 많은 말을 이용할 수 있었다. 지방 관료에게는 권력 증표를 지닌 자에게 모든 지원을 주도록 하는 지침이 내려졌다.[245] 그러한 증표와 같이, 몽골 이전에도 페르시아에서 패가 사용되었다는 것을 언급해야겠다. 1세기 중엽 티아나(Tyana)의 아폴로니오스가 에크바탕에서 인도로 여행할 때, "(카라반에서) 제일 앞에서 가는 낙타는 모든 마주치는 사람들에게 이 카라반에 칸의 친구가 있으며, 칸의 명에 따라 여행하고 있다는 것을 알리기 위해 이마에 황금 판을 매달고 있었다."[246]

몽골 행정의 주목할 만한 특징으로 복지 프로그램이 있다. 도움이 필요하고 빈곤한 자들에 대한 지원은 황제의 의무 가운데 하나이다. 우게데이 하에 고위관료들과 군 통수권자들은 회의에서 구제를 위한 재정을 확보하기 위해서 특별세를 시행하기를 권고하기도 했다.[247] 우게데이는 별

---

[244] *ZO*, pp. 138-139; Rashid 3, p. 278.

[245] MPYC, *1*, 15, 16, 34; MPMP, *1*, 79, 80, 90.

[246] Philostratus, *The Life of Appolonius of Tyana*, 2판, 1장. 여기서 인용되고 있는 영어 번역은 E. Herzfeld의 *Zoroaster and His World*(『조로아스터와 그의 세계』)(Princeton, Princeton University Press, 1947), *1*, 230. F. C. Conybeare (Loeb Classical Library edition of Philostratus *1*, 119)에서는 "tablet" 대신에 "황금의"(chain)을 말하고 있다. 그리스어 psalion은 본래 마구의 일부로 "굴레"를 의미할 수 있지만, 마구 전체 또는 굴레와 같이 마구와 연관된 치장을 지칭한다. Minns, p. 75 그리고 주석 4 참조. 이 경우 의미하는 것은 frontlet이 분명하다. 스키타이 말의 frontlet 묘사에 대해서는 Minns, p. 166, 그림. 54, 55; 그리고 p. 185, 그림 78 참조.

도의 칙령을 통해서 가뭄 지역에서 주민들이 연명할 수 있도록 가뭄 지역에 우물을 파도록 명했다.[248] 몽골 제국 후기에는 기근 시기에 궁핍한 자들을 위해서 정부에 의해 운영되는 식량 저장소와 양곡 창고를 두었다는 증거가 있다. 이미 밝힌 대로, 원의 마지막 황제는 또한 황하의 수로를 조정하기 위하여 공공 노동 프로그램을 시행하였다.

국가의 재정수입과 관련, 주요한 세금은 점령된 국가의 주민에게 부과되었다. 칭기즈칸 시기에 몽골인들은 어떤 세금도 부과되지 않았다. 우게데이 시기에는 현물세가 시행되었다. 각각의 양 목축에서 이년생 숫양 한 마리가 매년 황제 상으로 바쳐졌고, 백 마리 양에 일년생 암양 한 마리가 복지 기금으로 충당되었다.[249] 몽골에서 늦은 시기에 부가적인 세금들이 시행되었던 것으로 보인다. 하지만 그것은 국세가 아닌, 왕족의 봉토에 속한 주민들에게 부과된 징수나 여러 종류의 봉사였으며, 14세기와 15세기, 특히 왕족의 토지 소유가 대단히 확장되었던 시기 이후부터 몽골인들에게 매우 가혹한 부담이 되었다. 각각의 가계에게 요구되던 현물세와 부역을 합친 복합세는 알반(alban)으로 알려져 있다.[250]

이와는 반대로, 점령된 지역의 민족들에게 부과된 세금 부담은 몽골 확장 초기부터 가혹한 것이었다. 모든 피점령국 민족은 우선, 매년 몽골에게 조공을 바치고, 둘째, 정기적으로 세금을 바쳐야만 했다. 정기적인 세금에는 세 가지의 주요한 사회경제적 계층에 따라 세 가지 종류가 있었다. 도시 주민들은(상인들과 수공업자들) 탐가(tamga)라고 하는 세금을,[251] 목축업자들은 가축세(kopchur)를,[252] 농민들은 토지세(kalan)을 지

---

[247] Kozin, p. 198. 궁핍한 자에 대한 시혜법에 관해서는 또한 Nasir ad-Din Tusi 의 해석 참조. Minorsky, "Nasir al-Din," p. 771.

[248] Kozin, p. 198-199.

[249] *Idem*, p. 198.

[250] Vladimirtsov, p. 164.

[251] 탐가에 관해서는 본서 3장, pp. 320-321 참조.

불해야만 했다.[253] 셋째, 기본 세금 이외에도 많은 특별세가 징수되있으며, 피점령국 주민들이 부담해야 할 부역들도 시행되었다. 염두에 둘 것은 몽골의 왕족들과 군 사령관들은 점령된 국가에서 사적 토지 소유권을 보장받았다는 점이다. 이것은 모두 인쥬(inju) 형태에 속했다. 그러한 토지에서 사는 지역 주민들은 농노에 가까운 지위에 처해 있었다.

이 모든 부역들 중에서 가장 중요한 것은 대칸은 물론 지방 칸의 군대 규모들을 확장하기 위해 모든 점령국으로부터 병사들이 징집되어야 한다는 것이었다. 위에서 밝힌 모든 요구들을 반드시 이행하도록 하기 위해서 피점령국 또한 몽골과 마찬가지로 군관구들로 나누었다. 그러한 지역 각 군관구에는 몽골 및 투르크족 출신의 최소 요원이 칸의 군에 충당할 현지 군 동원과 세금 징수의 감독 업무가 부여되었다. 주민들의 적절한 복종을 보장하기 위해서 지역 사령관은 자신의 휘하에 현지 지역 주민들로 구성된 현지 부대를 구성할 권한이 부여되었다.

전체적으로 볼 때, 피점령국에 대한 몽골 행정은 한편으로는 강압적이었으나, 피점령국 주민들에 대한 칸의 통제를 보장하고 유지할 만큼 충분히 강력해야 한다는 냉혹한 목적을 달성하는 데 기여했다. 피점령국 민족들이 몽골의 점령으로부터 해방될 수 있는 기회를 볼 수 있던 것은 오직 왕조의 그리고 다른 문제들로 인하여 고위급에서 칸의 통치가 약화되었을 때였다.

9. 몽골 제국의 내부 모순

몽골 군대 및 행정의 효율성과 강력함으로 몽골인들은 우게데이 사후

---

252) 콥추르에 관해서는 Minorsky, "Nasir al-Din," pp. 783-785 참조.
253) 칼란에 관해서는 본서, 3장, 320, 321, 327-328 참조.

백년 이상동안 자신들이 점령한 거대한 영토를 통제할 수 있었다. 그러나 몽골 제국은 존재했던 전 기간 동안 내부 갈등으로 채워져 있었으며, 항상 점증하는 문제들에 직면했다. 몽골 제국은 많은 계기에 있어서 스스로 자신의 생명력을 증명해 내고, 많은 위기를 극복할 수 있었으나, 결국 제국은 몰락했으며, 그 지배하던 민족은 몽골의 스텝과 사막으로 되돌아갔다.

몽골 제국의 전체 구조를 위협하는 내부의 모순은 매우 많으며, 다양하다. 무엇보다도 제국이 토대를 두고 있었던 일련의 원칙들의 근본적인 양립성 불가에 있었다. 그 첫 번째로 제국 체제와 몽골 사회의 봉건적 성격 사이의 불일치가 드러났다. 두 번째로는 조정 합의가 부재하여 중앙 제국과 지방 칸국 사이는 물론 칸국들 사이에 수많은 갈등이 야기되었다. 세 번째로 당시의 원시적인 기술적 조건들의 한계로 인하여 제국의 광활함 자체가 그 통치자들에게 영구적인 숙제를 제공했다.

더군다나 지배하는 민족과―몽골 민족―피지배 민족 사이의 수에 있어서 엄청난 불균형이 존재했다. 그 인구비율은 1대 10이었다. 몽골인의 대부분은 유목인이란 점에서, 그리고 그 점을 자랑스러워했다는 점에서, 그들은 다른 피지배민족과 달랐다. 내부에 정신적인 그리고 지적인 능력들을 갖춘 몽골 엘리트들이 출현하여 몇몇 이웃 또는 점령국의 고대 문명과의 접촉을 유리하게 활용할 수 있었다는 사실에도 불구하고 대체적으로 몽골인은 민족으로서 자신들이 점령한 몇몇 피지배 민족의 문화보다 낮은 수준에 위치하고 있었다.

이러한 수많은 접촉의 다양성은 그 자체로 잠재적인 위험을 내포하고 있었는데, 몽골 전통의 본래적 통일성을 해체시켰기 때문이다. 종교적 제휴라는 관점에서 보면, 천상과 무속을 숭배하던 몽골 구파와 그리고 불교, 회교 및 기독교로 개종한 자들 사이의 괴리는 이 모든 계층들 사이의 정신적 유대가 상실되는 결과를 초래했다. 게다가 원주민의 나라에 이주한 몽골인들의 동화 과정은 끝이 보이지 않았다. 칼 비트포겔과 휑 치야생에 따르면, 하나의 "점령 사회"인 몽골인은 자신들의 문화적 전통을 버리고, 통째로 현지 주민들로부터 문화를 차용한다는 것은 절대로 있을 수 없는 일이었다. 그 결과, 몽골 제국에 의해 예속된 나라에서 승리자 사회와 패배자 사회의 차이는 소멸되지 않았으며, 마침내 그 차이는 점령국 대부분에서 몽골족에 대한 민족 혁명의 과정을 초래했다.

지정학적으로 몽골 제국은 서로서로 구별되는 두 가지의 부분으로 구성되었다. 하나는 몽골-투르크 핵심, 다시 말해서 몽골, 중가리아, 세미레치예(일리 강 지역), 동 투르키스탄, 트란스옥사니아, 카자흐스탄, 킵차크 지역의 스텝과 사막, 그리고 다른 하나는 몽골 제국에 의해서 지배되는, 대부분 농업에 종사하는 주변국가로 나뉜다. 스텝 지역은 잠재적으로 몽골 군사력의 주요 보루 지역이었다. 대부분의 주변국가의 통치자들은 이점을 잘 이해하고 있었다. 북경을 원 왕조의 수도로서, 그리고 사라이를 킵차크 칸국의 수도로 선택한 것은 그런 상황을 잘 암시해 주고 있다. 이 두 도시는 각각 주변국과의 국경에 위치하고 스텝지역에서 가까운 위치에 있었다. 단지 일 칸국만이 어느 정도 다른 정책을 채택하고 있었다. 만약에 그들이 중국이나 남부 러시아를 지배하던 자신들의 친족의 경험을 따랐다면, 설령 투르크메니아가 아니라면, 호라산 북부 어딘가에 자신들의 본부를 두는 것이 논리적일 것이다. 그러나 그 대신에 그들은 자신들의 최초의 수도를 남부 아제르바이잔의 타브리즈에 세웠다. 이러한 선택은 이집트에 장기적으로 대항하는 데에 적합한 기지를 얻기 위하여 이라크와 소아시아에 대한 통제를 강화하기 위한 자신들의 정치적 야망으로부터 비롯된 것이 분명하다. 후에 킵차크 칸의 압력에 굴복하여 일 칸은 자신들의 수도를 남부로 이동하여 타브리즈와 테헤란 사이의 고산 지역내 술타니아로 옮겼다. 그들이 북 아제르바이잔 무간 지역의 스텝 지대까지 자신들의 지배하에 두었으며, 그 지역을 자신들이 기마병의 방목을 위한 목장으로 활용하고 있었다는 점을 기억할 필요가 있다. 그럼에도 불구하고, 수도를 몽골의 핵심 지역으로부터 너무 멀리 옮기고 나서 일 칸국은 몽골 내부의 정치에 미칠 수 있는 영향력이나 동시에 제국의 내부 지역으로부터 강력한 후원을 받을 수 있는 기회를 상실하게 되었다. 킵차크 칸국은 이러한 사실을 호라즘에서 자신들의 입지를 강화하는데 이용했다. 결국 트란스옥사니아에서 보잘 것 없는 장수에서 출발한 타메를란(티무르)은 강력한 저항에 부딪히지 않고서도 옛 일 칸국의 영토를 점령할 수 있었다.

몽골 제국의 핵심이 중앙에 위치하고 내부 통로에 대한 통제라는 관점에서 제국의 안정성은 상당한 정도로 그 지역 내부의 적절한 통합에 달려 있었다. 실제로 몽골의 봉건 정책의 시험 무대가 되었던 중앙아시아는 제국의 통합에 결정적인 역할을 하였다. 내부 몽골-투르크의 스텝지역은 몽골 민족 공동의 고향으로 간주되었으므로, 제국의 각 가계(家系)는 자신들의 울루스와 그 지역에 대한 토지 소유를 요구했다. 툴루이 후손들의 주요 울루스를 구성하고 있는 대부분의 몽골은 원 왕조의 황제들에 의해서 통치되었으며, 앞에서 보았듯이, 많은 경우에 있어서 원 황제들은 자신들의 권리를 스스로 싸워 지켜내야만 했다.

본래 몽골과 카자흐스탄 사이의 투르크 영역은 우게데이와 자가타이 후손들의 봉토가 되었다. 종국에는 자가타이 가계가 지역의 대부분을 통치하게 되었다. 봉건적 분할이 가속화된 결과로 황족의 어떤 원로 왕자도 강력한 중앙집권적 국가를 형성하는데 성공하지 못했다. 내키지는 않지만, 자가타이 가(家)는 대칸의 최고 통치력을 어느 정도 인정해야만 했다. 하지만, 만약에, 한편으로 북경과 다른 한편으로 사라이와 술타니아 사이의 교역 통로를 차단하려는 자가타이들의 위험성(제국의 통합이라는 관점에서)이 제거되었다면, 중앙아시아의 왕족들로부터 제국 중앙의 정책에 대한 적극적인 지지를 기대하기는 어려웠을 것이다. 따라서 제국의 스텝 핵심 지역이 지니는 군사적 그리고 정치적 의미는 상당히 축소되었다.

서부의 두 칸들 — 일 칸국과 킵차크 칸국의 지도자들 — 사이의 영원한 갈등은 제국이 봉착한 난관을 더 어렵게 만들었다.

몽골 왕족 간 사이의 복잡한 관계를 잘 이해하기 위해서는 칭기즈칸 후손들의 각 가계 왕자들이 점령한 땅에 대한 원정 참가의 몫을 요구했다는 데에 관해서 몇 가지 언급할 필요가 있다. 중국이든, 중앙아시아든, 페르시아든, 또는 러시아든 모든 기본적인 몽골의 원정에는 칭기즈칸의 모든 네 아들의 가계의 왕족들이 직접 개별적으로, 또는 연합군을 파병한다든지 등의 상호 협조의 관계에 있었다. 각각은 이에 대한 보상의 대가로 점령한 국가로부터 들어온 부의 일정한 몫을 받는다던지, 혹은 그곳에서 개별적인 소유를 기대하였다. 예를 들어, 주스자니에 따르면, 킵차크의 칸 바투는 이란 각 지역으로부터 자신의 일정한 재정 수입의 몫을 가지고 있었으며, 그의 수하들은 분배된 영토에서의 세금징수를 감독하고 있었다.[254] 바투는 또한 중국 성서 지방에도 소유를 갖고 있었다. 14세기 칸 우즈벡은 자신의 소득을 여전히 그곳에서 징수하고 있었다.[255] 우게데이와 자가타이의 후손들도 중국 재정에서 일정 부분을 할당 받고 있었다. 그와 유사한 방식으로 몽골 제국의 서부인 크림반도의 항구로부터 오는 이익은 이집트 역사가 이븐-무파달이 말했듯이, "네 칸 사이", 다시 말하면, 칭기즈칸의 네 계열의 고위 왕족들에게 분배되었던 것으로 추정된다.[256] 제국의 자원에 대한 활용에 있어서 칭기즈칸의 가계 사이에 그러한 방식의 동반자 관계는 이중적인 결과를 가져왔다. 한편으로는 그들의 이해 속에서 견고한 유대를 유지할 수 있었으며, 칸에 대한 충성심을 가질 수 있었다. 다른 한편으로 잦은 개인적인 요구와 분배는 일상적인 관례를 무너뜨리고, 자주 분열에 이르기까지 했는데, 예를 들면, 일 칸국과

---

[254] Tiesenhausen, 2, 15; ZO, p. 71와 비교할 것; Howorth, 2, 1판, p. 172.
[255] Iakinf, p. 260; Grousset, p. 537.
[256] Veselovsky, p. 46 참조.

킵차크 칸국 사이의 갈등이 그러하였다.

황제 가계의 급속한 확장은 몽골 국가 및 사회의 구조 변화를 야기한 또 하나의 요인이었다. 칭기즈칸 후손들의 급속한 확대에 따라 각각의 왕족들은 자신들의 영토를 기대했고, 몽골의 더 많은 목축지와 유르트가 왕족들 사이에 분배되었다.[257] 결과적으로 몽골의 "지배 민족"은 황금 친족에 대해 복종하는 자신들의 모습을 발견하였으며, 각 씨족의 지도자하에서 이전의 자유로운 씨족 연합은 왕족의 지배로 대체되었다. 그런 방식으로 제국이 기초하여 세워진 몽골의 민족적 토대는 현저히 축소되었으며, 그 역동성의 상당 부분이 상실되었다.

이러한 과정은 또한 쿠릴타이의 구조뿐만 아니라 군대의 구조에도 영향을 미쳤다. 14세기에 대부분의 대규모 연합 군대(투멘과 천호)의 사령관 직위는 혈족의 왕자들이 차지하고 있었다. 몽골 사회에 있어서나 군대에 있어서 지도적인 역할 덕분에 왕족들은 선거 집회를 통제할 수 있었다. 부얀투가 황제로 선출된 쿠릴타이(1311년)에는 1,400명의 왕족이 참석한 것으로 기록되어 있다.[258] 사실상 14세기에는 그들은 바로 사회적 군사적 과두 체제를 나타내고 있었으며, 각 황제와 칸들은 그들에 대해서도 대처해야만 했다. 중국에서 그러한 권력 구조는 일정 정도 관료주의의 성장에 의해서 중화(中和)될 수 있었다. 페르시아에서나 남부 러시아에서 강화된 과두체제는 결국에 칸 정부를 무너뜨렸다. 이러한 점에 주목하면, 왕족들의 부상(浮上)은 군대 행위의 효율성에 영향을 미치지 않을 수가 없었다. 그것은 실제로 칭기즈칸의 중요한 두 가지 원칙인 능력에 기초한 직무 및 진급에서의 평등 원칙이 무너졌다. 왕족 가운데는, 물론 말할 것도 없이, 뛰어난 장수가 있었으나, 최고 직에 대한 그들만의 독점은 의심의 여지 없이 직무에 있어서 칭기즈 가(家)에 속하지 않는 수많은 뛰어난

---

257) Vladimirtsov, p. 172-173.

258) D'Ohsson, 2, 663.

몽골인 장교들의 진급을 방해하였다. 타메를란과 같은 몇 명의 장수들은 본래의 약점에도 불구하고, 모든 영광을 칭기스 가(家)의 꼭두각시인 칸에 돌리고, 칭기스의 이름으로 지배한다는 술책으로 권력을 장악하는 데 성공했다. 하지만, 타메를란과 같이 운이 좋은 경우는 많지 않았다. 황금 오르다의 마마이와 같이 성공을 이루지 못한 자들의 절망적인 시도들은 혼란에 빠진 정부를 더욱 곤경에 빠뜨릴 뿐이었다.

몽골 민족과 피점령 민족과의 문화관계 문제를 다루면서, 문화적 동화 과정은 점령 지역의 역사적 그리고 인종적 배경에 따라서 변형되었다는 것을 염두에 두어야 한다. 몽골과 남부 러시아 사이의 투르크 스텝지역에서 점령자와 피점령자의 융합은 농경을 하는 백성들이 우위를 점하고 있던 오랜 문화를 가졌던 나라들보다 더 용이하고 신속하게 진행되었다. 몽골인들은 중앙아시아 투르크계 민족들에게 군의 지휘권을 제안했고, 중앙아시아 투르크계 민족 자신들의 행정 통치 테두리를 설정하였다. 그러나 해당 지역 민족 가운데 소수 민족에 처하게 된 그들은 점차적으로 그 나라의 언어를 받아들였다. 자가타이(자가타이)라는 이름이 15세기와 16세기 세미레치예와 트란스옥사니아 지역에서 융성했던 투르크어문학을 지칭하기 위하여 사용되었다는 것은 이를 증명해 주고 있다. 타메를란이 본래 몽골 씨족의 후손이라는 사실에도 불구하고, 자가타이 투르크어는 강력한 정복자 타메를란의 모국어였다.

중앙아시아에서 투르크족에 의한 몽골인의 동화는 양쪽 그룹 대부분의 종교적 배경이 동일하다는 사실에 의해서 크게 촉진되었다. 비록, 우리가 알고 있듯이, 동 투르키스탄과 트란스옥사니아의 투르크족뿐만 아니라, 몽골의 일부 종족들은 수 세기 동안 불교, 네스토리아 기독교, 이슬람교를 접하였으며, 중가리아와 카자흐스탄에 살고 있던 대부분의 투르크족은, 자가타이 울루스의 지도적인 씨족들이 그러했던 것처럼, 13세기에 모두 천상 또는 샤만을 숭배하는 자들이었다. 14세기에조차 자가타이의 많은 왕족들은 여전히 전통적인 몽골족의 종교 신앙을 지니고 있었다. 그러나 이슬람은 신속하게 전파되었으며, 이 지역에서 몽골족과 투르크족에게 모두 영향을 미쳤다. 타메를란은 칭기즈칸의 전쟁 독트린을 따르는 추종자였던 반면, 독실한 회교도였다. 하지만 그가 독실한 회교신자라는 것이 정책에 있어서 칭기즈칸보다 덜 가혹하게 만든 것도 아니었다.

중국에서, 우리가 살펴보았듯이, 쿠빌라이는 자신의 고유한 믿음으로서, 원 왕조의 공식 종교로서 불교를 받아들였다. 더구나 티베트 사원에 대한 지원을 약속하며, 더욱 강화시켰다. 하지만, 불교가 중국인들의 유일한 종교는 아니었으며, 따라서 단지 일부의 중국인들만이 그의 행위에 대해 호의적인 인상을 받았다. 게다가 불교 사원을 치외법권(治外法權)에 이르기까지 한 다양한 특권이 주어진 불교 성직자는 더 이상 원 왕조의 단순한 지배 도구는 아니었다. 불교는 곧 독립적인 세력이 되었으며, 많은 경우에 있어서 그 세력을 견제하기는 매우 어려웠다. 더군다나 명조를 세운 혁명의 수장 주원장(朱元璋)도 유년 시절에 일정 기간 불교에 입문하기도 했다.

비록 중국에서 통치자인 몽골 왕조는 중국의 한 종교를 선택하였으나, 몽골인들은 하나의 민족으로서, 자신들이 행정적으로 그리고 사회적으로 통치하던 중국인들로부터 떨어져 고립된 상태에 있었다. 몽골인들은 자신들의 몽골어를 확고히 지키고 있었다. 이런 점에서 마르코 폴로의 증거들이 이런 측면을 시사해주고 있다. 비트포겔과 횡이 올바르게 지적했듯이, 마르코 폴로가 지배 계층과의 가까운 친밀한 관계를 맺고 있었고 잦은 중국여행에도 불구하고 중국 민족에 대해서 말할 수 있는 것은 매우 적었다.[259] 분명하게도 중국의 몽골인들은 자신들의 고유한 세계에서 살고 있었다. 비록 왕정 행사뿐만 아니라 행정 제도에 있어서도 그들은 많

---

[259] Wittfogel, p. 9.

은 중국식 전형들을 따랐지만, 대체로 몽골인들은 위대한 야사를 계속 준수했다. 그리고 그들은 대규모 사냥에서도 전통적인 몽골 의식뿐만 아니라 식생활에도 많은 오래된 생활양식을 보존했다. 쿠빌라이 시대에 백색 암말의 방목은 꾸미스의 보급을 위해서 황궁 가까이에 위치하도록 했다. 그 말들은 매우 신성한 것으로 간주되었으며, 그 말들의 우유로부터 얻은 꾸미스는 오직 황제, 그의 후손들, 그리고 특권으로 호리아트 씨족의 일원에게만 제공되도록 한정되었다.[260] 칭기즈칸이 규정한 대규모 사냥의 규칙은 그의 후손들에 의해서 엄격히 준수되었다. 오도리크가 당시에 사용했으리라 추측되는 공식 지침에 대한 사본을 사용하여 기록한 투그-티무르 황제 시대의 사냥 기술에 대한 묘사는 분명히 야사의 규정에 근거를 둔 것이었다.[261]

한 가지 측면에서 중국에 있던 많은 몽골인들은 고대의 전통과 결별했다. 많은 몽골인들은 중국의 중원에서 봉건 토지를 획득하기를 원하였기에 중국 지주의 고위층의 이해와 자신들의 사회적, 경제적 이해가 동일하게 되는 결과를 낳았다. 바로 14세기 중반에 남중국 농민들 가운데 반(反)몽골 정서를 일으키는 원인 중 하나였다. 몽골인들은 페르시아에서도 토지 소유 획득에 대해서도 그와 유사한 이해관계를 드러냈다. 이러한 경향은 일 칸 왕국에 있어서 봉건제 및 지방 분리주의의 성장에 기여했으며, 일 칸국의 정치적 분열을 가속화했다.

종교에서 일 칸국의 지배를 받던 대부분의 민족은 비록 수니파와 시아파 간의 분열이 있기는 하였으나 수 백 년 동안 이슬람교도로 있었다. 일 칸 왕국의 창시자인 훌라구는 천상(天上) 숭배자였다. 13세기 말 그의 후계자들이 이슬람교로 개종하기 전까지 종교의 차이는 정복자들의 깊은 동화를 방해하였다. 더군다나 이란에 대한 몽골 지배 초기에 칸이나 몽골

---

260) MPMP, *1*, 187.
261) *Cathay*, *2*, 234-237.

상류사회는 중국에서 그랬던 것처럼 자신들이 전통 관습과 생활양식을 지켰다.

킵차크 칸국의 지배를 받고 있던 영토에서 살고 있던 민족들의 문화적 그리고 인종적인 생활 배경은 중국에서나 이란에서보다 더 복잡하였다. 흑해 스텝 지역의 킵차크인(폴로베츠인) 혹은 그들 가운데 대부분은 몽골 침입 시기에 여전히 이교도들이었다. 호라즘인과 볼가 불가르족은 이슬람교도들이었다. 돈 강 지역, 북 코카서스, 그리고 크림반도의 알란족 대부분은 그리스 정교의 기독교 신앙을 지니고 있었다. 크림반도의 나머지 고트족 역시 기독교인이었다. 스텝 지역, 즉 돈 강 하류 및 부그 강 하류에 살던 러시아인들(브로드니키) 또한 그리스 정교를 믿고 있었다.[262] 황금 오르다에서 그리스 정교의 기독교를 주요 보루로 구성하고 있는 것은 러시아, 엄밀히 말하면, 스텝 북쪽 지역의 러시아 공국들이었다.

경제적 그리고 문화적으로 킵차크 스텝은 목축과 낙농업의 종사자들의 고향으로 농업과 임업의 북부 러시아와 뚜렷한 대조를 보여주고 있다. 북부 및 남부 자원의 다양성은 두 지역 사이의 활발한 교역을 유발하였으며, 그 교역에 러시아인뿐만 아니라, 볼가 불가르인도 참여하였다. 몽골인들에 의한 불가르 및 러시아의 도시들의 파괴로 교역의 주도권은 중앙아시아의 이슬람 상인들에게로 넘어갔다. 그들은 칭기즈칸 시대 이후부터 몽골 지배자들의 보호 하에 있었으며, 몽골의 재정 부분에서 중요한 역할을 하였다.

킵차크 칸국의 종교적 그리고 문화적 환경의 다양성이란 관점에서 칸들이 종교적 명명(命名)의 최종 선택에 있어서 주저했다는 것은 당연한 일이었다. 킵차크 칸국 최초의 칸 바투는 천상을 숭배하는 자였다. 그의 아들 사르탁은 기독교를 받아들였다. 바투의 동생 베르케는 이슬람으로

---

[262] Brodniki에 관해서는 『키예프 러시아』, pp. 158, 237, 238 참조.

개종했다. 그의 후계자들은 다시 천상(天上) 숭배로 되돌아갔으며, 우즈벡이 마침내 이슬람을 칸의 공식 종교로 받아들인 것은 겨우 14세기에 들어서였다. 중앙아시아와 중동지역에서 재정 및 무역에 있어서 이슬람의 우위는 의심할 여지 없이 흑해 스텝 지역의 몽골인들뿐만 아니라 피지배 민족 투르크족이 이슬람으로 개종하는 데에 있어서 매우 중요한 인자로서 작용하였다.

만약 황금 오르다의 칸들이 이슬람보다 기독교로 개종하였다면, 그들은 적어도 일정 기간 동안 중국에서 쿠빌라이와 그의 후계자들이 처한 상황과 마찬가지로 러시아에 반쯤 동화된 상황에 처했을 것이라고 주장할 수 있다. 그럴 경우에 아마도 이슬람을 소수로 하는 통합된 기독교 국가가 당시 그곳에 성립되었을 것이다. 칸들이 이슬람으로 개종한 이유로 기독교 국가의 건설은 몇 세기 뒤로 미루어졌다. 14세기와 15세기의 현실 상황에서 몽골인들과 러시아인들의 광범위한 문화적 융합의 가능성은 없었다. 그 결과로 황금 오르다에 이슬람교와 기독교로의 정치적 분할을 가져왔다.

제 3 장
황금 오르다

1. 주치 울루스(Juchi's Ulus)

전통적으로 황금 오르다라고 알려진 킵차크 칸국은 주치 울루스라고 알려진 매우 광대한 정치 구조의 한 부분일 뿐이다. 칭기즈칸이 사망을 얼마 앞두고 대칸의 최고 권력 아래에 제국의 일부, 곧 울루스를 자신의 아들들이 통치자가 되도록 하였다는 것을 떠올려보자. 카자흐스탄과 곧 점령될 지역으로 상정한 "서부의 땅"을 칭기즈칸의 장남인 주치에게 하사하여, 몽골 제국의 이 부분은 주치 울루스 또는 서(西) 칸국이라고 알려지게 되었다. 마르코 폴로는 주치 사람들을 "서부의 타타르인"라고 불렀다.

주치의 사망 후 그의 둘째 아들 바투가 이 울루스의 통치자로 인정되었다. 바투는 러시아를 점령해 가면서 볼가 강 하류 사라이에 수도를 세웠다. 주치 울루스의 원래 영토는 바투의 형 오르다의 봉토로 되었다. 그것은 서(西) 시베리아, 카자흐스탄, 그리고 시르다리야 강 하류를 포함하는 매우 광활한 영토였다.[1] 주치의 다른 두 아들인 쉬반과 투카-티무르 역시 이 영토의 일부를 자신들의 봉토로 할애 받았다. 주치 울루스의 동쪽을 지배하던 바투의 형제들은 원래 주치의 가신들로 있었으나, 후에 동부 칸국들은 사실상 독립하게 되었다.

주치 울루스는 제국의 가장 서부에 위치하고 있었으므로, 색상과 방위

---

[1] *ZO*, pp. 295-296; Spuler, pp. 25, 275.

사이의 상호 관계를 나타내는 체계에 따르면, 흰색으로 상징되었다고 추정할 수 있다. 요한 플라노 카르피니에 따르면, 구육의 제위 축하 향연이 지속되던 나흘 내내 쿠릴타이에 참석했던 몽골인들은 일정한 색의 의복을 입고 있었다. 첫날의 색은 흰색이었다.[2] 카라-다반의 견해에 따르면, 첫날은 주치 울루스의 선거 참여를 상징하고 있었다.[3] 그 날의 향연은 흰색의 벨벳으로 된 대규모 막사에서 진행되었다. 추정하건대, 당시 주치 울루스는 백(白) 오르다로 알려졌을 것으로 추정된다. 주치 울루스가 동부 및 서부의 두 부속 울루스로 분리됨에 따라 색상의 귀속 문제가 대두되었다. 문헌들에서는 두 개의 부속 울루스를 흰색과 청색 오르다라고 불렀다고 밝히고 있으나, 위의 두 가지 색상 중 어느 색이 어느 울루스를 가리켰는지는 분명하지 않다.

대부분의 학자들은 동부의 칸을 백의 오르다(투르크어로 악-오르두)라고, 서부의 칸은 청의 오르다라고(투르크어로 쾩-오르두)불렀다는 데 동의하고 있다.[4] 그러나 그러한 해석은 의심의 여지가 있다. 무엇보다도 러시아 문헌들에 나타난 증거들을 고려해야 한다. 러시아 기록들은 서부 칸국을(바로 러시아를 직접 통치하였던) 大 오르다 또는 오르다로 불렀지만, 동부 칸에 대해서는 청(靑) 오르다라고 부르고 있다. 러시아인들은, "청"색 이름을 사용하는 데에 있어서 의심할 여지 없이 자신들의 타타르인 정보원을 따르고 있는 것이다. 더군다나 이 호칭은 동부 칸국에 대해서 논리적인데 왜냐하면 청색은 동쪽의 색이기 때문이다. 동양의 문헌에서는 청의 오르다와 백의 오르다의 호칭에 대해서 일관성이 보이지 않는다. 15세기 이스칸더의 무명 저자의 기록과 같은 일부 페르시아 기록에서는 동부 오르다를 백, 서부 오르다를 청의 오르다라고 불렀다는 것은 사

---

2) Rockhill, p. 19.

3) Khara-Davan, p. 199.

4) Spuler, p. 25; ZO, pp. 261-262.

실이다.[5] 그러나 다른 페르시아의 기록, 쿠트바의 시(詩) "코스류와 쉬린"
에서는 14세기 중반 킵차크 칸국의 칸 티니벡을 백 오르다의 통치자로 부
르고 있다.[6] 15세기 초에 킵차크 칸국을 방문했던 독일 여행가 요한 쉴트
베르게르는 "대 타타르"(러시아 문헌에 대 오르다로 기록된 것과 일치하
는) 또는 "백의 타타르"(백의 오르다에 해당하는)라고 불렀다.[7] 이에 더하
여, 황금 오르다의 마지막 칸들 중 아흐마드 칸의 살해에 관한 이야기에
서, 그가 1481년 투멘 출신의 칸 이박에 의해 자신의 "흰 막사"에서 살해
되었다고 전하는 기록이 있다.[8]

이런 점으로 미루어보아 처음에 주치 울루스 전체, 그리고 후에 울루스
서부, 즉 킵차크 칸국은 처음에는 백의 울루스로 알려졌다고 말할 수 있
다. 그리고 여전히 현대의 역사 문헌들은 백의 오르다를 황금 오르다라고
부르고 있다. 왜 그 이름이며, 이는 어디로부터 비롯된 것인가? 우리가 살
펴보았듯이, 황색을 나타내는 황금은 몽골 제국의 권력의 상징이었다. 동
시에 황색은 방위의 관점에서 볼 때 중간, 다시 말해서 중앙국가의 색상
이었던 것이다.

"황금 오르다"라는 명칭이 처음으로 나타난 것은 대칸 구육 황제의 천
막을 지칭하기 위해서 러시아 문헌에서 나타나기 시작했다. 그리고 우리
가 알고 있듯이, 칭기즈칸의 후손들은 황금의 친족으로 알려져 있다. 백
오르다의 통치자들은 황금 가계에 속해있던 자들로, 적어도 그들 가운데
한 사람인 회교도 칸 우즈벡(통치기 1313-41년)은 궁정 연회에서 소위 "황
금의 막사"(pavillon d'or, 이븐-바투타의 프랑스어 번역 "여행"에 따르면)에

---

[5] Tiesenhausen, 2, 127. 바르톨드는 이 문헌 저술가의 증거들에 나타난 일부 혼
   동을 지적하고 있다. Barthold, Turcs, p. 135 참조.

[6] Tiesenhausen, 2, 4.

[7] Schiltberger, pp. 7, 33, 34. 쉴트베르게르의 독일어 텍스트 p. 39에 대한
   Neumann의 편집에서 Hammer-Purgstall의 지적을 참고할 것.

[8] The Istiugian Digest of Chronicles, p. 94.

위엄 있게 앉아 있었다.[9] 이 막사에서 칸의 옥좌는 은박으로 입혀져 있었다. 하지만, 막사와 옥좌에 대해서 상세하게 기술하였던 이븐-바투타도, 다른 어떤 14-15세기 동양의 저자도 킵차크 칸국을 황금 오르다라고 부르지는 않았다.

러시아 문헌에서 최초 "황금 오르다"라는 명칭은 『카잔 왕국사』(약 1564년에 기술된)에서 언급되고 있다. 카잔 칸국의 역사적 배경에 대해서 매우 상세하게 알고 있었던 이 책의 저자는 자신의 정보를 적어도 일부는 카잔 타타르로부터 얻었다.[10] 백 오르다로부터 크림 칸국과 카잔 칸국이 분리된 후에 카잔 오르다가 세 개의 국가 그룹가운데 중앙의 국가로 간주될 수 있었으며, 결국 "중앙의 오르다"라는 의미에서 황금 오르다로 부르기 시작했다는 것이 적절한 것으로 보인다.

"황금 오르다"라는 명칭이 역사 문헌에서 전통이 되었기 때문에, 그 명칭을 기술적으로 더 적합한 "백의 오르다"라고 바꾸는 것은 오히려 혼란을 가져와 오해를 불러일으키게 되었을 것이다. 그러므로 편의상 킵차크 칸국 또는 백 오르다를 앞으로 황금 오르다로 부를 것이다.

2. 바투(Batu) 및 그의 아들들의 통치

몽골 제국 내부의 자율 국가로서 황금 오르다의 토대는 1242년 헝가리 출정에서 돌아온 바투에 의해 구축되었다. 4년이 지나고 요한 플라노 카르피니가 몽골을 여행하고 있는 기간에 이미 새로운 국가의 윤곽이 뚜렷한 모습을 띠기 시작했다. 러시아의 남서부와 폴로베츠의 스텝 지역은 그

---

[9] Ibn-Batuta, *2*, 383.

[10] The Kazan Chronicle(카잔 연대기), *PSRL*, *19*; G. Z. Kuntsevich, *Istoriia o Kazanskom Tsarstve*(『카잔 왕국의 역사』)(St. Petersburg, 1905).

곳에 주둔한 몽골군 사령관들의 권력 하에 놓여 있었다. 통치는 매우 강력했고, 여행은 안전했다.

볼가 강 연안에 자리 잡은 바투의 궁전은 플라노 카르피니가 지적했던 것처럼 "너무도 훌륭하게" 지어졌다. 칸 자신과 그의 가족은 예전에 헝가리 국왕이 소유하던 대규모의 아마포로 된 텐트에서 살고 있었다. 왕궁에서의 행사에 대해 요한은 다음과 같이 묘사하고 있다. "그는(바투) 자신의 부인들 가운데 한 부인의 옥좌와 같은 높이에 위엄 있게 앉아 있다. 그러나 그의 형제들이나 아들들뿐만 아니라, 그보다 더 낮은 위치에 처한 자들을 포함한 다른 이들(그의 가족들 가운데)은 (천막) 중앙의 의자에 앉아 있다. 다른 모든 사람들은 그들 뒤에 바닥에 앉아 있는데, 남자들은 오른편에, 여자들은 왼편에 자리 잡았다."[11]

7년 뒤 다른 여행가 윌리엄은 바투의 병영을 마치 "주위에 3-4 평방 리그의 면적에 걸쳐 흩어져 있는 주민들이 바투의 거주 지역으로 뻗어 있는 대규모의 도시와 같다. 모두가 성막으로부터 어떤 방향에 자신의 천막을 세워야 할지를 알고 있는 이스라엘의 주민들처럼, 자신들의 가옥을 세울 때는 오르두의 어떤 방향에 위치해야 할지에 대해서 잘 알고 있다"고 묘사했다.[12] 윌리엄 신부의 알현식은 플라노 카르피니가 기술한 알현식과 다르지 않았다. 바투의 외모에 대해서 윌리엄 신부는 "그는 내가 보건대 나의 지도자 요한 보몬트의 키인데, 그는 평화로운 모습이었다."[13] 카람진은 이에 대해서 다음과 같이 풍자했다. "몽쥬르 보몬트를 만날 영광을 갖지 못한 것이 얼마나 유감인지!"[14] 윌리엄 신부의 여행이 끝난 뒤 얼마 지나지 않아서 바투는 자신이 세운 도시 사라이에 새로운 거처를

---

11) Rockhill, p. 10.

12) *Idem*, p. 122.

13) *Idem*, p. 123.

14) Karamzin, *4*, 주석 *49*; *Notes*, *4*, 30.

세웠다.

유적이 남긴 증거에 따르면, 바투의 수도는 아스트라한에서 북으로 약 100킬로미터 떨어진 아크투바 강(볼가 하류 삼각주의 운하)의 동안(東岸)에 위치했다.[15]

바투의 정신력과 관련해서 몇몇의 동양의 연대기뿐만 아니라, 투르크 족의 민담에서 그에게 붙인 sain이라는 형용구를 주목할 필요가 있다. 그 말은 대개 "훌륭한"으로 번역할 수 있다. 그러나 펠리오는 이 말에는 또한 "지식인의" 뜻도 담겨있다고 하며, 바투의 경우에는 바로 이런 의미로 이 해해야 한다고 주장한다.[16] 그렇게 해서 사인-칸이란 말은 "감성의 칸" 또 는 "현명한 칸"으로 해석할 수 있다.

킵차크(폴로베츠 스텝) 지역은 바투 칸국의 핵심을 구성하였다. 그 제 국의 서쪽 끝으로는 불가리아가 있었고, 동으로는 호라즘이 자리 잡고 있 었다. 북에서 러시아의 저항은 궤멸되었으나, 점령과 통치의 메카니즘은 아직 성립되지 못했다. 남으로 바투의 권력은 크림 반도와 북 코카서스에 까지 미쳤다. 우게데이의 통치기에 몽골인들에 의해서 점령당한 트란스 코카서스와 우게데이의 사후 부인에 의한 섭정 시기에 점령한 소아시아 의 셀주크 술탄국은 형식적으로는 바투의 관할지역에 속해 있지 않았다. 그러나 이 지역에 주둔한 몽골군은 칭기즈칸 혈통의 왕자들이 아니라, 군 사령관(노얀)들에 의해서 통치되었다. 당시 칭기즈칸의 혈통 가운데 누구 보다도 바투가 지리적으로 사태의 현장에 제일 가까이 위치하고 있었으 며, 그곳에서 연장자였다. 그러한 상황에서는 그가 새롭게 정복한 땅에 대한 관심들을 나타낼 것이라고 기대할 수 있었으며, 따라서 그곳의 지배 자들은 그와 접촉선을 마련하려고 서둘렀다. 예를 들어서 셀주크의 술탄 지아스 앗-딘 카이 호스레프 2세는 바투에게 세 번에 걸쳐 사절단을 보냈

---

15) *ZO*, pp. 68-69.
16) Pelliot, p. 106.

다. 그루지아의 왕자 다비드(미래 그루지아 왕 다비드 5세)는 일정 기간 바투의 궁정에서 볼모로 거주했다.[17]

러시아와 관련해서 바투에게는 두 가지 중요한 당면 문제가 있었다. 러시아 왕족들이 자신에게 충성하도록 강요하고, 조공과 세금을 징수하도록 하는 것이었다. 플라노 카르피니가 북 러시아를 여행할 당시 그는 몽골군을 볼 수 없었다. 남서부에는 쿠렘사(쿠룸시)[18]를 사령관으로 하는 군대가 키예프 남부 드네프르 강 지역에 진을 치고 주둔해 있었다. 1246년 키예프에는 어떤 러시아 왕자도 없었으며, 당시 키예프 지역과 체르니고프 지역 일부, 그리고 포돌리아 지역은 몽골의 직접적인 통치를 받고 있었다. 플라노 카르피니에 따르면, 1245년경 몽골인들은 바로 이 지역의 전체 주민들로부터 자신들의 군인들을 징집하고 있었다.

자신들의 통치력을 서부, 북부 그리고 동부에 미치기 위해서는 러시아 왕족들과 협조할 필요가 절실했다. 동부 러시아 왕족들이 최초로 충성을 맹세했다. 1242년 초 일찍이 블라디미르 공국의 대공 야로슬라브 1세는 바투 진영으로 가서 자신의 지위를 승인받았다. 그의 아들 콘스탄틴은 당시 섭정자에게 자신과 부친의 충성을 맹세하도록 몽골로 파견되었다. 1246년에 대공 야로슬라브는 자신이 직접 카라코룸으로 가서 그곳에서 구육이 권좌에 등극하는 즉위식에 참석하였다.[19] 야로슬라브는 러시아로 돌아올 수 없었다. 그는 병을 얻어 몽골에서 사망했다. 요한 신부에 따르면, 구육의 어머니 카툰이 그를 독살시켰다. 카람진이나 로크힐은 플라노 카르피니의 말에 신빙성을 두지 않는다. 그 증거로는 대칸은 언제나 블라디미르의 대공을 공공연하게, 원하기만 하면 처형할 수 있었으므로 구태

---

[17] Spuler, *Horde*, p. 30; Spuler, *Iran*, p. 45.
[18] 러시아 문헌에서는 쿠렘사 Kuremsa. 이 이름의 몽골 발음에 대해서는 Cleaves, "Mongolian Names," pp. 433-435 참조.
[19] 본서 2장, 1절, p. 97 참조.

여 독살까지 시킬 필요는 없었다.[20] 하지만 요한 플라노 카르피니가 카라코룸에서 러시아인들로부터 전해들은 정보들은 대개 정확했다. 우리는 또한 구육과 바투 사이의 긴장 관계에 대해서도 주목할 필요가 있다. 만약 구육이 야로슬라브 1세를 바투의 도구라고 간주했다면, 물론 그는 조용히 그를 제거해야 할 필요를 느꼈을 것이다. 더군다나 구육은 자신의 모친이 섭정을 하던 시기에 그녀의 정책을 승인하지 않았으므로 카툰이 자신의 아들에 대한 증오로서 야로슬라브를 독살시켰을 가능성이 있다. 부친의 사망 소식을 접하고 야로슬라브의 아들들인 알렉산드르 넵스키와 안드레이는 바투에게 충성을 맹세하기 위하여 바투의 진영을 향해 떠났다. 바투는 대칸에 대한 그들의 존경을 증명하도록 야로슬라브의 두 아들에게 카라코룸을 향해 떠날 것을 명령하였다(1247년).

한편, 바투는 서부 러시아의 문제를 나름대로 해결해가고 있었다. 그가 협정을 맺은 뛰어난 러시아의 두 명의 왕족들은 바로 갈리시아의 다니엘과 체르니고프의 미하일이었다.[21] 중유럽 동부 지역의 봉건 사회의 두드러진 특징은 1240-41년에 걸친 몽골의 침입으로부터 얻은 혹독한 교훈에도 불구하고, 왕족 간 그리고 민족 간 불화와 경쟁은 수그러들 줄을 몰랐다는 데 있었다. 몇 번의 화해의 시도에도 불구하고, 갈리시아의 왕족들과 체르니고프 왕족들은 거의 영구적인 갈등관계에 있었다. 폴란드나 헝가리는 모두 이번에는 이쪽, 다음에는 저쪽 편을 들어서 궁극적으로 갈리시아를 자신들이 확고하게 통치할 목적을 가지고 이득을 취하기 위해 상황을 이용했다. 그럼으로써 헝가리인과 폴란드인들 사이뿐만 아니라, 이들 민족들과 러시아 민족 간의 갈등이 끊이지 않았다. 갈리시아의 왕족들은 때로는 폴란드와 때로는 헝가리와 손을 잡지 않으면 안 되었으며, 헝

20) Karamzin, 4, 34-35; Rockhill, pp. 25-26.
21) 갈리시아의 다니엘과 체르니고프의 미하일과의 예전 관계에 대해서는 『키예프 러시아』, pp. 239-240 참조.

가리-체코 그리고 체코-헝가리의 경쟁에 끼어들어 결국 수차례에 걸쳐서 중부 유럽의 갈등까지 개입하였다.

통치 초기에 바투의 관심은 미래의 새로운 칸의 선출에 대한 몽골 지도자들 간의 타협에 집중되었다. 그는 또한 트란스코카서스와 아나톨리아 지역의 정국에도 관심을 두었다. 그러므로 바투는 1245년까지 서부 러시아 왕족들의 행위에 대해서는 간섭하지 않았다. 그때까지 몽골에는 대칸의 후보로 구육을 옹립하기 위한 합의가 도출되었기 때문이었다. 설령 그 결과를 인정하지 않는다 하더라도 받아들여야만 했다. 바투는 이제 자유롭게 서부 러시아에 대한 자신의 통제를 강화했다.

한편, 1245년 갈리시아의 다니엘과 그의 동생 볼리냐의 바실코는 헝가리와 폴란드가 공동으로 지원을 아끼지 않았던 로스티슬라브 왕자(미하일 체르니고프의 아들)에게 커다란 참패를 안겼다. 이러한 승리로 다니엘은 중유럽의 동부지역에서 가장 강력한 통치자가 되었으며, 이에 따라 바투는 몽골로부터 독립을 시도하려는 다니엘의 그 어떠한 시도도 차단하려고 서둘렀다. 그는 갈리시아 왕자에게 갈리시아의 지배권을 몽골군 사령부에 넘길 것을 명령했다. 지배권을 넘기는 대신에 다니엘은 가신으로서의 충성을 바투 개인에게 맹세하기로 결심하고, 이러한 목적으로 직접 칸의 진영으로 향했다. 그는 칸 앞에서 자신의 머리를 조아려야 했지만, 의외로 매우 자비로운 접대를 받았으며, 그에게는 각종 우호적인 총애의 언사가 있었다. "우리의 음료 - 검은 우유와 쿠미스를 마시겠는가?" 바투가 다니엘에게 물었다.[22] "지금까지 마시지 않았지만, 이제 당신이 명령

---

[22] Hyp., p. 185. 꾸미스는 발효시킨 마유, 발효시킨 우유는 아리안이라고 부른다. 아리안과 꾸미스로부터 칼미크 인들과 몽골 인들은 아르키(또는 아르카)라고 알려진 음료를 추출한다. Khara-Davan에 의하면, 아르카는 가정용과 손님 접대용으로 만들었으며, 절대 판매하지 않았다. Khara-Davan, p. 78, 주석 2. МРУС, *1*, 259-260을 참조하라. 음료 추출의 과정은 13세기 초 몽골인들에 의해서 발견된 것으로 보인다. 이것이 바로 루브룩의 윌리암이 "카라 코스모스"(검은 꾸미스)라고 불렸던 것이며, 러시아 문헌에서는 "검은 우유"로 불렸

하는 모든 것을 실행하겠으며, 지금 마시겠습니다." 바투는 의심할 여지 없이 대단히 만족했다. "이제 너는 우리 가운데 하나가 되었다."라고 말하며, 그는 러시아 왕자에게 포도주 잔을 제공하라고 명령했다. "너는 우유에 익숙하지 않으니, 포도주를 마셔라." 그러한 우호적인 접대에도 불구하고, 갈리시아의 다니엘 및 그의 수행 기사들은 자존심에 깊은 상처를 받았다. "오, 악 자체보다 더한 악은 타타르로부터 받은 명예이다"라고 갈리시아의 역사가는 기록하고 있다. "위대한 왕자이자 러시아 땅의 주인 다니엘은 이제 무릎을 꿇고 스스로를 칸의 노예로 부르겠습니다."[23]

다니엘이 사라이 순례를 마친 후 몇 달이 지나 체르니고프의 미하일은 바투를 만나기 위해 떠났다. 그는 경쟁자보다 운이 없었다. 바투가 두 왕자에 대했던 태도의 차이는 우선 다니엘이 미하일보다 월등히 강했기 때문에 바투는 다니엘을 굴복시켜 반드시 충성심을 끌어내야 했다는 사실로 설명될 수 있다. 그 외에도 갈리시아는 헝가리와 폴란드에 가까이 위치하고 있었기에 다니엘은 언제나 이들 나라 중에서 자신의 피난처를 찾을 수 있었다. 그리고 미하일과 그의 아들 로스티슬라브는 수년 동안 헝가리에서 거주했었으며, 로스티슬라브는 다니엘에 대한 원정이 실패로 끝나자 헝가리로 돌아갔다.[24] 그렇지만 미하일은 체르니고프로 돌아가기를 선호했으며, 바투의 처분대로 돌아갔다. 그러나 바투는 분명히 미하일의 의도를 신뢰하지 않았다. 바투는 미하일이 두 개의 불구덩이 사이를

다. 몽골어와 투르크어에서 형용사 "검은"은 물에 대해서(또는 액체에 대하여) "깨끗한", "투명한"(우유의 영혼은 투명하다)을 의미한다.

23) Hyp., p. 185.

24) 로스티슬라브는 헝가리 벨라 4세의 공주 안나와 결혼하여 다뉴브 강에 있는 Machin 공국을 봉토로 받았다. S. Palauzov, *Rostislav Mikhailovich*(『로스티슬라브 미하일로비치』)(St. Petersburg, 1851); G. Ostrogorsky, "Urum-Despotes," BZ, *44*(1951), 455에서 인용되고 있는 V. Prokofiev, "Rostislav Mikhailovich, russkii kniaz' xiii veka,"(「로스티슬라브 미하일로비치, 13세기 러시아 공작」) *Sbornik Russkogo Arkheologicheskogo Obshchestva*(『러시아 인류학회지』), (Belgrade, 1936), pp. 131 이후 참조.

지나감으로써 스스로를 정화하는 경우에만 그를 받아들이기로 결심했다. 이것은 불의 신비한 속성에 대한 믿음을 기초로 한 것으로, 칸의 왕궁에 기거하기를 원하는 외국인들에 대한 몽골의 일반적인 절차였다. 그렇지만, 다니엘은 운 좋게 그것을 비켜갔다.

덧붙여 플라노 카르피니에 따르면, 바투는 미하일이 칭기즈칸에 대한 숭배물(온곤) 앞에서 머리를 조아릴 것을 요구했다. 미하일은 바투의 요구에 응하기를 거부했을 뿐만 아니라, 도전 정신으로 "혐오스러운 숭배물"을 비방하기까지 했다. 이것으로 그는 자신과 함께 칸의 진영까지 수행하고 그에게 "순교자의 월계관으로 승리할 것"을 설득했던 충실한 귀족과 함께 처형되었다.[25] 또한 체르니고프 가(家)의 한 왕자, 므스티슬라브의 아들 안드레이도 당시 비슷한 시기에 처형되었다.[26] 플라노 카르피니에 따르면, 그는 허가도 없이 말(馬)을 자기 마음대로 외국에 팔아버린데 대한 처벌을 받은 것이었다.[27]

미하일 왕자의 처형은 다니엘의 오랜 정적을 무대에서 제거한 것으로 그 자체로 그의 입지를 강화시켰다. 더구나 자신을 바투의 가신으로서 그의 보호 하에 처신함으로써 다니엘은 이웃의 통치자들 사이에서 권위를 획득하였으며, 그들은 이제 다니엘로부터 우정을 갈구했다. 헝가리 왕 벨라 4세는 자신의 딸을 다니엘의 아들 레오에게 기꺼이 주었으며, 또한 다니엘 가(家)의 아들 가운데 로만과 고(故) 오스트리아 대공의 질녀 게르트루데와의 혼인을 성사시키는 데도 일조했다. 로만은 그렇게 해서 오스트

---

25) Hyp., p. 181; Laur. 2, col. 471에는 미하일의 순교에 대한 짧막한 언급이 있다. 좀 더 상세한 이야기는 Nikon, *10*, 130-133. 또한 요한 플라노 카르피니의 언급은 Risch, pp. 67-70; Serebriansky, *Zhitiia*(『일생』), pp. 110-111; Likhachev, p. 283 참조. 미하일의 참수의 원인에 관해서는 Grigoriev, *Yarlyki*, pp. 55-57 참조.

26) Baumgarten, I, Table 4, No.64; Rog., p. 31 참조.

27) Risch, p. 71.

리아 왕좌의 경쟁 후보가 되었다. 이것은 벨라 4세로 하여금 다니엘이 오스트리아의 왕좌에 관한 문제에 대해 관심을 갖게 하였으며, 그로부터 신성로마제국에 맞선 군사적 원조를 받을 수 있게 하였다.[28]

지적할 것은 다니엘은 1246년 바투의 진영에서 돌아오고 난 뒤 자신의 군대를 재정비하여 몽골식에 따라 무장했다는 점이다. 오스트리아의 사절단이 그의 병영으로 찾아왔을 때, 그들은 몽골식 갑옷을 입은 기마군과 마구용 투구, 어깨와 흉부의 갑옷으로 무장한 기마들을 보고 놀랐다. "그들의 무기는 번쩍번쩍 빛났다." 그러나 다니엘 공작 자신은, 연대기에 기록된 바에 의하면, "러시아 관습에 따라" 착복했다. 그는 황금 끈이 매달리고 그리스 식 금은실로 수놓은 기마복을 입고 있었으며, 장화는 녹색의 가죽으로 만들었다. 그의 검은 황금이 상감되어 있었으며, 그의 훌륭한 준마의 안장은 황금으로 도금되었다.[29]

벨라 4세와 다니엘의 노력에도 불구하고 권좌의 후보는 이미 신성로마제국이 지원하는 보헤미아의 오토카르(보헤미아 왕, 1253년 즉위)였고, 그는 결국 오스트리아의 공작이 되었다.[30] 사실, 다니엘은 중유럽에 불을 지를 생각은 없었다. 오히려 그와 반대로 자신에게는 몽골에 대항할 수 있는 서구의 지원이 필요하다는 결론을 그때 내렸다. 물론 바투에 대한 자신의 복종은 단지 전술에 불과할 뿐이었다. 그의 장기 전략은 몽골에 대한 투쟁을 준비하는 일이었다. 그렇지만 그는 매우 조심스럽게 행동해야만 했으며, 출발부터 자신의 의도를 감추어야만 했다.

---

28) 오스트리아 정세와 관련된 다니엘과 벨라와의 관계에 관해서는 Florovsky, *1*, 212-223; Pashuto, pp. 255-256 참조.

29) Hyp., p. 187. 비잔틴 승마복(skaramangion)에 관해서는 N. Kondakov, "Les Costumes orientaux à la cour byzantine," *Byzantion*, *1*(1924), 7-49; *idem, Ocherki i zametki po istorii srednevekovogo iskusstva i kultury*(『중세 예술, 문화사에 대한 소고와 단상』)(Prague, 1929), pp. 232-240 참조.

30) 오토카르의 부인은 오스트리아 공주였다. 1276년 오토카르는 오스트리아를 합스부르크 왕 루돌프 1세에게 양보해야만 했다.

다니엘의 새로운 외교전술의 첫 발자국은 1250년 교황의 철천지원수인 황제 프리드리히 2세가 사망하자 권위가 급격히 올라간 교황과의 접촉을 설정하는 일이었다. 상기해 둘 것은 수년전에 벌써 교황은 플라노 카르피니를 통하여 러시아의 공작들이 자신의 지배 권위를 인정할 것을 요청하였다는 것이다. 요한의 사절이 볼리냐에 방문해 있는 동안(추정컨대 1245년 12월) 다니엘은 바투의 병영에 있었으며, 그의 동생 바실코는 비록 교황의 제안에 공감을 표하기는 했지만, 교회의 통합이라는 문제에 대해서는 자신이 그 어떤 책임도 지기를 거부했다. 신부들은 계속해서 몽골로 여행을 해야 했기에 교황은 우호관계를 위한 토대를 마련하기 위해 다니엘에게 또 한 성직자를 파견하였다.[31] 플라노 카르피니와 그의 일행이 몽골에서 돌아오는 길에 갈리시아(1247년 6월)에 머물렀을 때, 다니엘과 바실코는 그들을 "매우 기쁘게" 맞이하였다. 요한 플라노 카르피니에 따르면, 두 왕자들은 "우리는 교황을 자신들의 유일한 주인이자 아버지로 그리고 로마 교회를 자신들의 여인과 숙녀로 모시는 영광을 갖기를 바랍니다… 그리고 그 후 그들은 우리에게 자신들의 서한과 사절을 함께 보냈다."라고 말했다.[32] 그 이후 사절단의 교환이 있었다. 다니엘은 성직자들을 설복하여 갈리시아와 볼리냐의 주민이 교황을 자신들의 교회의 우두머리로 인정하도록 하는데 동의했다. 교황은 그 대신에 다니엘에게 왕의 면류관과 로마 가톨릭 국가들의 군사적 지원을 약속했다.[33]

동시에 다니엘은 1251년에 자신의 딸 하나를 시집보내 사위가 된 블라디미르의 대공 안드레이(알렉산드르 넵스키의 동생)와 협상에 들어갔다. 안드레이는 다니엘과 협력하기로 동의하였지만, 앞으로 곧 여러 가지 이유를 설명하겠지만, 많은 것을 할 수 있는 처지가 아니었으며, 1252년 권

31) *HRM, 1*, No.63, cf. No.65; Pashuto, pp. 251-252.

32) Rockhill, p. 32.

33) Hrushevsky, *3*, 68-73.; Florovsky, *1*, 233-240.

좌를 상실했다. 결국 다니엘의 유일한 희망으로 서구로부터의 지원을 받는 가능성만 남게 되었다. 교황은 약속한 대로 그에게 왕권의 상징들을 보냈고, 다니엘은 1253년 드로기친 시에서 왕위에 올랐다. 그러나 다니엘을 도와 몽골에 대한 십자군 원정을 위해 가톨릭의 권력을 모으기 위한 교황의 노력은 아무런 성과도 거두지 못하였다.

이제는 동부 러시아의 사건을 살펴보자. 알렉산드르 넵스키와 그의 동생 안드레이가 1247년 말 또는 1248년 초에 구육의 궁정에 모습을 나타냈을 때, 칸은 안드레이를 블라디미르 공국의 대공으로, 알렉산드르를 키예프의 왕자로 임명하였다. 후자의 임명은 매우 의미가 있는 조치로, 다름 아니라 구육이 서부 러시아를 자신에게 종속된 그 누군가가 통치하기를 원했다고 하는 것을 증명해 주고 있는 것이다. 형제들이 러시아로 돌아온 것은 1249년이었다. 그 무렵 구육은 사망했으나, 공위(空位) 기간에 공작의 지위에 대한 재배정은 이루어지지 않았다. 한편으로 안드레이가 블라디미르 공국을 통치한 반면, 알렉산드르는 키예프가 아니라 노브고로드로 향하였다. 새로운 러시아의 대주교는 그곳에 머물러 있던 알렉산드르를 방문했다. 이 사건과 관련하여 지적해 둘 것은 전 대주교 요셉은 1240년 키예프에서 사망하였다는 것이다. 그 후 6년이 지나서야 갈리시아의 다니엘은 대주교의 관구를 복원하는 데 주도권을 쥐고 키릴이란 이름의 서부 러시아의 신부를 자신이 추천하는 후보로서 총주교의 승인을 받기 위해 니케야[34]로 보냈다. 키릴은 키예프의 대주교로 적절히 임명받았지만, 중동 지역의 혼란한 상황으로 말미암아 그는 1249년 혹은 1250년이 돼서야 러시아로 돌아왔다. 키예프가 완전히 폐허가 되었고, 그곳에 감독 관구를 세우는 것이 적합하지 않다는 것을 알게 된 키릴은 동부 러시아로 떠났다. 그가 다니엘과 교황과의 협상 결과를 인정하지 못한 것도 동

---

[34] 1204년 콘스탄티노플에 라틴 제국이 세워진 후 비잔틴 교구를 콘스탄티노플에서 니케아로 옮겼다.

부 러시아로 떠나기로 결정을 내리게 된 추가 동기로 작용했다. 더군다나 비록 알렉산드르가 실제로 노브고로드에 머물기는 했지만, 그는 명실 공히 키예프의 왕자였다.

한편, 몽골 제국에서의 공위(功位) 기간은 새로운 대칸 몽카의 선출로 (1251년) 종결되었다. 그 사건으로 모든 공작들의 임명에 대한 새로운 승인이 요구되었다. 그러나 몽카와 바투간의 친밀한 우정관계와 몽케가 바투에게 부여했던 폭넓은 전권 덕분에 당시에 러시아 공작들은 자신들의 직위에 대한 승인을 받기 위하여 카라코룸이 아니라 사라이로 가야만 했다. 사실, 바투는 자신의 입장에서는 자신의 아들이자 공동 지배자인 사르탁에게 ― 십중팔구 네스토리아교를 신봉하던 기독교인 ― 러시아와 관련된 사안을 다루도록 위임했다. 이때부터 러시아인들은 오직 사르탁과 관계를 맺어야만 했다. 알렉산드르 넵스키는 주저하지 않고 사라이로 향했다. 그러나 안드레이는 이 요구되는 여행을 거부했다. 만약에 그가 칸에 대항하기 위하여 다니엘의 원조를 염두에 두었다고 하면, 그는 오판한 것이었다. 다니엘은 아직 몽골에 대항할 확고한 입장을 취할 준비가 되어 있지 않았다. 사르탁은 즉각 블라디미르로 징벌 군대를 파견하였다. 안드레이는 그들을 수즈달의 페레야슬라블 도시 외곽에서 맞이하였다.[35] 그의 군대는 참패를 당하고 그는 노브고로드로 도주했다. 그곳에서 그는 콜리반(레벨, 지금의 탈린)으로 떠나고, 그 후 스웨덴에서 피난처를 찾았다. 몽골군은 수즈달을 참혹하게 약탈했다.

이 사건 이후 사르탁은 블라디미르에 대한 통치권을 알렉산드르 넵스키에게 하사했다. 대주교 키릴과 수많은 블라디미르 시민은 그의 블라디미르 도착을 열렬히 환영하였다.[36] 환영 연회에 귀족들에 관해 언급되지 않고 있다는 점은 주목할 만하다. 그렇지만 한 기록물에는 안드레이가 노

---

35) 페레야슬라블-수즈달 또한 페레야슬라블-젤레스키로 알려져 있다.

36) Laur., 1, Fasc. 2, col. 473; Nikon, 10, 139.

브고로드로 "자신들이 귀족들과" 도망갔다고 기록되어 있다.[37] 안드레이의 반(反) 몽골 정책을 지원했던 정치세력으로서 블라디미르의 귀족들은 당시 알렉산드르 넵스키 및 그의 칸에 대한 충성 정책에 반대했음은 분명했다.

알렉산드르 넵스키가 펼친 정책의 동기(動機)들을 더 잘 이해하기 위해서는 다니엘의 정책과 비교하는 것이 적절할 것 같다. 우선 무엇보다도 두 영역의 지리적 배경을 파악하는 것이 중요하다. 갈리시아는 블라디미르보다는 사라이로부터 상당히 멀리 떨어져 있었다. 그러므로 안드레이 넵스키는 다니엘과는 달리 칸으로부터의 독립성을 고집할 수 있는 희망을 키워낼 수가 없었다. 우리가 보았듯이, 다니엘은 서구로부터의 지원을 염두에 두었다. 알렉산드르는 서구를 믿지 않았다. 이것과 관련하여, 특히 강조해 두고자 하는 것은 러시아 왕자들이 관계를 맺을 수밖에 없던 서구 권력의 성격에는 뚜렷한 차이가 있었다는 것이다. 다니엘 왕자가 폴란드 및 헝가리와 갈등을 빚었음에도 불구하고, 이 두 나라의 지배자들은 그에게 적이라기보다는 단지 경쟁자(때로는 친구)였다. 사회적인 그리고 심리학적인 관점에서 슬라브인 폴란드와 반(半) 슬라브의 헝가리는 갈리시아 및 볼리냐와 마찬가지로 같은 중유럽의 환경 속에 놓여 있었다. 그와는 정반대로 유년기에 알렉산드르 넵스키가 얼굴을 맞대고 있었던 테브톤 기사들과 스웨덴인들은 당시에 점령의 욕망과 모든 수단을 동원하여 식민지의 확대에 관심을 두었던, 러시아와 불구대천의 원수 관계였다. 다니엘은 갈리시아를 우호국가 연합의 파트너로 만들기를 기대한 반면, 알렉산드르는 만약에 그가 언젠가는 서구로부터 지원을 받는다면 그 지원은 오로지 서구가 강요한 조건하에서만 가능하다는 것을 알고 있었다. 테프톤 기사로부터의 지원을 수락한다면 그들이 영주임을 인정하는 결과

---

[37] Nikon, *10*, 138(왼쪽 column).

인 셈이다. 더구나 그들의 원조를 받았다 하더라도 알렉산드르는 몽골군으로부터 블라디미르를 지켜낼 수 있을 지에 대해서도 낙관할 수 없었다. 북부 러시아는 아마도 테프톤 기사와 몽골군에 의해서 양분될 것이며, 노브고로드는 테프톤 기사들에게, 블라디미르는 몽골군에게 넘어갈 것이다. 알렉산드르는 나라를 분할하는 것보다는 몽골에 대해 충성 관계를 유지하는 편이 낫다고 선택한 것이었다.

또한, 알렉산드르와 다니엘은 교회에 대한 각각의 태도에 있어서도 근본적인 차이가 있었다. 다니엘의 경우에는 중유럽의 문화적 환경에서 로마-가톨릭교회는 동등한 사회적 그리고 정치적 뿌리를 가졌던 이웃 나라들의 교회였다. 서부 러시아 공작의 가계(家系)와 이웃 중유럽의 민족들 사이의 혼인은 흔히 있었던 일이었다.[38] 다른 한편, 알레산드르에게 있어서 십자군 원정의 기사들은 바로 로마-가톨릭교회를 대표하는 것이었다. 이러한 사실에 더하여 종교에 대한 두 공작 사이의 차이점에 대해서도 추가해야 한다. 알렉산드르는 다니엘보다 그리스 정교에 대한 보다 열렬한 옹호자였으며, 그에게 있어서 교회란 보편적 진리의 상징이었다. 성격이나 기질에 있어서도 다니엘은 신중하지 못하고, 서구 기사도의 관습 및 관점에 흥미를 둔 반면, 알렉산드르는 자신의 조국과 민중에 대해 보다 진지한 목표와 깊은 책임감을 지니고 있었다. 뛰어난 군 지휘자 알렉산드르 넵스키는 또한 냉정한 국정 운영자였으며, 아무리 어렵다 하더라도, 피할 수 없다면 그 과정을 인내로써 받아들일 만큼 충분히 현실적으로 사고하는 지휘자였다. 일단 선택한 과정에 대해서는 그로부터 물러서기를 원하지 않았으며, 반란을 일으킨 노브고로드 주민들에 대해서조차 자신의 목표에 결부시키는데 성공하였다.

바투는 1255년경에 사망하였고, 그의 아들 사르탁이 그 뒤를 이었다.

---

[38] Baumgarten, *I*, Table 11 참조.

바투의 죽음은 러시아 왕족들의 위상에 대해 아무런 영향을 미치지 않았다. 왜냐하면 그들은 이미 사르탁의 권력 하에 있었기 때문이었다. 러시아 민중은 이제 새로운 고난을 짊어져야 했지만, 그 고난이 시작된 것은 사르탁이 아니라 대칸 몽카에서 비롯된 것이었다. 중국의 원정과 앞으로 전개될 근동 지역의 정복을 위해서 엄청난 수의 군사가 필요했기에 몽카는 군인을 징벌하고 세금을 거두기 위해 전 몽골 제국에서 새로운 인구 조사를 실시할 것을 명했다.[39] 사르탁은 1256년경 사망했다. 새로운 칸 울락치는 러시아 왕족들에 대한 직위의 칙서를 하달하기 위해 그들을 모두 사라이로 소집했다. 울락치의 궁정에는 다른 공작들과 나란히, 이전에 불충하던 블라디미르의 대공 안드레이가 "엄청난 선물을 들고" 나타났다. 바로 알렉산드르 넵스키가 도주했던 자신의 동생을 스웨덴에서 돌아오도록 조치를 취한 것이 틀림없었다. 안드레이는 용서를 받고 수즈달 공국의 지배권을 받았다. 울락치가 러시아 왕족 가신들에 대해 자비를 베푼 반면, 인구 조사와 군대 동원이라는 몽카 황제의 명령을 이행할 것을 재확인시켰다.

위의 임무를 수행하기 위해서 전권을 부여받은 몽골의 관료들이 동부 러시아에―랴잔 및 무롬 공국, 그리고 블라지미르 대공국―나타난 때는 1257년이었다. 1252년의 몽골군 징벌 원정군으로부터 받은 참혹상을 잘 기억하고 있던 블라디미르 대공국의 백성들은 저항할 엄두도 내지 못했다. 이제 비로소 항구적인 몽골의 통치 메카니즘이 동부 러시아에 설립되었으며, 군대 동원과 세금 징수를 훨씬 용이하게 만들도록 나라가 군사지역(만호, 천호, 백호, 그리고 십호)으로 분할되었다.[40] 그렇게 해서 동부 러시아에서의 통치의 재조직을 완성하고 난 뒤 몽골은 노브고로드에 대

---

[39] Spuler, p. 31. 중국에서 인구조사는 1252년에 이루어졌다. M. Otagi, *ASTH*, pp. 9-10(영어 요약).

[40] Nikon, *10*, 141.

해 관심을 보이기 시작했다.

처음에 노브고로드인들은 자신들의 도시에 몽골 관료들을 들여보내기를 거부했다. 군사적 저항이 어떤 불행을 초래할 것인지를 잘 알고 있던 알렉산드르 넵스키는 노브고로드인들이 인구 조사에 응하도록 설득하는 것을 스스로 자처했다. 노브고로드인들이 그의 중개 역할에 대해 거부하자 그는 강제 조치들을 취하였다. 그러자 노브고로드의 대리 지배자이자 그의 아들 바실리까지 반란을 일으켰다. 알렉산드르는 그를 체포하여 블라디미르로 추방했고, 그의 추종자들에게 가혹한 처벌을 내렸다. 몽골의 징벌 원정군이 노브고로드에 무력 진입할 준비가 되어 있다는 경고에 주민들은 결국 조건을 내세우고 인구조사에 동의하였다. 그 조건에 대해서는 후에 다루기로 한다.

1258년 몽골의 관리들은 대공 알렉산드르 넵스키, 그의 동생 안드레이 수즈달 왕자, 그리고 로스토프의 보리스 왕자들을 거느리고 북방 수도에 나타났다. 몽골인들은 동부 러시아의 지도급 왕족들로 구성된 일행이 대열에 포함되었다는 사실로부터 노브고로드인들이 저항할 엄두를 못 내고, 설령 반란을 일으킨다 해도 러시아의 지도자들로부터의 지원을 기대하지 말 것을 분명하게 사전에 경고하려 했었다. 그러나 그러한 외교적인 압력에도 불구하고, 몽골의 관리들이 주민들의 "수를 세기" 시작하자 반란이 일어났다. 몽골인들이 알렉산드르 넵스키에게 보호를 요청하자, 넵스키는 자신의 군사들에게 반란을 진압하도록 명령했다. 그의 확고한 입장은 노브고로드인들에게 뚜렷이 각인되었으며, 그들은 결국 몽골인들이 계속 인구조사를 실시하는 데 동의했다. 제1 노브고로드 연대기에 기록된 이 사건에 대한 간략한 묘사는 주민의 다양한 그룹들의 갈등을 표출하는 감정의 폭과 알렉산드르의 "중재적"인 역할에 대한 대다수의 분노를 반영하고 있다.[41] 당당했던 도시는 정복자에게 머리를 숙여야만 했으며, 요구받은 할당된 군사를 동원할 수 있었다. 비록 인구 조사가 노브고로드

주민들의 의무를 평가하는 기초가 되었지만, 그 지역에 항구적으로 주둔
하게 될 몽골 군관구는 설치되지 않았다. 추정하건대 노브고로드 지배층
이 향후 군인을 소집하고, 세금을 징수하는데 자신들 스스로가 책임을 지
도록 했음에 틀림없다. 분명히 그와 비슷한 그 어떤 합의가 사전 협상에
서 거론되었을 가능성이 있었다. 이것은 몽골의 입장에서는 매우 중대한
양보였다. 그리고 알렉산드르 넵스키의 협조에 대해 몽골인들이 지불한
대가였다. 사실상 황금 오르다의 상인들은 항상 노브고로드의 발틱 무역
으로부터 상당한 이득을 취했으며, 앞으로도 늘릴 의도를 가지고 있었다.
그들은 황금알을 낳는 닭을 제거하기보다는 황금알을 모으기를 선호했다.

3. 베르케(Berke)의 통치

울락치의 죽음(1258년)은 킵차크 왕좌를 준엄하고, 야망 있는 통치자
바투의 동생 베르케에게 넘어가는 길을 열었다. 그의 등극과 함께 몽골
제국 서부의 정치에 새로운 종교적 요소, 이슬람이 가미된다. 유년기에
이슬람으로 개종한 베르케는 그의 새로운 신앙을 자신의 근동 정책에 있
어서 초석으로 삼았다. 이슬람교도로서 그는 이집트 맘루크 왕조와 우호
관계를 맺을 준비가 되어 있었다. 이로 인하여 자신의 이복형제이자 페르
시아의 몽골 칸 훌라구와 갈등을 불러 일으켰다.

앞에서 살펴보았지만, 몽골 제국이 근동 지역으로 확장하던 초기에는
근동에 있어서 대칸과 킵차크 칸의 영향력의 범위에는 어떤 뚜렷한 경계
가 설정되지는 않았다. 우리가 보았듯이, 바투는 많은 경우 근동 지역의
정세에 개입했다. 이 모든 것은 몽카의 동생 훌라구를 총사령관으로 근동
지역에 대한 새로운 몽골의 원정을 조직한다는 1253년의 쿠릴타이의 결

---

41) Novgorod, pp. 310-311.

정으로 바뀌었다. 이것은 몽골의 왕족간 정치권력의 양상에서 근동의 지역정세에 대한 통솔이 주치의 후손들로부터 툴루이의 후손들에게 넘어간다는 것을 의미했다. 처음에 주치 가(家)는 이러한 결정을 받아들여 훌라구와 협력하기를 동의하고 그를 지원하기 위해 자신들의 군사를 파견했다. 그러나 불화의 씨앗은 이미 잉태되어 있었다. 많은 것들이 킵차크 칸들의 개인 성향과 그들의 독특한 정치적 관심에 달려 있었다. 사르탁과 울락치는 모두 대칸 몽카에 대한 충성을 보였을 뿐만 아니라, 근동에서의 정세보다는 자신들의 러시아 지배를 더욱 공고히 하는데 더 많은 관심을 보였다. 베르케가 킵차크의 왕위에 오르면서 그는 몽카에 대한 충성을 맹세하였는데, 그 맹세에 따라서 그는 근동에 대한 훌라구 원정을 지원해야만 했다. 베르케 즉위 이전의 칸 울락치가 파견한 군대는 1258년 2월의 바그다드 정복에 참전하였다.

1259년 몽카의 죽음은 몽골 제국에 있어서 위기, 왕좌를 향한 두 형제 간―쿠빌라이와 아릭-부가와의 기나긴 갈등을 야기했다. 훌라구와 베르케 사이에서 발단된 오해의 관점에서 보면 둘 모두 각자의 후보를 지지할 수밖에 없는 불가피한 상황이었다. 훌라구는 쿠빌라이를 황제로 인정한 반면, 베르케는 아릭-부가를 지지했다.

쿠빌라이와 아릭-부가 사이의 내전은 1264년까지 지속되었으며, 이러한 불확정성과 혼란의 배경 속에서 베르케와 훌라구 사이의 갈등은 자주 공공연한 적대적 행위로 치달았다.

게다가 근동의 복잡한 상황은 콘스탄티노플 라틴 제국의 전복과 1261년 미카엘 8세 페일올로구스(1259년부터 니케아 황제)에 의한 비잔틴 제국의 복원이라는 새로운 요인으로 더 복잡해졌다. 이것으로 동부 지중해의 정치 및 무역 경향에 있어서 실질적인 재조정을 가져오게 되었다. 라틴 제국은 베네치아 상인들에 의해 지지된 반면, 미카엘은 대신 제노바의 상인들에게 특혜를 부여하여 제노바 상인들은 경쟁자들보다 우위를 점하고 있었다.[42] 니케아 제국은 전통적으로 이란에 있는 몽골인들과 우호관계를 유지하고 있었다. 이제 그리스 수도가 다시 콘스탄티노플로 돌아가면서 미카엘 8세는 킵차크 몽골과의 교역에 있어서도 유리한 위치를 차지하게 되었다. 보스포루스의 정치적 그리고 상업의 혁명은 사실상 비잔틴을 경유하여 킵차크와 이집트 사이의 편리한 해상 무역 통로가 개설되었고, 그 길은 베르케와 맘루크 술탄사이의 사절단 교환에 활용되었다.

비잔틴 황제 및 총주교의 콘스탄티노플로의 귀환은 러시아에 있어서도 매우 중요한 사건이었다. 왜냐하면, 러시아에게 콘스탄티노플이 니케아보다 더 접근이 용이하였으며, 이러한 점은 러시아 교회와 종교적 관계에 있어서 종속되어 있던 총주교와의 정상적 관계를 복원할 수 있는 가능성을 열었기 때문이었다. 정치적으로 러시아는 물론 몽골의 통치하에 놓여 있었으며, 킵차크 칸은 러시아인에게 "차르"가 되었다. 하지만 비잔틴의 차르도 여전히 러시아인에게 있어서 일정 정도의 정신적 도덕적 권위를 유지하고 있었으며, 더구나 비잔틴 제국은 러시아 교회에 대한 총주교 정책에 영향을 미칠 수 있는 입장에 있었다. 그러나 1274년에 리옹 성당에서 선포된 (가톨릭교와 정교간의) 짧은 동맹의 기간 동안 교황의 권위를 인정한다는 총주교의 승인에 의해, 황제 미카엘 8세는 콘스탄티노플에 있는 그리고 러시아에 있는 그리스 정교 종교계로부터 상당한 저항에 부딪혔다. 사태는 시간이 갈수록 점점 더 특수한 양상을 띠게 되었는데, 러시아의 몽골에 대한 정치적 종속은 러시아 교회를 교황의 압력으로부터 보호할 수 있었다. 몽골의 입장에서는 러시아의 종교계를 자신들과 비잔틴과의 관계에 중개자로서 활용할 수 있는 가능성을 명료하게 이해하고 있었다. 러시아 교회 사안과 몽골 통치와의 조정을 향한 중요한 계기는 1261년 베르케가 사라이에 러시아 대교구를 조직하자고 하는 알렉산드르

---

[42] Ostrogorsky, pp. 319-321; Lopez, pp. 208-213.

넵스키와 키릴 대주교의 제안을 승인한 때였다.[43] 이 승인과 관련하여 지적해 둘 것은 바투에 의해서 세워진 낡은 도시 사라이와 더불어 역시 사라이하고 불리는 새로운 도시를 베르케가 건립하였다는 것이다. 그 도시는 지금의 레닌스크(예전에 차료프로 알려진)에 가까운 아크투바 강 상류의 동안에 위치한 도시로, 스탈린그라드에서 동쪽으로 약 50킬로미터 떨어져 있었다.[44] 그러나 구(舊) 사라이는 수도를 신(新) 사라이로 천도한 우즈벡 치하의 통치기(1313-1341년) 이전까지 베르케와 그의 후계자 치하에서 황금 오르다의 공식 수도였다.

근동 정세에 있어서 복잡하게 얽힌 문제뿐만 아니라 몽골 제국 내부 갈등에 사로잡힌 베르케는 그의 선조들보다 러시아의 정세에 덜 주의를 기울였다. 그러나 그는, 앞에서 살폈듯이, 다니엘 공작이 몽골로부터 독립을 얻어내고자 시도하였던 갈리시아와 볼리냐의 상황을 정리해야만 했다. 1250년대 초에 다니엘 공작은 자신이 염려하던 사안들에 더하여 매우 빠른 속도로 확대하는 리투아니아를 견제해야 하는 문제에 봉착했다. 기억해 둘 사항으로 약 반세기 전 다니엘의 부친 로만은 볼리냐에서 가까운 리투아니아 족을 평정하는데 성공했다는 사실이다.[45] 이제 서구로부터 튜턴 기사들의 압력으로 리투아니아인들은 남부 및 동부 방향으로 퍼져 이주하게 되었으며, 러시아인들과 충돌하여 결국에는 서부 러시아의 일부를 흡수하기에 이르렀다.

변화하고 있는 정치적 상황에 대한 재적응의 과정으로 리투아니아는 점차적으로 자신들의 고립으로부터 벗어나기 시작했다. 이웃들과의 접촉은 리투아니아의 사회 조직과 오래된 생활 방식에 크게 영향을 미쳤으며, 그들에게 있어서 많은 부분에서 유익한 결실을 가져왔다.[46] 13세기 초 리

---

43) Nasonov, pp. 45-47; Makari, *4*, 109-110; Golubinsky, *2*, 60-61.

44) *ZO*, pp. 68-69.

45) 『키에프 러시아』, p. 231.

투아니아족의 씨족사회는 이미 분열되어 가고 있었다. 씨족과 나란하게 현지의 이웃한 조직들이 생겨났으며, 그 안에서 다른 씨족의 사람들뿐만 아니라, 이러 저러한 씨족과의 관계를 상실한 사람들이 뒤섞여 있었다. 동부 리투아니아와 즈무드에서 자생한 이러한 조직은 시간이 지나면서 볼로스치(주, 州)라는 러시아식 이름을 얻게 되었다. 그러한 각 지역에서 보다 부유한 토지 소유자들이 지도적인 역할을 맡았으며, 그들 대부분은 저명한 과거의 씨족들과 연관을 맺고 있었다. 프러시아에서는 이러한 지방의 수령들을 왕 리카이(rikai, 라틴어 렉스 rex와 비교)이라고 불렀다. 즈무드에서는 쿠니가이(kunigai, 고트족어에서 차용)라고 불렀다.[47] 러시아 문헌에서는 그들을 왕자로 언급하고 있다. 종교와 관련, 리투아니아인들은 아직 전통적인 이교도적 우상 숭배에 머물러 있었다.[48] 사회적 그리고 경제적 관점에서 리투아니아 문명은 아직 촌락 문화가 핵심이었다. 초기에 리투아니아의 변방에 세워진 오래된 유일한 도시는 러시아인들에 의해 그리고 러시아인들이 거주한 고로드나(그로드노)였으며, 1128년에 러시아 문헌에서 최초로 언급되고 있다.[49]

튜턴족의 위험아래 처한 많은 리투아니아 씨족장들은 즉시 개혁이, 특히 정치적 연합과 잘 훈련된 군대가 필요하다는 것을 알게 되었다. 그들 가운데 많은 자들 또한 도시를 굳건히 방어하고 무역을 발전시킬 필요가 있다는 것을 이해하게 되었다. 많은 부분에 있어서 러시아의 정치적 그리고 사회적 조직의 모형은 리투아니아인들에게 커다란 도움을 줄 수 있었다.

---

46) 리투아니아 국가의 기원에 관해서는 Liubavsky, 2-3장; K. Avisonis, *Die Entstehung und Entwicklung des litauischen Adels bis zur litauischen-polisch Union, 1385* (Berlin, 1932) 참조.

47) *König*, 현대 독일의 왕과 비교할 것.

48) 리투아니아인의 종교에 관해서는 『고대 러시아』, p. 233; A. Brückner, *Dzieje kultury polskiej* (Krakow, 1930), 1, 643-645; Liubavsky, pp. 11-12 참조.

49) Nasonov, Русская земля, pp. 56-57 참조.

이러한 이유로 가까운 러시아 도시들과 토지에 대한 통제가 대부분의 현명한 리투아니아 왕족들의 중요한 목표가 되었다. 결과적으로 자신들의 지배를 중앙집권화하려는 일부 리투아니아 지도자들의 시도들은 동시에 이웃하고 있는 러시아 도시들에 대한 강탈로 이어져 갔다. 그러한 정책을 전개한 이는, 특히 왕자 멘도브그(리투아니아어로 민다우가스)였으며, 그는 1235년경 자신을 소위 흑 러시아에서 노브고로드-리톱스크(노브고로독 또는 노보그로텍으로 알려진)의 지배자로 선포하였다.[50] 흑 러시아는 크리비치(크리비치인) 영토의 서쪽 끝을 가리키는 말로, 크리비치는 벨로러시아인들의 선조로 고대 러시아 종족의 이름이다.[51]

흑 러시아는 민도브그 권력의 토대가 되었다. 1250년대 초 민도브그는 노브고로독 이외에도 그로드노, 볼코비스크, 그리고 슬로님 같은 도시들을 지배하고 있었다. 그 전에 민도브그의 조카 토브티빌은 폴로츠크의 왕자가 되었고, 다른 조카는 비텝스크의 왕자가 되었다. 그런 방식으로 벨로러시아의 상당한 지역은 리투아니아 공작들의 지배하에 있었다. 프리페트 강가에 자리 잡은 핀스크의 러시아 왕자들은 또한 민도브그를 자신들의 주인으로 인정하였다. 대부분의 경우에 있어서 리투아이나인들의 전진은 공공연한 정복의 결과가 아니라 러시아와의 합의의 산물이었다. 이와 관련, 지적해 둘 것은 폴로츠크는 독일인들이 서(西) 드비나 강가에 진출하여 강화하기 시작한 시기부터 독일인들의 위협 하에 있었다는 점이다.[52] 핀스크는 1240년에 몽골군에 의해서 강탈당한 투로프 지역에 위치하고 있었으나,[53] 핀스크는 당시에 파괴로부터 벗어날 수 있었다. 그 이후 핀스크의 공작들은 항상 새로운 몽골의 침략 공포에 사로잡혀 있었

---

50) 검은 러시아에 관한 명칭에 관해서는 Moszycsky, 2, 1552 참조.

51) 크리비치인에 관해서는 『고대 러시아』, pp. 324-325 참조.

52) 『키예프 러시아』, pp. 232-233.

53) 투로프 지역에 관해서는 『키예프 러시아』, pp. 66, 68, 74, 97, 175; A. Grushevsky, Очерки истории Туровского княжества(Kiev, 1902) 참조.

다. 그렇게 해서 폴로츠크는 물론 핀스크도 각각 상이(相異)한 적으로부터의 보호가 필요했다. 이런 결과로 여타 벨로러시아의 도시들과 함께 그들은 리투아니아 왕족들과 그 수행원들을 효과적인 보호자들로 환영했다. 리투아니아인들은 비록 당시 이른 시기에 규율과 무기가 충분하지는 않았지만 맹렬한 군인들이었다. 수많은 리투아니아 왕족들은 특히 러시아군의 기술 및 훈련 방법에 익숙해진 후 매우 뛰어난 군사 지도자들임을 보여주었다.

벨로루스에 대한 리투아니아인들의 확장은 민도브그 및 토브티빌 하에서 복무하던 리투아니아인들 사이에 러시아 문화의 신속한 전파와 리투아니아 왕족들 및 씨족들 사이에 친 러시아파라고 부를 수 있는 그룹이 만들어졌다는 데에서 엿볼 수 있다. 다른 한편, 민도브그가 추진하던 중앙집권화 정책에 지속적으로 반대하던 다른 왕족들 및 씨족 지도자들은 정치적 관점에서나 문화적 관점에서 많은 경우에 있어서 반(反)러시아의 입장에 서있는 구(舊) 리투아니아 파벌을 형성하게 되었다. 민도브그는 자신의 친 러시아적인 경향에도 불구하고 1250년까지 스스로 로마-가톨릭교로 개종했다고 선언할 때까지 리투아니아의 전통 우상 신앙에 대해 충실한 자세를 보였다. 그의 종교적 선택은 완전히 정치적 동기로 향후에 튜턴 기사들의 리투아니아에 대한 침략을 사전에 차단하기 위하여 교황으로부터의 지지를 보장받기 위해서 고려된 것이었다. 그래서 가톨릭교를 받아들인 후에도 민도브그는 비밀리에 예전의 신들에게 계속 제사를 지냈다.[54] 당연히 교황으로서는 그의 개종에 대해 만족하였으며 그를 축복했을 뿐만 아니라 왕관도 보냈다(1252년).[55] 민도브그는 튜턴 기사단에 즈무드 지역 일부를 양도했다.

새로운 직위로 자신의 권위를 공고히 하면서, 그리고 적어도 당분간은

---

[54] 『고대 러시아』, p. 233.

[55] *HRM*, *1*, 75 (No. 85).

튜턴 기사들로부터의 침략은 없을 것이라고 안심하며, 민도브그는 갈리시아 및 볼리냐의 공작들과의 관계에 자신의 관심을 돌릴 수 있었다. 양측은 전쟁을 하기보다 화해에 도달하게 되는 상황에 처하게 되었다. 다니엘은 몽골과의 투쟁에 동맹이 필요하였으며, 민도브그는 튜턴 기사들과의 평화는 단지 일시적인 화해에 불과하다는 것을 알고 있었다. 1251년경 다니엘은 첫 번째 부인이 사망한 후에 민도브그의 질녀(폴로츠크 출신의 토브티빌의 여동생)와 결혼하였다. 얼마 후 민도브그의 아들 보이셸크(리투아니아어 바이셸가)는 그리스 정교 교회의 예식에 따라서 세례를 받았으며, 토브티빌 또한 그리스 정교로 개종하였다. 민도브그는 즉위 후 보이셸크를 노브고로독의 대리 통치자로 임명하였다. 그러나 보이셸크는 새 신자의 열정에 사로잡혀 수도승의 탁발을 받아들이고 귀족의 권리를 포기하겠다는 의사를 표했다. 그는 아버지에게 노브고로독의 대리인 지위를 다니엘의 한 아들에게 맡기도록 제안했다. 1254년 말 다니엘과 민도브그 사이에서 이를 골자로 하는 합의가 이루어졌다.[56] 다니엘의 아들 로만은(이전에 오스트리아의 왕위를 탐하던) 민도브그의 가신으로서 노브고로독의 통치 대리인의 지위를 받았다. 이와 동시에 민도브그는 자신의 딸을 로만의 동생 쉬바른에게 시집을 보냈다. 한편, 보이셸크는 노브고로독 근처에 있는 러시아 수도원으로 들어갔다.

다니엘은 자신의 새로운 정책 방향에 맞추어 수도를 갈리츠에서 북쪽에 위치한 콜름으로 이전하고 그 도시의 발전과 이주에 대해 특별한 관심을 보였으며, 그 도시를 매우 사랑했다. 다니엘은 몽골에 대항하기 위한 서구로부터의 그 어떤 지원도 받지 못하였으므로 그는 곧 교회의 동맹에 대한 이상은 시들어 버렸다. 1255년 교황은 다니엘이 자신의 지배 영토에서 가톨릭교회의 교구 조직을 세우는 데 실패한 데에 대해 질책할

---

56) Hrushevsky, *3*, 81-82; Pashuto, p. 281.

필요가 있다고 여겼다. 이제 교황은 교황에 의해 왕위에 오른 두 동유럽의 왕들인 다니엘과 민도브그를 활용하여 서로 서로 싸우도록 조장시킬 것을 결정하고 리투아니아가 볼리냐로 쳐들어가는 것을 "허락"했다.[57] 민도브그는 교황의 제안에 대해, 적어도 한동안은, 큰 의미를 부여하지 않은 것 같았으며, 다니엘과의 협정을 유지하기를 선호했다.

협정을 통해 스스로 강력해졌다고 느낀 다니엘은 1256년경 몽골군을 북 포돌리아, 볼코프 지역, 그리고 동부 볼리냐로부터 쫓아내면서 몽골과의 일전(一戰)을 공공연히 시도했다.[58] 당시 몽골의 관심은 동부 러시아의 정세에 관심을 두었기 때문에 몽골군으로 하여금 드네프르 지역의 군사를 강화할 입장이 되지 못했다. 그럼에도 불구하고 그 지역의 쿠룸시 총사령관에게 갈리시아와 볼리냐를 공격하도록 명령이 떨어졌다. 그에게는 보잘 것 없는 군사만이 있었기에 갈리시아의 문헌에서 묘사하듯이 (1257년경) 그는 "비밀리에" 군사를 이동해야만 했다. 볼리냐·블라디미르와 루츠크 시를 격퇴하려던 그의 시도들은 모두 실패로 끝났다. 콜룸은 화재로 막대한 피해를 입었으나, 그 원인은 몽골군의 어떤 공격으로부터 일어난 것이 아니라 불행히 우연하게 비롯된 결과인 것으로 보였다. 곧 몽골군은 자신의 군사를 볼리냐로부터 퇴각시켰다.

다니엘은 몽골에 대한 자신의 적대 정책이 가져온 결과에 대해 매우 만족했을 것이다. 하지만, 그런 상황 하에서 민도브그는 자신의 전술을 바꾸어 협약을 파기하기로 결정했다. 1258년 그는 다니엘의 아들 로만을 감금하고 흑 러시아에 있는 그의 영지를 차지했다. 이 사건은 다니엘의 잠재력에 심각한 타격을 가져왔으며, 의심할 여지 없이 반드시 재건될 수 있었던 몽골 침략자들에 대한 대항의 기회들을 상실케 하면서, 서부 러시

---

[57] HRM, 1, 83(No.93).; Hrushevsky, 3, 82.

[58] 당시 갈리시아 연대기의 연대는 매우 혼란스럽다. 대부분의 경우 Hrushevsky 의 연대를 활용했다.

아의 모든 정세를 뒤바꿔 놓았다. 1259년 칸 베르케는 쿠룸시를 활력이 넘치는 부룬다이(보롤다이)59)로 교체하고 그에게 대규모 병력을 지원했다. 부룬다이는 리투아니아 왕족과 러시아 왕족 사이의 불화에 깊은 관심을 갖고 관찰한 후, 리투아니아를 최초의 원정 대상으로 설정하고 러시아 공작들에게 자신에게 군사를 지원할 것을 제안했다.

이때부터 몽골은 리투아니아 정세에 대해 상당한 주목을 하기 시작했다. 추정하건데 그들은 점점 강력해지는 리투아니아에 걱정하며, 그 확장 속에서, 초기에조차 서부 러시아에서 몽골 권력에 대한 잠재적인 위협에 대해 우려했다. 황금 오르다 출신의 이슬람 대상들은 노브고로드를 통한 길 이외에도 리투아니아를 거쳐서 발트 해까지 진출할 수 있는 또 하나의 대상로를 개설하는 데에 관심이 있었다. 몽골의 관심은, 러시아를 강력하게 만들고 자신들에 대항할 만큼 적대적으로 만들 수 있는 서부 러시아와 리투아니아 왕족들 사이의 동맹을 맺을 그 어떤 가능성도 분쇄하는 일이었다.

몽골에 대한 이전의 침공에 대해 보복을 두려워 한 다니엘은 부룬다이와의 만남을 회피하고자 자기 대신에 자기 동생 볼리냐의 바실코를 보냈다. 바실코는 리투아니아를 상대로 한 원정에 대단히 적극적으로 참가하였고, 다니엘과 그의 아들 레오도 원정에는 참가했다. 몽골군과 러시아군은 상당히 많은 전리품을 획득하였으나, 러시아군은 자신들의 몫의 상당 부분을 몽골에게 양보해야만 했다. 그러나 리투아니아의 주군 세력은 결정적인 전투를 다행히도 피하게 되었으며, 러시아군은 로만이 어디에 있는지 발견할 수 없어 그를 놓쳤다. 다음 해 부룬다이는 다시 자신들의 군대를 볼리냐로 보내 러시아 왕족들에게 리투아니아의 주요도시의 방어요새를 궤멸시킬 것을 명했다. 다니엘은 자기 동생 바실코와 아들 레오가

---

59) 보롤다이 이름에 관해서는 Pelliot, pp. 63-64 참조.

부룬다이와 협상을 하도록 남겨둔 채 자신은 폴란드와 헝가리로 도망쳤다. 부룬다이는 자신의 명령에 복종할 것을 요구하여 러시아군은 볼리냐 블라디미르, 루츠크, 크레멘네츠, 그리고 리보프의 성곽 요새를 파괴하는 것 이외에는 다른 방도가 없었다. 그러나 콜름에 있던 수비대는 다니엘이 직접 명령하지 않는 한 도시를 내주기를 거부하였다. 이에 대한 보복으로 몽골군은 콜름의 성곽을 쑥밭으로 만들고 볼리냐와 갈리시아의 몇몇 다른 지역도 초토화시켰다.[60]

침공 이후에 자신의 임무가 완수되었다고 간주한 부룬다이는 자신의 군대를 볼리냐에서 철수시켜 드네프르 강 중류에 진을 쳤다. 하지만 동부 러시아와 마찬가지로 포돌리아, 갈리시아 그리고 볼리냐의 군관구를 통해 세금 징수와 군사징벌을 관찰하기 위해서 몽골 행정부의 대리인들이 임명되었다.[61] 서부 러시아의 왕족들은 각 통치구의 왕위의 변동 시에는 반드시 의무적으로 칸의 허가서를 받도록 요구되었다.[62] 다니엘에 의해서 진행되던 거대한 저항의 계획은 이렇게 해서 수포로 돌아갔으며, 그 자신은 칸의 충성스런 가신이 되어 무거운 마음으로 고향으로 돌아왔다. 설상가상으로 리투아니아인들은 1262년 볼리냐를 급습했다. 대략 이 시기에 로만 왕자가 세상을 뜨게 되는 데, 아마도 그는 포로가 되어 살해되었을 것이다. 다니엘은 절망에 빠진 채 불행하게 1264년 사망했다.

서부 러시아에서 몽골에 대한 저항이 좌절된 후 곧이어 동부 러시아의 수즈달 땅에서 반란이 일어났다(1262년). 최초의 발단은 그 지역 도시들인 로스토프, 블라디미르, 수즈달, 그리고 야로슬라블로부터 시작되었다. 1238년 바투의 군대에 의하여 블라디미르가 파괴된 후 로스토프가 가장

---

[60] Hyp., pp. 197-200.

[61] 원전에는 부룬다이에 의해서 갈리시아와 볼리냐에 군사 구역이 조성되었다는 직접적인 증거는 없으나, 그러한 구역은 부룬다이의 원정 이후에 세워져 존재했을 가능성이 있다.

[62] Nasonov, p. 35.

큰 도시가 되었는데 분명히 그 도시가 저항운동의 지도적인 역할을 맡은 것이 틀림없다. 반란은 몽골 제국 하에서 널리 적용되고, 수즈달 지역에서도 시행되고 있던 세금 징수 제도에서 비롯된 가중한 부담으로 시달리던 학정에 대한 백성들의 저항의 표출에 다름 아니었다. 몽골은 중앙아시아 출신의 이슬람 상인들이 대부분인 세금 징수자들에게 세금 체납자를 데려다가 체납의 대가로 일을 시키거나 그들을 노예로 파는 것을 허용했다.[63]

야로슬라블에서 세금 징수자들의 우두머리는 이슬람으로 개종한 이조시마라는 러시아인이었다. "타타르의 황제"로부터 온 그 세금 징수자가 도착하자 세금 납세자들에 대한 압력은 점점 증대되었으며, 당시 수즈달의 문헌에서는 그를 "악랄한 이슬람교도"라는 성격으로 묘사했다. 수즈달의 주요한 네 도시들에서 민중회의 (베체)가 소집되어 몽골에 대한 반란을 일으킬 것을 만장일치로 결정하였다. 이러한 일련의 항거 속에서 변절자 이조시마를 포함하여 수많은 칸의 대리인 몽골인들과 세금 징수자들이 살해되었다.

반란에 관해 알려진 것 중 가장 오래된 수즈달 문헌의 기록에 따르면, 러시아 왕족들은 이 반란에 절대 가담하지 않았음이 분명하다.[64] 그러나 니콘 연대기 기록과 같은 보다 후기의 몇몇 문헌기록에 따르면, 왕족들이 몽골인들과 함께 싸우기로 합의하였다고 언급되어 있다.[65] 우스츄그 문헌에는 알렉산드르 넵스키가 우스츄그 주민들이 몽골에 대해 반란을 일으킬 것을 호소하였다는 주장에 대해 언급하고 있다.[66] 이를 근거로 하

---

[63] Laur, *2*, col. 476; Trinity, p. 327.

[64] Laur, *2*, col. 476; Trinity, p. 327.

[65] Nikon, *10*, 143.

[66] 우스튜그 연대기, p. 48. 여기서 이 구절은 타타르 세금징수 관리와 그가 자신의 세금노예로 삼은 러시아 처녀와의 낭만적인 이야기이다. 러시아 처녀는 알렉산드르 공작으로부터 모든 타타르인을 살해하라는 명령을 받았다는 것을

여 나소노프는 그 반란이 전반적으로 알렉산드르 넵스키의 지시 하에 계획된 것으로 짐작할 수 있다고 보았다.[67]

나소노프는 충성에서 저항으로 정책방향의 변화가 알렉산드르 넵스키에 의해 비롯된 것이라고 설명하기 위해 세금 징수자들이 수즈달의 영토에 파견된 것은 킵차크의 칸인 베르케에 의해서가 아니라, 대칸 쿠빌라이가 보낸 것이라고 추론을 세우고 있다. 또한 베르케와 쿠빌라이 사이의 긴장된 관계를 알고 있던 알렉산드르 넵스키는 쿠빌라이의 신임을 받는 자들에 대한 항거가 베르케에 대한 러시아인들의 이해관계에 적대적으로 작용하지 않을 것으로 추정했다고 주장하고 있다. 나소노프의 이론은 위에서 인용한 "타타르의 황제"로부터 "악랄한 이슬람교도", 세금징수 대장의 도착에 관해 언급하고 있는 수즈달의 문헌기록에 나오는 부분들을 자신의 주장에 근거로 삼고 있다. 마지막 구절 뒤에 문헌은 "쿠틀루베이의 이름으로"라는 말을 덧붙이고 있다. 나소노프는 이 이름을 "타타르의 황제"라는 이름으로 간주하고 그를 쿠빌라이로 재구성한다.[68] 그러나 이 이름은 칸에 대한 이름이기보다는 바로 세금 징수자를 지칭하는 것으로 보여 진다.[69] 그 외에도 수즈달의 기록 문헌에서는 대칸은 "황제"가 아니라 대개 "칸"으로 불렀다. 그렇다고 보면, 나소노프 이론의 기초는 상당히 불확실하다. 더구나 1262년에 중국에서 러시아에 이르는 길은 아직도 아릭-부가에 의해서 차단되었다는 사실을 염두에 두면 쿠빌라이로부터 위임을 받은 그 누군가가 러시아에 도착하였다는 것을 상상하기가 어렵다. 일반적으로 말해서 세금을 납부하는 관구의 망이 러시아에서 조직된 것은 대칸 몽카와 킵차크 칸 울락치 공동에 의해 조직된 것이다. 1262년 러시아

타타르인에게 말하고, 그가 기독교로 개종하기를 청했다. 그는 그녀를 믿고, 세례를 받은 후, 그녀와 결혼했다.

[67] Nasonov, pp. 52-53.
[68] *Idem*, p. 51; Spuler, p. 333, 주석 8.
[69] Franke, "Europa," p. 69, 주석 11을 참조.

에서 조공 납부는 아릭-부가와 베르케의 공동 관할 하에서 이루어졌던 것이다. 대부분 이슬람교도인 세금 징수자들의 십중팔구는 호라즘 출신들이며, 따라서 베르케의 복속된 자들이었다. 그리고 여하한 경우, 1262년에 수즈달의 땅에 누가 세금 징수자들을 파견하였는가에 관계없이 베르케는 징수된 세금 가운데 커다란 몫을 차지할 권리를 가지고 있었다. 베르케가 세금 징수자들에 대한 반란에 대해 가혹하게 징벌하지 않도록 용인할 수 있었다고 하는 나노소프의 주장을 받아들이기 어렵다.

알렉산드르 넵스키는 아마도 상황을 매우 잘 파악하고 있었으며, 베르케의 입장에 대해 별다른 환상을 가지고 있지 않았을 것이다. 물론 수즈달 도시들의 반란이 블라디미르 대공에게나 몽골에게 있어서 전혀 예기치 않은 것이었음에는 틀림없으나, 자기 휘하에 충분한 군사력을 가지지 못한 넵스키로서는 그 반란을 제압하기가 어려운 상황에 있었을 것이다. 이러한 점을 염두에 두면, 넵스키에 의해서 반란이 지원되었다고 하는 나노소프의 이론은 성립되지 않는다. 매우 신중한 넵스키의 정치적 성향에 있어서 변화가 있었다고 하는 것을 증명할 만한 충분한 근거가 없다. 반란이 일어난 후에 첫 번째로 취한 넵스키의 조치가 수즈달의 "백성들을 용서하도록 칸에게 간청"하기 위하여 베르케의 본영으로 서둘러 갔다는 점은 매우 시사적이다.[70] 만약에 그 자신이 반란에 가담했다고 하면, 용감하게 베르케 앞에 나타날 수는 없었을 것이다.

알렉산드르 넵스키는 오르다에서 몇 달을 보낸 후에 자신의 중요한 목적을 달성할 수 있었다. 베르케는 수즈달의 영토에 그 어떤 징벌 군대도 파견하지 않는다는 데에 동의했다. 그러나 반란을 일으킨 러시아 도시들은 자신의 행위에 대해 틀림없이 그 대가를 치러야만 했다.

이것이 블라디미르의 대공 알렉산드르 넵스키가 러시아 민족에 할 수

---

[70] Voskr., 7, 163; Nasonov, p. 53, 주석 1을 참조하라.

있는 마지막 충정이었다. 그는 오르다에 머물다가 발병(發病), 귀환하는 길에 볼가 강에 위치한 고로데츠라는 도시에서 사망한다. 그의 주검은 블라디미르로 이송하여 그곳에 안장했다. 주민들의 슬픔은 매우 컸으며, 숙연했다. 키릴 대주교가 "러시아의 태양이 저물었다"라고 선언했을 때에 바로 그러한 심정들을 표현한 것이다. 민중은 대답했다. "비통함이여, 우리는 죽을지니."[71] 알렉산드르 넵스키의 이력을, 나라를 위해 살아있는 성인의 모습으로 자신의 삶을 바친 그의 신성한 업적을 최초로 기록한 자는 키릴이었다. 이것을 근거로 하여 후에 보다 확대된 알렉산드르의 이력들이 작성되었으며, 그 중 몇 가지 본(本)이 알려져 있다.[72] 그를 기리는 일은 그의 죽음 이후에 바로 시작되었다. 1380년 그의 유골이 공개되어 그때부터 그의 기일은 블라디미르의 교회에서 성인의 봉양일로 제를 지내기 시작했다. 1547년 러시아 정교회 공회에서 알렉산드르는 공식적으로 성인의 반열에 올랐다.[73] 그의 생전의 초상은 남아있지 않다. 1356년에 기록된 대공 이반 2세의 유서에서, 이반 2세는 자신이 소장하고 있던 성인 알렉산드르에 대한 일련의 성화(聖畵)를 언급하고 있는데, E. E. 골루빈스키에 따르면, 분명히 알렉산드르 넵스키를 묘사한 것이라고 간주한다. 만약에 그의 주장이 올바르다면, 분명히 이반 2세의 통치기(1353-59년)에 완성된 성화일 것이다.[74] 알렉산드르의 투구는 동양의 장인이 만든 것으로 칸의 선물에 틀림없으며, 모스크바 크렘린의 무기고에 보관되어 있다.[75]

---

71) Soloviev, *3*, 197.

72) 알렉산드르 넵스키의 삶에 대한 기록은 Serebriansky를 보라; Mansikka, *Zhitie Aleksandra Nevskogo*(『알렉산드르 넵스키의 일생』)(Moscow, 1915) 참조. Kliuchevsky, *Жития* (『일생』), pp. 65-70, 238, 251, 258; Likhachev, pp. 258-267과 비교할 것.

73) Golubinsky, *Канонизация*, p. 65, 100.

74) *Idem*, p. 65.

75) *Drevnosti Rossiiskogo Gosudarstva* (『러시아 국가의 고대 성격』), *3*, Plates(장서

수즈달의 반란은 때마침 베르케와 훌라구와의 협상이 막다른 골목에 이르러 두 사촌 형제간의 전쟁은 불가피한 것으로 보였을 때에 일어나게 되어 베르케를 더욱 분노케 하였다. 베르케는 이집트 맘루크 왕조의 술탄 바이바르스 1세와의 우호 협약을 맺은 덕분에 이 갈등에 대한 외교적 준비는 잘 되어 있었다. 1260년 맘루크 군이 훌라구가 갈릴리에 보낸 몽골 군을 패퇴시켰다는 것을 상기할 필요가 있다.[76] 하지만 맘루크인들은 훌라구로부터 위험은 단지 연기되었을 뿐이라는 것을 잘 알고 있었으며, 향후 추세를 면밀히 관찰하고 있었다. 그들이 베르케에게 도움을 청해야만 하는 것은 당연한 일이었을 것이다. 이 시점에서 꼭 언급해야 할 것은, 사촌 형제간의 불편한 관계로 베르케는 그의 선대들이 페르시아로 파견한 킵차크 지원 병력에게 훌라구 진영으로부터 떠나라고 명령했다는 점이다. 추정컨대, 지원 병력은 집으로 돌아갈 상황이 아니었기에 이집트로 향했던 것이다. 이런 점에서 맘루크 왕조는 베르케의 명령을 우호적인 의지의 징표로 간주하였다.

1261년 바이바르스는 베르케에게 알란족 대상(隊商)을 통해 서한을 보냈는데, 그 서한에서 그는 이슬람교도로서 베르케에게 이슬람의 수호를 위해 훌라구에 대해 "성전"을 벌이는 것이 그의 의무임을 확신시켰다.[77] 1261년 말 또는 1262년 초에 바이바르스의 사절단은 비잔틴 제국의 황제 미카엘 8세와 상호 합의에 도달하였는데, 미카엘 8세는 킵차크와 이집트의 사절단들이 콘스탄티노플을 경유하여 여행할 수 있도록 허가해 주었다.[78] 1263년 5월 이집트로 향한 베르케의 사절단은 이 새로운 통로를 활용하였다. 그러나 그해 여름, 미카엘은 분명히 훌라구의 압력에 못 이겨

표) 5-8.

[76] 본서, 2장 3절, pp. 112-113.

[77] Veselovsky, p. 20 참조.

[78] Spuler, p. 46.

킵차크 칸국에 대한 태도를 바꾸어, 베르케가 콘스탄티노플에 파견한 사절단이나 킵차크 칸국을 향하기 위해 콘스탄티노플에 머물던 이집트 사절단을 체포하였다. 이러한 협정의 위반은 베르케와 훌라구, 베르케와 비잔틴 제국의 이중(二重)갈등으로 더욱 심화되었다.

베르케와 훌라구 사이의 전쟁, 그리고 각각 그들의 후손들 사이의 전쟁에 관한 증거들은 모순된 점이 많다. 대부분의 페르시아 사가(史家)들은 많은 부분을 일 칸국의 패배보다는 성공에 주안점을 두고 있다. 그와는 정반대로 이집트의 사가들은 킵차크 군대에 우호적으로 기록하고 있다. 최초의 갈등 단계에 대해 상세하게 라시드 앗-딘이 기록하고 있는데, 그는 베르케의 친척 젊은 왕자 노가이가 이끌던 킵차크 군이 1262년 말에 코카서스의 데르벤트 지역에서 패배한 데 대해서 상세히 기록하고 있다.[79] 다른 한편, 이븐-와씰은 헤지라 662년(1263년-64년)에 베르케가 훌라구에 입힌 심각한 타격에 대해서 서술하고 있다. 양측이 입은 피해는 심각했다. 이븐-와씰에 따르면, 베르케가 시체들이 즐비한 전장의 평야를 보고 "알라신이여, 몽골인의 손으로 수많은 몽골인을 살해한 훌라구를 처벌하소서. 만약 우리가 연합하였더라면, 세계를 정복하였을 것을"이라고 탄식하였다고 한다.[80]

비잔틴 제국과 관련, 베르케는 자신의 가신인 불가리아 차르 콘스탄틴 찌흐("침묵")와 그리스에 대항하는 협조를 확보한 노가이 왕자를 1264년 트라키아로 파견했다. 1265년 콘스탄티노플은 몽골-불가리아 연합군에 의해서 위협을 받았다.[81] 그러나 여전히 미카엘은 이란의 몽골군과의 관계를 끊기를 원하지 않았으며, 오히려 강화하여 자신의 서출(庶出)인 딸 마리아를 훌라구의 아들이자 후계자인 아바가에게 시집을 보냈다. 1265

---

79) Rashid, 3, pp. 59-60.

80) Tiesenhausen, 1, 75-76; Veselovsky, pp. 4-5.

81) Spuler, pp. 47-48; Nikon, pp. 6-8.

년 2월 훌라구의 죽음조차[82] 이란 및 킵차크 몽골인 사이의 갈등에 종지부를 찍지 못하였다. 1265-66년 베르케의 군대가 코카서스를 넘어 나타났다. 그의 전위군은 원정을 목적으로 트라키아로부터 소환한 혈기 넘치는 노가이의 지휘 하에 있었다. 젊은 왕자는 작은 접전 도중에 한쪽 눈을 잃고 말았다. 베르케는 1266년 티플리스(트빌리시)에서 이 원정 시기에 사망하였고, 그 후 그의 군대는 철수하였다.[83]

비록 킵차크 칸국은 이 모든 전쟁으로부터 어떤 실질적인 이득을 얻지 못하였으나, 베르케의 간섭은 의심할 여지 없이 훌라구의 침입으로부터 이집트를 막아냈다. 이집트에서 베르케의 위상이 높았던 것은 매우 당연한 일이었다. 폴리악이 밝히듯이, 베르케는 맘루크 왕조의 영주로 추대되었다.[84] 여러 계기에 킵차크 및 러시아군 연합군은 맘루크군의 강화를 위해 남부 러시아에서 이집트로 파견되었다.[85]

4. 망구-테미르(Mangu-Temir)의 통치기

베르케는 아들이 없었다. 만약에 그가 후계자를 지목할 수 있었다면, 그의 선택은 아마도 뛰어난 장수이자 그가 분명히 아끼던 노가이 왕자였을 것이다. 하지만 새로운 칸은 주치 가(家)의 왕족들과 최고 사령관들의 회합인 현지 쿠릴타이에서 선출되어야만 했다. 가계의 서열은 후보자의 선정에 있어서 절대적으로 필요한 조건은 아니었으나, 자주 영향력 있는 우선권을 보유하고 있었다. 노가이는 주치 가의 가계 서열에 도전할 수는

---

82) Spuler, p. 49.

83) Tiesenhausen, *2*, 76.

84) Poliak, "Caractere colonial," p. 233.

85) *Idem*, p. 234.

없었다. 그의 아버지는 타타르인으로, 주치의 일곱 번째 아들인 보알의 아들이었다.[86] 더구나 아직 바투의 두 손자가 살아 있었다. 망구-테미르(몽카-티무르)와 투다-망구(툐다-몽카)로 둘 모두 투간의 아들이었다.[87]

킵차크 칸국의 건립자로서 최고의 권위를 지니고 있던 바투로 말미암아 쿠릴타이에서 노가이보다 그의 손자들을 선호했다는 것은 충분히 당연한 일이었다. 그래서 노가이가 아니라 망구-테미르가 베르케의 뒤를 이어 킵차크 칸으로 즉위했다. 그 당시에 아릭-부가는 쿠빌라이에게 항복하였고(1264년), 쿠빌라이는 명실상부한 제국의 주인이었기에 이로부터 망구-테미르가 대칸의 가계에 속한 자격으로 쿠빌라이에 의해 승인되었다고(1267년경) 결론 내릴 수 있다.

그러나 노가이는 완전히 무대에서 사라지기에는 너무나 출중한 인물이었다. 게다가 그는 주치 가(家)의 인물이었고, 아직 몽골의 최고 군대인 만호를 거느린 사령관이었다. 그 외에도 그는 자신의 고유한 군대를, 대부분 망키트 족들로부터 선발된 자신의 오르다의 병력을 소유하고 있었다.[88] 당시에 망키트 족이 살던 지역은 대부분 야익 강 유역에 해당되었다.[89] 후에 그 지역은 노가이 오르다로 알려지게 되었다. "노가이"라는 말이 "개"를 지칭하였으므로 개가 망키트 족의 토템이었다는 것을 추정해 볼 수 있다. 이집트의 문헌에 따르면 노가이 칸은 이사-노가이라는 이름으로 언급되고 있다.[90] 다시 말해서, 이사는 그의 고유한 이름이며, 노가이는 씨족의 이름(즉, 그가 족장으로 있던 씨족명)일 가능성이 있다. 1287년 노가이는 바투가 죽은 후 그로부터 킵차크 칸국에서 통합과 질서를

---

86) Tiesenhausen, 2, 57; Pelliot, pp. 52-54.

87) 이 이름들의 발음에 관해서는 Pelliot, pp. 64-65 참조.

88) 망키트 족에 관해서는 Rashid, 1, pp. 48, 157, 186, 189-191 참조.

89) 야익 강을 지금은 우랄 강으로 부르고 있다. 그 이름은 푸가쵸프의 난 이후 예카테리나 2세의 명에 의해서 변경되었다.

90) Veselovsky, p. 10.

유지하라는 특별한 명을 받았다고 선언했다.[91] 만약 실제로 그러하였다면, 바투는 틀림없이 노가이 오르다(망키트 오르다) 군대를 칸국의 정통 정부 유지를 위한 목적의 특수군으로 간주하여 오르다 군사에 대한 노가이의 지휘권을 인정한 셈이다.

노가이는 망구-테미르와의 협정에 따라 다뉴브 강 하류지역의 대리 통치자로 비잔틴 제국과 이집트와의 외교관계를 실행할 수 있는 전권을 부여 받았던 같다. 비잔틴 역사가 게오르그 파키메레스에 따르면, 노가이는 "칸들에 의해서" 발칸에 파견되었다.[92] 파키메레스가 "칸들"이라는 복수를 사용한 것으로부터 망구-테미르와 노가이 사이의 협약을 쿠빌라이가 승인하였다는 결론을 내릴 수는 없을까?

망구-테미르는 스스로 일 칸의 아바가와의 협상뿐만 아니라, 러시아 정세를 관장하도록 하는 임무를 자처했다. 망구-테미르는 천상 숭배자로 이슬람교도가 아니기 때문에 황금 오르다와 일 칸국 사이에서 이전에 일어났던 전쟁처럼 종교적인 동기는 이제 제거되었다. 그 외에도 대칸 쿠빌라이는 망구-테미르에게나 아바가에게 동등하게 불화를 종식시키도록 압력을 가했다. 그 결과 헤지라 668년(1269-70년)에 두 칸국 사이에 평화 협정이 체결되었고, 그 협정은 당연히 술탄 바이바르스를 커다란 실망에 빠지게 하였다.[93] 그러나, 다음해 노가이로부터 우호사절단을 접견하고서 술탄은 용기를 다시 북돋았다.[94]

1271년 노가이는 황제 미카엘 8세로 하여금 노가이의 사절단과 이집트 술탄의 사절단들이 보스포루스의 해양 노선 사용을 허락하도록 하기 위하여 콘스탄티노플 원정을 개시했다.[95] 황제는 심각한 패배의 위험을 감

---

91) Tiesenhausen, 2, 69.

92) G. Pachymeres, Bk. 5, 4장(Bonn ed, 1, 344); Russian trans.(St. Petersburg, 1862), 1, 316.

93) Tiesenhausen, 1, 125, 353; Spuler, p. 53.

94) Veselovsky, p. 22.

수하기보다 평화를 갈구하며 노가이에게 자신의 우호를 제안했다. 1273년 미카엘은 자신의 혼외 딸 유프로시네를 노가이에게 시집보냈다.[96] 그렇게 해서 팔레올로그 家는 이제 일 칸국뿐만 아니라 킵차크의 통치자들과도 친족 관계(혼외 공주를 통하여)를 갖게 되었다.

망구-테미르의 러시아 정책은 그의 선대들보다 더 자비심이 가득 찼다. 문헌 작자는 세계 창조 6774년(1266년) 때의 문헌을 다음과 같이 기록하고 있다. "그해 칸 베르케가 사망하여 타타르로부터의 학대가 두드러지게 약화되었다."[97] 분명히 이슬람 대상에 의한 세금징수는 중단되었으며, 이를 대신하여 상시적인 세금 징수자들이 임명되었다. 또한 러시아 교회에 대한 면제 헌장 또는 야를릭의 발행은 매우 큰 의미를 지닌 조치였다. 칭기즈칸의 야사에 나타난 인식에 따라 망구-테미르의 선대들은 인구조사 시 러시아 수도원장, 수도사, 성직자 그리고 교회일꾼의 수를 "세"는 것으로부터 면제시켰다.[98] 이제 그들은 가족을 포함하여 사회적 그룹으로서 종교의 특권이 인정되었다. 교회 및 사원의 영토와 그 곳에서 일하는 모든 사람들은 세금을 납부하지 않았으며, 모든 "교회 사람들"은 군역으로부터도 면제되었다. 몽골의 관료들에게는 교회의 영토를 몰수한다던지 또는 교회 사람들로부터 그 어떤 부역을 수행할 것을 요구하는 것을 금지시켰으며, 위반 시 사형에 처했다. 또한 그리스 정교 신앙에 대한 어떤 중상이나 비방하는 자도 사형에 처하였다. 법전의 권위를 고양하기 위해 처음부터 칭기즈칸의 이름으로 시작되었다. 주어진 특권의 대가로 러시아 성직자들과 수도승들이 망구-테미르와 그의 가족, 그리고 후계자들을 위해 신에게 기도하기를 기대했다. 특히 강조되었던 것은 그들의 기도와

---

95) Tiesenhausen, *1*, 359, 380; *ZO*, p. 83.

96) 또한 그녀를 이리나라고 불렀다. Spuler, p. 60 참조.

97) Trinity, p. 329.

98) Laur, *2*, col. 475.

축복은 반드시 열렬하고 진실해야만 했다. "만약 성직자 가운데 누군가가 불충의 마음으로 기도한다면, 그는 죄를 벌하는 것이다."[99)

 분명히 본래의 야를릭은 처음에 몽골어로 기술되었고 곧바로 러시아어로 번역되었다.[100) 여기서 기억해 둘 것은, 플라노 카르피니에 따르면, 바투의 보좌진에는 러시아어 통역자들과 서기들이 있었다는 점이다. 그리고 바투의 후계자들은 일정한 수의 러시아 비서들을 채용해야만 했다. 또한 야를릭의 편집은 망구-테미르(또는 그의 몽골인 수석비서)와 러시아 성직자를 대표하는 사라이의 주교 미트로판이 공동으로 작업했다고 추정된다. 만약에 그렇다면, 불순한 기도에 대한 도덕적 제재는 바로 주교에 의해서 구성되었던 것에 틀림없다.

 이 야를릭 덕분에, 그리고 망구-테미르의 후손들에 의해서 발행된 일련의 그와 유사한 야를릭들 덕분에 러시아 성직자들과 그들의 관할 하에 놓여 있던 특권 그룹을 구성하게 되었고, 그런 방식으로 교회의 부가 축적되는 토대가 되었다. 이러한 야를릭을 발행함으로써 망구-테미르는 중국에서뿐만 아니라 다른 지역의 몽골 칸들과 마찬가지로 칭기즈칸의 전통을 계승하고 칭기즈의 후손들의 치적을 따랐다.[101) 이러한 관점에서 그의 야를릭은 몽골의 기본 통치 이념에 부응하고 원칙을 계승한 것이었다. 동시에 그는 성공적인 대내 정책의 성과를 얻었는데, 왜냐하면, 적어도 일정한 수준까지는, 러시아 주민들 사이에서 대단한 도덕적 특권을 누렸던, 가장 훌륭한 교육을 받은 사회 계층으로부터 칸에 대한 충성을 보

---

99) 러시아 교회에 수여한 망구-테미르의 야를릭을 고대 러시아어로 번역한 것은 Grigoriev의 *Yarliki*, pp. 124-126; Priselkov, *Yarliki*, pp. 94-98 참조. 야를릭에 관한 전반적인 것은 Kurat 참조.
100) 러시아 교회용으로 발행된 야를릭은 오직 러시아어 번역본만 남아있다. 이 번역본에 대한 평가는 Grigoriev, *Yarliki*, pp. 96-106 참조.
101) 중국의 종교 단체에 대해 호의를 나타낸 대칸의 야를릭에 관해서는 본서 2장 4절, p. 129 참조.

장할 수 있었기 때문이었다. 이러한 야를릭 덕분에 긴에 대한 러시아의 저항 정신을 상당히 약화시킬 수가 있었을 것으로 기대할 수 있었다.

알렉산드르 넵스키로 말미암아 러시아에 뿌리를 내린 칸에 대한 왕족들의 충성 정책으로, 그리고 베르케의 통치기에 서부 러시아공작들의 저항을 분쇄할 수 있었기에 망구-테미르에게 있어서 러시아 왕족들에 대한 통제의 임무는 그렇게 특별한 어려움은 없었다. 알렉산드르 넵스키의 사후 블라디미르의 권좌를 차지할 수 있는 허락이 베르케 칸에 의하여 알렉산드르의 동생인 트베르의 야로슬라브 왕자에게 주어졌다(야로슬라브 2세, 블라디미르 대공, 1263-72년). 그의 권력을 망구-테미르가 재확인하였다. 야로슬라브의 후계자는 그의 동생 코스트로마의 바실리(블라디미르 대공 1272-76년)가 되었다. 그의 사후 더 이상 야로슬라브 1세의 아들들은 남아있지 않아 망구-테미르는 블라디미르의 권좌를 알렉산드르 넵스키의 살아있는 장남인 수즈달-페레야슬라블의 드미트리에게 넘겼다.

러시아에서 정치 조직의 새로운 경향은 야로슬라브 2세가 블라디미르 권좌에 오른 이후 매우 두드러졌다. 블라디미르 대공의 권좌에 오른 알렉산드르 넵스키의 형제들, 그리고 그의 아들들은 그들이 있음으로써 결정해야 할 국사를 신속하게 처리하기 위해 블라디미르에 잠깐씩 다녀오는 것을 제외하고는 가급적 자신들의 영지에 남기를 선호하였다. 이것은 민족-국가적인 것에 우선하여 영지(udel)의 원칙이 일시적으로 승리하였음을 증명하고 있다.[102] 상기할 것은 장자 원칙에 따른 키예프 권좌 상속의 원칙은 이미 12세기 말에 흔들리고 있었으며, 그때에 서부 러시아의 갈리시아 공국과 동부 러시아의 수즈달 공국이나(후에 블라디미르 대공국) 모두 각각 고유한 왕족 계보의 권력 하에 있었으며, 실제로 키예프로부터 독립하여 있었다는 점이다. 더구나 지방 공국에서 왕족 가계의 젊은 왕자

---

[102] 러시아의 영지 제도에 관해서는 Kliuchevsky, *1*, 365-384; S. F. Platonov, *Lektsii po russkoi istorii*(『러시아사 강좌』)(6th ed., St. Petersburg, 1909), pp. 111-119 참조.

들은 자신들의 영지에 집착하고 있었으며, 그들 모두 자신들의 영지를 공국 고유의 소유로 상속되도록 노력하고 있었다. 다른 한편, 각 지역의 고위 왕족은 지방에서 최고의 권력을 주장하려는 경향을 띠었으며, 지방의 영지가 영구히 승인된 것으로는 간주하지 않았다. 간단히 말해서, 알렉산드르 넵스키의 사후 동부 러시아에서 나타난 새로운 "영지 질서"(udelnyi poriadok)는 부분적으로는 이미 그 앞선 시기에 두드러지게 나타났던 경향들의 결과에 다름 아니었음은 의심할 여지가 없다. 하지만, 몽골의 러시아 통치는 이러한 경향들이 정반대되는 경향에 대해 승리하는 것을 더욱 촉진시켰다.[103]

러시아 왕자들에게 야를릭을 하사하면서, 칸은 적어도 부분적으로는 제국 전체와 지역 울루스들 사이는 물론, 마찬가지로 지방의 칸국들과 영향력이 적은 왕족들의 영지 소유 사이의 상호 내부 관계에 관한 몽골식 개념에 따랐다. 이러한 관점에서 몽골인들은 각 러시아 왕자가 자신의 지방 공국에 관한 상속권을 보장하려는 희망을 잘 이해할 수 있었으며, 칸의 러시아에 대한 지배의 안정에 유익한 것으로 간주되었다.

망구-테미르의 통치기에 그에 대해 충성을 다해 신임을 얻게 된 러시아 공작들 가운데 로스토프 왕자들이 있었다. 그들에 대한 칸의 관계를 식별할 수 있는 뚜렷한 패턴이 있다. 다름 아니라 칸은 러시아 공작들 가운데 자신이 무조건적으로 신뢰할 수 있는, 그리고 만약 자신에게 러시아의 적대 행위의 징조가 나타날 경우에 몽골의 지배강화를 위해 활용할 수 있는 그룹이 결성되기를 희망했다. 러시아 정세와 관련한 칸의 정책에 있어서 로스토프 공국을 주축으로 선택한 것은 1262년과 같은 러시아의 반란의 발발 가능성에 대한 칸의 우려로 설명될 수 있다. 로스토프 공국과의 우호관계를 키워내면서 칸은 로스토프의 전(全) 영토가 자신에 대한 복종

---

103) M. Liubavsky, *Drevniia russkaia istoriia* (『고대 러시아사』)(Moscow, 1918), pp. 152-153 참조.

으로 보장되기를, 도시 민회, 특히 노브고로드의 권위가 상실되기를 원했다. 민회는 칸에게는 물론 로스토프의 왕족들도 자신들의 이해관계에 위험한 것으로 간주되었다. 로스토프 왕족들의 충성심에 칸은 너무도 기뻐서 그에 대한 보은으로 그들이 민회 권력에 재갈을 물리는 것을 막았다.

로스토프의 왕족들은 수즈달의 대공 브세볼로드 3세의 장남이자 계몽의 열렬한 신봉자로 유명한 콘스탄틴의 후손들이었다.[104] 망구-테미르의 통치기에 그들 가운데 뛰어난 자들로서는 콘스탄틴의 손자들로 로스토프의 보리스 왕자, 벨로오제로의 글렙 왕자뿐만 아니라, 그들의 사촌 사위로 스몰렌스크의 로스티슬라브 왕자의 아들 표도르가 있었다. 표도르는 야로슬라블의 공주 마리아(콘스탄틴의 증손녀)에게 장가를 갔으며 영지로 야로슬라블을 받았다. 보리스와 글렙의 어머니 이름 또한 마리아였는데 체르니고프의 순교한 왕자 미카엘의 딸이었다. 신심이 깊고, 교양 있던 그녀는 로스토프 사회 엘리트들의 정신적 삶에 중요한 역할을 하였다.[105]

이와 같은 통치기에 표트르라고 부르는 주치 가(家) 왕자는 1259년경 로스토프의 주교 키릴에 의해 기독교로 개종하고 로스토프에 거주하여 몽골 관리의 딸과 결혼을 하였는데, 그 관리의 가족은 이미 기독교도였다. 그는 러시아에서 오르다 출신의 표트르 차례비치 왕자(표트르 오르딘스키)로 알려져 있다. 몽골의 종교적 관용으로 인하여 그의 개종으로 몽골 귀족으로서 표트르의 권리와 특권은 박탈당하지 않았다. 그러므로 그의 로스토프 주재는 로스토프 왕족들과 칸 사이의 우호관계를 증진시키는 데에 매우 유익한 것으로 간주되었다. 특히 로스토프의 보리스 왕자가 표트르와 깊은 친분 관계를 유지했다. 표트르의 자서전에 따르면 보리스는 그와 함께 언제나 식사를 같이 하기를 원할 정도로 그와 매우 절친하

---

[104] 수즈달의 콘스탄틴에 관해서는 『키예프 러시아』, p. 279 참조. 콘스탄틴은 대공 야로슬라브 1세의 동생이었다.

[105] 로스토프의 마리아 여공작에 관해서는 Likhachev, pp. 282-285 참조.

였으며, 마침내 주교의 은총에 따라서 표트르와 의형제의 관계를 맺었다.[106] 하지만 우정은 우정이고 정치는 정치였다. 보리스 공작은 분명히 영민한 사업가였다. 반면 표트르는 갑부였고, 돈의 가치를 몰랐다. 그가 로스토프에 가까운 강 하안에 교회를 건설하기로 결정하였을 때, 그 땅을 소유하고 있던 보리스는 그 땅에 걸 맞는 엄청난 대가를 요구하였고, 표트르는 즉시 지불하였다. 표트르의 기록에 따르면, 지불액은 금 1파운드와 은 9파운드였다.[107] 클류쳅스키는 이 계약이 한 동안 로스토프에서 회자(膾炙)되던 주요한 후담 거리가 되었다고 밝히고 있다.[108]

주위에서는 표트르에게 땅 구매에 관한 계약 문서를 남겨야 된다고 충고하였으나, 그는 문서가 왜 필요한지에 대해 이해하지 못했다. 보리스는 표트르에게 계약 문서를 전달해 줄만큼 매우 정직한 자였다. 이 문서는 후에 보리스의 증손들이 이 땅에 대한 자신들의 소유권을 주장하던 시기에 표트르의 후손들에게 매우 유용한 것이 되었다.[109] 말년에 표트르는 자신이 건립한 그 교회를 수도원으로 개조하고, 마침내 기부하더니 그 자신이 스스로 속세를 떠나 그 사원의 수도승이 되었다. 그는 16세기 중반에 러시아 정교회의 성인의 반열에 입적했다.[110]

로스토프의 왕족들은 자주 "오르다"에 다녀왔다. 1257년 글렙 왕자는 몽골로 떠나서 대칸 몽카의 궁정에서 따뜻한 환대를 받았다. 그곳에서 그는 세례를 받는데 동의한 몽골의 공주와 혼인하였다. 그녀는 테오도라라는 이름을 받았다. 망구-테미르가 킵차크의 칸이 되자, 글렙은 다른 러시아의 왕족들과 함께 왕자 야를릭을 받기 위하여 그의 오르다로 떠났다.

---

106) 표트르의 일생에 대한 현대 러시아어 번역은 Buslaev 1, 160-165에 있다.

107) Idem, 1, 161.

108) Kliuchevsky, Жития (『일생』), p. 40.

109) Buslaev, 1, 162 이후; Kliuchevsky, Idem, p. 42.

110) Golubovsky, Канонизация, pp. 110-111.

그는 "황금 오르다에" 1268년까지 머물렀다. 1271년 그는 다시 망구-테미르의 진영에 있었다. 1277년 그의 형제 보리스는 그의 아내와 아이들과 함께 "황금 오르다에" 순례를 떠났다. 그곳에서 그는 병을 얻어 사망했다. 보리스가 사망하자 1278년 왕자가 된 글렙은 아들 미하일을 우글리치의 콘스탄틴(보리스의 아들) 그리고 야로슬라블의 표도르의 수행 하에 망구-테미르에게 보냈다.[111]

망구-테미르가 상당한 관심을 보인 러시아의 또 다른 지역은 노브고로드였다. 이 경우에 있어서 칸의 동기는 상업적 성격을 띠고 있었다. 그는 발트 무역의 지배를 염두에 두고 있었다. 그 무역에서 노브고로드는 동부 러시아와 동방에 있어서 중요한 통로의 역할을 하고 있었다. 국제무역은 황금 오르다 번영의 기초의 한 방편이었고, 대부분의 칸들은 그 발전을 촉진했다. 망구-테미르의 통치 시기에도 그 무역의 폭넓은 확대를 위한 토대들이 쌓였다.

노브고로드가 몽골의 대외교역에 있어서 보다 편리한 북방의 교역요지였다고 하면, 크림의 항구들은 흑해와 지중해의 무역을 유지하기 위한 대단히 중대한 의미를 지니고 있었으며, 그 무역에는 대부분 이태리의 대상들—즉 베네치아 상인들과 제노바 상인들이 주류를 이루었다. 이와 관련하여 노브고로드와 크림의 항구들은 망구-테미르로부터 집중된 관심을 받았다. 제노아의 상인들이 흑해에 나타난 것은 12세기 후반으로 추정된다.[112] 콘스탄티노플에 라틴 제국이 존재할 시기에(1204-61년) 모든 흑해의 교역은 베네치아 인들에 의해서 독점되고 있었다. 폴로의 두 형제는 1260년에 크림의 솔다이아 항구[113]에 도착했던 다른 베네치아 상인들 가운데

---

111) Nasonov, pp. 59, 62.

112) 『키예프 러시아』, p. 346.

113) 솔다이야—예전에 수그데야(Sugdaea)로 알려진 도시의 이태리 이름이다. 고대 러시아어로는 수로쥐. 지금은 수닥. 이 명칭들에 관해서는 Vasiliev, *Goths* 색인에 열거된 이름을 보라.

있었다. 그곳이 바로 그들의 대역정의 출발점이 되었던 곳이었다. 그러나 미카엘 8세 팔레올로그에 의해 비잔틴 제국이 재건된 후 제노아 상인들은 흑해로 다시 돌아왔을 뿐만 아니라, 베네치아 상인들보다 더 특권을 가진 위치에 놓여있게 되었으며, 크림에 자신들을 위한 "공장"을 설립할 수 있는 실질적인 기회를 보고 있었다. 1267년경 망구-테미르는 제노아 상인들에게 카파(지금의 페오도시아)에 그들 무역을 위한 특권을 부여하였다.[114] 1274년에는 솔다이에 제노아 상인들의 무역 지점이 개설되었다.[115]

북방에서도 병행하여 발전할 수 있도록 망구-테미르는 자신을 노브고로드의 보호자로서, 그리고 발트 해 지역의 자유 무역 수호자로서의 역할을 자처하였다. 노브고로드와 수즈달의 대공 브세볼로드 3세와의 협약 체결(1211년) 이후 오직 수즈달 가(家)의 공작만이 노브고로드의 합법적인 왕자 권리를 요구할 수 있었다.[116] 그러나 선출 시기에는 그들 각각은 누구나 도시의 전통적인 자유를 보장하는 협약에 서명해야만 했다. 다른 이들과 마찬가지로 알렉산드르 넵스키는 그러한 협약에 서명하였으나, 그 기록은 남아있지 않다. 알렉산드르의 사망 후 노브고로드인들은 알렉산드르의 아들로 트베리의 왕자이자 블라디미르의 대공인 야로슬라브 2세를 자신들의 왕자로 인정하였다(1264년). 이에 따라 대공과 노브고로드 시와 새로운 협약이 체결되었다. 그 내용들은 두 가지의 동일한 증서에 기록되었는데 하나는 노브고로드인들이 대공에게 보낸 것이며, 다른 하나는 대공으로부터 노브고로드인들에게 보낸 것이었다(1265년). 노브고로드의 협약 증서는 지금까지 러시아 문서보관소에 보관되어 있다.[117]

2년 뒤 협약 증서는 양측에 의해서 확인되었다.[118] 확인 후 얼마 되지

---

[114] Bratianu, pp. 205-206. cf. Vasiliev, *Goths*, p. 171; Lopez, p. 251.

[115] Bratianu, p. 205.

[116] 『키예프 러시아』, p. 197 참조.

[117] *SGGD*, *1*, No. 2; *GNP*, No. 1.

않아 야로슬라브가 협약의 몇 가지 사항을 위반하자, 노브고로드인들은 즉각 그에게 도시를 떠날 것을 요구했다. 그들의 요구 사항을 이행하기를 원치 않은 야로슬라브는 노브고로드인들이 반란을 일으키려 한다고 비난하면서 칸의 구원을 요청하였다.[119] 그러나 실망스럽게도 망구-테미르는 그에게 노브고로드인들과 협상을 나설 것을 종용하였으며, 야로슬라브는 타협하는 것 이외에는 다른 방도가 없었다. 그리하여 도시의 권리와 특권을 확인하는 새로운 협약이 체결되었다. 향후 이러한 협약의 실효를 인정토록 위하여 망구-테미르는 2인의 사절을 보내고 그들의 입회하에 야로슬라브가 "십자가에 입 맞추는" 의식으로서 협약의 조건들을 준수하도록 하였다(1270년).[120] 동시에 망구-테미르는 야로슬라브에게 노브고로드와 리가 사이의 교역에 개입하지 말 것을 명령했다. 야로슬라브는 또한 이 권리에 관해서도 리가에 통보해야만 했다.[121]

망구-테미르를 노브고로드의 정치적 자유를 열렬히 보장하는 칸으로 간주할 수는 없다. 그는 오직 노브고로드를 통한 발트 해 교역의 증대 및 동방으로의 확대에 관심을 두었다. 노브고로드에서 사라이에 이르는 보다 편리한 교통로는 볼가 상류지역, 즉 블라디미르 대공국을 통해서 이루어졌다. 이것과 관련하여 망구-테미르가 비록 블라디미르 대공국의 권력 남용으로부터 노브고로드를 수호할 준비가 되어 있었지만, 그 또한 노브고로드와 대공국 사이의 정치적 유대가 지속되도록 고집했다. 야로슬라브 2세의 사망(1272년) 후 노브고로드인들은 페레야슬라블의 드미트리를 자신들의 왕자로 선출하였다. 노브고로드의 왕위를 노리던 코스트로마의 바실리는 칸의 도움을 호소했다. 칸은 바실리 공작을 지원하기 위해서 몽

---

118) *SGGD, 1*, No. 1, *GNP*, No. 2.

119) Solovief, *Nogorod*, p. 104.

120) *GNP*, p. 11.

121) *Ibid.*, No. 30, p. 57.

골군 일부를 파견하였다. 기록에 따르면, 노브고로드인들은 "자신들의 견해를 바꿔" 바실리를 자신들의 공작으로 인정하지 않을 수 없었다.[122] 바실리의 사망(1276년) 후 드미트리는 블라디미르의 대공의 야를릭을 받았으며, 칸 또한 그가 노브고로드의 왕자가 되는 것에 동의하였다.

1275년 러시아에서 새로운 인구조사와 징병이 시작되었다. 이것에 관한 명령은 아마도 남중국과 인도차이나 반도에 대한 원정에서 추가 병력의 필요에 따라 1272년 또는 1274년 대 칸 쿠빌라이가 내린 것에 틀림없을 것이다. 한편으로 망구-테미르의 입장에서는 코카서스에서 자신의 권력을 강화하려고 의도하고 있었기에, 자신에게도 새로운 병력을 징집한다는 것 또한 매우 유용한 일이었다. 때마침 동부 러시아와 나란히 스몰렌스크 지방에서도 인구조사가 이루어졌다. 1281년 칸의 총아(寵兒)인 스몰렌스크의 대공 표도르는(당시 야로슬라블에서 스몰렌스크로 돌아왔던) 예전에 폴로츠크 땅에 속해 있던 비텝스크에 자신의 권력을 수립했다. 이제 몽골의 세리(稅吏)들도 마찬가지로 비텝스크에 파견되어야만 했다.[123]

1277년 망구-테미르는 북 코카서스에 거주하던 알란족에 대한 원정을 개시했다. 이 알란족 그룹은 돈 강 유역과 크림 반도의 다른 알란족과 마찬가지로 1239년 바투의 원정 시기에 몽골군에 의해서 정복된 적이 있었다. 그 이후 그들은 몽골군에 협조하여 몽골의 중국 원정을 위해 병력을 제공하기도 하였다. 베르케와 일 칸들과의 내분이 일어난 시기에 북 코카서스의 알란족은(오세티아 족) 그 기회를 틈타 킵차크 칸의 지배로부터 벗어나려고 시도했다. 사실상 높은 산악지대 계곡에 살았던 산악인들이 몽골군에 의해서 완전히 정복된 적은 없었다.

망구-테미르는 일련의 러시아 왕족들이 그들의 가신들 및 충복들과 함께 알란족에 대한 원정에 참여할 것을 명령했다. 니콘 연대기에 따르면,

---

122) Soloviev, *Novgorod*, p. 106.
123) Golubovsky, pp. 304-309.

알란족의 원정에는 글렙 공작, 보리스의 아들 콘스탄틴, 야로슬라블의 표트르, 고로제츠의 안드레이(알렉산드르 넵스키의 아들)가 원정에 참여했다. 원정은 성공적이었다. 러시아군은 알란족의 핵심 거점인 다다코프시를 둘러싼 요새를 무너뜨리고[124] (1278년), 막대한 전리품을 획득하였는데, 그 대부분은 물론 칸에게로 돌아갔다. 망구-테미르는 러시아 가신들을 칭찬하고 그들에게 많은 하사품을 수여했다.[125]

이제부터는 서부 러시아의 정세로 돌아가기로 하자. 리투아니아에 대한 부룬다이의 원정 이후 러시아 다니엘 왕과 리투아니아 왕 민도브그와의 관계는 매우 긴장된 상태였다.[126] 다니엘은 1264년 사망했다. 바로 그해 민도브그의 중앙집권화 정책에 불만을 가진 일부 리투아니아의 왕족들이 반란을 일으켜 민도브그를 살해했다. 민도브그의 아들이자 수도승인 보이셸크는 아버지의 원수들에게 복수하기 위하여 수도원을 떠났다. 그 원수들의 핵심들이 사로잡혀 참수를 당했고, 보이셸크는 노브고로독과 핀스크에서 선발된 러시아군의 지원으로[127] 리투아니아의 통치자가 되었다. 1267년 그는 수도원으로 돌아왔고, 리투아니아에 대한 통치를 자신의 처남이자 다니엘의 아들 쉬바른에게 넘겼다. 이제 정치 지평은 다닐로비치 가(다니엘의 아들들)에게 매우 유리한 상황인 것처럼 보였다. 이제 그들은 서부 러시아와 리투아니아의 통합에 있어서 자신들이 주도적인 역할을 할 수 있게 되었다. 그러나 볼리냐 문헌에 따르면, "인류의 행복을 절대로 바라지 않던 악마는 이제 레오의 가슴을 쉬바른에 대한 질투로 가득 차게 만들었다."[128] 레오(쉬바른의 동생)는 쉬르반이 아니라

---

124) 추정하건대 Djauji-qau(Bladikavkaz); Minorsky, Caucasica III, p. 237 참조.

125) Nikon, 10, 155; Kulakovsky, Alany, p. 60.

126) 1260년대와 1270년대 서부 러시아와 리투아니아에서 일어난 사건들에 관해서는 Hrushevsky, 3, 92-108; Pashuto, pp. 289-302; Paszkiewicz, pp. 100-142 참조.

127) Paszkiewicz, p. 109.

128) Hyp., p. 204.

그의 후원자인 보이쉘크를 살해했다.

보이쉘크의 살해는 당연히 리투아니아인들의 엄청난 분노를 일으켰으며, 쉬바른의 사망(1270년) 후 다닐로비치 가(家)의 어느 누구도 리투아니아의 왕자로 인정될 기회란 전혀 없었다. 권력은 리투아니아의 왕자 트로이덴(트라이데니스 1270-82년)으로 넘어가고, 그의 사후에는 또 다른 리투아니아의 씨족이 권력을 잡았다.

망구-테미르는 오세티아에 대한 원정을 끝마치고 난 후 이제는 비잔틴과 이집트에 눈을 돌렸다. 이때까지는 비잔틴이나 이집트와의 관계는 노가이의 권한에 속한 일이었다. 분명히 망구-테미르는 노가이의 권위를 견제하기로 결심했던 것이 틀림없었다. 1277년 불가리아의 칸 콘스탄틴 티흐가 다른 권력가와 권좌를 두고 벌인 전투에서 사망하자,[129] 불가리아에서는 일거(一擧)에 몇 명의 후보자들이 왕좌에 도전하겠다고 선언하여 큰 혼란이 야기되었다. 미카엘 8세와 노가이는 서로 다른 후보자를 지지했기 때문에 그들의 관계는 악화되었다. 바로 이러한 혼란이 망구-테미르로 하여금 발칸의 정세에 개입하도록 이끌었던 것이다. 러시아의 문헌에는 망구-테미르 칸과 대주교 키릴이 사라이의 테오그노스트 주교를[130] 자신들의 공동 사절로 각각으로부터 편지와 선물을 가지고 미카엘 8세 황제와 콘스탄티노플의 총주교에게 파견하였다고 기록하고 있다. 아마도 이 사절단은 1278년에 이루어진 것으로 보이는데, 테오그노스트가 사라이에 돌아온 때가 1279년이었기 때문이다.[131]

이집트와의 관계에 대해서도 테오그노스트는 황제 및 총주교와 논의했던 것이 틀림없다. 여하튼 대략 이 시기에 망구-테미르는 콘스탄티노플을

---

129) Nikov, p. 13.

130) 테오그노스트(Theognost)는 사라이의 두 번째 주교였다. 첫 주교 미트로판은 1267년에 사망했다.

131) Nikon, *10*, 157. 이것은 테오그노스트의 세 번째 콘스탄티노플 행이었다. 베르낫스키, "ZOEV," p. 80를 참고.

통하여 이집트와 직접적인 외교관계를 수립하기 위하여 노력했다. 베르케의 친구 이집트의 술탄 바이바르스 1세는 1277년에 사망했다. 그의 두 아들은 그를 이어 차례로 왕위를 이었고, 각각 짧은 기간에 권좌에 있었으며, 1279년에는 킬라운이 권좌를 이었다. 1280년 7월 그의 사절단이 킵차크에 도착하였는데, 1279년 망구-테미르가 이집트에 보낸 사절단에 대한 화답으로 보낸 것으로 보인다. 킬라운의 사절들이 킵차크에 도착하기 전 이미 망구-테미르는 이 세상에 없었다.[132]

5. 황금 오르다의 이원 정부와 노가이(Nogay)의 집정

I.

망구-테미르가 죽자 쿠릴타이는 킵차크의 칸으로 그의 동생 투다-망구를 선출했다. 그렇게 해서 노가이의 권좌에 대한 도전은 또 다시 무산되었다. 그러나 노가이는 이제 자신을 새로운 칸과 실질적인 공동의 통치자로 자처할 만큼이나 충분히 강력했다. 사실상 이 시기부터 러시아의 문헌에는 로스토프의 연대기를 제외하고는 노가이를 투다-망구와 마찬가지로 차르로 불렀다. 일부 서구 문헌에서는 노가이를 황제로 부르고[133] 이집트의 연대기에는 말릭(왕)으로 부르고 있다.[134] 아마도 투다-망구를 선출한 시기에 노가이는 스스로를 노가이 (망키트) 오르다의 칸으로 선포했을 것이다. 노가이 추종자들과 투다-망구 추종자들 사이의 충돌을 피하기 위하여 투다-망구를 킵차크의 칸으로 선출한 쿠릴타이가 차라리 노가이를 망키트의 칸으로 인정하기를 선호했을 가능성도 있다. 만약에 그렇다면,

---

[132] Spuler, p. 62.

[133] Golubovich, *2*, 444 (A. D. 1287); cf. Spuler, p. 64.

[134] Veselovsky, *1*, 50, 51.

앞에서 언급했던[135) 바투가 노가이에게 내린 칙령은 쿠릴타이의 그러한 결정을 뒷받침해 주고 있는 것이다.

노가이의 법적 위상이 어떠하던지 간에 사실상 그는, 비록 공식적인 킵차크의 칸을 완전히 제거하기에는 불충분하였지만, 칸보다도 훨씬 전능한 권력을 지니고 있었다. 그 결과로 정부의 불안정한 이중성이 나타났다. 비록 때때로 두 칸은 서로서로 협력하기도 했으나, 많은 경우에 있어서 그들은 서로 모순되는 명령들을 내리게 되어 적어도 러시아 정세에 관해서는 커다란 혼란을 불러 일으켰다.

이미 살펴보았듯이, 망구-테미르의 통치 마지막 해에는 불가리아 문제뿐만 아니라, 황제 미카엘 8세와 직접적인 관계를 맺기로 한 망구-테미르의 결정으로 인하여 노가이와 비잔틴의 사이는 매우 긴장 관계를 띠게 되었다. 망구-테미르의 사후, 노가이가 취한 최초의 조치는 비잔틴 제국의 미카엘 황제와 우호 관계를 복원하는 일이었다. 그는 테살리아의 반란 지도자를 제압하기 위한 지원을 제안하여 미카엘 8세에게 선발된 4천 명의 몽골군을 보냈다. 황제는 지극히 만족하였으나, 원정은 그의 갑작스런 죽음(1282년)으로 성사되지 못하였다.[136) 그의 아들이자 계승자인 황제 안드로니쿠스 2세는 1280년 당시 불가리아 영토의 상당한 부분을 지배하고 있었던 폴로베츠 출신의 귀족(차르 게오르기 테르테르 1세로 알려진)을 불가리아의 칸 테르테르로 인정하는 것으로 통치를 시작했다. 그러나 노가이가 이를 반대하자, 안드로니쿠스는 테르테르에 대한 지원을 철회하였을 뿐만 아니라, 그를 체포하기까지 하였다. 그 사건 이후 노가이는 스밀레츠라고 하는 또 다른 불가리아 귀족을 자신의 불가리아 차르의 후보로 선언했다.[137)

135) 본장, 4절, p. 240 참조.
136) Veselovsky, pp. 40-41.
137) *Idem*, p. 41; Nikov, pp. 19-21.

분명 노가이와의 협의를 통해서 미카엘 8세 황제는 이집트의 술탄 킬라운과 협정을 체결하였는데, 이에 따르면 황금 오르다를 향하는 또는 그로부터 출발하는 상인들과 사절단에게는 보스포루스를 통한 해상 교역로를 아무런 제약 없이 왕래할 수 있도록 보장하는 것이었다.[138] 대략 이 시기에는 노가이도 투다-망구도 모두 킬라운과 사절단들을 서로 교환하고 있었다. 망구-테미르에게 파견된, 그러나 그의 죽음 후에서야 킵차크에 도착한 킬라운의 사절단은 투다-망구의 따뜻한 환대를 받았다. 그들은 투다-망구의 사절단과 함께 1282년에 이집트로 돌아왔다.[139] 바로 그 해에 노가이는 킬라운에게 자신의 사절단을 보내게 된다.[140]

당시에는 그 이전과 마찬가지로 황금 오르다와 이집트간의 외교 서한은 몽골어로 이루어졌다.[141] 다른 한편으로, 종교적인 관점에서 보면, 이집트로부터 퍼져나간 이슬람교는 황금 오르다에서 뿐만 아니라, 일 칸국에서도 점차 세력을 크게 확장하였다. 1282년 일 칸 아흐마드는 회교도가 되었고,[142] 1283년 투다-망구는 자신이 이슬람으로 개종하였음을 선언하였다.[143] 중동 전 지역에 종교적 조화가 이루어짐으로써 일 칸국과 이집트간의 정치적 긴장은 종결되고 있었다. 그러나 얼마 후 몇 가지의 갈등이 다시 일어나게 되는데, 특히 이슬람에 대한 개종이 일 칸국에뿐만 아니라, 황금 오르다에 있어서도 최종적인 상황은 아니기 때문이었다.

1280년 모든 러시아의 왕족들은 드미트리 대공(大公)만 제외하고 새로

---

138) M. Canard, "Le Traité de 1281 entre Michel Paléologue et le sultan Qalaun," *Byzantion*, *10*(1935), 669-680; Spuler, p. 63.

139) Spuler, p. 63.

140) Veselovsky, p. 51.

141) Tiesenhausen, *I*, xi; Vernadsky, "ZOEV," pp. 81-82.

142) Spuler, *Iran*, p. 78; Spuler, *Horde*, p. 68.

143) Spuler, *Horde*, p. 68.

운 칸 투다-망구를 축하하기 위하여, 새로운 야를릭을 받기 위하여 오르다로 향했다. 당시에 드미트리 대공의 관심은 그가 "수많은 가해 행위" (mnogo pakostideia)를 자행한 노브고로드인들과의 불화에 사로잡혀 있었다.[144] 아마도 두 가지 행위, 칸의 궁전에 나타나지 않고, 노브고로드의 영토를 공격한 드미트리의 행위로 인하여 투다-망구는 드미트리의 야를릭을 취하하고 블라디미르의 새 권좌의 야를릭을 드미트리의 동생인 고로제츠 및 코스트로마의 안드레이에게 수여했는데, 그는 로스토프 왕족들의 친구이자 오랜 동안 망구-테미르에 충성을 다한 가신이었다.[145] 드미트리 왕자가 왕좌를 내놓을 것을 거부하자 사태는 극심한 갈등으로 치달았다. 투다-망구는 안드레이의 군대를 강화하기 위하여 몽골군을 보냈다. 블라디미르 대공국의 전 영토가 몽골군으로 가득 메워졌으며, 드미트리의 충복들과 군사들을 내몰고 체포하며 나라를 쑥밭으로 만들었다. 그리고는 안드레이를 블라디미르 왕좌에 추대했다. 새로운 대공 안드레이는 원정에 가담하였던 몽골의 왕족들을 그리고 다른 몽골군 장수들을 극진하게 대접하고 그들에게 화려한 향연을 베풀었다.[146]

이전 칸들의 권력 하에서라면 문제는 일찌감치 해결되었을 테고, 드미트리는 항복하거나 아니면 도망치는 일만 남았을 것이다. 그러나 이제 노가이의 점점 강화되는 권력에 따라 드미트리는 차르 투다-망구의 명령을 거스르는 방법을 찾았다. 그는 투다-망구의 경쟁자 노가이 칸의 병영을 순례하고 그에게 충성을 맹세했다. 아마도 노가이는 투다-망구가 러시아 왕족들에 대한 야를릭의 수여에 관한 사안을 자신과 협의하기를 원치 않았던 데에 모욕감을 느꼈을 것이고, 이제 그는 자신의 권력을 드러낼 수 있는 기회를 드디어 잡았다고 기뻐했을 것이다. 그는 블라디미르의 권좌

---

144) Novgorod, p. 324.
145) 그는 대공 바실리가 죽은 뒤에 코스트로마를 받았다.
146) Soloviev, 3, 240.

에 대한 드미트리의 권리를 확인하고 그에게 강력한 군대를 보내어 지원하였다. 안드레이는 투다-망구로부터 그 어떠한 지원도 도달하기도 전에 대공국을 드미트리에게 양보해야만 했고, 그와 화친을 맺어야만 했다. 그 후 안드레이는 코스트로마로 떠났다. 드미트리 공작은 동생 및 그의 추종자들에게 복수하지 않을 것을 맹세하였지만, 곧 그 맹세를 무시했다. 1283년 드미트리의 두 신하가 코스트로마에 나타났고, 안드레이의 참모장 세몬 토닐레비치를 체포했다. 그리고 심문 후에 즉시 그를 살해했다.[147]

A. N. 나소노프는 충분히 있을 법한 제안을 하고 있는데, 노가이가 드미트리에게도 노브고로드를 통치할 특권을 선사했다는 것이다. 즉, 노가이는 드미트리에게 자기 영토내의 세금 징수를 감독하는 전권을 준 것이다. 세금을 징수하던 몽골의 관리들은 분명히 소환되었을 것이다. 실제로 상황이 그러하였다고 하면, 노가이는 러시아 공작들에게 특권적인 위상을 부여하면서 보다 많은 이들을 자기편으로 끌어들이려고 노력하였음에 틀림없다.[148]

비록 투다-망구는 노가이에게 공공연히 대항할 만큼의 충분한 세력을 지니고 있지는 않았지만, 노가이가 드미트리에게 부여했던 야를릭을 승인하지 않았으며, 계속해서 안드레이를 공식적인 대공으로 간주하였다.[149] 로스토프의 공작들은 여전히 투다-망구에 대한 충성을 바쳤다. 로스토프의 문헌에서 오로지 투다-망구만을 칸으로 부르고 노가이를 어떠한 직위도 없이 단지 이름만으로 언급하고 있다는 것은 이를 뒷받침해 주고 있다.[150] 칸이 총애하는 러시아의 왕족들 가운데 가장 으뜸인 자는 스몰렌스크(이전의 야로슬라블)의 표도르였다. 표도르는 수년간 망구-테

---

147) Trinity, p. 340.

148) Nasonov, p. 71.

149) *Idem*, p. 73.

150) *Idem*, p. 72.

미르의 궁정에서 살았으며, 그 기간에 궁중 연회에서 칸에 가까이 서 있을 수 있고, 당시 커다란 영광으로 간주되었던 축하의 잔을 건넬 수 있는 권한이 선사되었다.[151] 그의 첫 부인인 야로슬라블의 마리아 공주의 죽음(1285년경) 이후, 표도르는, 세례를 받고, 안나라는 이름을 부여받은 몽골의 공주(망구-테미르의 딸이 분명하다)와 결혼했다.

1283년에 투다-망구는 이슬람으로 개종했다는 것을 앞에서 언급하였다. 그는 새로운 종교를 정치적 이유가 아니라 정신적인 개화로서 받아들인 것으로 보인다. 심리적으로 보면, 이 경우는 우리가 앞서 기술했던, 결국에는 수도원의 승직을 받았던 오르다 표트르 왕자의 기독교 개종의 경우와 유사하다. 투다-망구는 이슬람교에서 신비주의적 교리를 지닌 수피파가 되었다. 수피파의 급격한 발전을 강력히 촉진한 사람은 얼마동안 소아시아 셀주크 술탄(일 칸의 가신)의 왕정에서 지냈고, 그 뒤 이슬람 탁발승의 승단을 세우기 위해 사직한 페르시아의 시인 잘랄 앗-딘 루미(1207-73년)였다.[152] 그의 신비주의적인 시들은 엄청난 대중성을 발휘하여 소아시아, 이란, 그리고 후에는 오토만 제국의 터키에 커다란 영향을 미쳤다. 수피즘 교리에서 최고의 덕은 이 세계의 쾌락 및 영화에 대한 거부였다. 진정한 수피파는 가난 속에서 살아야 하며, 전 인류에 대한 사랑과 범신론적 명상을 통하여 영혼을 정화해야 하는데, 이것은 모든 종교의 핵심이라고 간주되었고, 이를 통해서 모든 민족들은 구원을 희망할 수 있었다.

수피즘의 영향 하에 투다-망구는 자신의 권력에 대한 관심을 상실하고, 국사를 무시하여 주위의 지도급 왕족들과 신하들을 경악케 만들었다. 곧

---

151) 관등서 *Степенная книга" PSRL*, *21*, 308에서 표도르 공작의 일생을 보라.

152) 잘랄 앗-딘 루미에 대해서는 Browne, 2, pp. 515-525, Krymsky, *Turkey*, pp. 5-6; R. A. Nicholson, *Rumi, Poet and Mystyc* (London, G. Allen & Unwin, 1950) 참조.

칸이 정신적인 병을 앓고 있다는 소문이 퍼졌다. 분명히 얼마 지나지 않아 권력의 일부를 그의 조카인 텔레-부가(톨랴-부가)에게 위임할 것을 투다-망구는 제안 받았을 것이다. 어떤 경우에도 텔레-부가는 칸을 대신하여 1285년에 황금 오르다와 노가이 오르다 사이의 불화를 불식시키려고 노력하였다. 그 때까지 노가이는 서쪽의 헝가리까지 몽골의 지배력을 확장하기로 결정하고, 이러한 원정에 텔레-부가도 함께하자고 제안하였다.

노가이의 헝가리에 대한 정책을 잘 이해하기 위해서는 짧게나마 노가이의 국가의 일반적인 성격과 민족 구성의 기초에 대해서 살펴볼 필요가 있다. 발칸에 그가 처음 나타난 이후 20년간 동안(1265-1285년) 노가이는 번영하는 제국을 건설하는 데 성공했다. 그 제국의 주축을 이룬 민족은 소위 "노가이"라는 또는 망키트라는 민족으로, 그 민족에 이질적인 다른 다양한 민족들의 집합체가 복속하고 있었다. 노가이 민족은 스스로가 유목민으로 계속 남아 있었다. 폴로베츠와 같이 복속된 민족들의 일부는 반유목민이었다. 다른 민족들은 불가리아와 같이 농경민족이었다. 노가이에 복종한 민족 가운데 중요한 그룹으로는 그의 통치 초기에 크림으로부터 그리고 돈 강 하류지역으로부터 몰다비아로 이주해 온 알란 민족이 있었다. 기억해 둘 것은, 다른 알란 그룹이 바로 그 지역을 기원 후 약 400년에 점령하였으며, 프루스 강의 이름은 당시에는 알란 강으로 알려져 있었다는 것이다.[153] 야시(Iasi)라는 도시가 세워진 것은 5세기로 추정된다.[154] 향후에는 러시아 문헌에서 "야스키(또는 아스키) 토르그"라고 불리는 중요한 알란족의 무역 도시가 되었다.[155]

그 외에도 노가이의 통치 영토에는 많은 러시아인들이 있었는데, 그들

---

153) 『고대 러시아』, p. 133 참조.

154) Ibid., pp. 133-134. M. A. Miller는 친절하게도 지금까지 발행되지 않은 알란족 거주지에 관한 지도 사본을 내게 보내주었으며, 그 지도에는 Iasi 옆에 고대 알란 도시를 표시하고 있다.

155) Kulakovsky, Alany, p. 66.

가운데에는 드네프르 강 하류와 다뉴브 강 하류 지역의 브로드니키들이 있었다.[156) 이 지역의 러시아인들은 마찬가지로 무역에 종사하였다. 몰다비아에 있는 이 시기의 "러시아 도시들"에 대해서는 보스크레센스크 연대기에 기록되어 있다.[157)

마지막으로, 최소한 발라치안(루마니아인)에 대해서도 언급해야만 한다. 루마니아인들의 선조들은 로마 제국이후로부터, 발칸반도에서, 다뉴브 강 하류지역에서 그리고 트란실바니아 지역에서 살아왔다.[158) 12세기에 발라치안은 폴로베츠(쿠만)인들과 함께 소위 제2의 불가리아 왕국이라고 불리는 국가 건설에 적극 참여하였다.[159) 트란실바니아 지역에서 루마니아인들은 항상 마자르(헝가리인)의 영향 하에 놓여 있었다. 이런 관점에서 볼 때 1241년 몽골의 헝가리 침공은 루마니아 민족의 역사에 있어서 매우 중요한 시기의 지표로 간주된다. 왜냐하면, 비록 일정한 기간이라고는 하지만, 마자르로부터의 압력이 완화되었기 때문이다.[160) 노가이가 지배하던 민족들의 연합을 구성하는 한 그룹으로서 루마니아인은 처음에는 발라치아에서, 나중에는 몰다비아에서 다소 결집력 있는 그룹으로 마침내 자신들을 내세울 수 있게 되었다. 몰다비아에서 그들은 알란인들과는 물론 러시아인들과도 긴밀하게 접촉하면서 살았다. 루마니아인들은 키릴 문자를 받아들였으며, 당시 그들의 문명은 슬라브족의 상당한

---

156) 브로드니키에 관해서는 『키예프 러시아』, pp. 158, 237, 238 참조.

157) Voskr., 7, 240. Novgorod, p. 475; Nasonov, 또한 *Русская земля*, pp. 142-143 참조.

158) 『고대 러시아』, p. 103; 『키예프 러시아』, pp. 319-320 참조. 루마니아인들의 트란실바니아 지역으로의 이주에 관한 연대는 논쟁거리이다. 일부 역사가들은 루마니아인들이 1200년 이전에 트란실바니아 지역에 출현했다고 보고 있다. Stadtmüller, pp. 207-208 그리고 p. 205 지도 12 참조.

159) 제2의 볼가르 왕국에 관해서는 F. Uspensky, *Obrazovanie Vtorogo Bolgarskogo Tsarstva* (『제2의 볼가르 왕국의 성립』)(Odessa, 1879); N. S. Derzhavin, *Истор ия Болгарии* (Moscow and Leningrad, 1946), 2, 128-133; Mutafchiev, 2, 30-97.

160) N. Jorga, *Histoire les Roumains et leur civilisation* (Paris, 1920), p. 59 참조.

영향을 받았다.[161)

비잔틴의 역사가 게오르그 파치메레스에 따르면, 노가이의 지배하에 있던 모든 민족들은 타타르의 의복을 입고, 타타르의 언어를 배우면서 점차적으로 몽골의 영향 하에 놓이게 되었다.[162) 사회학적으로 노가이의 제국은 서부 스키타이와 사르마트 제국, 그리고 또한 4세기의 고트 왕국을 상기시키고 있다. 드네프르 강에서 서쪽으로 다뉴브 강 하류에까지 이르는 영토를 보유한 노가이 제국은 고트 왕국이 차지했던 만큼의 영토를 차지하고 있었다. 나라는 농산물과 어류가 풍부했으며, 헝가리, 리투아니아 그리고 북으로는 러시아, 남으로는 비잔틴, 동으로는 크림반도와 폭넓은 무역을 하기에 알맞은 자리에 위치하고 있었다.

노가이 제국의 빠른 성장은 이웃 나라들에 대한, 특히 헝가리에 영향을 미치지 않을 수가 없었다. 우리가 밝혔듯이, 헝가리는 1240-1241년 몽골에 의해 정복당했다. 1242년 바투에 의한 몽골의 퇴각은 헝가리를 몽골 제국의 일원으로 포함시키는 것을 막기는 하였지만, 그 이후에도 마자르인의 역사적 기원으로 말미암아 몽골은 마자르를 몽골-투르크 연방의 잠재적인 일원으로 간주했다. 헝가리에서 투르크 요소는 1239년 그곳으로 강력한 폴로베츠 그룹의 이주에 의해 대단히 강화되었다.[163) 그들과 함께 알란족도 정착하였다. 루마니아인들 또한 트란실바니아에서의 또 다른 비(非) 마자르의 요소를 구성하고 있었다. 노가이 제국에서 폴로베츠인, 알란족, 그리고 루마니아인들과 함께 헝가리인은 이제 흑해 주변의 폰트 스텝지역 민족의 영향으로부터 이전보다 더 훨씬 많이 노출되게 되었다.

그 결과로서 헝가리 궁정에서 그리고 적어도 마자르족 가운데 한 분파

---

161) *Idem*, 5장.
162) G. Pachymeres, Bk. 5, 4장(Bonn ed., 1, 344); Russian Trans., *1*, 317; Veselovsky p. 23; Vasiliev, *Goths*, p. 172.
163) 본서 1장 7절 참조.

들 속에서 오래된 스텝의 전통 복원, 헝가리 정세에 있어서 노가이인들과 폴로베츠인들의 영향력이 증대되었다. 헝가리를 통치하던 라디슬라브 (라슬로) 4세(1272-1290년)는 폴로베츠의 혈통으로 모친이 폴로베츠의 공주였다. 바로 자신의 폴로베츠 친족들을 통하여 라슬로 4세는 점차적으로 스텝 민족의 삶의 양식과 관습에 탐닉하게 되어 자기 부인인 이사벨 왕비를 감옥에 가두고, 두 명의 노가이 공주를 아내로 맞이하는가 하면, 기독교를 파기할 정도였다. 이것은 물론 교황의 분노와 함께 이웃한 기독교 지배자들 사이에서 위협을 불러 일으켰다. 헝가리 내부에서도 나라의 "타타르 화"에 대한 강력한 반대가 존재하고 있었다. 단지 마자르인들의 일부 소수만이 왕이 선택한 길을 따를 준비가 되어 있을 뿐이었다.

바로 그러한 배경에서 노가이의 헝가리 정세에 대한 개입을 가장 잘 이해할 수 있다. 기독교인들의 반대에 근심하던 라슬로는, 이번에는 툴라-부가 칸과 협력 관계에 있던 칸 노가이[164]와 상호 이해에 도달한 것 같았다. 1285-86년의 겨울 노가이는 남으로부터 브라소프를 지나 트란실바니아로 군사를 동원했다. 텔레-부가는 북으로부터 슬로바키아를 점령해 갔다. 노가이는 성공적인 원정을 마친 반면에 툴라-부가의 군사는 눈 덮인 북 카르파트 산악의 계곡에서 갇혀 버렸다.[165] 상당수의 인명과 말을 잃은 텔레-부가는 군사를 재정비하고 새로 무장하기 위해 그리고 새로운 기마를 보충하기 위해서 갈리시아로 후퇴해야만 했다. 몽골군은 킵차크 스텝에서 갈리시아로 새로 보충한 말떼들을 몰아가면서, 1286년 봄과 여름에 갈리시아 및 볼리냐의 농경에 커다란 해를 입히고, 두 지역 초원에 말들을 방목했다. 게다가 헝가리에서 풍성한 전리품을 얻을 것이라던 희망을 상실한 툴라-부가의 병사들은 그 분노로 두 지역을 황폐화시켰다. 그러나 노가이의 개입은 라슬로가 일정기간 왕좌를 유지할 수 있도록 도

---

[164] Spuler, pp. 67-68.
[165] 노가이와 텔레-부가의 헝가리 원정에 관해서는 Veselovsky, pp. 30-37 참조.

와주었다. 이러한 일련의 상황 속에서 헝가리의 왕은 자신이 선택한 정책의 현명함에 대해 의심하기 시작했으며, 기독교의 품속으로 되돌아 갈 준비가 되었던 것 같았다. 그러나 그는 1290년 폴로베츠인에 의해 살해되었다. 그의 죽음은 헝가리에서 기독교의 최후의 승리를 의미했다. 이로써 서로 다른 두 문화 세계 사이에 있었던 수수께끼의 그리고 재능 있는 왕의 드라마 같은 일생은 끝났다. 미카엘 페르디난디는 그를 아틸라의 모방자로 간주하는 한편, 줄리안 아포스타트와도 적절하게 비교하고 있다.[166]

헝가리 원정이후 노가이와 텔레-부가는 자신들의 관심을 폴란드로 돌렸다. 그들의 목적은 헝가리 기독교계에 대한 폴란드의 지원을 사전에 차단하는 것이었다. 1286년 가을 노가이는 군사를 이끌고 갈리시아에 나타났으며, 갈리시아 및 볼리냐의 왕족들이 지휘하는 러시아 원군으로 보충, 강화된 몽골의 두 지도자는 폴란드를 침략했다. 그들은 다시 개별적으로 군사작전을 펼쳤다. 노가이는 자신의 병사를 크라코프 방면으로 향한 반면, 텔레-부가는 산도미르 방향으로 진격했다. 몽골군은 교묘한 계략으로 몇 개의 폴란드 성을 공략하는데 성공했다. 폴란드의 기록에 따르면, 몽골군을 수행하던 러시아 왕족들은 어떤 경우에는 자발적으로 군에 항복하는 백성들에게는 그 어떠한 해도 입히지 않겠다고 맹세하기도 했다. 그러나 매번 몽골인들은 그 맹세를 위반했다.[167] 비록 몽골군은 폴란드에서 위력을 떨쳤지만 나라를 정복하는 데는 실패하고 1287년 초 그들은 갈

---

[166] 미카엘 페르디난디는 내게 보낸 1952년 3월 6일자 서한에서 친절하게도 라슬로 4세의 인물과 역사적 역할에 관한 자신의 평가를 제공해 주었다. 라슬로 4세에 관해서는 Michael de Ferdinandy, "Das Ende der heidnischen Kultur in Ungarn," *UJ*, 15(1935), 77; *idem, mi Magyarok: Tiz tanulmani a Magyar történelemböl* (Budâpest, 1941), pp. 164-175; *idem, Az Istenkeresör: az Arpadhaz tortenete* (Budapest, 1942), pp. 116-124; 220-239 참조(마지막 두 저작을 접할 수 없었다. 인용을 허락한 저자들에게 빚을 졌다.); Homan, *1*, 589-611; Bratianu, pp. 234-236.

[167] 노가이와 툴라-부가의 폴란드 원정에 관해서는 Veselovsky, pp. 34-37 참조.

리시아와 볼리냐로 돌아와서 다시 두 지역을 초토화시켰다. 그 초토화의 정도는 바투가 키예프 지역을 궤멸시킨 것만큼이나 매우 처참했다. 그 결과, 인명과 재산의 상실은 갈리시아 가(家)의 왕족들의 통치 기반을 뿌리째 흔들어 서부 러시아의 통합 과정에서 리투아니아의 대공들이 유리한 입장을 점하도록 만들었다.[168]

볼리냐의 블라디미르 왕자(바실코의 아들)는 그의 친척들이 폴란드 원정으로부터 돌아온 후 얼마 되지 않아 곧 사망했다. 볼리냐의 문헌에 기록된 그의 병세 및 죽음, 그리고 그의 생애에 관한 기록은 그의 유언 내용과 마찬가지로 그 혼란한 시기에 서부 러시아(우크라이나)의 역사를 연구하는 데에 매우 중요한 증거들을 담고 있다.[169] 그 기록들에 따르면, 블라디미르는 키가 크고, 매우 잘생긴 미남으로 독서를 즐겼으며, 교회 예술에 심취했다. 그의 송사(頌辭)를 읽다 보면, 문헌 작가가 위대한 세기의 마지막 왕자 블라디미르 앞에서 통곡하는 듯하는 감정을 일으킨다.

텔레-부가가 사라이로 돌아온 후, 투다-망구는 왕좌에서 물러나야만 했으며, 망구-테미르의 아들 토흐타를 후계자로 추대했던 왕족들과 장군들의 저항에도 불구하고, 텔레-부가는 전권을 지닌 칸으로 즉위했다. 노가이와 텔레-부가의 관계는 헝가리와 폴란드에 대한 공동 원정 시기에 악화되었다. 텔레-부가는 노가이가 자신에게 충분한 지원을 하지 않았다고 불만을 터트렸다. 이제는 충분한 권력을 지닌 칸으로서 텔레-부가는 이제 노가이에게 더욱 독립적 태도를 취할 수 있다고 생각했으며, 따라서 노가이와의 관계는 더욱 더 악화되어 갔다.

두 칸의 화합의 부재가 가져온 결과에서 비롯된 혼란에 대해 몽골의 관리(바스칵)[170] 아흐마드와 러시아 쿠르스크 왕자들의 관한 이야기가

[168] Liubavsky, pp. 29-30 참조.

[169] Hyp., pp. 213-223.

[170] "баскак"이란 용어의 의미에 관해서는 본장 8절, p. 317 참조.

이를 여실히 증명해주고 있다.[171] 아흐마드는 쿠르스크 지역에서 세금을 징수하는 임무를 맡고 있었다. 일화에 따르면, 그는 그곳에 두 도시를 세웠으며, 그곳에 사는 도시인들에게 세금이 면제되어 인구는 매우 빠르게 증가했다. 수많은 장인들과 상인들이 그 도시들에 호감을 가졌다. 그러나 릴스크의 올렉 왕자와 리페츠크의 스뱌토슬라브 왕자가 소유한 지방은 그와 반대로 가난에 허덕였다.[172] 곧 두 공작은 칸에게 불만을 고하기로 결정했다. 세리 아흐마드는 노가이에 복속되었으므로 공작들은 텔레-부가에게 호소했다. 텔레-부가는 아흐마드가 세운 도시들을 폐허로 만들라고 명령했다. 그러자 올렉과 스뱌토슬라브의 친위병들은 도시를 침공하여 폐허로 만들었다.

아흐마드는 노가이에게 호소했다. 두 공작의 행위에 분노한 노가이는 아흐마드로 하여금 강력한 오르다 군을 이끌고 올렉과 스뱌토슬라브를 비롯하여 그 신하들을 체포해 오라는 명령을 내린다. 징벌군에 대한 소식을 들은 올렉은 텔레-부가의 진영으로 도망가고, 스뱌토슬라브는 랴잔 공국의 보로네즈 삼림 속으로 도망쳤다. 두 왕자와 스뱌토슬라브의 신하들은 도주에 성공했으나, 올렉의 신하들은 동쪽으로 도주하던 중 아흐마드의 군사에 의해 체포되어 세리의 병영으로 이송되었다. 아흐마드는 그들을 즉시 처형하라고 명령한다. 아흐마드의 군대는 두 왕자가 소유하던 영지를 가차 없이 파괴해 버렸다. 그 다음해에 텔레-부가와 노가이 사이의 협약이 맺어졌다. 그 협약에 따르면, 올렉은 다시 릴스크로 돌아올 수 있었다. 한편, 스뱌토슬라브도 돌아왔으며, 그 자신은 그 협약의 어떤 당사자도 아니므로 다시 아흐마드의 도시를 공격했다. 그의 이러한 행동으로

---

[171] Laur, 2, col. 481-482; Nikon, 10, 162-165; 이 에피소드의 연대에 관해서는 Nasonov, p. 70 참조.

[172] 두 공작 모두 체르니고프가(家)에 속한다. Baumgarten, 1, 90. 릴스크와 리페츠크 두 도시는 쿠르스크 지방에 있다.

얻게 될 결과를 걱정하던 올렉은 다시 텔레-부가에게 가서 공격 사실을 고하자, 텔레-부가는 그에게 스뱌토슬라브를 처벌하라는 명을 내리고, 몽골군을 파견했다. 칸의 명을 이행하기 위해 올렉은 스뱌토슬라브를 살해했다. 이 사건 이후 스뱌토슬라브의 동생 알렉산드르는 노가이 칸에게 가서 보호를 요청했다. 칸은 알렉산드르를 도와주기 위해 군사를 보냈으며, 그들의 도움으로 알렉산드르는 올렉과 그의 두 아들을 체포하는데 성공하였으며, 체포한 일족 모두를 살해했다.

이 모든 일화(逸話)는 몽골 통치의 몰락의 그림자와 더불어 러시아의 왕족들이 얼마나 추한 모습을 가지고 있었는가를 뚜렷이 증명해주고 있다. 다른 유사한 사건들을 앞으로도 보게 될 것이다.

Ⅱ.

1288년 봄 텔레-부가는 베르케로부터 시작된 칭기즈칸 후손의 양가(兩家) 사이의 불화를 다시 재연시키면서 일 칸국에 대한 원정을 개시하였다. 황금 오르다 칸의 목적은 예전과 마찬가지로 아제르바이잔을 점령하는 것이었다. 그러나 이번의 원정도, 뒤이은 1290년 봄의 원정도 어떤 뚜렷한 결과를 가져오지 못하였다.[173] 그리고, 로스토프의 백성들은 칸의 관심이 코카서스 지역에 집중되어 있는 틈을 이용하여 1289년 몽골 관리들에 대한 반란을 일으켰다.[174] 이에 관한 그리고 로스토프로 툴라-부가가 보낸 징벌군에 관한 어떠한 자료도 없다. 아마도 반란은 로스토프의 왕족들과 이웃도시에 자리 잡고 있었던 몽골군의 연합군에 의해 진압되었을 것이다.

만약에 텔레-부가가 일 칸국과의 전쟁으로 이전에 아무런 성과도 가져

---

173) Spuler, *Iran*, p. 86; Spuler, *Horde*, 70.
174) Nasonov, p. 67.

오지 못한 헝가리와 폴란드 원정에서 상처를 입은 자신의 권위를 높이기를 바랐다면, 그는 오산한 것이었다. 그의 아제르바이잔 정복 실패는 왕족들과 장수들에 의해서 혹독하게 비판받았음에 틀림없다. 반대파의 지도자들은 토흐타가 권좌에 오르도록 지원할 준비를 하고 있었다. 어떻게 해서든 텔레-부가는 토흐타를 체포하기로 결정했다. 사전에 위험 경고를 접한 토흐타는 주치 가(家)의 최고 연장자인 노가이에게 도망가서 보호를 요청했다. 노가이는 당연히 텔레-부가의 권위를 떨어뜨릴 수 있는 기회로 삼으려고 했다. 그리하여 노가이는 자신의 병영에서 토흐타에게 은신처를 마련해 주고 도망자에게 안전을 보장하였다. 노가이가 자신을 공작들과 주치 가(家)의 중개자로 임명한 바투의 칙령을 언급했던 경우가 바로 이 경우였다.[175] 노가이는 토흐타와의 우호 관계를 설정한 것이 치명적인 실수를 한 것임을 전혀 깨닫지 못하였다. 토흐타와 우호 관계를 맺은 자는 언제나 파멸에 이르렀다. 노가이도 예외는 아니었다.

토흐타와의 협의를 마친 후 노가이는 계략을 써서 텔레-부가를 제거하려고 결심했다. 그는 화친을 맺을 것같이 가장하여 텔레-부가를 자신이 정한 장소에서 만나자고 초대하였다. 각각은 군대의 동원 없이 소수의 신하들만을 대동하기로 하였다. 텔레-부가는 노가이를 믿어버릴 만큼이나 앞뒤를 재지 못했다. 그는 함정에 빠졌다. 그는 자신을 수행한 몇 명의 왕족들과 함께 노가이의 군사에게 생포되어 토흐타에게 넘겨졌고, 토흐타는 그들 모두를 전통적인 몽골식으로, 다시 말해서 피를 흘리지 않고, 그들의 척추를 부러뜨리는 방식으로 처형할 것을 명령했다(1291년).[176] 그 이후 노가이는 토흐타를 킵차크의 칸으로 선언했다. 이에 대해 토흐타는, 이집트의 문헌에 따르면, 노가이에게 "크림을 선사했다."[177] 이미 지

---

175) Tiesenhausen, *2*, 69.

176) *Idem*, *2*, 69-70; Veselovsky, pp. 37-38.

177) Veselovsky, p. 43.

적했듯이, 단지 크림 반도의 도시들의 소득의 4분의 1만이 킵차크 칸국의 소유였다.[178] 따라서 토흐타가 노가이에게 양보한 몫이 바로 이것이었을 것이다.

비록 토흐타는 노가이로부터 권좌를 정복하는 데 도움을 받았지만, 일생을 노가이의 가신으로 살 생각은 전혀 없었다. 토흐타는 텔레-부가와 투다-망구와는 전혀 다른 성격의 소유자로, 그리고 매우 능력 있는 통치자로 모습을 드러냈다. 천상에 대한 경건한 숭배자로서 그는 전형적인 몽골 전통을 따랐으며, 범(汎)몽골의 통일을 믿었다. 처음부터 노가이와의 공공연한 충돌을 피할 만큼 매우 조심스런 토흐타는 강력한 군사와 행정 조직을 장악하는 것부터 시작했다. 그러나, 그는 노가이에게 공공연히 대항할 만큼 자신감을 느끼기까지는 그에게 아직 몇 가지 양보를 할 수밖에 없었다.

황금 오르다의 왕위 계승 시기를 틈타 공식 대공 안드레이는 몇몇의 로스토프 왕족들과 로스토프 주교의 수행을 받으며 노가이의 심복인 드미트리에 대한 불만을 토로하기 위해, 그리고 다시 야를릭을 받기 위해서 토흐타에게 갔다. 드미트리는 자신이 노가이의 가신이므로 토흐타의 궁정에 나타나기를 거부했다. 트베르의 미하일 왕자(대공 야로슬라브 2세의 아들) 또한 노가이의 편에 서서 자신의 권좌에 대한 권리를 확인하기 위해서 토흐타가 아니라 노가이에게 갔다. 그리고 모스크바의 다니엘 왕자(알렉산드르 넵스키의 막내아들)도 토흐타의 궁정에 나타나지 않았다. 그렇게 해서, 황금 오르다의 권력 분할은 마찬가지로 러시아 공작들을 서로 적대적인 두 그룹을 형성하게 만들었다. 토흐타는 이러한 상황을 수용하기를 거부하고, 전(全) 북부 러시아에 대한 통치를 확인하기 위하여 더욱 과감한 시도를 펼쳤다. 그는 안드레이를 블라디미르의 대공으로 인정

---

[178] 본서 2장, 9절, p. 193.

하였을 뿐만 아니라, 그와 스몰렌스크의 대공 표도르에게 드미트리를 제거할 권한을 부여하였다. 예상했던 대로 드미트리는 자신의 권좌를 양보할 의사가 없었으며, 토흐타의 명령을 무시했다. 그러자 칸은, 러시아 문헌에서 쥬덴이라고 불리는 동생 투단의 지휘 하에 자신의 러시아 가신들을 지원하기 위하여 군대를 파견하였다.[179] 블라디미르 대공국은 토흐타에 대한 드미트리의 대항으로 혹독한 대가를 치러야만 했다. 블라디미르는 모스크바를 포함한 다른 도시들과 마찬가지로 무자비하게 강탈당했으며, 주위의 농지들은 완전히 폐허가 되었다(1293년). 겨우 트베르 도시 하나만이 폐허를 피하기 위해서 점령군에게 결사 항전을 벌였다. 토흐타는 또다시 타흐타미르(토그-테미르?) 왕자를 선봉으로 하는 몽골군을 증파했다. 그 군대에 의해 트베르는 엄청난 피해를 입었다.[180] 한편, 드미트리는 프스코프로 도망가서 안드레이와 협상을 갖고, 일시적인 화친을 맺었다. 그러나 곧 얼마 지나지 않아 드미트리는 죽고, 안드레이는 북부 러시아 왕자들 대부분에 의해서 대공으로 인정되었다(1294년).

비록 칸 노가이는 이번에는 러시아 정세에는 간섭하지 않기로 하였으나, 아마도 토흐타의 결정적인 행위가 그를 노심초사하게 만들었을 것이다. 그는 황금 오르다의 사안에 대한 최고의 권력은 여전히 노가이에게 있다는 것을 토흐타에게 상기시킬 필요가 있다고 여겼다. 결국 1293년 노가이의 원비(元妃) 바일락 카툰은 토흐타의 궁정을 예방하여 극진한 환대를 받았다. 성대한 축연이 있은 지 며칠 지나서 그녀는 토흐타에게 그의 "아버지"(곧 주인) 노가이가 일전에 텔레-부가를 지지했던 일련의 장수들은 위험한 자들이니 그들을 경계할 것을 원했다고 말했다. 그녀는 그들 가운데 23명의 이름을 거명했다. 토흐타는 차례로 그들 한 명씩을 자신의

---

[179] Nasonov, pp. 73-77; N. Veselovsky, "Заметки по истории Золотой Орды,"(「황금 오르다 역사에 관한 소고」) ANZI, 21, 1쇄(1916), 1-10.

[180] Nikon, 10, 169.

천막으로 불러 처형했다.[181]

토흐타는 이러한 충직의 증거를 보이며 노가이를 안심시켰다. 이제 노가이는 세르비아에 자신의 영향력을 확대하기 위하여 발칸 정세에 관심을 돌릴 수 있었다. 비진 출신의 쉬쉬만[182]을 포함, 몇몇 발칸반도 지방의 왕족들이 세르비아 왕 밀루틴 우로쉬 2세로부터 자신들을 보호해 달라고 노가이에게 요청했다. 노가이가 군사를 세르비아에 보내자, 왕은 자신을 노가이의 가신으로 인정하는 것 이외에는 다른 대안이 없었다(1293년경).[183]

같은 해에 제노아와 베네치아 사이에 기나긴 전쟁이 일어났다. 지중해 동부에서 이 두 이탈리아 국가에 의한 상업 무역의 폭넓은 확장이란 측면에서, 그들의 갈등은 그 두 나라와 일련의 동방 국가들 사이의 관계뿐만 아니라 유럽, 그리고 아시아 전반에 걸친 국제 관계의 정치에도 영향을 미쳤다.[184] 이미 밝혔듯이, 제노아 상인들은 망구-테미르의 통치기에 크림반도의 항구들을 근거지로 삼아 깊이 뿌리를 내리고 있었다.[185] 베네치아 인들은 자신들에게 엄청난 이득을 가져다주었던 흑해 무역에서의 우위를 상실한 데 대하여 분노하였으며, 곧 크림에서 자신들의 영예를 되찾기 위하여 노력을 기울였다. 1287년 솔다이아에 베네치아의 사절이 파견되었다는 기록이 있다.[186] 1291년에는 베네치아 상인들은 노가이에게 사절단을 파견하기로 결심했다. 그들은 아마도 크림에서 제노아 인들의

---

181) Tiesenhausen, *1*, 109; Veselovsky, p. 43.

182) P. Nikov, *История на Видинского княжество до 1323 година* (『1323년까지 비딘스코토 공국사』)(Sofia, 1922), pp. 47-50.

183) Nikov, *Татаро-булгарски отношения* (『타타르-불가르 관계』), p. 23는 대략 1292년까지의 사건에 관하여 기술하고 있다. Veselovsky, p. 42는 대략 1296년까지.

184) 제노아-베네치아 전쟁(1293-1299년)에 관해서는 MPYC, Introductory Note vi, *1*, 41-44; Bratianu, pp. 263-275; Cessi, *1*, 263-265 참조.

185) 본장 4절, p. 248 참조.

186) Bratianu, p. 256.

독점을 붕괴시키기 위한 일에 노가이와 협력할 것을 염두에 두었을 것이다.[187] 이탈리아의 해상무역을 연구한 역사가에 따르면, 흑해 지역에서 베네치아 무역상들의 적극적인 활동이 두 이탈리아 도시국가 간 갈등을 일으켰다고 보고 있다. 그러나 노가이는 제노아인들에 해를 입힐 수 있는 어떤 즉각적인 행동을 취하기를 꺼렸다. 한편, 그와 토흐타와의 관계는 긴장 상태였다. 틀림없이 제노아인들은 토흐타가 베네치아인들로부터, 그리고 그들을 지원하는 노가이로부터 막아주기를 요청했을 것이다.[188] 그리고 노가이는 군주인 토흐타를 배반한 일련의 장수들에게 피난처를 제공했다. 그들 가운데 한 장수에게는 자신의 딸과 결혼시키기도 했다.

토흐타는 해명을 요구하는 사절을 노가이에게 파견했으며, 만약에 이러한 요구가 만족되지 않을 경우 전쟁도 불사한다고 그를 위협했다. 노가이는 도전을 받아들이고, 사절단에게 이렇게 답하였다. "우리 말들이 목말라하며, 우리는 우리 말들이 돈 강의 물을 마시기를 원한다." 이 전쟁 선포에 대한 미사여구 형식은 스텝 민족의 전통적인 서사시의 형식을 가지고 있다. 그 형식은 이미 스키타이 시대에도 쓰였으며, "이고르 원정기"에도 상기되고 있다.[189] 토흐타는 즉시 군에게 적을 공격하라고 명령했다. 이집트의 사가(史家) 루큰 앗-딘 바이바르스에 따르면, 이 전쟁의 결정적인 전투는 야스 강, 즉 프루스 강 연안에서 벌어졌다.[190] 마르코 폴로가 페르시아에 머물던 당시에 그는 이 전투가 네르기 평원을 따라서 벌어졌다고 들었다.[191] 네르기는 페르시아말로 "선"을 일컫는다.[192] 우리

---

[187] *Idem*, pp. 256-257.

[188] Manfroni, *Storia delia marina*, *2*, 103; A. Battistella, *La Republica di Venezia* (Venice, 1921), p. 165, Bratianu, pp. 256-257에 인용된 대로.

[189] G. Vernadsky, "La Geste d'Igor au point de vue historique," *Annuaire*, *8*(1948), 223 참조.

[190] Tiesenhausen, *1*, 110-111; Veselovsky, p. 4; 본장 1절, p. 179 그리고 주석 153 참조.

는 이 지명이 베사라비아와 몰다비아에 있는 드네프르 강과 프루스 강 사이에 있던 고대의 방어선이었을 것으로 본다. 트라얀 황제의 벽으로 불린 이 유적은 지금도 존재하고 있다.[193] 따라서 전장의 무대는 남부 베사라비아에 위치하고 있다.

전투는 노가이의 승리로 끝났다. 토흐타는 남은 군사들과 동쪽으로 도망쳤고, 노가이의 군사에 쫓기다가 멀리 돈 강까지 이르렀다. 노가이의 약속은 이루어졌다. 정말로 그의 군졸들은 자신들의 말을 돈 강의 물을 마시도록 하였다. 이제 노가이는 제노아인들에게 분노를 풀 차례였다. 헤지라 698년(1298-99년) 그의 군사들은 카파와 솔다이아를 정복하고 약탈했다.[194] 대략 이와 비슷한 시기에 제노아와 베네치아와의 전쟁은 쿠르졸라 근처의 해상 전투에서 제노아의 결정적인 승리로 끝났다(1298년 9월 7일). 한편, 마르코 폴로가 1295년 중국에서 베네치아로 돌아오다가 제노아인들에게 포로로 체포된 것은 바로 이 전투에서였다. 바로 그 베네치아의 감옥에서 마르코 폴로는 자신의 이야기를 옆방에 있던 피사 출신의 죄수 루스티치야노에게 이야기하고, 죄수는 그것을 기록으로 남겨 후손에게 남겼다. 만약에 감옥에 갇히지 않았더라면, 그는 아마도 자신의 역사를 남길 만한 시간을 갖지 못했을 것이다. 비록 제노아인들이 전쟁에서 이겼으나, 화친의 조건은 베네치아인들에게는 그렇게 혹독한 일은 아니었다. 베네치아인들의 흑해에서의 무역 권리는 1299년에 인정되었다.[195]

---

191) MPMP, *1*, p. 486.

192) Steingass, p. 1395.

193) 베사라비에 있는 트라얀 성벽에 관해서는 C. Schuchhardt, "Wälle und Chausseen im südlichen und östlichen Dacien," *AEM*, *9*(1885), 202-232; V. P. Semenov, *Rossiia, 14*(St. Petersburg, 1910), 134; C. Uhlig, "Die Wälle in Bessarabia, besonders die sogenannten Trajanswälle," *Prähistorische Zeitschrift*, *19*(1928), pp. 185-250 참조.

194) Veselovsky, pp. 46-47.

195) Cessi, *1*, 265.

토흐타를 돈 강 너머까지 추적하여 그를 없애버리는 것을 거부함으로써 노가이는 칭기즈칸의 가장 중요한 전략 가운데 한 가지를 위반한 셈이 되었다. 아마도 그는 자신의 군사력을 과소평가한 것 같다. 게다가 그는 더욱 노쇠해 갔다.[196] 토흐타는 이러한 실수를 완전히 활용했다. 2년 후 다시 그는 잘 훈련된 군사를 보유하고, 헤지라 699년(1299-1300년) 다시 서쪽으로 진격하였다. 아랍 문헌에 따르면, 토흐타와 노가이가 벌인 이 두 번째 전쟁에서 결정적인 전투는 쿠칸닉(카간늑)에서 벌어졌다. 그 장소는 폴타바 주의 카가믈릭 강으로 추정할 수 있다.[197] 이번에 행운은 토흐타에게 찾아왔다. 노가이의 군대는 궤멸당하고, 노가이 자신은 토흐타 군의 러시아 충신에 의해 살해되었다. 노가이의 목을 가져온 병사는 토흐타로부터 큰 포상을 기대하였으나, 토흐타는 "평민은 왕을 살해할 권리가 없다"라고 말한 후, 그 병사의 목을 벨 것을 명했다.[198] 틀림없이 토흐타는 노가이가 피를 흘리지 않고 죽을 수 있는 특권을 누리지 못한 것에 대해 분노했을 것이다.

노가이의 장남 차카(죠가)는 살육을 피하여 도망치는 데 성공하여 전투에서 남은 군사들과 함께 처음에 "알란의 땅"(몰다비아)으로, 다음에는 불가리아로 갔다. 불가리아의 차르 스밀레츠는 1298년 말에 사망하고 왕조는 분열하였으며, 왕좌를 노리던 자들 가운데 테르테르의 아들 스베토슬라브가 있었다. 차카가 나타나자, 스뱌토슬라브는 그를 자신의 군주로

---

[196] 노가이는 1235년에서 1240년 사이에 태어났을 것이다.

[197] 이 전투에 대해 좀 더 상세한 것은 Veselovsky, pp. 48-49. 카가믈릭(Кагамлык) ─지금의 크레멘추그 시 가까이 드네프르 강으로 흘러드는 작은 강. P. P. Semenov, *Geografichesko-statisticheskii slovar' Rossiiskoi Imperii, 2*(『러시아 제국 지리 통계 사전 2』)(St. Petersburg, 1865), 409; V. P. Semenov, *Rossiia, 7* (St. Petersburg, 1903), 311, 415, 416. F. K. Brun(Bruun)에 따르면, 전투는 지금의 오데사 근처에서 벌어졌으나(Nikov, *Татаро-булгарские Отношения*, p. 32를 보라), Spuler p. 76에 의하면, 북 코카서스의 테렉 강에서 일어났다.

[198] Veselovsky, p. 49.

간주하여 그가 티르노브에서 불가리아의 왕좌에 오르도록 도와주었다 (1300년 말 또는 1301년 초). 그렇게 해서 불가리아의 칸은 칭기즈칸의 후예가 되었다. 그러나 이것은 그리 오래가지 않았다. 토흐타로부터 불가리아에 대한 강압 조치들을 두려워한 스뱌토슬라브는 곧 차카를 배반했다. 그는 모종의 음모를 꾸며 차카는 감옥에 갇히게 되고 그곳에서 목이 졸려 죽었다.[199] 그 후 스뱌토슬라브는, 아마도 토흐타의 가신(家臣) 자격으로, 스스로를 불가리아의 칸으로 칭하였다.

노가이의 열정적인 개성과 그의 드라마 같은 성공과 몰락의 역사는 그를 투르크 및 러시아의 서사시에서 선호하는 인물로 만들었다. 많은 러시아의 시(bylina)에서 "칼린-차르 개"(sobaka Kalin-Tsar)가 등장한다. "노가이"는 몽골어로 "개"이며, "칼린"은 투르크어로 "뚱뚱한"을 뜻한다. 노가이는 뚱뚱했던 것으로 알려져 있다. 그렇게 해서 러시아 블린에서 나오는 "칼린-차르 개"는 다름 아닌 칸 노가이를 일컫는 것이다.[200]

6. 14세기 전반의 황금 오르다

I.

노가이에 대한 토흐타의 결정적인 승리로 황금 오르다에서 이중 권력의 시대는 홀연히 끝났다. 그러나, 토흐타는 처음부터 복잡한 상황과 부딪히게 되었다. 나라와 백성은 내란으로 지쳐 있었다. 게다가 1300년과 뒤이은 2년 동안 흑해 연안의 스텝에는 가뭄이 맹위를 떨쳤다.[201] 하지만, 어려움은 곧 극복되었고, 상황은 점차 회복되었다. 라시드 앗-딘을 이

---

[199] Chaka의 이야기에 관해서는 Nikov, pp. 32-49; cf.: Veselovsky, pp. 55-57 참조.
[200] O. Jensen(R. Jakobson), "Собака Калин Царь," *Slavia*, *17*(1939), 82-98 참조.
[201] Tiesenhausen, *1*, 436, 513; *ZO*, p. 88.

어 『역사』를 계속 집필한 자에 따르면, 토흐타는 매우 인내가 있고, 재능 있는 통치자였다. "그의 통치기에 그에 속한 나라들은 최고수준의 번영을 누렸고, 그의 울루스 전체는 풍요가 넘치고 모두 만족스러웠다."[202]

실제로 토흐타는 지체 없이 킵차크 칸국의 유일한 통치권을 복원하면서, 국제 정세를 자기 통제하에 두고, 가신(家臣) 국의 백성들과 왕족들에 관한 정사를 직접 운영하였다. 차카가 사망한 후 노가이 오르다는 분열되었다. 일부는 러시아의 포돌리아로 이주하고,[203] 다른 일부는 토흐타를 군주로 인정하여 흑해 지역의 스텝에 머물 수 있었다. 때때로 그들을 소(小) 노가이 인들이라고 불렀다. 다른 노가이 씨족들은 노가이의 이전 통치기에 카스피 해 북쪽에 위치한 야익 강 연안 유역에 남아있는 친족들과 결합하기 위하여 그곳의 생존 지역으로 돌아가기를 선호했다. 그들을 대(大) 노가이인들이라고 불렀다.

토흐타는 노가이의 족적을 따라 비잔틴의 팔레올로그들과 우호관계를 유지했다. 노가이의 경우와 마찬가지로 우호관계는 가족관계의 끈을 매개로 강화되었다. 황제 안드로니쿠스 2세의 혼외 딸 마리아는 토흐타의 부인 가운데 한 명이 되었다.[204]

13세기를 닫으면서, 소아시아에서 비잔틴 제국의 운명뿐만 아니라 후에 러시아의 운명에도 영향을 미칠 수밖에 없는 중대한 사건이 일어났다는 것을 상기하고자 한다. 1296년 일 칸국의 칸 가잔은 셀주크 술탄 지아스 앗-딘 마수드 2세를 권좌에서 축출했다. 그의 후계자가 들어선지 얼마 되지 않아 셀주크 국에 반란이 일어났으며, 1299년 가잔의 군사로 진압되었다.[205] 이로써 셀주크 술탄국은 붕괴되었다. 언제나 술탄의 가신이었

202) Tiesenhausen, 2, 141.
203) Spuler, p. 79
204) Ibid.
205) Rashid 3, pp. 180-181.

던 아나톨리아의 지방 군주들은 이제는 일 칸에게 자신들의 복속을 맹세해야 했다. 하지만 그들 대부분이 사실상 독립을 누렸으며, 그 가운데 에르토그룰의 아들 오스만이 있었다. 오스만은 아버지의 통치기 말에 비교적 강력한 자신의 국가를 세울 수 있었다. 임종에 가까워서 그는 그의 아들 오르한[206]이 마르모라 해의 남안(南岸)에서 가까운 중요한 도시인 부르사를 점령했다는 기쁜 소식을 들었다(1326년). 부르사는 오토만 제국의 첫 수도가 되었다.

토흐타는 이집트의 술탄은 물론 일 칸들과도 활발한 외교관계를 펼치는 것을 지지했다. 일 칸들에게 그는 아제르바이잔 일부에 대한 킵차크의 지배를 끈질기게 줄곧 요청하였으나 거부되었다. 그는 또한 동(東) 이란(아프가니스탄)에 있는 가즈니의 정세에도 개입해서, 당초에는 자신이 지원하는 후보를 현지 공국의 권좌에 앉힐 수 있었다. 그러나 그 가신은 곧 쫓겨났다.[207] 토흐타와 가잔 사이 갈등의 심화는 범(汎) 몽골 칸의 연합이라는 형태로 몽골 제국이 통일을 복원하려는 대칸 티무르의 행동에 의해 차단되었다. 이에 대해서 앞으로 다룰 것이다. 토흐타와 가잔의 후계자 올자이투는 모두 이 계획을 승인하고 이를 지원할 것을 엄숙하게 맹세했다(1304-05년).[208]

토흐타의 통치기에 황금 오르다와 일 칸국의 평화로운 상호 관계가 가져온 중요한 결과는 두 칸 사이의 교역의 복원이었다. 와싸프에 따르면 "대상들과 카라반 소유자들에게 길이 다시 열렸다. 아르란 지역은(북 아제르바이잔) 천막과 짐마차들로 채워져 있었고, 신속한 교역 덕분에 주요 상품들과 세련된 물건들이 시장을 메웠다."[209] 그와는 반대로 흑해의 교

---

[206] 이후 오토만 술탄들의 이름은 현대 터키어 표기에 따른다.

[207] Spuler, p. 81.

[208] 본서 2장 4절, p. 125 참조.

[209] ZO, p. 89.

역은 토흐타와 제노아 인들의 불화로 쇠락을 겪었다. 1308년 카파는 몽골 군에 의해서 강탈당하였다. 그러나 다른 항구들에서 교역은 위축되지 않고 계속되었다.

황금 오르다의 질서 복원은 러시아의 정세에도 영향을 미치지 않을 수 없었다. 모든 러시아의 왕족들은 토흐타에게 복종토록 강요당했으며, 이제는 그들이 도움을 요청할 수 있는 경쟁 칸은 없었다. 그렇게 해서 외면적으로 칸에 대한 러시아의 복속은 복원되었다. 그럼에도 불구하고, 예전의 몽골 권력이 자기 확신에 찬 모습은 사라졌다. 이전의 황금 오르다에서 이중 권력이 존재하던 동안 몽골의 통치 권력의 무자비한 메카니즘에 대한 러시아인들의 두려움은, 비록 완전히 사라졌다고는 할 수 없지만, 현저히 약화되었다. 적어도 마술은 깨졌다. 많은 러시아 왕족들은 자신들이 비록 몽골 연합에게 대항하기에는 너무나 나약하지만, 그럼에도 몽골 사이의 불화를 자신들이 활용할 수 있다는 것을 알아차렸다. 설령 이제 토흐타가 유일한 황금 오르다의 권력자라고 하더라도 그는 여전히 자신의 정치에 있어서 적어도 일정한 정도는 그의 권좌를 둘러싼 귀족들—구세대의 주치 가(家)의 귀족들, 그리고 장군들은 물론이고 지도급 계층들과 다른 "압력 단체"들을 고려해야만 했다. 일련의 문제에 대해서 칸의 참모들 사이에서 불화가 발생하였기 때문에 러시아의 공작들은 항상 이런 또는 저런 몽골의 왕자 또는 관리 밑에서 항상 보호받을 수 있었다. 러시아 왕족들 사이에서도 경쟁 관계가 있었기에 각각의 왕족은 몽골인들 사이에서 자신들의 고유한 세력 지원자를 확보하기 위해서 노력하였으며, 그렇게 해서 그들을 몽골을 자신들의 반목(反目)에 끌어들였다. 러시아 왕족들 사이에서 살아남기 위한 가혹한 투쟁에서 각각의 왕족은 무엇보다도 영지의 확장과 그에 대한 자신만의 통제에 대해서 열중했다. 만약에 그것이 매우 유익하다고 판단되면, 이런 저런 여러 왕족들과 동맹을 맺곤 하였지만, 그것은 자신에게 얼마만큼은 이득이 되는 동안에만 유효한 것이었다. 이러한 게임에서는 칸의 궁정에 있는 권력, 외교, 함정, 모략 등 모든 수단들이 동원되었다. 때때로 일부 왕족들은 다른 왕족들보다 훨씬 더 강력해져서, 그들의 눈앞에 새로운 미래가 펼쳐졌다. 즉, 한 공작에게 동부 러시아 전부를 또는 그 일부를 통치할 수 있는 가능성이 주어졌다. 따라서 영지를 위한 투쟁은 최고 권력을 쟁취하기 위한 지도급 왕족들 사이의 최고 권력에 대한 투쟁으로 번져갔다. 이러한 방식으로 영지의 무질서 상태에서 점차적으로 하나의 민족 국가가 탄생하기에 이르렀다. 이러한 과정은 후기 카롤링 왕조의 붕괴이후 카페 왕조 하에서 프랑스 전제 군주가 성장하는 과정과 어느 정도 유사했다.

1290년대 초 러시아 왕족들 가운데 서로 경쟁하는 두 그룹이 뚜렷하게 모습을 드러냈다. 로스토프를 둘러싸고 연합한 왕족 그룹들과 중부 러시아 — 페레야슬라블, 트베르 그리고 모스크바의 왕족들의 연합 그룹이 그 것이었다. 1294년 그들 모두는 적어도 명목상으로나마 안드레이 대공의 지배를 인정하였다. 그러나 3년이 지나서 두 공작 연합간의 상호관계는 매우 긴장이 높아져 전쟁이 불가피한 것처럼 보였다.[210] 이것은 토흐타가 최초로 노가이에 대한 공격을 준비하고 있을 때 발생했다. 하지만 그는 러시아 상황이 더 긴박하다고 판단하여 즉시 개입하기로 결정했다. 토흐타는 러시아 문헌에서 네브루이(네브루스?)라고 언급되는 특사를 강력한 군대와 함께 파견하였으며, 사라이의 주교 이스마일에게는 네브루이를 수행해서 서로 대립하고 있는 세력이 화친하도록 노력해 줄 것을 요청하였다. 모든 러시아 왕족들은 블라디미르에 소집되었고, 격렬한 논쟁이 있은 후 이스마일 주교는 모두가 화친에 이를 것을 강력히 설득하였다.[211]

4년 후 모스크바의 다니엘 왕자가 랴잔 공국에 속해있던 콜롬나를 침

---

210) Trinity, p. 347.
211) *Ibid.*, pp. 347-348

략하자 새로운 복잡한 상황이 발생했다. 랴잔의 콘스탄틴 왕자는 지방의 몽골 바스칵에게 보호를 요청하였으나, 다니엘 왕자의 공세를 막기에는 역부족이었으며, 그는 랴잔 공국 및 몽골 군사들을 격퇴하는데 성공했다 (1301년).[212] 다니엘은 교묘한 계략으로 콘스탄틴 공작을 사로잡아 모스크바로 끌고 왔으며, 적절한 경의를 보이면서, 그곳에 수 년 동안을 감금했다. 다니엘이 죽은 뒤, 불운의 콘스탄틴 왕자는 다니엘의 아들이자 후계자인 유리 왕자의 명에 따라 살해되었다.

성과에 고무된 다니엘은 1303년 모자이스크를 정복하였는데, 모자이스크는 그때까지 스몰렌스크 공국의 일부였다. 그 해 페레야슬라블의 이반 왕자는 세상을 떠났으며, 그 뒤를 이을 아들들은 없었다. 안드레이 대공은 페레야슬라블을 통치하기 위해 즉각 자신의 심복들을 보냈다. 다니엘은 매우 분개하였는데, 이미 그 도시를 자신에게 복속시키고자 미리 점을 찍어 두었기 때문이었다. 그는 이반 왕자가 자신에게 그 도시를 유언으로 넘겨주었다고 주장했다. 그리고 대공의 심복들을 쫓아내고 자신의 군대로 도시를 장악했다.

다니엘 왕자의 모든 공격적 행위 속에서 한 가지 뚜렷한 동기를 구별해낼 수 있는데, 바로 자신의 영지를 확장하는 일이었다. 콜롬나는 모스크바로부터 남동쪽에 위치하고 있었으며, 모자이스크는 서쪽에, 페레야슬라블은 북동쪽에 위치하고 있었다. 비록 초기에 원래 그의 영지는, 1917년 이전의 현대 러시아의 행정구역 단위를 사용하면, 모스크바 군의 크기에도 미치지 못하였다. 다니엘은 모스크바 지방(gubernii)의 서부 및 남동부 지역, 모자이스크와 콜롬나 군을 통치하게 되었다. 페레야슬라블은 모스크바 지방 밖에 놓여 있었다. 침공을 당한 측으로부터 거대한 저항에도 불구하고 다니엘은 자신이 공략한 세 도시를 계속 수중에 넣고

---

212) *Ibid.*, p. 350; Nasonov, p. 80.

있었다. 목적을 달성해내는 공작의 굳은 의지는 그의 후계자들의 모범이 되었다. 일단 점령한 것을 굳게 지켜낼 수 있는 능력은 다니엘 후손인 다닐로비치 가(家) 사람들이 결국 러시아의 통치자들이 되는 데 있어서 커다란 도움이 되었다.

다니엘의 페레야슬라블 함락은 공국간 관계의 모든 구조가 지닌 균형을 급격히 무너뜨렸는데, 물론 이전에도 안정된 모습의 구조는 아니었다. 대공 안드레이는 다니엘의 행위에 대한 자신의 불만을 칸에게 소상히 밝히기 위해 오르다로 향했다. 토흐타가 다시 그의 특사를 대표로 하여 러시아 왕족들을 페레야슬라블에 소집하도록 명령을 내린 때는 1304년 가을이었다. 그곳에 참석한 러시아 왕족들 가운데 지도급 인사로는 대공 안드레이, 트베르의 미하일 왕자, 다니엘의 장남이자 후계자인 모스크바의 유리 왕자가 있었다(다니엘은 1304년 3월에 사망했다).213) 러시아 정교회의 수장 막심 대주교도 참석했다.214) 회합은 대칸의 사절단이 범(汎)몽골 통일의 복원 및 범(汎)몽골 연합의 형성에 관한 성명을 엄숙하게 발표하면서 개회되었다. 그 성명의 한 당사자는 토흐타였으며, 러시아의 왕족들은 이제 그의 구성원이 된 것이었다. 범(汎)몽골 합의의 문헌 내용이 낭독되었으며, 러시아인들은 의심의 여지 없이 그것에 복종할 것을 맹세해야 했다.215)

회합의 공식 일정이 끝난 후, 현지 러시아 정세로 토의 주제가 넘어갔다. 대칸의 사절단의 승인 하에 페레야슬라블은 대공 안드레이가 아니라 모스크바의 유리 왕자에게 넘어갔다. 이것은 러시아 정세에 대한 토흐타의 새로운 정책의 중요한 의미를 내포하고 있었다. 토흐타의 선대들은 로스토프의 공작들과 긴밀한 관계를 수립하고, 다른 모든 러시아 공국들에 대

213) Ekzempliarsky에 따르면, 1303년.
214) Trinity, p. 311.
215) Nasonov, p. 79.

한 통치권을 블라디미르 대공에게 제공했다. 이제는 중부 러시아의 강력한, 예를 들어 트베르나 모스크바와 같은 지방 공국들이 출현하게 되면서 이전의 낡은 정책이 순조롭게 작동할 것으로 기대될 수 없었으며, 토흐타는 이제 새로운 상황을 인정해야만 했다. 그는 트베르의 왕자와 모스크바 왕자 모두를 자신의 직속 가신으로 삼기로 결정하였으나, 동시에 어느 한쪽에 의해 일방적으로 힘의 균형이 무너지는 것을 허용하지 않았다. 따라서 토흐타는 모스크바 왕자에게는 페레야슬라블을 맡기는 데에 만족했던 한편으로, 그 다음 차례로 트베르 왕자에게 호의를 베풀었다. 1305년[216] 대공 안드레이가 사망하자, 모스크바의 유리 왕자와 트베르의 미하일 왕자는 모두 대공 야를릭을 받고자 하는 기대에 부풀어 칸의 궁정으로 달려갔다. 하지만 미하일은 사라이로 떠나기 전에 신하들에게 페레야슬라블을 점령하라는 명령을 내렸다. 그 도시로 파견되었던 트베르의 군사들은 그러나 유리 왕자의 동생 이반에 의해서 격퇴되었다.[217] 한편, 토흐타는 대공국 블라디미르에 대한 야를릭을 트베르의 미하일에게 하사하였다. 대신에 유리에게는 그 보상으로 페레야슬라블에 대한 미하일의 지배 요구를 거부하였다. 대공 블라디미르의 권력과 트베르 공국의 자원들을 결합해 나가면서 미하일은 러시아 정세에 있어 최고 권력을 적극 추구했으며, 그에 따라 트베리와 모스크바 사이의 "냉전"기간이 뒤를 이었다.

토흐타는 러시아에서 정세가 반전되는 데 대해서 만족하지 않았으며, 자신의 러시아 울루스에 대한 완전한 정치적인 재조직을 위한 새로운 계획을 수립하였다는 데에 일리가 있어 보인다. 유감스럽게도 토흐타의 통치기 후반에 대한 문헌은 매우 빈약하다. 그 당시 러시아 문헌에는 러시아 공작들 간의 관계에 대해서만 압축된 보고만이 기술되어 있는 반면, 아랍 및 이집트의 문헌에서는 황금 오르다와 러시아와의 관계보다는 황

---

[216] Ekzempliarsky에 따르면, 1304년.

[217] Soloviev, 3, 269-270.

금 오르다와 이집트 및 이란과의 관계에 더 많은 관심을 두고 있다. 그러나 러시아에 대한 계획을 말해주고 있는 중요한 단서가 라시드 앗-딘을 이어 『역사』를 계속 저술한 작가의 1312년 토흐타의 죽음의 상황에 대한 기술에 담겨 있다. 그에 따르면, 토흐타는 자신이 직접 러시아를 방문하기로 결정하고, 볼가 강을 따라 상류를 향해 배를 타고 떠났으나, 러시아의 경계에 닿기 전에 발병하여 선상에서 죽음을 맞이했다.[218] 러시아를 방문하기로 한 토흐타의 결정은 황금 오르다의 역사에 있어서 매우 독특한 부분을 차지하고 있다. 토흐타 이전에도 그 이후에도 그 어떤 몽골의 칸도 평화로운 시기에 정복자로서가 아니라 통치자로서 러시아를 방문하려고 한 자는 아무도 없었다. 이러한 토흐타의 예외적인 행위는 자신의 북부에 위치한 울루스에서 원대한 개혁을 진행시키려고 했던 의도에서 비롯된 것에 틀림없다. 하지만 이러한 개혁의 성격에 대해서는 우리는 오직 추측만 할 수 있을 뿐이다.

우리가 이전의 그의 러시아 정책에 관해서 알고 있는 것에 따라 판단한다면, 토흐타는 모든 러시아 왕족들을 자신의 직접적인 가신으로 만들고, 자신의 영지에서 세금을 거둘 수 있는 권한 부여와 함께 각각에게 일정한 영지를 할당할 목적으로 블라디미르 대공국을 폐지하려는 의도를 가졌다는 것을 추측할 수 있다. 갈등 심화를 차단하기 위하여 그는 공국 간 회의를 상임 제도로 만들려고 했던 것 같다. 그는 개인적으로 직접 그 첫 번째 회의를 주재하여, 이 기구의 상임 의장이자 자신의 전권대리자로서 고위 몽골 관리(가능한 한 주치 가(家)의 왕자)를 임명하기를 원했던 것으로 추정된다. 이 모든 것들은(만약 우리의 추측이 토흐타의 계획과 일치했다면) 황금 오르다 내부뿐만 아니라, 범(汎) 몽골 연합 속에서도 충분히 자격을 갖춘 파트너로서 러시아(적어도 동부 러시아)를 인정하는 것

---

[218] Tiesenhausen, *2*, 141.

을 의미했을 것이다. 토흐타의 계획이 얼마나 용기가 있고, 얼마나 창조적이었다 하더라도 그것들은 모두 그의 죽음과 함께 사라졌다.

II.

토흐타의 후계자로는 그의 조카 우즈벡이 되었다(1313년에서 1341년까지 통치). 그의 통치기를 일반적으로 황금 오르다의 "황금 시대"로 간주한다. 우즈벡은 이슬람교도였기에 구 몽골 세력의 반대로 인하여 그의 선출을 연기하는 상황도 있었다. 그의 등극으로부터 이슬람교는 칸의 궁정에서 공식 종교가 되었으며, 점차적으로 칸의 몽골인 대부분과 투르크 백성들에 널리 퍼졌다. 이번에 그 개종은 최종적인 것이 분명했다. 이슬람 선지자에 대한 자신의 충성의 징표로 우즈벡은 크림반도의 솔카트에 대규모의 회교사원을 건설하였는데(1314년) 지금까지 남아 있다.[219]

대외정책에서 우즈벡은 대체로 토흐타보다도 더 급진적이었다. 비잔틴에서 내란이 일어난 시기에 그는 불가리아-비잔틴 갈등에 개입하여(1324년) 불가리아 칸 게오르기 테르테르 2세를 지원했다.[220] 몽골의 지원에도 불구하고 불가리아군은 아드리아노플에서 비잔틴 군사에게 격퇴를 당했다.[221] 그 후 비잔틴 황제 안드로니쿠스 3세(그는 자신의 조부인 안드로니쿠스 2세를 1328년 권좌에서 쫓아낸다)는 자신의 딸을 우즈벡의 아내로 바치는, 이미 익숙한 방법으로 그와 우호관계를 맺었다. 카툰 바얄룬이란 이름으로 알려진 그녀는 황금 오르다에서 종교 상황의 격변을 나타내는 중요한 징표인 이슬람교를 받아들여야만 했다.[222] 1333년경 바얄룬에게

<hr>

[219] Kulakovsky, *Tavrida*, p. 111. 솔하트는 이제 투르크어로 에스키-키림으로, 러시아어로는 스타리 크림(Old Krym)이라고 부른다.

[220] Spuler, p. 92.

[221] Jireèek, *Bulgaria*, p. 289.

[222] Spuler(pp. 79, 216)는 바얄룬을 마리아와 동일시한다(토흐타의 비잔틴 출신 부인); 그는 또한 그녀가 기독교인으로 남는 것이 허락되었다고 본다. 하지만,

는 콘스탄티노플에 있는 그녀의 아버지를 방문할 수 있도록 허가가 내려졌다. 그녀는 아랍 여행가 이븐-바투타의 수행 하에 떠났으나 다시 돌아오지 않았다.[223]

1330년 우즈벡은 다시 발칸 정세에 대해 개입하였으나 마찬가지로 성과가 없었다. 그 당시에 세르비아에 대적하는 비잔틴-불가리아 동맹이 성립되었다. 몰다비아의 알란족, 그리고 발라치아 족들은 자신들의 공작 요한 베싸라브의 지휘 하에 불가리아를 지원했다. 동맹에 대한 베싸라브의 관여는 국제무대에 루마니아인 진출의 신호가 되었다. 한편, 우즈벡도 동맹 지원을 위해서 군사 3천 명의 노가이군을 파견했다. 연합 동맹군의 수는 만 오천에 달했다. 세르비아군의 숫자가 얼마였는지는 알려지지 않는다. 군을 강화하기 위해서 세르비아 왕 스테판 우로쉬 3세는 스페인과 독일의 용병을 활용하기로 결정했다. 이 전쟁에서 결정적인 전투는 1330년 6월 28일 벨부즈드(큐스텐딜) 근처에서 벌어졌으며, 세르비아의 완전한 승리로 끝났다.[224] 이 전쟁 후에 세르비아는 발칸 국가 가운데 가장 강력한 국가가 되었으며, 곧 두샨이라는 별칭을 가진 스테판 우로쉬 4세(1336-1355년)때에 최대의 영토 확장을 이루었다.

토흐타의 통치기와 마찬가지로 우즈벡의 통치기에 칸과 제노아와의 관계는 그들 사이에 주기적으로 일어난 갈등으로 인해 악화되곤 하였다. 1322년 몽골은 솔다이아 도시를 강탈하여 그곳에 있던 많은 기독교 교회를 폐허로 만들었다. 이븐-바투타에 따르면, 그 공격은 솔다이아에서 그

Pelliot, pp. 84-85 참조.

[223] Ibn-Batuta, *2*, 411-412.

[224] Jireèek, *Bulgaria*, pp. 293-295; Jireèek, *Serbia*, pp. 361-363; Ostrogorsky, p. 361; Mutafchiev, *2*, 184-187. Cf. Spuler, p. 92. 14세기와 15세기의 발칸반도에서의 슬라브국가의 발전에 대한 일반 서술은 G. Stadtmüller, "Aufstieg und Untergang der balkanslawischen Staatenwelt," *Festschrift für Hermann Aubin*(1951), pp. 131-147 참조.

리스인과 투르크인들의 충돌로 인해 빚어진 결과였다.[225] 그러나, 당시에 가장 강력한 기독교 세력을 형성하고 있던 사람들은 그리스인들이 아니라 바로 제노아인들이었다. 다른 문헌에서 이븐-바투타는 솔다이아를 그리스 정교도들과 가톨릭교도를 구별하지 않은 채 "비교도의 항구"라고 부르고 있다.[226] 십중팔구 솔다이아에서의 갈등에서 주도적인 역할을 한 것은 그리스인들이 아니라 제노아인들이었다. 여하튼 폐허가 된 교회들 가운데에는 수많은 로마 가톨릭교회가 있었으며, 교황은 개입할 필요가 있음을 깨닫고 우즈벡에게 그 교회들을 복구하기를 요청했다.[227] 분명히 우즈벡은 그의 요청에 관심을 두지 않았다. 1333년경 이븐바투타가 솔다이아를 방문하였을 때, 그는 그곳에서 투르크인들이 인구의 우위를 점하고 있음을 알게 되었다.[228] 이와 관련, 다른 크림의 항구에서는 제노아인들에게 위해를 가하지는 않았다는 것을 지적해야 한다. 카파는 다시 번창하였으며, 1318년부터 로마 가톨릭 교구가 되었다. 제노아인들은 또한 그 시기에 보스포루스(케르치) 그리고 헤르손에서도 세력을 키웠다.[229]

우즈벡은 이집트인들과는 긴밀한 관계를 유지하였다. 1314년 술탄 알-말릭 알-나시르는 주치 가(家)의 공주에게 청혼하였다. 우즈벡은 결혼에 동의하였으나, 신부의 지참금으로 엄청난 재화를 요구하였다. 술탄의 사신은 충분한 돈을 지니고 있지 않았기에 당황했다. 우즈벡은 친절하게도 황금 오르다의 지도급 대상들을 설득하여 그들이 술탄에게 돈을 빌려주도록 하였다. 약혼이 성사되었으나, 1320년에 이르러서야 툴룬바이라는 이름의 공주에게 대규모의 고관들과 하인들을 대동하여 카이로로 떠나도

225) Ibn-Batuta, 2, 414-415.

226) Idem, 1, 28.

227) Kulakovsky, Tavrida, pp. 106-107; cf. Vasiliev, Goths, p. 174.

228) Ibn-Batuta, 2, 415.

229) Kulakovsky, Tavrida, pp. 105-106.

록 허가되었다. 일행이 콘스탄티노플에서 며칠간을 머무르는 동안 황제 안드로니쿠스 3세는 공주 일행을 아주 성대하게 맞이하였다. 알렉산드리아에서 툴룬바이에 대한 영접은 호사스러움이 더하였다. 신부가 상륙하자마자 결혼 계약이 서명되고 그녀는 곧 카이로로 떠났다. 그러나 결혼은 행복하지 못했다. 술탄은 며칠 뒤에 툴란바이와 이혼을 하고서 그녀를 자신의 신하에게 하사했다. 우즈벡은 5년이 지나서야 그녀에 관한 그 사태에 대해서, 그리고 그 뒤를 이은 그녀의 죽음에 대해서 비로소 소식을 듣게 되었다. 그는 매우 침통하고 분노하여 이집트에 사절들을 파견하여 해명을 요구하였다(1332년, 1335년). 얼마 후 그는 술탄의 딸 가운데 한명과 혼인을 치를 의향을 표하였으나, 술탄의 딸들 가운에 어느 누구도 혼인의 적령기에 이르지 않았다고 그에게 알려왔다.[230] 두 군주 가운데 우즈벡이 보다 더 친밀한 관계를 얻어내려고 노력했다는 것은 분명하다. 더군다나 그는 일 칸들과 일련의 갈등을 겪고 있었고, 맘루크로부터 도움이 필요한 실정이었다.

우즈벡 칸과 일 칸 아부-사이드와의 최초의 갈등기는 1318-1319년간이었다. 우즈벡은 자신의 본영을 북 코카서스에 설치하여 전쟁을 사전에 발발하는 것을 막았다. 1324-25년에는 일 칸의 군사들이 북 코카서스의 테렉 강 계곡을 침입하였으나 격퇴되었다. 십년 뒤에 우즈벡이 아제르바이잔과 원정을 개시하였으나, 페르시아인들에 의해 저지당했다.[231]

우즈벡은 이슬람교에 대한 수호 및 전파, 합리적인 통치와 교역 확대에 대한 지지로 인하여 이슬람의 사가(史家)와 여행자들로부터 매우 높이 평가되었다. 15세기의 역사가 이븐-아랍샤에 따르면 우즈벡의 통치기에 무역 대상들은 안전하게 크림과 호라즘을 왕래하였으며, 어떤 군대의 동행도 필요하지 않을 정도였다. 그 여로를 따라 음식과 가축을 위한 여물이

---

230) Spuler, pp. 93-96; *ZO*, pp. 92-93.
231) Spuler, p. 93; Nasonov, p. 106.

충분했으며, 또한 쉽게 얻을 수 있었다.[232] 이미 앞에서 지적했듯이, 우즈벡은 수도를 지금의 스탈린그라드에서 멀지 않은 베르케의 사라이에 정했다. 1333년경 우즈벡의 본영을 방문한 이븐바투타에 따르면, 사라이는 넓은 거리와 아름다운 시장을 가진 크고 아름다운 도시로 묘사되고 있다. 그 도시에는 몽골인, 알란족, 킵차크인, 시르카시아인, 러시아인, 그리스인의 6개 "민족"이 살고 있었다. 그리고 도시에는 각각의 민족이 자신들의 지역을 가지고 있었다. 외국인 대상들은 자신들과 물품을 보호하기 위해서 벽으로 둘러친 특별지역에서 머물렀다.[233] 우즈벡은 선대들과 마찬가지로 일 년 가운데 일부만을 도시에서 보내고, 남은 기간에는 자신의 오르두와 함께 순회하면서 보냈다. 여름에는 그는 자주 북 코카서스의 산맥 가까이에 있는 높은 고원을 방문하곤 했다. 아내들과 고위 궁정관리들이 그를 언제나 수행했다. 이러한 여행하는 오르두에 대해서 이븐바투타는 항상 움직이는 거대한 천막의 도시로 묘사하였다.[234]

카툰 타이둘라는 우즈벡이 특히 사랑했던 아내였다.[235] 이븐바투타는 그녀를 "위대한 카툰"이라고 불렀고, 그가 신뢰했던 사람이 말하기를 그녀는 매우 아름다운 피부를 가지고 있다고 했다. 우즈벡은 그녀의 아름다움에 매료되어 매일 밤 그녀를 한 번 더 찾았으며, 다른 어떤 부인들보다 그녀를 아꼈다.[236] 우즈벡의 궁정은 매주 금요일에 황금의 천막에서 거행되던 화려한 향연으로 소문이 났다.[237] 금식이 끝나는 날의 축제는 특히 호사롭고 매혹적인 것이었다.[238]

---

232) Tiesenhausen, *1*, 460; *ZO*, p. 262.

233) Ibn-Batuta, *2*, 447-448.

234) *Idem*, *2*, 380.

235) 이름 분석은 Pelliot, pp. 101-105 참조.

236) Ibn-Batuta, *2*, 390.

237) *Idem*, *2*, 383-384.

238) *Idem*, *2*, 402-410.

러시아에 대한 정책에 있어서 우즈벡의 태도는 토흐타보다는 덜 적극적이었다. 그는 러시아에서 그 어떤 상황 변화도 시도하지도 않았으며, 스스로를 지극히 협소한 목적에 한정시켰다. 통일된 러시아 국가 형성을 차단하고 러시아 공국들 사이의 힘의 균형, 특히 모스크바 및 트베르 공국간의 균형을 유지하는 것이었다. 그는 새로운 계략을 시행했다. 세금징수의 권리를 일련의 권력 있는 러시아 왕족들에게 부여했기 때문에 바스칵 제도는 불필요했으며, 그 대신에 칸은 러시아 공국에서 이런 저런 정세를 관찰하는, 정세 코미싸르라고 부를 수 있는 특별한 전권을 지닌 감독관들을 임명하였다.

　우즈벡은 통치 초기에 트베르의 미하일을 블라디미르 대공으로 확인하였다. 그 자리는 전통적으로 노브고로드에 대한 통치도 인정되었으나, 노브고로드인들은 미하일을 인정하기를 거부하고, 그 대신에 자신들의 왕으로 모스크바의 유리 왕자를 초대했다. 미하일이 칸에게 이에 대한 불만을 고하자, 유리에게는 지체하지 말고 즉시 오르다에 알현하라는 명령이 내려졌다. 노브고로드에서 모은 재물들을 활용하여 유리는 칸과 귀족들을 값비싼 선물들로 현혹할 수 있었다. 그는 몇 년간을 오르다에서 보내다가 아내로 우즈벡의 누이 콘착을 맞이하였으며, 그녀는 세례명으로 아가타라는 이름을 받았다. 결국에는 우즈벡은 미하일에 대한 야를릭을 회수하고 유리(유리 3세)를 블라디미르의 대공으로 임명하였다. 캅가디라고 하는 몽골의 고위 관리가 유리 궁정에 대한 칸의 특별한 전권을 감독관으로 임명되었으며, 유리와 콘착을 러시아까지 수행하였다. 미하일의 그 어떤 심각한 저항이 있으리라고는 예상치 못한 유리와 캅가디는 소규모의 군사들과 함께 트베르로 향하였다. 미하일은 어려움 없이 그들을 격퇴하였으나, 캅가디의 본영을 침략하는 데에는 매우 신중했다. 유리가 노브고로드로 도망치는 한편으로 트베르 인들은 그의 몽골 부인을 포로로 잡았다.[239] 그 사건이 있은 후 캅가디는 유리와 미하일에게 오르다에 알현하라고 명령했다. 그들은 오랜 여행을 해야만 했는데 딩시 우즈벡은 일 칸과의 갈등으로 북 코카서스에 머물고 있었기 때문이었다. 한편, 콘착은 트베르에서 사망하였으며, 캅가디는 그녀의 죽음에 대한 책임을 트베르 정권 탓으로 돌렸다.

미하일은 칸의 의지에 대립하고 포로가 된 칸의 누이에 대해 충분한 배려를 기울이진 않은 대가로 오르다의 최고 법원에서 재판을 받았다. 오랜 법원의 심리를 거쳐서 그는 사형선고를 받아 즉시 처형되었다(1319 년).[240] 트베르에 있는 그의 아들들은 유리를 대공으로 인정하는 방법 이 외에는 다른 대안이 없었다. 그렇지만, 그들은 몽골 지배에 대한 트베르 공국 백성들의 분노를 차단하기 위하여 특별한 사전 대책을 세워야만 했다. 1320년 로스토프에서 반란이 일어났다. 그 반란은 폭넓은 권한이 주어진 몽골 장군 아크밀에 의해 분쇄되었다. 그는 질서를 수립하기 위하여 러시아로 파견되었고, 유리의 남동생 이반이 그를 수행했다. 함께 그들은 마침내 로스토프인들의 저항을 잠재우는 데 성공했다(1322년).[241]

비록 우즈벡은 이반의 활동에 대해 만족하였으나, 유리에 대해서는 의심의 눈초리를 가지고 있었다. 아크밀은 미하일 가문으로부터(트베르의 미하일 아들들) 유리가 칸을 위해 징수한 세금의 일부를 자신의 보물로 숨기고 있다는 비밀 정보를 들었던 것 같다. 여하튼 우즈벡은 유리의 대공 야를릭을 박탈하고 미하일의 장남인 드미트리를 블라디미르의 대공으로 임명했다(1322년). 유리는 노브고로드로 돌아왔고, 더 많은 재화를 모은 뒤 또 다시 칸의 궁정으로 떠났다. 미하일의 아들들로부터의 위협을 걱정한 그는 노브고로드에서 드비나 땅을 거쳐 카마 강을 따라 아래로 향하는 우회의 길을 택했다. 드미트리도 서둘러 오르다를 향했다. 그는

239) Soloviev, 3, 275; Nasonov, p. 84.

240) Soloviev, 3, 276-279; Nasonov, pp. 86-88.

241) Nasonov, pp. 107-108.

자기 부친의 재판 및 죽음에 대해 책임이 있다고 여기는 유리를 만나자 자기감정을 억제하지 못하고 유리를 살해했다. 드미트리 역시 법의 권한에 대한 자의적 행사로 칸의 명령에 따라 처형되었다(1325년). 블라디미르 대공의 권좌는 그의 막내 동생인 알렉산드르에게 전수되었다. 만약의 사태에 대한 방책으로, 우즈벡은 셉칼이란 자를 트베르의 정세에 책임을 지는 감독관으로 임명하였다.

불행하게도, 트베르인들은 더 이상 반 몽골 정서를 억제할 수 없었기에, 셉칼이 트베르에 도착하자마자 그들은 반란을 일으켜 몽골의 감독관뿐만 아니라, 그를 수행했던 관리들과 경호들 대부분을 살해했다(1327년).[242] 우즈벡은 즉시 이반을 오르다로 소환하고, 수즈달의 알렉산드르 왕자와 함께 협력하여 트베르에 대한 징벌 원정대를 이끌 것을 이반에게 명령했다. 이와 관련, 지적해 둘 것은 1322년 사건이후 로스토프는 수즈달 영토에서 이전과 같은 지도적인 위치를 상실하였다. 그와는 반대로 수즈달과 니즈니 노브고로드(지금의 고리키)는 지도적인 위치를 점하였다. 몽골군의 지원으로 강화된 모스크바와 수즈달의 군사들이 트베르에 다가오자 알렉산드르 왕자는 서부로 도망쳤다. 트베르와 모든 트베르의 영토는 점령군에 의해서 잔혹하게 초토화되었고, 수 천 명의 트베르인들은 포로로 잡혔다. 그들 가운데 일부는, 앞에서 밝혔듯이, 중국으로 끌려갔다.[243]

비록 우즈벡은 이반의 손을 빌어 트베르에 혹독한 형벌을 내렸으나, 분명히 모스크바가 과도하게 강력해 지는 데에는 주저했다. 이점에 있어서 우즈벡이 블라디미르 대공국의 대공 자리를 모스크바의 이반에게 하사하지 않고, 수즈달의 알렉산드르에게 하사했다(1328년)는 사실은 의미하는

---

[242] Soloviev, *3*, 287-289; Nasonov, pp. 91-93. 1327년의 트베르 봉기는 서사시 "Lay of Shchelkan"(즉, **Шевкал**)의 주제가 되었다. *История Русской Литературы* 러시아문학사, *2*(Moscow and Leningrad, 1946), 103-106.

[243] 본서 2장 4절, p. 134.

바가 많다. 이반이 블라니미르 대공의 직위를 받은 때는 알렉산드르가 사망한 지 4년이 지나서였다. 일부 공국들은 그러나 그의 권력에 복속되지 않았다. 그 공국은 트베르, 수즈달, 랴잔 공국이었다. 그 공국의 각 왕자에게는 세금 징수 권력이 부여되었고, 대공을 통하지 않고 직접 칸에게 재물을 바칠 수 있는 권한이 주어졌다. 칸에 대한 자신의 충심을 확고히 보장받을 수 있도록 이반은 자주 오르다를 방문했다. 그럼에도 불구하고 그는 모스크바에 상주 사무소를 두고 있던 칸의 감독관 알-부기에 의해서 항상 감시를 받았다.[244]

어느 정도 우즈벡은 자신의 정책이 가져온 결과에 대해 만족 할 수 있었다. 이반 1세가 블라디미르의 대공으로서 통치하던 10년간(1332-41)의 기간 동안에 동부 및 중앙 러시아에서 심각한 소요는 일어나지 않았다. 칼리타(즉, 돈 자루)라는 별명을 가진, 검소하고 현명한 이반의 통치하에 모스크바 공국은 점점 성장하고 있었다고 문헌은 기록하고 있다. 이반 1세와 우즈벡과의 우호 관계로 말미암아 모스크바 공국에서의 일상은 다른 어떤 지역에서보다 평온하였으며, 백성의 숫자는 급속히 늘었다. 무역을 보호하기 위하여 이반은 주요 도로에서의 약탈에 대해 강력한 조치를 취했으며, 문헌에 따르면, 이 조치는 상당한 성공을 거두었다.[245]

대공의 관저는 블라디미르가 아니라 모스크바에 위치해 있기 때문에 러시아 정교회의 지도자 피터 대주교는 높은 도덕적 품위를 지닌 존경받는 고위 공직자로 그 역시 또한 모스크바에 머물기를 그리고 그곳에 묻히기를 희망하였다. 1342년 대주교 사망 후[246] 그의 묘지는 민족의 성지가 되었다. 그렇게 해서, 비록 대주교의 공식 명칭은 "키예프와 전 러시아 대주교"라고 불렀지만, 모스크바는 실질적으로 러시아 정교의 종교 수도

Nasonov, p. 110.

[245] Simeonov, 1328년 기록; Nasonov, p. 111 참조.

[246] 피터 대주교에 관해서는 Makari, *4*, 15-21; Golubinsky, *2*, 98-114.

로 변하였다. 대주교의 직위를 모방해서 이반 1세는 자신의 고유 직위 명에 "전 러시아"라는 문구를 덧붙였다.[247] 이러한 대공의 직위를 확대하는 것은 매우 심대한 의미를 지닌 것이었다. 그것은 러시아의 통일 운동의 시작을 알리는 것이었으며 모스크바 공국이 이 과정에서 지도적인 위치를 맡을 준비가 되었다는 것을 의미했다. 모스크바의 견고한 성장은, 잠재적으로, 황금 오르다에 대한 심각한 위협을 나타내는 것이었다. 그러나 칸의 권력은 아직 모스크바 공국의 권력보다는 여전히 강력했기에, 우즈벡이 미래에 대한 불안을 느낄 소지라고는 전혀 없던 것으로 보였다. 더구나 이반 1세는 매사에 자신의 충성심을 칸에게 보여주고 있었다.

당시에 칸이 걱정하던 것은 서부 러시아의 상황이었다. 그곳에 있는 칸의 가신들인 러시아 왕족들은 바로 눈앞에서 폴란드와 리투아니아로부터 끊임없이 점증하는 압력을 직면해야 했다. 몽골이 이미 예전에 갈리시아와 볼리냐의 땅을 1285-86년간에 폐허로 만들면서 그들의 힘을 무마시켰다는 것은 앞에서 밝혔다. 그러나 13세기 말부터 다닐로비치 가(家)의 사람들은 특히 레오 1세(1301년 사망)와 그의 아들 유리 1세는 국내 정세가 호전되도록 많은 힘을 쏟았다.[248] 유리 1세의 통치기에(1301-8년) 갈리시아는 부흥의 길에 이미 들어섰으며, 그 자신은 충성의 징표(Rex Russiae)를 받기까지 하였다.

한편, 트로이덴이 죽은 지 삼십 수년이 지난 후 리투아니아의 대공들은 강력한 군사와 통치를 조직할 수 있고, 자신의 권력 하에서 리투아니아와 백러시아 지역을 더욱 결속시켜 통합하는 데 성공했다. 리투아니아 대공국과 러시아의 결합된 자원 및 인력을 1316년에 리투아니아의 권좌에 오른 능력 있는 통치자 대공 게디민(게디미나스)은 능숙하게 활용하였다.

247) Nasonov, p. 100.
248) 13세기 말 14세기 초 갈리시아와 볼리냐의 역사에 관해서는 Hrushevsky, 3, 108-142; Paszkiewicz, Polityka ruska, pp. 1-45 참조.

1341년까지 지속된 그의 통치시기에 리투아니아는 동유럽에서 가장 강력한 국가가 되었다. 게디민 정책의 중요한 기조 가운데 하나는 가능한 한 자신의 지배를 서부 러시아의 영토까지 확장시키고자 하는 의지였다. 그는 자신의 권력 확장을 전쟁을 통해서 보다는 외교력과 왕조간의 혼인을 통해서 이루기를 선호했으나, 전쟁이 필요한 경우에는 무력의 사용에도 주저하지 않았다. 그는 무역 통로에 대한 통제에 상당한 주의를 기울였으며, 리가와 우호관계를 수립하여, 자신의 통치 영토를 통해서 발트 무역까지 무역 통로를 확대하고자 노력했다.[249] 이와 관련, 게디민에게는 한편으로 드네프르 강가에 있는 러시아의 도시들(스몰렌스크 그리고 결국 키예프)에 대한, 다른 한편으로는 볼리냐와 갈리시아에 대한 리투아니아의 통치를 수립하는 것이 중요한 목표로 대두되었다.

유리 1세 사망 후 볼리냐와 갈리시아의 상황은 급속히 악화되었다. 왕족들과 귀족들 간의 끊임없는 갈등이 일어났다. 1323년 유리 1세의 두 아들이 사망하자, 갈리시아의 권좌는 유리의 딸과 마조비아의 트로이덴 왕자 사이에서 태어난 아들 마조비아의 볼레슬라브 왕자에게 제안되었다(1325년). 칸 우즈벡은 그의 임명을 승인하였으며, 그를 유리 2세라고 불렀다.[250] 그는 자신의 국제적 권위를 강화하기 위하여 대공 게디민의 딸 오프카와 혼인하였다(1331년). 게다가, 당시 상황을 사실에 가깝게 묘사한 흐루셉스키의 추정에 따르면, 유리는 자신의 친딸을 게디민의 아들 류바르트에게 아내로 내주었다.[251] 이 두 가지 경우의 외교 혼인은 유리 2세보다는 게디민에게 더 커다란 이득을 가져왔으며, 몽골은 리투아니아와 폴란드의 공세적인 계획을 차단하기 위하여 볼리냐의 정세에 개입하

---

[249] Antonovich, *Monografii*, pp. 63-70 참조.
[250] 오랜 기간 동안 역사가들은 유리 2세를 갈리시아 안드레이의 아들로 간주했으나, 최근 그가 볼레슬라브와 동일한 인물임이 밝혀졌다. 가계도 VIII.
[251] Hrushevsky, *3*, 139-140; *4*, 13-14.

기로 결정했다. 1336년 몽골의 군사는 리투아니아와의 국경지대에 군사 개입을 감행하였으며, 다음해에는 폴란드의 류블린까지 진격하였다.[252] 1330년대 말 스몰렌스크의 왕자는 리투아니아의 대공 게디민을 자신의 군주로 인정하였으며, 따라서 우즈벡 권력에 대해 불복을 표명한 셈이 되었다. 그러자, 우즈벡은 자신의 동부 러시아 가신들을 스몰렌스크로 파견, 그 도시가 다시 자신의 통치하에 들어오도록 하였다(1339년).[253]

다음 해에 커다란 위기가 발생했다. 비록 유리 2세는 외교적 능력을 겸비했고, 갈리시아의 국제적 위상을 세우는데 성공하였지만 내부적으로는 끊임없이 도전해오는 귀족들의 저항에 부딪혀야 했다. 1340년 유리 2세가 갈리시아에 로마 가톨릭교를 강제로 전파하려 한다는 소문이 무성했다. 그 시점에 유리 2세는 갑작스런 죽음을 맞는데, 아마도 귀족들에 의해서 독살된 것으로 추정된다. 그의 죽음은 갈리시아를 선점하려는 폴란드 및 헝가리의 욕망을 자극시켰다. 1339년 폴란드의 카시미르 대왕은 헝가리 국왕 칼 로버트와 협약을 맺었는데, 그 협약에 따르면 칼 로버트는 갈리시아(실제로 갈리시아는 칼 로버트에 속해 있지 않았다)를 죽을 때까지 카지미르에게 양보하는데, 만약 카지미르에게 양위할 아들이 없다면, 카지미르는 갈리시아를 칼 로버트의 아들 루이스에게 양보해야만 한다는 조건이 붙었다. 이러한 협약을 기초로 하여 카지미르는 유리 2세의 사망 소식을 접하자마자 갈리츠로 진격하였다. 그러나 갈리츠는 항복하기를 거부했다. 갈리시아의 귀족들 가운데 가장 연장자인 드미트리 데드코를 우두머리로 하는 갈리시아 귀족 위원회가 도시와 나라를 통제했으며, 곧 왕자를 선출해야 했다. 귀족들은 갈리시아의 권좌를 게디민의 아들인 류바르트에게 제안했는데, 그는 동시에 볼리냐의 귀족들에 의해 볼리냐의 왕자로 인정받았다. 만약에 앞에서 밝힌 흐루솁스키의 가설을 받아들인

---

252) Spuler, pp. 91, 97.
253) *Idem*, p. 98; Nasonov, p. 112.

다면, 류바르트는 아내의 계보를 따르면 유리2세의 후계자로 간주될 수 있었다. 류바르트는 자신의 관저를 볼리냐에 세우고, 갈리시아에는 데드코를 자신의 통치 대리자로 남겨두었다. 류바르트는 칸 우즈벡에게 가신으로서 충성을 맹세하였으므로, 폴란드의 위협으로부터 갈리시아와 볼리냐의 수호를 위해서 몽골 군대가 파견되었다. 카지미르는 자신의 요구를 철회하지는 않았으나, 물러서야만 했다.[254]

Ⅲ.

우즈벡의 장남 티니벡(1341-42년)의 짧은 통치가 끝나고 막내아들 자니벡이 권좌에 올랐다(1342-57년). 자니벡은 발칸 정세에 개입하는 것을 제외하고는 전적으로 부친의 전통적인 정책을 따랐다. 우즈벡의 과부 카툰 타이둘라는 자니벡의 전 통치기간에 걸쳐 섭정을 하면서 황금 오르다 최고의 권력의 지위를 누렸다.

자니벡은 그의 아버지와 마찬가지로 제노아인들로부터 카파를 다시 빼앗아 오기 위하여 전쟁을 벌였으나 별 성과가 없었다(1344년). 다른 한편, 그는 베네치아와 무역협정에 서명하였다(1347년). 1349-55년 베네치아와 제노아는 다시 전쟁을 벌였으며, 베네치아가 그 전쟁에서 승리했다. 전쟁이 끝난 후 베네치아와 자니벡과의 협정이 유효하다는 것이 다시 확인되었다. 베네치아인들은 솔카트에 판매된 상품의 가격으로부터 2%의 관세를, 그리고 솔다이아에서는 3%의 관세를 납부하는 조건으로 자신들의 무역소를 설립할 수 있는 권리를 얻었다.[255]

황금 오르다와 이집트는 여전히 우호관계를 유지하고 있었다. 예전과 마찬가지로 상당수의 킵차크인들과 러시아인들이 이집트로 이주하였는

---

254) Hrushevsky, 3, 137-141; 4, 13-28; Paszkiewicz, *Polityka ruska*, pp. 47-48.

255) Kulakovsky, *Tavrida*, p. 107.

데 노예 혹은 지원 병력의 군인들이었다. 전부는 아니더라도 그들 가운데 대부분은 이슬람으로 개종했다. 자니벡의 통치기에 한 러시아 군인은 이 집트에서 눈부신 활약으로 아미르의 자리까지 올랐다. 동양의 문헌에서 그의 이름을 베이부가 루스(혹은 우루스)라고 불렀다.[256)

자니벡이 권좌에 오른 후 4년 뒤 황금 오르다에 혹독한 재앙이 닥쳤다. 극동에서 발생되었을 것으로 추정되는 흑사병이 중국과 인도로부터 대상 들과 함께 호라즘으로 유입되었다. 1346년 크림으로 전염되어 8만 5천 명 의 인명을 앗아갔다.[257) 페스트는 크림으로부터 에게 해의 아시아 연안 과 그리고 사이프러스 섬을 지나 이집트까지 도달했고, 시리아까지 퍼졌 다. 또한, 페스트는 지중해를 거쳐서 서유럽을 삼키더니 다시 발트 해를 거쳐 동으로 이동하여 노브고로드를 강타하고 1353년에는 모스크바에 도 달했다. 병원체는 정확히 주요 대상로를 따라 이동했다. 페스트는 많은 사람들이 모이는 시장과 상선(商船)에서 맹위를 떨쳤다. 당시 황금 오르 다 및 러시아 도시 간 교역이 활발하였는데, 흑사병이 남부 그리고 중부 러시아를 통해서가 아니라 발트 해를 통해서 노브고로드에 전염되었다는 것은 매우 역설적이었다. 남부 러시아의 스텝지역은 인구 밀도가 낮았고, 대부분 몽골의 짐승이나 가축의 목초지로 이용되었기에 위험한 요인들을 만들어 내지는 않은 것으로 추정된다.

1350년대 해협의 지역에서는 근동 지역 전체의 정치적 상황을 뒤바꿀 수밖에 없는 중대한 사건이 발생했다. 1355년에 얼마 되지 않는 오토만 투르크의 군사들이 헬레스폰트를 건너더니 이듬해에는 할리폴리에 견고 한 요새를 구축했다.[258) 그 견고히 구축된 기지로부터 투르크군은 발칸

---

256) L. A. Mayer, *Saracenic Heraldry* (Oxford, Clarendon Press, 1933), p. 111; Poliak, "Caractère colonial," p. 234.

257) Poliak, "Caractère colonial," pp. 231-232.

258) G. Georgiades Arnakis, "Captivity of Gregory Palamas by the Turks and Related Documents as Historical Sources," *Speculum, 26* (1951), 111에서 그 연대가 밝혀

반도를 점령하고 비잔틴 제국을 파괴하기 시작했다. 오토만 투르크 군사력의 증강, 다르다넬레스 및 후에 보스포루스의 정복은 그들로 하여금 모든 흑해의 무역을 완전히 통제할 수 있도록 하였다. 그곳에서 투르크인들이 나타나기 전까지 해협을 통제했던 비잔틴 제국은 점진적으로 돌이킬 수 없이 약화되어 갔지만, 이집트로의 자유로운 통로를 확보하기 위해 비잔틴 제국에게 언제든지 군사적 압력을 가할 수 있던 황금 오르다의 칸들의 입장에서는 전혀 심각한 위협도 되지 못했다. 이탈리아인들의 입장에서는 해협을 통한 자유로운 항행에 관심이 있었으며, 비잔틴으로부터 이것을 얻어냈다. 황금 오르다는 이집트와 이탈리아와의 무역 덕분에 번영하였으므로, 투르크인들이 할리폴리에 거점을 구축하였다는 사실은 황금 오르다의 풍요로운 번영을 위협하는 일이었으나, 사라이는 이 사건이 지니는 의미를 즉각 이해할 수 없었다.

자니벡의 통치하에서 러시아에서 변화란 거의 없었다. 그의 통치 초기에 모든 러시아 왕족들이 칸의 궁정에 모습을 나타냈을 때, 그는 블라디미르 대공국의 대공 직위를 1341년에 사망한 이반 1세의 장남 모스크바 시몬 왕자에게 하사하였다. 그러나 모스크바로부터 트베르, 수즈달, 랴잔 공국의 독립이 확인되었다. 더구나, 랴잔 및 수즈달 왕족들은 그들 각각의 영지 범위 내에서 대공이라는 직위를 얻었다. 그리고 몇 년이 지난 후 트베르 공작에게도 같은 특권이 주어졌다.[259] 그런 방식으로 러시아는 몇몇의 대공국으로 분할되었다. 이제 블라디미르 대공국은 명목상은 아니더라도, 실질적으로 모스크바 공국과 병합되었다. 블라디미르 대공국은 여전히 본래의 대공국으로서 특별한 권한을 유지하고 있었으며, 앞에서 살핀 대로, 이반 1세부터 시작해서 블라디미르와 모스크바의 대공들은 자신들의 직위에 "전 러시아"(vseia Rusi)라고 하는 단어를 붙였다. 대

져 있는 대로다.

[259] Nasonov, pp. 103-104.

공 시몬은 "자존심이 강한"(Gordyi) 것으로 알려져 있었다. 그 자존심은 아마도 다른 러시아 왕족들에 대한 관계에서 나타난 것이었으며, 대외적으로 칸 앞에서는 그 또한 부친이 그러했던 것과 마찬가지로 노예와 같은 존재였기에, 부친처럼 오르다를 자주 방문하였다. 1349년 모스크바의 이해관계를 잠재적으로 위협할 수 있는 사건이 발생하였다. 리투아니아의 대공 올게르드(알기르다스, 게디민의 아들이자 승계자)는 모스크바 공국의 성장은 황금 오르다와 리투아니아 모두에게 위험을 가져온다는 점을 미리 칸에게 예고하기 위하여 자신의 동생 코리아트를 파견했다. 올게르드는 칸에게 모스크바에 대항하기 위한 몽골-리투아니아 동맹을 제안했다. 시몬은 올게르드가 칸의 본영에 도착하였다는 소식을 접하자마자 스스로 서둘러 본영에 가서 올게르드의 계획에 반대한다는 입장을 표명하였다. 자니벡은 시몬의 충성심에 만족하여 리투아니아와의 동맹을 거부하였을 뿐만 아니라, 코리아트를 시몬에게 넘겼다. 올게르드가 시몬에게 감동적인 우호의 모습을 드러내며 벌인 지난한 협상 후에야, 시몬은 코리아트를 풀어주는 데 동의하였다.[260] 한편, 올게르드의 관심이 이제 동방으로 기울어지자 폴란드의 카지미르는 갈리시아와 볼리냐에 대한 새로운 원정을 개시하였다(1349년). 1352년 볼리냐로부터 쫓겨난 올게르드는 폴란드 군에 맞서기 위해 몽골의 원군을 요청해야만 했으나, 갈리츠는 카지미르에 의해서 함락되었다.[261]

시몬은 1353년 페스트로 사망했다. 그를 이어 "유순한" 그의 동생 이반 2세가 즉위했으며, 아무런 어려움 없이 대공 직위에 대한 승인을 받았다. 그의 통치기(1353-59년)에 모스크바 공국의 지도급 귀족들이 탁월한 역할을 해냈다. 그들 가운데 뛰어난 플레시체에프 가족이 있었다. 그들의 조상 표도르 비아콘트는 체르니고프 출신으로 13세기 말에 모스크바로 이

---

260) Spuler, pp. 105-106.

261) Hrushevsky, *4*, 28-36; Paszkiewicz, *Polityka ruska*, pp. 88-135.

주했다. 낭시 내주교 테오그노스트(피터의 후계자)는 대공 시몬과 마찬가지로 페스트로 사망하여 대주교의 직위는 공석이었다. 이반 2세의 승인을 받아 모스크바의 귀족들은 그 자리를 이을 러시아 후보의 자격으로 표도르 비아콘트의 아들이자 플레시체에프 가족의 일원인 블라디미르의 알렉세이 주교를 콘스탄티노플의 총주교에게 파견하기로 결정했다.

트베르의 왕족과 귀족들은 알렉세이 후보에 동의하지 않고 다른 후보 로만에게 지지를 표명하였으며, 대공 리투아니아의 올게르드는 그를 콘스탄티노플로 자신의 추천서와 함께 보냈다. 총주교는 알렉세이를 키예프의 대주교로(즉, 사실상 모스크바의 대주교), 로만을 리투아니아의 대주교로 임명하여 딜레마를 해결했다. 그런 방식으로 러시아의 정교 관구는 둘로 쪼개졌으나, 그러한 분할은 단지 일시적인 것에 불과했다.[262] 교양이 높은 성직자이자 신심이 깊은 종교인으로서 대주교 알렉세이 또한 뛰어난 국정 운영자였다. 플레시체에프 가족의 일원으로서 그는 대공은 물론 귀족들에게 상당한 영향력을 행사했으며, 이반 2세의 통치기에, 그리고 그의 아들이자 후계자 드미트리의 통치 초기에 모스크바 공국에서 제1의 권력자가 되었다.[263] 또한, 칸의 궁정에서도 그에게 깊은 존경을 표하였으며, 특히 1357년 자신의 눈병을 고친 카툰 타이둘라가 그러했다.

한편, 그 해 모스크바에는 귀족들과 백성들의 갈등을 반영했던 사건이 발생했다. 1357년 2월 3일 모스크바의 중심 광장에서는 모스크바 천호군의 장군 알렉세이 페트로비치 흐보스트의 시체가 발견되었는데, 모든 증거로 보아 피살된 것이 틀림없었다.[264] 키예프 시대부터 도시의 예비역군들을 지휘하던 천호 장군은 공국 행정에서 대단히 중요한 지위를 차지하고 있었다. 비록 천호 장군은 지도급 귀족들 가운데 왕자에 의해 선출

262) Makari, *4*, 41-47; Golubinsky, *2*, 179, 878.
263) 알렉세이 대주교에 대해서는 Makari, *4*, 33-63; Golubinsky, *2* 참조.
264) Soloviev, *3*, 327.

되었으나, 그를 백성의 이해를 대변하는 자로 간주하였다.[265] 이 점을 염두에 둔다면, 왜 모스크바의 백성들이 알렉세이 페트로비치의 죽음에 귀족들에게 죄가 있다고 했는지를 이해할 수 있다. 도시에서 폭동이 일어났으며, 가장 권세 있던 귀족들은 랴잔으로 도피했다. 그들 가운데 대부분이 다음 해에 돌아왔으며 그들 가운데 한 사람인 바실리 벨랴미노프가 천호 장군으로 임명되었다.[266] 역시 바실리라고 불렀던 그의 아버지도 이반 1세 때에 천호 장군을 지냈다.

1356년 자니벡은 멸망해 가는 일 칸국에 대한 전쟁을 개시하였으며, 황금 오르다 지도자 가운데 아제르바이잔을 정복한 최초의 칸이 되었다. 그러나 그는 타브리즈에서 사라이로 돌아오는 길에 사망했다. 이스칸데르 무명인의 기록에 따르면, 그는 자신의 아들 베르디벡의 명령에 의해 살해되었다(1357년).[267]

7. 황금 오르다의 국가와 사회

황금 오르다는 자신의 존재 기간 중 첫 1세기 동안 대몽골 제국의 울루스 가운데 하나였다. 칭기즈칸의 후손들은 제국의 몰락 이후에도 황금 오르다를 지배했으며, 오르다가 멸망한 뒤에도 오르다를 계승한 국가들을 지배했다. 몽골의 귀족 관료는 황금 오르다 사회의 최고 지도층을 형성하고 있었다. 그러므로 황금 오르다의 통치는 주로 제국의 전체가 따랐던 원칙에 근거했다. 칭기즈칸의 대야사는 그러한 원칙들의 법적 토대를 구성하였다. 그러나 그와 동시에 제국의 다른 지역에서와 마찬가지로 황금

---

[265] 『키예프 러시아』, pp. 188-189.

[266] Soloviev, 3, 327.

[267] Tiesenhausen, 2, 128-129.

오르나에서 몽골 지배의 기본원칙을 적용하는 일은 지리적인 위치와 백성의 인종적 구성, 그리고 이 지역 또는 다른 지역의 정신적 분위기에 따라 조건들이 달랐다.

몽골인들은 황금 오르다의 민족 구성에 있어서 소수를 차지했다. 오르다의 백성 대부분은 투르크인 이었다. 종교적인 관점에서 오르다 내부에서 몽골인들이나 투르크인들 가운데 이슬람의 전파는 매우 중대한 요인으로 작용하였다. 점차 이슬람 제도는 몽골 제도와 함께 나란히 뿌리를 내리게 되었다.

황금 오르다의 몽골인 대부분은 칭기즈칸이 주치에 양도한 4천 명의 군인들이었다. 그들은 바로 쿠쉰, 키야트, 킨키트 그리고 사이쥬트 종족에 속했다.[268] 게다가 또한 망키트 족이 있었으나, 그들은 앞에서 다루었듯이, 다른 민족들과 동떨어져 위치하고 있었으며 노가이 시대 이후로부터는 개별적인 오르다를 형성하고 있었다. 이미 밝힌대로, 투르크들은 스텝사회에 있어서 완전한 권리를 지닌 구성원으로 인정되었다. 황금 오르다의 서부 지역(볼가 서쪽)에서 투르크적인 요소는 주로 킵차크인(폴로베츠인)이들이 대표하고 있었으며, 그 나머지는 카자르와 파치낙 인들이었다. 볼가 강의 중류에서 동쪽으로, 카마 강 유역에는 잔존한 불가르 인들과 반(半) 투르크화 된 위구르(바쉬키르)인들이 살고 있었다. 볼가 강의 하류의 동쪽은 망키트인들(노가이)과 다른 몽골 씨족들이 킵차크인, 오구즈인과 같은 일련의 투르크 종족들을 지배하고 있었는데, 그들 대부분은 이란의 원주민들과 피가 섞였다. 투르크족의 수적 우세로 몽골인들이 점차적으로 투르크화 되어야 했으며, 몽골어는 통치 지배계급의 내부에서조차 투르크어에게 자리를 내주었다. 외국과(이집트와 같은)의 외교 기록은 몽골어를 사용하였으나, 14세기 말 15세기에는 내부통치에 관한 대부

---

[268] ZO, p. 100.

분의 문서는 투르크어(기본적으로 자가타이 투르크어)가 사용되었다. 비공식적인 문서로 14세기 초 몽골어로 기록된 시(자작나무 껍질에 새겨진)가 얼마 전 발견되었다.[269] 정치 수준에서 투르크인보다 낮은 급에는 러시아인, 알란인, 시르카시아인이 있었으며, 사라이에 일정한 무리를 짓고 살도록 하였다. 체레미스, 모르드바, 메세라 같은 핀-위구르 계통의 종족은 오카 강 하류지역에 거주하였으며, 많은 이탈리아인과 그리스인들이 크림과 아조프 해 지역에서 살았다.

경제적 관점에서 황금 오르다는 유목인들과 정주인들이 공생을 이루고 살았다. 남부 러시아와 북 코카서스의 스텝은 몽골인들과 투르크인들에게 가축 방목과 유목에 필요한 거대한 목초지를 제공하였다. 다른 한편으로, 지역 일부 스텝의 변두리 지역에서는 곡물이 재배되었다. 볼가-카마 강 중류의 불가르 지방에서는 기름진 땅에서 크게 발전한 농업이 주를 차지했다. 물론 서부 러시아(우크라이나)와 중부 및 동부 러시아의 남부 공국, 특히 랴잔 공국은 곡물이 풍성했다. 사라이와 다른 황금 오르다의 도시들은 높이 발전한 수공업으로 유목 및 정주 문명이 교차되는 지점의 역할을 하였다. 칸은 물론 귀족들은 일 년 중 일부 기간은 도시에서 살고, 나머지 기간에는 자신들의 가축의 이동에 따라 옮겨가며 살았다. 그들 대부분은 마찬가지로 경작할 수 있는 능력을 가졌다. 도시인들의 상당 부분은 그곳에서 항상 정착하여 살았기 때문에 매우 다양한 인종의, 사회적 그리고 종교적 요소로 구성된 도시 계급이 형성되었다. 이슬람교도와 마찬가지로 기독교인들에게도 각 중요한 도시마다 자신들의 교회와 사원을 가지고 있었다. 도시는 황금 오르다의 무역발전에 있어서 다른 무엇보다 제일 우선적인 중요한 역할을 하였다. 오르다의 경제적 유기체들은 국제무역을 지향하고 있었으며, 칸과 귀족들의 수입의 대부분은 바로 무역으

---

[269] N. Poppe, "Золотоордынская рукопись на бересте," *Советское Востоковедение*, 2(1941), 81-134; cf. *ZO*, p. 175.

로부터 왔다.

황금 오르다는 칭기즈칸 가(家)의 주치 계열(系列)이 통치하였다. 법적으로 몽골 제국이 몰락에 이르기까지 황금 오르다의 칸은 대칸의 가신이었으며, 그는 동시에 일정한 의미에서는 제국 콘체른의 주주역할을 하고 있었는데, 왜냐하면 그 역시 다른 울루스에서 자신의 영지를 보유하고 있었기 때문이었다. 칸은 주치가 귀족들의 회합인 지역 쿠릴타이에서 선출되었다. 새로운 칸의 직위에 오르는 예식은 대칸이 즉위하는 예식의 경우를 따랐다. 15세기에 황금 오르다를 방문한 적이 있는 독일의 여행가인 요한 쉴트베르게르에 따르면, "그들이 칸을 선출할 때는 그를 흰 펠트 천에 앉히고서는 그 위로 세 번을 들어올린다. 그러고 나서, 그를 들어 올리고 천막 주위를 돌고서는 그를 옥좌에 앉히고 그에게 황금의 칼을 쥐어준다. 그때 관습에 따라 그에게 맹세해야 한다."[270] 펠트 천에 새로운 칸을 들고 다니는 의식을 투르크어로 칸 쿠테르미악(khan kutermiak)이라고 부른다.[271]

쿠릴타이는 제국(帝國) 공위(空位) 기간에 선출 기관으로서의 기능 이외에도 칸과 함께 모든 내부 및 대외 정책의 중요한 문제들을 논의하기 위해서 정기적으로 소집되었다. 더군다나 쿠릴타이에 소속된 왕족들은 군대와 행정에 있어서 매우 중요한 직위를 차지했다. 시간이 지남에 따라서 그들을 오글란(투르크식 용어)이라고 불렀다. 다른 몽골 국가에서와 마찬가지로 통치 씨족 가계에 속한 여인들은―카툰―정치에 있어서도 매우 적극적인 역할을 했다. 카툰들을 포함해서 지배 가계의 각 소속원들은 국가 행정 규정에 따라 영지를 받았다는 점이 적지 않게 중요한 사실이다. 그렇게 해서 우리는 주치 가(家)는 황금 오르다에서 두 가지 방식으

---

[270] Schiltberger, p. 48.

[271] Veselovsky, p. 51. 오스만 투르크어에서 이 동사는 gütürmek라고 읽는다. Redhouse, p. 1582 참조.

로, 하나는 군주로서 그리고 다른 하나는 봉건 영주로서 통치했다고 말할 수 있다.

왕족 아래에는 몽골 또는 투르크의 귀족들이라고 부를 수 있는 자들이 있었다. 원래는 노얀(몽골식 용어)이라고 부르다가 후에는 벡(투르크식 용어)으로 불렸다. 또한, 행정 및 사법의 고위 관리들이 있었다. 그들 가운데 많은 이들이 봉건 형태의 영지들을 받았는데, 소유르갈(soyurghal)이라고 불렀다.272) 많은 경우 칸은 귀족에게 그와 영지에 딸린 자들을 세금과 국가 사역으로부터 면제시키는 포고를 자주 시행했다. 그러한 영토의 소유자를 타르칸이라고 불렀다. 대개 이 용어는 작은 규모의 토지 소유자를 일컫는 것으로 적용되었는데, 왜냐하면 귀족들은 어떤 경우에도 면제 특권을 누렸기 때문이었다. 15세기 중반까지 그러한 정책의 결과로 황금 오르다에서 "봉건적"이라 부를 수 있는 부문이 "국가적" 부문보다도 훨씬 더 지나치게 확장되었다. 이러한 과정은 오르다의 붕괴에 매우 커다란 역할을 했다.

황금 오르다의 군대 조직은 칭기즈칸에 의해 수립된 10진법 단위의 몽골식을 기본으로 구성되었다. 군대는 두 가지의 전투 대형으로 구성되었다. 우익 또는 서부 그룹, 좌익 또는 동부 그룹. 중앙은 칸의 직접지휘 하에 있는 친위군으로 구성되었다. 군의 각 주요 부대에는 병참관 부카울이 배속되었다.273) 몽골 제국의 다른 부분과 마찬가지로 군대는 칸의 통치에 중추를 이루었고, 각의 군대에는 오르다의 개별적인 지역 또는 부문이 할당되었다. 이러한 관점에서 우리는 황금 오르다가 통치 목적으로 만호, 천호, 백호, 십호 단위로 나누었다고 말할 수 있다. 각 부대의 지휘관

---

272) soyurghal에 대해서는 V. Minorsky, "A Soyurghal of Qasim b. Jahangir Aqqoyunlu," *BSOAS*, *9*(1939), 927-960; ZO, pp. 136-137 참조.

273) *ZO*, p. 127. "bukaul" букаул이라는 용어는 또한 낮은 직위의 관리를 의미하기도 한다. Radlov, p. 21; Kurat, pp. 64-65, 70-71 참조.

은 그 지역의 실서와 규율에 책임을 졌다. 집단적으로는 부대의 지휘관들은 황금 오르다의 지역 행정을 대표하였다. 헤지라 800년(1397-98년) 칸 티무르-쿠틀룩이 크림의 타르칸 메흐메트에게 발행한 면제 칙령(야를릭)은 "우익 및 좌익군의 오글란에게, 명예의 만호 사령관에게, 천호, 백호, 천호의 대장에게"를 수신자로 하고 있다.[274]

세금 징수 및 다른 목적을 위해서 많은 민간 관리들이 군사 행정을 지원했다. 티무르-쿠틀룩의 야를릭에는 세금 징수자, 역참에 종사하던 사람들, 뱃사공, 다리를 관리하던 관리, 시장 경찰들이 언급되어 있다. 다루가라고 부르는(러시아 문헌에서 다로가로 기록된) 국가 재정 감독관도 중요한 관료였다. 이 몽골어의 어근이 갖는 기본 의미는 "도장을 찍다" 또는 "봉하다"라는 의미의 "찍다"라는 뜻이다.[275] 용어는 영어로 치면, "도장 보관자" 또는 "봉인자"라는 의미로 볼 수 있다. 다루가의 임무로는 세금 징수 감시와 징수된 총액을 증명하는 일이었다.

모든 행정 및 세금 징수 체계는 중앙 관청에 의해서 통제되었다. 업무는 실질적으로 서기(비틱치)가 관장했다. 비틱치의 최고위직은 칸의 청사 업무를 관장했다. 때때로 칸은 내부 행정에 대한 일반 감독을 특별한 관리에게 맡겼는데, 황금 오르다에 관해서 언급하고 있는 아랍과 페르시아 문헌들에서는 그를 "비제르"라고 불렀다.[276] 실제로 이것이 그 직위를 가리킨 것인지는 분명하지 않다. 칸 궁정에서 식탁 정리, 장식장 관리, 매를

---

274) Radlov, p. 20. 야를릭을 러시아로 번역하는데 있어서 라들로프는 tumen을 수를 셀 수 있는 것으로 보고 tumen atku bashlygh를 (투르크 원전에서) "수많은 훌륭한 장수들 множество хороших командиров"이라고 전하고 있다. (p. 22에서는 "1만 명의 훌륭한 장수를 가지고 имея десять тысяч хороших команди-ров")라고 번역한다. 그러나 여기서 tumen이 "myriad"라고 하는 군사 및 행정적 단위로 쓰이고 있다는 데에 의심할 여지가 없다(사단, 러시아어로 "тьма"). 분명한 것은 칸은 여기서 тьма의 장군들(темники)에게 말하고 있는 것이다. 비교를 위해 Mengli-Geray의 yarlyk, Kurat, pp. 64-65, 5-6줄 참조.

275) Pelliot, p. 72, 주석 1 참조.

276) ZO, pp. 128-129.

부리는 자, 표범 조련사, 수렵가 같은 관리들도 중요한 역할을 했다.

사법제도는 최고 법원과 지방 법원으로 구성되었다. 전자의 경우에는 국가의 이해관계가 달려 있는 매우 중대한 사안을 다루는 일이 포함되었다. 기억해 둘 것은 모든 러시아 왕족들이 이 법정에 섰다는 것이다. 지방 법원의 법관들을 야르구치라고 불렀다.[277] 이븐바투타에 따르면, 각 법정은 최고 법관(아미르 야르구)의 지휘 하에 8명의 법관으로 구성되었다. 최고 법관은 칸의 특별한 야를릭으로 임명되었다. 14세기에 이슬람의 법관(카지)들도 변호사들과 속기사들의 도움을 받아 법정에 참석했다. 이슬람의 율법(샤리아)하에 해당되는 모든 문제들은 그에게 배정되었다.[278]

황금 오르다에서 무역이 매우 중요한 역할을 하였기에, 대상들, 특히 외국시장을 드나들 수 있었던 대상들이 칸과 고관들로부터 상당한 대우를 받았다는 것은 당연한 일이었다. 비록 공식적으로는 정부와 직접적인 관계를 지닌 것은 아니었지만, 유명한 대상들은 상당히 자주 국내정세와 대외관계에 대한 방향에 대해 영향력을 미칠 수 있었다. 사실상 이슬람의 대상들은 국제적 협력을 바탕으로 하였으며, 중앙아시아, 이란, 남부 러시아의 시장을 지배하고 있었다. 개인적으로 그들은 정정(政情)에 관계없이 이런 또는 저런 지배자에게 충성을 맹세했다. 집단적으로 그들은 자신들과 연관성을 갖는 모든 나라에서 평화와 안정이 유지되기를 선호했다. 많은 칸들이 재정에 있어서 대상들에 의존하였는데, 그들은 많은 자본을 보유하고 있었으며, 국고가 소진된 그 어떤 칸에게도 돈을 빌려줄 수 있는 능력을 보유하고 있었다. 대상들은 또한 자신들에게 요구된다면, 언제든지 세금을 징수할 준비가 되어 있었으며, 그 외에 다른 여러 분야에 있어서도 칸에게 매우 유용한 자산이었다.

도시 인구의 대부분은 수공업자들과 매우 다양한 노동자들이 차지했

---

277) 이 용어에 대해서는 Smimov, *Крымское Ханство* (『크림 칸국』), pp. 43-44 참조.
278) *ZO*, pp. 185-186.

다. 황금 오르나의 초기 형성기에 정복한 나라에서 포로로 잡은 재능 있는 장인들은 칸의 노예가 되었다. 그들 가운데 일부는 카라코룸의 대칸에게 보내졌다. 황금 오르다의 칸에게 부역해야 하는 대부분의 노예들은 사라이와 다른 도시에 정착했다. 그들 대부분은 호라즘과 러시아 출신들이었다. 후에 자유로운 노동자들도 마찬가지로 황금 오르다의 수공업의 중심지로 몰려들었는데 주로 사라이로 몰려들었다. 호자-벡에게 수여된 1382년 토흐타미쉬의 야를릭에는 "가장 유능한 수공업자들"이 언급되고 있다.279) 이로부터 우리는 수공업자들이 길드 내에서 조직되었고, 각 기능 부문은 개별적인 길드를 형성하고 있었다는 것을 결론지을 수 있다. 한 기능에 대해서 도시의 특정 지역이 작업장으로 주어졌다. 고고학 발굴과 연구에 따르면, 사라이에는 대장간, 칼과 무기의 제공소, 농기구를 제조하는 공장, 그리고 청동과 구리 그릇 제작소도 있었다.280) 노동자들의 대부분은 가죽 및 피복 제작에 종사했다. 비록 몇몇 원단은 중앙아시아에서 유입된 원면들이 사용되기도 하였으나, 주로 모직이 생산되었다. 훌륭한 양질을 보유한 세라믹 제품 또한 사라이에서 제작되었으며, 주로 호라즘의 유형을 따른 제품들이었다. 황금 오르다의 농경 지역에서 거주하는 농민들의 위상에 대해서는 잘 알려져 있지 않다. 그들은 티무르-쿠틀룩의 야를릭에는 사반치(농부)와 우르탁치로 언급되어 있다. 후자는 소작인들이었다.281) 농민들은 국가 세금에 과도한 부담을 지고 있었으나, 어떤 경우에 면제가 보장된 영지에 부속되어 있는 경우라면 이득을 얻을 수 있었다. 그러나 이 경우에도 물론 그들에게 장원의 매우 다양한 의무를 부담 지웠다. 농민들 일부는 자유인이었으며, 전쟁 포로들의 후손들은 현지

---

279) *Ibid.*, p. 153.

280) *Ibid.*, pp. 145-146; A. Iakubovsky, "К вопросу о происхождении ремесленной промышленности Сарая Берке(「사라이 베르케의 수공업 탄생의 문제에 대하여」)," *GA*, 8, Fasc. 2-3(1931). 본서 말미의 원전 목록에서 '유적' 항목 참조.

281) Radlov, p. 21. urtakchi **уртакчи**에 관해서는 Gordlevsky, p. 65 참조.

에 정착했다. 전쟁 포로들은 대개 노예로 전락하는 것이 일반적이었으나, 만약에 그들이 재능 있는 장인이라면 앞에서 밝힌 대로 그들을 칸에게 배속했다. 그 외에도 집에서 노역을 시키던지, 아니면 매매하던지, 정복자들은 할 수 있는 모든 것을 노예들에게 시킬 수 있었다. 이탈리아나 이슬람의 대상들에게 노예 매매는 수익을 남기는 일이었다.

8. 러시아에서의 몽골 행정

Ⅰ.

정복한 나라에 대한 몽골의 통치 목적은 이중적인 성격을 띠고 있었다. 군 병력 보충을 보장하고, 국가 및 황제가족의 유지를 위해서 세금을 징수하는 것이었다. 러시아에 대한 몽골의 정책 또한 그 목적에 있어서 칸의 통제 하에 있던 다른 나라에서 펼쳐진 정책과 다르지 않았다.

이러한 정책을 적용하는 방법들은 러시아의 여러 상이한 지역에서 변형되었다. 남서부 러시아(우크라이나)에서 ― 페레야슬라브, 키예프, 그리고 포돌리아 지역에서 ― 몽골인들은 공국을 통한 통치 체제를 없애버리고 그것을 직접통치 방식으로 완전히 바꿨다. 갈리시아, 볼리냐, 스몰렌스크, 체르니고프-세베르 지역에서는 동부 러시아와 마찬가지로 러시아 공국 행정 체계와 나란히 같은 몽골 고유의 통치 체제를 세웠다. 1260년 이후 노브고로드는 몽골의 관리들의 주재(駐在)로부터는 해방되었지만, 세금 징수는 면제되지 못했다. 왕족들이 칸의 가신으로서 권력을 쥐고 있는 러시아의 영토에서조차 몽골인들은 스스로에게 어떤 지방들과 주민 그룹들을 자신들의 직접적인 통치하에 두는 권한을 부여했다. 그러므로 대공 이반 1세가 몽골인들이 공국의 일부 지역을 (volosti) 탈취할 가능성을 배제하지 않고, 그런 경우를 대비하여 그들과 잠정적인 협정을 맺어둔 것은 지극히 당연한 일이었다.[282] 일부 러시아의 영토는 칭기즈칸의 가계의 일원들에게 영지로 수여되었다. 그래서 툴라를 비롯한 그 주위의 영토는 대 카툰 타이둘라에게 배속되었다.

그러나 몽골인들은 러시아의 대부분을 황금 오르다 칸의 권력 하에, 그리고 몽골 및 원의 대칸 신하로서, 현지 왕족들이 공국을 계속해서 지배하도록 허용했다. 앞에서 밝혔듯이, 각 러시아 왕자는 칸으로부터 공국에 대한 증서 야를릭을 받아야만 했다. 야를릭을 받은 후에 칸의 사신(使臣)(엘치)은 그에게 엄숙한 즉위식을 베풀었다. 칸은 어느 시기를 막론하고 만약 왕자의 충성에 대한 의심을 가질 원인이 있는 경우에는 언제나 야를릭을 회수할 수 있었다. 칸은 또한 왕족 또는 백성들로부터 공공연한 반항이나, 왕족들 사이에 불화가 일어나면 러시아에 필요한 만큼의 병력의 수장을 특사로 보냈다. 우즈벡의 통치기에 그리고 그 이후 칸은 각 중요한 러시아 공국의 수도에 상주 감독관을 임명하였다.

비록 러시아의 왕족들은 권력을 휘두르고 있었지만, 그들의 통치권은 칸의 가신으로서 제한될 수밖에 없었는데, 왜냐하면 칸들이 군사의 징발과 세금 징수를 위해 자신들의 관료들을 임명했기 때문이었다. 몽골인들은 자신들이 정복한 땅에서 즉시 인구조사를 하여 백성들의 세금 납부 능력을 평가하였다. 러시아에서 백성들에 대한 인구조사는 황금 오르다 칸의 동의하에 대칸의 명령에 의해서 실시되었다. 서부 러시아에서 최초의 인구조사는 1245년 초에 이루어졌으며, 그때 키예프, 포돌리아는 물론 페레야슬라브와 체르니고프 지역까지 인구조사가 실시되었다. 1260년 부룬다이의 징벌 원정군 이후 인구 조사가 볼리냐와 갈리시아에서 이루어졌다. 동부 및 북부의 러시아에서는 두 번에 걸쳐 전체 인구 조사가 이루어졌다. 1258-59년 블라디미르 대공국과 노브고로드에서 인구조사가 실

<hr>

[282] *DDG*, p. 8.

시되었다. 1274-75년 다시 한 번의 인구조사가 동부 러시아뿐만 아니라 스몰렌스크에서도 이루어졌다. 그 이후 몽골인들은 더 이상 일반적인 인구조사를 실시하지 않고, 이전의 조사된 자료를 평가의 기초 자료로서 활용하였다.

몽골 정책의 기본 원칙에 따라서 몽골의 인구조사는(chislo, 러시아어로 "수"라고 부르는) 두 가지 목적이 있었다. 가능한 군사 징집 수를 확정하고 세금 납부자의 총수를 정하는 것이었다. 따라서 "수"라는 용어는 두 가지 의미를 가지고 있었다. 하나는 징집 가능한 병사의 수를,[283] 다른 하나는 세금 징수를 목적으로 한 인구조사를 의미했다. 바로 이런 두 가지의 의미를 가지고 있다는 측면에서 우리는 몽골인들에 의해서 러시아에 설정된 수의 계산 방식에 접근해야 한다. 앞에서 밝혔듯이 전 몽골 제국에서의 군대 및 행정의 기본 분할이 서로 일치하였다.[284] 러시아의 주민들은 노브고로드의 지역과 교회의 영토(세금 면제된)에서 거주하는 자들을 제외하고는 만호, 천호, 백호, 십호로 분할되어 있었다. 이러한 분할은 또한 지방 통치의 목적으로 이용되었다. 즉 "천호"라는 것은 단지 일정한 지역에 사는 주민들을 일컬을 뿐만 아니라 지역 자체를 의미하는 것이었다. 다른 말로 하면, 각의 수에 따른 분할은 하나의 군사-재정 지역을 구성하는 하나의 영토 단위를 의미하며, 그 단위를 기초로 일정한 병사 및 세금의 양이 징수되었던 것이다. 몽골 내부에서와 마찬가지로 지역에서 공급해야 하는 병사 할당 수는 각각의 수(數)에 따른 분할을 기초로 산정된 것이었다. 따라서 십호(desiatok)는 10명의 군사를, 백호는 100명의 군사를 제공해야 하는 식이었다.[285]

---

[283] Veselovsky, p. 33, 주석 1.

[284] 본장 7절, p. 304, 그리고 2장 8절, p. 185.

[285] 저자는 *Speculum*, *26*(1951) 논문에서 각 군사지역의 수적 가치는 등록된 납세자의 숫자와 일치한다고 잘못 주장하여 각 тьма는 1만 명의 납세자를 보유하고 있었다고 하였다. Vernadsky, "Royal Serfs," p. 262. 저자가 지금 이해

한 지역에서 전체 인구에 대한 병사의 비율은 몽골에서보다는 러시아에서 더 낮았다. 앞에서 밝혔지만, 몽골에서 병사는 대략 전 인구의(남성, 여성을 포함해서) 1/10을 차지했다. 몽골이 최초로 1237년 러시아를 침공하였을 때, 남자를 포함하여 "모든 것의" 1/10을 요구했다.[286] 그런 방식으로 몽골이 러시아로부터 요구했던 군사의 수는 남성 인구의 1/10(10%)을, 혹은 대략적으로 말해서, 전체 인구의 1/20(5%)을 요구했던 것이다.

이로부터 몽골에 의해 러시아에 수립된 수에 따른 분할에 의거하면, 데샤틱(십호)으로 알려진 지역의 인구는 200명에 근접하고(남성 및 여성), 만호 또는 찌마의 인구는 대략 20만이었다. 각 십호에 속했던 가족 수는 지역의 조건과 관습에 따라 차이가 있었다. 밀류코프에 따르면, 17세기에 러시아의 한 가족은 평균적으로 7명으로 구성되어 있었다.[287] 중부 러시아에 17세기에 농민의 전형적인 가족 또는 "대가족"의 구성원은 15에서 20명이었다.[288] 만약 우리가 몽골 지배기에 평균 러시아 한 가족의 수를 10명이라고 가정한다면, 십호의 인구가 약 200명이므로 대략 20가구를 포함하는 것이 된다. 만약 우리가 일가족이 20명으로 구성되었다면(당시에 신뢰성이 있을 것 같은), 그 경우에 십호는 10가구로 구성되었을 것이다.

사실상 수적 분할에 따른 인구는 러시아의 다양한 지역에서 변형되었을 것이다. 1270년대 이후 더 이상 인구조사는 실시되지 않았다. 일련의 계속적인 인구 변동성을 감안하면, 한 분할 단위의 실질 인구는 어떤 지역에서는 원래 등록된 인구보다도 훨씬 적었을 것인 반면, 또 다른 지역

하기로는 10,000이란 숫자는 각 тьма가 제공해야 하는 병사의 수를 의미하는 것으로 본다.

[286] Novgorod, p. 286.

[287] 보다 정확히 하기 위해서는 6.9; P. Smirnov, "Движение населения московского государства"(「모스크바 공국 주민의 움직임」); M. Dobnar-Zapolsky, *Russkaia istoriia v ocherkakh i statiakh*(『러시아사 논문과 소고모음집』), 2(Moscow, 1910년경), 68.

[288] 『키예프 러시아』, p. 133 참조.

의 인구는 등록된 인구보다도 더 많았을 것이다. 결과적으로 찌마(만호)는 인구 자체보다는 부과의 단위가 되었으며, 보다 낮은 수준에 있는 백호는 부과와 과세 체제에서 기본 단위가 되었고, 백호장(sotnik)은 지방의 과세에 관한 현안들에 책임을 졌다. 러시아로부터 징수한 세금의 총 수입은(대도시들을 제외하고) 만호들의 수에 따라 평가되었으며, 그 수는 본래의 전체 인구 조사에 의해 고착되었고, 영구적인 것으로 간주되었다.

서부 러시아에서 만호의 목록은 폴란드 국왕 시기스문드 1세(1507년)에게 발행된 크림의 칸 멩글리-게라이의 야를릭에서 나타난다.[289] 이 문서에서 멩글리-게라이는 아버지 하지-게라이가 리투아니아의 비토브트 대공에게 수여한 (1428년경) 초기 야를릭의 존재를 확인해주고 있다. 경쟁하던 칸들에 의해서 박해를 받던 하지-게라이가 비토브트에 의해 구원되자, 하지-게라이는 서부 러시아에서 황금 오르다의 칸들에 귀속된 이전의 모든 재산들을 "하사했다." 사실상 그 재산들 대부분은 수십 년간을 리투아니아의 대공들에 의해서 점유되거나 소유되고 있었다. 그럼에도 불구하고, 그 재산들은 황금 오르다의 명부에 만호들로 기재되어 있었으며, 이제 멩글리-기레이는 그 모두를 열거하였다. 몇 가지가 수정되었으나 바로 그 똑같은 명부가 크림의 칸 사힙-게라이에 보내는 시기즈문드 왕의 편지 속에서(1540년) 반복되고 있었다.[290]

이들의 문서들로부터 우리는 다음과 같은 도시들과 지역들에 만호가 존재하고 있었다는 것을 알 수 있다. 1. 키예프, 2. 볼리냐의 블라디미르, 3. 루츠크, 4. 소칼, 5. 포돌리아,[291] 6. 카메네츠(포돌리아 내), 7. 브라슬랍(포돌리아 내), 8. 체르니고프, 9. 쿠르스크, 10. "에골다이 만호"(쿠르스

---

[289] *AZR*, *1*, No. 6, 4-5. 리투아니아 대공국의 문서고(*Литовская метрика*)에 보관된 복사본을 재판한 것이다.

[290] *AZR*, *1*, No. 200, 363(*Литовская метрика*에서).

[291] 분명히 포돌리아 t'ma의 중심은 Винница였다.

크 지역 남부),292) 11. 류부츠크(오카 강에),293) 12. 오쿠라,294) 13. 스몰렌스크, 14. 폴로츠크,295) 15-16. 랴잔(적어도 두 개의 만호 랴잔과 프론스크). 이 목록에 덧붙여 몽골 지배의 초기 1세기에는 다음 세 개의 만호가 있었던 갈리시아(1349년 폴란드로 떨어져 나간)를 추가해야 할 것이다. 17. 갈리츠, 18. 리보프, 19. 사녹. 동부 러시아와 관련해서는 1360년에 블라디미르 대공국은 15개의 만호로,296) 토흐타미쉬의 통치기에는 17개의 만호로 구성되었다고 알려져 있다.297) 이 숫자는 랴잔, 니즈니 노브고로드, 트베르의 만호를 제외한 수치이다. 앞에서 우리가 밝혔듯이, 랴잔 대공국은 적어도 두 개의 만호에 해당되는 세금을 납부했다. 니즈니 노브고로드 대공국에는 5개의 만호가,298) 트베르 공국에도 마찬가지로 5개의 만호가 있었을 것으로 추정된다.299)

그런 방식으로 우리는 토흐타미쉬에 이르기까지 동부 러시아에는 27개

---

292) Egolday에 대해서는 본서 4장, sec. 5, p. 301 참조. Egolday t'ma에 대해서는 Kuczycski, pp. 78-80 참조. 이 t'ma는 이전의 페레야슬라브 공국의 북동쪽 일부에 있었다. 아마도 최초의 페레야슬라브 t'ma의 장소를 차지하고 있었을 것이다.

293) 시기스문트의 서한에서만 언급되어 있다.

294) 시기스문트의 서한에서만 언급되어 있다. 오쿠라 Okhura라는 이름은 Khukhra 는 Akhtyrka(지금의 하리코프에서 서쪽으로 약 50마일에 있는)에 이웃해 있는 촌락에 비교될 수 있다. Khukhra 이름은 최초로 18세기 문서에서 나온다. D. I. Bagalei, *Ocherki iz istorii kolonizatsii stepnoi okrainy moskovskogo gosudarstva*(『모스크바 공국 인근 스텝지역의 식민지화 역사 소고』)(Moscow, 1887), p. 471 참조.

295) 지적해 둘 것은 폴로츠크는 몽골의 지배하에 놓인 적이 없었다는 것이다. 그 t'ma는 당초에 폴로츠크 공국의 일부였던 비텝스크를 중심으로 하고 있었을 것이다.

296) Rog., col. 68; cf. Nasonov, p. 98.

297) 소위 1512년의 Хронограф, *PSRL*, *22*, 423. 참조. Nasonov, p. 98와 비교할 것.

298) **Пятетем**, 즉 다섯 t'ma **пять тем**, *DDG*, p. 119.

299) 트베르는 모스크바 다음으로 가장 강력한 러시아 공국이었기에 니즈니 노브고로드보다 많은 t'ma를 구성하고 있었을 것이다.

의 만호가 있었다는 결론을 얻게 된다(블라디미르 대공국에 15개, 랴잔 공국에 2개, 니즈니 노브고로드와 트베르에 각각 5개). 서부 러시아의 16개 만호를 포함시키면[300] 전체는 43개의 만호에 이른다. 하나의 만호 당 평균 20만 명이 거주했다고 가정하면, 1275년에 이르러 모든 러시아의 만호에 거주하던 인구는 약 860만에 이른다. 이 숫자에 만호의 체계에 포함되지 않았던 지역의 인구를 포함시켜야 한다. (1) 흑 러시아와 같이 전혀 몽골에 통치되지 않았던 리투아니아 대공국의 러시아 지역, (2) 노브고로드, 프스코프, (3) 툴라와 다른 칭기즈칸 가의 영지의 인구도 포함시켜야 한다. 그 외에도 당시에 많은 러시아인들이 사라이와 몰다비아에도 살고 있었다. 또한 대도시들(만호의 체제에 편입되지 않았던)의 인구, 그리고 마찬가지로 교회가 소유했던 지역의 인구(세금이 부과되지 않았던)도 잊어서는 안 된다. 전체적으로 보아 대략 총 천만 명의 인구가 거주했던 것으로 추정할 수 있다.

II.

각 만호에서 군인의 징발과 세금 징수를 집행하기 위해서 몽골 행정 관리들의 정교한 망이 구성되었다. 그들은 어떤 경우에라도 러시아 왕족들에게 복속되지 않았으며, 오직 칸 정부에 대해서만 책임을 질뿐이었다. 러시아에 수에 따른 행정 구역들이 조직되고 있을 때, 몽골 정규군의 사령관들은 각 천호 및 만호를 지휘하도록 임무가 부여되었다. 이들 사령관 각각에게는 보좌관으로서 해당 직급의 세금 감독관(다루가)이 배속되었다.[301] 후에 다루가는 그 지역에 대해 전적으로 책임을 지게 되었다. 대

---

[300] 몽골지배의 초기에는 전혀 알려지지 않았던 Okhura t'ma를 제외하고.

[301] 러시아 종교계에 부여했던 야를릭을 보라. Grigoriev, **Ярлыки**, p. 112; Priselkov, **Ярлыки**, p. 92. 망구-테미르의 야를릭에서는 세관원을 다루가가 아니라 바스칵으로 부르고 있다. Grigoriev, p. 124; Priselkov, p. 96.

〈지도 2〉 몽골 치하 러시아의 세금 구역도(т ь мы)

주교 테오그노스트에 내린 타이둘라의 칙서에서는(자니벡의 야를릭에 기초하여) 군, 시, 촌의 세 가지 범주의 다루가가 언급되고 있다. 그들의 이름은 "왕족의 울루스"에 관한 언급에 뒤이어 등장한다. 여기에서 고대 러시아어 번역은 다른 곳에서와 마찬가지로 분명하지 않으며, 고위 직급의 왕족 다루가를 의미했을 가능성이 있다. 칸의 야를릭에 대한 고대 러시아어 번역의 용어에서 울루스는 찌마에 해당하고, 볼로스티는 천호에, 시(gorod)는 백호,[302] 촌(selo)은 십호에 해당한 것 같다. 최고위급의 다루가가 존재하고 있었다는 점도 러시아 문헌에서 알 수 있다. 따라서 결론적으로 말하면, 각 수준에 해당하는 수에 따른 지역 다루가가 있었다는 것이다.

문헌들에서는 러시아에서 근무하는 다루가를 바스칵이라고 불렀다. 이 투르크 용어의 의미는 몽골의 "다루가"와 완전히 일치한다.[303] 블라디미르 대공국 전체에 대해 책임을 지고 있던 세금 감독관을 "대 바스칵"(veliki baskak)이라고 불렀다.[304] 각 바스칵은 자신의 휘하에 소규모의 몽골 및 투르크 군사를 두고 있었으며, 그들을 중심으로 지역의 질서 및 규율 유지를 위하여 기동력 있는 부대를 편성해야 했다. 이 점과 관련하여 지적해 둘 것은 비록 징벌된 러시아 병사 대부분은 황금 오르다와 원(元)으로 보내졌지만, 일부 그들은 현지 필요에 의해 현지로 배속되었다는 점이다. 각 바스칵의 휘하 부대에는 상시 숙소가 제공되었으며, 시간이 흐르면서 그 숙소들은 번성하는 거주지가 되었다. 그러한 거주의 흔적은 러시아 지명에 남아있다. 바스카키 또는 바스카코보라는 이름을 가지고 있는 도시나 촌락들은 예전에 만호의 영토가 있던 지역으로 러시아의 여러 지역에 널리 퍼져 있었다.[305] 바스칵의 군대가 백성의 소요와 같이 대응할 수 없는 비상 상황에 처할 때에 러시아 왕족들은 자신들의 휘하에 남아있는 군사들을 동원하여 그들을 지원해야 할 의무가 있었다.

기억해 둘 것은 베르케가 통치할 동안에 러시아에서의 세금은 이슬람의 대상들에 의해서 징수되었다. 이 제도는 수많은 분란을 야기하여, 후에는 폐지되었다. 그 후 세금 관리의 숫자는 두드러지게 증가하였다. 러시아 성직자에 대한 칸의 야를릭에서는 세 가지의 범주 또는 분야의 수

302) 여기서 gorod라 함은 작은 도시를 말한다.

303) Pelliot, pp. 72-73.

304) Nasonov, p. 20.

305) Ikonnikov, 2, 863-864 참조. 보다 자세히는 Nasonov, pp. 18-21.

입 관리들이 언급되고 있다. 계산원(투르크어로 bitikchi), 촌락 세금 징수원(danshchiki), 그리고 도시 세금 및 관세 징수원(tamozhniki)이 그들이다.

세금에는 두 가지 범주가 있었다. (1) 농촌지역의 주민들로부터 거둬들이는 직접세, (2) 도시세. 주요 직접세를 공물(dan)이라고 불렀다. 기본적으로 그것은 1/10이었다. 앞에서 밝혔듯이, 원래 몽골인들은 "모든 것의" 1/10을 원했다. 그들의 최초의 명령서에는 사람과 말들이 구체적으로(말의 색깔을 구분해서) 기술되었다. 의심할 여지 없이 농산물과 가축 또한 1/10 이었다. 1259년 노브고로드에서 몽골인들이 투스카(tuska)라는 일반적인 세금보다도 과중한 세금을 징수하여 첨예한 반항을 불러 일으켰다. "노브고로드에서 커다란 소요가 있었다. 저주받은 타타르인들이 투스카를 징수하여 촌락 지방에 살고 있는 주민에게 커다란 해독을 끼쳤다."라고 문헌은 기록하고 있다.[306] 이것은 분명히 그리고르 아칸츠의 아르메니아 문헌에서 기록된 츠구(tzgu)라고 불렀던 것과 똑같은 세금이었다.[307] "투스카"라는 용어는 "당도한 정부 관료나 사신들에게 제공하던 음식"이라는 뜻의 투르크어 tuzghu와 유사하다.[308] 다른 한편으로는 14세기 중반 위구르의 문서에는 tushuk라고 불리는 세금이 언급되고 있는데, 이 이름은 "이자", "소득"을 의미하는 위구르의 언어 tush와 관련이 있는 것으로 추정된다.[309] 러시아어 "투스카"는 tushuk 또는 tuzghu에서 유래된 것이 틀림없다. 아무튼 투스카는 추가된 세금으로 이러한 세금에 대한 노브고로드인들의 분노는 충분히 이해될 수 있는 것이었다. 그러한 세금은 노

---

306) Novgorod, p. 310.

307) Akanc, p. 301.

308) 이 용어에 대한 S. L. Volin의 설명은 Tiesenhausen, *2*, 304 참조. 또한 Cleaves, "Mongolian Names," p. 442 참조.

309) V. Radlov, *Uigurische Sprachdenkmäler*, pp. 77, 300에 있는 E. Malov의 지적을 보라; Vernadsky, "Uigurs,"p. 458. 페르시아어로 tush 는 "유지," "영양," "힘"을 의미하며, tusha는 "여행자의 비상식량"을 의미한다. Redhouse, p. 610 참조.

브고로드에서 혁명에 가까운 반란이 일어난 후 일시적으로 징벌 차원에서 몽골인들에 의해서 시행되던 세금이었다. 그 세금은 더 이상 시행되지 않았으며, 기본 공물은 10할로 유지되었다. 시간이 지나면서 1/10의 양은 더 구체적으로 표로 만들어졌으며, 공물은 현물이 아니라 은으로 지불되었다. 14세기와 15세기에 노브고로드에서 공물에 해당하는 세금 징수를 "검은 도둑"(chornyi bor)이라고 불렀다. 원래는 아마도 흑담비의 가죽으로 지불되었을 것이다. 그러한 지불 방식을 "흰색"의 은 지불 방식과 구별하여 "검은" 것으로 불렀다. 그러나 시간이 지나면서, 바실리 2세의 통치기에 "검은 도둑"은 은으로 된 화폐로 지불되었다.[310]

공물 이외에도 다른 많은 직접세들이 존재했다. popluzhnoe(북 러시아에서는 포소하posokha) 세금은 쟁기로 경작된 땅에 부과된 세금이었다. plug는(popluzhnoe는 파생어) "쟁기"라는 뜻이다. 이 단어는 독일어에서 러시아어로 왔다. 크고 무거운 쟁기를 러시아에서 그렇게 불렀다. "가벼운 쟁기"를 북부 러시아에서는 소하sokha라고 불렀다(포소하는 여기서 파생된 말). 그렇게 해서 "popluzhnoe"와 "posokha"라는 용어들은 "쟁기돈"이란 뜻으로 번역될 수 있다. 이와 관련, 쟁기를 뜻하는 기본 슬라브어 "랄로"는 대부분이 남부 러시아에서 사용되었다. 실제로 남부 러시아의 여러 지역에서는 "랄로"는 키예프 공국시대의 세금부과의 단위로 사용되었다.[311] 얌은 역참을 유지하기 위한 아주 독특한 세금이었다. 칸의 야를릭에서 언급되고 있는 또 다른 세금 보이나voina는 전쟁세 또는 군인세[312]로 군인을 징벌하지 않은 시기에 거두던 세금으로 추정된다. 야를릭에는 poshlina("전통적 의무")라고 불렀던 또 다른 세금이 있었다.[313] I.

---

310) *AAE*, *1*, 24.

311) 『키예프 러시아』, pp. 190-191.

312) Grigoriev, *Ярлыки*, p. 124; Priselkov, *Ярлыки*, p. 96.

313) Berezin, p. 475; Spuler, p. 335.

베레진과 B. 슈풀러는 모두 그것을 황금 오르다에서 그리고 몽골 제국의 다른 지역에서 칼란kalan으로 불렸던 몽골 세금 부과 체계의 측면에서 해석하고 있다. 엄격하게 기술적 측면에서 말한다면, 칼란(투르크어)의 직접적 의미는 토지세에 해당한다. 하지만 이 용어는 "복종", "노역"이라는 의미를 지니고 좀 더 폭넓게 사용되었다. 앞으로 보겠지만,[314] 몽골 시대나 몽골 이후의 시기에 서부 러시아에서 왕족의 노예라는 범주가 존재했고, 그들을 kalanny라고 불렀다. 우리가 만약 "포쉴리나"라는 것을 "칼란"에 해당하는 것으로 연결시켜 본다면, 우리는 그것을 칼란으로 일하는 복무를 대체했던 화폐 지불로 해석할 수 있게 된다. 그러나 "포쉴리나"와 "칼란"과의 동일성은 분명하게 정립되지 않는다.

칸들은 일상적인 세금에다가 만약 자신들이 필요하다고 간주하면, 추가로 세금을 부과할 수 있는 권리를 포기하지 않았다. 조회세라는 zapros (추가 요구) 세금은 야를릭에 그리고 종종 문헌에도 기록되어 있다.[315] 그 외에도 칭기즈 가(家)의 귀족들과 칸의 사절들이 전 러시아를 다니는 경우, 러시아인들은 그들에게 "선물"을 선사할 것으로 기대되었으며, 그들에게는 음식을, 말에게는 여물을 제공하고, 마찬가지로 운송을 위해 말과 마차들을 제공했을 것으로 추정된다.[316]

도시로부터 거둬들이던 기본 세금을 탐가라고 불렀다. 몽골어나 투르크어에서 "탐가"라는 용어는 "휘장"을, 특히 씨족의 "휘장"을 의미했으며, 씨족에게 속한 말과 다양한 소유물을 표기하기 위한 "상표"라는 의미였다. 통치의 휘장으로서 탐가는 도장 또는 봉인에 관한 디자인, 이후에는 도장 자체를, 특히 세금을 지불한 상품에 대한 도장을 지칭하였다. 훌라구 및 그의 후계자들의 시대에 페르시아에서 탐가는 자본의 약 0.4%의

---

314) 본장 8절 III, pp. 322, 328 참조.

315) Berezin, p. 477.

316) Grigoriev, *Ярлыки*, p. 124; Priselkov, *Ярлыки*, pp. 96-97.

320 · 몽골 제국과 러시아

해당되는 자본 수수료를 의미하였다. 매년 자산가와 상인들은 각각 자신들의 자산으로부터 240 디나르마다 1 디나르를 지불해야만 했다.[317] 탐가는 금으로 또는 적어도 금으로 지불되는 것이 선호되었다. 가장 부유한 대상들은 (러시아말로 gosti) 개별적으로 세금이 부과되었다. 중간층의 상인들이 결성한 연합은 세금 부과 단위가 되었다. 시간이 흐르면서 탐가는 물품의 거래에 대한 세금의 형식을 띠어 갔으며, 관세의 성격으로 징수되었다. 현대 러시아어에서 타모쥐냐(tamozhnia)라는 용어는 탐가에서 파생된 것으로 "세관"을 뜻한다. 또한 물품에 대한 지방세 미트(myt)도 징수되었다.[318]

일 칸국의 페르시아에서는 "공작소, 수공업자, 장인, 상공인 연합으로부터 축적되는 것"에 대한 특별세뿐만 아니라, 일부 장인 분야에서 허가서 발급에 따른 부가 세금도 존재했다.[319] 분명히 러시아의 수공업자들에도 유사한 세금이 부과되었다. 1258년에 노브고로드에서 도시세 징수를 위해서 모든 가가호호의 수를 세었던 것으로 알려져 있다. 문헌에서는 귀족들이 이러한 세금을 만들어 놓았으며, 가난한 자들에게 가장 혹독한 부담이 되었다고 주(註)를 달고 있다.[320]

Ⅲ.

이제 우리는 몽골의 직접통치를 받은 지역에 대해 주목하기로 한다. 주민은 십호의 공동체와 십호로 구성된 그룹(백호와 오르다)으로 조직되었으며, 그 그룹 각각은 백호장(sotniki) 그리고 바타만(vatamany)이라고 부르는 연장자들을 선출했다.[321] 바타만은(단수, 현대 러시아어는 ataman,

---

[317] Minorsky, "Nasir-al-Din," pp. 773, 781.

[318] myt에 관해서는 『키예프 러시아』, p. 191 참조.

[319] Minorsky, "Nasir-al-Din," p. 775.

[320] Novgorod, p. 310.

우크라이나어로는 otaman) 이란에서 온 말로322) "우두머리"(한 모임의)을
의미한다.

그와 유사한 그룹들이 러시아 공국의 내부 지역에서 조직되었으며, 그
지역은 러시아 왕족들의 관할 하에 있지 않았으며, 칸의 직접적인 통치
하에 있었다. 서부 러시아에서 그러한 그룹들을 백호인, 오르다인, 그리
고 칼란인(칼란 복무에 종사하는 사람)이라고 불렀다. 동부 러시아에서는
그러한 비슷한 범주의 사람들을 복수인(다시 말해서 수의 분리에 따라 모
인 사람들), 오르다인 그리고 젤류이(특수한 임무를 완수해야 하는 사람
들)라고 불렀다.323) 이러한 형태의 동부 러시아 그룹들에 관한 분류의 증
거는 매우 빈약하다. 리투아니아 대공국과 경계를 두고 있던 서부 러시아
에 관한 자료들은 좀 더 다양하지만, 항상 명확한 것은 아니다. 우리가 내
부 그룹의 구조와 백호인 및 오르다인의 기능을 이해할 수 있을 만큼 충
분한 기록적인 증거들을 가지고 있는 것은 오직 폴란드 왕국 내에 있는
갈리시아에서 그에 해당하는 그룹들에 대한 것들뿐이다. 그러나 이 지역
에 관해 보유하고 있는 문헌들은 몽골 이후의 시기에 해당한다(14세기 말
과 15세기). 우리가 다루고 있는 그룹들이 비록 당시에 존재하고 있기는
했지만, 그들의 각각의 위상은 새로운 정치적 환경 속에서 다소 변형될
수 있었다.

백호인부터 시작하기로 하자. 갈리시아의 문서에 따르면, 백호인의 구

---

321) N. Molchanovsky, *Очерк извезтия о Подольской земле* (포돌스크에 관한 소식
지)(Kiev, 1885), pp. 156-157.

322) 바타만(Ватаман)은 바타가(company)의 지휘자로, 오세틴어 sätäg(통솔자)에서
왔다. Vasmer, pp. 31, 172는 *ватаман*(атаман)과 *ватага*를 모두 투르크어에서
왔다고 하지만, 내가 보기에는 설득력이 떨어진다.

323) 이러한 사회계층에 관해서는 I. A. Linnichenko, *Cherty iz istorii soslavii v iugo-
zapadnoi(galitskoi) Rusi xiv-xv vekov*(『14세기-15세기 남서부 러시아(갈리시아)
사회계층의 특성』)(Moscow, 1894); W. Hejnosz, *Jusrumenicale*(Lwów, 1928); Z.
Wojciechowski, *L'Etat polonais an moyen-age*(Paris, 1949), pp. 206-207; Vernadsky,
"Royal Serfs" 참조.

성원은 모두 영구히 백호인의 공동체에 소속되어 있었다. 만약에 그가 공동체를 떠나고자 한다면, 그는 자신을 대체할 사람, 즉 자신의 임무를 대신할 사람을 찾아야만 한다. 그러한 대체는 또한 백호 권력의 승인을 받아야 했다. 백호인의 수장으로 백호대장 sotsky가 있었다. 백호인은 십호인(desiatki)으로 분리되었으며, 각각의 십호인을 십호대장(desiatky)이 맡았다. 백호인의 주요 임무는 토지를 경작하는 일이었다. 폴란드의 체제하에서 가장 가까운 성에 거주하는 왕의 대리자(대장, capitanens)는 영지를 백호인들에게 나누어 줄 권리를 가지고 있었다. 몽골 체제하에서 공동체는 스스로 백호대장의 감독 하에 영지 분배의 일을 담당해야 했다. 백호인은 가축을 소유하고, 소와 다른 가축을 백호인 구성원의 수요에 따라서 공동체 구성원에게 나누어 주었다. 폴란드 통치기에 백호인의 토지로부터 난 수확물은 가장 가까운 성의 곡물창고에서 보관되었다. 몽골의 통치기에 수확은 무엇보다도 인접지역 내에 그리고 그곳에서 징집된 군인들로 구성된 바스칵 부대의 개별적인 용도에 사용되었다. 15세기 말 갈리시아의 백호인 공동체는 사녹 성 근처에 집중되어 있었다. 백호인과 마찬가지로 십호인도 리투아니아 대공국에 관한 수많은 문헌 속에 언급되고 있으나, 어떤 것이 지금 우리가 밝히고 있는 범주에 속하고 있는지는 항상 명확하게 구별되지 않는다. 갈리시아와는 달리 리투아니아 대공국의 모든 백호인들이 토지 경작에 종사했던 것은 아닌 것 같다. 양봉에 종사하기도 했다. 또 다른 백호인들은 가까운 대공의 성을 위한 다른 성격의 임무를 수행하기도 했던 것으로 추정된다.

동부 러시아에서 복수인 혹은 집합인들은 갈리시아의 백호인들과 유사한 그룹으로 보이며, 그들에 대한 몽골의 지배가 끝나는 시기 이후부터 비로소 문헌에서 언급되고 있다. 그 최초 언급은 1339년에 작성된 대공 이반 1세의 유언에서 발견된다. 자신의 소유를 아들들에게 나눠주면서 이반은 집합인들을 공동의 통제 하에 소유할 것을 지시했다.324) 유사한 구절들이 이반의 유언과 그의 후계지들의 왕족들 간의 협약 속에서도 언급되고 있다. 구절 대부분은 집합인들이 살고 있는 토지는 매매되어서는 안 된다는 것이다. 분명한 것은 집합인들은 어떠한 개별적인 왕자에게 귀속된 것이 아니라, 전체가 모스크바의 왕족 가계에게 귀속된 그룹으로 간주되었음이 분명하다. 우리는 그들이 대공국의 권력 하에 있었다는 것을 말할 수 있다. 추정하건대 그들은 당초에 직접 칸에게 복속되어 있었으나, 후에 그들이 살고 있던 지역을 대공 이반 1세에게 칸이 선물로 하사했던 것이다. 앞에서 밝혔듯이, 칸은 개별적인 지역을 러시아 공작의 권력으로부터 떼어 낼 수 있는 권리를 가지고 있었고, 그것을 자신의 고유한 행정 체제하에 놓을 수 있는 권리를 가지고 있었기에, 만약에 그가 의지만 있다면, 이들 지역의 그 어떤 부분이라도 러시아 행정 체제하에 되돌려 줄 수 있는 권력을 가지고 있다는 점은 의심할 여지가 없다. 집합인의 위상은 행정 체제의 변경으로 변화되지 않았지만, 그들 노동의 생산물은 칸이 아닌, 모스크바 대공국의 소유였다.

갈리시아의 오르다인들은 백호인들과 마찬가지로 공동체로 조직되었다. "오르다"라는 용어는(몽골어로는 오르두, 러시아어로 오르다), 앞서 밝혔듯이,[325] 칸이나 황제 가계의 다른 구성원뿐만 아니라, 대규모 군대 사령관의 본영 또는 병영을 일컫는다. 이 경우에 있어서 오르다가 그 이름을 얻게 된 것은 그룹으로서 가장 가까운 군대 사령관의 오르다를 위해 복무를 수행해야 했기 때문이다. 보다 협의의 의미에서 그러한 형태의 촌락 공동체를 또한 오르다라고 불렀다. 오르다에 소속되지 않았던 사람들은 만약에 자신이 오르다인(즉, 오르다의 구성원으로서)의 임무와 규율을 지킨다고 하면, 오르다에 편입될 수 있었다. 일단 오르다에 편입된 사람은 그곳에서 평생을 직무를 다하여야 하고, 그의 아들들 또한 마찬가지

---

[324] *DDG*, pp. 8, 10.
[325] "ordu"에 관해서는 본서 1장 5절, p. 56 참조.

였다. 그런 방식으로 오르다 각 구성원의 소속은 항구적이고 상속되는 것이었다. 문헌에서는 오르다의 직위로 두 가지 범주 티분(tivunny)과 바타만(vatamany)이 언급되고 있다. 티분은 키예프 공국 시대로부터 내려온 말(티운)로 왕자 귀족을 의미하던가 아니면 재판관을 의미하는 용어로 사용되었다.[326] 오르다의 티분은 아마도 재판관이었을 것이다. 바타만은 지방 오르다 단위의 우두머리를 의미했다. 티분이나 아타만이나 모두 민중에 의해서 선출된 것으로 보인다.

15세기와 16세기 초 갈리시아의 오르다인들은 갈리츠(Halicz) 구역에 5개의 촌락에서, 10개의 리보프 구역의 촌락에서 살고 있었다. 그들은 주요 임무는 왕의 요구에 따라서 짐을 이동시키기 위한 마차를 정비해두는 일이었다. 짐수레의 이동을 용이하기 위해 가장 가까운 성에서 사람을 교체하는 일, 10마일 상당의 거리에 왕의 우편물 전달하는 일, 왕 또는 가장 근접한 성의 성주 그리고 지방 귀족 참가하는 원정에 4명의 마부를 제공하는 일,[327] 또한 필요시에는 공작의 가축을 방목하거나 보호하는 일 등이 있었다.[328]

리투아니아 대공국의 문헌에 따르면, 그곳에서 대개 "오르다인의 시종들"이라고 불렀던 오르다인들의 임무는 매우 다양했다. 일부는 물레방아의 작동을 관리하고, 다른 일부는 공작의 사절들이나 전령들에게 운송 수단을 제공하는 것, 그리고 다른 이들은 타타르 칸을 방문하는 사절단을 "경호원"의 자격으로 수행하는 일에 종사했다. 이들은 무장한 채로 말에 올라타야 했다.

모스크바 대공국의 오르다인들에게 요구되던 직무들 또한 서부 러시아

---

[326] 『키예프 러시아』, p. 189.

[327] 이런 점에서 저자는 이전의 주장을 수정하고자 한다. "Royal Serfs," pp. 258, 264. 주석 24.

[328] Ibid., p. 258.

에서 오르다인들이 그리고 "오르다인 시종"들이 수행하던 것들과 유사했을 것이다. 모스크바 대공국의 문헌에서 오르다 인들은 대략 1367년경 모스크바 대공 드미트리와 그의 조카 세르푸호프의 블라디미르 사이에 체결된 협약에서 처음으로 언급되어 있다.[329] 이 협약에 따르면, 오르다 인들은 이 협약 문서에 서명했던 두 공작 각각의 부친들이 살았던 시기, 즉 이반 2세의 통치기(1353-59년)에 해당하는 시기에 수행했던 직무들을 여전히 수행하였다. 아마도 그 당시에 오르다 인 그룹이 살고 있던 지역이 칸의 권력에서 모스크바 대공에게 넘어간 것이 아닌지 추정된다. 그와 다른(보다 신빙성이 떨어지는) 설명으로는, 이러한 그룹들이 이반 2세 때에 몽골식으로 조직되었다는 것이다. 바실리 1세와 세르푸호프의 블라디미르 사이의 협약(1390년)에는 오르다 인들이 토지를 매매하는 것을 금지하는 항목이 들어 있는데, 그들이 집합인들과 마찬가지로 대공에게 소속되었다고 하는 사실을 반영하고 있는 것이다.

이제는 칼란과 젤류이의 위상을 살펴보기로 하자. 갈리시아에서는 몽골의 지배이후에 칼란들을 백호인의 사람들과 구별하기가 어려웠다. 몽골의 지배시기에 그들은 분명히 개별적인 그룹을 형성했음이 분명하다. 이 두 그룹은 몽골의 지배 이후의 시기에도 리투아니아 대공국에서 개별적인 그룹으로 따로따로 유지되었다. 갈리시아의 문헌에서는 칼란들은 "자유롭지 못한 사람"(homines illiberi), 그리고 "왕국의 사람들"(homines regales)로 정의되고 있다. 파생어 kalanstvo(칼란의 위상)는 예속 상태를 의미한다. 비록 왕족의 영주에 묶여 있지만, 칼란들은 노예들은 아니었다. 그들은 재판을 청구할 수 있었으며, 증인의 자격으로도 참여할 수 있었다. 또한 소유권을 가질 수 있었다. 모든 정황으로 보아 그들은 몽골 침입 초기에 포로들로 잡힌 러시아인들의 후예로 칸은 그들이 자신의 여

---

[329] *DDG*, p. 20.

러 가지 다양한 일을 할 수 있도록 노예로 만들었다. 또한 그들 가운데 일부는 폴란드의 왕과 리투아니아 대공들에 의해서 매매되었으며, 자신들에 대한 구매 비용을 보상하기 위해서 그들을 위해 일해야만 했다. 이후 갈리시아에서 대부분의 칼란들은 오르다 공동체에 결합되었을 것으로 추정된다. 리투아니아 대공국에서 칼란들은, 또는 적어도 그들 가운데 일부는 대공의 영지 안에서 농경에 종사했다.

젤류이의 기원은 아마도 칼란들과 마찬가지 일 것이다. 우리가 보기에는 "젤류이"라는 말은 페르시아어 del에서 파생된 것으로 "중심"을 의미한다. 몽골의 전쟁 획득물에 대한 분배 규정에 따르면, 전쟁포로들의 가장 큰 할당은 최고 군사령관으로서 능력에 맞도록 통치자인 칸을 위해서 보존되었다. 그 할당량을 페르시아어로 delia-i buzurg(큰 중심)라고 불렀다.[330] 칸은 이 포로들을 자신의 목적에 따라서 처분할 수 있는 권리를 지니고 있었다. 그들 가운데 많은 포로들이 칸의 노예가 되었고, 영지에 정착했거나 아니면 일정한 성격의 일에 종사해야만 했을 것이다. 이미 밝혔듯이[331] 다른 울루스의 칸들은, 예를 들면, 진크시와 같은 칸들은 마찬가지로 일정한 러시아 포로들을 받았으며, 그들 가운데 일부를 원(元)으로 데려가 그곳에 정착시켰다. 모스크바 대공국의 문헌에 따르면, 젤류이는 오르다 인들과 함께 처음으로 앞에서 언급했던 대공 드미트리와 세르푸호프의 블라디미르 왕자가 체결한 협약에서 나타나고 있다. 다시 말해서, 오르다인들과 마찬가지로 이 그룹의 발생을 이반 2세의 통치시기로 언급할 수 있다. 아마도 젤류이들이 거주하였던 지역은 당시에 칸이 모스크바 대공에게 하사하였던 땅일 것이다. 그러나 이 그룹은 러시아 대공들

---

330) Wassaf, p. 98(페르시아 본); 이 용어에 대한 Hammer-Purgstall의 독일어 번역 p. 94(Eidam)는 이해되지 않는다. 또한 Tiesenhausen, 2, 82; Veselovsky, p. 16 참조.

331) 본서 2장 4절, p. 134.

이 매매했던 젤류이 그룹에 속했던 러시아 포로들로, 대공들에 의해서 조직되었을 것이라는 가정도 배제할 수 없다. 매입된 자들에게는 경작할 수 있는 땅이 배정되었다. 젤류이들 및 그들의 땅의 위상은 오르다인들의 그것과 서로 유사했다.

Ⅳ.

몽골의 통치 체계는 최초에 정립되었던 원래대로 약 100년간을 지속적으로 기능했다. 갈리시아에서 그 체계는 폴란드가 갈리시아를 병합한 1349년에 기능을 중지하였다. 1363년에 이르기까지 대부분의 다른 서부 러시아의(우크라이나나 백러시아) 땅은 리투아니아 대공국의 지배를 인정하였으며, 마찬가지로 몽골 역시 땅을 상실하게 되었다. 동부 러시아에서 몽골의 지배는 약 100년간을 더 지속하게 되었다. 그러나 그 성격은 14세기 초 납세 체계의 개혁 이후에 변화되었다. 그 결과로, 앞으로 밝히겠지만,[332] 1360년대와 1370년대 황금 오르다의 혼란기 이후에 몽골의 지배는 토흐타미쉬(1382-1395년) 기간의 짧은 복권 시기를 제외하고 상당히 약화되었다.

13세기 말 일부 러시아 왕족들과 14세기 초 모든 러시아 왕족들은 감독관으로서 공물 및 다른 세금을 모으는 특권과 동시에 의무를 지녔다.[333] 바스칵들은 소환되었고, 소규모 세금 징수자들은 이제 러시아 왕족들 스스로에 의해서 임명되었다. 각 러시아 대공은 세금을 징수한 이후 징수된 세금을 계산, 증서를 발급하고 칸의 바칠 보물들을 위한 금전을 받아들였던 몽골의 특별 고위관직(최고 직급의 다루가)과 협상해야 했다. 이러한 다루가들은 그러나 러시아가 아니라 사라이에 살고 있었다. 모스크바 대

---

[332] 본서 4장 2절과 3절.
[333] 본서 3장 8절, p. 289.

공에 대해서 책임을 지는 그러한 다루가가(모스크바 다루가) 시몬 연대기에 1432년에 기록되어 있다.[334] 추정하건대, 트베르, 니즈니 노브고로드, 그리고 랴잔 다루가들이 있었다.[335] 각 대공이 칸에게 지불해야 하는 총액을 지출 vykhod이라고 불렀다. 이 단어는 아랍어 kharaj를 러시아식으로 번역한 것으로 보인다. 원래 이 아랍어의 뜻은 광의의 의미에서 "공물"이라는 의미였다. 후에 그 단어는 보다 협의의 의미에서 "토지 소유에 대한 세금"을 의미하게 되었다.[336]

지출의 대부분은 공물로 구성되었다. 다른 세금들 중에서 탐가를 계속 징수하고 있었으나, 그로부터 발생한 수익금은 대개 대공의 재산으로 남았다. 1360년 이후 뚜렷이 오로지 한 칸 토흐타미쉬만이 탐가를 징수할 수 있었다.[337] 얌 또한 정기적으로 칸에게 지불되지 않았다. 쟁기세는 공물과 합쳐졌고, 점차적으로 소하라고 부르는 단위에 맞춰 조정되었다. B. N 타티쇼프에 따르면, 공물은 벌써 1273년에 소하 단위를 근거로 부과되었지만,[338] 우리가 알고 있는 문헌이나 기록에서는 확인되지 않고 있다. 타티쇼프의 주장은 근본적으로는 이치에 맞는 것이기는 하지만, 시기를

---

[334] Simeonov, p. 171; Nasonov, p. 105를 참조.

[335] Nasonov, p. 105.

[336] kharaj에 관해서는 N. W. Juynbolle, "Kharaj," *ES*, 2, 902-903; E. Mardin, "Harâc," *Islam ansiklopedisi*, 4(1949), 222-225. T.W. Juynbolle에 따르면, kharaj 용어는 비잔틴어 choregia에서 유래한다. 다른 한편, kharaj는 아랍어 동사 kharaja, "to go out"에 가깝다. A. Cherbonneau, *Dictionnaire arabe-français* (Paris, 1876), I, 207에 의하면, 이 동사의 원인 격(제4격) akharaja는 "나가게 하다" to cause to go out(faire sortir), 그리고 "지불케 하다" to cause to pay(faire payer, percevoir un impôt) 모두를 의미한다. Nicholas N. Martinovitch는 내게 보낸 1948년 12월 2일 서한에서 단어 kharaj가 "going!"의 의미를 가지는 구어로 사용된다는 점에 주목하도록 하였다. 여하튼 경우, 칸 궁정의 통역자들은 kharaj를 kharaja 라는 동사에서 파생한 것으로 러시아어로 설명해야만 했다. 따라서 러시아 용어 выход이다.

[337] 토흐타뮈시는 1382년 세금을 금과 은으로 징수했다. 황금으로 지불하는 것은 tamga이다.

[338] Tatishchev, *4*, 47.

올바르게 밝히는 것 같지 않다. 문헌에 따르면, 1384년에 공물은 농가당 일 루블의 반의 비율로 징수되었다.[339] 이 단위는 1 소하에 해당되었던 것 같다. 1409년 바실리 1세에게 보내는 서한에서 아미르 에디게이는 말하기를, 자신의 정보에 따르면, 모스크바 대공은 매 2 소하 당 1루블을 거둬들였다.[340] 1423년에 쓴 유서에서 대공 바실리 1세는 공물을 "사람의 수와 그들의 지불능력에 따라서" 징수할 것을 조언하고 있다.[341] 바실리 2세의 유서는(1461년 혹은 1462년 초에 기록된) "소하 및 사람 수에 따라서"[342]라는 보다 정확한 식을 담고 있었다.

토르쪽 지역에서 "검은 도둑"을 징수하도록 하는 노브고로드시가 대공 바실리 2세에 내린 허가로부터 1 "플루그"(무거운 쟁기)는 2 소하로 인정되었다는 것을 알 수 있다. 우리가 이미 다루었던 "가벼운 플루그"의 의미로 사용된 소하는 "두 말과 반 마리 말"로서 정의된다.[343] 그리고 다시 니콘 문헌에서는 "3 옵자는 1 소하이다. 1 옵자는 다음과 같다. 1인이 1마리 말로 쟁기를 간다. 한 사람이 2명의 일꾼의 도움으로 3마리 말로 쟁기를 간다면, 이것이 바로 1 소하이다."[344] 더구나 노브고로드 문서에 기록된 대로 말 없는 4명의 사람도 1 소하를 구성한다. 비농업에 해당하는 업무에 대한 세금징수의 단위도 역시 소하가 사용되었다. 위에서 밝힌 문서에 따르면, 무두질 통도 1 소하로 인정되었다. 어망, 가죽을 이기기 위한 통, 대장장이가 1 소하에 해당되었다. 소금 생산에 있어서 증발에 필요한 커

---

[339] 고대 러시아어에서 *Деревня*는 원래 "숲을 제거한 평야," 따라서 "농장"을 의미했다. Preobrazhensky, p. 180; Vasmer, pp. 341-342 참조. 현대 러시아어에서 *Деревня*는 작은 촌락이다.

[340] *Nikon*, 2, 210.

[341] *DDG*, p. 61.

[342] *Ibid.*, p. 197.

[343] *AAE*, 1, No. 32, 24.

[344] Nikon, 12, 184; 또한 *Софийский временник* (1821), 2, 194 참조.

다란 팬 또는 츠렌은 2 소하로 간주되었다.

위에서 언급한 것은 모두 노브고로드에 해당되는 것이다. 모스크바에서 16세기와 17세기에 소하라는 용어는 상당히 커다란 단위를 지칭하는데 적용되었다. 그러나 15세기에 모스크바의 소하 역시 노브고로드의 그것과 같은 규모의 단위였던 것으로 추정된다.[345] 결과적으로, 농업에 종사하는 지역에서 어떠한 경우에도 3이란 수는 1 소하를 구성하는 최소한의 수로 간주되었을 것이다. 3인의 성인 남자는 각각 그들의 가족과 피부양자들을 포함해서 20명의 단위의 한 그룹을 구성할 수 있었다. 이것은 한 가족 공동체의("대가족") 대규모 영지에 일치했을 것이다.

우리가 접한 문헌에서는 일 년의 총 지출을 밝히고 있지 않다. 지출 세액은 1360-70년대의 혼란기에 상당히 낮아졌다. 토흐타미쉬는 원래의 세금의 크기를 복원시켰으나 그의 몰락 이후에 지출은 정기적으로 지불되지 않았다. 지불되지 않은 차액은 러시아 공작의 금고에 대부분은 모스크바 대공의 보물 창고 안에 보관되었다. 우리는 지출을 담고 있는 일부 숫자들을 왕자의 유언이나 왕족간의 협약 문서에서 발견하고는 하지만, 그러한 숫자들이 지불에 있어서 각의 왕자의 할당 몫을 계산할 의도를 가진 것이 아니며, 지출 전체 총액을 가리키고 있지 않다. 1389년 4월 또는 5월에 작성된 대공 드미트리 돈스키의 유언에서 그는 자신의 영지로부터 다섯 명의 아들이 각각 징수해야하는 공물의 쿼터를 설정하였는데, 지출 금액은 각 5천 루블씩이었다.[346] 드미트리가 그의 조카인 세르푸호프의 블라디미르 왕자와 체결한 협약에서(1389년 3월) 세르푸호프의 블라디미르의 할당 몫은 매 5천 루블 지출에 비례했다.[347] 이 숫자는 세르푸호프의 블라디미르 왕자와 맺은 바실리 1세의 협약(1390년)에서도 반복되고

[345] S. Veselovsky, *Сошное письмо*, *1* (Moscow, 1915), 43.

[346] *DDG*, pp. 35-36.

[347] *Ibid.*, p. 31.

있다.[348] 또한 같은 두 왕자가 체결한 협정에서도(1401년 또는 1402년) 왕자 간 계산을 위한 기초로서 7천 루블이라는 숫자가 설정되었다.[349] 블라디미르 왕자의 유서(마찬가지로 1401년 또는 1402년)에서는 다시 5천 루블이라는 숫자가 언급되고 있다.[350] 즈베니고로드와 갈리츠의 유리 왕자 유서(1433년)에는 7천 루블이라는 숫자가 다시 나타나고 있다.[351] 앞에서 밝힌 어떤 숫자도 지출의 총액을 밝히고 있지 않다는 것은 분명하다.

지출의 총액을 밝히는 유일한 가능한 방법으로는 비록 대략이기는 하지만, 1384년에 토흐타미쉬에 의해서 설정된 세율을 기초로 삼는 것이다. 당시에 공물은 한 경작 당, 다시 말해서 한 소하 또는 대략 20명으로부터 1 폴티나(1/2 루블 은화)의 비율로 징수되었다.[352] 몽골인에 의해서 설정된 인구를 수에 따른 분할의 관점에서 보면, 한 소하는 십호의 1/10로 인정되었을 것이다. 만호에는 1천의 십호가 있으므로 만호당 적어도 1만의 경작(또는 소하)이 있었을 것이다. 1소하당 반 루블의 세율로 치면 만호에서 5천 루블의 은화의 징수를 의미하는 것이 될 것이다.[353] 이 숫자는 각 만호에서 요구되는 쿼터로 간주할 수 있다.[354] 만약에 실제로는 더 많이 징수되었다고 하면, 잉여분은 대공의 금고에 들어 왔을 테고, 만약에 적었다면 대공은 부족분을 다른 만호에서 아니면, 자신의 주머니에서 채워야 할 것이다. 블라디미르 대공국이 17의 만호(토흐타미쉬의 통치기에)로 구성되었음을 감안하면, 우리는 1384년 블라디미르 대공국에 의해서

---

348) *Ibid.*, p. 38.

349) *Ibid.*, p. 44.

350) *Ibid.*, p. 49.

351) *Ibid.*, p. 74.

352) Trinity, pp. 427-428; Nikon, II, 85.

353) 1400년경 모스크바의 은화(루블)은 92그람이었다. G. B. Fedorov, "Dengi moskovskogo kniazhestva',"(「모스크바 공국의 화폐」) *MIAS*, *12*(1949), 157 참조.

354) 이것은 공국의 칙령에서 언급했던 "5000루블"의 숫자를 의미할 것이다.

지불되었던 총 공물의 액수가 8만 5천 루블의 은화라는 숫자에 도달한다. 만약에 다른 동부의 러시아 공국이 그와 똑같은 세율로 지불했다고 가정하면, 랴잔은 만 루블, 니즈니 노브고로드와 트베리는 2만 5천 루블을 각각 지불했어야만 했다. 노브고로드를 제외한 동부 러시아의 총 액수는 당시에 14만 5천 루블에 해당되었을 것이다. 여기에 탐가 세금을 덧붙여야 한다.

노브고로드가 만호의 체계 밖에서 위치하고 있었기 때문에 노브고로드 대공국에 의해서 지불되었던 양을 앞에서 밝힌 근거로 정하기는 어렵다. 노브고로드로부터 획득한 칸의 주요 소득원은 공물이 아니라 탐가(탐가를 지불하였던 시기에는)였을 것이다. 공물과 관련해서는 기본적으로 노브고로드의 땅에는 5개의 만호에 해당하는 공물이 부과되었을 것으로 추정한다. 노브고로드인들은 스스로가 세금을 거둬들일 권리가 있었으므로 그들은 각 지방을 하나의 만호로 간주하는 것이 자신들에게 보다 편리하다고 간주했을 것이다. 실제로는 노브고로드에서 소위 퍄티니(1/5)[355]라고 부르는 기관이 당시에 적용되었던 과세 체계와 연관 지어 몽골 시기에 최종적인 과세 형태를 채택하였을 가능성도 있다.

---

[355] *piatiny*에 관해서는 『키예프 러시아』, p. 204; K. A. Nevolin, "О пятинах и погостах новгородских," *ZRGO*, *8*(1853); Nasonov, *Русская земля*, pp. 117-126 참조.

_

제 4 장

황금 오르다의 몰락과 러시아의 부흥

_

1. 두 러시아

Ⅰ.

14세기 전반 황금 오르다의 번영은 절정에 달했다. 그러나 칸 베르디벡의 죽음(1359년) 이후 오르다에서는 정치적 혼란의 위기가 시작되어 20년 동안을 지속되면서 칸의 권위에 심대한 타격을 입혔으며, 러시아를 포함한 복속 민족들에 대한 통치는 흔들리고, 매우 약화되었다. 러시아인들은 정세를 이용하여 유리한 상황을 만들어 갔고, 몽골로부터 독립을 성취하기 위해 노력하였다. 서부에서는 리투아니아 대공의 지도하에 최초로 몽골인들에 의해서 점령당한 영토의 상당 부분을 다시 되찾았으며, 한때는 흑해 연안까지 도달했다. 동부에서는 모스크바 대공하에 당시 가장 강력했던 경쟁 칸들 가운데 한 칸의 군대에 처참한 패배를 안기는 데 성공했다.

바로 이 시기에 강력한 두 국가, 서부 러시아를 대부분을 지배하는 리투아니아 대공국 그리고 동부 러시아의 상당한 그리고 점진적으로 영토를 확장하고 지배하게 되는 모스크바 대공국(명목상은 블라디미르 대공국)형성되었다는 사실은 러시아 역사에서 커다란 중요성을 지니고 있다. 그로 인하여 러시아 영토를 리투아니아와 모스크바 대공국으로 분리시키는 결과를 가져왔다. 결국 리투아니아와 폴란드와의 동맹으로 인하여 모스크바와 폴란드의 갈등은 계속 깊어만 갔다. 정치적인 분할은 사회적 그리고 문화적 격변에 의해 강화되어 갔으며, 점진적으로 형식적으로나마 단일한 러시아 민족을 최초로 세 민족, 동부에 대러시아인(현재 단지 러시아인으로 불리는), 서부에 소러시아인(우크라이니인)과 백러시아인으로 분할하는 데에 상당한 기여를 하였다. 그러나 오랜 기간 동안 이 세 부류의 민중들은 스스로를 단지 러시아인이라고 계속 불러왔다.

서부 및 동부 러시아의 정치적인 분할은 부분적으로는 몽골의 칸들이 폴란드와 리투아니아로부터의 침탈로부터 서부에 있던 러시아인들을 보호할 수 없는 데에 따른 결과였다. 서부 및 동부의 러시아는 칸의 통치 하에 있는 한, 양쪽 모두 단일한 정치적 실체, 황금 오르다의 부분들이었다. 그러나 노가이의 몰락이후 황금 오르다의 칸들은 서부 러시아의 상황에 대한 관심보다는 동부에 대한 통제에 더 관심을 두고 있었다. 우즈벡이 1340년 폴란드의 왕 카지미르 대왕의 침입으로부터 갈리시아를 보호할 필요성에 대해 당연시 한 반면, 그의 후계자인 자니벡은 1349년 갈리시아에 대한 카지미르의 두 번째 공격을 막아낼 만한 상황에 처해 있지 못하였으며, 단지 리투아니아의 류바르트 왕자가 볼리냐로부터 폴란드인들을 쫓아내는 데에 도움을 줄 수 있었을 뿐이었다. 그러나 류바르트는 비록 형식적으로나마 칸의 가신이었으나, 실질적으로 강력해지는 리투아니아 국가의 이해를 대표하고, 잠재적인 몽골의 적이었다. 따라서 서부 러시아에 대한 몽골의 권력은 1349년부터 약화되기 시작했다고 할 수 있다. 곧 황금 오르다에서 상황 악화가 시작되자 리투아니아 대공 올게르드는 키예프와 포돌스크에 대한 통치를 수립하기 위한 목적으로 몽골에 대한 선제 원정에서 성공을 거두었다. 몽골의 저항은 미약하였으며, 1363년 그는 부그 강어귀에 가까운 푸른 물(Sinie Vody)에서 몽골 세 왕자의 군대를 격퇴시키고 흑해 연안까지 진출하였다.[1]

하지만 올게르드의 후계자들은 결국에 흑해로 나갈 수 있는 출구를 잃었던 반면에, 계속해서 키예프와 포돌리아 지방을 손에 쥐고 있었다. 물

---

[1] Spuler, pp. 116-117.

론 올게르드의 죽음 이후에도 그의 아들 키예프의 블라디미르 왕자는 칸의 가신임을 인정하고 칸에게 공물을 계속 바쳐야 했다. 여하튼 서부 러시아의 대부분은 몽골로부터 해방되었으며, 그 영토에 대한 통치는 이제 몽골로부터 리투아니아 및 폴란드의 통치로 교체되었다. 동부 러시아에 대한 몽골의 지배는 약 백년을 더 지속하게 될 예정이었다. 이것은 그 자체로 동부(혹은 대러시아) 그리고 서부(소러시아 그리고 백러시아) 사이의 역사 발전의 차이를 심화시키는 또 다른 요인이었다.

명칭과 관련, 소러시아는(Malaia Rus, 후에는 Malorossiia라는 형태로 사용되는) 13세기 말 또는 14세기 초에 기원했던 것으로 보인다. 1303년 콘스탄티노플의 총주교는 유리 1세의 집요한 요청에 따라서 갈리츠에 대주교 관구를 설치하는데 동의하고, 새로운 주교는 소러시아 대주교라는 작위를 받았다(라틴어로 Russia Minor).[2] 새 주교는 갈리츠 외에도 볼리냐의 블라디미르, 콜름, 페레미실, 루츠크, 그리고 투로프 관구들을 관할하였다. 그렇게 해서 소러시아라는 이름은 당시에 갈리시아, 볼리냐, 그리고 투로프의 영토를 가리켰다. 명칭은 교회의 사안에 한정되지 않았을 뿐만 아니라, 정치적 의미도 얻었다는 것은 스스로를 "소아시아의 공작"(Dux Russiae Minoris)이라고 부르는 유리 2세의 칙서(1335년)를 보면 그 의미가 분명하다.[3]

"백러시아"(후에 러시아어로 Belaia Rus, 폴란드어로 Biala Rus)라는 명칭의 유래는 분명하지 않다.[4] 그 말에서 고대 사르마트어의 어원을 찾는 것은 오히려 혼란을 일으킨다. 중세 초기에 갈라시아에 거주했던 사르마트-슬라브족을 9세기에 백의 호르바트 인들이라고 불렀으며, 중국의 색의

---

2) Moszyński, 2, 1552. 갈리츠 교구 성립에 관해서는 Golubinsky, 2, 100-101; Hrushevsky, 3, 112-113 참조.

3) Hrushevsky, 3, 137, No 2; Moszyński, 2, 1552.

4) Moszyński, 2, 1551; N. P. Vakar, "The Name White Russia," ASEER, 8(1949), 201-213 참조.

제계에 따르면 서부의 호르바트 인들을 의미했다. 서부의 어떤 다른 사르마트 족이 그들보다 먼저 드네프르 강의 상류에 진출했을 가능성도 있다. 기억해 둘 것은 사르마트 알란족의 한 부류가 휜(Aorsi) 또는 휜 알란인(Alanorsi)로 알려져 있었다는 점이다.[5] 그러나 백러시아라고 부른 명칭이 사르마트어에서 기원했다고 하는 가설을 확인해주는 뚜렷한 증거는 존재하지 않는다. 게다가, 그것을 "흑 러시아"(Chernaia Rus, Rus Czarna)와 함께 검토할 필요가 있는데, 그 이름으로 불렸던 지역은 리투아니아 대공국이 형성되고 있던 초기 단계에 리투아니아인들이 점령했던 지역이다.[6] 이 두 명칭은 고유 명사로 서로 짝을 이루는 단어였던 것으로 보이기에 함께 분석되어야 한다. 종교적 배경이라는 측면에서 그 용어들에 대한 설명 가능성이 전래 동화의 문헌 속에 언급되어 있는데, 백러시아의 경우이다. "백러시아"라는 말은 휜 신(神)(Belbog)이라는 슬라브족의 전통적인 우상 신에 대한 숭배와 관련이 있다고 주장한다.[7] 현재 슬라브인의 신화에서 검은 신(Chernobog)도 마찬가지로 종종 언급되고 있다. 백러시아에 적용했던 것과 같은 방식으로 접근한다면, 검은 러시아를 검은 신에 대한 숭배의 영역으로 간주해야만 할 것이다. 그러나 휜 신과 검은 신과 같은 신들이 존재하였다고 하는 정설은 의심의 여지가 많다.

다른 접근 방법은 명칭을 사회적 관계에 대한 슬라브족의 용어를 통해서 해석하는 방법이다. 슬라브어 "휜"은 "자유로운"(상대적으로 소유관계에 대해서, "세금이 과세되지 않는")이란 의미를 가진 반면에 "검은"이란 말은 "자유롭지 않은"("세금이 부과되는")이란 의미를 가지고 있다.[8] 이러

---

5) 백 크로아티아에 관해서는 『고대 러시아』, pp. 167, 321; F. Dvornik, *The Making of Central and Eastern Europe*(London, Polish Research Center, 1949), pp. 266-267, 283-285, 291-292 참조. Aorsi에 관해서는 『고대 러시아』, pp. 82, 87-89 참조.

6) 흑 러시아 명칭에 관해서는 Moszyński, 2, 1552 참조. 본서 3장 3절, p. 227 참조.

7) Vakar(상기 주석 4를 보라), pp. 204-205.

8) Moszyński, 2, 1552; Vakar, p. 210.

한 관점에서 보면 흑러시아가 백러시아보다 일찍 리투아니아에 의해 복속되었기에 자유로운 흰 러시아와 대비하기 위하여 검은 러시아라고 부른 것은 아닐까 한다. 이러한 이론은 그다지 신뢰감을 주고 있지는 않는데, 왜냐하면 백러시아 역시 리투아니아인에게 점령을 당했으며, 단지 검은 러시아보다 좀 더 늦었을 뿐이었다. 다른 해석에 따르면, 검은 그리고 흰 러시아라는 이름은 사는 주민의 복장으로부터 유래했다는 것으로 가장 단순한 설명이기는 하지만, 너무 신빙성이 없다. 게다가 의복에서 색상의 차이는 어떤 역사적 의미를 지닐 수도 있는 것이다.

위에서 모두 언급되기 했지만, 백 그리고 흑 러시아라는 명칭의 유래 문제가 적절히 해결되었다고 볼 수는 없다. 새로운 제안으로서 발트 해의 남과 동쪽으로 흐르는 모든 강가의 유역에(서부의 오데르 강에서부터 동부의 드비나 강에 이르기까지) 8세기와 9세기에 걸쳐서 고대 스칸디나비아 인들이 침투해 들어갔다는 사실을 강조하고 싶다. 검은 러시아는 네만 강 상류 유역에 자리를 잡고 있었으며, 백러시아는 드비나 강 유역과 (운송을 통해) 드네프르 강 상류의 유역에 자리를 잡았다.[9] 이와 관련, 지적할 필요가 있는 것은 아일랜드의 문헌에서는 바이킹에 관하여 말하면서, 흰 타국인들과(Finngaill) 검은 타국인들을(dubgaill) 구별했다는 점이다. 이러한 구별은 대개 "노란머리의 노르웨이인들"과 "흑발의 덴마크인들"을 구별하는 것으로 해석되었다. 그러나 T. D. Kendrick은 그러한 구별을 "단지 의심스런 인종학적 가치"라고 간주한다.[10] 우리 견해로는 그러한 변별

---

9) 발트 남동부 지역으로 바이킹의 확장에 관해서는 T. J. Arne, La Suède et l'Orient(Upsala, 1914); B. Nerman, *Die Verbindungen zwischen Skandinavien und dem Ostbaltikum*(Stockholm, 1929); *idem*, "Swedish Viking Colonies on die Baltic," *ESA*, *9*(1934), 357-380; F. Balodis, "Ein Denkmal der Wikinggerzeit aus Semgallen," *ESA*, *9*, 399-404; H. Jänichen, Die Wikinger im Weichsel-und Odergebiet (Leipzig, 1938); O. Scheel, Die Wikinger(Stuttgart, 1938), pp. 194-209; M. Vasmer, "Wikingerspuren bei den Westslaven," *ZOG*, *6*(1932), 1-16, *idem*, "Wikingerspuren in Russland," *AWB*, *24*(1931), 3-28 참조.

성은 긱긱의 해딩하는 바이킹족의 머리색에 근거하는 것이 아니라, 그들의 의상 및 무장한 색에 근거하고 있다는 것이다. 오세베르그 직물에는 흰 방패를 지닌 군사가 묘사되어 있다.[11] 우리가 알기로는, 문헌에는 특별히 스웨덴 인이라고 할 만한 그 어떤 색상에 대해서도 언급하고 있는 것은 아무것도 없다. 추정하건대, 흰 것 그리고 검은 것들은 바이킹들 사이의 독특한 조합이었다. 검은 것은 분명히 덴마크인들에게 보다 많았으며, 흰 것은 노르웨이인들에게 보다 더 많았다. 두 가지의 조합이 분명히 스웨덴 인들에게 존재하고 있었다. 앞에서 기술한 것들을 근거로 우리는 검은 러시아라고 알려진 지역은 일정 기간 동안에, 말하자면 9세기에 검은 바이킹들에 의해서 통치되었으며, 백러시아로 불리던 영토는 흰 바이킹들에 의해서 통치되었다고 믿는다. 이것이 명칭의 출현에 대해 가능한 설명이다.

"대러시아"(Velikaia Rus, 후에 Velikorossiia)라는 이름은 갈리츠의 대주교 관구 폐지를 확정하기 위해 1347년 볼리냐 류바르트 왕자에게 내린 비잔틴 황제 요한 칸타쿠젠의 칙서에서 처음으로 나타난다. 황제는 "전 러시아에 ─ 대러시아 그리고 소러시아 ─ 오직 하나의 대주교 키예프만이 있다"고 명령을 내렸다.[12] 여기에 17세기 중반 경에 모스크바의 차르 알렉세이(로마노프 왕조의 두 번째 차르)가 세 가지의 러시아 직위 명칭 모두를 자신의 직위명에 포함시킴으로써, 즉, "전 대러시아, 소러시아, 그리

---

10) T. D. Kendrick, *A History of the Vikings* (London, Methuen & Co., 1930), p. 275.

11) 백의 그리고 흑의 바이킹에 대한 저자의 관심은 1948년 12월 27일 예일 예술 화랑에서 Johannes Broensted가 강의한 "유럽에서의 바이킹" 강좌에서 비롯되었다. 흰 방패를 지닌 바이킹에 관한 묘사에 대해서는 Bjorn Hougen, "Osebergfunnets billedev," *Viking*, 4(1940), 104 참조. 이 저작에 대해 관심을 기울이도록 조언해 준 Harald Ingholt, 그리고 저자의 부탁에 따라 콜롬비아 대학 Avery 도서관에서 저작을 찾고 해당 그림에 대한 사진을 주문해 준 Miss. Akeksandra Kalmykow에게 감사드린다.

12) *RIB*, 6, 부록. No 6, p. 30.

고 백러시아 차르"로 통합(1654년)한 것도 덧붙일 수 있다.

Ⅱ.

모스크바 공국에서는 점진적으로 왕권의 중앙화가 진척되고 있었다. 리투아니아 대공국에서는 그와는 반대로 결국 귀족 통치가 정착되었다. 리투아니아 대공국은 초기 형성 단계에서조차 중앙화가 된 국가가 아니라, 대공의 군사적 지휘 하에 있는 정치적 연합체에 불과했다. 이러한 연합은 민도브그의 통치기 동안에 그 처음에 발단부터 리투아니아와 러시아의 영토로 구성되었다. 게디민의 통치 시기에는 백러시아 전체와 우크라이나 일부가 리투아니아 대공의 권력을 인정하였다. 올게르드의 통치하에서는, 앞서 밝혔듯이, 폴란드의 지배하에 들어간 갈리시아를 제외하고 전 우크라이나에까지 권력이 확대되었다.

리투아니아에 의한 서부 러시아에 대한 정치적 잠식 과정에서 많은 현지의 러시아 왕족들은 자신들의 세습 영지를 보존하고, 대부분의 귀족들도 땅을 보유할 수 있었다. 그러나 대규모 공국들, 키예프와 볼리냐 공국들은 리투아니아의 왕족들, 게디민의 후손들에게 편입되었다. 사실, 키예프는 1240년 몽골에 의해서 몰락된 이후에 수십 년 동안 그들의 직접적인 통치하에 있었으며, 14세기 초에 몽골인들이 러시아 왕족으로 하여금 키예프를 지배하도록 허용하였을 때, 몽골인들은 보잘 것 없는 왕족들 가운데 한 왕자를(아마도 체르니고프 가계의) 선택하였다. 그렇게 하여 키예프에서 왕자 계승의 고대 전통이 무너지게 되었다는 사실은 올게르드가 자신의 여러 아들 가운데 블라디미르를 키예프의 왕자로 내세우는 것을 쉽게 만들었다. 볼리냐의 경우도 오랜 로만(다니엘 및 바실코의 부친)가계의 통치가 중단되었기 때문에 게디민의 아들 류바르트가 왕의 권좌에 개입하는데 있어서 그 어떤 반대도 있을 수 없었다. 더구나, 이미 언급했듯이, 그는 자신의 아내를 통하여 구(舊) 통치 가계와 함께 일정한 수준의 관계를 주장할 수 있있다.

리투아니아의 대공작들이 러시아 영토를 자신들의 소유로 만들어 가는 과정에서 그들은 모든 전통적인 러시아의 사회적 그리고 정치적 제도에 손을 대지 않고 그대로 보전토록 하였다. 러시아어와 "러시아의 믿음"은 그 어떤 방식으로도 건드리지 않았다. 그와는 반대로 러시아 문명의 영향은 곧바로 리투아니아에 퍼져 나갔다. 예를 들어서, 리투아니아어에서 교회 및 교회 예식에 관한 많은 언어들은 러시아어에서 차용된 것들이었다.[13] 14세기에 거의 대부분의 리투아니아인들이 우상 숭배자들이었던 반면에 많은 리투아니아의 왕족들은 그리스 정교를 받아들였으며, 특히 러시아 여자들을 아내로 맞이하고 난 이후에는 더욱 그러했다. 비록 올게르드는 정치적인 이유로 해서 자신의 종교적 소속에 대해서 공표하기를 주저했지만, 그가 정교인이다라고 추정할 수 있는 근거들이 있다. 그의 모든 아들들은 러시아 종교를 받아들였으며, 설령 그들 가운데 야가일로와 같이 그들 중 몇 명이 정치적 이유로 말미암아 후에 로마가톨릭교로 개종하였다 하더라도, 러시아 종교를 받아들인 것을 숨기지 않았다. 리투아니아 행정조직에 있어서도 러시아의 영향은 매우 컸다. 리투아니아 대공국의 소유에 있어서 가장 핵심을 이루는 빌노 및 트로키 공국에서 다양한 행정직에 대한 직위를 명명하기 위하여 고로드니치(시장), 티분(재판관), 코뉴쉬(마구간 관리인)등과 같은 러시아 용어들이 사용되었다. 리투아니아의 사회관계 영역에서, 결국 그곳에서 좀 다른 의미로 변형되기는 했지만, 러시아어 "귀족"이란 말이 사용되었다.[14] 더욱 큰 의미를 지녔던 것은 러시아어가 대공국의 재판에서 주요한 언어도구로 사용되었다는

---

13) A. Senn, "Notes on Religious Folklore in Lithuania," *Slavic Studies*, A Kaun and E. J. Simmons, eds.(Ithaca, Cornell University Press, 1943), pp. 164-165, 174-175 참조.

14) Liubavsky, p. 41.

점이다. 그 뒤로 한참 후인 16세기에조차 공식문서에서 상당한 정도로 이미 러시아어를 라틴어로 대체했을 때에도 리투아니아의 법전은(1529년에 최초로 발간된) 러시아어로(고대 백러시아어) 호칭되었다. 사실상 이것은 대공국 전체에서 법적인 효력을 지니는 러시아어 大全이었다.

비록 리투아니아인들이 불굴의 전사들이었지만, 대공에 속한 러시아 주민들도 그 군대에서 주도적인 역할을 하였다. 특히, 국가 성장의 초창기에 리투아니아의 군대 구성에 있어서 러시아인들은 상당한 부분을 차지했다. 두스부르그의 피터와 마르부르그의 비간트 같은 독일의 문헌사가들이 증명하듯이, 러시아인들은 리투아니아인들의 튜턴 기사들에 대한 저항에 적극적으로 참여했다.[15] 젊은 신생 리투아니아 국가에 대한 튜턴의 위협은 14세기 전반에 걸쳐서 계속 지속되었으며, 대공작들에게는 이러한 위협으로부터 회피하기 위하여 커다란 힘을 기울여야만 했다. 대공 올게르드와 그의 동생 케스투티스는 협약을 맺고 각각 일정한 역할을 맡기로 합의하였다. 당시 훌륭한 군사 지도자였던 케스투티스는 튜턴 기사들에 대한 직접 항전을 담당하는 역할을 맡았으며, 올게르드는 노련한 정치가로서 자유롭게 러시아와 폴란드의 실정에 관심을 집중할 수 있었다.[16]

올게르드의 죽음(1377년) 이후 그의 아들 야가일로는(리투아니아어로 Jogaila, 폴란드어로 Jagiello) 비록 일부 저항이 있었음에도 불구하고, 대공으로 인정받았다. 그러나 곧 케스투티스와 야가일로 사이에는 갈등이 일어났다. 야가일로는 숙부를 속여 납치하여 그를 크레보 성안에서 몰래 목졸라 죽였다(1381년). 케스투티스는 리투아니아인들 사이에서, 특히 전통 종교를 신봉했던 사람들 사이에서(그는 끝까지 우상 숭배자로 남았으며,

---

15) Dusburg, *SSRP*, *1*, 162, 284, 287; Wigand, *SSRP*, *2*, 454-455. Antonovich, *Монографии*, pp. 40-41과 비교하라.

16) 올게르드와 케이스투트에 관해 심도 있는 연구에 대해서는 안토노비치, *Монографии*, pp. 83-93 참조.

고대 우상 숭배의 예식에 따라서 그를 화장하였다) 잘 알려진 영웅이었기
에, 그의 죽음은 충격으로 받아들여졌으며, 많은 영향력 있는 왕족들과
귀족들로부터 야가일로에 대한 강력한 반대 세력의 결집으로 이어졌다.
더군다나 야가일로는 이제 스스로 튜턴 기사들에 대항하여 직접 나라를
지켜야만 했지만, 이를 이행하기에 역부족이었다. 어려운 정세로부터의
출구는 폴란드인들이(마찬가지로 튜턴 기사들과 투쟁을 벌여왔던) 두 왕
조간의 혼인으로 두 민족의 힘을 합치자고 제안했을 때 찾아왔다. 야가일
로는 리투아니아의 대공으로 남는 반면에 폴란드의 왕비 헤드윅(Jadwiga)
을 아내로 맞이하여 폴란드의 왕이 되어야만 했다. 야가일로와 리투아니
아 지도급 귀족들은 그 제안을 받아들여, 1385년 8월 15일 크레보 성에서
야가일로는 자신을 위해서 뿐만 아니라, 대공국의 모든 왕족들의 이름으
로 합병 문서에 서명하였다. 그 뒤에 그는 가톨릭교를 받아들였고, 자신
의 이름을 블라디슬라브(Wladislaw)로 바꿨다.

크레바의 동맹(1386년에 비준된)은 단순히 왕조의 또는 개인 간의 동맹
보다도 커다란 의미를 지니고 있었다.[17] 그것은 리투아니아의 폴란드로
의 완전한 병합을 의미했다. 로마 가톨릭은 리투아니아의 공식적인 종교
가 되었다. 리투아니아의 귀족들은 가톨릭으로 개종한 이후에 폴란드의
귀족들이 누리는 모든 권리와 특권들을 받을 수 있었다. 이 동맹 구절에
비록 리투아니아 및 러시아 귀족들은 모두 동의할 수 있었지만, 러시아
민중들은 즉각 그리스 정교 교회의 권리를 분쇄하려는 그 어떤 시도에
대해서도 반대하는 입장에 섰다. 게다가 리투아니아인과 러시아인들은
모두 마찬가지로 국가를 분할하여 대공국의 정체성을 파괴하려는 계획에
대하여 분노하였다. 이러한 이유로 블라디슬라브-야가일로 왕은 크레보

---

17) 크레보 동맹에 관해서는 O. Halecki, *Dzieje unji jagiellonskiej* (Kraków, 1919),
1; Liubavsky, pp. 45-53; I. I. Lappo, *Zapadnaia Rossiia i ee Soedinenie s Polshei*
(『서부 러시아와 폴란드와의 결합』)(프라하, 1924), pp. 100-106 참조.

동맹을 자신들의 백성에게 강요할 수 없었기에 1392년에는 반대 세력의 지도자로서 케스투티스의 아들이자 자신의 사촌 동생인 비토브트(리투아니아어로 Vytautas, 폴란드어로는 Witold)를 리투아니아의 대공으로서 인정할 수밖에 없었다.

국제관계의 영역에 있어서 폴란드와 리투아니아 동맹의 가장 중요한 결실은 폴란드와 리투아니아-러시아 연합군이 동부 프러시아의 탄넨베르그에서 튜턴 기사들에 대항하여 결정적인 승리(1410년)를 거둔 것이었다. 3년 뒤에 폴란드와 리투아니아는 그로드노에서 새로운 조약을 체결하였다. 비록 리투아니아의 폴란드로의 병합 원칙이 조약에서 다시 확인된 반면에, 비토브트의 죽음 이후에 리투아니아의 귀족들(pany)과 상류귀족(szlachta)들은 다음 대공으로 폴란드 왕이 받아들일 수 있는 후보만을 선출하는 것으로 합의하였다. 이것은 자신들의 대공을 선출한다는 그들의 권리가, 비록 몇 가지 제한이 있기는 하지만, 원칙적으로 인정이 되었다는 것을 의미했다. 사실상 리투아니아 대공국은 비토브트의 통치기에 완전한 자율성을 누렸으며, 비토브트는 사망에 이를 때까지 동부 유럽에서 가장 전능한 통치자가 되었다.

Ⅲ.

모스크바가 러시아 문헌에서 최초로 언급된 것은 1147년이다. 당시 모스크바는 수즈달 공국의 유리 1세 왕자의 소유지 가운데 하나로 작은 읍에 불과했다.[18] 몇 년 후 유리 공작은 모스크바 강 하안(河岸)에 요새를 세우게 되는 데, 그 핵심은 크렘린이었다. 몽골의 침입이 있기 전까지 도

---

[18] 모스크바 도시의 역사에 관해서는 I. E. Zabelin, *Istoriia goroda Moskvy*(『모스크바 도시의 역사』)(Moscow, 1905); *Moskva v ee proshlom i nastoiashchem*(『모스크바 과거와 현재』)(Moscow, 1910-12), 12권; "Materialy issledovaniia po arkheologii Moskvy,"(모스크바 고고학 연구 자료」) *MIAS*, 7(1947) 그리고 12(1949) 참조.

시는 매우 놀랍게 성장했는데, 대공 유리 2세의 한 아들이 통치하였다.

모스크바의 성장은 1238년 몽골에 의해서 파괴된 후 바로 시작되었다. 같은 기간 트베르의 성장과 마찬가지로 부분적으로는 몽골의 침입으로 인한 인구의 유입에서 비롯된 것이었다. 비록 몽골인들은 러시아에 대한 최초의 침략에서 모스크바를 파괴하고 트베르 공국을 탈취하였지만, 동부 러시아의 중앙 지역에 대한 파괴는 어쨌거나 수즈달이나 랴잔의 파괴처럼 그렇게 가혹한 것은 아니었다. 그리고 그 이후에도 모스크바와 트베르는 수즈달 공국보다 몽골의 징벌 원정군으로부터 대체로 고통을 덜 받았다.

그러나 모스크바와 트베르 지역에 대한 인구 유입의 원인은 오로지 몽골의 위협으로부터 보다 쉽게 노출되었던 지역이라는 배타적 이유로만 야기되었던 것은 아니었다. 이 두 도시의 지리적인 위치가 무역에 있어서 매우 유리했다는 것도 한 요인이었다. 두 도시는 볼가 강 상류와 오카 강이 만나는 소위 러시아의 "메소포타미아"의 서부에 위치하고 있다. 이 지역은 러시아 하상 체계의 중심에 위치하고 있는 것이다. 한편으로 볼가 강 상류와 오카 강의 지류들은 그 지역과 드네프르 상류의 지류들과 결합시키고, 또 다른 한편으로는 상류 오카 강과 그 지류들은 도네츠 강, 돈 강, 그리고 그 지류들의 상류 지역 가까이 위치하고 있다.[19] 트베르는 볼가 강과 트베르차 강이 합쳐지는 곳에 자리를 잡고 있으며, 트베르차의 발원지는 일멘 호수로 흘러드는 므스타 강의 발원지에서 가까이 있다. 그렇게 해서 트베르는 노브고로드에서 볼가 강으로 흐르는 물길의 초입이 되는 것이다.

클류촙스키는 자신의 유명한 "러시아사 강의"[20]의 제21강에서 ― 이 강

---

[19] R. J. Kerner, *The Urge to the Sea* (Berkeley, University of California Press, 1943), pp. 35-38, 107-114 참조.

[20] Kliuchevsky, *Kurs*, 2, 3-37.

348 · 몽골 제국과 러시아

의를 진정한 고전(古典)으로 부를 수 있다—모스크바가 볼가 강 상류와 오카 강 상류를 연결해 주는 내부의 물길을 통제하고 있다는 사실의 중요성을 강조하였다. 쇼샤 강(볼가의 지류)과 라마 강(쇼샤 강의 지류)의 상류를 따라, 그리고는 짧은 운하를 거쳐서 이스트라 강과 모스크바 강 하류까지. 이러한 하상(河床)의 중요성은 볼가 강과 모스크바 강 상류사이의 중간에 위치한 볼로콜람스크(라마 운하) 시의 초기 성장을 뒷받침해 주고 있는 것이다. 모스크바로부터 남쪽을 향하여 대상들은 쉽게 모스크바 강을 통하여 오카 강을 탈 수 있었으며, 두 강이 합쳐지는 곳에서 모스크바 다니엘 왕자의 매력을 사로잡은, 그리고 결국에는 그가 점령한 콜롬나 도시가 자리 잡고 있다. 14세기 초에 모스크바와 트베르가 앞서거니 뒤서거니 하면서 우열을 가리기 어려웠다고 하면, 14세기 말에는 모스크바가 의심의 여지 없이 경쟁에서 앞서 결국 트베리에 승리하였다. 도대체 무슨 이유에서인가?

무엇보다도 강조할 수 있는 것은 "메소포타미아"의 내부 교통로에 자리 잡은 모스크바의 위치는 무역에 있어서 모스크바에 유리한 고지를 제공하였을 뿐만 아니라, 군사작전 시에도 제1의 전략적 가치를 지니고 있다는 것이다. 그 다음으로는, 피터 대주교 하에서 모스크바는 러시아 교회의 수도가 되었으며, 대주교 관구를 자신의 도시로 옮기려는 트베르 공작들의 일련의 노력들은 결실을 맺지 못했다. 보다 중요한 상황으로는 노브고로드가 트베리보다 모스크바의 손을 들어주는 입장에 있게 되었다는 것이었다. 이것은 트베르 공국이 노브고로드인들과 직접 이웃한 공국으로서 자신들의 자유를 압박하려 한다면, 그리고 그러한 의지가 발현된다면, 모스크바 공작보다는 트베르 공작이 그럴 가능성이 높을 것이라는 노브고로드인들의 우려를 부분적으로 설명해 줄 수 있다. 그렇게 해서 트베르와 모스크바간에 일어났던 대부분의 갈등은 모스크바가 노브고로드의 지원을 염두에 두고 발생할 수 있었던 것이었다. 이러한 지원은 단지 군

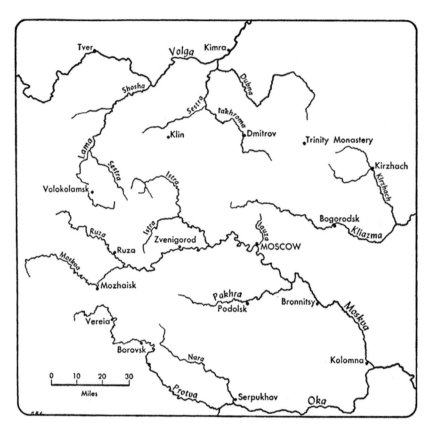

〈지도 3〉 모스크바 지역의 강들(볼가-모스크바 운하 건설 이전)

사적인 지원과 더불어 재정 지원도 포함되었다. 노브고로드로부터 모스
크바의 왕족들은 어마어마한 보조금을 받았기에 그들의 국고의 재정이
증가되었을 뿐만 아니라, 칸의 궁정시대에 자신들의 이해를 내세우는데
있어서도 유용하게 사용할 수 있었다.

그리고 마지막으로, 그 의미에 있어서 절대로 뒤지지 않는 것으로 모스
크바 왕족들이 트베르 왕족들보다는 자신들의 자원과 재산들을 효율적으
로 사용할 수 있는 능력들을 가지고 있었던 상황이다. 러시아 역사학에는
모스크바 왕족들에 대한 특징과 관련하여 두 가지의 관점이 존재하고 있

다. 플라토노프는 모스크바 융성의 중요한 인자로서 그들의 재능과 실용성을 강조한다.[21] 클류쵭스키는 그와는 반대로 그들이 성공할 수 있는 보다 좋은 역사적 상황을 직접적인 원인으로 간주한다. 그의 관점으로는 이반 3세에 이르기까지 그 어떤 모스크바의 왕자도 개별성을 지니고 있지 않으며, 각각은 한 가지 성의 반복에 불과했다. 그들은 "두 물방울처럼 그들 가운데 누가 이반이고 누가 바실리인지 결정하도록 관찰하기에 어려울 만큼이나 서로가 유사했다."[22] 모스크바 왕족들의 능력 여부에 관계없이 클류쵭스키의 "이반"과 "바실리"의 풍자적인 성격 분석에 동의하기는 어렵다. 실제적으로 적어도 우리가 보기에는 거의 모든 모스크바의 왕족들은 서로를 구별 짓는 매우 뚜렷한 성격들을 지니고 있었다. 혹독하고 저돌적인 유리 3세와 조용하고 인내심 있는 그의 동생 이반 1세를 비교해 보라. 그리고 "유화적인" 이반 2세와 과감하고 열정적인 그의 아들 드미트리 돈스키를 대비해 보라. 그리고 드미트리의 아들이자 능숙한 외교관인 바실리 1세와 별다른 능력은 없으나 불행 앞에서도 멈추지 않는 고집스럽고 강한 의지의 바실리 1세의 아들 바실리 2세와의 차이에 대해서도 주목해 보시라. 클류쵭스키가 말하고 있는 한 가계의 반복 유형에서 매우 다양한 모습을 발견할 수 있다. 다른 한편으로, 대부분의 모스크바 왕족들이 훌륭한 경영자이자 자신들의 명성과 재산을 효과적으로 운영하였다는 것에 대해서 클류쵭스키에 동의할 수 있다. 그러한 특성에서 그는 그들의 이해관계의 편협성과 국가적 인식의 결핍을 보고 있는 것이다.

사실 그 시기에 러시아 왕족들의 그 어떠한 정치적 열망도 복속된 민족이라는 작은 영역 안에서 저항해야만 했다. 칸의 지배에 대하여 대항하

---

21) S. F. Platonov, *Uchebnik russkoi istorii*(『러시아 역사 교과서』)(reprinted, Prague, 1924), *1*, 103-104.

22) Kliuchevsky, *Kurs*, *2*, 51(이전의 몇 구절 앞에서도 클류쵭스키는 같은 맥락에서 시몬과 드미트리를 부르고 있다).

여 나서는 것은 용감한 정치일 수는 있을 것이다. 그러나 그것이 건설적인 것일 수는 있는가? 트베르의 공작들은 시도했으나 수포로 돌아갔다. 황금 오르다에서 대규모의 반란시기 이전까지 몽골 권력에 대한 모스크바 왕족들의 종속은 괴로운 일이었지만 필연적인 것이었다. 이런 점에서 그들이 선조인 알렉산드르 넵스키의 전통을 따른 것은 그들의 정치적 현명함을 나타내는 것이지 결코 그들의 이해의 편협함을 나타내는 것은 아니다. 칸에 대해 자신들이 자발적으로 선택한 충성이라는 정치적 행위 속에서 제한적일 수밖에 없었던 모스크바 왕족들은 당연히 경제적 활동에 집중할 수밖에 없었다. 그들은 더욱 풍요로워 지고, 새로운 도시들과 영토들을 자신들의 소유에 더하면서 미래의 저항에 필요한 자원들을 축적해 나갔다. 드미트리 돈스코이는 1370년대에 몽골에 대한 저항을 성공적으로 이끌 수 있는 기회가 오자, 주저 않고 감행했다. 그러나 드미트리의 반란은 시기상 이른 것으로 판명되었고, 완전한 독립을 위한 모스크바의 전쟁은 또다시 연기되었다.

모스크바 국가의 건설에 기여한 모스크바 왕족들의 역할에 대해 평가하는 한편으로 잊어서는 안 될 것은 그들의 성공에 귀족들 및 교회의 지원이 상당한 역할을 하였다는 점이다. 모스크바의 성장과 함께 더욱 많은 귀족들이 모스크바 및 블라디미르 대공의 궁정으로 몰려들었으며, 그에게 복무하는 것이 부차적인 왕족들에게 종사하는 것보다 더 유익하였다. 그 외에도 리투아니아 및 서부 러시아의 왕족들과 귀족들은 삶의 조건들이 만족스럽지 못할 때는 언제나 모스크바로 이주하였다. 또한, 올게르드의 사망 이후 야가일로가 폴란드와 리투아니아의 통합을 강요하고, 서부 러시아에서 그리스정교 교회의 권리를 박탈하고자 시도한 뒤에는 더욱더 늘어났다.

2. 황금 오르다의 내홍과 모스크바의 봉기

I.

대분란은(러시아어로 Беликая Замятня) 자니벡의 세 아들인 베르디벡, 쿨파, 그리고 네브루스(러시아 문헌에서 나우루스) 사이의 갈등, 즉 가족 간 불화에서 시작되었다. 베르디벡은 아버지를 살해하고 권좌에 올랐음에 분명했다.[23] 만약 그렇다면, 그에 뒤이어 쿨파 및 관료들로부터의 대항이 있으리라는 것은 충분히 이해가 되는 일이다. 1359년 황금 오르다에서는 쿨파가 이끄는 궁정 쿠데타가 일어났다. 베르디벡을 살해하고 쿨파를 칸으로 선언했다. 지적할 것은 쿨파의 두 아들은 각각 미하일과 이반이라는 러시아 이름을 가졌다는 것이다. 미하일이란 이름은 트베르의 왕족들 사이에서 널리 퍼져 있었고, 이반은 모스크바의 왕족들 사이에서 널리 퍼졌다. 의심할 여지 없이 쿨파의 두 아들 모두 기독교인들이었다. 그들에 대한 세례로 대부분의 이슬람 공작들과 귀족들을 격노하게 만들었다. 결국 자니벡의 막내아들 네브루스로 하여금 또 다른 반란을 조직하게 만들었으며, 그 반란에서 쿨파와 그 아들들은 살해되었다(1360년경). 자니벡의 아들들 사이의 갈등은 그렇게 해서 두 아들의 죽음으로 막을 내리고 막내아들 네브루스에게는 칸의 왕위계승의 적자(嫡子)로서 우즈벡의 가계를 복원할 수 있는 절호의 기회를 얻게 되었다.

그러나 황금 오르다에서 왕조의 위기는 통치 가계인 주치 종족의 위상을 하락시켰다. 주치 울루스의 동부 부분의 칸들, 즉 오르다의 후손들, 시반, 그리고 투카-티무르는 자신들이 권력을 장악할 수 있을 것으로 생각했다. 그들은 승리자에게 황금 오르다의 번영의 절정기에 축적된 꿈 같은 보배들을 손에 넣을 수 있다는 희망에 부풀었다. 이 보배는 그 어떤 용기

---

[23] 본서 3장 6절, p. 301 참조.

있는 수치 가의 후손이라도 손을 뻗기만 하면 닿을 수 있는 곳에 있는 것 같았다. 그렇게 대 분란의 제2장이 올랐다. 1361년 일부 귀족들은 비밀리에 키디르라는 이름의 시반의 후손에게 권좌를 장악하자고 제안했다. 키디르의 군대가 가까이 다가오자 네브루스를 옹위하던 신하들은 그를 배신하고 사로잡아 키디르에게 넘겼다. 키디르는 신속히 네브루스와 그의 가족들을 처형할 것을 명했다. 그때 살해된 왕족들과 공주들 가운데에는 "대(大) 카툰" 타이둘라로 포함되어 있었다. 키디르의 짧은 통치 후에 그의 아들 테미르-코드자는 아버지를 살해하고, 단지 5주 간 왕좌에 앉는데 성공했다.[24] 그때 살아남은 우즈벡의 후손들이 권력을 되찾으려 시도하였다. 그러나 그들은 서로 합의에 이르지 못했다. 1362년 그 후손들 가운데 켈디-벡이라는 자는 사라이를, 압둘라라는 자는 크림을 통치하였다. 바로 그 해에 다른 주치가의 왕자인 불라트-테미르(십중팔구 주치가의 동부 지역 왕족 가운데)가 볼가 강 중부 유역의 불가르 지역을 점령하였다.

지금까지 앞에서 밝힌 주치가의 왕족들 가운데 그 어느 누구도 장수로서도 국정자로서도 뚜렷한 능력을 가진 자는 없었다. 그러나 그러한 지도자가 비(非)주치 계열의 황금 오르다의 몽골의 사령관 가운데 나타났다. 그를 마마이라고 불렀다. 그는 권좌에 대한 권리가 없었으므로, 주치가의 한 왕자를 꼭두각시 칸으로서 활용해야만 했다. 그 결과로 마마이는 켈디-벡에 대항하는 압둘라를 지원했다. 그러나 모든 노력에도 불구하고, 마마이는 뮤리드(1362-63년), 아지즈-칸(테미르-코드자의 아들, 1364-67년) 같이 일련의 경쟁 칸들로부터 사라이를 탈취하지 못하였다. 압둘라가 죽은 이후, 1370년경에 마마이는 또 다른 주치가 왕자 무하마드-불락(러시아 문헌에서는 마마트-살탄)을 왕좌에 앉혔다. 사실상 마마이의 권력은 오직 황금 오르다의 서부, 볼가 강 서부 유역에서만 인정되었다. 몇 년 내에 그

---

[24] Nikon, *10*, 233.

는 그 지역에서 질서를 회복할 수 있었다. 비록 그렇게 멀리 서부로 확장하지 못했으나, 어떤 의미에서는 마마이의 국가는 노가이 제국의 모형과 유사했다. 앞에서 밝힌 대로 1363년 이후, 부그 강과 드니에스테르 강 사이의 흑해 연안 일부를 리투아니아 대공 올게르드가 지배했다. 몰다비아에서는 발라치아와는 별개인 새로운 루마니아 국가가 형성되고 있었다. 올게르드의 조카이자 코리아트의 아들인 유리가 지배했던 1372-77년 시기를 제외하고 지방 수령들이 번갈아 가며 그곳을 지배했다.

황금 오르다의 일부 초기 위기 동안 또는 황금 오르다와 다른 몽골의 칸국들과의 갈등 시기 동안에 중국의 대칸은 중재자의 역할을 할 수 있었다. 그러나 1360년에 모든 남중국은 대칸에 대항하여 봉기를 일으켰으며, 1368년에는 원 왕조가 몰락하고 명(明) 왕조가 대체하였다. 이것은 바로 범(汎)몽골 제국의 종말을 의미하였으며, 중앙의 권력 없이 남게 된 지방 몽골의 칸들은 이제는 자신들이 가지고 있는 힘을 동원하여 자신들의 문제는 스스로가 해결해야만 했다.

황금 오르다가 사실상의 내란으로 접어들었을 때, 중앙아시아에는 두 개의 새로운 몽골-투르크 권력의 중심이 형성되고 있었다. 하나는 남부 카자흐스탄에 시르다리야 강 하류를 중심으로 한 시그낙에, 다른 하나는 트란스옥사니아의 사마르칸트를 중심으로 자리를 잡았다. 시그낙에는 오르다의 후손 가운데 가장 강력한 우루스칸이 자신의 궁정을 1360년경에 세웠다.[25] 점점 더 많은 주치가의 왕손들과 몽골의 사령관들이 그를 자신들의 영주로 인정하게 되었다. "우루스"는 "러시아인"이라는 뜻의 투르크어이다. 추정컨대 우루스칸의 모친은 러시아 공주였을 것이다. 그는 이를 근거로 러시아에 대한 자신의 권리를 요구할 준비를 하고 있었다.

미래 없는 혼란과 현지의 갈등으로 점철된 기나긴 시기로부터 역동적

---

[25] Sygnak에 관해서는 ZO, pp. 305-310 참조.

개성을 지닌 티무르(타메를란)가 1360년대 트란스옥사니아에서 출현했다.[26] 티무르는 1336년 쥐띠 해에 케쉬에서 태어났다. 그는 고대 몽골의 일족인 바를라스의 씨족의 후손으로 스스로를 몽골의 신화적 조상인 알란-코아의 후손이라고 주장했다.[27] 그러나 그는 칭기즈 가의 후손이 아니었으며, 이것은 곧 그가 황금 오르다에 속해있지 않으므로 왕좌에 대한 권리가 없었다는 것을 의미했다. 전권을 쥐고 난 후에도 그는 마마이처럼 칭기즈칸 가(家)의 꼭두각시 칸의 이름으로 통치해야만 했다.

역사에서는 티무르의 역할에 대해 자주 칭기즈칸의 역할과 비교하곤 한다. 그가 동시대인들 가운데 가장 전능하고 권력이 있었다는 점에 대해서는 의심의 여지가 없다. 그리고 실제로 자신이 세운 목표를 성취해 나가면서 티무르는 칭기즈칸처럼 매우 잔혹하였으며, 잔혹함에 있어서 어떤 점에서는 칭기즈칸보다도 더 기발했다. 군 지도자로서 티무르는 말할 필요도 없이 칭기즈칸에 견줄 만 했다. 그러나 국정 운영자로서 그는 건설적이지 못했다. 비록 그에게도 칭기즈칸처럼 세계지배의 이념은 있었으나, 그의 원정의 직접적인 동기는 전 세계의 질서 확립이라기보다는 더 큰 권력과 사행심을 향한 의지라고 할 수 있었다. 또한, 이 두 세계적인 정복자 사이에는 종교적으로 그리고 문화적으로 차이가 존재하고 있었다. 티무르가 태어날 무렵에 그의 씨족의 일원들은 몽골의 계통의 후손들임에 대해서 긍지를 가졌으나, 이미 투르크화가 되었다. 그들은 투르크어로 말하였으며, 그들 대부분은 이슬람을 받아들였다. 당시에 칭기즈칸이 "우상 숭배자"였으나, 티무르는 이슬람교도였다. 그의 종교적 입장은 근동 지역에 대한 원정 시기에 많은 도움을 주었다. 또 다른 한편으로, 그러

---

26) 티무르(타메를란)에 관해서는 Barthold, *Ulugbeg*(『울루그벡』), pp. 12-18; Bouvat, pp. 11-76; Grousset, *Empire des steppes*, pp. 486-534; W. J. Fischel, trans., *Ibn-Khaldun and Tamerlan*(Berkeley, University of California Press, 1952) 참조.

27) E. Herzfeld, "Alongoa," *Der Islam*, 6(1916), 317-318; 본서 1장 4절, p. 39를 참조하라.

한 입장은 비(非) 이슬람교도 민족들에 대해서 칭기즈칸보다 더 제한적인 관계를 가질 수밖에 없었다. 다시 말하면, 칭기즈칸에 의해서 시작된 범(汎)몽골 연합에 대한 협조 대신에 티무르는 칼리프의 범(汎)이슬람주의 전통을 지속하고, 또 다른 한편으로는 미래의 범(汎)우랄-알타이 운동에 강력한 자극을 주었다.[28]

　권력을 향한 티무르의 첫 번째 중요한 관문은 1360년 그의 고향 케쉬에서 지방권력자로서 그의 등극이었다. 그 뒤에 트란스옥사니아 지방에서 내란의 시기가 도래했고, 그 속에서 티무르는 이편을 들기도, 저편을 들기도 하였다. 그 당시에 그는 스스로를 모험가 무리들의 우두머리라고 여겼다. 티무르는 전투 중에 오른발을 부상당하여 평생을 절름발이로 살았다. 그로부터 그의 별칭인 "절름발이 티무르", 투르크어로 티무르-악삭, 페르시아어로 티무르-렝, 이로부터 영어 형태의 타메를란이 유래한다. 자신이 이전에 모시던 영주 후세인을 물리쳐 죽음에 이르게 한 후, 사마르칸트를 수도로 하는 트란스옥사니아의 지배자가 되었을 때 타메를란의 삶에서 혼란의 시대는 막을 내렸다. 이제 그는 자신의 고유한 제국을 건설할 준비를 시작하였다. 낡은 몽골 제국은 그가 사마르칸트를 정복하기 바로 2년 전에 여러 갈래로 붕괴되었다. 자신의 위치를 보다 공고히 하기 위하여 그는 스스로를 명 왕조 최초의 황제 홍무제의 가신(家臣)임을 인정하는 외교적 잔꾀를 내었다.[29] 그런 방식으로 그는 미래의 자신의 정복에 대한 황제의 제재를 스스로 받았다. 일정 정도 이러한 행위는 트란스옥사니아에서 벌어진 소규모 충돌에서 자신이 쓰던 전술과 같은 맥락을 가졌다. 전능한 권력자의 가신이 된다는 것은 그에게는 자신의 권위를

---

[28] L. Cahun, *Introduction à l'histoire de l'Asie: Turcs et Mongols des origines à 1405* (Paris, 1896). 이 저서가 "터키의 국수주의 조직에 미친" 영향에 관해서는 Browne 3, 14-15 참조.

[29] Krymsky, *Persia, 3*, 21 참조.

강화하는 일이 있다. 그 권력자를 무너뜨리고 그의 권력을 탈취하는 것은 계략의 다음 단계였다. 그리고 실제로 바로 그렇게 타메를란은 자신의 중국 가신(家臣)과의 관계를 뒤집을 수 있는 호기가 오기를 기다렸다. 하지만 북경에 대한 승리의 왕관을 쓰기 전에 그의 죽음이 이를 막았다.

사마르칸트를 점령한 이후 중앙아시아의 정치적 상황을 주의 깊게 살펴본 타메를란은 무엇보다 카자흐스탄에 거주하는 투르크족에 대한 자신의 통제를 확립하려고 했다. 다른 말로하면, 주치 울루스의 동부 지역을 의미했다. 이것은 우루스칸과의 충돌을 의미하는 것이기도 했다. 주치 울루스에 대한 즉각적인 공격 감행으로 닥쳐올지도 모르는 위험을 감안하여 타메를란은 우루스칸 주위의 공작들과 장수들을 아군으로 포섭하면서 우루스칸을 내부로부터 무력화시키려고 시도했다. 이러한 정책이 성공을 거두기 위해서는 일정한 시간이 필요하였기에, 타메를란은 결정적인 타격을 수행하기 전에 몇 년을 조용히 기다렸다. 바로 그 시기에 우루스칸은 타메를란의 의도를 전혀 눈치재지 못한 채 자신의 아들인 쿠틀룩-부카로 하여금 시그낙을 지키게 남겨두고 서정(西征)을 시작했다. 1372년경 그의 군대는 볼가 강 하류에 도달하고 다음해에는 두 사라이를 점령했다. 신(新) 사라이를 점령한 후 우루스칸은 스스로를 황금 오르다의 칸으로 선언했다. 마마이가 지금까지 겨루어 왔던 적군 가운데 우루스칸이 가장 강력한 자였으며, 따라서 마마이가 권력을 오랫동안 지탱할 수 있는 기회는 거의 없어 보였다. 그러나 그때 타메를란의 음모가 결실을 맺었다. 우루스칸의 가장 능력 있는 통치 대리자 가운데 한 사람인 토흐타미쉬 왕자가 우루스칸에 대한 의무를 저버리고, 보호와 지원을 받기 위해 타메를란에게 향했다.

토흐타미쉬를 대개 우루스칸의 조카로 간주하기에 오르다의 후손으로 단정한다. 그러나 뮤즈(Muizz)라고 불리는 15세기의 족보에 따르면, 토흐타미쉬의 선조는 오르다가 아니라 주치의 다른 아들인 투카-티무르였다.[30] 어떤 경우라도 토흐타미쉬는 주치 가(家) 고위층의 후손이었다. 기다렸다는 듯이 타메를란은 도망자 몽골 귀족을 아주 영광스럽게 환대하고 그를 시그낙의 지배자로 인정했다. 새로운 군주로부터 받은 군대와 무기를 가지고 토흐타미쉬는 우루스칸의 아들 쿠틀룩-부카에 맞서 원정을 개시했다. 쿠틀룩-부카는 첫 전투에서 사망하였으나, 그의 군대는 전쟁에서 승리하였다. 토흐타미쉬는 사마르칸트로 도망쳤다. 이 일이 있은 지 얼마 후에 망키트족 출신의 뛰어난 몽골 장수 이디구(러시아 문헌에서 에디게이)는 마찬가지로 우루스칸의 진영을 떠나 타메를란에게 자신의 충성을 제안했다. 한동안 토흐타미쉬와 이디구는 같은 주인을 섬겼으나, 얼마 후 그들은 서로 다른 길을 선택하며 갈라섰다.

전투 중에 아들의 죽음과 이디구의 배반을 알게 된 우루스칸은 서둘러 시그닥으로 돌아와 타메를란에게 급히 파발을 보내고 토흐타미쉬와 이디구를 넘겨줄 것을 요구했다. 타메를란은 그 요구를 거부하여 양측의 전쟁은 계속되었다. 이번에는 타메를란이 직접 군대를 이끌고 시그닥으로 나아갔으나, 전투는 어느 한편에게도 결정적인 승리를 가져다주지 못하였다(1376년). 다음 해 우루스칸은 명을 다하고, 그를 이어 막내아들 티무르-멜릭이 왕좌를 이었다.

타메를란은 토흐타미쉬에게 시그닥의 새로운 통치자에 대한 원정에서 승리할 기회를 다시금 주었다. 결국 그는 전투에서 승리하여 1377년에 시그닥을 점령하였다. 그러나 그는 더욱 야망에 찬 계획, 황금 오르다의 칸이 될 뿐만 아니라, 자신을 주치 전체 울루스의 통치자로 세우는 계획을 가졌다. 토흐타미쉬가 자신을 타메를란의 가신으로 인정하였으므로 그의 주인은 모든 이러한 것을 완수하도록 그를 계속해서 지원하였다. 1378년

---

30) Tiesenhausen, 2, 61. *Muiss* 에 따르면, 우루스칸은 또한 투카-티무르의 또 다른 아들의 후손이다. 그러나 오르다에서 그의 가계가 나왔다는 것이 보다 신빙성이 있다.

토흐타미쉬의 군은 볼가에 도달해서 곧 사라이에 입성했다. 이제 마마이와의 결전은 불가피했다.

Ⅱ.

대분란 초기에 러시아 왕족들은 지속해서 자신들이 익숙해 있던 대로 행동했으며, 매번 새로운 칸이 등극할 때마다 자신들의 야를릭에 대한 승인을 갈망했다. 황금 오르다의 권좌의 빠른 교체 변화 속에서 가끔은 통치자 칸이 새로운 야를릭을 부여하지 못하게 되자, 러시아인들은 다음 칸이 야를릭을 승인하기를 기다리기 위하여 오르다에서 기다리는 일이 종종 발생했다.

권력이 두 칸에 의해 양분되거나, 때로는 더 많은 경쟁관계에 있는 칸들에 의해서 분할되자, 노가이 시대에 있었던 것과 같은 상황이 발생했다. 그때 러시아인들은 자신의 외교적 전술 속에서 서로 적대적인 이러한 또는 저러한 칸들을 이용할 수 있었다. 그 결과 칸의 권위는 추락하고, 러시아인들에서는 독립의 정신이 성장하기 시작했다. 러시아 문헌에서는 러시아 정세에 대한 쿨파의 그 어떤 결정에 대해서도 언급하고 있지 않다. 그는 겨우 다섯 달 동안 통치하였으며, 러시아인들이 오르다에 도착하였을 때, 그들은 이미 새로운 칸 네브루스와 협상을 벌어야만 했다. 그는 대부분의 야를릭을 해당하는 왕족들에게 승인했다. 그러나 그는 블라디미르 대공 직위의 야를릭을 이반 2세의 아들인 모스크바의 드미트리(1350년생)에게 부여하기를 거부했다. 대신에 블라디미르 대공으로 수즈달의 드미트리를 임명했다. 모스크바의 귀족들은 매우 격노하였는데, 왜냐하면 대공의 임명은 모스크바의 왕족에게 대대로 상속되는 것에 익숙했기 때문이었다. 트리니티 연대기의 문헌 작성자는 블라디미르 대공국의 왕좌를 수즈달의 드미트리가 받아들이는 것은 부친에서 아들로 상속되는 원칙에 위배되는 것으로 지적하고 있다.[31]

키디르가 네브루스를 살해하자마자 모스크바의 귀족들은 자신들의 나이 어린 왕자를 새로운 칸의 왕정으로 데리고 갔지만, 드미트리를 위한 야를릭을 받는 데 실패하였다. 그러나 그들은 새로운 왕정 쿠데타가 발생하기 전 이미 오르다를 떠날 수 있던 것을 매우 다행스럽게 생각했다. 수즈달의 드미트리는 자신이 직접 야를릭을 받기 위하여 오르다를 향해 떠났으며, 그 스스로 반란을 목격하게 되었다. 그는 살아남은 것을 다행으로 여기며 서둘러 돌아왔다. 러시아어로 쿠테르마 kuterma("웅성대는", "앞뒤 없는 무질서")라는 말은 왕좌를 향한 칸들의 이러한 폭력적이고, 의미 없는 행위들에 대한 (매번 행해지는 "옥좌로의 이동"이라는 예식 kutermiak), 그리고 그 뒤를 잇는 궁정 쿠데타에 대한 인상 속에서 연유되었을 가능성이 있다.

뮤리드가 사라이의 칸이 되자 두 드미트리는 대공국의 야를릭을 받기 위한 시도를 다시 개시했다. 최근에 일어난 자신들의 시련을 기억하고 있기에 아무도 직접 사라이로 떠나지 않았으며, 각각 자신들의 전권대표(kilichei)를 파견했다. 뮤리드는 모스크바의 드미트리에게 야를릭을 수여하였다. 수즈달의 드미트리는 대공국의 권좌에서 물러나기를 원하지 않았으므로 모스크바의 귀족들은 자신들의 왕자를 직접 거느리고 나와 수즈달의 드미트리가 군사를 동원하여 집중시키고 있는 페레슬라블로 군대를 보냈다. 수즈달의 대공이 자신의 영지로 도망쳤기 때문에 전투는 일어나지 않았다. 모스크바의 드미트리는 엄숙하게 블라디미르 왕좌에 오를 수 있었다.

때마침 황금 오르다 서부의 지배자 마마이는 자신이 지지하고 있는 칸, 압둘라의 권한을 러시아 정세에 과시할 필요가 있다고 판단했다. 마마이의 사신들은 드미트리가 블라디미르 대공임을 확인하는 압둘라의 야를릭

---

31) Trinity, pp. 376-377.

을 모스크바로 가져왔다. 모스크바의 귀족들은 자신들의 공작을 위한 두 번째 야를릭을 받지 않을 아무런 이유가 없었으며, 사신들에게는 성대한 환대를 베풀었다(1363년). 그러나 그들의 행위는 첫 번째 야를릭을 수여한 사라이의 뮤리드 칸을 모욕한 것이었으며, 그는 모스크바 드미트리의 블라디미르 왕권을 박탈하고, 대신에 수즈달의 드미트리에게 새로운 야를릭을 수여하였다. 수즈달의 드미트리는 곧바로 블라디미르로 달려가 입성하였으나, 겨우 12일간만 권좌에 머무를 수 있었다. 이번에는 모스크바인들이 수즈달 왕자를 블라디미르에서 내쫓았을 뿐만 아니라, 수즈달로 쳐들어갔다. 수즈달의 드미트리는 블라디미르 권좌에 대한 모든 권리를 포기할 수밖에 없었다.

당분간은 모스크바인들은 동부 러시아에서 자신들의 도시가 옛 명성을 회복한 것으로 간주했다. 더구나 황금 오르다의 약화와 더불어 그들은 몽골의 황권으로부터 보다 독립적인 자유를 느낄 수 있었다. 그들은 수즈달의 공국으로부터 오는 모스크바 권력에 대한 위협을 제거하였으며, 그들의 관점에서 보면, 이것은 또한 트베르 공국에 대한 경고의 성격을 띠고 있다는 것을 암시하는 것이었다. 그러나 그럼에도 불구하고 트베르 왕족들은 곧 러시아 정세에서 모스크바의 지도력을 분쇄하려는 시도들을 다시 개시하였다. 몽골의 사정에 대해서는 개의치 않고 그들은 이제 떠오르는 서부 러시아의 강국, 리투아니아 대공국에 원조를 요청하기에 이르렀다. 상기하건데, 대공 올게르드는 이미 1349년에 모스크바에 대항하기 위한 공동의 연맹을 맺자고 몽골에게 제안하였으나, 당시 그의 계획은 수포로 돌아갔다. 그로부터 올게르드의 권력은 매우 크게 성장하여 1363년 몽골로부터 빼앗은 흑해 지역 스텝 초원의 일부를 차지하고 있었다. 이것은 결국 그로 하여금 몽골인들과의 협상에 있어서 유리한 위치를 차지하게 만들었다(몽골인 가운데 일부는 올게르드 편에 섰다). 그 후 그의 후계자인 야가일로의 시대에 모스크바에 대한 일정한 수준에서의 몽골-리투아니아 공동의 상호 협조가 이루어졌다. 그러나 몽골인들은 이제 아무 쓸모가 없는 것으로 보였으며, 올게르드는 이제 트베르를 자신의 가능한 동맹국으로 관심을 갖기 시작하였다.[32]

1363년 이후 올게르드와 모스크바와의 관계는 악화되어 갔다. 그러나 몇 년에 걸쳐서 그들 사이에 전쟁이 없었는데, 그 이유의 일부는 올게르드의 잠재적인 동맹자인 트베르 공국이 내부 불화로 분열되어 있었기 때문이었다. 일련의 내부 충돌이 트베르의 대공 바실리와 카쉰 왕자(모스크바 유리 3세의 불행한 경쟁자인 대공 미하일 1세의 아들), 그리고 카쉰 왕자의 조카인 미쿨린의 미하일 사이에서 일어났다. 1368년 모스크바 대공 드미트리는 이러한 갈등관계에서 중매 역할을 맡기를 제안하였다. 그러나 미쿨린의 미하일이 모스크바에 도착하자마자 즉각 체포되었는데, 추정하건대 그의 사촌인 에레메이 도로고부즈의 계략에 빠졌기 때문이었다. 미하일은 에레메이에게 몇 가지를 양보한 후에야 풀려날 수 있었다. 마음에 깊은 상처를 입은 미쿨린의 미하일은 올게르드에게 지원을 호소하였다.

근래에 벌어진 트베르 공국의 위기 때마다 모든 모스크바의 통치자들은 올게르드의 개입을 걱정했다. 그들은 사전에 경계의 조치를 취하는 것이 바람직하다고 여겨 몇 가지의 조치를 취하였는데 그 가운데 하나가―매우 시의 적절하였던―바로 1367년에 목축으로 된 크렘린을 석조로 바꾼 일이었다. 올게르드는 미하일이 자신의 궁정에 나타났을 때 모스크바를 침공할 준비를 마친 상황이었다. 곧 그는 서부의 리투아니아-러시아 연합군을 지휘했다. 올게르드는 비밀 군사 이동의 능숙한 대가였다. 올게르드가 모스크바를 진격하는 길에 얼마 되지 않는 모스크바군의 일선부

<hr />

[32] 1368-75년 리투아니아, 트베르, 모스크바와의 상호관계에 관해서는 Solovief, *3*, 336-347; A. E. Presniakov, *Образование Великорусского Государства* (『대러시아 국가의 형성』)(Petrograd, 1918), p. 298-306; Paszkiewicz, pp. 414-426; Nasonov, pp. 127-134 참조.

대를 격퇴시키고 크렘린의 성곽에 나타나자 모스크바군은 갑자기 당황하였다(1368년 11월). 그는 비록 크렘린을 함락시킬 수는 없었지만 모스크바 주위의 인명과 촌락들을 가차 없이 약탈하였다. 이것은 1293년 이후 모스크바가 최초로 겪은 적으로부터의 침입이었다. 올게르드의 지원을 받는 미쿨린의 미하일 왕자는 트베르의 대공으로 인정되었다(미하일 2세). 모스크바 정치인들의 시각에서는 최악의 사건이었다. 그러나 모스크바가 입은 타격은 치명적이지 않았으며, 1370년 올게르드와 그의 동생 케이스투트가 프러시아에서 튜턴에 대항하여 전투를 벌이는 동안을 활용하여 모스크바 군사는 트베르 공국을 초토화시켰다. 트베르의 대공은 리투아니아로 피신하고, 다시 올게르드에게 다시 목 놓아 애원하며 도움을 요청했다.

올게르드가 다시 모스크바 크렘린에 나타난 것은 1370년 12월이었으나, 크렘린을 공략하는 것은 또 다시 수포로 돌아갔다. 그때 그는 평화조약을 맺기를 제안하였다. 그러나 드미트리는 1371년 성자 베드로와 바울의 기념일(6월 29일)까지만 화친을 맺는 데에 동의하였다. 실망한 트베르의 미하일은 스스로 마마이에게 가서는 꼭두각시 노릇을 하는 새로운 무함마드-불락 칸으로부터 블라디미르 대공국에 대한 야를릭을 받았다. 마마이의 특사인 사리-코자는 미하일을 블라디미르의 왕좌에 등극시키라는 전권을 부여받았다. 그러나 블라디미르의 주민들은 드미트리의 지시에 따라서 행동하면서 미하일 또는 사리-코자를 받아들이기를 거부하였다. 대신에 사리-코자는 모스크바에 초대되었으며, 융숭한 대접과 선물들에 안겨서 마마이에게 돌아왔다. 사리-코자의 조언에 따라 마마이는 드미트리를 오르다에 초대했다. 드미트리는 마마이와 칸, 그리고 카툰들과 왕족들에게 줄 성대한 선물을 들고 마마이 궁정에 도착하여 알현하였다. 결국 마마이는 미하일의 야를릭을 거두어들이는 데에 동의하고 드미트리는 블라디미르의 대공으로 임명되었다. 이 계기에 드미트리는 오르다에 머물고 있던 미하일의 젊은 아들인 이반 왕자에 대한 보증금으로 1만 루블의 대금을 지불하기를 제안했다. 제안은 수락되었고, 돈은 지불되었으며, 드미트리는 트베르의 왕자를 모스크바로 데리고 가서 그의 부친이 돈을 완전히 지불할 때까지 그를 사로잡고 있었다. 이 일화는, 솔로비예프가 지적하듯이, 모스크바 왕족들이 트베리의 왕족들과 비교해서 얼마나 많은 재정적인 부를 가지고 있었는가를 명확히 보여주는 사례인 것이다.[33]

이제 트베르의 문제가 모스크바의 승리로 막을 내린 것같이 보였을 때 랴잔으로부터 새로운 급보가 모스크바로 날아들었다. 랴잔의 알렉 대공이 드미트리에 반대하는 동기는 분명하지 않다. 신빙성이 있는 것은 러시아 정세 속으로 몽골인들의 경쟁관계가 투영된 것으로 보이는데, 알렉은 무함마드-불락의 가신이 아니라, 사라이 칸의 가신이었다는 것을 가정한다면 말이다. 어떤 경우라도 모스크바와 랴잔사이에서 전쟁이 시작되는 것은 피할 수 없는 일이었다. 모스크바 군대를 지휘한 자는 드미트리 대공의 처남인 리투아니아 왕자 드미트리 보브록-볼린스키로, 그는 모스크바 류보프 공주의 남편이자, 코리아트의 아들이었다.[34] 그는 분명 전략에서 훌륭한 능력을 지닌 군 지도자로 당시 뛰어난 러시아 장수였음을 증명했다. 알렉의 군사는 참배를 당했다. 알렉의 사촌 프론스크의 블라디미르 왕자는 이 상황을 이용하여 자신을 랴잔 공국의 대공으로 선언하였다 (1371년). 그러나 다음 해 그는 다시 알렉에 의해서 쫓겨났다. 이러한 모스크바와 랴잔 사이의 충돌은 러시아 단결에 있어서 불행한 일이었다. 왜냐하면, 이후에 이어지는 모스크바와 몽골의 전쟁에서 알렉은 몽골 편에 섰기 때문이다.

1372년 트베르의 미하일 대공은 다시 올게르드와 동맹을 맺고 자신의

---

[33] Soloviev, *3*, 341.

[34] 보브록-볼린스키의 아내를 여러 사가들이 류보프, 안나, 마리아라고 부르고 있지만, 그녀의 이름은 류보프였던 것으로 보인다.

친척들, 즉 자신이 보기에 모스크바의 조연 노릇을 하는 별로 중요하지 않은 트베르의 왕족들이 보유한 영주들을 침략하였다. 모스크바의 드미트리 대공은 자신의 친구들을 보호하는 것 외에 다른 대안이 없었다. 한편으로 리투아니아의 후원을 받는 트베르와 모스크바 사이의 이 새로운 갈등은 3년간 지속되었다. 이 시기에 모스크바에서는 드미트리 대공에 대한 반대파가 형성되었다. 1374년 천호장 바실리 벨랴미노프가 사망하자 드미트미는 그 자리를 공석으로 남겨두었다. 17년 전에도 모스크바에서 귀족들과 천호장(벨랴미노프의 전임자) 사이에 심각한 불화가 있었다. 이제 모스크바의 대공은 이러한 제도적 상황을 완전히 철폐하기로 결정했다.

몽골 징병 체계 도입과 민회 베체의 역할 감소에 따라서 천호장이 지도했던 도시 천호는 이제 예전의 중요한 의미를 상실하게 되었다(노브고로드는 제외). 이제 왕족 궁정(dvor)이 러시아 군대의 새로운 조직의 토대가 되었다. 이와 연관하여 병참 사령관(okolnichi)이라는 새로운 제도가 만들어졌다. 모스크바의 문헌에 따르면, 병참 사령관은 대공 시몬과 그의 형제들인 이반 및 안드레이와 맺은 조약에서 최초로 언급되고 있다(약 1350-51년).[35] 모스크바의 천호장과 모스크바의 병참 사령관이 이 조약에 증인으로서 각각 서명하였다. 이제 천호 제도의 폐지로 인하여 병참 사령관은 군사부문에 있어서 대공의 가장 강력한 후원자가 되었다.

자신이 아버지의 후계자로 확실히 지명되리라고 기대했던 바실리의 아들 벨랴미노프는 네코마트라는 갑부 거상과 함께 트베르로 도망쳤다. 네코마트라는 사람은 문헌에서는 "수로자닌"으로 불리고 있는데 그가 크림에 있는 수로즈(솔다이아)라는 도시와 교역을 했다는 것을 증명해주고 있다. 두 사람 모두 트베르 대공 미하일이 모스크바를 침공할 것을 촉구하

---

[35] *DDG*, p. 11.

였으며, 주민들로부터 충분한 지원을 받을 것이라고 미하일을 분명히 설득하였을 것이다. 게다가 이 두 사람은 모두 직접 마마이를 만나기 위해 트베르에서 출발했다. 네코마트는 트베르의 미하일에게 주어진 블라디미르 대공국에 대한 칸 야를릭을 가지고 트베르로 돌아왔다.[36] 이반 벨랴미노프는 몇 년을 더 마마이에게 머물렀다.

그러나 그 어느 하나 계략도 성공하지 못했다. 모스크바의 군인들은 트베르군에 대해 격렬한 저항을 하였다. 리투아니아로부터, 몽골로부터 그 어떤 도움도 받지 못한 데다가 모스크바에서 반란이 일어날 것으로 기대했던 트베르의 미하일은 실망에 가득 찼고, 이제 화친을 맺을 수밖에 없었다. 1375년의 평화조약에 따라서 트베르 미하일 대공은 자신을 모스크바 드미트리의 "동생"(다시 말하면 가신(家臣))으로 인정하였다.[37] 더구나 그는 절대로 블라디미르 또는 노브고로드 대공국에 대한 권리를 주장하지 않겠다고 약속했다. 또한 트베르 공국의 현지 공국 가운데 하나인 카쉰 공국의 독립에 대해서도 동의하였다. 향후 전쟁이 일어나는 경우에는 트베르 군사들로 모스크바를 지원하겠다는 의무도 맹세했다. 이러한 의무들로써 모스크바는 몽골과 그리고 리투아니아와 있을 수 있는 갈등을 사전에 차단할 수 있었다. 이 조약에 따라 트베르의 미하일은 올게르드와의 우정을 깰 수밖에 없었다.

그 조약의 체결로 드미트리는 랴잔을 제외하고 전 동부 러시아의 인정받는 — 적어도 문서상으로 — 주인이 되었다.

Ⅲ.

마마이가 모스크바 드미트리의 블라디미르 대공국 야를릭을 폐기하고,

---

36) Soloviev, *3*, 345.
37) 조약문 내용에 대해서는 *DDG*, pp. 25-28 참조.

대신 트베르의 미하일을 대공으로 임명(1375년)한 것이 결국 실패로 돌아간 것은 러시아에 대한 몽골 통치자들의 정책에 있어서 중대한 변화를 증명해 주고 있는 것이다. 그것은 성장하는 모스크바 권력에 대한 마마이의 두려움을 나타내고 있는 것이다. 모스크바의 계획에 대해서 매우 잘 알고 있었던 네코마트는 모스크바의 확장을 지금 막지 못하면 영구히 막을 수 없다고 하면서 마마이를 설득하는 데 마침내 성공했다. 1374년에 일어난 일화는 몽골 권력에 대한 드미트리의 도전을 더욱 증명해 주고 있는 것이다. 그 해 마마이는 자신의 사절단과 군사 1,500명을 니즈니 노브고로드로 보냈으며, 아마도 수즈달의 드미트리 왕자가 모스크바 드미트리에 대한 충성스런 가신이 되는 것을 강제로 차단하기 위한 것으로 추정된다. 사절단의 도착은 몽골에 대한 도시민의 반란의 신호가 되었다. 마마이가 보낸 사절단과 군사 대부분은 살해되었으며, 선임 사절과 그의 호위병은 포로로 사로잡혔다. 지금까지 러시아 왕족들은 언제나 민중들의 봉기를 억압할 준비가 되어 있었고, 권력의 복원을 위해서라면 몽골을 돕는데 주저하지 않았다. 그러나 이번에는 달랐다. 대공 수즈달의 드미트리는—의심의 여지 없이 자신의 영주인 모스크바 드미트리의 지시에 따라 행동하면서—시민들의 행위를 승인했다. 사로잡힌 모든 타타르 인들은[38] 니즈니 노브고로드에 억류되었다. 이듬해 바실리 왕자는(수즈달의 드미트리 대공의 아들) 포로들을 작은 그룹들로 나누어 여러 도시에 나누어 감옥에 가둘 것을 명령했다. 그들이 명령을 복종하지 않고 저항을 할 기미가 보이자 그들 모두를 살해했다.[39]

사태의 진상을 파악한 마마이는 또 다른 군대를 보내 니즈니 노브고로

---

38) 러시아 문헌들은 일관되게 타타르(몽골이 아니라)라는 명칭을 사용하고 있다. 몽골 제국의 몰락 이후 황금 오르다에서 투르크(타타르) 요소가 전면에 나서게 되었다. 그러므로 이 시기부터 저자는 종종 타타르라는 명칭을 사용할 것이며, 1419년 이후 시기에는 계속해서 사용하도록 하겠다.

39) Trinity, pp. 396, 398.

드 공국을 약탈하도록 하면서, 한동안 자신의 행위를 이러한 보복적인 급습을 하는 것으로 제한하였다. 그는 자기 앞에 보다 심각한 위험이—점점 다가오는 모스크바의 드미트리 대공의 반란—다가오는 데에도, 지방 반란들을 하나하나 개별적으로 제압한다는 것은 아무 의미가 없다는 것을 잘 이해하고 있었다. 만약에 몽골이 승리하기를 원한다면, 군사적인 그리고 외교적인 측면에서 대규모의 다양한 사전 준비가 요구되었다. 마마이의 잠재적인 동맹과 관련, 트베르는 완전히, 적어도 일정 기간은 상실되었다. 모스크바에 대한 대항에 랴잔을 이용할 수도 있지만, 랴잔의 힘은 그렇게 위력적이지 못했다. 바로 그 때문에 마마이는 리투아니아 대공국으로부터 지원을 모색하기 시작했다. 조심스러운 올게르드 대공이 모스크바에 대항하기 위한 우정 어린 투쟁을 다시 시작하도록 설득하는 데에는 시간이 필요했다. 1377년 그가 죽자 리투아니아에서는 혼돈의 시기가 시작되었다. 1380년 이후에서야 올게르드의 아들이자 후계자인 야가일로는 자신이 확고하게 왕좌를 안정적으로 차지하고서야 몽골과의 연맹을 준비할 수 있었다.

마마이에게는 새로운 복잡한 상황이 전개되었다. 토흐타미쉬는 사라이를 점령하고 의심할 여지 없이 계속해서 서쪽으로 이동하기 위한 준비를 진행시켰다(1378년). 이제 마마이는 딜레마에 빠졌다. 그는 토흐타미쉬에 대한 전투를 개시하여 모스크바가 더욱 성장하게 만들거나 아니면 모스크바를 먼저 격퇴시키고 러시아의 자원들을 활용하여 보강한 뒤에 토흐타미쉬에게 관심을 돌리는 일을 택할 수 있었다. 그는 후자를 택하였다.

모스크바 대공 모스크바 또한 서둘러 점차 다가오는 자신의 힘에 대한 시험을 준비하였다. 트베리에 대한 승리는 다른 무엇보다도 승리에 자신감을 부여하였다. 그는 러시아인들의 대부분의 계층으로부터 자신의 정책에 대한 지원을 기대할 수 있다는 것을 파악할 수 있었다. 주요 러시아 도시에서 몽골에 대한 대항 세력은 이제 절대로 완전히 제압될 수 없었다. 이세야 왕족들이 반란을 승인하니 가슴에 묻었던 기개가 더욱 불타올랐다. 대부분의 귀족들은 용맹한 모습을 보여주었으며, 일부 교회의 고위 성직자들 또한 필요하다면, 이제 "성전"을 선포할 용의가 있었다. 1378년 대주교 알렉세이가 서거하자—사태가 최고조에 이르기 전에—러시아 정교의 정신적 지도자는 성직자의 원로[40]이자 트로이츠키 수도원의 원장인 세르기우스가 되었다. 대주교 교구의 후보직 수락 거부는 오히려 러시아인들 사이에서 그의 도덕적인 권위를 더욱 강화하는 계기가 되었고, 그는 성자로 간주되었다(그는 1452년에 러시아 정교회의 성자의 반열에 올랐다).

그러나 러시아에게 있어서, 모스크바에서조차 완전한 의견 합치가 있었다고 생각해서는 안 된다. 네코마트의 입장은 당시 크림과의 교역에 종사하던 보다 부유한 상인들의 입장과 같은 전형적인 것이었다. 귀족들의 일부도 드미트리 정책이 지닌 현명함에 대해서 의심을 가졌다. 그들 가운데 하나인 이반 벨랴미노프는 이미 밝혔듯이 네코마트와 도망갔다. 물론 모스크바 드미트리에 서서 충성을 다하던 자들 가운데에도 그의 정책을 승인하지 않는 자들도 틀림없이 있었을 것이다. 로마노프 왕가의 선조인 표도르 코쉬카가 그들 가운데 한 사람이었다. 몇 년이 지나서 1409년 대공 바실리 1세(드미트리의 아들이자 후계자)에게 보내는 서한에서 몽골의 통치자 에디게이는 오르다에 대한 코쉬카의 우호적인 감정을 높이 평가하였다(오르다에 대한 호의적 생각).[41] 코쉬카는 자신의 출세를 드미트리 하에서 시작했다. 1380년 마마이에 대항한 드미트리의 원정 당시에 그는 모스크바 군을 지휘하기 위해 남았다. 이것이 바로 전쟁에 대한 그의

---

[40] 러시아의 종교적 삶에서 "startsy старцы"의 역할에 관해서는 G. Vernadsky, *A History of Russia* (3d revised ed. New Haven, Yale University Press, 1951), p. 213; H. Iswolsky, *The Soul of Russia* (New York, Sheed & Ward, 1943), pp. 19-21, 33-34, 80-89; S. I. Chetverikov, *Optina Pustyn'* (Paris, 1926) 참조.

[41] Nikon, *11*, 212.

미온적인 태도를 암시해주고 있다. 네코마트와 코쉬카와 같은 사람들은 러시아에게는 시간이 좀 더 필요하며, 아직 성숙되지 않은 봉기를 일으키기보다는 황금 오르다의 자율성을 가진 국가로 남는 것이 유리하며, 설령 승리를 거둔다 하더라도 독립 쟁취에 대해 값비싼 대가를 치를 것이라고 느꼈을 것이다.

권력의 힘이 절정에 달한 드미트리 대공은 이러한 모든 경고들을 무시하고, 자신의 용감한 계획을 밀고 나갔다. 그가 취한 첫 번째 조치는 가능한 한 볼가 강의 흐름에 따라서 하류에 대한 통제를 강화함으로써 볼가 중류 지역의 좌안(左岸)을 강화시키는 일이었다. 이를 위하여 그는 자신의 최고의 장수인 드미트리 보브록 왕자를 수즈달의 군사로 강화시킨 강력한 군대와 함께 볼가 강 중류의 동쪽 불가르 지역으로 출정시켰다. 그 지역의 중심도시 — 불가르(러시아어로 볼가리)는 강력히 저항하였다. 타타르인들은 화기를 사용했다는 것을 지적할 필요가 있다. 그들은 "요새 방벽으로부터 천둥을 보냈다"는 기록이 있다. 그러나 러시아인들은 도시를 점령하였으며, 드미트리에게 가신의 충성을 맹세해야 했다. 러시아인들은 5천 루블 어치의 전리품을 얻어냈고, 자신들의 세금 징수 관리(doroga) 및 세관원(tamozhnik)을 임명했다.[42]

불가르 지역은 마마이에게 속해 있지 않고 사라이의 칸 아랍-샤흐(불라트-테미르의 아들)에게 속해 있었다. 그는 러시아의 진격으로 매우 불안해했으며, 그 다음 해 그는 군대를 니즈니 노브고로드 공국의 남부로 군대를 이끌고 나갔다. 모스크바인들과 현지 러시아 군의 연합군을 포위한 그는 피아나 강 하안에서 그들을 격퇴하고, 서둘러 니즈니 노브고로드로 달려가 그 도시를 약탈했다. 그러나 아랍-샤흐는 계속해서 나가갈 수 없었는데, 왜냐하면 당시 토흐타미쉬가 그의 수도 사라이를 함락시켰기 때

---

[42] *Ibid.*, *11*, 25. 니콘 문헌에서 불가르라는 도시는 카잔으로, 뒤에 삽입어로 붙여 부른다.

문이다. 이제는 마마이가 나섰다. 러시아인들이 패배했다는 소식에 고무된 마마이는 모스크바를 향해 자신의 가장 능력 있는 장수로 베기치 왕자의 지휘 하에 강력한 군대를 파병했다. 대공 드미트리, 병참관 티모시 벨랴미노프 그리고 프론스크의 블라디미르 왕자의 지휘 하에 있던 러시아 군대는 보자 강(오카 강의 지류) 연안의 랴잔 공국의 북부에서 몽골군과 조우하였다. 이어지는 전투에서 러시아 군은 양익(兩翼)으로부터 적군을 포위하는 고전적인 몽골군 전술을 성공적으로 활용하였다. 몽골군은 완전한 참패를 당하였으며, 살아남은 군사가 혼비백산하여 남쪽으로 도망갔다(1378년). 이듬해 모스크바인들은 그때 비밀리에 러시아로 돌아온 이반 벨랴미노프를 체포했다. 그는 모스크바 대공 드미트리의 명령에 따라 모스크바에서 공개적으로 참수되었다(1379년 8월 30일). 문헌에 따르면, "많은 사람들이 참수 현장을 목격하였으며, 많은 사람들이 그의 고귀한 성품과 과거의 업적에 대해 생각하며 눈물을 흘렸다." 연대기 작자는 대공에 대한 벨랴미노프의 저항을 악마의 간계(奸計)로 설명하고 있다.[43]

Ⅳ.

보자 강의 승리는 당연히 모스크바에서 열광적인 환영을 일으켰으나 그와 동시에 미래에 대한 많은 우려들이 있었다. 아직 승리에 환호하기는 이르다는 것을 모두 잘 알고 있었다.

사실, 마마이는 베기치의 패배 소식에 무척 놀랐지만, 모스크바를 분쇄할 최대한의 노력을 하는 것 외에는 권좌를 유지할 다른 방법은 없었다. 그는 자신의 군대를 강화하기 위하여 제노아인, 시르카시아인, 그리고 알란인들로부터 용병 군인들을 고용했다. 오로지 기마군으로 구성되어 있던 낡은 몽골군과 대조적으로 그는 보병을 이용하기로 결심했다. 제노아

---

[43] *Ibid.*, 11, 45.

인들로 구성된 보병은 화려하게 무장된 그리고 정예의 훈련을 받은 군인으로서 좋은 평판을 가지고 있었다. 그는 또한 랴잔 공국의 대공 알렉과 리투아니아의 야가일로 대공과 완전한 상호 이해에 도달했다. 만약 승리하는 경우에 블라디미르 대공국의 영토는 랴잔 및 리투아니아 공국이 나누어 가지며, 알렉과 야가일로는 점령한 러시아의 땅을 칸의 가신으로서 통치하기로 합의를 보았다.[44] 랴잔의 군대는 북으로 진격하는 마마이의 군대를 지원하기로 했다. 야가일로는 미리 정한 목적지―돈 강 상류 유역에서 1380년 7월 말에 마마이와 합류하기로 약속했다. 마마이는 모스크바로의 원정 준비를 마친 후, 드미트리에게 사절을 보내 칸의 가신으로서 충성을 다해 복귀할 것과 1375년까지 바쳤던 것보다 훨씬 많은 공물을 바칠 것을 요구하였다.

　대주교 키프리안(알렉세이의 후계자)의 충고에 따라 드미트리는 즉각 항복하지 않고 지속적인 협상을 위해서 마마이에게 자신의 사절단을 보냈다. 그러나 그 사절단이 랴잔 공국의 국경 가까이에 이르렀을 때 마마이의 군대가 이미 출정하였다는 소식을 들었다. 그들은 그곳에서 드미트리에게 현재의 상황을 알리고, 그로부터 앞으로의 지침을 받기 위하여 즉시 파발꾼을 보냈다. 대주교는 이제 전쟁 이외에는 다른 대안이 없다는 것을 파악하고, 드미트리의 항전 결정을 승인했다. 각 주요 도시에 전령들을 급파하여 조속한 시일 내에 모든 대도시에서 군사를 모을 것을 촉구했다. 모든 왕족들이 모스크바 회합에 소집되었고, 가능한 모든 군대는 8월 15일 콜롬나에 집결하도록 명령이 떨어졌다. 대공 드미트리는 수도원장 세르기우스의 가호(加護)를 받기 위해 트로이츠키 수도원으로 순례를 다녀왔다. 수도원장은 페레스베트와 오슬레비아 두 신부를 보내 군의 사기를 북돋았다.

---

44) *Ibid.*, *11*, 46-48.

대부분의 블라디미르 대공국의 현지 러시아 영지의 왕족들은—벨로오 제로, 우스티우그, 코스트로마, 로스토프 그리고 야로슬라브—자신들의 군대를 이끌고 콜롬나에 도착했다. 수즈달과 니즈니 노브고로드의 왕족들은 그대로 남아있었는데, 아마도 러시아군의 전장(戰場)에서 전략적 거점인 볼가 중류지역의 좌익을 방어하라는 지침을 받은 것으로 보인다. 노브고로드 대공국은 협약에 따라 노브고로드를 벗어나는 지역으로 자신들의 군대를 보내는 의무가 면제되었다. 트베르는 1375년 조약에 따라 보충군을 파병해야 했으나, 실제로 어떤 군사도 보내지 않았다. 그렇게 해서 대공 드미트리가 자랑스러워했던 조약의 조항은 정말 간절히 필요로 하는 시기에는 아무런 소용이 없었다. 그러나 드미트리는 트베르가 몽골 또한 지원하지 않을 것이라고 확신했다. 그래서 대공국 블라디미르의 민중들은 주위로부터 아무런 지원 없이 마마이의 군사에 맞서야만 했다.

드미트리의 군사의 수는 얼마나 되었을까? 니콘 연대기는 사십만으로 부르고 있는 데 물론 그것은 과장된 것이다. 블라디미르 대공국은 몽골에 대한 공물과 징병을 위해서 15개의 만호가 배당되었으므로 많아야 15만의 군사를 넘지는 못했을 것이다.[45] 그리고 그 짧은 통지 기간에 동원 가능한 군사의 3분의 1이 동원된다는 것은 사실상 불가능한 일이다. 그 외에도 안전과 통신을 담당하고, 모스크바와 몇몇 다른 도시들을 방어하도록 명령을 받은 군사들을 또한 제외시켜야 할 것이다. 이로부터 추정하면 드미트리의 정예군은 3만을 넘지 못했을 것이다. 마마이의 군사의 수도 그와 비슷했을 것이다. 그러나 그의 기마군의 숫자는 더 많은 비율을 차지했으며, 당시 시대 및 지역의 조건에서 우위를 점하고 있었다.

7월 말까지 마마이의 군사는 돈 강 상류와 그 지류이자, 19세기 러시아 행정 구역에 따르면 툴라 지방의 에피판 군에 있는, 쿨리코프 평야에서

---

[45] 본서 3장 8절, p. 314 참조.

가까운 네프랴드바 강 사이에 위치한 평원에 도달하였다. 그곳에서 마마이는 머무르며 야가일로의 리투아니아 군을 기다렸다. 그러나 야가일로는 약속에 늦었다. 한편, 야가일로의 두 형제인 폴로츠크의 안드레이와 브랸스크의 드미트리는 그의 권력을 인정하기를 거부하고 모스크바의 드미트리를 지원하기로 결정했다. 두 왕자는 자신의 군대를 이끌고 나와 콜롬나에서 드미트리 군사와 결합했다. 그곳에서 8월 말에 열린 군사 회의에서 두 왕자는 야가일로 군이(그는 벌써 25마일 거리에 위치하고 있었다) 마마이 군사와 합치기 전에 러시아군이 돈 강을 건너 마마이를 공격해야 한다고 주장했다. 두 공작은 전술에 능숙한 지휘자들로 알려져 있었기에, 그 조언이 받아들여졌으며, 더구나 신앙과 조국을 위해 싸우는 군사들의 사기를 북돋는 세르기우스 수도원장의 친서 내용에 일치하기도 했다. 러시아 군대는 9월 1일까지 오카 강을 도하하고 그 보다는 강폭이 좁은 돈 강은 6일 후에 도하했다.

러시아군은 돈 강을 넘자마자 몽골군을 전면 공격했다. 피에 얼룩진 쿨리코프 평야의 전투는 9월 8일에 시작되었다.[46] 수적으로 우세를 보인 몽골군의 기마병으로 인하여 러시아군은 포위 전술을 쓸 수가 없었다. 그러나 드미트리는 용맹한 그리고 자신이 신임하는 조카 세르푸호프의 블라디미르 왕자와 보좌관으로 드미트리 보브록 왕자의 지휘 하에 특별히 선발된 강력한 정예군을 돈 강 근처의 숲 속에 매복시켰다. 드미트리 대공은 주군(主軍)의 총사령관으로 귀족 미하일 브레녹을 임명하였다. 대공 자신은 스스로 최전선에 나섰다.

문헌들에 따르면, 스텝 전쟁에서 영웅적인 기사도(騎士道) 전통에 따라 전투에 앞서 타타르 장군 테미르-무르자는 자신과 겨룰 러시아 장수를 불

---

46) 쿨리코프 평야의 전투에 관해서는 Trinity, pp. 419-420; Nikon, pp. 55-66; Karamzin, 5, 70-76; Soloviev, 3, 358-360; Kolankowski, pp. 19-20; Nasonov, p. 134; ZO, pp. 242-243, 292-294 참조.

러내었다. 세르기우스 수도원상이 보낸 두 신부 가운데 페레스베트가 그 도전을 받아들였다.[47] 그는 최고의 속력으로 타타르인에게 돌격하여 그 둘 모두는 충돌과 동시에 상대방에 대한 타격으로 죽음을 맞이했다. 그러자 7마일에 이르는 전선을 따라서 전투가 벌어졌다.[48] 약 4시간이 흐른 뒤 마마이군으로 전세가 기울었다. 러시아 보병은 이리저리 분열되어 흩어졌으며, 기마군 또한 난관에 봉착하였다. 대공 드미트리를 태운 두 마리의 말이 연이어 죽었다. 몽골군이 최후의 공격을 할 태세를 갖추자, 드미트미 보브록은 이미 오래 전부터 공격을 기다리고 있던 매복군의 장수 블라디미르 왕자에게 마침내 공격 명령을 내렸다. 타격의 순간이 다가왔다.

전혀 예측하지 못하던 러시아 군대의 출현은 상황을 즉각 바꿔놓았다. 마마이가 후퇴하자 전군(全軍)은 그의 뒤를 이어서 혼비백산하여 후퇴하기 시작했다. 러시아군은 그들 뒤를 따라 수 마일을 추격하여 마마이 병영의 모든 무기와 병참을 탈취하였다. 계속되는 추적으로 러시아 군의 엄청난 손실과 살아남은 러시아군들의 쇠진은 당연했다. 타타르가 입은 손실도 러시아군과 마찬가지로 막대하였다. 매번의 전투마다 절반의 병사를 잃었다. 후퇴하던 몽골군 추격을 마치고 돌아온 블라디미르 왕자가 시체가 즐비한 전쟁터에서 점호를 하기 시작하였으나, 수많은 용맹한 장수들의 호응은 없었다. 전사한 자 가운데는 총사령관 미하일 브레눅, 표도르 벨로제르스키 왕자를 비롯하여 수많은 왕족들과 귀족들뿐만 아니라 신부 오슬레비아도 있었다. 한동안 대공 드미트리 또한 전투에서 목숨을

---

[47] 중세 러시아에서는 중세 유럽과는 달리 종교인이 개인적으로 전투에 참가하는 것이 지극히 예외적인 일이었음을 지적해야 한다. 그러므로 Peresvet와 Oslebia의 경우는 예외적인 경우이다. 그 이후에 잘 알려진 예외는 1608-10년 폴란드 침입으로부터 Trinity-Sergius 수도원을 지키기 위해 승려들이 적극적으로 참여한 일이다.

[48] Nikon 문헌에 따르면, 전투 전선은 10 베르스트에 걸쳐 있었다. 1 베르스트는 대략 2/3 마일이다.

잃은 것으로 우려되었다. 마침내 나무아래 누워 있는 그를 발견했다. 죽은 것이 틀림없었다. 그러나 그는 살아 있었다. 부상 또한 심각하지 않았으며, 타박상만 입었을 뿐이었다.

드미트리가 최우선으로 우려했던 것은 리투아니아 군의 진격이었다. 그러나 곧 야가일로가 서둘러서 자신의 군사들과 함께 회군한다는 소식을 듣고서는 안심하였다. 랴잔의 대공 알렉 또한 리투아니아로 도망쳤으며, 그곳에서 후에 협상을 시작했다. 드미트리는 알렉이 스스로 모스크바의 가신임을 인정하는 조건하에 그가 돌아오는 것에 대해 동의했다.

승리 소식에 러시아는 사망자에 대한 대대적인 조문(弔問)과 함께 환희의 도가니에 빠졌다. 드미트리는 승리의 개선장군으로 모스크바로 돌아오자마자 다시 트리니티 수도원으로 순례를 갔다. 그곳에서 세르기우스 수도원장은 쿨리코프 평야에서 목숨을 잃은 모든 러시아 군인에 대한 장례식을 거행하였다. 교회는 그 뒤에 10월 26일(대공 드미트리의 숭배자인 살로니크 드미트리 성자의 날) 토요일 당일 또는 그 전날을 "러시아가 존재하는 한" 기념의 날로 지정하여 매년 식을 치르도록 하였다. 드미트리의 권위는 절정에 이르렀다. 그를 돈 강을 따서 "돈스코이"라고 불렀다. 그 전투를 뒤이은 일련의 사건들이 그 의미를 퇴색시켰지만, 돈 강의 승리는 러시아인들을 흥분시키기에 충분했다. 당시 러시아 작가(소포니아 신부일 가능성이 있다)에 의해서 "자돈쉬치나"("돈강 너머")라는 이름의 서사시가 씌어 졌다. 문학적 관점에서 이것은 12세기 "이고르의 원정기"를 그대로 복사한 것에 가깝다.[49] 후에 니콘 연대기와 같은 러시아 문헌

---

[49] 지적해 둘 것은 프랑스 연구가 마종(André Mazon)에 따르면, "Zadonshina"가 "Слово о полку Игореве"를 모방한 것이 아니라, 그 반대라는 것이다. 내가 보기에 마종의 이론을 받아들이기가 어렵다. A. Mazon, *Le Slovo d'Igor* (Paris, 1940); *idem*, "Le Slovo d'Igor," *RES*, *21* (1944), 5-45 참조. 마종의 주장을 야콥슨(R. Jakobson)이 비판하고 있다; H. Gregoire, R. Jacobson, M. Szeftel, J.A. Joffe, "La Geste du Prince Igor," *Annuaire*, *8* (1948) 참조. Mazon의 대답은 *SEER*, *27* (1948-49), 515-535 참조. 이 문제에 대한 야콥슨의 최근 발간된 저서 "The Puzzles

에 이 전투와 관련된 수많은 전설들이 편입되었다. 또한 일반적으로 "마마에보 포보이체"("마마이의 살육")라고 알려진 전투에 관한 수많은 일화들에서도 사용되었다.

돈 강의 쿨리코프 전투는 당시에 동부 러시아가 할 수 있는 최대한의 정신적, 물질적 역할을 다하였음을 보여주었다. 만약 황금 오르다에서 내부 알력이 계속되었더라면, 이 전투에서의 승리는 즉시 러시아를 독립시켰을 것이다. 그러나 실제로는 마마이의 패배 이후에 오르다에서는 단합되고, 강력한 권력이 다시 복원되었다. 실제로 숨을 돌리기도 전에 러시아는 새롭고 보다 가혹한 시련과 마주쳐야만 했다. 그리고 1380년 쿨리코프의 막대한 손실로 인하여 러시아는 그 시련을 이겨낼 수 없었다.

3. 토흐타미쉬(Tokhtamysh)와 타멜를란(Tamerlane)

Ⅰ.

몽골 권력에 있어서 쿨리코프 평원에서의 패배는 매우 참혹한 것이었으나, 치명적인 것은 아니었다. 마마이는 시간을 허비하지 않고 모스크바 원정을 준비하기 위해 새로운 군대를 소집하였다. 그러나 그 순간에 보다 심각한 위협이 그를 기다리고 있었다. 타메를란의 가신이자 사라이의 통치자로 몽골의 경쟁 상대인 토흐타미쉬의 침공이었다. 두 군대의 충돌은 1223년 몽골군이 최초로 러시아군에게 참패를 안겨주었던 곳에서 그리 멀지 않은 칼카 강 연안에서 1381년에 일어났다.

칼카 강에서 벌어진 두 번째 전투는 토흐타미쉬 군대의 완전한 승리로 끝났다. 이 전투에서의 패배로 그때까지 마마이를 자신들의 군주로 인정

---

of the Igor' Tale," *Speculum, 27*(1952), 43-66 참조.

하던 대부분의 몽골 왕족들과 장수들은 승리자의 편으로 돌아섰다. 마마이는 얼마 안 되는 지지자들과 함께 당시 제노아인들의 통제 하에 있었던 크림의 항구 카파로 탈주했다. 그는 다행스럽게도 자신의 소유로 있던 금과 값비싼 보석들 대부분을 가지고 도망칠 수 있었으며, 그것들을 활용하여 아마도 그는 새로운 군사를 일으킬 준비를 하였거나 또는 적어도 자신을 비롯하여 주위의 신하들이 평안히 살 수 있도록 보장하였을 것이다. 제노아 인들은 그를 받아들였으나, 곧 그를 살해하고 그 보물들을 탈취하였다. 러시아 문헌은 그것에 대해서 철학적인 주석을 달고 있다. "마침내 그리하여 마마이의 삶은 악에서 악으로 종말을 맞이하였다."[50]

마마이에 대한 승리로 토흐타미쉬는 마침내 주치 울루스의 동부와 서부를 지배하는—사실상 당시의 가장 전능하고 권력 있는 통치자 가운데 한 사람이 되었다. 당연히 그는 러시아에 대한 황금 오르다의 권력을 부활시키는 것이 자신의 의무라고 간주했다. 이런 방향에서 그가 취한 최초의 조치는 마마이가 리투아니아와 맺은 동맹을 다시 확인하는 일이었다. 토흐타미쉬는 자신이 왕좌에 즉위하였음을 알리는 칙사를 대공 야가일로에게 파견했다. 앞에서 밝혔듯이, 쿨리코프 전투에 앞서서 야가일로는 자신을 칸의 가신이라고 인정했다. 비록 1381년의 야가일로에 보낸 토흐타미쉬의 야를릭의 내용은 남아있지 않으나, 그의 후기 야를릭(1393년)의 내용으로 추정해 볼 때, 토흐타미쉬가 황금 오르다의 칸으로서 리투아니아 대공에 대한 영주임을 스스로 선포했다는 것으로 결론을 내릴 수 있다.[51] 당시에 토흐타미쉬는 또한 대공 드미트리 돈스코이에게뿐만 아니라 다른 러시아 대공들과 왕족들에게 그들 공동의 적인 마마이에 대해

---

[50] Nikon, *2*, 69.

[51] 1381년 야를릭의 텍스트는 남아있지 않으나, 1393년의 야를릭에 그에 대한 언급이 있다. 이 텍스트에 대해서는 Kurat, p. 147 참조. 러시아어 번역은 Radlov, *6* 참조. *ZO*, pp. 323-324 참조.

승리하였음을 통지하였다. 드미트리 돈스코이 그리고 다른 러시아 왕족들도 토흐타미쉬에게 개별적인 방문을 할 필요가 없다고 간주하였으나, 그들 모두가 축하와 함께 수많은 선물들을 가지고 새로운 칸에게 특별사절(kilichei)을 파견하였다. 비록 이러한 행위는 가신으로서 러시아 공작들의 복속을 복원하는 것으로 간주될 수 있었지만, 토흐타미쉬는 이제 러시아인들이 예전과 같이 황금 오르다에 대한 의무를 지키지 않으려 한다는 것을 알게 되었다. 그래서 그가 취한 다음의 조치는 자신의 권력에 대한 확인을 위해 특사를 보내는 일이었다. 하지만 특사는 멀어야 니즈니 노브고로드까지만 갈 수 있었으며, 더 이상 가는 것은 허락되지 않았다. 이 임무의 실패로 인하여 토흐타미쉬는 모스크바로 하여금 충성을 다하도록 하는 유일한 방법은 전쟁뿐이라는 것을 확신시켜 주었다. 그는 즉시 러시아에 대한 침공 준비를 개시하였다.

토흐타미쉬는 절대로 러시아군의 위력을 과소평가하지 않았다. 그는 자신의 유일한 승리의 기회는 속전속결에 있음을 알았다. 그래서 그는 군사를 동원하여 — 모두가 기마병 — 볼가 강을 진격하여 바투가 최초에 러시아를 침공했을 때처럼 볼가리(불가르) 시를 점령하였다. 그 뒤 그는 강에 있는 모든 러시아 상선(商船)들을 손에 넣을 것을 명령하고, — 그에게는 군사가 강을 건널 수 있는 배가 필요하였다 — 그 누구도 러시아 공작에게 곧 있을 공격에 관해 알릴 수 없도록 모든 상인들을 사로잡았다. 이러한 일화(逸話)는, 야쿠봅스키가 올바르게 지적하듯이, 당시 볼가 강의 수운(水運)을 러시아인들이 통제하였다는 것을 보여주고 있다.[52]

토흐타미쉬의 군대가 볼가 강 중류의 서안(西岸)에 출연하여 전혀 예상치 못한 갑작스런 습격을 감행하자, 러시아인들은 당황하였다. 랴잔의 대공 알렉과 수즈달 및 니즈니 노브고로드의 대공 드미트리 모두는 비록

52) *ZO*, p. 326.

점령자에 대해 적극적인 협력은 하지 않더라도 그에 대한 선의의 중립정책을 펼칠 수밖에 없었다. 수즈달 대공은 서둘러 토흐타미쉬의 병영으로 자신의 두 아들 시몬과 바실리를 보냈다. 알렉은 몽골군에게 자신의 공국을 공격하지 않는다는 조건으로 안내자를 제공하였다.

토흐타미쉬의 군대가 이미 모스크바에 도달했다는 소식을 접하자 모스크바는 이미 우울과 공포에 사로잡혔다.[53] 이미 자위군을 소집하기에는 너무 늦었다는 것을 파악한 많은 왕족들과 귀족들은 완전한 파멸을 막는 유일한 방법은 즉각 항복하는 것이라고 제안하였다. 대공 드미트리 돈스코이는 그들의 조언을 무시하였다. 그는 모스크바를 가능한 한 석벽 뒤에서 방어하기로 하고 그 틈을 타서 자신이 보유하고 있던 북부 지역에서 군사를 모으기로 결정하였다. 그는 자신이 직접 코스트로마로 달려가는 한편, 노브고로드에 이르는 길을 방어토록 하기 위해 조카 세르푸호프의 블라디미르를 볼로콜람스크로 보냈다. 많은 부분이 트베르의 대공 미하일에게 달려있었으나 그는 단지 침묵만 지킬 뿐이었다.

여기서 상기해 둘 것은 리투아니아 대공 올게르드는 새로 보강한 모스크바 석벽을 두 번씩이나 공략하였지만 모두 실패로 끝났다는 것이다. 드미트리 돈스코이는 몽골군이 이번에도 실패하기를 기대하고 있었을 것이며 더구나 러시아군도 화기 — 대포와 소총을 보유하고 있었다. 소총은 분명 러시아군이 1376년 불가르에서 접했던 형태의 무기였다. 드미트리 돈스코이는 모스크바가 몽골군의 포위로부터 견뎌낼 수 있다고 확신했다는 점에 대해서는 그가 아내 대공녀 예브도카, 대주교 키프리안, 그리고 중요한 귀족들 일부를 모스크바에 남도록 허용했다는 사실로부터 추론할 수 있다.

그러나 드미트리가 수도를 떠나자마자 사람들 사이에서 불화가 일어났

---

53) 토흐타미쉬의 침입에 대한 기본적인 러시아의 평가는 Trinity, pp. 422-425; Simeonov, pp. 131-133; Nikon, *2*, 71-81 참조.

다. 부자들은 대공을 따라 안전한 곳으로 피신하기를 원했다. 일반 주민들은 도시에 남아서 침략자에 대항하여 끝까지 싸울 것을 원했다. 격노한 일반 주민들은 도망가려고 시도한 부자들을 살해하고 그들의 재산을 탈취하였다. 민회(民會)는 주민들의 통제 하에 있었다. 성문을 닫고 누구도 도시에서 빠져나가지 못하게 하였다. 오직 대주교와 대공녀 그리고 그들 각각을 따르는 시종들만이 예외였다. 비록 그들이 북쪽으로 이동하도록 허가를 받았다 하더라도 그들이 귀중한 물품들을 소지하고 떠나는 것은 허락되지 않았다. 대공녀는 서둘러 코스트로마에 있는 남편을 향해 떠났다. 그러나 대주교는 트베르로 떠나기를 선호했다. 남아 있던 현지 귀족들 가운데 그 누구도 신뢰하지 않았던 민회는 모스크바군의 장수로 리투아니아의 대공 오스테이를 선출하였다. 그는 니콘 연대기에서 올게르드의 손자로 불렸다. 오스테이는 도시 질서를 회복하는 데 성공을 거두고 서둘러 방어진을 치기 시작했다. 많은 사람들이 그의 능력과 확신에 대해서 강력한 인상을 받았으며, 주변의 도시와 촌락으로부터 탈출하는 사람들이 모스크바로 몰려들었다.

1382년 8월 23일 토흐타미쉬의 군사들이 성곽에 나타났다. 모스크바인들은 이제 단합하여 죽음을 다하여 싸우기로 결정한 것 같았다. 문헌은 그러나 신에게 기도하며 죽음을 다하여 싸울 것을 맹세한 "선한 사람들"과 부자들의 창고를 약탈하여 귀중품을 숨겨놓고 술만을 마시는 "나쁜 사람들"의 태도를 구별하여 지적하고 있다. 몽골군은 3일 밤낮을 혹독하게 도시를 공략하였으나, 함락시키지는 못하였다. 그때 토흐타미쉬는 다른 계략을 사용하기로 결심하고, 포위를 푸는 대가로 "작은 선물"을 요구하며 8월 26일 화친을 제안하였다. 그를 수행하던 두 명의 수즈달 왕자들이 이 제안의 진정성을 보증했다.

모스크바인들은 그것을 믿을 만큼 철없는 순진한 사람들이었다. 성문이 열리고 대공 오스테이를 우두머리로 하는 모스크바 귀족 일행이 칸을 환영하기 위하여 문을 나서자마자, 몽골군은 그들을 향해 돌격하여 모두 살해하였다. 이 틈을 타서 다른 몽골군이 도시를 향해 들이닥쳤다. 처참한 전투에 이어 강탈이 그 뒤를 이었다. 대공국의 보물들뿐만 아니라, 귀족들과 부유한 대상들에 의해서 축적된 재산들도 승리자들의 차지가 되었다. 교회에서도 값비싼 황금으로 만든 제기와 값비싼 보석들이 박힌 십자가들, 다른 예술품들이 약탈당했다. 문헌은 특히, 침략자들로부터 보호하기 위해 주위 도시와 촌락으로부터 수많은 장서들을 모스크바 교회로 옮겨왔음을 설명하면서, 이 도서들의 상실에 대해 비탄에 젖어 서술하고 있다. 모든 것들은 타타르인들에 의해서 파기되고, 불태워졌다. 도시를 강탈하고 난 뒤에는 불을 놓았다. 문헌은 "모스크바는 지금껏 매우 크고 아름다운 도시였으며, 사람들로 붐볐으며, 부와 명예로 가득 차 있었다… 이제는 한 순간에 모든 그 도시의 미는 사라지고 영광은 아무것도 남지 않았다. 오직 폐허 위에 연기와 벌거벗은 땅과 시체 더미들만이 남았다."[54]라고 기록하고 있다.

이 소식이 트베르에 전해지자마자 대공 미하일은 토흐타미쉬에게 많은 선물과 함께 사신을 보냈다. 칸은 자비롭게 그를 맞이하고 미하일에게 트베르 공국의 야를릭을 수여하였다. 한편, 몽골군은 모스크바 공국 곳곳에 퍼져서 도시와 촌락을 파괴하였다. 하지만 볼로콜람스크에 이르렀을 때 블라디미르 왕자가 나가 맞서 싸우자, 몽골군은 퇴각했다. 그때 토흐타미쉬의 정탐군은 대공 드미트리가 코스트로마에 상당한 군사력을 집결시켰다고 보고했다. 이러한 보고를 근거로 토흐타미쉬는 이미 달성한 결과에 만족한다는 이유를 붙여 철수할 것을 명령했다. 돌아오는 길에 몽골군은 전쟁 기간 중에 중립을 지켰던 랴잔 공국을 폐허로 만들었다. 대공 드미트리와 블라디미르 왕자가 모스크바로 돌아왔을 때, 폐허의 연기가 가득

---

54) Nikon, *2*, 78-79.

찬 모스크바의 모습에 그들은 통곡하지 않을 수 없었다. 드미트리 돈스코이는 뒹구는 시체를 모아 장례를 치르고 매장할 것을 즉시 명령하였다. 그는 80구 시체의 장례에 1루블을 지불했다. 총금액은 300루블이었으니, 우리는 매장된 시체가 24,000구라는 것을 알 수 있다. 드미트리는 다음으로 배신자 랴잔의 대공 알렉에 대한 처벌을 내렸다. 이제 막 토흐타미쉬의 군대로부터 초토화된 불행한 랴잔 공국은 한 번 더 모스크바 군으로부터 약탈을 당하였다. 그렇게 해서 중립을 지키려던 알렉의 노력은 결국 그 백성들에게 고난만을 가져왔을 뿐이었다.

드미트리는 비록 랴잔의 대공을 처벌함으로써 일말의 우울한 만족감을 얻을 수는 있었지만, 그는 이제 랴잔에 대한 영주권을 복원할 수 없었으며, 마찬가지로 트베르에 대한 모스크바의 우위를 되찾을 수 없었다. 1370년대 공국 간 관계에 대한 그의 외교력이 얻어낸 성과들은 이제 수포로 돌아갔다. 한동안 모스크바 대공은 이제껏 갈등에서 주요한 자산들 가운데 하나였던 교회의 지지 조차도 잃었다는 것을 알게 되었다. 몽골군으로부터 포위되기 전날 드미트리가 모스크바를 떠났을 때, 대주교 키프리안이 떠났던 곳은 드미트리의 임시 거처인 코스트로마가 아니라, 트베르였다. 이제 드미트리는 키프리안을 다시 모스크바로 초청하기 위하여 두 명의 귀족을 트베르로 보냈다. 비록 키프리안은 마지못해 모스크바로 돌아왔지만, 트베르에 반대하는 정책에 대한 지지를 드미트리에게 약속할 수 없었다. 대공과 대주교 사이에 심각한 갈등이 일어났으며, 그 결과 키프리안은 아직 명목상으로는 대주교의 교구로 남아있는 키예프로 떠났다. 그렇게 함으로써 대주교는 모스크바와 트베르 사이의 불화에 대한 확고한 입장을 보이는 것을 회피했다. 그러나 키예프는 리투아니아 대공이 지배하고 있었으며, 대주교가 리투아니아편에 서있음으로써 가져올 수 있는 정치적 결과는 대주교의 트베르 지지보다도 모스크바에 더 큰 위협이 될 수 있었다.

한 마디로 말해서 1370년대 몽골에 대한 저항에 러시아가 바쳐야 했던 엄청난 희생은 이제 부질없는 일이 된 것 같았다. 1383년의 러시아의 정치적인 상황은 몽골 지배의 초기 분위기를 연상시켰다. 대부분의 러시아 왕족들은 서둘러 오르다를 향해 떠났고, 새로운 칸에게 충성을 맹세하고 그로부터 야를릭을 받았다. 그들 가운데 트베르의 대공 미하일과 그의 아들 알렉산드르, 수즈달의 대공 드미트리의 동생 고로제츠의 보리스 왕자가 있었다. 수즈달 대공의 아들 바실리는 이미 오르다에 있었는데, 토흐타미쉬가 모스크바를 폐허로 만들고 철수할 때 그를 수행해야만 했었다. 수즈달의 드미트리 대공 자신은 병환으로 오르다로 떠날 수 없었다(그는 곧 사망했다). 모스크바의 대공 드미트리 돈스코이는 자신이 직접 나타날 수가 없었기에, 대신 장남 바실리를 파견했다.

예상했던 대로 트베르 대공은 블라디미르 대공국에 대한 자신의 권리를 주장했다. 만약 토흐타미쉬가 그의 권리를 인정했다면, 러시아의 정치 상황은 14세기 초의 상황과 같았을 것이며, 트베르는 전 동부 러시아에 대한 지도권을 확보할 수 있는 기회를 또다시 얻었을 것이다. 그러나 토흐타미쉬는 모스크바의 우위성을 트베르의 그것으로 대체할 의도가 없었다. 그는 동부 러시아가 몇 몇의 커다란 공국들로 분리되어 있기를 선호했는데, 그들 사이의 균형을 유지할 수 있다는 자신의 능력을 확신하였으며, 특히 이제 모스크바는 많은 피를 흘려 지쳐있었고, 굴욕에서 아직 벗어나지 못한 상태였기 때문이었다. 그렇기에 칸은 미하일에게 트베르 대공의 야를릭을 주었으나, 블라디미르 대공국의 야를릭은 모스크바 드미트리에게 수여하였다. 두 대공으로부터 충성을 보장받기 위해 칸은 볼모로 오르다에 미하일의 아들 알렉산드르와 드미트리의 아들 바실리를 붙잡아 두었다. 토흐타뮈시는 타메를란의 가신이었고, 타메를란은 중국 명 제국의 가신이었으므로, 모스크바는 이제 또 다시 — 적어도 법적으로는 — 원조(元朝) 시대와 마찬가지로 북경의 최고의 권력 하에 놓이게 되었다.

모든 러시아의 공국들은 자니벡의 통치기에 수립되었던 세율에 따라 정기적인 공물과 세금을 바칠 것을 요구되었는데, 그 세율은 오르다 대분란 시기에 냈던 세율보다도 훨씬 높았다.[55] 블라디미르 대공국의 백성들은 1384년에 금(탐가) 또는 은(공물)으로 과도한 배상금을 지불해야 했다. 노브고로드인들에게는 검은 징수가 부과되었다. 더군다나, 러시아는 칸이 요구할 때는 언제나 칸의 군대에 일정한 군사를 제공해야만 했다. 비록 러시아 문헌에는 군사력의 제공 부활에 대한 뚜렷한 증거들은 없지만, 페르시아 문헌으로부터 1388년에 러시아군이 토흐타미쉬 칸의 대군을 일부 구성하고 있는 것으로 알려져 있다.[56]

II.

1383년 러시아의 미래는 정말로 암담했다. 토흐타미쉬의 단 한번의 타격으로 몽골의 러시아에 대한 통치가 복원되었으며, 황금 오르다는 과거 어느 때보다도 강력하게 보였다. 이제 러시아는 새로운 힘을 축적하기 전까지 앞으로 오랜 기간 동안 몽골인의 복속 하에 있어야 할 것으로 보였다. 모스크바 및 블라디미르 대공국의 권위의 하락은 예전에 성취했던 민족통합의 수준을 저하시키는 결과를 초래했으며, 그런 상황에서의 또 다른 악조건의 요인이 되었다.

그러나 실제로는 러시아는 예상했던 것보다 상당히 빠르게 자신들의 자율성을 복원하고 민족통합을 유지할 수 있는 능력을 보유하고 있었다. 러시아가 처음에 처했던 것보다 더욱 유리한 조건으로 전개되는 역사의 과정은 그 자신의 고유한 동력의 결과라기보다는(혹은 적어도 그뿐만은 아니라) 제3의 세력이 ― 타메를란(티무르)의 중앙아시아 제국 ― 개입하

---

[55] 자니벡의 과세율에 대해서는 바실리 1세에게 보내는 1409년 에디게이의 서한에서 언급되고 있다. *SGGD*, *2*, 16.

[56] *ZO*, p. 338.

면서, 황금 오르다에 대한 티무르 제국의 승리와 그로부터 야기된 황금 오르다 내부의 분화 과정이 재생되면서 비롯된 것이었다.

토흐타미쉬와 티무르간의 공공연한 갈등은 토흐타미쉬가 모스크바를 점령한 지 4년 뒤에 시작되었다. 그러나 이 두 통치자의 불화는 1383년부터 뚜렷이 시작되었다. 갈등은 개별 성격 및 지정학적 측면의 두 가지 성격을 띠고 있었다. 심리적인 관점에서 토흐타미쉬는 자신의 주도적인 승리들에 있어서 티무르에게 빚을 진 반면에, 러시아에 대한 승리이후, 자신을 그의 영주보다도 더욱 강력한 통치자로 간주했으며, 자신을 독립적인 칸처럼 행동했다. 1383년에 이미 토흐타미쉬는 티무르도 자신의 영토라고 간주했던 호라즘에서 자신의 이름이 새겨진 주화를 발행할 것을 명령했다. 지정학적으로는 토흐타미쉬의 국가와 티무르 제국의 갈등은 13세기와 14세기 말의 일 칸국과 황금 오르다 사이의 낡은 적대 관계의 재현이었다. 낡은 그리고 새로운 적대적 갈등 관계의 외교적 경향이 보여준 유사성은 토흐타미쉬가 맘루크 왕조의 지지를 확보하고자 노력하였다는 데에서 뚜렷이 보여주었다. 1385년 그는 자신의 선조 주치 가(家)들이 그러했던 것처럼 동맹을 맺을 준비를 하기 위하여 이집트에 사신을 보냈다.

황금 오르다와 중앙아시아 제국이 차지하기 위하여 경쟁하던 두 기본 지역으로는 중앙아시아의 호라즘과 코카서스의 아제르바이잔이었다. 티무르와 토흐타미쉬의 갈등이 시작될 초기에 두 지역은 모두 자율성을 띠고 있던 지역이었다. 각각 현지의 왕조가 통치하였다. 호라즘은 수피파들에 의해서, 아제르바이잔은 잘라이르에 의해서 통치되고 있었다. 1385년 티무르는 아제르바이잔에 대한 원정을 개시했다. 그는 비록 술타니아에서 잘라이르 군사를 격퇴하였으나, 전국을 점령하는 것을 중단하고 페르시아로 돌아왔다. 티무르의 원정으로 아제르바이잔의 권력이 약화되자 토흐타미쉬는 상황을 활용하기로 결심했다. 헤지라 787년 겨울(1385-86년) 토흐타미쉬는 자신이 3년 전에 모스크바를 기만했던 방법과 똑같은 방식으로 타브리즈를 점령했다. 도시를 약탈했고, 마찬가지로 모스크바와 같이 철저히 폐허로 만들었다. 이러한 습격으로 티무르는 황금 오르다로부터 다가오는 위협의 심각성을 두 눈으로 확인하게 되었다. 토흐타미쉬가 북으로 물러나자마자 티무르는 강력한 군사를 이끌고 아제르바이잔에 나타났다. 헤지라 788년 겨울(1386-87년) 다게스탄에서 티무르의 전위군은 토흐타미쉬의 군사와 전투를 벌였다. 비록 승패를 가리기는 어려웠지만, 토흐타미쉬가 후퇴를 명령했다.

두 몽골의 통치자 간의 충돌이 시작될 때부터 황금 오르다에서 일어나고 있는 일에 대해서 완전한 정보를 가지고 있던 러시아 왕족들은 눈앞에서 벌어지고 있는 갈등이 몽골과 러시아와의 관계에 어떤 의미를 지니고 있는가를 잘 인식하고 있었다. 황금 오르다에서 일어나는 어떤 혼란도 러시아에 대한 몽골의 지배 약화를 의미할 수도 있었다. 새로운 상황전개를 처음으로 유리하게 이끌었던 자는 황금 오르다에서 볼모로 잡혀 있던 대공 드미트리의 아들인 모스크바의 바실리였다. 1386년 가을 그는 자신에게 우의를 보였던 일부 몽골 관료들의 도움으로 도망치는 데 성공했다. 당초에 몰다비아로 떠났으나 리투아니아로 가서 비토브트 왕자에게 보호를 요청하였다. 당시 비토브트는 폴란드의 왕이자 자신의 조카인 야가일로부터 모욕을 당한 까닭에 봉기를 준비하고 있었다. 미래의 투쟁을 위한 동맹자를 찾고 있던 그는 비밀리에 튜턴 기사들과 협상을 벌이고 있었다. 이제 그는 바실리를 모스크바와 우호관계를 맺을 수 있는 도구로 활용하기로 결심했다. 그는 바실리에게 당시 약 16세였던 자신의 딸 소피아를 적당한 기회가 오면 아내로 주겠다고 약속했다. 이러한 맹세를 한 뒤 비토브트는 바실리를 명예롭게 대접하고 폴로츠크를 거쳐 모스크바로 돌아갈 수 있도록 도와주었다. 바실리는 1387년 1월 19일 리투아니아 왕족들 및 귀족들과 함께 모스크바에 나타났다.[57]

만약에 토흐타미쉬의 상황이 안정적이었다면, 아마도 그는 바실리를 도주한 죄로 처벌할 것을 요구했을 것이다. 그러나 칸은 모스크바와의 관계에서 보다 엄격할 수가 없었는데, 왜냐하면, 그는 티무르에 대한 새로운 원정의 문턱에 서 있었기 때문이었다. 이번에 토흐타미쉬는 군대를 트란스코카서스로 향하지 않고 볼가 및 야익 강을 건너 중앙아시아로 향했다. 그의 계획은 티무르 통치의 중심인 트란스옥사니아를 공격하는 것이었다. 그는 부하라로 진격하는 데 성공하였으나, 함락시키는 데는 실패했다. 그의 군사들은 부하라 주위만을 약탈한 뒤에 회군(回軍)하였다.

티무르는 한편, 호라즘을 침략하여 중앙아시아 무역의 중심지이자 번영의 도시인 우르겐치를 정복했다. 자신들의 앞길에 놓인 모든 것들을 파괴해 버리는 이 거인들의 전투에서 다음 행보는 토흐타미쉬 차례였다. 1388년 그는 대규모의 군사를 소집했는데, 페르시아의 역사가인 샤라프 앗-딘에 따르면, 러시아인, 불가르인, 시르카시아인, 그리고 알란인들을 포함하여 주치 울루스를 구성하는 모든 민족들로부터 군사를 소집했다.[58] 그 군대는 분명히 모스크바 및 수즈달의 군사 모두를 포함하고 있었을 것인데, 모스크바군은 모스크바의 바실리 왕자의 지휘 하에, 수즈달의 군사는 수즈달 및 니즈니 노브고로드의 대공 보리스의 지휘 하에 있었을 것이다. 다시 한 번 토흐타미쉬는 중앙아시아 깊이 쳐들어갔다. 1389년 초봄에 시르다리야 강 연안에서 전투가 벌어졌으나, 별다른 성과를 거두지 못하자, 그 후 토흐타미쉬는 회군하여 군사를 재정비하기 위하여 카자흐스탄으로 후퇴하였다. 그를 수행하던 두 러시아 왕자 보리스와 바실리에게 고향으로 돌아가도록 허락하였다.

바실리가 모스크바로 돌아간 지 얼마 되지 않아 그의 아버지인 드미트리 돈스코이가 사망했다(1389년 5월 19일). 3개월 후 토흐타미쉬의 사신(使臣) 시크마트 왕자는 바실리를 블라디미르 대공국의 왕좌에 추대하였다.

---

57) 그들을 Nikon, 2, 91에서는 "Poles"로 부르고 있다.

58) Tiesenhausen, 2, 156.

대략 같은 시기에 세 명의 중요한 몽골의 관료가 나타났는데, 그들은 기독교를 받아들이고 새로운 대공에 복무하기를 희망했다. 그들은 아마도 바실리가 오르다에서 도망치는 것을 도왔던 그의 오랜 친구들이 아닌가 싶다. 그들은 백성들의 환호속에서 모스크바에서 세례를 받았다. 이것은 매우 중요한 점을 시사하고 있다. 많은 몽골의 관료들은 자신들의 칸보다도 모스크바 대공이 더욱 굳게 권좌를 지키고 있으며, 모스크바가 사라이보다도 더 안전한 장소라고 느끼고 있다는 것을 말해주고 있는 것이다.

바실리의 권위는 비토브트의 딸 소피아와의 혼인, 그리고 대주교 키프리안의 모스크바로의 귀환으로 더욱 강력해졌다. 이 두 가지 사건은 1390년에 일어났다. 당시 비토브트는 야가일로에 대항하기 위하여 프러시아에 머물고 있었으며, 튜턴 기사들과 동맹을 맺었다. 바실리와의 우호관계 수립은 비토브트의 능란한 외교술의 결과였다. 프러시아와 모스크바 사이에 갇혀 압력을 받는 야가일로는 비토브트에 대한 관계를 재검토할 수밖에 없었으며, 1392년 두 사촌 형제는 협정을 맺어 비토브트가 리투아니아의 대공으로 인정받았다. 그 후 그는 즉시 튜턴 기사들과의 관계를 끊어버렸다. 그러나 모스크바와 비토브트와의 우정은 잠시뿐이었다.

Ⅲ.

1391년 토흐타미쉬와 티무르와의 전쟁은 막바지 단계에 도달하고 있었다. 트란스옥사니아를 황폐화시키는 토흐타미쉬의 원정에 놀란 티무르는 자기 영토에서 자신이 직접 그를 대적하여 싸우기로 결심했다. 1391년 2월 세밀한 준비를 마친 후 티무르는 군사(이십 만이라고 추정한다)를 시르다리야 강 유역 오트라르에 집중 배치한 후, 쿠릴타이를 소집하여 전쟁 계획을 승인 받고, 그의 장수들은 최후의 정훈(政訓)을 받았다. 그해 4월 군사는 충분한 물이 있는 카자흐스탄의 사릭-우젠(사리-수)에 도달하였으며, 그곳에서 휴식을 취하였다. 자신의 원정이 지닌 역사적 중요성을 의

식한 티무르는 근처의 암벽에 자신이 원정을 왔었다는 사실을 새기도록 명하였다(1391년 4월 28일).[59]

티무르가 카자흐스탄에 동원한 군사는 매우 훌륭한 군대였다.[60] 그 군대의 조직과 무장의 모든 세밀한 부분까지 가장 훌륭한 몽골식 군사의 전통이거나 또는 자신이 친히 겪은 전쟁의 경험을 기초로 하였다. 비록 그는 군사조직에 있어서 칭기즈칸에 의해서 세워진 10진수의 기본원칙과 엄격한 규율의 원칙을 기초로 하였지만, 티무르는 전략과 전술에 있어서 일부 중요한 혁신적인 방안들을 도입하였다. 그 가운데 그는 보병의 역할을 매우 중요시했다. 그의 보병들이 기마병들의 공격을 막아내기 위해서 그는 경험 있는 공병의 연대를 만들었다. 전장(戰場)에서 그의 보병들은 커다란 방패로 가린 참호들 속에 은폐했다. 모든 군대를 일곱 연대로 나누어 그들 가운데 2개 연대는 예비로 두고 총사령관이 중앙 또는 좌우익의 전선을 지원하기 위하여 전투의 진행에 따라서 어떤 방향으로도 투입할 수 있도록 만들었다. 중앙은 이제 낡은 몽골군보다 더욱 강력해졌으며, 이전의 티무르 자신의 군대보다 실질적으로 더욱 강력해졌다.

1391년 5월 티무르는 자신의 군대에게 대규모 사냥을 준비하도록 명령을 내렸는데 한편으로는 식량을 비축하기 위하여, 다른 한편으로는 자신의 장교들과 군사들에게 마지막 교훈을 주기 위해서였다. 사냥은 전자와 후자에 대해 모두 성공을 거두었다. 그 후 티무르는 군사를 북으로 토볼

---

[59] *ZO*, p. 357.

[60] 오래되기는 했으나 지금까지도 유용한 티무르 군사 조직에 관한 연구가 있다. M. Charmoy, "Expedition de Timour-i-lenk ou Tamerlan centre Toqtamishe," *Memoures de Academic Imperiale des Sciences de St. Petersbourg*, 6th ser, *3*(1836), 89-505. 그러나 지적해 둘 것은 Charmoy는 권위 있는 원전에 추가하여 소위"티무르의 제도"라는 저자가 불분명한 문헌에 주목했다. 우연치고는 신기하게 최근 페르니난드 로트는 "티무르의 제도"에 티무르 군대 전반에 대한 연구의 기초를 세웠다(Lot, *2*, 353-370). *ZO*의 I. Iu. Iakubovsky, pp. 339-354에 티무르의 군사 조직에 관한 훌륭한 글이 있다.

제4장 - 황금 오르다의 몰락과 러시아의 부흥 · 391

강 상류지역으로 이동하였는데, 정탐군에 의하면, 그곳에 토흐타미쉬군 일부가 주둔하고 있었다. 그러나 티무르의 군사가 토볼 강에 이르기도 전에 토흐타미쉬의 군사는 서쪽으로 야익 강까지 퇴각했다. 티무르가 결정적인 전투를 벌이기를 바라는 반면, 토흐타미쉬는 전투를 회피하는 것이 뚜렷했다. 티무르가 성공적으로 야익 강을 따라 추격하는 동안 토흐타미쉬는 다시 퇴각했다. 그리고 볼가 강의 중류인 사마라 지역(쿠이비세프)에 도달하고서야 티무르의 군사는 적군의 본영을 따라잡을 수 있었다. 이번에 토흐타미쉬 군은 조직적인 후퇴는 불가능했다. 전투를 받아들일 수밖에 없었다. 1391년 6월 18일 소크 강(지금의 쿠이비세프 북에 위치한 볼가 강의 동부 지류)의 지류인 콘두르차 강 연안에서 전투가 벌어졌다. 처절한 전투는 토흐타미쉬 군사의 완전한 참패로 막을 내렸다. 토흐타미쉬는 단지 살아남은 몇 명의 신하들과 도망갔다. 승리자는 어마어마한 전리품을 획득했다.

칭기즈칸의 원칙과는 달리 티무르는 볼가 강을 건너 토흐타미쉬를 추격하지 않았는데 아마도 그를 더 이상 위험한 인물로 간주하지 않았던 것 같다. 그러나 그는 자신과 함께 토흐타미쉬에게 맞서 싸운 주치 울루스가의 두 뛰어난 장수 티무르 쿠툴룩 왕자(우루스칸의 손자)와[61] 에디게이에게, 혹시 있을지도 모르는, 토흐타미쉬가 돌아올 경우를 대비하여 자신을 떠나 킵차크로 향하게 하였다. 그해 말까지 티무르는 승전보를 안고 수도(首都)인 사마르칸트로 돌아왔다. 토흐타미쉬의 공격 위험성이 없다는 것을 확신한 그는 자신이 3년 전에 파괴했던 호라즘의 우르겐치를 복구하도록 명령했다.

곧이어 티무르가 토흐타미쉬의 개성과 능력을 과소평가했다는 것이 확실히 드러났다. 비록 주치 울루스의 동부 전부를(야익 강 동쪽으로) 상실

---

61) 가계도 VI 참조.

하였지만, 토흐타미쉬는 아직도 자신의 서부, 황금 오르다를 통치하고 있었다. 대부분의 황금 오르다의 왕족들과 귀족들은 칸에 대한 충성을 다하고 있었다. 한편, 이 기간에 티무르-쿠툴룩과 에디게이의 행적에 대해 알려진 것은 없다. 아마도 그들이 변함없이 공공연하게 토흐타미쉬에게 대항했을 것 같지는 않다.

칸에 대한 모스크바 및 리투아니아의 태도에 많은 부분이 달려 있었다. 모스크바를 자신의 편으로 끌어들이기 위하여 토흐타미쉬는 러시아에 대한 자신의 정책을 근본적으로 바꾸지 않으면 안 되었다. 이제는 네 개의 러시아 대공국 사이에 대한 균형 유지 정책보다는 동부 러시아에 대한 자신의 통치를 보존하는 유일한 기회를 가장 강력한 공국, 모스크바에 대한 양보에서 찾았다. 대공 바실리는 즉시 새로운 상황을 호기로 삼아서 칸에게 대공국 니즈니 노브고로드를 모스크바에 편입해 줄 것을 요구하였다. 이러한 요구를 하기 전에 모스크바의 왕족들은 니즈니 노브고로드 대공 보리스의 뒤에서 그의 귀족들과 비밀리에 협상을 갖는 등 세밀한 준비를 하였다. 바실리는 자신이 직접 토흐타미쉬의 병영에 나타나서 칸에게 뿐만 아니라 모든 왕족들에게도 선물을 선사하였다. 니즈니 노브고로드의 야를릭을 받은 바실리는 칸의 특사들과 함께 모스크바로 돌아왔으며, 그 후 특사들은 모스크바 공국의 고위 귀족들과 함께 니즈니 노브고로드로 떠났다. 자신의 추종자들에 의해 버려진 보리스 대공은 즉시 체포되었다. 니즈니 노브고로드는 바실리가 내세운 전권 대리자를 받아들일 수밖에 없었다. 바실리는 다시 토흐타미쉬의 병영으로 초대되어 그로부터 "그 어떤 러시아의 왕자도 이제껏 받지 못하던 가장 큰 영예를 받았다."[62] 니즈니 노브고로드 외에도 칸은 고로제츠, 메시체라, 그리고 타루스를 그에게 하사하였다. 이에 대하여 모스크바 대공은 토흐타미쉬를 계

---

[62] Nikon, 2, 148.

속해서 자신의 영주로 삼는 데에 동의하였나. 그러나 모스크바는 이제 그 어떤 시기보다도 매우 강력해졌으며 설사 비열한 도덕성에 의해 성취된 다 하더라도, 동부 러시아의 통일을 위한 중요한 첫 발자국을 내딛었다.

이제 토흐타미쉬는 리투아니아 및 폴란드에 관심을 돌렸다. 그는 폴란 드 국왕 야가일로에게 사신을 보내 자신에게 충성을 다할 것을 확인하도 록 하고, 키예프와 포돌리아, 그리고 다른 서부 러시아 지역으로부터 공 물을 받는데 동의할 것을 요구하였다. 비토브트는 이제 리투아니아의 대 공이므로 토흐타미쉬의 사신들은 그와도 협상을 가져야만 했다. 토흐타 미쉬를 만족시키는 협정이 이루어졌으나, 그 상세한 내용에 대해서는 알 려져 있지 않다. 그는 또한 맘루크 인들과의 관계를 복원시키고 그 속에 서 티무르에 대항하는 동맹군을 찾기를 기대했다.

자신의 외교적 성과와 더불어 새롭게 소집, 훈련받은 군대 보유로 한껏 고무된 토흐타미쉬는 코카서스에서 티무르에 대한 제한적인 공략을 계속 하기로 결심했다. 1394년 가을 그의 군대는 데르벤트를 지나 쉬르반 지역 에 출몰하면서 지나온 지역을 모두 황폐시켰다. 이 소식을 들은 티무르는 사신을 보내 토흐타미쉬가 군사를 철수하고 자신을 티무르의 가신(家臣) 으로 다시 인정할 것을 요구하였다. 토흐타미쉬는 이를 거부하여 두 지배 자간의 최후의 결전은 피할 수 없게 되었다.

IV.

1395년에 2월 티무르는 코카서스를 떠나 다게스탄으로, 카스피 해 서안 (西岸)을 따라서 북으로 이동하였다. 4월에 그의 군대는 테렉 강 계곡에 본영을 자리 잡았는데, 그곳에서 토흐타미쉬의 주군과 일대 격전을 벌였 다. 4월 15일 전투가 개시되었다. 오랫동안 전투 양상은 승패를 가릴 수 가 없었지만 마침내 티무르의 예비군이 가세하여 적군을 물리쳤다. 1391 년과 마찬가지로 티무르의 군사는 토흐타미쉬가 퇴각한 그의 본영에서 엄청난 전리품들을 획득하였다. 그러나 이번에 티무르는 얼마 되지 않는 소수의 부하들과 함께 볼가 강 하류를 지나 볼가 강 중류의 불가르에서 도피처를 찾는 토흐타미쉬를 추적하는 것을 포기하지 않았다. 티무르 역시 볼가 강을 건넜으나, 도망자의 실마리를 놓치게 되었다. 그는 자신의 가신으로 황금 오르다의 권좌에 앉히려고 한 카이리착-오글란(우루스칸의 아들)에게 볼가 강 하류지역을 평정할 것을 명령하였다.

티무르는 볼가 강 서안으로 돌아와 돈 강 하류의 토흐타미쉬의 충복들이 벌인 부분적인 저항을 분쇄하고, 잠시 군에게 짧은 휴식을 취하게 한 뒤에 러시아에 대한 새로운 원정을 개시하였다. 그의 군대는 돈 강을 따라 2개의 진영으로 나누어 하나는 돈 강 동부지역의 스텝을 따라, 다른 하나는 서부 지역을 따라서 북으로 진격하였다. 7월에 그의 양군(兩軍)은 랴잔 공국의 남부에 도달하였다. 티무르가 직접 지휘하는 서부군은 엘레츠를 공략하였다. 엘레츠 왕자는 포로로 잡혔고, 도시민은 살해되거나 노예로 끌려갔다. 엘레츠를 함락시킨 후 티무르는 그곳에 본영을 설치하고 군사에게는 주변 촌락을 초토화하도록 허용했다. 틀림없이 그는 북으로 정탐군을 보내 그들의 보고를 기다리고 있었다.

티무르와 토흐타미쉬간 투쟁의 양상을 잘 관찰하고 있었던 러시아인들은 이제는 그 어떤 상황이라도 대응할 수 있는 준비를 하고 있었다. 블라디미르 대공국(이제는 이전의 니즈니 노브고로드 대공국을 포함한)의 군사는 6월과 7월에 소집되었다. 8월초 대공 바실리는 중앙 군사력을 콜롬나에 집중시켰다. 모스크바에는 쿨리코프 전투의 영웅 세르푸호프의 블리디미르 왕자의 지휘 하에 강력한 연대가 주둔하고 있었다. 이러한 능력 있는 그리고 추앙을 받는 왕자로 하여금 모스크바를 지키게 하고, 바실리는 토흐타미쉬가 침입하였을 때와 같이 도시민의 동요가 반복해서 일어나지 않도록 전력을 기울였다.

바실리의 기본 전략의 계획은, 그의 아버지 드미트리 돈스코이가 했던 것처럼 오카 강을 건너 남쪽으로 진격하는 것이 아니라, 오카 강을 따라 방어 전선을 구축하는 것이었다. 군의 사기를 북돋우고, 특히 모스크바인들을 안심시키기 위하여 바실리는 대주교 키프리안에게 12세기 중반부터 블라디미르 사원에서 보관하고 있던, 그리고 기적을 만드는 것으로 간주되는 성모상 성화를 모스크바로 옮겨 놓기를 요청했다. 전설에 따르면 그 성화는 선지자 누가가 그린 것이다(미술사가의 견해에 따르면, 실제로 그 아이콘은 11세기의 비잔틴 장인의 작품이다).[63] 키프리안은 바실리의 요청을 받아들여 아이콘을 모스크바로 이송하도록 성직자들을 블라디미르로 보냈다. 성화는 8월 15일 성모 승천일에 옮겨졌다. 성화를 앞세운, 성직자들과 추종하는 신도들로 구성된 엄숙한 행렬이 모스크바로 향하는 길을 따랐다. 긴 행렬은 8월 26일, 토흐타미쉬 군사들이 모스크바를 함락한 지 13주년이 되는 날에 모스크바에 나타났다. 대공 블라디미르와 대주교 키프리안, 그리고 성직자들과 귀족들을 앞서서 성화를 맞이하였다. 성화는 성대한 예식을 마치고 모스크바 대사원 본원에 옮겨져서 안치되었다. 이러한 모든 의식은 모스크바인들에게 엄청난 사기를 북돋는 효과를 주었다. 의심할 여지 없이 이것은 러시아인들의 종교적 감성 및 적에게 저항하고자 하는 의지를 강화시킨 매우 중대한 심리적 사건이었다.

바로 그 날, 블라디미르의 성모상 성화가 모스크바에 도착한 날 티무르는 원정의 종결을 선언하고 군사에게 퇴각하라고 명령을 내리는 일이 일어났다. 러시아인들 사이에서는 바로 그 날 티무르가 꿈에서 그를 매우 놀라게 한 유령을 보았다는 전설이 퍼졌다. 그가 꿈에서 모스크바로 향하는 길을 방어하고 있는 셀 수 없는 수많은 군사들을 이끌고 있는 자주색 포를 입은 여인을 보았다는 전설이었다. 그는 꿈에서 깨어 떨면서 오랫동안 수행원들에게 무슨 일이 일어났는지에 대해 설명할 수 없었다.[64]

---

[63] 블라디미르의 성모 Божьей Матери 성화에 관해서는 A. I. Anisomov, *Владимирская икона Божьей Матери* (Prague, 1928) 참조.

실제로 티무르는 당시에 러시아군이 어떻게 준비를 하고 있었으며, 그들의 군대가 보유한 힘과 훌륭한 조직성에 대해서 잘 알고 있었을 것이다. 그는 의심할 여지 없이 자신의 경쟁자인 토흐타미쉬가 13년 전에 단지 그들을 불시에 기습한 덕분으로 그들에게 승리할 수 있었다는 것을 잘 알고 있었다. 티무르는 러시아 군대를 격파할 수 있기를 기대하고 있었지만 동시에 그의 군대도 커다란 손실을 입게 될 것이라는 것을 알고 있었다. 게다가 원정에 많은 시간이 걸리고 자신의 제국으로부터 너무 멀리 떨어지게 했을 것이다.

비록 티무르는 모스크바를 함락하지는 못하였으나, 그 원정을 가능한 한 선전에 적극적으로 활용했다. 랴잔 공국의 주변을 함락한 것은 러시아를 정복한 것으로 간주되었다. 이 원정에 참여한 티무르의 사관들이 말했던 이러한 종류의 이야기들은 티무르의 아들 샤흐루크의 궁정에서 살았고, 티무르 사후 20년 만에 승리의 서(書)를 완성한 페르시아의 역사가 샤라프 앗-딘에 의해서 활용되고 있다. 1395년의 원정을 기술하면서 샤라프 앗-딘은 티무르가 모스크바까지 원정하여 풍성한 전리품을 획득하였다고 언급하고 있다.[65] 중앙아시아의 그의 동시대인들뿐만 아니라, 일부 현대의 동양학 연구자들 또한 그의 이야기를 순수한 사실로 받아들이고 있다. 에드워드 G 브라운은 그의 『페르시아 문학사』에서 그리고 L. 부바는 자신의 『몽골 제국』에서 그의 언급을 반복하고 있다.[66] 그러나 설령 이 두 연구자들에게 이 주제에 관한 러시아 문헌을 통찰하는 것은 너무 어려웠을 — "Slavica non leguntur"(슬라브어를 읽을 수 없다) — 것이라고 하더라도, 그들은 샤라프 앗-딘의 실수에 대한 올바른 평가에 대해 기번에게서 쉽게 조언을 받을 수 있었을 것이다.[67]

[64] Nikon, 2, 160.

[65] Tiesenhausen, 2, 180.

[66] Browne, 3, 192; Bouvat, p. 50.

집으로 돌아가는 길에 티무르는 돈 강의 하구에 위치한 아작(지금의 아조프)시를 점령하고 북 코카서스 서부 지역에 있는 시르카시아(체르케스) 땅을 황폐로 만들었다. 1395-96년 겨울 그곳으로부터 볼가 강 하류 유역으로 돌아가면서 티무르는 황금 오르다의 두 중심 도시인 아스트라한과 신(新) 사라이 또는 사라이 베르케를 불태웠다. 원정의 결과에 매우 만족한 티무르는 사마르칸트에 돌아와서 곧 인도 원정 준비에 착수하였다. 인도 원정은 1398-99년 이루어졌고, 동화와 같은 풍성한 수확을 가져왔다.

4. 에디게이(Edigey)의 통치

I.

황금 오르다에 대한 티무르의 원정이 초래한 결과는 경제적 관점에서나 군사적 관점에서도 파멸에 가까운 것이었다. 오르다의 영화는 국제 무역에 의존하였으며, 특히 중동과의 무역에 의존하였다. 중국과 인도로부터의 대규모 대상의 통로는 우르겐치에서 만나고, 그곳으로부터 구(舊) 사라이(1360년경부터 그 역할을 아스트라한이 대신하였다)와 신(新) 사라이로 이어졌다. 아스트라한으로부터 상품은 아조프(타나) 해로 흘러들어가 그곳에서 이탈리아 상인들이 해상을 통한 수송로를 책임을 지고 운송되었다. 이러한 모든 대규모 무역의 중심들이 — 우르겐치, 아스트라한, 사라이, 아조프 — 토흐타미쉬와의 전쟁기간 동안에 티무르에 의해서 파괴되었다. 티무르는 적군을 궤멸시키는 것뿐만 아니라, 유럽과 이루어졌던 중국과 인도의 무역 통로를 카스피해 및 흑해 북부지역으로부터 페르시아와 시리아로 이동시키면서 황금 오르다의 상업적 위력을 확실하게

---

67) Gibbon, *2*, 1237.

분쇄시켰다. 그렇게 함으로써, 그는 오르다가 더 이상 무역으로부터 소득을 얻지 못하게 하고, 대신에 모든 이득을 자신의 제국의 손에 들어오도록 하였다. 그는 이점에 있어서 상당한 성과를 거두었다. 1436년 황금 오르다를 방문했었던 베네치아 사절 지오사파토 바르바로에 따르면, 아조프에서 예전의 비단 및 향신료의 무역은 완전히 사라졌으며, 대신 시리아를 통해서 이루어졌다.[68] 카파와 솔다이아에 등과 같은 크림반도의 항구들에서도 마찬가지로 동방 무역 통로의 대체에 영향을 받았다. 그 항구들은 황금 오르다 및 러시아와 무역을 계속하였으나, (15세기 말까지 오토만 투르크가 크림에 있던 베네치아와 제노아인들의 수공업 공장을 폐쇄할 때까지) 그 무역은 극동 무역과 비교해 볼 때 그 규모에 있어서 매우 제한적인 것이었다.

티무르가 단절시킨 황금 오르다 경제의 부문은 무역뿐만은 아니었다. 그에 의해서 파괴된 대규모 도시들은 무역의 중심이었을 뿐만 아니라, 도제 및 생산의 다양한 부문에 있어서 중요한 공간이었다. 그 모든 것이 이제 파괴되었다. 황금 오르다에 대한 티무르의 원정이 미친 영향은 러시아에 대한 바투의 원정이 미친 영향과 같았다. 중심 도시가 함락된 결과로 경제 영역에서나 종교적 삶에 있어서도 사회를 이끌어 가던 주도적인 문화 계층이 사라졌다.

티무르와의 전쟁이 황금 오르다의 발전에 미친 영향은 치명적일 수밖에 없었다. 킵차크 제국의 문화적 수준은 말 그대로 사멸(死滅)에 가까웠다. 예전 황금 오르다의 발전이 유목문화와 도시문화의 결합을 토대로 이루어졌다고 하면 이제는 유목민들만이 가진 자신들만의 자원만으로, 그것도 한정된 자원만으로 발전을 이루게 되었다. 그들은 여전히 강력한 군사력을 보유하고는 있었으나, 도시들이 가진 문화적 지도력의 우위성에

---

[68] *ZO,* p. 376.

비하면 부족하다는 것을 느끼게 되었다. 그밖에도 그들은 이제 필요한 전쟁 무기를 갖지 못하게 되었다. 그때가 바로 전쟁 수행의 기술에 있어서 중대한 변화의 시기, 화기의 신속한 확장 시기였던 것이었다. 모스크바와 리투아니아를 포함한 이웃들은 다양한 종류의 화기를 제작하기 시작한 반면, 황금 오르다는 아직 생산할 능력을 가지지 못하였다. 사실, 화기는 아직도 개발 단계에 있었으며, 적용에 있어서도 제한적일 수밖에 없었으나, 일반적인 기술 진보의 양상이라는 측면에서 매우 중요한 무기였다. 오직 황금 오르다의 주변에서만―볼가 강 중류 유역의 불가르 지역과 크림 반도―도시문화가 계속 번영했다. 그러나 이 두 지역은 곧 오르다의 유목 핵심으로부터 벗어나려는 경향을 보이게 되며, 결국에는 각각 카잔 칸국과 크림 칸국과 같은 지역 칸국의 중심으로 기능하게 되었다. 한마디로 말해서, 티무르가 가져온 전쟁의 타격으로 황금 오르다의 경제적, 기술적 토대는 완전히 붕괴되었다는 데에 의심의 여지가 없다. 오르다의 정치적 그리고 군사적 부활은 여전히 가능하였으나, 오토만 제국이나 모스크바, 리투아니아와 같은 이웃 국가들의 신속한 성장으로 수명은 얼마 남지 않았다.

티무르가 사마르칸트로 퇴각하기가 무섭게 완고한 토흐타미쉬는 다시 킵차크의 초원을 차지하여 자신의 제국을 부활시키려고 시도하였다. 그는 먼저 크림으로 향했는데 아마도 그곳을 자신의 기본 기지로 삼기로 결정한 것으로 보인다. 지정학적인 위치로 인하여 크림 반도는 우세한 적으로부터도 방어할 수 있었다. 1395년의 궤멸로 크림의 권력은 제노아인들에게로 넘어갔다.[69] 토흐타미쉬는 제노아인들의 주력군을 격퇴하고 카파를 무력으로 점령하여 상당한 부를 차지하게 되었다. 그는 물론 자신의 군대와 국가를 재건하기 위하여 돈이 필요했다. 처음부터 자신의 계획을

---

[69] *Ibid.*, pp. 377-378.

추진하는 데 성공이 뒤따르자, 그는 아직 자신에게 합류하지 않은 모든 몽골의 왕족들과 귀족들에게 호소하여 자신의 목표를 지원할 것을 요청했다. 1398년 러시아에 대한 통치력을 재건할 만큼이나 강력해 졌다고 확신한 그는 랴잔의 알렉 왕자에게 사신을 보냈다.

그러나 황금 오르다에 또다시 분란이 일어났다. 토흐타미쉬의 경쟁자들인 티무르-쿠틀룩과 에디게이가 마침내 그에 대항하는 반란을 조직할 수 있었다. 몽골 왕족들 대부분은 자신의 옛 영주를 떠나서 티무르-쿠틀룩을 자신들의 새로운 칸으로 선언하였다. 에디게이는 공동 통치자가 되었다. 이 둘은 자신들이 가신으로서의 충성을 다한다는 것을 보여주기 위하여 티무르에게 사신을 보냈다.[70] 한편, 토흐타미쉬는 자신에게 아직 충성하는 수천 명의 군사를 이끌고 키예프로 단숨에 달려가 대공 비토브트에게 자신의 권좌를 되찾을 수 있도록 도움을 요청하였다. 티무르-쿠틀룩 역시 그에게 사신을 보내 토흐타미쉬를 내놓을 것을 요구하였다. 그렇게 해서 비토브트는 정말 심각한 문제에 봉착하게 되었다.

대공국의 귀족 회의(pany-rada)를 마친 후, 비토브트는 토흐타미쉬의 편에 서서 개입하기로 결정했다. 사실 비토브트와 그의 참모들은 지난 수년간을 몽골 정책의 혁신에 대해 초미의 관심을 가지고 관찰하고 있었다. 많은 리투아니아-러시아 왕족들은 황금 오르다를 자신들의 주적으로 간주하고 있었으며, 모스크바든 리투아니아든 몽골에 대항하여 싸우려는 그 어떠한 노력에도 지원할 준비가 되어 있었다는 점을 염두에 둘 필요가 있다. 이러한 그룹에 폴로츠크의 안드레이 왕자, 브랸스크의 드미트리, 드미트리 보브록이 속해 있었다. 때마침 1370년대에 모스크바 대공 드미트리가 몽골에 대항하고 있을 때 세 사람 모두 그를 지원하였으며, 쿨리코프 전투에 적극 가담하였다. 동부 러시아의 왕족들이 다시 칸에게

---

[70] Tiesenhausen, *2*, 125.

머리를 조아릴 것을 강요당하는 때가 다가오자, 안드레이 왕자는 또다시 폴로츠크로 돌아갔는데, 그곳은 그의 형제 스키르가일로가 한동안 점령하고 있었다. 그는 안드레이를 사로잡아서 폴란드의 성안에 가둬 버렸다 (1386년). 1393년 안드레이는 도망치는 데 성공하여 비토브트의 가신이 되었다. 드미트리 보브록이 모스크바 대공을 배신하고 리투아니아의 대공 편을 언제 들게 되었는지는 정확히 알 길이 없다. 1389년 그는 아직도 모스크바에 있었고, 증인 자격으로 드미트리 돈스코이의 유언에 서명하였으며, 1399년에 그는 비토브트의 신하 대열에 껴있었다. 이 세 왕족들은 비토브트의 반(反)몽골 계획을 열렬히 환영하였다.

1397-98년 겨울 비토브트는 자신의 군대를 드네프르 강 하류를 따라 이동시켜 흑해 연안에 도달하였다.[71] 그들을 길에서 마주치게 된 현지 타타르 오르다인들은 그다지 심각하게 저항하지 못했다. 그들이 칸 정부를 지지하지 않았다는 것을 짐작할 수 있다(토흐타미쉬는 당시 아직도 칸으로 남아 있었다). 그들 가운데 수천 명이 투항하여 그들을 트로키 지역에 정착시켰다. 원정의 기본 목표는 달성될 것처럼 보였다. 하지만, 동시에 비토브트가 몽골을 격퇴할 수 있는 능력을 가졌다고 기대하기는 어려웠다. 그러나 오르다의 내란과 토흐타미쉬의 구원 요청은 모든 상황을 순식간에 바꿔버렸다. 이제 비토브트는 토흐타미쉬를 꼭두각시 칸으로 활용하여 모든 황금 오르다에 대한 자신의 권력을 세울 수 있다는 희망을 갖게 되었다.

비토브트는 치밀한 원정 준비를 마친 후 황금 오르다를 정복할 수 있으리라는 기대에 부풀어 진격을 시작하였다. 그는 폴란드와 튜턴 기사들에게도 도움을 요청하였다. 폴란드 국왕 야가일로는 군사를 제공하기로 약속했지만, 당초에 비토브트가 기대했던 것보다 훨씬 적은 수의 군사를

---

[71] A. Barbashev, *Vitovt 1* (St. Petersburg, 1885), 95; Kolankowski, pp. 70-71 참조.

지원하였다. 기사들의 지원을 받기 위하여 비토브트는 사모기티아(즈무드)의 영토 일부를 그들에게 양보하였다. 이런 조건을 받을 후에야 튜턴은 군 파견에 동의하고, 훌륭한 무장을 갖춘 최상의 군대를 보냈다.[72] 비토브타와 모스크바 간에 이루어졌던 협상의 상세한 내용에 대해서는 알수가 없으나, 적어도 모스크바는 중립적인 입장을 지켰을 것이다. 모스크바의 대공 바실리는 물론 장인이 가진 의도에 대해서 의심의 눈초리를 가질 만한 충분한 근거를 가지고 있었다. 1395년 비토브트는 스몰렌스크를 점령하고 이 공국의 대부분의 왕족들을 체포했다. 스콜렌스크는 모스크바에 속해 있지 않았기 때문에 모스크바 대공은 그에 대한 리투아니아의 통제가 강화되는 것에 대하여 우려하였다. 그러나 보다 더 위협적인 것은 노브고로드에 대해 가신(家臣) 관계를 설정해 놓으려는 비토브트의 의도였다. 1398년 그는 튜턴 기사단과 공동으로 프스코프와 노브고로드에 대해 원정키로 합의하였다. 원정이 성공할 경우 기사단은 프스코프를, 비토브트는 노브고로드를 접수하기로 하였다. 하지만 이러한 계획들은 몽골의 정세에서 새로운 국면을 맞게 되어 불가피하게 폐기될 수밖에 없었다.

1399년 스텝 원정에서 비토브트의 주력군은 리투아니아 및 서부 러시아군과 토흐타미쉬의 타타르 군으로 구성되었다. 리투아니아-러시아 군은 매우 훌륭한 조직을 갖춘 군대로서 포를 보유하고 있었다. 황금 오르다의 통치자들 역시 전쟁 준비에 만전을 기하였다. 1223년 수부데이가 그랬듯이, 초원 깊숙이 자리를 잡고 적을 기다리는 대신 티무르-쿠툴룩과 에디게이는 드네프르 강 중류를 따라서 키예프로 진격하기로 결정했다. 1399년 8월 초 서로 적대적인 두 주력군은 보르스클라 강(드네프르 강의

---

[72] Spuler, p. 138.

지류) 유역에서 마주쳤는데, 그곳은 아마 폴타바라는 도시가 세워지고, 피터 대제가 1709년에 스웨덴군을 격파한 곳에서 멀지 않은 곳으로 보인다.

니콘 연대기에 따르면, 티무르-쿠툴룩 칸은 비토브트에게 전쟁을 피하는 협정을 맺기를 제안하였다. 비토브트는 쿠툴룩 칸이 가신(家臣)임을 인정하고 비토브트라는 이름이 황금 오르다의 주화에 새겨지도록 요구하였다. 에디게이는 티무르-쿠툴룩의 이름으로 비토브트의 요구를 거부하고 거꾸로 자신의 탐가(씨족 휘장)가 리투아니아의 주화에 새겨지도록 요구하였다. 이제 전쟁 이외 다른 방법은 없었다. 격렬한 전투가 수 시간 동안 계속되었다. 비토브트의 군사가 에디게이가 지휘하는 몽골군에 대해서 승리의 문턱까지 도달하였을 때, 티무르-쿠툴룩의 예비군은 후방에서 리투아니아 군을 공격했다. 토흐타미쉬의 타타르군이 처음으로 패주하게 되자, 곧 비토브트의 전군(全軍)은 혼란에 빠졌다. 비토브트를 포함하여 소수의 추종자들만이 목숨을 구하였으나, 대부분의 러시아-리투아니아군은 전투에서 목숨을 잃었으며, 그들 가운데에는 폴로츠크의 안드레이, 브랸스크의 드미트리, 그리고 드미트리 코랴토비치(보브록-볼린스키)가 포함되었다.[73] "누가 감히 그날 죽음에 이른 리투아이아인, 러시아인, 폴란드인, 독일인의 숫자를 셀 수 있을 것인가?"라고 문헌은 비통하게 기록하고 있다.

패전하여 도망가는 비토브트의 잔당을 쫓던 티무르-쿠툴룩은 키예프까지 곧장 도달하여 도시 앞에서 자신의 병영을 구축하였다. 그의 군대는 모든 키예프의 영토와 포돌리아에 퍼져서 도시와 주민들을 약탈하고 수천 명의 포로를 사로잡았다. 키예프는 전쟁 보상으로 3천 루블을 지불해야 했다. 1363년에 올게르드에 의해서 점령되어 리투아니아에게 흑해로 나갈 수 있는 출구를 부여했던 부그 강 하류 연안은 이제 다시 몽골에 의

---

73) Nikon, *2*, 174-175.

해서 점령되고, 에디게이의 망키트(노가이) 오르다 일부를 위한 목초지로 배정되었다.

이러한 참사 이후조차 토흐타미쉬는 킵차크의 초원에 대한 권력을 다시 찾는 것을 포기하지 않았다. 비토브트는 토흐타미쉬의 군사들에게 만약에 자기 군대로 봉사해 준다면, 리투아니아의 영지를 제공하겠다고 제안하였다. 비록 많은 이들이 그 제안을 받아들였으나, 토흐타미쉬는 자신과 뜻을 같이하는 소규모의 군대와 함께 스텝으로 다시 돌아와 에디게이에게 게릴라식 전쟁을 개시하였다. 수차례에 걸친 전투에서 패배를 당한 토흐타미쉬는 동쪽으로 도망쳐서 서시베리아의 튜멘에 안식처를 정하였다.[74] 그곳에서 그는 이전의 자신의 영주였던 티무르에게 사신을 보내 다시 충성을 다짐하고 에디게이를 공동으로 공략하자고 제안했다. 티무르는 토흐타미쉬의 사신을 1405년 1월 오트라르에서 자비롭게 맞이하였다. 당시 티무르는 중국에 대한 새로운 원정을 앞두고 있었다. 물론 의심의 여지 없이 에디게이 세력의 확장이 티무르를 근심케 하여 그가 중앙아시아를 비워둔 사이 에디게이가 침공할 가능성을 분쇄하기 위하여, 10년 전에 토흐타미쉬에게 대항하기 위하여 에디게이를 이용한 것처럼, 이제는 에디게이에게 대항하기 위하여 기꺼이 토흐타미쉬를 이용하였다. 티무르나 토흐타미쉬 누구도 그들의 새로운 동맹이 가져온 결실을 활용하지는 못하였다. 티무르는 오트라르에서 1405년 2월 18일 사망하였다. 토흐타미쉬는 그와 비슷한 시기에 또는 그 이후에 튜멘에서 사망한 것으로 추정된다. 그의 이름은 그 날자 이후 문헌들에서 더 이상 언급되고 있지 않다.

[74] 토흐타미쉬의 말년에 대해서는 *ZO*, pp. 383-384 참조.

II.

에디게이는 고대 몽골족의 하나인 백 망키트 (악-망키트)족에 속했다.[75] 망키트족은 노가이 오르다의 핵심을 이루던 민족이다. 망키트족의 지원은, 130년 전 노가이가 장악했을 때처럼, 에디게이로 하여금 황금 오르다 권력을 장악하는 데 중요한 도움을 주었다. 그러나 에디게이가 처한 입장은 노가이가 처했던 입장보다도 더 복잡했는데, 그는 칭기즈칸 가계(家系)에 속하지 않았기 때문이었다. 사실 에디게이는 자신의 모계를 거슬러가면, 최초의 칼리프인 아부-바크르의 후손이라고 선언했다.[76] 이슬람교도에게 있어서 칼리프의 후손이라는 점은 매우 인상적인 것으로 간주되는 것 같다. 그러나 당시에 비록 많은 몽골의 왕족들과 귀족들이 이슬람을 수용하였다 하더라도, 자신들의 모든 몽골 전통을 거부하지는 않았다. 정치적으로는, 이전과 마찬가지로, 오직 칭기즈칸의 후예들만이 황금 오르다의 권좌에 오를 합법적인 권리를 가진 것으로 인정되었다. 에디게이는 그렇게 해서 이전에 마마이와 타메를란이 처했던 똑같은 상황에 처하게 되었다. 그가 가진 유일한 방법은 꼭두각시 칸을 통해서 지배하는 것이었다. 그는 스스로 아미르라는 직위에 만족해야만 했다. 에디게이가 최초로 권좌에 올린 칸 티무르-쿠툴룩은 주정뱅이였으며, 1400년에 사망하였다.[77] 그 후 에디게이의 승인 하에 티무르-쿠툴룩의 조카 샤디벡이 칸으로 선출되었다.[78] 페르시아 역사가 무인 앗-딘 나탄지에 따르면, 샤디벡은 전 생애를 향연과 쾌락 속에서 보냈다.[79] 처음에 에디게이는 샤

---

[75] 에디게이에 관해서는 Barthold, "Едигей"; P. M. Melioransky, "Сказание об Еди-гее и Тохтамыше," *ZRGO*, *19*(1905), Suppl., pp. 1-23 (Kirgiz text, pp. 1-39); *ZO*, pp. 374-405) 참조.

[76] B. S. Ischboldin, "О роде Ижболдиных," *Novik* (등사본, 1945), pp. 35-36 참조. 이 연구의 저자는 세인트 루이스 대학의 강사로 있는데, 에디게이의 후손이다.

[77] *ZO*, p. 391.

[78] 가계도 VI을 보라.

디벡을 통해서 통치하는 데 있어서 그 어떤 어려움도 겪지 않았다.

비토브트의 군사를 물리치고 리투아니아로부터 흑해를 떼어놓은 에디게이는 이제 황금 오르다의 질서와 원칙을 복원시키는 데 집중하였다. 무인 앗-딘에 따르면, 에디게이가 "세련된 관습과 위대한 법전"을 세웠다고 하였다.[80] 전자는 귀족들의 칸에 대한 충성의 엄격한 예식 형식을 의미하는 것이었고, 후자는 가혹한 세금 부과를 포함하여 모든 것을 내포한 야사를 의미하는 것이었다. 에디게이의 정치에 있어서 흥미로운 측면은 투르크족 노예 매매를 금지시키려는 그의 노력이다. 이미 몽골 침입이 있기 전부터 폴로베츠의 아이들을 이집트에 팔았으며, 그곳에서 맘루크인들을 위한 군사들로 길러졌다. 이러한 상황은 13세기 말에도 14세기에도 유지되어 왔다. 그러나 이제는, 알-마크리지에 따르면, 에디게이는 "타타르인들에게" 자신들의 아이들을 국경너머 노예로 파는 것을 금지시켰다.[81] 마크리지가 말하는 타타르인들이란 단지 폴로베츠인들만을 의미하는 것이 아니라, 황금 오르다에서 투르크인들로 불리는 모든 백성들을 의미하는 것이었다. 에디게이는 아마도 황금 오르다의 중추인 투르크인들이 양적인 측면에서 감소되는 것을 막으려 했던 것 같다. 이러한 정책의 결과로 황금 오르다에서 이집트와 시리아로 팔려가던 노예의 숫자는 급격히 감소되었다. 후에 그러한 노예 매매가 복원되었지만, 이제는 투르크족 아이들이 아니라 시르카시아인 아이들이 매매 대상이었다.[82] 이 경우 에디게이의 정책을 대외 무역 전체를 차단하려 했던 것으로 해석해서는 안 된다는 점을 강조할 필요가 있다. 오히려 그와는 반대로 그는 황금 오르다에 있어서 무역의 발전이 지니는 중요성, 특히 중앙아시아와의 교역

79) Tiesenhausen, *2*, 133.

80) *Ibid.*

81) *Idem*, *1*, 474; Barthold, "Edigey," p. 23.

82) Poliak, "Caractere colonial," pp. 241-242.

의 길을 복원시키는 일의 중요성을 잘 알고 있었다. 타메를란의 죽음 (1405년)을 활용하여 그는 1406년 호라즘을 정복하였다.[83]

국가를 재조직하고 나서 에디게이는 이제 러시아 문제를 다룰 만큼이나 스스로 강력해졌다고 확신하였다. 사실상 동부 러시아는 티무르가 토흐타미쉬에게 안긴 결정적인 패배 이후 독립한 것이나 다름없었다. 1400년에 이르러 트베르의 대공 이반(미하일 2세의 아들)은 에디게이에게 사신을 보낼 필요가 있음을 깨달았다. 아마도 그는 비토브트에 대한 에디게이의 승리에 강한 인상을 받았을 것이다. 2년 후 랴잔의 표도르 왕자(알렉의 아들)는 오르다에 가서 랴잔 공국의 왕좌에 대한 야를릭을 받았다 (알렉의 죽음 이후에 비어있던). 그러나 표도르는 오르다에서 돌아오자마자 모스크바의 바실리 대공과 협정을 맺었는데, 그 협정에 따르면, 표도르는 몽골에게 어떤 도움도 주어서는 안 되며, 바실리에게 에디게이가 가져올 위협적인 행보에 대해서 알려야 했다.[84] 바실리 대공의 입장에서는 여러 가지 상황을 고려하여 오르다에 공물을 바치는 것을 중단하였으며, 이에 대한 칸의 사신들의 불만에 대해서 관심조차 두지 않았다. 그런 태도에 대해 에디게이는 오랫동안 참을 수 없었다.

이러한 상황과 관련, 1406년에 바실리와 그의 장인인 비토브트와의 갈등이 시작된 것은 모스크바에 있어서는 불행한 일이었다. 갈등의 원인은 스몰렌스크, 프스코프, 그리고 노브고로드에 대한 비토브트의 압력의 증대였다. 1399년 비토브트의 보르스클라 강의 패배에 고무되어 스몰렌스크에서는 다시 반(反)리투아니아 운동이 고개를 들었다. 스몰렌스크에서는 프스코프와 노브고로드에서와 마찬가지로 귀족들은 리투아니아의 통치의 귀족 체제에 만족했지만, 일반 민중들은 그와는 반대로 귀족 체제에 반대했다. 1401년 스몰렌스크의 민중들은 봉기하여 리투아니아 현령을

---

83) *ZO*, p. 392.
84) *DDG*, pp. 52-53; Nasonov, p. 141.

살해하고 이전의 대공 유리를 다시 왕좌에 앉혔다.[85] 비토브트는 즉각 스몰렌스크로 진격하였으나, 점령하지 못했다. 3년이나 긴 시간을 끌었다. 1405년에 이르러 비토브트는 포를 보유한 강력한 군대를 동원하여 도시를 점령하고 자신의 권력을 복원하는 데 성공했다. 그 뒤 프스코프의 땅으로 진격하였다(1406년 2월). 프스코프인들은 모스크바 대공에게 도움을 요청하였다. 한편, 비토브트는 자신의 조카 가운데 류그벤(올게르드의 아들)을 왕자로 받아들일 것을 노브고로드에 요구하였다. 그때 바실리 대공은 이제는 정말로 비토브트의 공격을 종식시킬 필요가 있다고 결심했다. 모스크바와 리투아니아 사이에서 곧 벌어질 전쟁의 소식을 들은 에디게이는 무척 기뻐하였는데, 두 국가를 모두 약화시킬 것이기 때문이었다. 그는 기꺼이 모스크바에 지원을 제안하였다. 제안은 받아들여졌으며, 타타르군 대대가 모스크바 군과 결합하였다. 그러나 전쟁은 일어나지 않고, 곧 화친이 맺어졌다. 다음해 노브고로드는 류그벤 공작을 받아들였으나, 노브고로드에서 사는 것이 허용되지 않아 이웃도시에서 살아야만 했다. 바실리와 비토브트와의 전쟁이 다시 일어날 조짐이 보였으나, 곧 새로운 화친으로 막을 내렸다. 1408년 7월 리투아니아의 지도자 스비드리가일로(올게르드의 아들) 대공은 비토브트를 버리고 바실리 편에 섰다. 모스크바는 환호했다. 그는 "배려" 차원에서 블라디미르 시와 그 주변의 지역, 페레슬라블, 볼로콜람스크, 르제프 그리고 콜롬나의 절반을 하사 받았다.[86] 스비드리가일로의 행위에 분노한 비토브트는 세 번째로 모스크바를 공격하였지만, 이전과 같이 이번에도 결정적인 심각한 전투는 벌어지지 않았으며, 1408년 9월 휴전을 맺었다.

비토브트가 스몰렌스크에 대한 자신의 권력을 복원시키고, 노보고로드군의 사령관으로 리투아니아 공작을 내세우는 동안, 대공 바실리는 트베

---

[85] Golubovsky, pp. 332-333.
[86] Nikon, 2, 204.

르에 대한 자신의 지배권을 확보하려고 노력하였다. 트베르의 대공 이반은 바실리의 지배권을 인정하려하지 않았기 때문에 바실리는 트베르 공작의 경쟁자인 콜름의 유리 왕자를 도와 트베르 왕좌에 대한 칸의 야를릭을 받도록 도와주었다. 1407년 유리는 모스크바에 도착하여, 바실리의 환영을 받고 그곳에서 오르다로 향하였다. 트베르 대공 이반은 이 사실을 알자마자 그 역시 칸의 궁정으로 서둘러 향했다.[87] 이반이 오르다에 도착했을 때 그곳에서는 소요가 일어났다. 에디게이의 섭정에 지친 칸 샤디벡은 자신의 권력을 세우려고 시도했다. 실제로 오르다에서는 중앙 집권화와 증세에 대한 에디게이 정책에 반대하는 세력이 많아졌다. 특히, 이집트와 노예 매매에 종사하던 자들의 불만은 매우 거셌다. 샤디벡은 이러한 반대세력을 이끌면서 에디게이를 제거하려고 시도했다. 마침내 오르다에서 짧지만, 내란은 무력 충돌로 불처럼 번져 일어났다.[88] 에디게이는 반대세력을 진압하고 새로운 칸 자리에 풀라드를 앉혔다(러시아 문헌에서는 불라트-살탄이라는 이름으로 언급되어 있다).[89] 샤디벡은 아스트라한으로 도망쳤다.

질서가 회복되자마자 새로운 칸을 의장으로 하는 몽골 귀족회의는 트베르의 권좌를 이반 대공에게 승인하는 야를릭을 수여하였다. 유리의 요구는 기각되었다. 결정에 불만을 품은 유리는 아스트라한으로 가서 추방된 칸 샤디벡으로부터 카신 공국(트베르 공국 가운데 가장 중요한 지방공국)에 대한 야를릭을 받다.[90] 대공 이반은 그러나 그 야를릭의 적법성을 인정하지 않았다. 그렇게 해서 바실리의 계획은 수포로 돌아갔으며, 트베르의 이반과 바실리의 관계는 전보다 더욱 소원해졌다. 에디게이는

---

87) *Ibid.*, 2, 198, 201.

88) *Ibid.*, 2, 201-202; Nasonov, pp. 141-142; ZO, pp. 391-392.

89) Sharaf Ad-Din Yazdi에 따르면, 풀라드는 샤디벡의 아들이었다; Tiesenhausen, 2, 146. ZO, p. 393을 참조.

90) Nasonov, p. 142. 샤디벡은 그 뒤 곧 사망했다.

이에 대단히 만족하였다.

에디게이의 다음 조치는 그가 신임하지 않았던 랴잔의 대공 표도르를 프론스크의 이반 왕자로 대체하는 일이었다. 1408년 이반은 타타르 군대의 도움을 받아 랴잔을 정복하였다. 표도르는 바실리에게 도움을 청하였으며, 바실리는 이에 군사를 보냈다. 바실리의 군사 지원에도 불구하고 표도르의 군사는 이반의 군과 전투에서 패배하였다. 그러나 곧 바실리의 중재에 의하여 양측 서로 합의에 이르렀고, 표도르는 랴잔으로 돌아왔다.[91] 이런 점에서 보면, 바실리는 에디게이의 러시아 정세에 대한 개입을 저지할 수 있는 능력을 가지고 있었다. 에디게이는 이제 전력을 다하여 모스크바를 공략할 때가 왔다고 결심했다.

모스크바에 대한 토흐타미쉬의 원정이 그랬듯이, 에디게이는 원정을 승리로 이끌 수 있는 유일한 기회는 원정 준비를 완전히 비밀에 부치는 일이었다. 황금 오르다에 있는 모스크바의 친구들이 에디게이가 강력한 군사를 모으고 있다는 소식을 바실리에게 전달할 것을 우려한 에디게이는 모스크바에 파발꾼 전령을 보내 불라트-살탄 칸이 리투아니아에 대한 전쟁을 일으킬 준비를 한다고 바실리에게 설명하였다. 이 일은 1408년 10월에 일어난 것으로 추정된다. 그 당시 바실리는 비토브트와 화친을 맺고 리투아니아 원정에 참여했던 군대를 해산한 상태였다. 이 전쟁에 참가했던 양측 군사의 수는 그리 많지 않았던 것으로 추정된다.

결국, 그해 11월에 바실리가 우정관계를 맺고 있던 타타르의 귀족으로부터 에디게이가 강력한 군사를 이끌고 모스크바로 향하고 있다는 소식을 들었을 때, 모스크바인들은 완전히 무방비 상태였다.[92] 대규모 군사를 동원하기에는 너무나 시간이 촉박하였다. 바실리는 공국 북부의 군사를 모으기 위해 코스트로마로 향하였으며, 세르푸호프의 블라디미르 왕자는

---

91) Nikon, *2*, 203-204.

92) *Ibid.*, *II*, 205.

다시 모스크바 수비군의 지휘관이 되었다.

에디게이의 군사는 12월 1일 모스크바의 성벽에 도착하였다. 도시를 점령하고자하는 타타르군의 첫 번째 시도는 수포로 돌아갔다. 그러자 에디게이는 모스크바를 중심으로 몇 마일을 반경으로 하는 지역에 군사를 풀어 주변을 약탈하도록 내버려두었다. 한편, 그는 트베르의 대공 이반에게 사신을 보내 모스크바로 그의 포대를 보낼 것을 명령하였다. 이반은 명령대로 할 것을 약속하고, 모스크바로 진격하는 척하다가 다시 군사를 트베르로 돌렸다. 아마도 그는 자기 운명을 걸기를 원치 않았으며, 모스크바 대공으로부터의 복수를 두려워했을 것이다. 에디게이는 포대 없이 도시를 공략하기로 작정하고 포위작전을 감행하였다. 그러나 포위가 별 성과 없이 몇 주간 계속되었고, 마침내 에디게이는 3천 루블을 받으면 퇴각할 것이라는 제안을 하였다. 원하는 금액을 받은 에디게이는 군사를 다시 초원으로 철수시켰다.

에디게이는 비록 모스크바를 공략할 수는 없었지만, 그는 공국의 대부분의 영토를 초토화할 수 있었으며, 그런 방식으로 모스크바 대공국이 보존하고 있던 물리력 상당 부분을 격퇴시킬 수 있었다. 그는 또한 1392년에 제거되었던 보리스의 아들 다니엘에게 권좌를 하사하여 니즈니 노브고로드 공국의 독립을 복원시켰다.[93] 하지만 에디게이의 급습으로 가져왔던 피폐 및 고통에도 불구하고, 그는 자신의 중요한 목적을 달성하지는 못했다. 모스크바 대공의 힘은 사라지지 않았다. 바실리는 칸의 영주권을 무시하였을 뿐만 아니라, 토흐타미쉬의 아들들에게 모스크바에 안식처를 제공하였다. 에디게이가 심각하게 우려한 근심의 기원은 황금 오르다 권력에 대한 토흐타미쉬 아들들의 욕구 때문이었다. 아미르는 1409년의 서한에서 바실리의 비우호적 태도를 통렬히 비난했지만, 그가 할 수 있는

---

[93] Nasonov, p. 143.

최상이 일이 고작 서한을 쓰는 일이었다.[94]

모스크바에 대한 에디게이의 급습은 이슬람 세계에서 그의 위상을 매우 높이는 계기가 되었다. 1409년 그의 사신들이 불라트-살탄의 사신들과 함께 헤라트에 있는 타메를란의 아들 샤흐루크 궁정에 나타나자, 그들에게 성대한 환영 잔치가 베풀어졌다. 그해 이집트의 술탄은 불라트-살탄에게 사절단을 보냈다.[95] 에디게이는 영예의 절정을 이룬 것 같았다. 하지만 그의 권력의 날은 손으로 꼽을 수 있을 만큼 얼마 남지 않았다. 1407년의 패배를 맞본 반대세력은 다시 결집하였다. 꼭두각시 칸 불라트-살탄은 1410년 사망하였으며, 에디게이의 동의하에 티무르-쿠툴룩의 아들인 티무르-칸이 왕위를 계승하였다. 새로운 칸에 대한 자신의 영향력을 공고히 하기 위하여 자신의 딸 가운데 하나를 그의 아내로 주었다. 그러나 몇 개월이 지나서 티무르-칸은 자신의 장인에 대해 반역을 일으켰다. 에디게이는 쓰라린 패배를 맞보고, 호라즘으로 도망쳤다(1411년). 그러나 티무르-칸은 자신이 얻은 승리의 열매를 맞보기도 전에 토흐타미쉬의 아들인 잘랄 앗-딘이 자기를 대신하여 칸이 되었다.

1414년 우르겐치(호라즘의 수도)를 점령하였던 타메를란의 아들 샤흐루크를 포함하여, 이제는 모두 에디게이로부터 등을 돌렸다. 그러나 이것이 에디게이의 권력이 끝난 것을 의미하지는 않았다. 소수의 신하들과 함께 그는 킵차크의 스텝으로 돌아와서 크림에 자신의 공국을 세울 수 있었다. 1416년 그의 아내는 300명의 기마 수행원과 함께 메카에 순례를 다녀왔다.[96] 그해, 15세기 폴란드의 역사가 얀 들루고스에 따르면, 에디게이는 키예프를 습격하였다. 3년 뒤 그는 리투아니아 대공 비토브트에게 사신을 보내서 토흐타미쉬의 아들들에 대한 적대적인 동맹을 맺을 것을

---

94) *SGGD*, *2*, No 15; 니콘에서의 표기는 Nikon, *2*, 209-210.
95) *ZO*, pp. 396-397.
96) Tiesenhausen, *1*, 442; *ZO*, p. 404.

제안하였다.[97] 이 동맹이 성사되기도 전에 그는 토흐타미쉬의 아들 카디르-베르디와의 전투에서 살해되었다.

에디게이의 극적인 운명으로 인하여 그는 투르크족의 서사시의 자주 등장하는 영웅으로, 특히 그가 속했던 노가이 민족의 서사시의 주인공이 되었다.[98] 그의 권력욕으로 인하여 많은 그의 동시대인들이 고통을 당했으나, 노가이의 시인들은 그에게서 스텝의 용감한 기사를 보았으며, 그의 용맹과 기사도를 칭송하였다.

Ⅲ.

에디게이의 권력이 감소한 반면에 비토브트의 권력은 강화되었다. 1408년 에디게이의 모스크바 습격으로부터 가장 이득을 얻는 자는 바로 다름 아닌 비토브트였다. 현실적으로 에디게이는 러시아에 커다란 피해를 입히기는 했지만, 모스크바 공국을 복속시킬 능력은 없었다. 그러나 다른 한편으로 모스크바가 입은 타격은 리투아니아에 대해 어떠한 저항도 다시 일으킬 수 없을 만큼 매우 심각했다. 이 점을 스비드리가일로는 잘 알고 있었기에, 1409년 야망에 찬 자신의 계획에 대한 모스크바 공국으로부터의 지원을 포기하고 리투아니아로 돌아갔다. 그러나 그가 조국의 땅을 밟자마자 그는 체포되어 9년 동안 감옥살이를 해야만 했다.

감옥에서 풀려나자마자 그는 신성로마제국 지기스문트 룩셈부르크 황제의 중재로 북(北) 노브고로드와 브랸스크의 영지를 받았다. 모스크바의 위협으로부터 안전을 느낀 비토브트는 이제 야가일로 왕과 긴밀한 협조하에 튜턴 기사와의 전쟁에 전력을 기울일 수 있었다. 1410년 폴란드와 리투아니아-러시아 연합군은 그룬발트와 탄넨베르크에서 벌어진 연속 전

---

[97] *ZO*, pp. 403-404.
[98] Barthold, "Edigey," p. 18 참조.

투에서 튜턴 기사(騎士) 군을 격퇴시켰다. 기사군은 더 이상 회생할 수 없을 만큼 막대한 타격을 입었다.

그 다음 비토브트는 타타르의 정세에 관심을 가졌다. 그의 지원 하에 토흐타미쉬의 아들 잘랄 앗-딘은 황금 오르다의 왕좌에 오를 수 있었다. 황금 오르다에서 계속 이어지는 소요는 비토브트로 하여금 스텝 초원의 정세에 개입할 수 있을 뿐만 아니라, 드네프르 하류지역에 대한 자신의 영향력을 행사할 수 있도록 하였다. 1412년 그는 키예프에서 흑해에 이르기까지 드네프르 강의 우안(友岸)을 따라 몇 개의 요새와 무역의 중심지를 건설할 수 있었다.99) 그는 자신이 통치하고 있는 동안 이 건설 정책을 계속 시행했는데 여기에는 두 가지 이유가 있었다. 하나는 키예프와 포돌리아 땅에 대한 타타르의 공격을 차단하는 일이며, 다른 하나는 스텝지역으로의 진출을 위한 전쟁 기지의 교두보를 구축하는 일이었다.

당시 드네프르 초원의 정세는 불안정하였다. 서로 경쟁관계에 있던 칸들 가운데 어느 누구도 완전히 지방 타타르 권력을 자신에게 종속시키지 못하였다. 일부 반(半)독립적인 타타르 그룹은 연합하여 스스로를 코사크라고 부르기 시작했다.100) 비토브트는 그들 가운데 일부를 자신이 세운 요새에 대한 경비를 강화하기 위하여 용병으로 쓰기도 했다. 그는 또한 러시아(우크라이나) 그룹을 자신의 정규군을 보충하는 데에도 활용했다. 우크라이나의 변경 지대에 살던 사람들 또한 코사크라고 부르기 시작했다.101) 비토브트가 실시한 변경 지대로의 이민정책의 근저에는 대략 키

---

99) Spuler, p. 149; B. Spuler, "Mittelalterliche Grenzen in Osteuropa, I. Die Grenze des Grossfürstentums Litauen im Südosten gegen Türken und Tataren," *JGOE*, 6(1941), 157-158 참조.

100) 이 용어에 대한 설명은 본장 5절 참조.

101) 우크라이나 코사크에 대해서는 그 이름이 최초로 15세기 말 문헌에서 나타나고 있다. 우크라이나에서의 코사크의 기원에 대해서는 Hrushevsky, 7(1909), 74-82; M. Liubavsky. *Областное деление и местное управление Литовско-русского Государства*(Moscow, 1892), pp. 531-532; D. Doroshenko, *Нарис истор*

예프와 드네프르 지역 사이의 거리의 중간 정도 되는 곳에 위치한 체르카시에 집중되었다. 체르카시는 시르카시아의 고대 러시아어 형(形)이다. 일련의 시르카시아인들이 11세기에 트무토로칸의 므스티슬라브 왕자에 의해서 드네프르 강 연안의 맞은편 지역에 이주되었을 가능성이 있다.[102] 그러나 체르카시라는 도시가 15세기 이전에 존재하고 있었다는 증거는 없다.[103] 1400년대 말 이후로부터 계속 모스크바인들은 우크라이나 코사크인들을 체르카시라고 불렀다.

그 시기에 비토브트 정책의 중요한 또 다른 측면은 서부 러시아 교회의 사정에 관한 그의 관심이었다. 하지만 그의 관점은 오로지 정치적인 것이었다. 그는 만약에 모스크바와 리투아니아가 갈등 국면에 들어설 경우 적어도 교회가 모스크바 대공의 편에 서지는 않을 것이라고 확신하고 싶었다. 그러므로 비토브트는 이전의 올게르드가 그러했던 것처럼, 대주교 관구의 후보를 선택할 권리를 고집하고 있었다. 리투아니아와의 우호 관계를 지지하였던 키프리안 대주교는 1406년 사망하였다. 그때 비토브트는 그리스 태생의 폴로츠크 주교 페오도시를 콘스탄티노플로 보내서 총주교에게 그를 러시아의 대주교로 임명해 줄 것을 요청하였다. 그러나 비잔틴의 권력은 그러한 권고를 거부하고 1408년 그 직위에 다른 그리스계인 포티우스를 임명하였고, 그는 1409년에 키예프에 도착한 뒤 모스크바로 향했다.

곧 비토브트는 포티우스의 정책에 대한 불만을 토로하고 1414년 그로 하여금 서부 러시아 교회의 일에 간섭하는 것을 금지시켰다. 뒤이어 그는

---

ii *Украйны* (Warsaw, 1932), 2, pp. 144-160 참조.

[102] 『키예프 러시아』, p. 78 참조.

[103] 후기 서부 러시아의 문헌에서 체르카시는 1320년경 게지민에 의해 키예프가 순식간에 함락된 것과 관련하여 언급되어 있지만, 이 이야기의 신빙성은 의심의 여지가 있다. Antonovich, *Монографии*, pp. 47-49; Kuczycski, pp. 48-307 참조.

총주교에게 서부 러시아에 따로 대주교를 임명하는 것을 허락해달라고 집요하게 요구하였다. 그는 그 자리에 불가리아 티르노보에서 태어난 루마니아계의 승려이자 대주교 키프리안의 친척인 그레고리 참블락을 추천하였다.[104] 1년 이상을 콘스탄티노플로부터 대답을 듣지 못하자 비토브트는 서부 러시아 주교 회의를 소집하여 그레고리를 대주교로 선출하였다(1416년). 그 뒤 비토브트는 국내 정세에 있어서 두 기독교 교회, 그리스 교회와 로마교회 사이의 관계를 증진시키기 위하여 노력하였다. 그의 희망에 따라 새로운 대주교는 콘스탄체에서 개최되는 제16차 교회 회의에 참석하는 데에 동의하였다. 그레고리는 회의가 끝날 무렵인 1418년 2월에 콘스탄체에 도착하였다. 그는 두드러진 성과를 가져오지는 못하였다. 곧 키예프로 돌아간 뒤 그는 뚜렷한 이유 없이 자리를 내놓고서 몰다비아로 떠났다(1419년). 비토브트의 교회 정책은 수포로 돌아갔다.

5. 1419-39년의 황금 오르다, 리투아니아, 모스크바

I.

에디게이가 역사 무대에서 사라진 후 황금 오르다의 분열은 새로운 국면으로 들어섰으며, 그 결과 주치 울루스의 내부에 몇몇의 오르다가 형성되어 마침내는 각각 독립을 선포하기에 이르렀다. 그중 하나인 노가이 오르다는 야익 강 유역을 중심으로 확고히 자리를 잡았다. 몽골의 일족인 망키트족이 노가이 오르다의 지도적인 위치를 점하고 있는 반면, 킵차크인 일부와 다른 투르크족 또한 노가이 오르다에 가담하고 있었다. 노가이

---

[104] Gregory Tsamblak에 관해서는 Makari, *4*, 88-101; Barbashev, *Vitovt* (주석 71), pp. 131-135; Golubinsky, *2*, 377-388, 882; E. Turdeanu, "Gregoire Camblak," *RES*, *22* (1946), 46-81 참조.

의 동부에 위치한 지금의 카자흐스탄 지역에는 두 개의 다른 오르다가 형성되고 있었다. 하나는 우즈벡 오르다, 다른 하나는 카자흐 오르다(후 자는 자주 키르기즈라고 부른다)였다.[105] 두 오르다는 현지 투르크 종족 과 몽골족이 혼합된 혼혈 민족이었는데, 현지 투르크 종족 또한 투르크족 과 투르크화한 이란족과의 혼혈인이었다.

우즈벡이라는 명칭은 14세기 유명한 황금 오르다의 칸 우즈벡의 이름 과 일치한다. 우즈벡이라는 민족과 우즈벡 칸과의 역사적 연관성이 있는 가 하는 문제는 아직 해결되지 않은 문제이다.[106] 우리의 관점으로는 연 관이 없다고 본다. 폴 펠리오에 따르면, 우즈벡이란 이름은 "자신이 주 인"[107]이란 뜻으로 다시 말해서 "자유로운 인간"이다. 민족 명칭으로서의 우즈벡은 당시에는 "자유로운 사람들의 민족"이란 의미였을 것이다. 만약 그렇다고 하면, 그 의미는 카자흐라는 이름의 의미에도 가깝다. 이미 소 련에서 공식적으로 인정된 카자흐는 일부 투르크 방언에서 "자유로운 사 람", "자유로운 모험가"[108]라는 의미를 지닌 카작이라는 말의 변형이다. 그리고 이로부터 "경계지역에 사는 사람"이란 의미가 생겨났다. 타타르, 우크라이나인, 러시아 변방인(코사크) 그룹과 중앙아시아의 키르기스인 (카자흐) 그룹의 두 그룹에 대해 기본적으로 이러한 의미로 불렀다. 카작 라는 용어의 의미는 오래 전부터 널리 퍼져있지만, 그 기원은 분명치 않 다. 그 기원을 인종적인 의미로 카스(kas)와 연관성이 있다고 보는데, 그 말은 초기 러시아 문헌에서 북(北) 코카서스의 시르카시아인을 의미하고

105) 우즈벡 그리고 카자흐 국가 형성에 관해서는 Barthold, *Turcs*, pp. 185-188, 193-194; Grousset, *Empire des steppes*, pp. 556-563; M. Abdykalykov 그리고 A. Pankratova, eds., *История Казахской ССР*(Alma-Ata, 1943), 5장, 7장. cf. B. G. Gafurov, *История таджикского народа* (Moscow, 1949), 17장, 18장 참조.

106) *ZO*, pp. 298-302 참조.

107) Pelliot, p. 92.

108) Radlov, *Versuch*, 2, 363-365.

있던 카속 Kasog(또는 코속 Kosog)이라는 이름의 어근을 형성하고 있다. 대략 15세기 중반에 러시아인들은 이 민족을 체르카시 Cherkasy(현대 러시아어는 체르케시 Cherkesy)라고 부르기 시작하였으며, 그로부터 아마 영어 형태인 시르카시안인 Circassians이 발생하였을 것이다.

체르카스(Cherkas)라는 명칭은 차하르-카스의 단축 형(形)이다.[109] 차하르는 페르시아어로 "4"를 의미한다. 그러므로 차하르-카스는 "네 카스" 또는 "네 카스 종족"을 뜻한다. 여기서 언급해 둘 것은 시르카시안인들은 알란인들과 마찬가지로 뛰어난 최고의 전사들로 간주되었다는 점이다. 몽골의 칸들은 많은 경우에 있어서 이 두 민족으로 구성된 군대를 자신들의 친위군으로 데려가거나 고용했다. 시르카시안 군인들은 몽골군에서 몽골인들이나 투르크인들과 혼합되지 않고 자신들만의 독특한 전우애를 지닌 독자적인 군대사회를 형성하였을 것으로 추정된다. 후에 카스라는 이름은 투르크인, 러시아인뿐만 아니라, 우크라이나 혈통으로 국경지대의 경계에 거주하는 주민들 가운데 그러한 독특한 공동체를 형성한 사람들을 지칭하였던 것으로 보인다.

우즈벡 오르다는 1420년대에 형성되었으며, 카자흐 오르다는 30년이 지난 뒤에 형성되었다. 15세기 후반에 우즈벡인들은 남쪽으로 이주를 시작하여 트란스옥사니아로 들어갔으며, 16세기 초에 그곳에 정착하였다. 카자흐인들은 아랄 해의 동쪽과 북쪽의 스텝지역을 차지하게 되어 그들의 이름으로 이 지역을 부르게 되었다(카자흐스탄).

낡은 제국의 몰락과 새로운 지방 칸 국의 형성 과정이 당시에 주치 울루스의 서부지역, 즉 황금 오르다에서도 일어나기 시작했다. 그러한 과정은 결국 황금 오르다를 세 개의 독립적인 국가, 즉 카잔 칸국(1445년 형성), 크림 칸국(1449년), 그리고 나머지 사라이의 오르다로 분리시켰다.

---

[109] J. Marquart, "Über das Volkstum der Komanen," *AWGA*, N. S., *13*, No. 1 (1914), 141 참조.

1502년 황금 오르다가 완전히 해체되자, 아스트라한은 볼가 하류 칸국의 중심으로서 사라이의 역사적 역할을 대신하려고 시도하였다.

Ⅱ.

1419년 황금 오르다의 왕좌는 토흐타미쉬의 후손들로부터 투카-티무르의 후손 울루그-마흐메드(큰 마흐메드, 의미에 있어서는 맏 마흐메드)에게 넘겨졌다. 사실상 그의 권력은 황금 오르다의 서부 지역으로만 제한되었다. 볼가 강 하류는 토흐타미쉬의 아들인 케펙이 통치하고 있었다. 킵차크 초원의 서부 지역에서조차 울루그-마흐메드의 권력은 견고하지 못했다. 많은 타타르 왕족들은 그에게 복속하기를 거부했다. 이러한 상황 속에서 울루그-마흐메드가 리투아니아의 대공에게 도움을 요청한 것은 충분히 이해할 만하다. 그렇게 해서 비토브트는 자신과 우호관계를 지닌 칸들을 통하여 지속적으로 황금 오르다의 정세에 개입할 수 있는 정책을 펼 수 있었다. 이제 그는 동유럽의 가장 전능한 통치자가 되었으며, 리투아니아 대공국은 동유럽 정세에 있어서 매우 중요한 요인으로 자리 잡았다. 비토브트의 영향력은 중부 유럽의 정세까지조차 미치게 되었으며 당시 그 가운데 핵심 사건은 보헤미아에서의 후스파 운동이었다. 후스파와 지기스문트 황제는 각각 비토브트를 자기편으로 끌어들이려고 노력했다. 1421년 비토브트를 방문한 체크의 사절단은 그에게 보헤미아의 왕좌를 제안하였다. 그는 원칙적으로 동의하고, 보헤미아에 자신의 친척인 지기스문트 코리부토비치(올게르드의 아들인 코리부트의 아들)와 5천의 리투아니아-러시아군을 파견하였다.[110] 후에 후스파 지도자들과 비토브트 사이에는 불화가 생겼는데, 주로 리투아니아와 보헤미아와의 협력에 대한 폴란드왕의 반대에서 비롯된 것이었다. 야가일로의 압력 하에 비토브트

---

110) Florovsky, *1*, 285, 286, 296, 306.

는 체크와의 관계를 절연하고 지기스문트 코리부토비치는 보헤미아에서 도주하였다. 보헤미아가 리투아니아 및 서부 러시아를 병합하고자 하는 모든 계획은 그렇게 수포로 돌아갔다.

황금 오르다에서 지방의 칸들 사이의 불안정한 힘의 균형은 1422년 카자흐스탄으로부터 볼가 강 하류지역으로 칸 바락(우루스칸의 손자)의 침략으로 무너졌다. 2년 동안 바락의 우즈벡인들은 마흐메드 및 그의 경쟁자인 케펙을 격퇴시켰다. 울루그-마흐메드의 조카인 다블렛-베르디도 침략자에 맞서 싸우려 시도하였으나 아무런 결실을 가져오지 못하였다. 패배한 세 칸 모두는 서부로 퇴각할 수밖에 없었다. 케펙은 러시아 도시 랴잔과 오도에프(1422년)를 습격하였지만, 그곳에서 강력한 자기 권력을 세우는데 실패했다. 울루그-마흐메드는 비토브트에게 도움을 청하기 위하여 리투아니아로 떠났다. 이 상황을 교묘히 활용한 다블릿-베르디는 크림을 점령하였다(대략 1425년).[111]

한편, 바락은 이 모든 혼란을 야기해 놓고 카자흐스탄으로 돌아왔으며, 그의 마차 행렬은 전리품으로 가득 찼다(1425년). 이제 그는 스스로를 독립한 칸, 우즈벡의 칸이라고 선언할 만큼 매우 강력해졌다. 그때에 바락을 가신(家臣)으로 간주하며 사마르칸트를 지배하고 있던 타메를란의 손자 울루그-벡은 바락의 행태에 분개하여 2년 뒤에 친히 군사를 거느리고 카자흐스탄을 정복하기 위하여 출정했다. 바락은 울루그-벡을 물리쳤다(1427년).[112] 그러나 곧 우즈벡의 이슬람 신하들은 바락에 대한 음모를 꾸며 그를 제거하였다(1428년). 그 뒤를 이어 선출된 쉬반의 후손 칸 아불-카이르는 1428년부터 1468년간 통치하여 우즈벡 국가를 결집시키고, 쉬반 왕조의 시조가 되었다.

크림의 상황과 관련, 다블렛-베르디는 1426년에 크림에 대한 통제를 강

111) *ZO*, pp. 410-412 참조.
112) Barthold, *Ulugbeg*, pp. 85-86.

화하기 위하여 이집트의 술탄에 서한을 보내 킵차크 초원의 소요에 대해 알리고 군사동맹을 제안하였다. 그러나 울루그-마흐메드는 현지의 타타르 쉬린 일가의 도움으로 크림으로부터 다블렛-베르디를 축출하고 그곳에 자신의 병영을 건설하였다(1427년). 그로부터 다블렛-베르디의 이름은 역사에서 사라졌다. 그러나 약 1428년경에 칸 하지-게라이가 리투아니아에 도착하여 비토브트에게 도움을 청한 것으로 알려져 있다. V. D 스미르노프는 하나의 칸이 두 개의 이름을 가질 수 있다는, 즉 처음에는 이런 이름으로, 후에는 다른 이름으로 알려질 수 있다는 충분히 신빙성이 있는 제안을 내놓았다.[113]

울루그-마흐메드의 정치적 승리는, 동방에서가 아니라 서방에서 일어난 페스트로 암울한 그림자를 드리웠다. 러시아에서 페스트는 먼저 노브고로드에서 창궐하였고, 그 다음으로는 모스크바로 전염되더니 마침내 폴로베츠의 초원으로도 번져 나갔다. 울루그-마흐메드가 취한 첫 번째 조치는 오토만 제국의 술탄 무라트 2세와의 우호관계를 수립하는 일이었다.[114] 1년 뒤 칸은 맘루크 왕조와의 동맹관계를 협상하기 위하여 카이로에 사절을 파견하였다. 이러한 협상으로부터 어느 측도 이득을 보지 못했다는 증거가 있다. 바로 킵차크 초원에 페스트가 만연하고 있을 때에 크림으로부터 상선이 도착한 것이었다. 이집트로서는 불행이었다. 그곳으로 페스트가 전염되었기 때문이다.[115]

비록 울루그-마흐메드는 동부 러시아에 대한 통치력을 인정하기에 아직 이르다고 간주했지만, 모스크바의 정치 상황에 대해 매우 주목하고 있었으며, 가장 가까운 장래에 러시아 정세에 개입할 수 있는 적합한 단서를 기다리면서, 모스크바에서 일어난 사건들에 대해서 매우 만족하고 있

113) Smirnov, *Крымское ханство*, pp. 229-234.

114) Kurat, p. 9.

115) Spuler, p. 159.

었다. 대공 바실리 1세가 1425년 세상을 떠났을 때 같은 이름의 아들 바실리[116]는 겨우 열 살이었다. 바실리 1세는 유언에서 장인 비토브트, 안드레이와 표트르 형제, 그리고 고종 사촌 형제들인 시묜과 야로슬라브(세르푸호프 블라디미르의 아들들)를 자기 부인과 아들을 위한 후견인으로 임명하였다.[117] 바실리 1세의 바로 손아래 동생인 유리는 후견인의 명부에 포함되지 않았다. 유리의 영지로는 모스크바로부터 서쪽에 위치한 즈베니고로드, 그리고 볼가 강의 하류 코스트로마보다 북동쪽에 위치한, 풍요로운 도시 갈리츠가 있었다.[118] 유리는 야망 있고 건축에 정열적으로 매료된 부유한 통치자였다. 그의 통치기에 영지인 즈베니고로드는 영화를 누렸다. 도시는 급속히 번창하였으며, 새로운 찬란한 교회들이 건축되었으며, 새로 세운 튼튼한 요새의 성벽으로 보호되었다.[119] 바실리 1세는 유리의 정치적 의도에 대해서 의심을 가지고 있었으며, 그를 신뢰하지 않았던 것 같다. 실제로 유리는 바실리의 유서가 가지는 적법성을 인정하지 않았으며, 대공국의 왕좌에 대한 자신의 권리를 주장하였다. 대주교 포티우스와 귀족들이 그를 받아들이지 않자 분노에 가득 찬 유리는 갈리츠로 떠나 그곳에서 군대를 소집하기 시작했다. 이것이 바로 모스크바 대공국의 지난한 정치적 위기의 시작이었으며, 사실상 이반 칼리타(돈주머니)의 후손들 사이에서 벌어진 처음이자 유일한 살육 전쟁이었다.

위기는 형식에 있어 왕조의 성격을 띠었으나, 내용에 있어서는 정치 색채가 강했다. 유리는 친족의 통치라는 낡은 이념을 자신의 권리의 근거로 삼았는데, 그에 따르면 대공의 왕좌는 전체 대공국의 친족에서 연장자 순에 따라서 계승되는 것으로, 일족(一族)에서 부자상속의 원칙은 아니었

---

116) 바실리 2세는 바실리 1세의 셋째 아들이었다. 그의 형들은 모두 부친보다 먼저 사망하였다. Baumgarten 2, Table 2 참조.

117) *DDG*, p. 62.

118) 갈리시아에 있는 갈리츠와 혼동하지 말 것.

119) *MIAS*, *12*, 125-133.

다. 정치적으로 유리의 행동은 모스크바 왕자에 대한 모든 왕족들의 복종에 대해 거부하는 것이었다. 그는 왕족들 간의 평등을 찾았다. 다른 말로하면, 다른 공국에 대한 모스크바 공국의 우위보다는 후기 키예프 형태와 유사한 연방체의 러시아를 선호하였던 것이다. 모스크바 군사는 유리의 군대를 저지하였다. 그리고 포티우스 대주교는 반란을 일으킨 공작을 훈계하고 통합을 위해 기도하기 위하여 자신이 직접 갈리츠로 떠났다. 평화는 다시 찾아왔고 칸으로 하여금 갈등을 해결토록 하는 데 양측은 모두 동의하였다. 칸에 대한 해결 요청의 시기는 정해지지 않았으며, 모스크바 정부는 사실상 갈등의 해결을 미루게 되었다. 과부 대공녀 소피아는 스몰렌스크로 달려가 아버지 비토브트에게 보호를 청하였다. 이러한 상황에서 유리는 문제를 일으키기보다는 일정 기간 동안 평화를 유지하는 것이 바람직하다는 판단을 내렸다.

비록 비토브트는 블라디미르 대공국을 손자가 지배하도록 하고 지원하기로 동의하였으나, 북부 러시아와 동부 러시아 모든 지역에 대한 직접적인 통치를 확산시키거나 또는 확산을 시도할 수 있는 기회를 모두 상실하였다. 1426년 그는 울루그-마흐메드가 보낸 타타르 군사의 측면 지원을 받아 프스코프와 전쟁을 벌였다. 비토브트는 오포츠카 시를 점령하려 했으나, 실패했다. 그러자 그는 프스코프와 협정을 맺고 1,450루블을 받고서야 퇴각하였다. 다음해 그는 다시 전쟁을 개시하여, 1428년 초 오스트로프 시에 도달하였다. 비토브트의 자랑거리로는 독일의 장인(匠人) 니콜라스가 주조한 거대한 포가 있었다. 그 포는 갈카 또는 작다우라는 이름을 가지고 있었으며, 말 40마리가 끌어야 하는 엄청난 무게였다. 갈카의 첫 번째 포화가 오스트로프 시 요새의 주탑에 명중하였지만, 포 자체는 물론 주위에 있던 니콜라스 자신과 많은 리투아니아 군인들이 사망하였다.[120] 노브고로드는 화친을 제안하여 비토브트는 1만 루블을 대가로 퇴각하였다.

비록 비토브트는 이 두 전쟁에서 상당한 재정적인 이득을 보았지만, 그는 노브고로드는 물론 프스코프조차 자신에게 복종시킬 수 없었다. 이런 관점에서 트베르와 랴잔의 경우에서 훨씬 더 성공적이었다. 1427년 그는 트베르와 동맹을 맺었으며, 그 동맹에 따라 대공 보리스는 비토브트를 영주로 인정하였다. 그러나 비토브트는 트베르의 내정에 간섭하지 않을 것을 약속하였다.[121] 2년 뒤 랴잔 공국의 대공 이반 4세, 그리고 프론스크의 대공 이반 2세는 자신들을 비토브트의 가신(家臣)임을 인정하였다. 각각은 비토브트를 자신들의 주인으로뿐만 아니라 자신들의 영주로 섬겼다.[122]

그렇게 해서 동부 러시아에 대한 자신의 통치를 강화하고 노브고로드와 프스코프의 돈으로 재정을 든든히 채운 비토브트는 이제 스스로가 동부 및 중부 유럽의 통치자들 앞에 놓여있는 무르익은 국제문제를 해결할 준비가 되어있다고 자부했다. 그의 초청에 따라 유럽통치자들 그리고 그들의 대표자 및 참모들은 1429년 볼리냐의 루츠크에서 개최된 회의에 참석했다. 참석자들 가운데에는 신성로마 제국의 황제 지기스문트, 폴란드 국왕 야가일로가 있었다. 교황, 비잔틴 제국의 황제 요한 8세, 덴마크 국왕, 튜턴 기사단, 몰다비아의 영주는 각각 대표자들을 파견하였다. 트베르 대공국의 대공을 포함하여 많은 러시아 왕족들도 회의에 참석하였다.[123] 전능한 초청자가 베푸는 성대한 향연과 화려한 주악이 모두를 즐

---

120) Nikon, *12*, 8.

121) *DDG*, pp. 62-63.

122) *Ibid.*, pp. 67-69. 편집인에 따르면 조약은 "1430년경"에 체결되었다. 그러나 1429년 체결되었을 것이다.

123) Lutsk 종교회의에 관해서는 Baron M. Taube, "Международный конгресс на Волыни в XV столетии," *Русский вестник*, *255*(1898), 133-151; *idem*, "Etudes sur le développement historique du droit international dans l'Europe orientale, Académie de Droit International," *Recueil des cours*, *1*(1926), 468-469; Hrushevsky, *4*, 134-135, 430; Kolankowski, pp. 153-154; Florovsky, *1*, 294 참조.

겁게 하였다. 문헌은 손님들이 소비한 엄청난 양의 음식 및 술에 대해서 기록하고 있다. 하지만 본연의 목적에 비추어보면, 회의는 그렇게 성공적이지는 못했다.

회의의 주요 의제는 투르크-비잔틴 문제, 로마 가톨릭 교회와 그리스 정교와의 관계(비잔틴의 문제와 연관이 있는), 후스파 문제, 폴란드와 리투아니아와의 관계 등 이었다. 각각의 의제에 대해서 참석자들은 제 각각의 입장을 갖고 있음이 분명해졌다. 더구나 몇 명의 참석자들은 의제 가운데 한 가지 구체적인 문제만 논의할 준비가 되었을 뿐, 다른 문제를 협의할 준비가 되어 있지 못하였다. 왜 아무런 해결에 이르지 못하였는가는 쉽게 이해할 수 있는 상황이다.

하지만 만약에 유럽의 제국으로부터 지원을 받지 못한다면, 비잔틴 제국은 오토만 투르크의 압력 하에 빠져 들것이라는 의견에 모두 일치하였다. 그러나 교황은 그리스 정교의 이단자들이 로마 가톨릭으로 교화되었을 때만이 콘스탄티노플을 구하기 위한 십자군 전쟁을 선포하는데 동의할 것이라는 입장이었다. 비토브트에게 있어서 이 문제는 당연히 매우 민감한 문제였는데, 왜냐하면 대부분의 자신이 지배하고 있는 백성들 대부분인 러시아인들이 그러한 이단자였기 때문이었다. 지기스문트 황제 또한 두 교회의 협력은 동부가 서부에 형식적으로 복속되는 것을 선호했다. 그는 농담을 섞어가며 이렇게 말했다. "그들은(그리스 정교인들) 우리와 같은 믿음을 가지고 있으며, 그 성직자들의 수염과 아내들만이 우리와 차이가 있다. 하지만 누구도 그것에 대해서 그들을 단죄할 수 없는 것은 그리스 정교의 성직자들은 한 명의 아내에 대해서 만족하는 반면에 우리 가톨릭 성직자는 열 명 또는 그 이상의 아내를 거느리고 있기 때문이다."[124]

---

[124] Dlugosz, *2*, 515; Taube, *Русский вестник*, *255*, 147에서 인용하였다.

지기스문트는 튜턴 기사단 일부가 도나우 강으로 떠나서 투르크에 대한 항전에서 유럽군에 대한 군사 지도를 맡을 것을 제안하였다. 그러자 폴란드와 몰다비아는 즉각 반대의사를 표하였다. 폴란드는 튜턴의 기사단과 북부 지방에서 많은 문제를 가지고 있었기에, 폴란드가 튜턴 기사들이 다뉴브 강으로 나가는 길목을 순순히 열어줄 것이라고 기대하기는 어려웠다. 이 문제에 대한 폴란드의 태도는 지기스문트로 하여금 경악케 했고, 폴란드로부터 완전히 독립하고자 하는 리투아니아의 희망에 대해 이전보다 더 호의적인 입장을 갖게 하였다. 그는 비토브트를 리투아니아의 왕으로 세울 것을 제안했다. 폴란드는 또다시 반대했다. 그러나 지기스문트는 자신의 계획을 포기하지 않고 이듬해에 왕관을 비토브트에게 보낼 것이라고 약속했다.

이듬해 1430년이 찾아오자 빌노에서는 대관을 위한 축제가 벌어졌다. 모스크바 대공 바실리 2세, 트베르, 랴잔, 프론스크의 왕자들을 포함하여 모든 러시아 동맹자들과 비토브트의 가신들이 도착하였다. 대주교 포티우스 또한 비토브트와 서부 유럽의 교회에 관한 일을 상의하려면 비토브트의 축하 연회에 가는 것이 필요하다고 여겼다. 튜턴 기사들과 타타르 역시 사절단을 보냈다.[125] 그러나 왕관이 도착하지 않음으로써 비토브트와 손님들에게 커다란 실망과 상처를 안겼다. 지기스문트가 보낸 사절단을 폴란드가 체포했기 때문이었다. 분노한 손님들은 하나둘씩 떠나기 시작했다. 두 주가 지나 비토브트는 말에서 떨어졌고, 그 불행한 사건의 결과로 사망하였다. 그때 그의 나이 여든 살이었다.

Ⅲ.

비토브트의 죽음과 함께 리투아니아와 모스크바에 기나긴 정치적 위기

---

125) Kolankowski, pp. 160-161.

가 시작되었다. 만약 황금 오르다가 통일되고, 강력하였다면 타타르들은 쉽게 상황을 이용할 수 있었을 것이다. 그러나 그들은 분열되었으며, 시간이 흐를수록 모스크바와 리투아니아의 혼란은 가중되었다.

비토브트의 사망 후 곧 리투아니아 및 서부 러시아의 공작들과 귀족들은 리투아니아의 대공으로 그의 이복형제인 스비드리가일로를 선출하였다. 폴란드와의 사전 협의가 없었던 이러한 선출은 1413년 고로들로에서 맺은 협정의 조건에 위반되는 것으로서 폴란드는 선출을 합법적인 것으로 인정하지 않았다. 그 대신에 비토브트의 동생 지기스문트를 제안하였다. 그의 기회는 당초에 그리 많지는 않았지만, 그는 대공국내의 리투아니아와 러시아 당파들 사이의 갈등을 이용할 정도의 능력은 갖고 있었다.[126]

비록 스비리드가일로는 로마 가톨릭교도였지만 자신의 참모들이나 최고의 직위들을 임명할 때는 로마 가톨릭이나 그리스 정교 간의 차별을 두지 않고 공정하게 임했기 때문에 서부 러시아 왕족들과 귀족들 사이에서 대단한 인기를 누렸다. 그러나 이러한 정책은 리투아니아의 귀족들로부터 커다란 불만을 야기하여 결국에는 그에게는 친 러시아라는 낙인이 찍혔다. 1432년 리투아니아의 귀족들은 스비드리가일로에 대한 음모를 꾸몄다. 그는 겨우 목숨을 구했으나, 빌노에서 대공으로 지기스문트가 선언되었다. 스비드리가일로는 대공국의 러시아 지방으로 떠나고 그곳에서 자신의 지원자들을 규합하였다. 결과적으로 대공국이 리투아니아와 러시아 둘로 쪼개질 수 있은 위험한 상황이 전개되었다. 가장 적극적인 리투아니아의 민족주의자조차 러시아인들과 타협을 할 필요가 있다는 것을 깨달았다. 따라서 지기스문트는 그리스 정교인들의 정치적 권리를 박탈

126) 비토브트 사후 리투아니아의 정치 투쟁에 관해서는 Hrushevsky, 4, 161-195; Kolankowski, pp. 164-211; Liubavsky, pp. 64-71; A. I. Boldemar, "Национальная борьба в Великом Княжестве Литовском в XV-XVI веках," ANORI, 14, Pt. 3 (1910), 162-170 참조.

했던 고로들로의 협정을 파기하는 명(규정)을 만들어 공포했다. 그러나 이러한 조치에도 불구하고 대부분의 러시아 왕족들은 계속해서 스비드리가일로를 지원했으며, 지기스문트는 곧 그들의 충성을 의심하기 시작하고, 상황을 유리하게 하기 위하여 튜턴의 기사단과 협정을 맺었다.

지기스문트는 또한 서부 러시아 그리스 정교가 로마 가톨릭 교회와 연합하는 것에 대하여 로마와 협상을 시작했다. 대주교 게라시모는 교회의 연합에 관해서 논의할 준비가 되었지만, 스비드리가일로는 그를 배반자로 규정하여 체포했다(게라시모가 지기스문트와 협상을 가졌을 가능성도 있다). 스비드리가일로는 자신에게 적대적인 모든 세력에게 치명적인 타격을 입히기 위해 게라시모를 화형에 처할 것을 명했다(1435년 7월). 러시아인들을 위협하고자 했던 이 행위는 오히려 그들의 분노를 불러일으켰다. 러시아인들의 지원을 상실한 스비드리가일로는 1435년 9월 스벤타강의 전투에서 지기스문트로부터 패배를 맛보았다. 그러나 다행히 그에게는 크레메네츠와 볼리냐 및 포돌리아 일부의 영지가 남았다. 대공국에 대한 지기스문트의 지배는 이제 확고히 자리를 잡은 것으로 보였다. 이러한 분란의 종국적인 결과는 그리스 정교인들 다시 말해서 러시아인들에 대한 우호적인 결과를 가져왔는데, 그들은 이제 로마가톨릭들과 동등한 권리를 가지게 되었다.

리투아니아의 내란의 시기에 두 타타르의 칸이 황금 오르다 지배를 위하여 울루그-마흐메드에 대해 반기를 들었다. 바로 토흐타미쉬의 아들인 사이드-아흐메드[127]와 티무르-쿠툴룩의 손자인 쿠축-마흐메드(작은 마흐메드 혹은 젊은 마흐메드라고 부르던)였다. 사실상 황금 오르다는 이제 세 개의 오르다로 분리되었다. 그 가운데 서로 라이벌인 두 오르다는 리투아니아의 정세에 개입하기 시작했다. 울루그-마흐메드는 지기스문트를

---

[127] *ZO*, p. 414에 따름.

지원했으며, 사이드-아흐메드는 스비드리가일로와 협정을 맺었다.

이때 모스크바에서는 다시 바실리 2세와 갈리츠의 유리와의 갈등이 다시 불거졌다. 유리는 비토브트의 죽음과 함께 바실리가 자신의 가장 전능한 후견인을 상실하였다는 점을 활용하기로 마음먹었다. 더구나 유리는 트베르 가(家)를 통하여 스비드리가일로 가(家)와 우호 관계를 유지하고 있었다(스비드리가일로의 아내는 트베르 공국의 공주였다). 리투아니아의 정치적 상황의 변동으로 고무된 유리는 다시 모스크바에 대한 자신의 권리를 주장하고, 이 사안을 칸의 결정에 맡길 것을 요구하였다. 그 결과 1432년 유리와 바실리는 모두 황금 오르다의 최고 법원에 서게 되었다. 유리는 재판에서 승리할 것을 확신하였다. 왜냐하면 오르다에는 전능한 친구인 크림 공작 테긴 쉬린이 있었는데, 그 또한 스비드리가일로의 친구였기 때문이었다. 그러나 모스크바의 귀족이자 동시에 바실리 2세의 주 참모직이었던 이반 브세볼로쥐스키는 울루그-마흐메드 칸이 쉬린의 의도에 대한 진실성에 대해 의심을 갖게 하는 데 성공하였다. 브세볼로쥐스키는 쉬린, 유리, 그리고 스비드리가일로의 3자 연맹은 칸의 이해를 위협할 수 있는 것이라고 지적하였다.[128] 칸이 승인한 최고 법원의 결정은 바실리에 유리하게 결판이 났고, 그는 대공의 야를릭을 받았다. 유리에게는 보상으로 즈베니고로드와 갈리츠 외에 드미트로프(모스크바 북쪽에 있는 소도시)가 하사되었다.[129]

바실리는 칸의 사절로서 주치 가(家) 왕자의 수행 하에 모스크바로 돌아갔으며, 칸의 사절은 바실리를 성대한 대공의 지위에 오르는 추대식을 거행했다. 추대식이 블라디미르에서 일어나지 않고 모스크바에서 거행된 것은 이번이 처음이었다. 모스크바는 그렇게 해서 대공국의 공식적인 수

---

[128] Nikon, *12*, 15-16.

[129] 드미트로프 공국은 표트르 공작이 후계자 아들을 남기지 않은 채 1428년에 사망하자 블라디미르 대공국에 몰수되어, 귀속되었다.

도가 되었다.

유리는 칸의 야를릭을 인정할 의사가 없었다. 갈리츠로 돌아온 그는 즉각 군사를 소집하였다. 이전에는 궁정에서 그의 적대자였던, 그러나 개인적인 이유로 바실리를 등진 귀족 브세볼로쥐스키가 새로운 지지자로 나타나자 유리는 매우 고무되었다. 사실 바실리는 브세볼로쥐스키에게 그의 딸과 혼인할 것을 약속하였으나, 오르다로부터 돌아오자마자 바실리는 그 약속 대신 자신의 후견인 가운데 한 사람인 야로슬라브 공작(세르푸호프 블라디미르의 아들)의 딸 마리아 공주와 결혼하였다. 아마도 바실리의 모친은 그가 단순한 귀족의 딸보다는 공주와 결혼할 것을 고집했을 것이다.

모스크바에서 브세볼로쉬스키의 축출 이후 모든 상황을 고려해 볼 때, 젊은 대공을 통제할 수 있는 능력을 지닌 사람들은 더 이상 없었다. 1433년 4월 유리가 별안간 도시로 진격해 오자 모스크바인들은 순식간에 참패했다. 바실리는 항복했다. 유리는 자신을 대공으로 선언하고, 바실리를 콜롬나로 귀양 보냈다. 이것은 결국 유리의 실수가 되었다. 비록 모스크바인들은 바실리를 적극적으로 보호하지는 않았지만, 어쨌든 그에게 동정을 느끼고 있었기에 곧 대부분의 모스크바 왕족들이 콜롬나로 몰려들었다. 이러한 간접적이고 수동적인 저항에 대해 심리적 압박을 견디지 못한 유리 공작은 갈리츠로 돌아갔다.

갈등은 끝난 것처럼 보였으나, 이제 바실리는 갈리츠에서 유리를 쫓아냄으로써 승리를 굳히려 하였다. 그러나 유리는 자유 도시 클리노프(뱌트카)로부터 파견된 추가 병력의 도움으로 모스크바 군을 물리치고 다시 모스크바를 점령하였다(1434년). 바실리는 니즈니 노브고로드로 도망가서 그곳에서 칸의 지원을 요청할 계획을 세웠다. 유리는 이제 처음 모스크바를 점령했을 때보다 더욱 자신감을 갖게 되었다. 그는 모자이스크 왕족들과 그리고 랴잔 공국 대공 이반과 동맹을 맺는 데 성공했다. 유리는 트베르의 왕족들과도 우호적인 관계를 가지고 있었으며, 그 또한 뱌트카로부터의 군사 지원은 물론 적어도 스비드리가일로부터 외교적 지원도 기대할 수 있었다. 그러나 유리 자신은 유리한 상황을 활용할 수 있는 운명이 아니었다. 그는 1434년 6월 6일 60세의 일기로 생을 마감하였다.

그의 장남, 코소이(사팔뜨기)라는 별명을 지닌 바실리는 자신을 대공으로 선언하였다. 그러나 그는 왕좌를 지탱할 기회조차 없었으며, 그의 친형제인 드미트리 쉐먀카와 드미트리 크라스니조차 그를 인정하지 않았고, 오히려 바실리 2세를 지원하였다. 그렇게 해서 평화는 다시 회복되었지만 그리 오래 지탱되지 못했다. 바실리 코소이는 자신의 권리를 포기하지 않았다. 전쟁에서 패한 그는 포로로 잡혔으며, 바실리 2세의 명령으로 두 눈을 잃는 맹인이 되었다. 이러한 참혹한 행위로, 단 번에 자신의 통치에 반대하는 이들을 영원히 분쇄시키려 했지만, 오히려 전 러시아를 경악시켰다. 비잔틴에 있어서 권좌를 노리는 경쟁자-반란자의 눈을 상실케 하는 일은 익숙한 다반사였다. 하지만 러시아에서 그런 경우는 12세기에 오로지 한번뿐이었다.[130] 머지않아 바실리 2세는 자신이 행한 혹독한 행위에 비싼 대가를 치러야만 했다. 그러나 그때까지 그는 자신의 경쟁자들에 대한 승리를 만끽했다. 모스크바의 내란의 제1단계는 비로소 막을 내리게 되었다.

리투아니아와 모스크바가 일정 정도 안정을 되찾아 가는 반면, 황금 오르다에서 분란은 계속되었다. 서부 지역에서 권력 투쟁은 사이드-아흐마드와 울루그-마흐메드 사이에서 일어났다. 그 외에 경쟁하는 칸들보다는 리투아니아 대공국을 영주로 인정하기를 선호하는 소수의 타타르 그룹이 있었다. 그러한 그룹 가운데 에골다이(폴란드의 문헌에서는 Jeholday)라는 자가 우두머리를 하고 있었는데, 그는 대략 1438년 쿠르스크 남부 지

130) 『키예프 러시아』, pp. 90-91 참조.

역에 자기 이름을 딴 가신 공국을 세웠다.[131] 볼가 하류 유역은 칸 쿠축-마흐메드가 지배하고 있었다. 그와 사이드-아흐마드의 압력에 울루그-마흐메드는 자신의 오르다 잔당들과 북으로 퇴각할 수밖에 없었다. 1437년 쿠축-마흐메드는 오카 강 상류에 위치한 도시 벨레프를 점령했다. 이전의 세베리아 지역의 북부 일부는 당시에 리투아니아의 영주권 하에 놓여 있었다. 그럼에도 불구하고, 대공 바실리 2세는 모스크바 근처에 타타르의 출현을 걱정하여, 그들을 퇴각시키기로 결정하고 고인이 된 유리의 두 드미트리 아들들의 지휘 하에 군대를 파견했다. 첫 번째 전투는 러시아의 승리로 끝났다. 울루그-마흐메드는 화친을 청하였다. 그는 모스크바와 동맹을 맺기를 청하고, 러시아의 전선을 상호 공동의 적으로부터 지킬 것을 표명하였다. 러시아인들은 그의 제안을 거부하고 벨레프에서 떠날 것을 고집하였다. 전쟁은 다시 불가피하였고, 이번에는 러시아가 참패를 당했다.[132]

울루그-마흐메드는 벨레프의 주인으로 남았다. 이후 그의 행적에 관한 연구 문헌에서 상당히 혼란스러운 기록들이 많이 있다. 대부분의 역사가들은 벨레프의 승리 이후에 곧 울루그-마흐메드가 자신의 오르다를 볼가 강 중류 너머 불가르 지역까지 이동시키고, 자신은 카잔에 눌러 앉았다고 가정한다. 이 견해에 동의하지 않는다. 우리가 보기에는 벨랴미노프-제르노프가 놀랄 만큼이나 증명해내고 있는 데, 카잔 칸국은 울루그-마흐메드의 아들인 마흐무덱에 의해서 1438년이 아니라, 1445년에 건설되었다는 것이다.[133] 확실한 것은 1439년 울루그-마흐메드가 모스크바 앞에 나타났다는 점이다.[134] 그러나 그는 분명히 벨레프에서 온 것이지 카잔에서 온

131) Kuczyński, p. 184; Spuler, p. 160 참조.

132) Nikon, *12*, 24-25.

133) Veliaminov-Zernov, *1*, 11-13. A. N. Kurat는 1438년을 선호하고 있으며 울루그-마흐메드를 카잔 최초의 칸으로 간주하고 있다. Kurat, p. 28.

134) Voskr., *8*, 7; Tverian Chronicle, *PSRL*, *15*, 491.

것은 아니다. 모스크바군은 불행하게도 벨레프 원정에서 해체되었으며, 바실리 2세는, 그의 아버지와 조부가 행했던 패턴에 따라, 타타르가 가까이 접근했다는 소식을 듣자마자 볼가 강 너머 지역에서 군대를 모으기 위하여 코스트로마로 향했다. 모스크바 수비대의 사령관으로 그는 처남 유리 파트리키에비치 왕자(게디민의 후손)를 임명했다. 울루그-마흐메드의 군대가 10일 동안 점령하려고 시도했으나, 성공을 거두지 못하였다. 그때 그는 콜롬나로 퇴각하여 도시를 불사르고, 아마도 벨레프로 돌아갔을 것이다. 돌아가는 길에 타타르는 나라를 황폐시켜 러시아인들에게 엄청난 손실을 입혔지만, 울루그-마흐메드의 습격은 타타르의 힘이 점차로 약화되고 있다는 것을 보여주고 있었다.

많은 타타르 왕족들은 이제 리투아니아 혹은 모스크바 가운데 어디로 소속될 것인 지 선택할 일만 남은 것 같았다. 우리가 보았듯이, 벨레프의 승리 전에 울루그-마흐메드는 스스로 자신의 오르다를 러시아의 변강 지역을 수호하는 데에 활용할 것을 제안하였다. 그의 모스크바 공략 시기에 또는 그 이후에, 오르다의 주치 가(家) 왕족인 베르디다드는 추종자들과 함께 울루그-마흐메드를 배신하고 바실리에게 넘어갔다. 다른 타타르의 사령관들도 마찬가지로 그의 전철을 밟아 갔다.

6. 오토만 투르크, 비잔틴, 그리고 모스크바

Ⅰ.

15세기 중반에 황금 오르다가 붕괴되고 있을 때에 다른 이슬람 국가, 오스만리스(오토만 투르크)는 빠르게 성장하고 있었다. 14세기 후반에 오토만 투르크는 발칸반도에 확고한 발판 세력을 두고 있었다. 그들의 성공은 몽골 제국의 초기에 몽골인들이 성공한 것과 마찬가지로 그들의 강력

한 군사조직, 그들이 정복하고 나섰던 제 민족들 내부의 약화와 통일성 부족에 기인하고 있었다.[135]

과거에 오토만 투르크인들은, 투르크인들의 전철을 따라서 소아시아로 왔던 셀주크 투르크인들과 같은 기마인이었다. 14세기 중반에 그들은 중요한 군사 개혁을 단행하여 "새로운 군대"—대단히 위협적인 터키 보병 친위대 예니체리를 조직하였다.[136] 대략 그와 비슷한 시기에 중앙아시아의 군주인 티무르가 자신의 주요한 원정, 초원에서 군사작전을 전개하는 상황에서 보병을 활용했다는 것은 이미 다루었다. 1360년대에 오토만 투르크인들이 침략하기 시작했던 발칸 반도의 산악지대에서 보병은 더욱 효과가 있었다. 자긍심 가득 찬 투르크인 어느 누구도 체면을 잃어가면서까지 보병으로 싸우기를 원하지 않았기에 보병군은 투르크인들이 점령한 지역의 기독교 민족에서 차출하였다. 10세에서 12세 사이의 기독교인 소년들은 일정한 기간 간격을 두고 또는 필요한 때는 언제나 할당된 수에 따라 징집된 뒤에 이슬람교로 개종되고 전쟁 훈련을 받았다. 그들에게는 혼인이 금지되었기 때문에 그들의 군대(오삭)는 자신들의 집이었다. 투르크의 역사적 전통에 따르면, 친위대 군인들은 오르한(1326-59년)이 세웠

---

135) J. Hammer-Purgstall과 J. W. Zinkeisen의 널리 알려진 오스만 제국의 오랜 역사, 그리고 N. Iorga와 H. A. Gibbons의 좀 더 최근의 연구들을 제외하고, 오스만 제국의 기원과 형성에 관한 것은 Krymsky, *Turkey*, pp. 10-22; R. P. Blake and W. L. Langer, "The Rise of the Ottoman Turks and Its Historical Background," AHR, *37*(1932), 468-505; M.F. Köprülü, *Les Origines de l'Empire Ottoman* (Paris, 1935); P. Wittek, *The Rise of the Ottoman Empire* (London, The Royal Asiatic Society, 1938); G. G. Arnakis, *Oi Prwtoi `Oqwmanoi* (Athens, 1947), reviewed by R.L. Wolff in *Speculum*, *26*(1951), 483-488; Stadtmüller, chap. 18 참조. 오토만 역사에 대한 동양의 원전에 대한 연구는 Togan, pp. 223-228 참조.

136) Janissaries에 관해서는 Zinkeisen, *1*, 118, 124, 127, 132; C. Huart, "Janissaries," *EI, 2*, 572-574; Oman, 2, 342-343, 357; J. K. Birge, *The Bek-tashi Order of Dervishes* (London, Luzac & Co., 1937), pp. 46-48, 66, 67, 74-75; N. Weissmann, *Les Janissaires* (Paris, 1938) 참조. 아동 공물에 관해서는 Zinkeisein, *3*, 215-231과 4, 166; J. H. Mordtmann, "Dewshirme," *EI, 1*, 952-953 참조.

다. 현대 문헌에서 그들에 관한 최초의 기록은 14세기 후반이다. 처음에 그들의 수는 그렇게 많지 않았으며, 천 명을 넘지 않았다. 1450년까지 그들은 5천 명으로 늘어났고, 1550년까지 1만 명에 달했다. 비록 대부분 "공물의 아이들"은 강제적으로 친위대로 징집되었지만, 그들 가운데는 술탄의 군사 및 일반 행정직으로 채용되어 가장 높은 직위에 오르기도 하였다. 친위대와는 달리 오스만의 기병(스파히)은 처음에는 오직 투르크인들로만, 최소한 자유로운 이슬람교도로 구성되었다. 약 3천의 기병대가 항상 술탄의 궁정을 지키고 있었다. 다른 기마병들에게는 점령한 땅에 봉토(티마르)를 주어 경작하게 하고 필요시에 소집되었다. 이외에도 비정규군으로 기마병(아킨치)과 보병(아잡)에 소집되기도 하였으나, 그들은 군사 업무보다는 토지 경작에 있어서 보다 숙련된 기술을 보유한 사람들이었다.

오스만 진격의 내부 동력은 단지 물리적인 요인에만 의존한 것은 아니었다. 정신적 요인이 더욱 큰 의미를 지니고 있었다. 13세기 말에서 14세기 초에 소아시아에서 오스만 제국이 형성되고 있을 무렵에 오스만들은 수공업자들의 동맹에 기초한 아키 형제애로부터 강력한 영향을 받았다. 이러한 형제애는 소아시아의 도시계급에 대한 정신적 교화와 기독교인들 사이에서 이슬람의 전파에 커다란 기여를 하였다.[137] 오스만 제국의 초기에 술탄의 종교정책은 관용이었다. 징집된 아이들을 제외하고는 정복당한 민족에게 강제적으로 이슬람으로의 개종을 강요하지는 않았다. 술탄의 백성으로 있는 모든 비이슬람 교도들은 자신들 교회 지도자의 감독 하에서 자신들의 종교 활동에 전념하였다. 하지만 비이슬람교도 주민(라야)들은 대부분 위태로운 처지에 있었기에 많은 경우 자발적으로 이슬람으로 귀화하였다. 이전의 기독교인들은 이슬람을 받아들인 뒤에 오스만

---

[137] Akhi 형제애에 관해서는 Gordlevsky, 9장; G. G. Arnakis, "Captivity of Gregory Palamas," *Speculum*, 26 (1951), 113-114, 117-118 참조.

제국 사회의 완전한 권리를 지닌 일원이 되었다. 소아시아에서 아키 형제애는 다른 종교를 지닌 이교도의 대표자들로 하여금 이슬람에 대한 적극적으로 매력을 느끼게 하였다. 1350년까지 니케아, 브루사, 그리고 소아시아의 다른 도시들의 많은 그리스인들이 이슬람으로 귀화하였다. 그 뒤로 발칸에서는 많은 세르비아인, 특히 세르비아 남부와 보스니아뿐만 아니라 일부 불가리아인들이 이슬람교도(소위 포막)가 되었다.

오스만의 정복이 있기 전에 발칸반도의 기독교 권력은 나약하였다. 게다가 남아 있는 연약한 비잔틴 제국은 내부 혼란으로 분열하고 있었다. 더구나 경제적으로는 베네치아인들이 장악하고 있었으며, 정치적으로는 슬라브인들의 압력을 받고 있었다. 위대한 세르비아의 통치자인 스테판 두샨은 쓰러져 가는 비잔틴 제국에 새로운 피를 수혈하기 위해, 슬라브-그리스 제국을 세우려 시도했으며, 스스로를 세르비아 및 그리스의 차르임을 선포하기까지 하였다. 상당한 부분의 불가리아 영토가 스테판의 제국에 포함되어 있었다. 그러나 이 제국은 수명이 짧아 스테판의 사망(1355년) 후 매우 빠르게 붕괴되어 갔다. 그리스인들은 슬라브인들의 압제에서 구원되었으며, 불가르인들은 자신들의 독립을 복원시켰다. 마케도니아는 별개의 왕국이 되었으며, 특히 세르비아는 보스니아 왕국과 북(北) 세르비아 공국 두 개로 쪼개졌다. 베오그라드는 헝가리인들이 점령하였다.

콘스탄티노플을 공략하기에 아직은 충분한 힘을 보유하지 못했다고 여긴 오스만은 콘스탄티노플을 우회하여 아드리아노플을 정복하고, 그 도시를 에디르네라는 이름으로 축약해서 부르고 자신들의 수도로 삼았다(1362년). 2년 뒤 투르크인들은 남동 불가리아의 필립포폴리스(플로브디브)를 함락하였다. 1369년대 말 마케도니아의 왕 부카쉰은 술탄 권력에 도전장을 내어 처음에는 커다란 성공을 거두었다. 그러나 그 뒤 술탄에 패배하고 1377년 전투에서 사망하였다. 그의 아들 마르코 크랄제비치는 세르비아 서사시의 영웅으로, 오로지 술탄의 가신(家臣)으로 자처하여 마케도니아를 지켜낼 수 있었다. 불가리아의 남동쪽 트라체 및 마케도니아에 대한 점령을 마친 후, 오스만은 세밀한 준비를 거쳐 불가리아 북서부의 스레데츠(소피아) 지역을 쳐들어갔다(1385년).[138] 술탄 무라드 1세의 다음의 행보는 라자르 왕자의 북 세르비아 영역에 대한 침공이었다. 1389년 코소보 평야(검은 개똥지빠귀들의 평야)에서 벌어진 결정적인 전투에서 세르비아의 군사는 완전히 패배하였다. 4년 뒤 무라드의 아들이자 후계자인 바야지트 1세는 고대 불가리아의 수도인 티르노보를 함락함으로써 불가리아 정복을 완성하였다.

불가리아는 오토만 투르크 제국에 편입되었으며, 수많은 스파히들이 군사 영지의 보유자로서 주둔하였다. 마케도니아는 마르코 크랄제비치가 사망할 때까지 제한적인 자율성을 유지하고 있었으나, 그 뒤에는 불가리아와 같은 운명을 따랐다. 세르비아의 상황은 보다 나았으며, 폭넓은 자율권이 1459년까지 주어졌다.

투르크의 정복 이전까지 불가리아 및 세르비아에서 문화적 진보가 상당한 수준까지 이루어졌고, 이는 문학과 예술 작품들 속에 잘 표현되어 있다. 1349년 스테판 두샨의 유명한 법전(Zakonnik)은 당시 발칸 슬라브족의 지적 성과의 또 다른 측면을 보여주고 있다. 1375년부터 투르크의 티르노보 점령에 이르기까지 총주교직에 있었던 유시미우스가 불가리아의 종교와 문학의 부흥을 후원했다.[139] 이러한 정신적 자양분은 불가리아에서 러시아까지 퍼져나갔다. 대주교 키프리안과 대주교 그레고리 참

138) F. Babinger, *Beiträge zur Frühgeschichte der Türkenherrschaft in Rumelien* (14-15 Jahrhundert)(Munich and Vienna, 1943), p. 78에 따른 연도.

139) 14세기 불가리아의 종교 및 문학 사조에 관해서는 N. S. Derzhavin, *История Болгарии* (1946), 2, 133-153; E Turdeanu, *La Littérature bulgaire de XIV-me siecle et sa diffusion dans les pays remains* (Paris, 1947); Mutafchiev, 2, 242-253 참조.

블락 모두 티르노보 태생이었다. 다른 불가르인들과 세르비아인들도 15세기에 걸쳐서 러시아에 일정한 영향을 미쳤다.

투르크인들에 의한 점령은 불가리아 사상 개화에 갑작스런 종말을 가져왔다. 총주교 제도는 폐지되었으며, 불가리아의 교회는 그리스의 통제와 지배하에 들어갔다. 종교적 측면뿐만 아니라 행정적 측면에 있어서도 세르비아는 불가리아보다는 나은 상황에 처해 있었다. 사실상, 오스만 자신들은 일정한 정도 세르비아 문화의 영향을 받았다. 세르비아의 언어는 그리스어와 나란히 술탄의 궁정에서 받아들여졌으며, 14세기 말에서 16세기까지 세르비아어로 오스만 제국의 많은 공식문서들이 작성되었다. 술탄 궁정에서의 세르비아어의 인기는 부분적으로는 술탄의 하렘에서 세르비아 공주들이 높은 지위에 있었던 결과이기도 했다. 라자르 왕자의 딸 올리베라(세르비아의 민요에서는 밀레바라고 불리는)는 바야지트 1세의 사랑받는 아내였으며, 바야지트의 일부 후손들 또한 자신들의 하렘에 세르비아 소녀들을 데려갔다.[140]

II.

발칸반도에서 오스만의 진격은 중앙 및 서부 유럽의 민족들, 특히 투르크인들의 직접적인 위협에 놓인 헝가리인들의 불안감을 불러 일으켰다. 헝가리 국왕 지기스문트(미래의 신성로마제국의 황제)는 룩셈부르크 가(家) 출신이었으며, 그 가문을 통하여 대부분의 유럽 왕가들과 긴밀한 관계를 유지하고 있었다. 다른 로마가톨릭 통치자들에 대한 그의 호소는 투르크인에 대한 범(汎)유럽인의 십자군 원정의 부활을 가져왔고, 그 속에서 영국인, 프랑스인, 폴란드인, 체크인, 이탈리아 및 독일의 기사들은 서로 손을 잡고 헝가리인들과 합세하였다. 목격자인 독일군 쉴트베르게르

140) Krymsky, *Turkey*, pp. 15-18.

의 증언에 따르면, 십자군은 1만 6천 명에 달했다. 페르디난드 로트는 가능한 모든 자료를 동원하여 많아야 9천 명이라고 상당히 적은 숫자를 제시하고 있다.[141] 투르크군의 숫자가 많지는 않았을 것으로 짐작되나, 대신 훨씬 통제하기가 용이했다. 이 전쟁에서 전제군주(Despot) 스테판(라자르 왕자의 아들)[142]하에 세르비아인들은 자신들의 영주인 바야지트를 전력을 다해 지원했다. 니코폴에서의 결정적인 전투는 십자군의 완전한 패배로 막을 내렸다(1396년). 전투 결과 소식을 접한 전 유럽의 궁정은 비탄과 공황 상태에 빠졌다. 콘스탄티노플은 이제 잃어버린 것이나 다름없는 것으로 간주되었으며, 로마도 위협에 놓이게 되었다. 그러나 몇 년 뒤에 바야지트의 관심은 서방에서 동방으로 옮겨지게 되었다. 그와 티무르 사이에 갈등이 일어났다. 소아시아의 앙카라에서 오스만과 그 동맹 세르비아군은 티무르의 노련한 군대에 대패를 당하고 바야지트는 포로가 되었다(1402년).

이러한 참패는 젊은 오스만 제국을 거의 파멸로 이끌었다. 바야지트의 아들 가운데 메흐메트 1세(1402-1421년)가 질서와 규율을 다시 회복하는 데에만 수년이 흘렀다. 그의 아들이자 후계자인 무라드 2세(1421-1451년)하에 제국은 다시 위협적인 강대국으로 변했다. 콘스탄티노플의 날은 얼마 남지 않은 것 같았다. 비잔틴 제국의 유일한 희망은 서유럽으로부터 지원을 받는 일이었다. 이러한 지원은 비잔틴 교회가 교황의 최고권력 하에 있는 로마 교회와 결합하는 대가를 치르고야 가능한 일이었다. 그리스인들의 관점에서 볼 때, 기독교의 삼신(三神)성 교리 안에서 종교 동맹의 중대한 장애는 로마가톨릭의 신조인 "필리옥" 구절이었다. 오래전 제2차 종교회의(381년)에서 승인된 니케아-콘스탄티노플의 신조에는 성령은 성

---

[141] Lot, *2*, 222, 460.

[142] Despot(despotes), "주권자", "주인"은 일부 발칸반도의 통치자들이 사용했던 비잔틴 후기의 직위.

부로부터 유래한다는 교리가 형성되었다.[143] 서유럽에서는 삼신성의 상호관계에 관한 다른 해석이 우세를 점하고 있었다. 성령의 이중적인 출현, 즉 성부와 성자로부터 유래한다는 것이었다. "그리고 성자"(필리옥)라는 구절을 추가하는 것은 이미 8세기 말에서 9세기 초에 스페인, 프랑스, 독일의 일부 교회에서 승인하고 있었다.[144] 일부 그리스 교리학자들은 철학적 논거를 기초로 하여 서유럽의 관점을 감안할 준비가 되어있음을 표명하였다. 그들 가운데 경험 있는 학자이자 계몽주의 시대의 추종자인 니케아의 주교 비사리온이 있었다. 그러나 대부분의 그리스 성직자들은 동방의 전통을 고수하고 있었다. 당시의 혹독한 상황에서 이 문제에 관한 자유롭고 차분한 형이상학적인 토론의 기회가 있었다고는 보지 않는다. 다모클레스의 칼 아래에 놓인 듯이 위협을 느끼고 있는 비잔틴의 황제는 성직자들에게 로마 교회에 가능한 한 많은 양보에 나서기를 촉구하였다. 정치가 종교적 신앙보다 우위를 점하고 있었다.

여기서 상기할 것은 콘스탄티노플에 대한 지원의 문제가 1429년 볼리냐의 루츠크에서 개최된 국제회의에서 논의되었다는 것이다. 그러나 어떠한 결정도 채택되지 않았다. 1431년 바젤에서 개최된 제17차 종교 회의에서 다시 논의되었다. 그 회의와 교황 유게니우스 4세와의 갈등 상황이 전개되자 회의는 더욱 혼란에 빠졌다. 1437년 교황은 바젤 회의를 중단하고, 회의를 이탈리아의 페라라로 옮겨 속개할 것을 명령하였으나, 대부분의 회의 참가자는 복종하기를 거부했다. 그들은 바젤에서 회의를 계속하고 반(反) 교황 펠릭스 5세를 선출하였다. 그렇게 해서 이제는 두 개의 회

---

143) Denzinger, Enchiridion, p. 38. 또한 A. E. Burn, "Creeds(Ecumenical)," *Hastings' Encyclopedia of Religion and Ethics*, 4, 239-240도 볼 것. 독트린의 이론적 토대에 관해서는 G. Frolovsky, *Восточные отцы IV века* (Paris, 1931); *idem*, *Византийские отцы V-VIII веков* (Paris, 1933) 참조.

144) Denzinger, *Enchiridion*, p. 38; A. Palmieri, *Filioque, Dictionnaire de théologie catholique*, 5, 2309-2343.

의가 개최되고, 각각은 스스로를 정통 종교회의라고 불렀다. 1438년에 페라라에서 개최된 회의는 후에 플로렌스로 옮겨서 속개되었고, 그런 이유로 그 회의를 페라라-플로렌스 회의로 불렀다. 결국 교황 유게니우스 4세는 중유럽에서 자신의 권력을 회복하는 데 성공하고 그의 후계자인 니콜라이 4세 때 바젤 회의는 해체를 선언하였다(1449년). 페라라-플로렌스 회의는 1438년에서 1443년까지 계속되었고, 그 뒤 로마로 옮겨서 1445년에 회의는 종결되었다.145) 그 결정은 모든 로마-가톨릭 교단에 대해서 효력을 발휘하였다.

교황 유게니우스 4세와 바젤 회의와의 갈등으로 다시 돌아가서, 각각은 자신들만이 그리스 문제를 다룰 수 있는 권리를 가지고 있다고 선언하였다. 결국 비잔틴 황제는 교황의 초청을 받아들여 그리스 성직자로 구성된 대표단을 이끌고 페라라로 향했다. 러시아 교회는 비잔틴 교구의 일부였기 때문에 그 역시 페라라에 대표단을 파견해야만 했다. 그러나 그때 러시아 교회에는 내부의 문제가 있었다. 1431년 대주교 포티우스가 사망했다. 모스크바 정부와 성직자는 그의 후계자로 동부 러시아의 주교인 랴잔 공국의 이온이 되기를 희망하였다. 리투아니아 대공 스비드리가일로는 서부 러시아 주교 스몰렌스크의 게라시모를 지지하였으며, 게라시모는 콘스탄티노플로 향하여 그곳에서 전 러시아의 총주교로 등극하였다(1434년). 비잔틴의 권력은 서부 러시아 주교가 동부 러시아 주교보다 교회 동맹의 이념에 더 순응할 것으로 추정했을 가능성이 있다. 그 다음해 게라시모는 바로 그를 지원했던 스비드리가일로의 명령에 따라 비텝스크에서 처형되었다. 러시아의 총주교 직위는 다시 공석이 되었다. 이제 모스크바의 정부는 콘스탄티노플로 주교 이온을 파견하고 황제와 총주교에

---

145) 페라라-플로렌스 종교회의에 관한 상세한 평가는 G. Hofmann, "Die Konzilsarbeit in Ferrara,"(Florenz, Rom) *OCP*, *3*(1937), 110-140, 403-455; *4*(1938), 157-188, 372-422; *5*(1939), 151-185; *8*(1942), 5-39; *15*(1949), 71-84; *16*(1950), 358-376 참조.

게 그를 새로운 대주교로 인정해 줄 것을 요청하였다. 비잔틴의 권력은 이 요청을 거부하고 그리스인(또는 그리스계 슬라브인) 이시도르(살로니케 출신)를 임명하였다. 이시도르는 모스크바에 1437년 도착하였고, 모스크바는 주저하다가 결국 그를 러시아 대주교로 받아들였다. 얼마 지나지 않아서 이시도르는 페라라 회의에 직접 참석하고자 하는 의도를 밝혔다. 대공 바실리 2세와 모스크바 성직자들은 처음에는 로마 교회와의 협상 제안을 의심스러운 눈초리로 바라보았다. 그러나 결국에 이시도르가 러시아 정교회를 배반하지 않을 것을 맹세한 후에 모스크바 권력은 그가 이탈리아로 떠나는 것을 허락하였다. 수즈달의 아브라아미 주교와 약 100여 명의 성직자와 신도들이 그를 수행했다.

믿음의 신조에 대한 그 어떤 변경도 반대하는 구파 그리스인들의 입장에도 불구하고 그들 대부분은 황제 요한의 압력 하에 내키지 않지만 로마 교리의 정식에 동의하였으며, 그리스의 편에 서서 니케아의 비사리온과 러시아의 이시도르도 그 정식을 지지했다. 교황의 최고 전권에 대해서도 인정되었다.[146) 동맹에 관한 협정에 서명하기를 거부했던 유일한 그리스의 신부는 에베소의 마르크 주교였다. 그리스와의 동맹은 교황의 칙서로 1439년 7월 6일에 선포되었다.[147) 그리고 바사리온과 이시도르가 추기경으로 추대되었다. 아르메니아 교회와의 동맹은 1439년 11월에, 야곱파와의 동맹은 1441년에 선포되었다.

비잔틴 제국의 외교에 있어서 교회의 동맹이 아무리 합리적이라 할지라도, 그 동맹은 그리스인들의 정신적 통일성을 파괴하였으며, 제국 내부의

---

146) 플로렌틴 동맹에 관한 고대 문헌에 대한 연구는 Krymsky, *Turkey*, pp. 40-42 참조. Golubinsky, *2*, 433-431, Hrushevsky, *5*, 519-521, 657-661; A. M. Amman, S. J., *Storia della hiesa Russa e dei paesi limitrofi* (Torino, 1948), pp. 119-128; Z. V. Udaltsova, "Борьба византийских партий на флорентийском соборе," Византийский временник, *3*(1950), 106-132와 비교하라.

147) "Decretum pro Graecis"의 라틴어본은 Denzinger, *Enchiridon*, pp. 235-236 참조.

긴장성을 한층 더 높였다. 황제와 일부 성직자들이 동맹을 지지하였지만, 대부분의 성직자들과 신도들은 그에 반대하였다. 종교적 갈등으로 야기된 비도덕화가 가장 악화된 표상은 그리스 정교도인 사이에 투르크에 대한 호감과 패배주의의 만연이었다. 이러한 경향을 예증하고 있는 "거리에서 온 사람"에 대한 그 뚜렷한 특징적인 언급이 두카스의 연대기에 기록되어 있다. "프랑크인들의 손에 들어가는 것보다는 차라리 투르크인들의 손에 들어가는 편이 낫다."[148] 투르크인들의 공세로부터의 방어에 필요한 지원은 이제 많은 부분이 "프랑크인"들의 능력에 달려 있었다. 교황은 자신의 약속을 지켰으며, 1444년 새로운 십자군이 조직되었다. 이번에는 영국인이나 프랑스인 모두 그 십자군에 가담할 수 없었는데, 두 나라는 서로 전쟁을 벌이고 있었기 때문이었다. 독일 및 체크의 기사들이 소집되기는 했지만, 기본적으로 원정은 발라치아로부터 일부 지원을 받으면서 헝가리와 폴란드 두 국가에 의해서 이루어졌다.[149] 교황의 대표자로 원정에 참가했던 안드레아스 팔라시오에 따르면, 십자군은 발라치아 인들을 제외하고 1만 6천 명의 기마병으로 구성되었다. 현대 프랑스 역사가인 페르디난드 로트는 훨씬 더 적은 수 4,800명을 고집하고 있다.[150] 이 경우, 그의 주장은 실제보다 더 감소된 것으로 보인다. 투르크군의 핵심인 친위군과 기병근위대는 8천 명으로 구성되었다. 지방에서 동원된 기병의 숫자는 알려져 있지 않다. 전반적으로 투르크 군대가 원정군보다 훨씬 많았던 것 같지는 않다. 바르나의 전투에서 투르크인들은 다시 승리를 거두었다(1444년). 젊은 폴란드 왕 블라디슬라브 3세는 전장에서 사망했다.

바르나의 참패로 콘스탄티노플의 운명은 예정되어 있었다. "제국의 수

---

[148] Ducas, *Historia Byzantina* (Bonn ed.), p. 291.

[149] 바르나 십자군 원정에 관한 문헌 연구는 Krymsky, *Turkey*, pp. 50-56 참조. 또한 O. Halecki, *The Crusade of Varna* (New York, Polish Institute of Arts and Sciences, 1943), reviewed by J. Bromberg, *Speculum, 20* (1945), 247-250 참조.

[150] Lot, *2*, 229-230 참조.

도"에 대한 침공은 무라드 2세의 아들이자 후계자인 메흐메트 2세에 의해 치밀한 준비를 마친 뒤 결정되었다. 1453년 4월 5일 도시에 대한 포위가 이루어졌다. 그때까지 콘스탄티노플은 실제로 유령의 도시로 변했다. 계속되는 경제적, 정치적 위기로 인하여 한때 50만 또는 그 이상을 육박했던 도시민은 이제 겨우 그 숫자의 십분의 일에 불과했다.[151] 그밖에도 종교적 분열로 말미암아 주민들은 정신적 공황상태에 있었다. 1451년 그리스 성직자들은 콘스탄티노플의 연합 총주교를 쫓아냈고, 그는 로마로 도망갔다. 1452년 교황의 압력 하에 황제 콘스탄틴 11세는 이시도르 추기경을 교황의 사신으로 받아야만 했다. 1452년 12월 12일 소피아 성당에서 가톨릭 미사가 열렸다. 그 날부터 민중은 그 교회로 모여들었다.

콘스탄티노플 성곽은 여전히 강력한 방어 능력을 보유하고 있었지만, 성곽의 테두리가 그 길이만 18킬로미터 이상이나 된다는 것은 그다지 많지 않은 수비병에게 있어서는 매우 큰 문제였다. 황제 콘스탄틴은 많아야 5천 명의 그리스 군사를 거느리고 있었다. 교황은 200명의 군사를 보냈고, 제노아의 용병대장 지오반니 지우스티니아니는 700명의 군사를 거느리고 나타났으나, 그중의 400명만이 군인다운 무장을 한 상태였다.[152] 여러 문헌 속에서 투르크 군대의 숫자는 8만에서 40만에 이른다. 비정규군을 감안해도 8만이란 수는 과장된 수치이다. 수적인 우세 이외에도 메흐메트 2세는 강력한 포대를 보유하고 있었으며, 그 화포들은 외국인 전문가들에 의해서 운영되고 있었다(그들 가운데에는 트란실바니아인과 헝가리인 각 1명이 언급되어 있다). 그러한 힘의 불균형 속에서 수비대가 승리할 기회라고는 없는 것이 당연했다. 하지만 포위가 거의 7주나 계속되

151) A. M. Schneider, "Die Bevölkerung Konstantinopels im xv Jahrhundert," *AWGN* (1949), pp. 233-234; reviewed by H. Ritter, *Oriens*, 3(1950), 147 참조.

152) Lot, *2*, 233-234. 오스만에 의한 콘스탄티노플 포위와 함락에 관한 문헌 및 원전에 대한 연구는 Krymsky, *Turkey*, pp. 68-73 참조.

었다는 것은 그들의 용맹성을 증명해 주고 있는 것이다. 결국 콘스탄티노플은 1453년 5월 23일 함락되었다. 황제 콘스탄틴 자신을 포함하여 대부분의 수비대는 마지막 전투에서 전사하였다. 추기경 이시도르는 투르크인들의 포로로 잡혔다. 약탈이 끝나자 도시는 다시 질서를 회복하고 콘스탄티노플은 오스만 제국의 수도가 되었다. 소피아 성당과 일부 다른 기독교 교회는 이슬람 사원으로 바뀌었다. 그리스 교회를 하나의 제도로 간주하여 모독하지는 않았다. 그리스인들을 도시로 초대하고 돌아오기를 장려하였으며, 그들의 교회가 보호받을 것을 약속했다. 그리스 정교 주교회의는 새로운 총주교로 겐나디우스 스콜라리우스를 선출하였다. 비록 이전에 그는 로마와의 동맹을 지지했지만, 그 후에는 에베소의 마르크의 영향을 받아 그리스 전통에 대한 확고한 옹호자이자, 교회 동맹의 반대자가 되었다. 술탄 메흐메트 2세는 오랜 비잔틴의 예식에 따라서 새로운 대주교 즉위식을 거행하기를 희망하였다. 술탄은 예전에 비잔틴의 전제군주들이 그러했듯이 자리를 잡고서 직접 새로운 대주교에게 석장(錫杖)을 하사하였다.[153] 이슬람의 열렬한 옹호자 파티흐 메흐메트(정복자 메흐메트)가 이제는 스스로 그리스 정교의 수호자 역할, 마지막 두 비잔틴의 황제들도 해내지 못했던 역할을 자처하고 나서는 묘한 일이 되어 버렸다.

Ⅲ.

그리스인들에 의한 교회 동맹의 수용, 그리고 콘스탄티노플의 함락은 러시아 교회 역사의 흐름과 러시아 정치사상의 발전에도 매우 깊은 영향을 미쳤다. 분명히 대주교 이시도르는 페라라-플로렌스 회의에서 일어난 사건의 전모에 대해서 모스크바 정부에 알리지 않았던 것이 틀림없다. 1440년 이시도르는 이제 추기경이자 교황의 사절로서 러시아에 돌아왔

---

153) Phrantzes, *Chronicon* (Bonn ed.), pp. 305-307.

다. 처음에 그는 키예프로 가서 그곳에서 겨울을 보냈다. 알렉산드르 공작은 그에게 키예프 지역의 교회 토지 소유에 대한 그의 권력을 확인하는 칙령을 하사하였다. 1441년 3월 이시도르는 모스크바에 도착하였다. 그는 모스크바의 주요 사원인 성모 승천 사원에서 교황의 이름으로 축하 미사를 집전하였다. 예배 후에 그는 교회 동맹에 관한 플로렌스 선언을 읽어내려 갔다. 이를 들은 모스크바인들은 커다란 동요를 일으켰다. 이시도르에게는 더 이상의 집전을 허락하지 않고 그를 크렘린의 추도프 사원의 승방에 가둬버렸다.[154] 사태를 수습하기 위해 즉각 러시아 주교회의가 소집되었다. 니콘 연대기뿐만 아니라, 관등서에서 이시도르에 대한 반대세력의 주도는 대공 바실리 2세라고 기록하고 있다. 이 두 역사서는 이반 4세의 통치 시기인 16세기 후반에 집필된 것이다. 두 책자 모두 전제군주의 성격이 매우 강하게 깔려있다. M. A. 디아코노프가 매우 놀랍게 증명하듯, 교회 동맹에 대한 모스크바인들의 반대를 처음 주도한 것은 대공이 아니라 바로 러시아 주교들이었다.[155] 어느 경우에도 주교회의는 플로렌스 선언을 인정하지 않고 이시도르가 스스로 파기할 때까지 그를 대주교로 인정하기를 거부하였다. 이시도르는 자신의 입장을 바꾸기를 원치 않았다. 러시아 권력은 그가 조용히 모스크바를 떠나도록 하였다. 후에 그가 "도망갔다"고 설명한다.[156] 그는 트베르로 향하였고, 그곳에서 대공 보리스의 명령에 따라 체포되어 몇 달 동안 감옥에 갇혔다. 1442년 초에 풀려난 이시도르는 대공 카지미르의 보호를 받기 위하여 리투아니

---

[154] 추도프 사원은 Chone의 성자 미하일의 기적(chudo)을 기리기 위하여 알렉세이 대주교에 의해 세워졌다. N. P. Kondakov, *The Russian Icon*, E. N. Minns, trans.(Oxford, Clarendon Press, 1927), p. 136 참조.

[155] Diakonov, *Власть* (『권력』); pp. 55-57; V. Valdenberg, *Drevnerusskie ucheniia o predelakh tsarskoi vlasti*(『차르 권력의 권한에 관한 고대 러시아의 이론』)(Petrograd, 1916), pp. 171-173.

[156] Golubinsky, *2*, 457; Valdenberg, p. 171; Hrushevsky, *5*, 526.

아로 떠났다. 그러나 카지미르는 교황 유게니우스에 반대하는 바젤 종교
회의를 지지하였고, 반(反) 교황 펠릭스 5세를 인정하였다. 그러므로 그는
이시도르를 받아들이기를 거부하였고, 따라서 이시도르는 로마로 돌아갈
수밖에 없었다.

이 사태가 진정된 뒤, 러시아인들은 앞으로 무엇을 해야 할지 모르는
좌절감 속에 사로잡혀 있었다. 당시에 그들은 콘스탄티노플과의 관계를
완전히 끊을 의도는 갖지 않았다. 자신들의 다음 조치에 관해서 러시아
주교들은 물론 그들의 조언하에 대공 바실리 2세 역시 적지 않은 인내와
신중함을 나타냈다. 대공은 동맹을 거부하기로 결정내린 즉시 비잔틴 황
제와 총주교에게 왜 자신과 주교들이 이시도르를 인정하지 않았는지에
관해 설명하는 서한에 서명했다. 러시아 권력과 상의도 없이 총주교의 직
위에 이시도르를 임명하였음을 강조하면서, 바실리 2세는 황제와 총주교
에게 복잡한 국제정세를 감안하여 러시아 주교단 회의에서 새로운 대주
교를 선출하는데 동의할 것을 요청하였다. 물론 새로 선출된 대주교는 총
주교의 축하를 받는 것도 요청하였다.[157] 이 서한은 황제와 총주교가 교
회 동맹을 확고히 받아들였다는 소식이 모스크바에 전해지면서 발송되지
않았다. 2년 뒤에 다시 서한이 준비되었지만, 역시 발송되지 않았다.[158]
러시아인들은 다시 5년을 더 기다렸다. 비잔틴의 권력이 절대로 교회 동
맹을 파기하지 않을 것이라는 점을 확신하고서야 결국 러시아인들은 행
동에 옮기기로 결정했다. 모스크바 권력은 리투아니아 대공 카지미르와
키예프의 알렉산드르 공작과 함께, 만약 랴잔의 주교 이온이 대주교 교구
장에 임명된다고 하면 그를 인정할지 여부에 대해서 협의하였다. 카지미
르와 알렉산드르로부터 확실한 대답을 들은 후에 대공은 러시아 주교단
회의를 소집하였다. 1448년 12월 5일 이온이 전 러시아의 대주교로 선출

157) *RIB*, *6*, 526-535.
158) *Ibid.*, *6*, 529-530, 주석 1.

되었다.[159)]

　당초에 이러한 행위가 콘스탄티노플 총주교의 권력을 거부하는 것으로 해석되지는 않았다. 자신의 설교 및 서한에서 대주교 이온은 자신의 선출을 받아들인 것은 오직 특수한 상황임을 감안한 것으로, 미래에 만약에 비잔틴의 권력이 그리스 정교로 복귀한다면, 러시아인들은 언제나 총주교의 축복을 청원할 것이라고 온 힘을 다하여 설명했다. 그러나 실제로 총주교의 권력으로부터 러시아 교회의 이탈은 최종적인 것이었다. 콘스탄티노플의 몰락은 사실 교회 동맹의 종지부를 찍었고, 그곳에 그리스 정교의 복원을 가져왔지만, 그와 동시에 교회와 국가의 "조화로운" 모든 비잔틴의 체제는 파괴되었다. "올바르지 못한" 통치자 아래로 그리스 정교회의 복속은 러시아인들에게 있어서 심리적으로 그리고 정치적으로 다시 그리스인들에게 복종하는 것을 어렵게 만들었으며, 더구나 러시아는 스스로 이슬람의 칸들로부터 해방의 문턱에 위치해 있었다. 결과적으로 러시아 교회는 자신들의 의식적인 노력에 의해서라기보다는 국제정세의 흐름에 의해서 자립하게 된 것이었다.

　콘스탄티노플의 몰락이 가져온 정치적 결과는 교회의 사안만큼이나 매우 심각한 일이었다. 모스크바 대공은 이제 지도적인 위치의 독립적인, 사실상 전 그리스 정교의 세계에 있어서 거의 유일한 통치자가 되었다. 그가 원하던, 원하지 않던 이제는 그가 그리스 정교의 수호자로서 행동하기를 러시아인들은 기대했다. 이것이 바로 러시아 안에서는 물론 밖에서 복잡한 정치사상의 흐름의 출발점이 되었다고 밝히고 있다. 그에 기초한 사상들 중에는 진정한 그리스 정교의 중심이 제2의 로마(콘스탄티노플)에서 제3의 로마로 즉, 신성한 모스크바로 전환되었다고 하는 중대한 이념이 자리잡고 있다.

---

159) Golubinsky, *2*, 484-485.

7. 바실리 2세 통치 후반기의 모스크바, 리투아니아, 그리고 타타르

I.

1440년 리투아니아의 대공 지기스문트는 리투아니아 귀족들의 음모의 희생양이 되었다. 그는 독재 군주이자, 리투아니아에서 귀족정치의 권력을 단절시키려 한다고 모함했다. 지기스문트는 1435년에 스비드리가일로에 승리하고 나서 자신들의 귀족 지지자들에 대해서 의심스런 눈초리로 보기 시작했고, 많은 자신의 궁정 신하들을 군대와 행정의 핵심 직위에 임명함으로써 그들을 통해서 지배하려고 노력했다. 지기스문트에 대한 살해는 대공국의 새로운 정치적 위기를 초래했으며, 그 위기는 1430년대 초반의 위기보다도 더 심각했다.[160] 대부분의 리투아니아 귀족들 또는 지주들은 야가일로의 아들 카지미르가 권좌에 오르기를 기대했다. 야가일로는 1434년에 사망했으며, 그의 아들 블라디슬라브 3세는(카지미르의 맏형)은 이제 폴란드의 왕이 되었다. 블라디슬라브는 카지미르가 대공으로서가 아닌, 자신의 통치대리자로서 리투아니아로 향하는데 동의하였다. 이로 인하여 권좌를 놓고 새로운 협상들을 벌이게 되면서 상당한 기간이 지연된 반면에, 다른 한편으로 권좌를 바라는 새로운 후보자들이 나타났다. 그들 가운데에는 지기스문트의 아들과 고령(高齡)의 스비드리가일로가 있었다. 스몰렌스크에서는 반란이 일어났으며, 키예프에서도 또 다른 반란이 일어났다. 스몰렌스크의 민중들은 자신들의 통치자로 므스티슬라블의 유리 왕자를 선출했다. 키예프 역시 리투아니아 일족인 사모기티아(즈무드) 주민들이 선출한 미하일을 자신들의 왕자로 인정하였다.

---

160) Hrushevsky, *4*, 195-207; Kolankowski, pp. 226-247; Liubavsky, pp. 72-81; Voldemar (위의 주석 126), pp. 171-174 참조. 또한 A. Lewicki, "Powstanie Swidrygielly," *Rozprawy Akademii Umiejetnosci* (Historical and Philosophical Section), *29* (1892) 참조. 본서를 접할 수 없었다. O. Halecki, *Ostatnie lata Swidrygielly i sprawa Wolynska* (Krakow, 1915) 참조.

이러한 매우 어려운 상황 속에서 리투아니아의 귀족들은 또다시 자신들의 끈기는 물론, 국정 운영의 감각과 힘을 보여주었다. 당시에 그들의 지도자는 이안 가쉬토브트로, 그는 젊은 카지미르의 최고 참모가 되었다. 그의 지도에 따라 카지미르(리투아니아에 의해 대공으로 인정받은)는 2년 동안에 분열되었던 영토 대부분을 다시 통일할 수 있었다. 스몰렌스크를 무력으로 복종하게 만들고, 그 뒤에는 현지의 자율성을 보장하는 대공의 칙령으로 평화를 정착시켰다. 키예프에는 블라디미르의 아들 알렉산드르(오델코)가 통치하도록 하였다. 여기서 상기할 것은 블라디미르(올게르드의 아들)는 비토브트가 지방 공국 제도를 폐지할 때까지 키예프를 지배했다는 것이다. 지무드에 대한 문제는 협상을 통해서 타결되었다. 지무드는 새로운 자율권에 대한 보장을 조건으로 카지미르를 인정하였다. 마침내 1445년 90세의 스비드리가일로 역시 자기 조카에 대한 충성을 맹세하였다. 오직 미하일만이 이 지역에서 저 지역에서 자신의 지지자들을 찾으며 카지미르에 대항하여 게릴라식 전쟁을 벌였다.

새로운 어려움은 폴란드 국왕 블라디슬라브 3세가 바르나 십자군원정에서 사망했을 때(1444년) 일어났다. 다음 해 폴란드의 세임(Seim)에 의해서 카지미르는 국왕으로 선출되었으나, 리투아니아인들은 카지미르가 폴란드의 왕좌를 받아들이기를 원하지 않았는데, 리투아니아가 폴란드에 종속될 것을 염려하였기 때문이었다. 그들은 카지미르가 리투아니아를 개별적인 통치권을 부여하는 의무에 서명할 때만이 폴란드 왕권을 인정하였다. 비록 폴란드인들은 이러한 보장에 대해 확인하기를 거부하였지만, 카지미르는 리투아니아 및 러시아 영토에 대한 권리와 특권을 확인하는 새로운 헌장을 제정했다. 바로 그의 특별권(1447년)이 리투아니아 대공국의 헌법적 통치의 주춧돌이 되었다.[161] 곧 크라코프에서 카지미르는

---

161) 카지미르의 특별권(привилея) 텍스트는 Vladimirsky-Budanov, *Христоматия*, 2, 20-31 참조. 블라디미르-부다노프의 저서에서 1457년이란 표기는 특별권의 존

폴란드의 국왕에 즉위하였다. 그렇게 해서 폴란드와 리투아니아의 연맹은 두 민족을 하나의 통치자 하에 복원시켰지만, 리투아니아는 사실상의 분리된 개별 국가로 남았다. 이것은 결국 1385년 원래의 크레보 동맹를 폐지하는 데까지 이르게 하였다.

폴란드인들은 그 적법성은 예외로 할지라도 이미 돌이킬 수 없는 사실은 인정해야만 했다. 그러나 폴란드인들의 카지미르의 의무에 대한 확인 거부는 많은 리투아니아인들과 러시아인들로 하여금 폴란드와 공동의 통치자를 가지고자 하는 대공국의 희망을 절망으로 만들었다. 이러한 불신은 결국 미하일에게 기회를 주게 되었다. 1446년 미하일은 몰다비아에서 사이드-아흐마드 칸과 협정을 체결하였다.[162] 타타르의 지원으로 미하일은 노브고로드와 브랸스크를 포함하여(1448-49년) 세베리아 지역의 많은 도시들을 점령하였다. 그러나 그는 오랫동안 카지미르의 군사적 압력에 버틸 수 없었으며, 북부의 영토를 남겨둔 채 국경을 넘어, 그리고 결국에는 도망칠 수밖에 없었다. 마침내 모스크바에서 안식처를 찾았지만, 그곳에서 최후를 맞이하였다.

II.

바로 그때, 카지미르가 리투아니아의 권력 투쟁에서 제1전(戰)을 벌이고 있을 때(1445년), 모스크바에서는 바실리 2세와 그의 반대자들 사이에서 살육 내전이 다시 벌어지고 있었다. 러시아인들과 타타르들 사이의 투쟁에서 일어난 전세역전은 불행히도 반대파의 지도자인 드미트리 쉐먀카가 바실리를 공개적으로 공격할 수 있는 용기를 북돋웠다.

1443-44년 겨울, 주치 가(家)의 왕자 무스타파를 사령관으로 하는 강력

재에 대한 확인을 가리키고 있다. 그것은 본래 1447년에 간행되었다.
[162] Kolankowski, pp. 272-273.

한 타타르 정예군이 랴잔 땅으로 진격해 들어갔다. 이 정예군은 칸 쿠축-마흐메드가 통치하고 있던 사라이 오르다에 소속되어 있었다. 대공 바실리는 모르도바 인들로 구성된 동계(冬季)군이 보강된 군대를 서둘러 랴잔으로 급파하였다. 이 군대가 랴잔의 코사크들(역시 동계군)과 함께 모든 타타르군을 격파할 수 있었다. 무스타파와 일부 타타르 왕족들은 전투에서 사망하였으며, 타타르 패잔병들은 포로로 잡혔다.[163] 이것이 러시아 코사크에 대한 최초의 기술이다. 곧 러시아 코사크로 구성된 또 다른 군대가 조직되었다.

다른 타타르의 오르다인 울루그-마흐메드 오르다로부터 새로운 위협이 발생하였다. 1444년 울루그-마흐메드 칸은 자신의 오르다를 벨레프에서 오카 강을 따라 하류로 이동시키고, 문헌에서 밝힌 대로 "구(舊) 노브고로드 니즈니"에 자신의 병영을 세웠다.[164] 이 사건에 대해서 언급하는 모든 역사가들은 이 명칭이 니즈니 노브고로드(동명의 대공국의 옛 수도)의 원래 있던 위치를 염두에 두고 있는 것으로 추정하고 있다.[165] 그러나 이 추정은 신빙성이 떨어진다. 모든 것을 종합해보면, 울루그-마흐메드는 니즈니 노브고로드의 예전 위치(볼가 강과 오카 강의 합류지점)에 자리를 잡은 것이 아니라, 예전에 고로제츠가 위치해 있던 오카 강의 훨씬 상류에 자리 잡고 있었다.[166] 소도시 고로제츠는 몽골군이 니즈니 노브고로드 부근을 공격할 시기인 1376년에 파괴되었으며,[167] 이후에 낡은 성곽을 두고 새로운 요새를 오카 강을 따라 상류에 대략 1400야드 떨어진 곳에 건설하였다. 당시에 이 새로운 요새를 노브이 니조비 시(Novyi Nizovyi

---

[163] Nikon, *12*, 61-62.

[164] *Ibid.*, *12*, 62-63.

[165] 특히 Karamzin, *Notes*, *5*, 226-227, 주석 322 참조.

[166] 고로제츠-나-볼가와 혼동하지 말 것. 고로제츠는 고로드(도시)에서 파생되었다(촌, 성채).

[167] 이 도주에 관해서는 본장 2절, p.368 참조.

ZYRIANIANS

Ustiug

N. Dvina

Sukhona

Iug

VIATKA

Chukhloma

Khlynov

Kostroma

Galich

Vetluga

Viatka

Kostroma

Volga

slavl

Lukh

Gorodets

CHEREMISIANS

Volga

Kliazma

Gorokhovets

Nizhni Novgorod

Kazan

Murom

Kurmysh

Kama

Piana

Bulgar

Oka

MORDVINIANS

Gorodets (Kasimov)

Moksha

Sura

MESHCHERIANS

Riazan

Tsna

Volga

0   100   200

Miles

Gorod)라고 불렀다.[168] 형용사 니조비(아래의)는 형용사 니즈니와 동의어이다. 우리가 추정하기로는 바로 이 니즈니 노브고로드의 예전 위치를 1444년 울루그-마흐메드가 차지한 것이었다. 새 요새에 있던 러시아 특수군은 이제 타타르군에 의해서 포위되었다. 이와 관련, 대략 8년이 지난 뒤에 대공 바실리 2세는 고로제츠를 울루그-마흐메드의 아들 카심에게 하사하게 된다. 만약 1444년에 울루그-마흐메드가 고로제츠를 점령하였다면, 카심은 자신의 세습영지로서 그 영지에 대해 자신의 권리를 주장할 수 있었을 것이다.

1444년 울루그-마흐메드가 점령한 것이 지금의 니즈니-노브고로드가 아니었다는 증거가 또 하나 있다. 1445년 늦여름에 드미트리 쉐먀카는 바실리 키르디아파(독자적인 수즈달 및 니즈니 노브고로드 왕족 최후의 왕자 가운에 한 명)의 후손들과 협정에 서명하였다. 그 협정에 따르면, 드미트리는 키르디아파 후손들이 니즈니 노브고로드 공국을 재건하는 데에 그리고 그들을 그곳의 왕족들로 인정하는 데에 동의하였다. 이것은 바실리 2세에 저항하는 쉐먀카의 조치 가운데 하나였다. 당시 쉐먀카는 울루그-마흐메드로부터 모스크바 대공국의 야를릭을 받기를 기대하고 있었다. 니즈니 노브고로드가 울루그-마흐메드에 의해서 점령되었다면, 쉐먀카가 니즈니 노브고로드를 수즈달의 왕족들에게 약속할 수는 없었을 것이다. 그러므로 온전한 가정에 따른다면, 울루그-마흐메드가 1444년에 점령한 것은 오카 강에 있는 고로제츠의 옛 자리이지, 니즈니 노브고로드의 구(舊) 위치가 아닌 것으로 보인다.

울루그-마흐메드의 다음 조치는 1444-45년 겨울에 무롬(고로제츠와 니즈니 노브고로드 중간에 위치)을 공략하는 것이었다. 모스크바군은 바실리 2세의 직접 지휘 하에 이 공격을 물리쳤다. 그러나 대공은 고로제츠에

---

168) Veliaminov-Zernov, *1*, 41; D. Ilovaisky, *История Рязанского Княжества* (Moscow, 1858), p. 259.

서 포위되어 있는 러시아 수비대를 구해낼 수 없었다. 결국에 러시아군은 그들을 도시에 남겨둔 채 요새에 불을 지르고 퇴각하였다. 이제 울루그-마흐메드는 무롬에서 수즈달로 떠나갔던 바실리 2세를 추적하기 위해 자신의 아들들인 마흐무텍 및 야쿱의 지휘 하에 군사의 일부를 보낼 수 있었다. 그러나 타타르의 새로운 공격 소식을 접하였을 때, 바실리 2세는 이미 모스크바로 돌아와 있었다. 소수의 군사와 함께 그는 즉시 수즈달로 돌아갔다. 그의 가신인 타타르의 왕자 베르디다드가 멀지 않은 거리를 두고 그를 뒤따르고 있었다. 1445년 7월 7일 바실리 2세는 베르디다드의 추가 병력의 지원을 기다리지 않고 약 3천 5백 명에 이르는 울루그-마흐메드의 아들들이 이끄는 군대를 공격하였다. 문헌에 따르면, 대공의 지휘 하에 있는 군사는 천오백 명에 불과했다. 타타르인들은 그날 승리를 거두었다. 바실리 2세는 부상을 당한 채 포로로 잡혔다.[169] 그렇게 해서 소규모 병력의 우연한 충돌이, 일상적인 전투였으나, 전혀 예기치 않게 커다란 역사적 의미를 지닌 사건이 되었다. 타타르의 왕족들은 스스로 그러한 승리를 예견치 못하였고, 그러한 승리로 무엇을 해야 할지를 모르고 있었다. 그들은 계속해서 공격할 의도를 갖지 않았으며, 수즈달과 그 주변을 황폐화시킨 뒤에, 당시에 이미 부친이 정복한 적이 있는 무롬에서 퇴각하였다. 울루그-마흐메드 역시, 예기치 않은 상황에 당혹하여 모스크바를 공격하는 대신에 니즈니 노브고로드를 우회하여 오르다 및 포로들을 쿠르미쉬로 이동시켰다. 아마도 울루그-마흐메드는 그때 카잔에 정착하기로 결정하고 계속 그 방면으로 이동했을 가능성이 있다. 그러나 그는 모스크바 대공의 운명을 결정하기 위하여 수개월 동안을 쿠르미쉬에 머물러 있었다.

대공이 포로로 잡혔다는 소식이 모스크바로 전해지자 백성들은 공포와

---

169) Nikon, *12*, 64-65.

혼란에 사로잡혔다. 타타르의 공격을 돌이킬 수 없음을 알고, 서둘러 그에 대비하는 과정에서 우연히 커다란 화재가 발생하였다. 과부 대공녀 소피아와 대공녀 마리아는 신하들의 수행 하에 로스토프로 떠났다. 이제 자신들의 눈앞에 닥친 일이 무엇인지를 알게 된 일반 백성들은 1382년 토흐타미쉬의 공격 당시에 그러했던 것처럼 이제 모스크바는 자신들의 손에 달려있다는 것을 알게 되었다. 화재로 손실을 입었던 요새들은 다시 복구되었고 누구도 도시를 떠나는 것이 금지되었다. 혼란은 점차 가라앉았으며, 도시의 시민군은 전쟁준비에 들어갔다.[170] 흥미로운 것은 이 사건의 발생 전후로 바실리 2세 및 그의 이복형제들 사이의 갈등에서 어떤 역할도 하지 못하던 백성들에 불과했으나, 이제 그들은 처음으로 타타르군의 위협에 맞서 단결하였다는 것이다. 분명한 것은 백성들의 관점에서 보면, 이러저러한 러시아 왕족 당파들은 모두 별다른 변별성 없는 그저 지배 왕족에 불과했다. 외국 점령군에 의해 노예로 전락할 위험은 모두에게 코앞에 첨예하게 다가왔으며, 일시적으로나마 고대 슬라브 민회 전통의 부활을 자극하였다.

한편, 드미트리 쉐먀카는 정치적 상황을 자신에 유리하게 활용하려고 노력하였다. 이미 지적했듯이 그는 수즈달의 왕족들과 협정을 맺었으며, 그 협정에 따라 수즈달-니즈니 노브고로드 공국을 그들에게 되돌려 주었다.[171] 이것은 그의 부친 유리의 정치 연합 프로그람과 일치하는 것이었다. 한편, 칸 울루그-마흐메드는 드미트리 쉐먀카를 모스크바 권좌에 앉히는 논리에 대해서 호의적인 것 같았다. 9월 초 어느 날 칸은 사신(使臣) 베기치를 드미트리와 사전 협상을 하기 위해 갈리츠로 파견하였다. 드미트리 쉐먀카는 예상했다는 듯 사신을 매우 극진하게 맞이하였고, 자신이 신임하는 신하로 하여금 베기치의 귀환 길을 수행하도록 하였다. 그 신하

---

170) *Ibid.*, *12*, 65.

171) *DDG*, pp. 119-120.

는 바실리 2세가 모스크바로 돌아오지 못하게 칸을 설득하는 임무를 부여받았다.

한편, 대공 바실리 2세는 자신을 석방하도록 칸을 계속 설득했다. 그는 아마도 칸과 칸의 가족에게 선물을 주기 위해 그에게 금전을 가져다 줄 수 있는 궁정인들과 함께 포로로 잡힌 것으로 보인다. 게다가 바실리 2세는 자신이 모스크바로 돌아갈 경우 끌어 모을 수 있는 어마어마한 양의 뇌물을 칸에게 약속할 수 있었다. 어떻게 해서든 그는 울루그-마흐메드의 두 아들 야쿱과 카심은 물론, 일부 타타르 왕족 및 귀족들과 우정을 맺는 데 성공하였다. 알 수 없는 이유로 드미트리 쉐먀카를 향한 베기치의 여행은 예상했던 것보다 더 많은 시일이 걸렸다. 오르다에 있는 바실리 2세의 친구들은 오랜 기간 동안 사신이 돌아오지 않는 상황을 울루그-마흐메드가 드미트리를 의심하도록 하는데 적극 활용하였다. 드미트리 쉐먀카의 명령에 따라 베기치가 살해되었다는 소문이 퍼졌다. 여하튼 울루그-마흐메드는 10월 1일 바실리 2세에게 유리한 결정을 내리고 이를 공표했다.[172]

대공은 풀려났으며, 칸은 모스크바 대공국 권좌에 대한 대공의 야를릭을 승인하였다. 바실리는, 프스코프 문헌에 따르면,[173] 그 대가로 2만 5천 루블을 지불할 것을 맹세하지만, 노브고로드의 문헌에 따르면 훨씬 더 많은 금액인 20만 루블을 명시하고 있다.[174] 추측하건대 그 안에는 바실리 개인에 대한 대가만 있는 것이 아니라 전 러시아로부터 요구되었던 금액도 포함되어 있었을 것이다. 바실리 2세는 분명히 자신의 몸값 이외에도 토흐타미쉬에 의해서 제정된 높은 세율에 따라 공물과 탐구를 징수하여 바칠 것을 약속하였을 것이다. 징세(徵稅) 약속을 보장받기 위하여 몇 명

---

172) Nikon, *12*, 66.

173) 제1 프스코프 연대기, p. 47.

174) Novgorod, p. 165.

의 타타르 왕속늘과 고위 관료들이 대공의 모스크바 귀환 길을 수행해야
만 했다. 시간을 허비하지 않기 위하여 바실리 2세는 자신의 모스크바 귀
환을 알리도록 안드레이 플레시체에프를 선발대로 먼저 보냈다. 가는 도
중에 플레시체에프는 마침 칸에게 돌아가던 베기치(베기치는 오카 강을
따라 배를 타고 돌아오고 있었다)의 궁정인들과 마주쳤다. 플레시체에프
는 이 사실을 자신과 가장 가까운 모스크바 군사령관인 바실리 오볼렌스
키 왕자에게 알렸고, 오볼렌스키는 바로 베기치를 체포했다. 베기치를 수
행하던 드미트리 쉐먀카의 사신은 도망치는 데 성공하였다.

바실리 2세를 풀어준 울루그-마흐메드의 결정에 대해서 우리 시대의
독일 역사가 베르톨드 스풀레르는 혹독하게 비난하고 있다. "울루그-마흐
메드는 모스크바 대공국을 완전히 복종시킬 수 있는 절호의 기회를 어리
석게도 놓쳐 버렸다!"[175] 실제로 울루그-마흐메드는 분명히 자신의 20세
기 참모 스풀레르보다 훨씬 더 상황을 잘 이해하고 있었을 것이다. 토흐
타미쉬의 시대는 막을 내렸다. 그리고 황금 오르다의 몰락과 러시아 경제
력의 성장으로 힘의 균형은 러시아로 기울고 있었다. 울루그-마흐메드의
오르다는 분명히 인구가 그렇게 많지는 않았고, 자신의 휘하에 있는 군사
가 1만이 채 되지 않았을 것이다. 칸은 수즈달에서 그의 아들들의 성공이
정말 우연한 일이었던 것을 잘 인지하고 있었다. 그러한 상황에서 그는
군사력으로 러시아를 정복하고, 혹은 러시아를 오직 힘으로만 복종하도
록 견제하는 것을 진지하게 생각할 수는 없었다. 그의 유일한 기회는 바
실리 2세를 러시아로부터 거대한 재원을 끌어 모으는 대리인으로 활용하
고, 그 재원으로 모스크바의 군사력이 미치지 않는 먼 곳에 자신만의 칸
국을 건설하는 일이었다. 그의 결정은 아마도 그가 선택할 수 있는 가운
데 가장 유리한 결정이었을 것이다. 그가 미처 염두에 두지 못한 한 가지

---

175) Spuler, p. 165.

는 자신의 맏아들인 마흐무덱이었다. 러시아로부터 징수될 부(富)에 매력을 느낀 마흐무덱은 아버지가 그것들을 활용하는 대신에 자신이 직접 활용하기로 결심했다. 그는 아버지를 살해하고 오르다를 카잔으로 옮겨 그 곳에서 1445년 자신을 칸으로 선포하였다. 그는 자신의 형제인 야쿱과 카심을 살해할 수도 있었지만, 문헌 기록자에 따르면, 그들은 체르케스 땅으로 도망쳤다. 체르케스라는 이름으로 기록자가 무엇을 의미하고자 하였는가는 일련의 다음의 사건 속에서 드러날 것이다. 마찬가지로 많은 다른 왕족들과 귀족들도 마흐무덱을 떠나 주인을 사이드-아흐마드로 바꿨다.

Ⅲ.

바실리 2세는 11월 17일 모스크바로 돌아왔다. 그는 일정 정도 사건의 전개 양상에 대해서 만족할 수 있었다. 그는 칸에게 자신의 어떠한 영토도 양보하지 않고서 자신의 권좌와 국가를 지켰다. 더구나 울루그-마흐메드의 살해이후, 그리고 마흐무덱이 카잔으로 물러난 뒤 당면한 직접적인 위험은 지나갔다. 울루그-마흐메드가 보상금들을 모아오기 위해서 파견했던 타타르의 귀족들은 울루그-마흐메드의 아들에 대해 지켜야 할 의무는 없었다. 적어도 그들 가운데 일부는 자신들이 모은 재정을 대가로 바실리 2세에게 봉사할 수도 있었다. 대공이 제안한 매우 유혹적인 조건들은 마흐무덱을 따라 의무적으로 카잔으로 갈 필요가 없었던 타타르의 왕족들 및 귀족들에게는 대단히 매력적으로 보였을 것이다. 대규모의 타타르인 관료들이 러시아에 오게 된 것은 당초 바실리 2세가 패배하여 포로로 잡힌 데서 비롯된 부차적인 결과였다. 그러나 그러한 과정은 바실리 2세의 심사숙고한 정치의 결과였다. 그는 모스크바 주위에 있는 타타르 오르다들과 협상하는 데 있어서 타타르의 가신들을 활용하는 새로운 방법을 신속하게 발견하였다. 그는 외부의 타타르인들과 싸울 수 있는 "믿을 수 있는" 타타르인들을 채용했다. 그 외에도, 바실리 2세는 신뢰할 수 있는 새로운 그룹들을 보유하여, 내정에 반대하는 반대파 러시아인들에 대한 압력으로 그들을 활용할 수 있다는 것을 오래 전부터 깨닫고 있었다.

그러한 반대파들은 급격히 결집하고 있었는데, 반대파들은 타타르인들에 대한 바실리의 관대함을 자신들의 선전 전술에서 가장 편리한 핵심 내용으로 효과적으로 활용했다. 예상했던 대로 이러한 선전의 앞장에는 드미트리 쉐먀카가 있었다. 그는 공작 이반 모자이스키로부터 완전한 지지를 받는데 성공하였으며, 그 둘은 트베르의 대공으로 하여금 앞으로 다가올 투쟁에 있어서 적어도 선의의 중립적 입장을 확고히 유지하도록 서로 설득하였다. 전제 군주의 전통에 젖어 있으면서, 다른 경우에도 모스크바의 유력한 인사들 가운데 바실리의 인기를 강조하던 니콘 연대기에서조차 이번에는 많은 모스크바 귀족들, 부유한 대상들, 그리고 일부 수도사들까지 그에 대한 음모에 가담했음을 인정하고 있다.[176) 드미트리 쉐먀카가 지원하고 있는 선동은 효과가 있었다.

바실리 2세가 울루그-마흐메드와 맺은 협약에 담긴 중요한 조건들을 숨기고 있다는 소문이 돌았다. 그 조건에 따르면, 울루그-마흐메드가 모스크바의 왕이 되고, 바실리 2세는 그의 가신(家臣)으로 트베르에 있게 된다는 주장이었다.[177) 이것은 바실리 통치 후반기에 잘 알려지게 된 "쵬늬"(어두운)라는 수식어의 기원이 이러한 배경에서 유래되었다고 하는 설명에 어긋난다. 이 단어가 지닌 일반적인 의미는(이러한 의미로 사용될 때의 발음은 tiomnyi) "어둡다"이다. 앞에서 이미 밝혔듯이, 그의 반대파들은 1446년에 바실리를 맹인으로 만들었다. 그의 눈이 보이지 않음으로 해서 그를 쵬늬라고 불렀을 것으로 추정한다. 우샤코프는 자신의 『러시아어 사전』에서 일부 "지방"들의 방언에서 "어두운"은 "장님"을 의미한다고 적고 있다. 그러나 그는 어떤 구체적인 지명을 언급하고 있지 않으며, 단

---

176) Nikon, *12*, 67.

177) *Ibid*.

지 그가 인용하는 그 의미의 유일한 예는 바로 그가 "바실리 장님"으로 해석내리는 "바실리 촘늬"이다.[178] 다른 한편, 스레즈네프스키의 『고대 러시아어 사전』에서는 그 단어에 그러한 의미가 붙어있지 않다. 하지만 고대 러시아어에 완전히 다른 의미를 지닌 동음이의어가 있었다. '쳄늬'는 찌마(만호)에서 파생된 것이다.[179] 몽골군에서는 만호의 사령관을 러시아어로 "쳄늬"으로 불렀다. 그러한 사령관으로 임명된 관리 또는 공작에 해당하는 형용사로는 "쳄늬"였다. 황금 오르다 후기에는 대부분의 쳄늬들은 타타르 공작들이었으며, 러시아어로 "만호의 왕족 사령관들"(temnye kniazia)이라고 알려져 있다. 위에서 언급한 바실리와 울루그-마흐메드 사이의 비밀스런 협약에 관한 소문에 주목하면, 보다 신빙성이 있는 것은 바실리가 칸의 일개 가신(家臣)이 되고 타타르군의 사령관이 된 것에 대하여 반대파들이 그를 "만호의 왕족 사령관"(temnyi kniaz)이라고 조롱했다는 데에 있다. 그래서 바실리 쳄늬(촘늬가 아니라)로 부른 것이다.

1446년 2월 바실리 2세는 트리니티 사원을 순례하기로 결정했다. 모사꾼들은 그가 모스크바에 부재하는 상황을 쿠데타로 활용하였다. 2월 12일 드미트리 쉐먀카와 이반 모자이스키는 모스크바로 진격했다. 도시 내부에 있던 그들의 "제 5 연대"가 성문을 열었고 그들은 아무 저항 없이 도시로 진입하였다. 그들은 두 대공녀와 일부 귀족들을 체포하고 대공국의 금고를 장악하였다. 모스크바의 대공으로 드미트리 쉐먀카가 선포되었다. 그 후 승리자들은 새로운 대공의 신하 한 사람을 군대와 함께 바실리 2세를 체포하기 위하여 트리니티 사원으로 보냈으며, 아무런 어려움 없이 임무를 수행할 수 있었다. 그러나 충성스런 수행원들 덕분에 바실리의 두 아들인 이반(미래의 대공 이반 3세)과 유리는 비밀리에 안전한 장소로 보내졌다. 그때 나이 각각 6세와 5세였다. 그들은 충성스런 이반 랴폴롭

---

[178] D. Ushakov, *Словарь русского языка*, *4* (Moscow, 1940), 647.

[179] Sreznevsky, *3*, col. 1085.

스키 공작의 도움으로 무롬으로 도망가는데 성공하였다.

바실리 2세는 즉시 모스크바로 압송되어 2월 16일 쉐먀카 및 모자이스키의 명령으로 장님이 되었다(이와 관련 일부 문헌에서는 트베르 대공 보리스의 이름도 언급하기도 한다). 바실리에게는 다음과 같은 죄명이 붙여졌다. 그는 타타르인들을 터무니없이 애호하였다. 그는 러시아 도시의 식량을 그들에게 하사했다. 그들에게 금과 은을 무한정 선물하였다. 그리고 그는 바실리 코소이(사팔뜨기) 왕자를 장님으로 만들었다.[180] 바실리를 아내와 함께 우글리츠로 귀양살이를 보냈다. 그의 모친은 갈리츠에서 북쪽으로 멀리 떨어진 추클로마로 보냈다. 한때 바실리의 신하였던 자들은 ─ 적어도 모스크바에 남아있던 신하들 ─ 드미트리 쉐먀카 편으로 넘어갔다. 바실리를 따르던 두 공작 세르푸호프의 바실리(처남)와 시몬 오블렌스키는 리투아니아로 도망쳤다. 다른 한편, 많은 "신하의 아이들", 신하들보다는 바실리에게 충성할 것으로 기대되었던 대공국의 직무에 봉사하던 상류계급 그룹은 쉐먀카에게 충성을 맹세하였다. 그러나 앞으로 사건 전개가 보여주겠지만, 그들은 어떤 다른 사회 계층보다도 바실리에 대해서 지원할 준비를 갖춘 그룹이었다. 하지만 당시에는 그들 가운데 오직 한사람인 표도르 바세뇩만이 공공연히 쉐먀카에 대해 반대를 했다. 그는 일순간 사로잡히긴 했지만, 탈출에 성공하여 바실리에 충성하던 일부 신하의 자식들을 모아 리투아니아로 은신처를 찾아 함께 떠났으며, 그곳에서 세르푸호프 바실리와 결합하였다. 리투아니아의 왕 카지미르는 그를 매우 성대히 환영하고 그가 편히 살 수 있도록 브랸스크와 세베리아의 촌락들을 영지로 하사하였다.

드미트리 쉐먀카가 취한 다음의 조치는 바실리의 아들들인 이반과 유리를 손에 넣는 일이었다. 그들의 후견인인 랴폴로프스키가 그들을 넘기

---

180) Novgorod IV, 443.

466 · 몽골 제국과 러시아

기를 거부하였으므로 쉐먀카는 랴잔의 주교인 이온(미래의 대주교)에게 아이들을 절대로 해치지 않겠다는 약속을 맹세하고 중개자로 나서 줄 것을 요청하였다. 이온의 보장 하에 랴폴로프스키 공작은 바실리의 아들들을 모스크바로 데려가는 데 동의하였다. 처음에 쉐먀카는 그들을 성대히 환영하고, 식사를 대접하였다. 그러나 이틀이 지나 그들을 우글리치로 보내 부모들이 있는 감옥에 넣었다. 당연히 랴폴로프스키 공작은 매우 분노하여 이반 스트리가-오블렌스크 왕자와 함께 이전에 바실리의 측근들을 모으기 시작하였는데, 대부분 측근들은 쫓겨난 대공에 대해 충성을 다짐했던 자들이었다. 그들의 계획은 우글리츠에 있는 쉐먀카의 수비대를 공격하여 바실리 2세와 그의 가족 전부를 풀어내려는 것이었다. 그러나 쉐먀카는 때마침 정탐으로부터 음모에 관한 정보를 알게 되어 랴폴로프스키 왕자의 군사를 미리 공격하기 위하여 군대를 보냈다. 수차례의 전투가 있은 뒤 랴폴로프스키와 스트리가-오블렌스크는 리투아니아로 도망쳐서 당시에 므스치슬라블에 있었던 세르푸호프의 바실리 왕자와 합류했다.

한편, 이온 주교는 자신에게 약속한 것과 달리 바실리 2세의 아들들을 가두어 둔데 대하여 쉐먀카를 계속 비난했다. 마침내 쉐먀카는 젊은 왕자들뿐만 아니라 그들의 아버지도 풀어주는 데에 동의하였다. 그는 자기가 직접 우글리츠로 가서 만약 바실리 2세가 자신을 대공으로 인정한다는 맹세를 하면, 그에게 볼로그다 도시를 영지로 하사할 의향이 있음을 밝혔다. 맹세의 의식이 이루어졌고, 쉐먀카는 자신이 가두었던 자들에 대해서 성대한 성찬을 베풀었다. 며칠이 지나 바실리는 아들들과 함께 볼로그다로 떠났다.

설령 바실리 2세가 쉐먀카에 대항하지 않겠다는 자신의 맹세를 지키려고 노력하였다 하더라도 자신의 측근들로 인하여 그렇게 할 수는 없었다. 바실리가 풀려났다는 소식이 퍼지자마자, 쉐먀카의 통치에 대한 적대적 심리 반응은 곳곳에서 일어났다. 쉐먀카의 진영에서 신하 노릇을 해야 했던 이전의 바실리 2세의 신하들은 이제는 쉐먀카를 떠나 중립지대에서 저항의 힘을 모으기 위하여 트베르로 모여들었다. 일부 신하들의 자식들은 중립지대의 땅을 찾는 데에 시간을 허비하지 않고 모스크바에서 벨로오제르에 있는 성인 키릴의 수도원으로 도망갔으며, 그곳에서 볼로그다로부터 순례의 길을 떠났던 바실리와 합류했다. 키릴 수도원 원장 트리폰은 바실리가 쉐먀카에게 한 맹세는 그가 감금된 상태라는 불가항력인 상황에서 한 것이라는 근거로 바실리 2세를 풀어주었다. 바실리의 신하들은 트베르에서 대공 보리스와 중요한 협상을 가졌으며, 보리스는 바실리 2세와 협상하기 위하여 마침내 그를 트베르로 초대하는 데 동의하였다. 그곳에서 만난 양측은 서로 우호관계를 맺기로 합의하였으며, 보리스의 딸 마리아는 바실리의 아들 이반과 혼인을 맺었다.

한편, 므스치슬라블에 있는 세르푸호프의 바실리 왕자에게 합류했던 바실리의 지지자들은 모스크바로 쳐들어갔다. 엘니아에서(스몰렌스크에서 남동쪽에 위치한) 그들은 강력한 타타르군과 마주쳤으며, 처음에 그들을 적으로 간주하여 전투 준비를 마쳤다. 그러나 타타르군은 우군이었다. 그 군대를 울루그-마흐메드의 아들들인 카심과 야쿱이 이끌고 있었으며, 바실리 2세의 불행을 알게 된 그들은 그를 돕기로 결정했다.[181] 이 주치가(家)의 두 아들들은 부친이 살해당한 뒤 시르카시아(체르카시)의 땅으로 도망쳤다는 것을 앞에서 밝힌 바 있다. 대개는 그 땅을 북(北) 코카서스에 있는 시르카시아의 땅으로 간주하지만, 만약 그렇다고 하면, 어떻게 해서 공작들이 모스크바로부터 그 멀리에 위치한 서부의 엘니아에 있게 되었는지를 설명하기가 어려울 것이다. 대개 북(北) 코카서스에서 모스크바로 이르는 길은 랴잔의 땅을 지나서 돈 강의 상류를 따르고 있다. 그러므로 보다 신빙성이 있는 것은 카심과 야쿱이 북(北) 코카서스의 시르카

---

181) Nikon, *12*, 72.

시아에서 피난처를 찾은 것이 아니라, 드네프르 강 중류의 위치한 체르카시 지역으로, 그곳은 우리가 밝힌 대로 대개 타타르인들이 우크라이나인들과 조우하여 미래 우크라이나 코사크의 핵심이 형성된 곳이다. 이때 비로소 두 공작이 엘니아에 나타났다고 하는 추정이 잘 이해될 수 있는 것이다.

바실리를 지원하는 러시아인들과 타타르인 두 그룹은 이제 힘을 합쳐서 서둘러 모스크바로 공격해 들어갔다. 당시에 드미트리 쉐먀카와 이반 모자이스키는 군사를 볼로콜람스크에 집중시켰고, 그로부터 그들은 모스크바와 트베르로 향하는 길목을 통제할 수 있었다. 그럼에도 불구하고, 바실리 2세의 신하 미하일 플레시체에프는 소규모의 군사로도 모스크바로 잠입하는 데 성공했다. 모스크바에 있던 쉐먀카의 군사령관들은 도망치거나 포로로 잡혔지만, 백성은 바실리 2세에게 충성을 다하라는 명령에 순응했다. 이제 볼로콜람스크의 입장은 불리하게 되었고, 쉐먀카는 모자이스키와 함께 서둘러 갈리츠로 철수했다. 바실리 2세는 그들을 추격하기로 결정하고 자신의 군대를 야로슬라블로 친히 끌고 가서 그곳에서 카심과 야쿱의 타타르 군대와 합세하였다. 그의 군대는 이제 적군의 군대보다도 훨씬 막강한 우위를 점하고 있었으므로, 바실리는 적군의 항복을 유도할 수 있기 위하여 쉐먀카에게 자신의 신하인 쿠투조프를 보내어 그때까지도 추클로마에 갇혀 있던 모친 대공녀 소피아를 풀어내기 위한 협상을 갖도록 하였다. 쿠투조프의 협상 결과를 더 이상 기다리지 못하던 바실리 2세는 1447년 2월 17일 모스크바로 돌아왔다. 모스크바에서 그가 장님이 된 지 거의 1년이 되는 날이었다.

완전한 궤멸의 문턱에 서있던 쉐먀카는 대공녀를 풀어주고 모자이스키와 함께 세르푸호프의 바실리 왕자에게 자신들과 바실리 2세 사이에 중개해 줄 것을 요청하였다. 1447년 7월 초 두 명의 반란군 왕자와 세르푸호프의 바실리 왕자가 화친에 관한 예비 협정을 맺었다. 세르푸호프 바실리의 후원 하에 쉐먀카와 모자이스키는 대공 바실리 2세에게 각각 자신의 세습 영지 소유를(쉐먀카가 즈베니고로드를 내준다는 것을 제외하고) 허가해 달라고 요청했다. 그 대신 자신들은 대공에게 모스크바에서 빼내간 금은보화와 다른 값비싼 귀중품들도 돌려주겠다고 약속했다. 그들은 또한 바실리의 가신들인 카심과 야쿱 왕자를, 그리고 다른 타타르 공작들의 군사를 추적하거나 해를 입히지 않겠다고 약속했다.[182] 두 달 후 바실리 2세와 이반 모자이스키 왕자는 평화협정에 공식 서명했다. 이반 모자이스키는 대공을 자신의 영주로 간주했으며, 자신을 "그의 동생"(즉 가신)으로 인정했다.[183] 그러나 쉐먀카는 자신에게 유리한 시간을 벌면서 항복하기를 거부했다. 그 대신에 그는 자신의 대리인을 노브고로드와 뱌트카에 보내 두 도시가 바실리 2세에 대항하도록 자신을 도와주기를 설득했다. 그는 또한 카잔의 칸 마흐무덱에게 사신을 보내어 바실리 2세와의 관계를 끊을 것을 촉구했다.[184]

IV.

권좌로 다시 돌아온 바실리는 15년간을 통치했다. 이 비교적 짧은 시기를 러시아 역사에 있어서 매우 중요한 시기로 간주할 수 있다. 바로 그 시기에 이념적으로 그리고 물질적으로 모스크바 왕국을 건설할 토대가 구축되어 있었다. 앞에서 보았듯이, 러시아 주교회의(1448년)에서 선출된 대주교 이온에 의해서 러시아 민족 교회가 형성되게 되었다. 정치 분야에 있어서는 모스크바 대공국의 결집이 거의 이루어졌다. 이반 칼리타의 후손들이 보유하던 대부분의 영지는 이제 대공의 손안에 있었다. 낡은 수도인 블라디미르는 이제 변방의 도시로 위상이 추락하였다. 모스크바 대공

---

182) *DDG*, No. 46, pp. 140-142.
183) *Ibid*., No. 48, pp. 146-148.
184) *AI*, *1*, 80.

470 · 몽골 제국과 러시아

국의 영토 멀리에 위치한 랴잔은 이제 모스크바의 가신(家臣) 국가가 되었고(1447년), 대도시 노브고로드의 자유는 크게 제한되었다(1456년). 모스크바 공국 내부를 들여다보면, 귀족 협의회는, 이전의 위기 시기에 보여주었듯이, 구성원들의 통합 및 결속의 부족으로 스스로 신뢰를 실추시켰으며, 역사적 관점에서 볼 때, 대공의 권력을 자신들에게 유리하도록 견제할 수 있는 가능성(만약 그러한 가능성이 존재했다면)을 상실하였다. 마찬가지로 그 시기에는 동부 러시아는 사실상, 비록 형식적으로는 아직 아니더라도, 타타르의 지배에서 벗어났다. 비록 모스크바 정부는 계속해서 원칙적으로 최고 권력으로서 칸을 인정하고 있었지만, 어떠한 경우라도 명목상의 주인이 러시아 내정에 간섭하는 것을 허용하지 않았다. 그리고 공물이 여전히 징수되기는 했지만, 칸에게는 지극히 일부만이 지급되었으며, 그것도 부정기적으로 이루어졌다. 공물의 일부는 이제 바실리의 타타르 가신들에게도 지불되었으며, 그것은 제공된 봉사에 대한 대가였으므로, 그런 의미에서 국고의 탕진은 아니었다. 징수된 공물의 대부분은 대공국의 국고에 남게 되었으며, 국가 수입원의 주요한 원천 가운데 하나가 되었다.

분명한 것은 바실리의 통치 시기 종반에 이르면서 모스크바 공국은 여러 면에 있어서 그 초기보다 매우 강성해졌다는 것이다. 그러나 모스크바 정치에서 그러한 성공의 영예를 바실리가 차지해야 한다고는 말할 수가 없다. 바실리 2세는 자신의 초기 통치기에, 그가 성인의 나이가 되었을 때조차, 비록 몇 가지의 경우에 있어서는 용맹과 결단력(또한 잔혹함도)을 보여주기는 했지만, 국가의 통치자로서 또는 장수로서 그 어떤 특별한 능력을 보여주지 못하였다. 통치 후반기에 들어서 그의 감긴 눈으로는 더욱 제한적일 수밖에 없었다. 그의 통치 시기의 마지막에 보여준 건설적인 성과들은 교회, "복종하는 왕족들",[185) 귀족들의 자제들, 그리고 "충성스런" 타타르인들이 보여준 바실리에 대한 확고한 지원으로 이루어진 것이라고 설명할 수 있다. 당시에 바실리를 지원하는 다양한 그룹 속에서 매우 훌륭한 국정 지도자들과 장수들이 나타났다는 것은 모스크바의 운명에 행운을 가져다 준 셈이었다. 그들 가운데 진정으로 훌륭한 사람들 가운데에는 러시아 교회의 수장인 대주교 이온, 현명하고 노련한 전술가인 대공의 처남 세르푸호프의 바실리(바실리 2세가 배은망덕으로 되갚는), 리투아니아 출신의 왕자 이반 파트리케에프(유리 파트리케에비치 왕자의 아들)이 있었다. 류릭 가(家)의 두 공작도 바실리 2세 하에서 봉직하고 있었다. 바실리 오블렌스키와 그의 아들 이반 스트리가-오블렌스키이다. 귀족의 아들인 표도르 바세녹도 있었다. 지적해 둘 것은 비록 코쉬킨, 쿠투조프, 플레시체에프 같은 일부 귀족 가문들이 바실리의 통치 말기에 이르기까지 국정에 상당한 영향력을 미치고 있었지만, 이들 가운데 어느 누구도, 아마도 표도르 코쉬카의 손자 콘스탄틴 베쥽체프를 제외하고, 능력에 있어서 위에서 밝힌 그룹의 대표자들과 비견될 수 있을 만한 자들은 아무도 없었다고 말할 수 있다.

바실리 2세가 권좌로 돌아온 이후에 최우선으로 해결해야 할 두 가지 임무가 그의 정부 앞에 놓여 있었다. 강화되는 쉐먀카의 저항을 막는 일과 모스크바 공국을 타타르 오르다로부터의 공격으로부터 방어하는 일이었다. 이러한 임무들을 성공적으로 이루기 위해서 모스크바로서는 서구로부터 그 어떤 "제3의 전선"이 나타날 가능성을 제거하는 일이 무엇보다 중요했다. 그러므로 정부가 취한 최초의 조치들 가운데에는 리투아니아와 불가침 협약을 맺는 일이었다. 카지미르 왕이 대주교 관구 후보로 이온을 승인한 것도 그러한 조약을 준비할 수 있는 근거를 마련하게 되었다. 이온도 분명히 일련의 정치적 협상에 참여하였던 것이 틀림없었다. 우호와 불가침에 관한 모스크바-리투아니아 조약은 1449년 8월 31일에 서

185) 이 용어에 대한 설명은 본서 5장 4절, p. 530 참조.

명되었다. 그 내용에 따르면, 대공 바실리 2세와 카지미르 왕은 서로가 평화롭게 살며, 서로의 적을 지원하지 않기로 맹세하였다. 특히 카지미르는 쉐먀카를 지원하지 않으며, 바실리는 미하일(지기스문트의 아들)에게 피난처를 제공하지 않기로 하였다. 각 통치자는 어느 일방이 타타르와 전투를 전개할 시 상대방을 지원해야만 했다. 그 외에도 대공국 트베르를 리투아니아의 영향력 하에 둔다는 것이 합의되었고,[186] 그 합의에 따라 대공 보리스는 카지미르 왕과 특별 조약을 체결했다.[187]

모스크바-리투아니아 조약의 특별 조항들은 너무나 세밀하여 어느 한 편도 이행하지 않았거나, 적어도 오랫동안 유지되지 못하였다. 1450년 모스크바에 미하일의 피난처가 마련되었다(다음해에 그는 독살되었는데, 리투아니아의 자객에 의한 것이 틀림없다). 4년 뒤 카지미르는 이전의 쉐먀카와 함께 공모자였던 이반 모자이스키를 받아들이고 그에게 영지를 하사하였으며, 모스크바는 리투아니아로부터 트베르를 분리시킬 것을 계산에 넣으면서, 1456년경 바실리 2세와 트베르의 보리스는 우호에 관한 조약을 체결하였다. 이러한 상호의 위반에도 불구하고, 모스크바-리투아니아 조약은 모스크바 대공국의 역사에 있어서 매우 위험한 시기에 서구의 침략으로부터 안전을 보장한다는 주요한 목적을 달성하였다. 대체적으로 바실리 2세와 카지미르 왕은 바실리가 죽을 때까지 우호 관계를 유지하였으며, 모스크바 대공은 유서에서 "자신의 형제"인 폴란드의 왕을 아들들과 부인의 후견인으로 임명하였다.

모스크바 정부는 처음에는 쉐먀카를 설득하려고 노력하였으나, 시간이 지나면서 무력(武力)에 의존하게 되었다. 1447년 12월 29일 대주교로 임명된 이온을 포함하여 다섯 명의 러시아 주교들은 쉐먀카가 내전을 중단하고, 바실리 2세를 대공으로 인정할 것을 강력히 요구하는 내용의 서한에

---

186) *DDG*, p. 161.

187) *Ibid.*, pp. 163-164.

서명하였다. 쉐먀카는 노브고로드인들에게 보내는 서한에서 바실리가 많은 러시아 도시들을 그의 타타르 가신들이 통치하도록 허용하고 있다면서 그를 비난하였다. 주교들은, 러시아에서 내란이 있는 한 바실리 2세가 타타르인들을 쫓아낼 상황에 있지 아니하므로, 타타르인들이 러시아 땅에서 머물러 있는 데에 대한 책임은 전적으로 쉐먀카에게 있다고 반박했다. 주교들은 또한 쉐먀카가 바실리에게 충성을 맹세하자마자, 타타르인들을 먹여 살리기 위해 그들에게 러시아 도시들을 제공하는 일은 더 이상 없을 것이며, 타타르인들은 러시아 땅을 떠나 먼 곳에서 살게 될 것이라고 보증하였다.[188]

주교들의 요청은 결과를 가져왔다. 쉐먀카는 전쟁 준비를 중단할 듯이 보였고, 자신이 바실리의 가신으로 인정하고 절대로 그에게 반란을 일으키지 않을 것을 엄숙히 맹세하였다. 하지만 그 맹세는 계략에 불과했다. 그는 약속을 파기함으로써 계속해서 투쟁할 의사가 있음을 보여 주었다. 1449년 쉐먀카는 코스트로마를 공격하였으나, 이반 스트리가-오블렌스크와 표도르 바센크 공작이 지휘하는 모스크바군에 의하여 패배하였다. 1년 뒤 바실리 2세는 바실리 오블렌스크 공작이 지휘하고, 카심과 야쿱 왕자들의 타타르군이 지원하는 강력한 군대를 갈리츠에 파병하였다. 쉐먀카의 군대는 격퇴되고 그 자신은 노브고로드로 도망쳤다. 그러나 그는 포기하지 않고 1451-52년 겨울에 새로운 군대를 모아(의심할 여지 없이 노브고로드와 뱌트카의 의병으로 증가된) 북부 러시아의 중요한 무역 중개 도시인 우스튜그를 포위하였다. 그곳으로 세르푸호프의 바실리 공작과 시몬 오블렌스크 공작, 표도르 바세녹이 지휘하는 대규모 모스크바군이 즉각 파병되었다. 야쿱 왕자도 전투에 가담하였다. 또 다시 쉐먀카는 노브고로드로 도망쳤다. 다음해에 그는 모스크바의 첩자에 의해 독살되었

---

188) AI, 1, 79.

다. 바실리 2세가 그의 죽음에 대해 알게 되자, 그는 "적지 않은 기쁨을 나타냈다"라고 카람진은 서술하고 있다.[189] 쉐먀카의 동지인 이반 모자이스키는 자신도 그와 같은 운명에 처할 것을 두려워하여 리투아니아로 도망쳤다(1454년). 그의 영지는 쉐먀카의 영지와 마찬가지로 모스크바 대공국에 몰수되었다. 이러한 성과물에 대한 욕망에 사로잡힌 바실리는 이제 세르푸호프와 보롭스크를 침략할 구실을 내세울 기회만을 엿보고 있었다. 이 도시들은 처남 바실리의 영지에 속해 있었다. 1456년 7월 처남 바실리는 체포되어 우글리츠 감옥에 갇혔다. 그는 반역죄로 몰렸으나, 그 죄에 관한 어떤 증거도 제시되지 못하였다.[190] 처남 바실리는 결국 1483년 감옥에서 사망했다.

노브고로드 및 뱌트카가 제공한 쉐먀카에 대한 지원은 모스크바인들의 분노를 불러 일으켰으며, 바실리 2세와 두 자유도시는 매우 날카로운 긴장관계에 놓이게 되었다. 1456년 바실리는 노브고로드에 대한 원정을 선언하였다. 이반 스트리가-오블렌스크와 표도르 바세눅 공작이 지휘하는 모스크바 군대는 힘들이지 않고 풍요의 도시 스타라야 루사를 함락하였다. 그 뒤로 모스크바군은 루사를 구하러 온 노브고로드 군대를 격퇴하였다. 노브고로드는 화친을 요청하였으며, 8천 5백 루블의 전비(戰費)를 받은 모스크바군은 퇴각하였다. 설상가상으로 이제 노브고로드는 자신들의 자유를 제한하는 가혹한 조건에 동의하여야만 했다. 2년 뒤 바실리 2세는 뱌트카에 중대 규모의 군사를 보냈으나, 이번 원정은 실패로 돌아갔다. 1460년 뱌트카 지방에 대한 또 다른 원정에서 두 도시를 점령한 모스크바군은 도시민들에게 대공에게 무릎을 꿇고 복종할 것을 맹세토록 하였다.

타타르의 정세로 돌아와서, 마흐무텍이 아버지 울루그-마흐메드 칸을 살해한 이후에 울루그-마흐메드 오르다의 많은 타타르 공작들과 군사령

---

189) Karamzin, 5, 342.

190) Nikon, 12, 112; Karamzin, 5, 346-347.

제4장 - 황금 오르다의 몰락과 러시아의 부흥 · 475

관들은 크림과 드네프르 강 이농(以東) 지역의 스텝을 통치하고 있던 칸 사이드-아흐마드에게 충성을 맹세했다. 모스크바 정부 또한 사이드-아흐마드를 인정하고 즉시 그에게 공물의 할당량을 지불하였다.[191] 이러한 행위는 부친의 죽음 이후 러시아로부터 당연히 자신이 공물을 받아야한다고 간주했던 마흐무덱을 분노케 하였다. 1447년 11월 그는 모스크바 공국으로 강력한 군대를 파병하였지만, 격퇴되었다. 곧 모스크바와 사이드-아흐마드와의 관계도 갈등이 고조되었다. 앞에서 보았듯이, 사이드-아흐마드는 한때 카지미르 왕에 대항하여 리투아니아의 왕좌를 노렸던 미하일을 지원하였다. 카지미르 왕 또한 사이드-아흐마드와 경쟁 관계에 있던 주치가의 왕족인 하지-게라이(그는 1428년부터 리투아니아에 살고 있었다)를 지원함으로써 즉각 보복하였다. 1449년 하지-게라이는 크림을 정복하고 강력한 통치하에 18세기 말까지 존속했던 게라이 왕조를 세웠다.[192]

모스크바가 리투아니아와 우호관계를 맺은 그해 모스크바 정부는 사이드-아흐마드로부터 보다 독립적인 위상을 유지할 수 있을 정도가 되었다는 것을 느끼게 되었다. 공물 지급은 중단되었다. 이제 어떤 경우에도 사이드-아흐마드는 기동력이 있는 군대를 모스크바로 파병할 필요성이 있음을 깨달았다. 그의 군대는 진격하는 동안 길목의 마을을 황폐화시키고 많은 러시아인들을 포로로 잡으며(그들 가운데에는 오볼렌스카야 공녀―바실리 오볼렌스키의 부인도 있었다) 파크라 강 연안에 도달했다. 그러나 카심 왕자의 군대는(당시에 즈베니고로드에 주둔하고 있었던) 신속하게 적군을 반격하여 포로들을 풀어주고 약탈당한 것을 되돌려 주었다(1449년). 다음해 멜림-베르디라는 타타르 장군의 지휘 하에 일련의 타타르 군대가 남으로부터 랴잔 공국을 향해 다가오고 있다는 소식이 모스크바에 전해졌다. 이 타타르 그룹은 사라이를 중심으로 근거를 두고 있었던 쿠축-

---

191) *AI*, *1*, 80.

192) Spuler, p. 168; Smirnov, *Крымское ханство*, p. 207.

마흐메드 오르다에 소속된 군인들이었다. 멜림-베르디를 저지하기 위해 바실리 2세는 신하 콘스탄틴 베줍체프와 카심 왕자가 이끄는 러시아-타타르 연합군대를 스텝 지역 깊이 파견하였다. 두 군대는 비티욱 강(돈 강의 동쪽 지류) 연안에서 조우하였다. 멜림-베르디의 군대는 패배를 당하고 그 패잔병들은 남쪽으로 도망쳤다.

1451년 사이드-아흐마드 오르다군의 위협이 모스크바의 코앞에 닥쳤다. 그의 군대가 다가온다는 소식에 바실리 2세는 군대를 모으기 위하여 북으로 볼가 강 상류로 가기로 결정했다. 그는 장남 이반(당시 11세)과 함께 킴라로 향하였다. 아내 및 나머지 아이들을 볼가 강 하류 멀리 우글리츠로 보냈다. 바실리는 둘째아들 유리와 함께 모친, 대주교 이온, 그리고 많은 귀족들과 그 자식들을 모스크바에 남겨두었다. 모스크바 수비군은 포화기와 개인무기로 훌륭하게 무장하였다. 타타르군은 7월 2일 모스크바로 근접하여 성곽밖에 있는 마을들의 가옥들을 불살랐다. 성곽을 점령하려던 시도들은 격퇴되었다. 전투는 저녁까지 계속되었으나, 타타르군은 밤이 되자 서둘러 퇴각하였다. 다음 날 아침에 그들은 사라졌고, 자신들의 공포를 성모의 기적에 대한 믿음으로 이겨낸 모스크바인들은 경이로움과 환호로 아침을 맞이하였다.[193]

V.

1447년 다섯 명의 러시아 주교들이 쉐먀카의 저항이 끝날 경우 충성스러운 타타르인들은 러시아 땅으로부터 떠나 멀리에서 먹고 살 수 있게 될 것이라고 확고히 약속한 바가 있다. 1452년 초에 우스튜그에서 쉐먀카가 물러남과 동시에 내란은 분명히 종식되었으며 약속을 이행할 시기가 되었다. 주교 가운데 이온은 이제 러시아 교회의 수장이 되었으며, 모스

---

193) Nikon, *12*, 76-77.

그비 대공국의 정신적 지도자였다. 매우 정직하고 양심적인 성직사로서 이온은 고집스럽게 바실리로 하여금 더 이상 타타르인들이 러시아에 머물지 못하게 할 것을 요구하였다. 타타르에게 종속된 땅의 주민들은 자신들의 입장에서도 말할 필요도 없이 모스크바 정부에 주교들의 약속을 상기시켰다.

바실리 2세 정부의 고위 관료들은 의심할 여지 없이 이러한 문제에 관해 심각하게 검토하였다. 원칙적으로 타타르인들이 러시아의 밖에서 살아야 한다는 문제가 결정되자마자, 그들을 어디에 거주하도록 해야 할지에 관한 문제가 제기되었다. 이러한 문제에 대하여 우선적으로 전략적인 관점에서 접근되었다. 비록 작년에 타타르인들의 모든 공격을 물리치기는 하였지만, 그들은 충분히 다시 공격을 감행할 여지를 가지고 있었기에 그들이 러시아 깊이 침공하는 것을 어렵게 만들 필요가 있었다. 가장 좋은 방법으로는 러시아 장군들이 타타르인들의 이동을 관찰할 수 있으며, 그들의 공격을 막아낼 수 있도록 타타르인들이 지배하고 있는 스텝의 가장 가까운 남부지역의 경계에 전진 기지를 세우는 일이었다. 당시에는 러시아에 항상 위협적인 세 개의 타타르 오르다 즉, 카잔 칸국, 사라이 및 드네프르 칸국이 존재하고 있었다(네 번째의 크림 칸국으로부터 모스크바에 대한 위협은 없었다). 당시 사이드-아흐마드의 드네프르 오르다로부터 최전선의 방어를 강화하기 위한 어떠한 방안들이 채택되었는지는 알 수 없다. 카잔 및 사라이의 오르다로부터 공격을 막기 위한 가장 최전선의 장소로서 오카 강에 있는 고로제츠가 선택되었다. 그리고 이제는 두 가지 문제, 즉, 충직한 타타르인들을 이동시키는 일과 스텝의 방어 체계를 강화하는 일은 서로 연관성이 있는 문제였다. 남동부에 위치한 주요 전진 기지를 책임질 남자에게 이들 타타인들을 맡겨 활용하도록 결정하였다. 카심 왕자가—우리가 알기에 아마도 고로제츠를 어떤 의미에서는 자신의 세습영지로 간주할 수 있었던—그 타타르인 그룹을 지도하는 데 동의하였다. 그렇게 해서 1452년 말에 또는 1453년 초에 모스크바 대공국의 후원 하에 새로운 타타르의 칸국, 카심 왕자의 칸국이 탄생하였다. 후에 카심의 사망 후 고로제츠는 그 이름을 따서 카시모프라고 이름을 바꾸고(1471년), 칸국(또는 러시아인들은 왕국이라고 부른) 또한 카시모프 칸국으로 알려지게 되었다.[194] 비록 고로제츠는 고대 러시아 도시이긴 했지만, 15세기 말까지 그곳에 살던 러시아인들은 극히 소수에 불과했다. 칸국 주위에는 주로 메시체리아인들과 모르도바 인들이 거주하고 있었는데, 모두 핀 족 계통의 종족이었다. 그렇게 해서 새로운 칸국의 건설에 대해서 러시아인들로부터 그 어떠한 저항도 없었다.

실제로 카시모프 왕국의 성립은 타타르인들이나 러시아인들 모두를 만족시켰다. 러시아 내부에서는 바실리 2세의 체제에 대한 주요한 저항세력의 근원이 해체되었으며, 말할 필요도 없이 스텝의 타타르인들에 대한 러시아 방어 체제가 강화되었다. 그러나 그보다 더 중요한 의미를 내포하고 있었다. 그것은 타타르 세계에서 모스크바 대공국의 위상을 더욱 높였으며, 심리적인 측면에서 개별적으로 그리고 그룹으로 대공에게 봉직하고자 하는 외부 타타르인들의 유입 증가를 쉽게 하였다. 더구나 카잔의 칸은 카심과 형제관계에 있었으므로 결국 카심이 카잔 공국에 대한 자신의 권리를 주장할 수 있는 가능성도 존재하고 있었다.

당시 카시모프 왕국의 내부 조직에 대한 정보는 매우 드물다. 좀 더 후기의 문서인 이반 3세와 대공 랴잔과의 1483년 협약으로부터 카심 권력 하에 몇몇의 타타르 귀족들이 있었음을 알게 된다. 행정 관료들 가운데에는 국고 관리자(카스나체이), 봉인관(다로가)들이 언급되고 있다. 그들은 왕국내 메시체리아인들과 모르도바인들로부터 공물(야삭)과 다른 세금들(오브록과 포쉴린)을 거둬들였다. 한편, 랴잔 공국의 대공은 카심에게 매

---

194) 카시모프 왕국의 성립에 관해서는 Veliaminov-Zernov, *1*, 1장 참조.

년 일정한 연금을 지불할 의무가 있었다. 그들 사이에서 발생하는 모든 오해는 모스크바 대공에게 중재를 의뢰해야 할 사안이었다.[195]

모스크바 대공의 권력 하에 가신으로 주치 가의 칸국을 건설한다는 것은 러시아에 대한 몽골지배의 종말과 새로운 시대, 러시아가 스스로를 유라시아 세계의 지도자라고 선언하는 시대의 시작을 알리는 것이었다. 몽골의 멍에는 깨졌다. 죽음에 앞서 바실리 2세는 '자신의 영지' 모스크바 대공국을 그 어느 칸의 특권에 의지함 없이 주저하지 않고 장남에게 유산으로 세습하였다. 그 장남이 바로 황금 오르다의 잔당으로부터 러시아의 해방을 공식적으로 선언한 이반 3세였으며, 그 때가 1480년이었다.

---

195) *DDG*, No. 76, p. 284.

—

제 5 장
몽골이 러시아에 미친 영향

—

1. 예비적 논평

I.

러시아 역사에서 몽골인들이 해낸 역할의 문제들이 최근 2세기에 걸쳐서 수많은 역사가들에 의해서 논의되었지만, 합의에 도달한 일치된 견해는 없었다.[1] 구세대의 역사가들 가운데 러시아에 끼친 몽골의 영향에 대해 커다란 의미를 부여한 사가(史家)들로는 N. M. 카람진, N. I. 코스토마로프 그리고 F. I. 레온토비치가 있다. 카람진은 다음과 같이 말한 바 있다. "모스크바는 자신의 영광을 칸들에게 돌려야 한다." 그는 또한 러시아에서의 정치적 자유의 소멸과 도덕적 가혹성을 지적하였는데, 그는 이것을 몽골 압제의 결과로 간주했다.[2] 코스토마로프는 칸의 야를릭이 모스크바 대공국 국가 내부의 권력 강화에 기여한 역할을 강조하였다.[3] 레온토비치는 러시아에 미친 몽골 법의 영향을 증명해 보이기 위하여 특별히 오이라트족(칼미크족)의 법전에 관한 연구를 하였다.[4] 그와는 반대로 S. M. 솔로비에프는 러시아 내부 발전에 있어서 몽골 영향의 중요성을 부인

---

[1] 러시아 역사에서 몽골의 역할에 대한 관점들을 짧게 소개하는 것들은 ZO, pp. 249-258; Diakonov, *Очерки*, pp. 193-196; Riazanovsky, pp. 261-278 참조.

[2] Karamzin, 5, 365-384.

[3] N. I. Kostomarov, *Начало единодержавия в древней Руси*(『고대 러시아에서 단일 군주제의 시작』), 전집(*собрание сочинений*)(St. Petersburg, 1905), 5, 41-47.

[4] F. I. Leontovich, 고대 오이라트족 몰수 법령 *Древний ойратский устав взысканий* (Odessa, 1879).

하였으며, 자신의 저서 『러시아사』에서 몽골의 파괴적인 요소들인 침략과 전쟁을 제외하고는 어떠한 몽골의 요인들도 실질적으로 배제하였다. 비록 짧게나마 칸의 야를릭과 세금 징수로부터 자유롭지 못했던 러시아 공작들에 대해 언급하고는 있지만, 솔로비에프는 "우리가 그 어떤 몽골의 흔적도 보지 못하기 때문에 (러시아)내부 정치에 미친 (몽골의) 그 어떠한 의미 있는 영향을 인정할 만한 이유가 없다"라는 의견을 피력하였다.[5] 솔로비예프의 제자이자 후계자인 모스크바 대학 역사학부의 V. O. 클류첩스키는 러시아의 통일에 있어서 칸 정치의 중요성에 관해 짧게 일반적으로 언급한 것을 제외하고는 몽골에 대해 그 어떤 관심도 거의 두지 않았다.[6] 러시아의 법과 국가를 연구하는 역사가들 가운데에서 M. A. 디아코노프는 자신의 견해를 매우 조심스럽게 밝히기는 했지만, 솔로비에프의 관점을 이어갔다.[7] M. F. 블라디미르스키-부다노프는 오로지 몽골 법이 러시아에 미친 제한된 영향에 대해서만 인정했다.[8] 다른 한편으로 B. I. 세르게에비치는 코스토마로프의, 그리고 어느 정도는 P. N. 밀류코프의 논지를 이어갔다.[9]

4반세기 전에 철학자 니콜라스 투르베츠코이 공작[10]은 러시아 역사에 미친 몽골의 영향을 재평가하여 모스크바 국가의 원천을 올바르게 이해하기 위해서는 몽골 제국이 성립한 근거가 되는 정치적, 도덕적 원칙들에 대해 주목해야 한다는 결론에 도달하였다. 칭기즈칸에 대한 세밀한 전기 작가인 E. 카라-다반은 투르베츠코이의 관점을 보다 더 엄밀히 따랐다.[11]

---

[5] Soloviev, *4*, 179.

[6] Kliuchevsky, *2*, 18-22, 38-39, 44-45.

[7] Diakonov, *Очерки*, pp. 148-149.

[8] Vladimirsky-Budanov, *Обзор*, pp. 101-103.

[9] Sergeevich, 2, 35-38, 252-256; Miliukov, *Очерки*, *1*, 165-166.

[10] I. R.[니콜라이 투르베츠코이 공작(Prince Nikolas Trubetskoy)], *Наследие Чингис хана* (Berlin, 1925).

다른 한편, V. A. 랴자노프스키와 B. D. 그레코프는 솔로비에프의 입장으로 다시 돌아갔다. V. A. 랴자노프스키는 레온토비치와 마찬가지로 몽골법에 대해서 세밀한 연구를 했지만, 러시아에 대한 그 영향을 최소화하는 데 그쳤다.[12] 그레코프는 자신의 관점을 다음과 같이 규정하였다. "모스크바를 중심으로 하는 러시아 국가는 타타르의 도움으로 성립된 것이 아니라, 황금 오르다의 압제에 대한 러시아 민중들의 처절한 투쟁의 과정에서 성립된 것이다."[13] 우리는 여기서 문제의 다른 측면을 분명하게 보고 있는 것이다. 러시아 제도에 대한 몽골 제도의 어떤 긍정적인 영향을 부정하지만, 설령 그것이 단지 부정적이었다 하더라도, 러시아 발전에 미친 몽골의 영향이 지닌 중요성을 인정하는 것은 논리적으로 가능한 일이다.

물론 말할 것도 없이 러시아에 대한 몽골의 영향은 다층적 요소를 띠고 있는 문제이다. 우리는 여기서 오직 하나의 문제와 마주치는 것이 아니라 보다 복합적인 중요한 문제들과 마주치고 있는 것이다. 무엇보다도 우리는 먼저 몽골 침입의 직접적인 영향, 즉 도시 및 주민들에 대한 완전한 파괴에 대해 고찰하여야 한다. 그런 뒤에 몽골 통치자들의 의도적인 정치가 러시아의 일상적인 삶의 다양한 측면들에 가져온 결과에 대해서 고찰하여야 한다. 게다가 러시아에서 일정한 중요한 변화들은 몽골 정치의 이러 저러한 변환의 의도하지 않은 결과물인 것이다. 말하자면, 폴란드와 리투아니아의 침입을 막지 못한 칸들의 무능력은 말할 것도 없이 러시아를 동부 및 서부 러시아로 분할시킨 요인이었던 것이다. 더구나 모스크바 공국에 대한 몽골 모델의 영향은 모스크바 공국이 몽골로부터 해방 이후에야 완전한 효과가 나타나게 되었다. 이것을 지연된 행위를 통한 영향이라고 부를 수 있다. 더구나, 어떤 측면에서는, 러시아 일상생활에

---

[11] Khara-Davan, pp. 198-226.

[12] Risanovsky, pp. 261-278.

[13] *ZO*, p. 256.

미친 타타르의 직접직인 영향은 러시아의 해방 이후에 축소되기 보다는 오히려 증대되었다. 타타르의 군중들이 모스크바의 통치자들에게 복무하기 시작한 것은 오로지 황금 오르다의 몰락 이후였다. 결국에 황금 오르다에 대한 이반 3세의 과감한 도전 후에도 타타르의 위협은 사라지지 않았다. 거의 3세기 넘게 러시아는 매년 상당한 수의 군대를 남부 및 남동부의 전선으로 보내야만 했다. 이러한 점은 바로 모스크바의 모든 정치적 그리고 사회적 체제에 그대로 반영되었다.

Ⅱ.

몽골이 러시아에 대해 미친 영향의 수준을 측정하는 좋은 방법은 몽골 제국 이전과 그 이후의 러시아 국가 및 사회를 비교하는 것이며, 특히 모스크바 러시아 및 키예프 러시아 시기의 정신과 제도를 비교하는 일이다.

기억해 둘 것은 키예프 시대의 러시아 연방의 정치적 삶은 자유의 기초위에 세워졌다는 것이다. 권력의 세 요소—전제적, 귀족 관료적, 그리고 민주적 요소는 서로서로 균형의 무게를 유지하고 있었으며, 민중은 방방곡곡에서 정부에 자신의 목소리를 내고 있었다.[14] 전제적 요소가 더욱 강했던 수즈달 공국에서조차 권신(權臣)과 도시 회의, 혹은 베체는 내부 정세에 대해 발언권을 가지고 있었다. 키예프 시대에 전형적인 공작은, 수즈달의 대공조차, 단지 행정부 수장이지 전제군주는 아니었다.

몽골 시기 이후에 정치 지형은 완전히 바뀌었다. 무엇보다도, 16세기와 17세기 초에, 각각의 연방 구성체가 유사한 제도를 가졌던 범(汎)러시아 연방 대신에 동부 러시아(모스크바)와 서부 러시아(폴란드-리투아니아 연합에 편입된)사이에 뚜렷한 분할을 발견할 수 있다. 그 외에도 두 러시아 각각의 남부 변방에는 새로운 형태의 군사 국가—코사크 주민이 출현했

---

14) 『키예프 러시아』, 7장.

다. 그들은 비록 지금은 전사들의 전우애라는 독특한 형식을 띠기는 했지만, 고대 러시아의 민주적 전통을 지니고 있었다. 권력의 귀족 관료적 요소는 서부 러시아에서 계속 보존되었을 뿐만 아니라, 폴란드의 영향 하에서 더욱 강화되어 서부 러시아(우크라이나, 벨로루스)의 정치적 삶의 토대가 되었다. 동부 러시아에서는 전제 군주의 요소가 높은 수준까지 뚜렷하게 고양, 발전되었다. 그러나 모스크바 왕국이 단지 안드레이 보고륩스키와 몇 명의 다른 수즈달 공작들의 전통을 따랐다고 말하는 것은 변혁의 의미를 평가 절하하는 것이 될 것이다. 수즈달 공작들이, 자신들의 모든 전제 군주적 경향에도 불구하고, 자신들의 땅에서 절대적 통치자가 된다는 것은 절대로 성공할 수도, 있을 수도 없는 일이었다.

모스크바 왕의 권력은 이념적 그리고 실질적 권력에서 모두 수즈달 전임자들의 권력과는 비교할 수 없을 정도로 매우 강력하였다. 비록 16세기에는 전 유럽 대륙에서도 전제군주제의 성장이 관측되기는 하지만, 그 과정이 동부 러시아처럼 그렇게 빨리, 그렇게 깊이 퍼져나가지 못했다. 신성로마제국의 사절로 오스트리아의 남작 지기스문트 폰 헤르베르쉬타인이 1517년 모스크바에 도착하였을 때, 그는 정치적으로 완전히 다른 세계에 들어섰다고 느꼈다. 그는 대공 바실리 3세가 자신들의 백성에 대한 권력의 수준에 있어서 모든 다른 군주들을 능가하고 있다는 것을 지적하였다.[15] 헤르베르쉬타인의 방문 이후, 70년이 지나서 모스크바를 방문했던 영국인 자일스 플레쳐는 "그들의 통치 국가와 형식은 순전히 전제 독재적인 것으로, 모든 것은 대공의 이해로부터 나오며, 그때 그것은 완전히 공개적으로, 그리고 야만적인 행태로 나왔다"고 결론내리고 있다.[16]

---

[15] Herberstein, p. 20.

[16] Fletcher, p. 26. 지적해 둘 것은, Fletcher는 16세기 말 모스크바 지배시대의 정치적 상황에 대해 몇 가지 왜곡된 설명을 하고 있다. 그는 귀족 의회의 사실상의 권력에 대해 과소평가하고, 북 러시아에서의 지방자치에 대해 세심한 주의를 기울이지 않았으며, 러시아 행정에 있어서 떼어놓을 수 없는 부분인

사회적 관계의 영역에 있어서도 몽골 이전과 이후 시기의 명암은 정치적 삶 못지않게 대조적이었다. 모스크바 대공국 사회의 토대는 키예프 시대의 그것과는 전혀 다른 것이었다.

키예프 러시아의 사회는 일정한 단서가 붙기는 하지만 자유로운 사회라고 부를 수 있었다. 노예가 존재하기는 했지만, 그들은 민족 구성원에 속하지 않은 별다른 그룹으로 간주되었다. 상황은 고대 그리스 사회에서의 위상과 유사했다. 노예제도는 자유로운 사회라는 커다란 부분과 같이 공존하고 있었다. 정부는 사회 계급간의 ― 귀족, 시민, 그리고 농촌 지역의 "사람들"(liudi)간의 자유로운 협력을 기초로 하여 기능했다. 사실 스메르디라고 부르는 농민 그룹이 존재하고 있었으며, 그들은 공작의 특별한 관할 하에 있기는 했지만 그들조차도 자유로웠다. 반(半)자유의 그룹(자쿠피라고 부르는)도 있었으며, 그들의 위상은 결국에는 노예와도 같은 위치에 있었으나, 그들이 노예로 전락하게 된 계기는 부채의 결과, 즉 정부의 행위가 아니라, 경제력의 무제한적인 상호작용의 결과였던 것이다.[17]

16세기와 17세기의 모스크바 왕국에서 우리는 완전히 새로운 사회개념 및 국가에 대한 사회의 관계를 발견하게 된다. 민족의 모든 계급들은, 하위에서 최고위까지 노예를 제외하고는 모두 국가의 복무에 종사하게 되었다. 대단히 이상한 것은 정부의 법규로부터 제외된 유일한 그룹은 노예들이란 점이다. 이러한 국가에 대해 전 국민이 복무하는 모스크바 체제를 키릴 자이체프는 krepostnoy ustav(귀속의 복무 법규)라고 적절하게 불렀다.[18] 이전에 영지를 보유한 공작들 및 귀족들은 이제 귀족의 자식들 그

젬스크 의회에 대해서도 알아보지 않았다. S. M. Seredonin, *Сочинение Джилса Флетчера как исторический источник*(St. Petersburg, 1891), pp. 217-244, 278-280, 283-287 참조.

17) 『키예프 러시아』, 6장.

18) K. Zaitsev, *Lektsii po administrativnomu provu*(『행정법 강의』)(Prague, mimeographed ed., 1923), 2, 154-155.

리고 dvoriane(궁정인)같은 하층민들과 마찬가지로 왕의 영원한 신하가 되었다. 공작과 신하로부터 새로운 질서에 대해 저항하려는 시도들은 차르 이반 4세에 의해 아프리치나 테러 시기에 분쇄되었다.[19] 차르들은 군사 봉토(pomestia) 제도를 통하여 상류 계층의 토지 소유 및 군대를 통제하였다. 봉토에 노동력을 제공할 필요성은, 당초에는 오직 한시적 성격을 띠었으나, 상류 계층의 토지에 농노제의 설립을 가져왔다(1581년). 농민에 대한 농노제는 1649년에 법전(Ulozhenie)으로 항구적으로 법제화되었다. 바로 이 법전의 조항에 따라서 도시민(posadkie liudi)들은 결국에 수많은 폐쇄된 공동체로 조직되었으며, 그 공동체의 모든 구성원들은 상호 보증에 의해 자신들에게 부과된 세금 지불과 특별한 종류의 복무를 이행해야 했다. 그리고 국가 농지에서 일하는 자유농민, 그리고 농노들뿐만 아니라 도시민들은 왕의 백성들 가운데 가장 하층 계급으로 간주되었고, 군역 또는 궁정 부역으로부터 면제되었지만 무거운 세금을 납부할 의무가 있었으며, 어떤 경우에 있어서는 강제 노동(tiaglo, 부역)을 해야 했다. 따라서 관헌(기술적 의미에서 군역 또는 궁역의 "복무"에 종사하는 사람들)과 부역인(부역해야 하는 사람들)의 구별이 발생하였다. "복무"는(앞에서 사용한 의미) 결국에 좋은 혈통의 가계 출신으로 규정되는 반면에 "부역"은 평민들의 봉사를 의미했다. 이러한 구별은 결국 17세기 모스크바 왕국의 사회 구조의 기본 특성이 되었으며, 18세기의 상트-페테르부르크 제국의 시기에는 보다 첨예한 형식으로 나타났다.

이러한 모스크바 러시아와 키예프 러시아의 국가 및 사회의 특성에 대한 짧은 비교 분석으로부터 이 두 체제 사이의 간극은 진정으로 끝이 보이지 않는다는 것이 분명하게 되었다. 명백한 것은 그러한 격변이 하루아

---

[19] 이반 4세는 반란에 대항하기 위하여 궁정에 특별 경호대 또는 정치 경찰을 결성함으로써 1564년 친위대 체제를 세웠다. oprichnina '친위대'라는 말은 "분리된" 또는 "개별적인" 경영 또는 궁정을 의미한다. G. Vernadsky, *A History of Russia* (Yale University Press, 1951 ed.), pp. 67-69 참조.

침에 일이날 수 없다는 것이다. 실제로 자유사회에서 의무복무의 사회로의 이행과정은 몽골 제국의 시기에서 시작되었으며, 17세기 중반까지 계속되었다.

이제 우리가 심사숙고해야 할 문제는 이 과정에 있어서 몽골의 지배가 했던 역할이다. 이점을 해명하기 위하여 몽골시기 동안 러시아 민족의 경제, 정치 그리고 사회조직에서 발생하였던 변화들을 우선 간략히 고찰해 보고자 한다.

2. 몽골 정복이 러시아 민족 경제에 미친 영향

I.

1237-40년 몽골 침입 시기에 러시아에 대한 재산과 인명에 대한 대규모 살상과 파괴는 러시아인을 아연 질색케 한 충격이었으며, 정신을 잃은 러시아 민중에게 오랜 기간 동안 경제적, 정치적 생활의 정상적 흐름을 무너뜨렸다. 러시아인들의 인명 손실을 정확하게 파악하기는 어렵지만, 의심할 여지 없이 엄청난 것이었으며, 만약 이 손실에다가 몽골인들에 의해서 노예로 끌려간 사람들을 포함시킨다면 전체 인구의 적어도 10% 이상은 되었을 것이다.

무엇보다도 이러한 참혹한 파괴에서 많은 도시들이 피해를 입었다. 키예프, 체르니고프, 페레야슬라브, 랴잔, 수즈달과 같은 러시아 문명의 오랜 중심 도시들과 보다 젊었던 블라디미르-수즈달을 비롯한 일부 다른 도시들은 완전히 파괴되었으며, 앞에서 열거한 도시들 가운데 첫 번째 세 도시는 수백 년 동안 쌓아 왔던 풍요를 일시에 모두 잃어버렸다. 스몰렌스크, 노브고로드, 프스코프, 갈리츠와 같은 서부 및 북부 러시아의 덜 중요했던 도시들만이 당시의 참상을 벗어날 수 있었다. 숙련된 장인들과 훈련된 수공업 종사자를 데려가 칸에 봉사시키는 몽골의 정책은 몽골 침입의 초기에 물리적 파괴를 입지 않은 도시들에까지도 새로운 부담을 떠안게 만들었다. 대칸에게 일정한 쿼터로 가장 훌륭한 러시아 장인들과 금은 세공업자들을 보냈다. 앞에서 언급했듯이, 요한 플라노 카르피니 신부는 구육의 병영에서 그들 가운데 한 사람인 금 세공업자 쿠즈마를 만났다. 황금 오르다 칸의 개인적인 필요뿐만 아니라, 수도 사라이의 건설 및 화려한 장식을 위해 많은 사람들이 칸에 의해 요구되었다. 다양한 종류의 수공인들, 예를 들어 대장장이, 무기제작인, 마구 장인 역시 주치 가계 및 남부 러시아 몽골군의 최고 사령관급들의 소유가 되었다.

러시아 장인들과 수공인들이 몽골 세계에 집중적으로 분포되어 한때 러시아 고유의 숙련된 노동력의 원천은 소멸되어 버렸으며, 전통적인 산업 생산의 연속성이 중단될 수밖에 없었다.[20] 1240년 키예프에 에나멜 제조장 폐쇄는 물론 제조 장인들을 살해 또는 포로로 만들어 버렸기에 키예프에서 높이 발전된 수준의 러시아 에나멜 방벽 예술은 사라지게 되었다. 14세기에 걸쳐서 몇 가지의 리모주 에나멜이 수입되었으며, 14세기 말에 결국 모스크바에서 샹르베 칠보 유약이 제조되었다. 16세기에 모스크바의 장인들은 칠보 유약을 제조하기 시작하였지만, 그 결과는 매우 조야한 것이었으며, 키예프에서 생산된 것들과 비교조차 할 수 없는 것들이었다.[21] 금속 세공의 생산은 거의 100년간 중단되었으며, 그 뒤에는 중앙아시아 모형들의 영향으로 복원되었다.[22] 중앙아시아로부터 모스크바에는 모노마하 왕관과 같은 금은 세공품 생산물들이 유입되었으며,[23] 사라이에서 (혹은 우르겐치에서) 일했던 귀금속 가공에 종사했던 몇몇의 장인들은 14

---

[20] Rybakov, pp. 525-538.

[21] Idem, pp. 535-536.

[22] Idem, pp. 641-646.

[23] 모노마흐 왕관에 관해서는 본장 6절, p. 554 참조.

세기 중반에 러시아로 돌아올 수 있었다. 그 뒤에 티무르가 사라이 그리고 우르겐치를 파괴할 시기에 참상에서 살아남은 일부 호라즘 학파의 장인들은 모스크바 대공의 초대를 받아 그 기술을 전수할 수 있었다.

흑금 니엘로 기술도 몽골 침입 이후에 더 이상 사용되지 않았으며, 16세기에 이르러서야 다시 널리 퍼지게 되었다. 또한 13세기와 14세기에 러시아에서 장식용 화장벽돌을 포함하여 유약을 바른 다색 세라믹을 생산했다는 증거도 없었다. 15세기에 이르러서야 그런 유물들이 다시 나타나기 시작했다. 유리 팔찌와 유리, 홍옥수, 그리고 청동으로 된 구슬 생산, 그리고 다른 장식물의 생산 역시 완전히 중단되었다.[24]

몽골의 정복 결과로 인한 또 다른 손실은 돌을 자르고 도려내는 기술이다. 이 계통의 마지막 걸작은 수즈달 공국 유리에프-폴스키의 게오르기 사원의 석면에 새겨진 것으로 몽골의 침입이 있기 얼마 전에 완성된 것이었다.[25] 일반적으로 말해서, 동부 러시아에서 건축기술은 상당한 퇴보를 이루게 된 것이다. 몽골 침입의 최초 백년간 석조 건물은 그 이전 세기에 이루어진 것보다 훨씬 적었으며 그 건축의 질도 그보다 매우 떨어졌다.

몽골의 침입과 더불어 수공업자들에 대한 몽골 정책도 전반적으로 러시아 산업 생산을 단절시키는 데 강력한 영향을 미쳤다. 노브고로드조차 처음에는 영향을 받았으나, 신속하게 복원되었다. 그곳에서 산업의 침체는 약 반세기가량 계속되었다. 동부 러시아의 대부분의 지역에서 산업 생산의 저하는 100년 동안이나 지속되었다. 단지 14세기 중반에, 러시아에 대한 몽골의 통제가 약화되었을 시기에 몇 가지 부문의 생산력, 특히 금속 제련 분야에서 눈에 띄게 부활되었다. 15세기의 전 기간을 통해서 대

---

24) 『키예프 러시아』에서 저자는 "키예프 시대에는 유리를 생산했다고 하는 충분한 증거들이 존재하지 않는다"라고 하는 잘못된 주장을 폈다. 동시에 저자는 당시에 B. A. Rybakov이 밝혀낸 가장 최근의 고고학적 연구의 결과들을 알지 못했다.

25) 『키예프 러시아』, p. 260 참조.

부분의 도시 수공업은 매우 빠르게 발전되었다.[26] 트베르와 모스크바뿐만 아니라, 즈베니고로드와 같은 보다 적은 규모의 도시들은 다시 부활하는 수공업의 중심도시가 되었다.[27]

몽골 지배의 첫 세기에 도시 수공업이 사라짐으로써 소비 욕구를 만족시키는 데 있어서도 오랜 기간 동안 심각한 결핍을 보였다. 농촌의 거주민들 또한 그들이 집에서 생산할 수 있는 것들에 종속될 수밖에 없었다. 공작, 귀족, 그리고 수도원들은 자신들의 힘으로 수공업을 발전시킬 수 있는 방법 이외에 다른 대안이 없었다. 그들은 자신들의 노예들 또는 고용인들을 가르치거나 고도로 훈련된 능숙한 장인들을 자신들의 영지에서 자신들을 위한 일에 종사하도록 유인했다. 앞에서 밝혔듯이, 교회의 소유하에 사는 주민들은 몽골인들에 의해서 세금 및 다른 징수에서 면제되었다. 비록 귀족의 영지는 그러한 특권을 가지지는 못했지만, 칸과 매우 좋은 관계를 유지하고 있는 공작이라면, 몽골 침입의 최초 그 어려운 수십 년 동안에도 적어도 자신의 소유에 있는 수공업자들 가운데 몇몇은 칸의 부역으로 소집되지 않도록 합의도 볼 수 있었다. 결국에 공작들과 주교들은 포로로 잡혀 온 장인들의 기술들을 회복시키는 데 성공하였으며, 다른 많은 장인들이 몽골로부터 도망쳐서 러시아로 돌아오는 데 성공하였다. 그렇게 해서 매우 적은 소수의 대장장이, 도공, 목수, 제화, 재단사들만이 귀족 및 사원의 영지에서 살게 되었다. 대공의 영지가 대도시로 변할 경우, 모스크바와 같은 경우처럼, 이러한 수공업자들과 많은 다른 장인들은 시장을 위해서가 아니라, 대공의 궁정을 위해서 계속 일을 할 수 있었다. 영지에서의 수공업 성장은 14-15세기 러시아 경제의 뚜렷한 특징이었다.

---

[26] Rybakov, pp. 595 이하.

[27] 즈베니고로드의 수공업에 관해서는 *MIAS*, *12*(1949), 127-131 참조.

Ⅱ.

  농업은 수공업보다 몽골 침입으로부터 덜 영향을 받았다. 몽골의 직접적인 통치하에 있던 남부 러시아 지역에서는 자신들의 군대 및 정부를 위해서 수수, 밀과 같은 곡식의 재배가 장려되었다.[28] 러시아의 다른 지역에서 몽골인에 의해서 징수되거나 또는 그들을 위한 공물의 대부분은 바로 농민들에 의해 지불되었기에, 따라서 몽골은 농업 생산성을 저하시킬 아무런 이유가 없었다. 수렵 및 어업에 대한 관계에 있어서 그러한 상황은 마찬가지였다. 철 야금과 소금 채취(증발에 의한)도 마찬가지로 감소되지 않았으며, 특히 철광석의 대부분의 외부 단층(러시아의 몽골시기에 유일하게 개발된)과 제염소는 노브고로드 지역에 위치하고 있었다. 블라디미르 대공국의 북부에 있던 그런 지대들은 몽골인들의 직접적인 영향력이 미치는 영역 밖에 위치하고 있었다.

  몽골 시기에 동부 러시아에 있어서 농업의 견고한 성장은 농업을 민족경제의 주요 산업으로 만들었다. 러시아의 중부 및 북부 지역에서의 농업 발전은 몽골 지배의 초기에 모스크바 및 트베르의 외곽과 같은, 침략으로부터 보다 안전한 지역으로의 이민이 가져온 결과의 하나였다. 마찬가지로 블라디미르 대공국의 북동지역, 대부분 코스트로마와 갈리츠 지역으로 주민들이 밀집하였다. 주민의 증대로 인하여 더욱 더 많은 숲들이 경작지로 정리되었다. 새롭게 정리된 경작지에는 포세카(podseka) 기술이 적용된 반면에,[29] 중부 지역은 삼포식의 윤작이 널리 퍼졌다. 이 기간에 동부 러시아와 노브고로드에는 세 가지 종류의 쟁기가 사용되었다.[30] 무

---

[28] 제1장 7절, p. 83, 그리고 제3장 8절, p. 323 참조.

[29] Podseka는 "삼림 벌목"이라 한다. 삼림 벌목과 화전(火田) 이후에 최초의 2-3년의 작황은 매우 높았다. 그러나 그 토지는 후에 몇 년간을 휴전(休田)에 들어가야 했다. 『키예프 러시아』, p. 108 참조.

[30] N. Rozhkov, *Obzor russkoi istorii s sotsiologicheskoi tochki zreniia* (『사회학적 관점에서 러시아사 개괄』) *2* (St. Petersburg, 1905), 137-138. 또한 P. P. Smirnov,

거운 쟁기(plug), 개량된 쟁기(무거운 보습과 일체된 나무 쟁기), 그리고 가벼운 나무 쟁기. "무거운 쟁기"는 그렇게 자주 사용되지는 않은 것 같다. 가벼운 쟁기(말 한필이 끌었던)가 북쪽의 삼림 지대에서 일반적으로 사용되었다. 모스크바 외곽에서는 세 필의 말이 끌었던 개량된 쟁기가 표준 농기구였던 것 같다. 얼마 전 역사가 P. P. 스미르노프는 이반 1세 통치기에 완전히 새로운 형태의 쟁기가 출현하였으며, 모스크바 왕국의 농업에 크게 기여하였다고 추정하였다. 스미르노프는 또한 이러한 발명이 모스크바 국가의 급속한 성장의 주요한 요인 가운데 하나라고 추정하고 있다.[31] 명석한 이론이나 그 이론을 증명해 주는 충분한 증거는 없다.[32]

말과 가축을 방목하는 일은 동부 러시아의 농업 경제에 있어서 단지 제한된 의미만을 지니고 있었으며, 가축을 기르는 방식은 원시적인 방법에 머물러 있었다. 그러나 공작들은, 특히 모스크바의 대공들은 가축, 특히 말의 방목에 관심이 대단했다. 마구간의 장인(koniushi)은 앞에서 보았듯이 대공의 행정부에서는 매우 중요한 직책의 하나였다. 모스크바 대공들의 유언에서는 수말, 암말의 떼, 파발마 등에 대한 언급이 자주 나타나 있다.[33] 말을 기르는 일이 대공국의 경제에 있어서 중요한 부문이었다는

"Obrazovanie russkogo tsentralizovannogo gosudarstva v xiv-xvi vekakh,"(「14-16세기 러시아 중앙집권국가의 형성」), *Voprosy istorii* (『역사의 제문제』)(1946) Vol. 2-3, pp. 77-79 참조.

[31] Smirnov, (주석 30), pp. 76-77.

[32] P. P. Smirnov의 이론에 대한 비판은 I. I. Smirnov, "O putiakh issledovaniia russkogo tsentralizovannogo gosudarstva,"(「러시아 중앙집권국가에 대한 연구 방법에 관하여」) *Voprosy istorii* (『역사의 제문제』)(1946), Vol. 4, pp. 30-44; V. Mavrodin, "Neskolko zamechanii po povodu stat'i P. P. Smirnova,"(「P. P. Smirnov 논문에 대한 몇 가지 지적」) *Voprosy istorii* (1946), Vol. 4, pp. 45-54; S. Iushkov, 「14세기-16세기 러시아 국가 형성에 관한 문제에 대하여」, *Voprosy istorii* (1946), Vol. 4, pp. 55-67; K. Bazilevich, "K voprosu ob istoricheskikh usloviiakh obrazovaniia russkogo gosudarstva,"(「러시아 국가 연구에 대한 역사적 조건의 문제에 관하여」) *Voprosy istorii* (1946), Vol. 7, pp. 26-44 참조.

[33] *DDG*, 8, 14, 16 참조.

것은 분명했다. 대공은 말이 필요했으며, 특히 무엇보다도 자신의 군대에 기마군단을 구성하는 데 긴요했다.

이제 몽골 시대에 러시아에서 무역의 발전에 대해서 살펴보자. 이미 밝혔듯이 무역로에 대한 통제는 몽골 정책에 있어서 매우 중요한 측면을 지니고 있었고, 국제 무역은 몽골 제국은 물론이고 황금 오르다에 있어서도 국가 근간의 하나였다. 황금 오르다의 칸들은, 특히 망구-테미르는 노브고로드와 크림 및 아조프 해의 이태리 식민지들과의 양방향 교역 발전을 위하여 많은 노력을 기울였다. 바스칵 아흐마드의 사례에서 보듯이, 지방의 몽골 통치자들 또한 무역 번영을 위해 전력을 다하였다.[34]

이로부터 몽골 지배가 러시아 무역 발전에 매우 긍정적인 환경을 조성하였을 것이라고 추정하게 될 것이다. 대체적으로 그러하였지만, 순 기간에 그러하지는 못했다. 몽골 통치의 처음 백년간 러시아 내부의 무역은 도시 수공업의 파괴로 말미암아 매우 축소되었으며, 그 결과로 농민들에 대한 수요 욕구를 만족시킬 능력이 되지 못하였다. 대외 무역과 관련해서 베르케 시대에는 중앙아시아 출신의 이슬람 대상들로 구성된 강력한 조합이 대외무역을 독점하였다. 오직 망구-테미르 통치 기간에 러시아 대상들에게 기회가 왔으며, 그들은 그 기회를 어떻게 활용할지를 알고 있었다. 이미 지적했듯이, 칸 우즈벡의 통치시대에(1314-1341년) 사라이에는 이미 대규모 러시아 상권이 형성되어 있었으며, 의심할 여지 없이 대상들은 그 핵심을 구성하고 있었다. 북(北) 코카서스에 있던 우즈벡의 병영에서 트베르의 대공 미하일 처형에 관한 일화로부터 당시 일정한 수의 러시아 대상들이 거주하고 있었다는 것을 알 수 있다. 그 일화에 따르면, 러시아 대상들은 미하일의 주검을 가까운 교회로 안장하려 했으나, 몽골인들은 그것을 허락하지 않았다.[35] 토흐타미쉬의 원정(1382년)에 관한 설명

---

34) 본서 3장 5절, p. 343 참조.

35) Nikon, *10*, 186.

에서 알 수 있듯이, 당시에 러시아인들은 볼가 강의 수로를 통제하고 있었다. 당시의 러시아 문헌들은 황금 오르다의 지리에 대해 상당한 지식을 갖고 있었다는 것을 증명해 주고 있으며, 다양한 계기에 사라이뿐만 아니라, 우르겐치, 아스트라한과 같은 다른 무역의 중심지에 관해서 언급하고 있다. 물론 그 중심지들에 관한 정보는 대상들이 제공한 것이었다.

러시아인들은 또한 아조프 해 및 크림 지역의 이태리 식민지에 대해서도 잘 알고 있었다. 실제로 당시의 러시아 대상들이 가장 많은 이윤을 내고 있었던 도시는 수로즈(솔다이아)였다. 이 대상 그룹들은 후에 수로즈인(수로즈 교역인들)으로 알려지게 되었다. 수로즈인에 관한 언급은 1288년 블라디미르-볼리냐에서 바실코의 아들 블라디미르 공작의 죽음에 대한 볼리냐의 문헌에서 최초로 언급되고 있다. 그 문헌은 그의 죽음에 대해서 대공의 친척들과 블라디미르의 주민들뿐만 아니라, 당시 도시에 살고 있던 독일인, 수로즈인, 노브고로드인, 유태인들도 애도하였다고 서술하고 있다.[36] 14세기에 수로즈인들은 모스크바 무역에 매우 중요한 역할을 하였다. 사실상 대부분의 모스크바의 대상들은, 모스크바 대공국 상인 계급의 상류층의 구성원들로 알려진[37] 수로즈인들이었다.[38]

망구-테미르 및 그 후손들의 무역 정책 덕분에 유럽과 러시아 무역은 몽골 시기에도 확장되었다. 노브고로드는 한자 동맹과 활발하고 이익을 내는 상업 무역을 구가하였다. 모스크바와 트베르는 노브고로드와 프스코프, 그리고 리투아니아와 폴란드와도 무역을 하였으며, 이를 통하여 보헤미아와 독일과도 교역하였다. 유럽에서 러시아로 들여오던 주요 상품은 양모였으므로, 유럽과 교역하던 모스크바 대상들을 "포목상"(sukonniki)이라고 불렀다. 일찍이 노브고로드는 이프레에서 최고급 품질의 직물을 들

---

36) Hyp., p. 220.

37) гость의 용어에 대해서는 『키예프 러시아』, p. 317 참조.

38) V. E. Syroechkovsky, "Гости-Сурожане," GA, 127(1935) 참조.

여왔다.[39] 14세기와 15세기에 직물생산은 중유럽, 특히 작센, 보헤미아, 모라비아에서 발달하였다. 16세기 대부분의 수입 직물은 바로 보헤미아와 모라비아로부터 모스크바에 들어 왔으나, 15세기 이들 나라로부터 러시아로 이와 같은 대규모의 수출이 이루어졌다는 증거는 없다.[40] 14세기와 15세기에 트베르에서 생산되던 자물쇠들이 동부 러시아로부터 보헤미아로 수출되었다.[41]

3. 정부 및 행정에 대한 영향

Ⅰ.

법리적으로 말한다면, 몽골 시기에 러시아는 독립된 정부를 가지지 못했다. 몽골 및 중국의 대칸은 모든 러시아 땅의 주인으로 간주되었으며, 자주 실제로 러시아 정세에 개입하였다. 현실적으로 말하자면, 황금 오르다의 칸은 러시아의 최고 통치자, 러시아 문헌 속에서 부르듯이 러시아의 "차르"였다. 러시아의 어떤 공작도 칸으로부터 반드시 필요한 권력의 칙령(야를릭)을 받지 않고서는 자신들의 땅을 통치할 권리가 없었다.

이와 같은 것들이 법적인 측면에서 본 상황이다. 실상으로 보면, 앞서 두 장에서 밝힌 러시아-몽골 관계의 역사에서 본대로, 러시아의 내부적인 정치적 삶은 절대로 중단된 적이 없었으며, 단지 몽골의 지배로부터 제한되고 변형되었을 뿐이었다. 몽골 제국의 분할과 황금 오르다의 위상 약화로 러시아에서의 민족의 정치력은 몽골의 초(超)구조 밑에서 나타나기 시

---

[39] 『키예프 러시아』, pp. 120, 343.

[40] Florovsky, *2*, 141-142; *idem*, "Českomoravské a slezské soukenictvi a výhodoevropský trh," *ČČH, 46*(1940), 2-5.

[41] Rybakov, p. 600; Florovsky, *2*, 208-210.

작하여 더욱 더 큰 힘을 축적하기 시작하였다. 그러나 이러한 전통적인 정치권력의 상호 관계는 몽골 침입으로 인하여 완전히 전복되어 버렸으며 권력의 각 세 가지 요소의 상대적 중요성 및 고유한 성격은 급격한 변화를 겪었다. 여기에서, 민족 경제의 영역에서와 마찬가지로, 도시의 역할이 저하되었다는 것은 무엇보다 가장 중요한 사실이다

정치적 관점에서 몽골 시기에 동부 러시아 대부분의 대규모 도시들의 파괴는 키예프 러시아 시기에 전(全) 러시아에서 번영하였던(그리고 몽골의 시기에 노브고로드와 프스코프에서 계속 번성하였던) 도시의 민주적 제도에 치명적인 타격을 입혔다. 더구나, 최초 초기 백년의 기간 동안에 몽골 통치에 대한 강력한 저항세력을 형성하였던 것은 다름 아닌 파괴를 피할 수 있었던 혹은 복원되었던 도시들의 주민들이 이룩해 낸 것이었다. 공작들과 귀족들이 점령자들의 요구에 부응하여 그들과 잠정 협정의 관계를 설정할 수 있었던 반면에, 도시민들, 특히 일상적으로 동원에 시달리며 살았던 수공업자들은 새로운 통치자들에 의해서 시행되는 각종 억압 조치에 분노가 끓어오르고 있었다. 그러므로 몽골인들로서는 도시의 저항에 대해 강력히 분쇄하고 정치제도로서 도시 민회(民會)인 베체를 폐지하고자 전력(全力)을 다했다. 이를 위해서 그들은 로스토프 및 다른 많은 도시들에서 나타난 혁명적 동향을 매우 걱정하던 러시아 공작들과 협력을 유지하였다.

몽골인들과 러시아 공작들의 공동의 노력으로 13세기 후반 도시에서 일어난 반란들이 퍼져나가는 것을 차단할 수 있었으며, 때로는 로스토프에서 때로는 다른 도시에서 일어났던 산발적인 그리고 고립된 저항들을 진압할 수 있었다. 그렇게 해서 도시 민회의 권력은 급격히 약화되었고, 14세기 중반에는 동부 러시아 대부분의 도시에서 정상적인 활동을 중단하게 되었으며, 더 이상 정부의 한 요소로서 간주될 수 없었다. 따라서 1470년대에 러시아 공작들이 몽골인들에게 저항을 시작하였을 때에도,

최소한 배체와의 불화에서 야기될 원인은 이미 소멸되고 없었다. 1374년 니즈니 노브고로드에서 마마이의 사절을 체포한 경우, 현지 공작은 그 도시 배체의 반(反)몽골 행위를 승인하였다. 그러나 대체적으로 공작들과 신하들은 계속해서 배체가 지닌 반란 성향에 대해 의심의 눈초리로 바라보았다. 비록 그들은 도시민들이 몽골에 대한 자신들의 저항을 지지해주기를 내심 바라고 있었으나, 그때에도 그들은 자신들의 손에 의한 통치가 유지되기를 바라고 있던 것이었다. 그렇게 해서 정부의 항구적인 한 구성 요소로서 배체는 결국 사라졌다. 앞에서 보았듯이, 공작들은 천호에 의한 자신들의 행정 통치에서도 일반인들의 이익을 대표하는 것을 없애버리는 데도 성공했다. 1375년 천호제는 폐지되었다. 그러나 배체를 완전히 뿌리째 없애는 일은 쉬운 일이 아니었다. 일상에서 기능하는 것이 금지되었던 배체는 귀족과 공작들이 통치에 무능함이 나타날 경우에는 즉각 배체가 소집되었다. 토호타미쉬의 침입 시기에 모스크바 시민들에 의한 일시적 권력 장악은, 비록 이러한 배체의 부활이 각각의 구체적인 경우에 있어서 오랫동안 지속되지는 못하였지만, 위기 상황에서 배체가 복원된다는 전형적인 예를 보여주고 있는 것이다.

사회적 그리고 정치적 삶에 있어서 도시의 몰락이 가져온 또 다른 중요한 결과는 러시아 정치 구조에 있어서 대규모의 영지가 지니는 상대적 중요성이 증가하였다는 점이다. 앞에서 살펴보았듯이 몽골 이전의 시기에 사회정치적 제도로서 영지가 우위를 점하고 있었다.[42] 12세기에 공작들과 귀족들은 대규모의 영지를 소유하고 있었으며, 그것으로부터 그들은 상당한 소득을 얻었다. 그러나 정치적 삶은 어쨌든 도시를 중심으로 집중되었으며, 대부분의 공작들은 자신들의 경제 활동보다는 정치 활동에 더 많은 관심을 두었다. 하지만 이제 몽골 시기에 상황은 바뀌었다.

---

[42] 『키예프 러시아』, pp. 201-204.

몽골인들에 의한 그들의 정치적 권리에 대한 제한으로 공작들은 자신이 소유하고 있는 것을 운영하는 데에 더 많은 관심을 할애할 수밖에 없었다. 도시의 몰락으로 농업과 더불어 토지 및 삼림의 자연적 자원을 이용하는 다른 부문들이 전면에 나섰다. 그 결과로 모스크바 왕국에서 대공들의 소유는 대공국의 경제력과 행정부의 근간으로 변했다. 영지는 그들 소득의 기본 원천 가운데 하나일 뿐만 아니라, 통치적인 의미에서 그들 소유의 핵심이 되었다. 또한 공작의 권력에 관한 모든 개념은 이제 상속이라는 전통으로 바뀌게 되었다.

마찬가지로 당시에 귀족들의 토지 소유도 안정적으로 확대되었다. 전반적으로 몽골 시기에 귀족들은 이전보다 더 훨씬 국가 업무에 많은 영향을 미칠 수 있게 되었다고 말할 수 있다. 이전에는 오직 갈리시아의 귀족들만이 정치 영역에서 지배적인 위치로 나서는데 성공했다. 14세기 전반기에 그들의 정치적 야망은 축소되기 보다는 더욱 증대되었으며, 앞에서도 보았듯이, 갈리시아의 마지막 공작 유리 2세와 귀족간의 갈등은 공작의 몰락을 촉진하였으며, 이는 리투아니아에 의한 그리고 곧이어 폴란드에 의한 지배의 길을 열었던 것이다.

귀족들이 끊임없이 그리고 의도적으로 공작에 대해 저항을 해왔던 갈리시아와는 달리 동부 러시아의 귀족들은 자신들이 참모로 있는 통치자의 대공국 또는 공국의 확장을 지원할 준비가 되었으며, 특히 그러한 확장은 계급으로서나 개별 개인으로서도 자신들에게 이득이 되는 일이었다. 모스크바의 공작들이 러시아 통치자들 가운데 권력 장악에 있어서 가장 앞서 나가는 것이 분명해지자 더 많은 귀족들은 모스크바 공국에 자신들의 복무를 제안했다. 모스크바의 성장을 지원하면서 귀족들은 의도적으로 또는 의도하지 않던 러시아의 통일에 기여하였다. 많은 경우에 있어서 그들은 다른 공국의 귀족들에게 모스크바 공국의 지도력을 인정하도록 설득하는 데 성공할 수 있었다. 그 인정에 대한 동기 유발로 모스크바의 성장을 지원하는 외부 후원자들에게는 궁정에서의 복무를 약속해 주었으며, 이는 곧 모스크바 귀족의 지도 계층으로의 편입을 의미하고 있었다.

키예프 러시아 시기에서 귀족 회의에 관해서 언급하는 경우, 중요한 문제를 다룰 때에만 소집되었고 모든 귀족 지도자들이 참가했던 전체 회의와 상시적으로 열렸던 내부 회의 또는 공작 간부 회의를 구별해야 한다. 몽골 시대에는 대공 각료 회의에는 국가 및 궁정 정부의 최고 관료들이 포함되었으며, 그들 가운데에는 모스크바의 "부지사", 병참 사령관(okolnichi), 그리고 "행정 귀족들"(boyare putnye)이라 부르는 공작 영지를 관할하는 행정 당국의 귀족 수장들이 참석했다. 각료의 다른 주요 귀족 구성원으로는 "대귀족"(bolshie boyare) 또는 "공작의 궁정에 진입이 허용된 귀족"(boyare vvedennye)이 있었다. 천호 제도가 해체될 때까지 천호장 또한 각료 내부 회의의 상임 위원이었다.

국정 운영에 대한 자신의 모든 영향력에도 불구하고, 그리고 토지 개별 소유의 성장에도 불구하고, 모스크바 귀족 사회는 몽골 시대에 자신들의 정치적 권리를 정확하게 규정하는 데 실패하였다. 어떠한 인자들이 자신들의 귀족 회의를 기능하기 위한 확고하고 합법적인 보장을 구축하는 것을 방해하였는가? 물론 말할 것도 없이 가장 중요한 요인은 최고 몽골 권력의 존재였다. 모스크바 공작을 포함하여 러시아 공작들의 권력은 칸의 야를릭으로부터 나왔으며, 공작은 내부 저항세력을 제거하기 위하여 항상 칸에게 지원을 요청할 수 있었다. 민회(民會)의 권력은 칸과 공작의 공동의 힘에 의해 제한되어 있었다. 귀족들은 공작이 자신들과의 첨예한 갈등을 일으키는 경우 칸에게 호소할 수 있다는 것을 틀림없이 잘 알고 있었다. 황금 오르다가 강력했을 때, 칸의 야를릭은 단순한 종이장이 아니라 권력의 위임을 의미했다. 동부 러시아 귀족들의 정치적 집권의 의지를 제한했던 다른 잠재적인 요소들은 도시민, 특히 하층민에 대한 관계였다.

제도로서 민회의 폐지에도 불구하고 도시민들은 러시아 정치의 한 요소로서 남아있었다. 그들은 어떠한 종류의 귀족 관료의 제도 설립에 대해 분명하게 대립할 수도 있었다. 대공은 몽골에 대해 반란을 일으키고자 하는, 아직은 섣부른 민중들의 시도들을 좌절시키곤 하였지만, 민중들은 대공을 군사력의 최고 수장으로서 미래에 몽골에 대한 성공적인 민족 투쟁을 이끌 수 있는 능력을 지닌 유일한 지도자로서 간주했기 때문에 원칙적으로 공작의 권력에 대항하지는 않았다. 오히려 그 반대로 민중들은 귀족들을 의심스러운 계층으로 대했으며, 그들을 신뢰하지는 않았다. 1357년에 모스크바에서 일어났던 반(反)귀족 반란을 그 예로 들 수 있다.[43] 어떠한 경우라도 민중의 관점에서 보면 귀족들은 공작보다 더 많은 악을 자신들에게 가져다주었으며, 반면 귀족들은 자신들이 공작과 갈등을 일으키는 경우 칸뿐만 아니라 도시민들 또한 공작을 지원할 것이라는 것을 잘 깨닫고 있었다.

더군다나, 심리적으로 귀족들이 한 계급으로서 누리던 그 자유가 바로 귀족 권리에 대해 어떤 분명한 정의를 내리는 것을, 그들 대부분의 관점에서 볼때, 과분하고 부질없는 것으로 만들어 버렸다. 키예프 시기와 마찬가지로 동부 러시아의 어떠한 귀족도 만약에 그가 공작에게 만족하지 않을 경우에는 자신의 의무를 중단하고 다른 공작에게 복무할 수 있었다 (두 공작이 서로 서로 전쟁을 벌이는 경우는 제외하고). 이 경우에 귀족은 자신의 영지가 봉토가 아니라 세습 영지이기 때문에 자신의 영토를 상실하지 않았다. 대개 이러한 자유 복무의 원칙은 모스크바 공작에게 더 유리하게 작동하고 있었는데, 왜냐하면 모스크바 궁정에서의 복무는 당시의 다른 어떤 러시아 통치자보다 더 많은 이득을 얻을 수 있는 기회 및 매력을 제공했기 때문이었다. 귀족 자유의 원칙과 자신의 토지에 관한 귀

---

43) 본서 3장 6절, p. 300 참조.

족의 완전한 권리는 14세기 그리고 15세기 전반기에 공작들과 맺은 많은 협약 속에서 확인할 수 있다.[44]

앞으로 미래의 사건들은 자신들의 전통적 자유에 의존했던 동부 러시아의 귀족에게 쓰디쓴 좌절을 맛보도록 예정되어 있었다. 자신들의 발아래 견고한 바위라고 생각했던 것은 15세기 말까지 모래로 변해갔다. 키예프 러시아의 연방 구조의 한 특징이었던 자유 복무는 점점 증대되는 모스크바 전제군주의 이해와 양립할 수 없는 시대로 변해 가고 있었다. 정치적 상황의 변화로 자유 복무의 원칙에 대한 대공의 침해는 실제로 불가피한 것이 되었다. 그러한 종류의 침해가 몽골 시대에 일어났다. 최초로 잘 알려진 선례는 이반 벨랴미노프 사건이었다. 이반 벨랴미노프가 모스크바를 배반하고 1374년 트베르 공국으로 도망가자 그의 장원은 몰수되었으며, 그리고 후에 모스크바인들에 의해서 체포된 이후 처형되었다.[45] 이것이 첨예한 정치적 갈등과 민족 출현의 순간에서 비롯된 것이라는 점에 대해서는 논쟁의 여지가 있으나, 원칙의 위반이라는 것을 부정할 수는 없는 것이다. 그러한 또 다른 경우가 1433년 모스크바 대공국의 귀족 이반 브세볼로쥐스키가 대공 바실리 2세의 경쟁자였던 갈리츠의 유리 공작 편으로 돌아섰을 때이다. 그의 장원 또한 몰수되었다.[46] 그 당시 또한 가장 혹독한 갈등의 시기인 내전의 시기였으며, 그 속에서 양측은 협약뿐만 아니라, 도덕적인 계율까지 위반하게 되었다. 그러한 위반 행위들이 반복적으로 발생한 결과, 모스크바 궁정 내에서는 지금까지 어떠한 상황이라 할지라도 자신의 의지에 따라 떠날 수 있는 귀족의 권리를 부

---

44) *DDG*, pp. 40, 42, 52, 55 참조.

45) 본서 4장 2절, p. 372; cf. Diakonov, *Власть*, pp. 175-176.

46) Diakonov, *Власть*(『권력』), p. 177 참조. 트베르 문헌에 따르면, 모스크바인들이 후에 브세볼로쥐스키를 생포하였을 때, 바실리 2세의 명령에 따라 그를 장님으로 만들었다(*PSRL*, 15, 290). 다른 문헌에서는 그러한 정보는 없는데, 이런 경우 트베르 문헌의 정보의 진실성이 의심될 수 있다.

정하는 경향이 일어나게 되었다. 위기의 시기에 자신의 자유를 활용하고자 노력했던 귀족들을 이제는 탈주병 또는 배반자로 간주되었다. 이러한 새로운 관점은 매우 신속하게 자리를 잡아 갔으며, 16세기 초까지 모스크바 대공국이 모든 봉건 공국들을 삼켜버렸을 때, 모스크바 귀족들은 자신들이 대공의 복무에 묶여있다는 것을 알게 되었다. 그 외에도 이반 4세의 아프리치나 테러시기에 많은 귀족들이 자신들의 세습 영지를 상실하게 되었으며, 그 대신에 봉토(pomestia)가 하사되었다.

II.

몽골 시대에 동부 러시아 대공국의 권력 성장을 가능케 하였던 두 가지 주요 요인이 있었다. 대공국 내에서 각 대공의 권력 강화와 자기 이웃을 대가로 한 강력한 대공국의 확장이다. 전자의 과정의 결과로 모스크바의 대공은 결국 자기 공국의 절대적 주인(gosudar) 또는, 비록 러시아 용어로 전제군주 사모제르제츠(autocrat)는 1500년경에 다른 의미를 갖기는 했지만, "타국의 군주로부터 독립한 통치자"로 바뀌어 있었다. 후자의 과정은 민족 국가의 형성과 독재 군주(edinoderzhavie)라는 원칙의 승리로 이끌었다. 두 가지 경향이 결합되자 모스크바 대공(후에 차르)은 헤르베르쉬타인과 플레처를 놀라게 한 절대적 권력을 부여 받았다.

동부 러시아의 통일은 전(全) 몽골 시대에 걸쳐서 하락과 상승의 우여곡절을 계속 반복하다가 겨우 바실리 3세의 16세기 초에 완성된 지난한 과정의 결과였다. 역사 문헌에서는 칸이 모스크바 대공에게 공물 징수에 대한 최고의 책임을 지우게 하여 칸 스스로가 그 통일에 기여했다는 주장을 자주 만날 수 있다. 하지만 앞선 두 장에서 살펴본 몽골과 러시아의 역사적 사실 관계로부터 이러한 평가는 잘못된 것이며, 또는 적어도 과장된 것임을 말하고자 한다. 칸들은 하나의 러시아 공작에게 집중하여 너무나 큰 권력을 제공한다는 것이 얼마나 위험한 일인지를 잘 알고 있었다.

그러므로 14세기 전반기에 동부 러시아를 네 개의 대공국으로 분할, 통치하였으며, 그들 네 명의 대공에게 각각 자신들의 내부의 공국에서 세금을 징수토록 임무를 부여했다. 1392년에서야 칸 토흐타미쉬는 절망적인 상황에 처하여 모스크바 바실리 1세의 도움이 필요할 수밖에 없었기에, 그로 하여금 니즈니 노브고로드 대공국을 병합하도록 위임한 것이었다. 트베르와 랴잔 대공국은 일정기간동안 서로 불간섭의 상황에 있었다. 러시아를 정치적으로 분열된 상태로 유지시키는 것 외에도, 타타르인들은 어떠한 러시아 공작의 성장하는 권력이 두려워지면 언제나 그와 그리고 그의 잠재적인 동맹들 사이에 분열의 씨앗을 뿌려 놓으려고 노력하였다. 만약 갈등이 발생하게 되면, 그들은 자신들의 중재력을 발휘하거나 중재를 제안하기도 하는 방식으로 자신들의 권력을 확인받거나 또는 의심스러운 공작을 처벌하기도 하였다. 러시아 공작들은 누구보다도 이러한 함정에 대해서 잘 알고 있었으며, 당시 일부 공국들이 맺은 협약 속에는 만약에 타타르인들이 한 공국을 다른 공국에 대해 적대적으로 만들려고 노력한다면, 그 음모에 따르지 않을 것을 의무화한 조항이 있는 구절을 발견할 수 있었다. 그러나 러시아인들은 언제나 선의의 의지를 이행하고자 하는 건전한 사고를 가졌던 것은 아니었다.

　기억해 둘 것은 모스크바 대공국의 통치자만이 나라를 통일시키고자 했던 유일한 대공은 아니었다는 점이다. 트베르 대공들도 비록 행운이 따르지는 않았지만, 누구보다 야심에 불타는 공작들이었다. 곧 새로운 경쟁자로 리투아니아 대공이 등장했다. 이러한 지도적인 대공들의 입장에서 동부 러시아를 통일하려는 시도들을 단순하게 그들의 개별적인 야망으로만 설명할 수는 없다. 가혹한 정치적 상황은 민족 모두의 힘을 모으도록 요구했다. 그것 없이 몽골 지배로부터 러시아를 해방시킨다는 임무는 결코 완수될 수 없는 불가능한 일이었다. 이점을 많은 공작뿐만 아니라 대부분의 민중, 귀족은 물론 일반 백성들도 잘 알고 있었다. 그들은 오직 강력한 통치자만이 자신들을 승리로 이끌 것이며, 그러한 통치자를 지지할 준비가 되어 있었다는 것을 본능적으로 느끼고 있었다. 모스크바 대공이 다른 대공보다 강력하게 된다는 것이 분명해지자 더 많은 귀족들과 일반 백성들은 물론, 다른 대공국의 일반인들도 그의 지도력을 열렬히 성원했다. 이러한 관점에서 쿨리코프 들판의 전투에서 얻은 드미트리 돈스코이의 승리는, 비록 그 승리 뒤에 새로운 폭정의 시기가 뒤를 이었지만, 민족의식의 발전에 있어서 매우 중요한 계기였다.

러시아 대공들과 봉건 공작들 간의 주도권 장악을 위한 투쟁은 다양한 단계를 거쳐 진행되었다. 각 대공은 처음에는 자기 소유의 봉건 공작에 대한 자신의 권력을 강화하려고 노력하였으며, 추후에는 동부 러시아 전반에 걸친 공작사회에서 모든 수단을 동원하여 가장 유리한 입장을 차지하는 데 성공했다. 대공들과 봉건 공작들 사이의 정치적 상호관계의 단계는 당시의 공작간의 협약안에 그대로 반영되어 있으며, 지금까지 많은 협약의 원본들이 러시아 문서보관소에 보관되어 있다. 정치적 평등 또는 종속은 대개 이러한 협약 속에서 친족에 관한 용어 속에, 비록 이러한 용어들이 서명했던 당사자들의 사실적인 가족관계와 일치하지 않더라도, 친족으로 표현되었다. 예를 들어서 1367년과 1374년의 협약에서 드미트리 돈스코이의 조카인 세르푸로프의 블라디미르 공작은 드미트리의 "동생"으로 언급되고 있으며, 1389년의 협약 속에서는 드미트리의 "아들"로 소개되고 있다. 두 용어 모두 가신(家臣) 관계를 표현하기 위하여 사용되었던 것이다. 1389년 종속의 단계는 급상승한 것이다. 1375년 대공 트베르는 자신을 모스크바 대공의 "동생"으로 인정하였으며, 1382년에는 랴잔 대공을 똑같은 관계로 규정하였다. 다른 한편, 두 공작 또는 그 이상의 공작들이 동등한 조건에서 협약을 체결할 때에는 각각 서로를 "형제"라고 불렀다.

가신의 종속성을 보다 공식적인 용어로 사용한 경우는 동부 러시아 공

작들과 협약을 체결한 리투아니아 대공 비토브트였다. 예를 들어 1427년
의 협약에서 대공 트베르의 보리스는 비토브트를 자신의 주인(gospodin)
으로 인정하였다. 대략 2년이 지나 랴잔의 대공은 비토브트를 자신의 "주
인"과 "군주"(gospodar) 두 가지로 불렀다. 이 두 용어 가운데 첫 번째 용
어는 신속하게 퍼져서 바실리 2세와 세르푸호프의 바실리와의 협약에서
사용되었다(1433년). 세르푸호프의 바실리는 자신의 모스크바 동명(同名)
인에게 "주인, 맏형이자 아버지"로 호칭하여야 했는데, 정치적 관계와 가
족관계 용어의 우스운 혼합형이었다. 1년 뒤 모자이스크 및 베레야의 공
작들은 바실리 2세를 자신들의 주인으로 불렀으며, 이 경우에는 가족관
계 용어를 사용하지 않았다. 이때부터 "주인"이라는 용어는 바실리 2세와
다른 봉건 공작들과의 대부분의 협약에서 사용되었다. 1448년(또는 1449
년초) 모스크바 서기(書記)들은 봉건 공작들에 대한 관계에서 모스크바
대공의 권력을 한 단계 격상시키려고 시도하였다. 수즈달의 공작과의 협
약에서 바실리 2세를 그의 "군주"라고 불렀다. 그러한 정식은 그 이후 바
실리가 체결하였던 그 어떤 협약 속에서도 더 이상 반복되지는 않았다.
그러나 바실리 2세의 아들인 바실리 3세는 1478년 노브고로드인들이 자
신을 그들의 군주 gosudar(이 용어는 서부 러시아어 "gospodar"의 대러시
아어 형태)로 부르도록 요구하면서 그 용어를 완전하게 사용하였다.[47]
노브고로드인들에 의한 그 용어의 채택은 곧 노브고로드의 독립은 종말
을 고했다는 것을 의미하는 것이었다.

　이제는 다른 모든 공국들을 흡수하는 데 성공한 블라디미르 및 모스크
바 대공국에서의 대공 권력의 출현에 대해 살펴보자. 몽골 법의 관점에서

[47) Preobrazhensky, p. 153; Vasmer, p. 300 참조. *господарь*라는 말은 고대 슬라브
어 *господь* "주인"에서 기원한다(현대 러시아어에서는 또한 "신"의 의미를 지
닌다). Preobrazhensky, pp. 151-152; Vasmer, pp. 299-300. 바스메르에 따르면,
*господь*의 제2 음절의 어원은— 인도유럽어의 *potis*이다(라틴어에서는 "능력
있는", "전능한"을 의미한다).

모스크바 대공의 권력은 다른 러시아 공작들과 봉건 공작들과 마찬가지로 무엇보다도 칸의 야를릭에 기초를 두고 있었다. 키예프 시기에는 오로지 류릭코비치(류릭의 후손들) 가(家)의 공작들만이 러시아 공작의 권좌에 오를 권리를 가지고 있었다. 몽골은 칸의 직접적 통치가 미치지 않은 러시아 땅에 대해 류릭 家만의 배타적 권리 원칙을 인정하였다. 몽골인 자신들은 황금 친족에 의해 통치되었으므로 러시아의 단일한 통치 가문 원칙은 자신들의 고유한 통치 관념과 유사했다. 이런 점에서 14세기에 서부 러시아에서 새로운 게디민 왕조가 인정되었을 때, 몽골인들이 게디민의 후손들과 협상하는 것에 동의했다는 점을 상기할 필요가 있다. 그러나 이 경우 칸의 새로운 가신들은 신속하게 몽골 권력으로부터 해방되었으며, 마마이의 꼭두각시 칸 및 그 뒤 토흐타뮈쉬에 대한 야가일로의 "종속"은 근본적으로 가신(家臣)관계보다는 동맹 관계에 가까웠다.

몽골인들이 류릭 왕조를 인정한 것은 많은 문제들을 해결케 한 현명한 조치였다. 또한 그것은 러시아인들이 몽골을 영주로 받아들이는 것을 용이하게 만들었다. 류릭 가의 후손들은 계속해서 자신들에게 허용되는 한 러시아를 통치하였으나, 이제는 자신들의 계통학적 권리에 더하여 칸으로부터의 권한 부여, 이 두 가지 모두를 기반으로 통치했다. 이미 키예프 시기 말에 무너져 가던 계통적 연장자 순서에 따른 낡은 승계의 원칙은 이제 더 이상 유효하지 않게 되었는데, 칸들이 공작 야를릭을 수여 시 그 원칙을 자주 무시하게 되었기 때문이며, 러시아에서의 상황이 송두리째 변했기 때문이었다. 이제 각 공국에서 부자 상속이라는 권력 세습의 원칙은 표면화되었다. 그 어디에서도 모스크바 공국에서처럼, 그리고 사실상 블라디미르와 모스크바의 실질적인 병합 이후 모스크바 및 블라디미르 대공국에서처럼, 그 원칙이 활발하게 적용된 곳은 없었다. 따라서 세습 상속의 원칙은 모스크바 다니엘 가문(다닐로비치) 권력의 심리적 기초로 간주할 수 있다. 그 원칙은 우선 모스크바 대공국에 적용되었으며, 그 후 신속하게 블라디미르 대공국 전체로 뻐져나갔다.

이미 밝힌 것처럼, 현실적인 관점에서 대공의 영토는 공국 권력의 가장 중요한 토대 가운데 하나를 구성하고 있었다. 대공의 영지 권력 그리고 통치자로서의 권력이 엮여 서로 결합된 것은 보리스 치체린과 같은 많은 역사가들과 법률가로 하여금 공법에 대한 사법의 완전한 승리로, 그리고 당시 모스크바 공국에 있어서 모든 국가 개념이 사라졌다는 주장에 이르게 하고 있다. 그 이론을 주장하는 근거로서 치체린은 모스크바 공작들의 유서를 인용하고 있다.[48] 언뜻 보기에 이 이론은 신빙성이 있어 보이지만, 근본적으로는 역사적 현실에 대한 지나친 단순 이해의 예에 불과하다. 중세의 개념과 용어들을 해석할 때에는 추상적인 법적 모델들을 적용하는 데에 매우 신중해야 한다. 실제로 공작의 권력은 그의 사적 이해의 영역 속으로 완전히 파고들지 않았다. 국가 개념의 점진적 성장에 대한 분명한 표현은 각 모스크바 통치자들이 장남을 선호했다는 데서 발견할 수 있다. 당시에 그리고 그 후에도 러시아 법전에서 유언 없이 사망한 자의 상속에 관한 조항들 속에는 장자상속권의 규정이 존재하지 않았으며, 따라서 장자(majorat)의 이념은 러시아 사법 제도에 영향을 미치지 않았다. 장원은 공작 또는 귀족의 소유에 관계없이 모친, 과부 또는 딸들을 보호하기 위해 만들어진 특별 조항들과 함께 모든 아들 사이에 공평하게 배분되었다.

국가 영지에 대해서조차 이러한 규칙은 몽골 시대의 대부분의 동부 러시아 공국들에 널리 퍼져 있었으나, 모스크바 공국은 예외였다. 물론 모스크바에서조차 각 공작은 영지를 각 아들들에게 나누어주는 가족 전통에 묶여 있기는 했으나, 다른 공국과는 대조적으로 왕위의 계승자인 장남

---

[48] B. Chicherin의 저서 *Opyty po istorii russkogo prava* (『러시아 법 역사의 경험』)
(Moscow, 1858)에 있는 "Духовные и договорные грамоты великих и удельных
князей,"(「대공 및 영주의 정신적, 계약적 증서」) 특히 pp. 233-237, 242 참조.

에게는 다른 아들보다 더 많은 몫을 할당하였다. 당초에 장남의 물질적 부는 그렇게 눈에 띄는 정도는 아니었다. 그러나 원칙적으로 분배는 매우 중요한 것이었으며, 공작은 상속할 때에 장남에게 우호적으로 분배 비율을 쉽게 늘릴 수 있었다. 5명의 아들을 두었던 드미트리 돈스코이의 유서에 따르면, 몽골 공물의 매 천 루블당 각자가 보유한 영지의 몫으로 받은 수입을 보면 장남의 몫은 342루블이었다(동등한 비율로 나눌 경우에 200루블). 드미트리의 손자인 바실리 2세는 네 명의 아들들에게 모두 똑같이 12개의 도시를 선사한 반면에, 장남인 이반 3세에게는 14개의 도시를 할당했다. 이반 3세는 이러한 방향에서 더 나아가 다른 네 명의 아들들이 합쳐서 30개의 도시를 받은 반면에 장남에게는 66개의 도시를 남겼다. 그러한 처분의 동기는, 만약 공국의 지배가 완전한 통일을 이루지 못했을 경우, 후계자로 하여금 친족들 가운데에서 지도적인 위치를 점하도록 하여 통치를 안정적으로 보장하기 위한 것이었다. 그러한 분배 정리들은 러시아 사법 정신에 대비되는 것으로 그 속에서 국법의 요소들을 찾아낼 수 있다.

황금 오르다가 약화되자, 모스크바 대공은 자신이 소유하던 것들을 아들들에게 유산으로 남길 수 있을 뿐만 아니라, 대공국 권좌의 후계자를 지목할 수 있을 만큼 충분한 자신감을 가질 수 있었다. 드미트리 돈스코이는 자신의 장남인 바실리 1세에게 블라디미르 대공국을 "하사했던" 최초의 공작이었다. 그러나 바실리는 칸의 야를릭을 받지 않고서는 도저히 왕위에 오를 수 없었다. 또한, 바실리 1세가 자신의 유언을 작성했을 때 그는 감히 대공국을 소유할 수 없었다. 그의 아들 바실리 2세는 자신의 백부 유리의 저항으로 큰 어려움을 겪고서야 왕위에 오를 수 있었다. 이후에 그는 왕위를 두 번 잃었다가 두 번 다시 왕좌를 찾았다. 그는 자신의 장남인 이반 3세의 권리를 강화하기 위하여 장남을 대공으로 선포하고 1447년 말에 또는 1449년 초에 공동의 통치자로 선포하였다. 이로 인하여 그리고 자신의 통지 후반기에 권력을 강화한 결과로 바실리 2세는 흔들림 없이 이반 3세를 자신의 "세습 군주"로, 대공으로 "축복하였다." 그 덕분에 이반 3세는 칸의 승인에 대해 근심하지 않고서도 왕위에 오를 수 있었다.[49]

Ⅲ.

키예프 시대에 공국 통치의 기본 영역으로는 사법, 군사, 재정 분야가 있었다. 공작은 최고 재판관이자 군의 총사령관으로 그의 대신들이 세금을 징수하고 재판 수수료를 거둬들였다. 몽골 침입 이후에 모든 행정 기능에 대한 최고 운영에 차르인 몽골 칸이 개입했다. 러시아 공작의 권력은 급격히 축소되었다. 이제 공작들은 칸의 명령에 복종해야 했으며, 자신들의 고유 영역 내에서 공작들의 행정에 대한 전권(全權)은 엄격히 제한되었다. 그들은 몽골인들이 자신들에게 권한을 부여한 협소한 영역 내부에서만 권력 기능을 발휘할 수 있었다.

재판 과정에서 모든 러시아 공작들은 칸과 몽골의 최고 재판관의 권력 하에 놓여 있었으며, 그들 가운데 일부는 실제로 행한 또는 허위로 날조된 국가에 대한 범죄로 인하여 칸의 명령에 의해 처형당하기도 했다. 칸은 또한 러시아 공작들 사이에서 일어난 중요한 재판 사안의 대부분을 맡아 처리하였다. 몽골군에 징집된 러시아인들은 몽골 군법에 따라야 했다.

한편, 러시아인과 몽골인 사이의 모든 소송들은 몽골 재판에서 다루도록 되어 있었다. 예를 들어서, 로스토프의 보리스 후손들과 오르다의 표트르 왕자의 후손들 사이의 사건이 있었다. 앞에서 밝혔듯이, 표트르는 그리스 정교를 받아들여 그의 후손들은 정교도가 되었다. 그러나 칸의 관점에서 보면 그들은 여전히 몽골인이었으며, 더구나 왕족이었다. 그러므

---

[49] Nikon, *12*, 115.

로 로스토프의 보리스 공작의 후손들이 표트르가 세운 사원에 속해있던 토지를 차지하려고 하자 표트르의 손자는 칸에게 소청하였다. 몽골 재판정은 이 사안에 대해서 표트르의 후손들의 손을 들어주었으며, 덧붙이자면, 법적 논쟁에 대한 정당한 판결이었다. 비록 이 사안에 사원의 이해관계가 결부되었지만, 사안은 민사로 간주되었다. 일반적인 규정에 따르면, 칸의 칙령은 교회의 권리와 특권에 대한 그 어떤 침해로부터도 교회를 보호했다. 만약에 위반자들이 몽골인이라면, 몽골 재판에 넘겨졌다. 만약에 그들이 러시아인들이라면, 모든 정황으로 볼 때 러시아 공작들이 그들을 처벌해야만 했다. 공작이 그 어떤 조치도 취하지 않을 경우, 교회는 당연히 칸에게 소청할 수 있었다.

칸은 최고 수위의 재판 단계를 확고히 설정해 놓은 뒤, 각 해당되는 지역의 공작으로 하여금 계속 그의 법적 기능을 작동하도록 허용하면서, 자신은 러시아 귀족과 일반 사람들의 소송에 대해서는 개입하지 않았다. 그러한 정책의 결과로 모든 공국의 행정 지역으로부터 재판 과정은 몽골의 통치가 가장 적게 미치는 부분이었다. 그리고 러시아인들은 몽골의 형법과 몽골식 재판을 접했을 때, 몽골 법체계의 몇 가지 모델을 받아들일 준비가 되어 있었다. 대체로 몽골이 러시아에 미친 영향을 최소화시키는 경향을 지닌 블라디미르스키-부다노프마저 사형(키예프 시기의 러시아 법전에는 없던)과 체형(키예프 시기에는 오로지 노예에게만 적용되었던)이 몽골의 영향 하에 러시아 법체계에 편입되었음을 인정한다.[50] 모스크바 대공 바실리 1세에 의해서 출간된 1397년의 드비나 토지 헌장 조항에 따르면, 도둑에게는 낙인을 찍었으며, 세 번에 걸친 절도의 경우에는 교수형에 처하도록 하였다.[51] 참수형은 또한 벨랴미노프의 경우에서 보듯이

---

[50] Vladimirsky-Budanov, *Обзор*, pp. 361.

[51] Dvina Land Charter(칙령), art. 5, *MRL*, p. 58. 5절에 대한 저자의 번역에 "And each thief shall be branded" 문장을 추가해야 한다.

변절자에 해당되는 형벌이었다. 1497년 이반 3세 때의 수제브닉(법전)에 따르면 사형은 다음과 같은 범죄의 경우 해당되었다.[52] 반란 선동, 교회 재산 절도, 살해, 역모(podmet) 즉, 어떤 이를 절도죄로 몰기 위해서 그 집에 물건을 숨기는 일,[53] 그리고 방화. 사회에 잘 알려진 상습적인 살인자 및 강도 또한 어떤 심각한 범죄에 의심을 받을 경우 사형을 받을 수도 있었다.

이와 관련하여 지적할 것은 바로 같은 시기에 사형 제도가 프스코프에서 실시되었다는 점이다. 그러나 이 경우에 있어서 그 모델이 되었던 것은 몽골식이 아니라 유럽 법이었다. 노브고로드와 프스코프는 그 지리적 위치와 유럽 도시들과의 활발한 교역 덕분으로 모스크바보다 훨씬 더 유럽으로부터의 영향을 쉽게 받을 수 있었다. 실제로 중세 후기와 르네상스 초기에 영국, 프랑스, 독일의 형벌 체계는 몽골의 형법만큼이나 혹독하거나 또는 그 보다 더 가혹하였다. 그리고 사형과 체형은 수많은 범죄들에 대한 처벌로 규정되었다. 독일에서 교수형과 참수형은 범죄인에 대한 일반적인 처벌 형태였다. 또한 사형을 실시하는 데 있어서 범죄인들을 산채로 끓는 물에 넣거나, 생매장하고, 도끼로 쳐 내리고, 사지를 수레바퀴에 매어 찢어 죽이고, 팔다리를 찢어 죽이고, 창에 앉혀 죽이는 등 다른 다양한 방법이 활용되었다.[54] 프스코프에서 사형은 보다 위험한 범죄라고 여겼던 네 가지 유형에 대한 처벌이었다. 프스코프 크레믈린 내에서의 절도, 마(馬) 절도, 간첩 그리고 방화.[55] 프스코프의 선고문에서는 사형 방식에 대해서는 언급되지 않고 있다. 십중팔구 범죄의 성격에 따라서 목을 베든가, 아니면 목을 매든가 했을 것이다. 그와 비슷한 시기에 노브고로

---

[52] Sudebnik, 1497, art. 9, Vladimirsky-Budanov, *Хрестоматия*, *2*, 85.

[53] Herberstein의 이 논문에 대한 언급은 Herberstein, p. 83 참조.

[54] R. Schröder, *Lehrbuch der deutschen Rechtsgeschichte*(4th ed. Leipzig, 1902), p. 756.

[55] Pskov Charter(칙령), art. 7, *MRL*, p. 63 참조.

드에서 선호하던 형벌 형식은 범죄인들을 볼코프 강에 빠뜨려 죽이는 처벌이었다.

모스크바의 형벌 체계에 고문이 포함되던 시기 또한 몽골 시대에 그리고 아마도 타타르의 영향 하에서 있던 시기였을 것이다. 1497년의 재판 기록에는 편견 또는 사심 없이 피의자를 고문했던 것을 기록하고 있다. 고문하는 주요 목적은 아마도 범죄의 인정과 공범자에 대한 정보였을 것이다. 하지만 책임 있는 관리는 죄 없는 사람들을 불필요하게 범죄로 끌어들여 희생양이 생기지 않도록 하는 지침이 내려 졌다.[56] 간과해서 안될 것은 당시 고문은 유럽에서도 널리 사용되었다는 것이다. 14세기에 로마가톨릭 교회에서는 이단자들에 대해서 고문을 사용하도록 권장되었다. 15세기에 이르러 프랑스와 독일에서는 범죄인을 취조할 경우에 고문을 사용하는 일은 일상적인 일이었다. 프랑스에서는 비밀 조사 및 고문의 사용은 1498년과 1539년의 칙령에 의해서 합법화되었다.[57] 독일에서 황제 칼 5세는 형법에 관한 자신의 칙령(Halsgerichtsordnung, 1532년)에서 고문을 사용하는 것을 제한하였으나, 오용을 막을 수는 없었다. 프스코프인들은 이런 측면에서 새로운 패턴을 따르지 않았기에 프스코프의 법은 고문에 대해 제한을 두지 않았다.

모스크바 법에 몽골 형법 및 형사소송법이 일정한 영향을 미쳤다는 점을 거의 부인할 수 없는 반면, 러시아인들이 몽골로부터 어떠한 사법 조직의 어떤 의미 있는 특징들을 차용했다고 하는 긍정적인 증거들은 존재하지 않는다. 다만, 16세기와 17세기에 북부 러시아에서 지방의 법정의 하급 관리들을 야르가라고 불렀는데, 이 말은 몽골어 자르구(dzargu, yargu) "판관"이라는 말에서 유래했다는 것을 지적해 두고자 한다.[58]

---

56) Sudebnik, 1497, art. 36, Vladimirsky-Budanov, *Хрестоматия*, 2, 94.

57) A. Esmein, *Cours élémentaire d'histoire du droit français* (13th ed. Paris, 1920), pp. 851-853.

IV.

칸은 세금 과세와 군 징집 문제에 관해서 반세기 이상을 러시아에 대해서 완전하고도 직접적인 권력을 행사하였다. 몽골인들에 의해서 실시된 역참(얌) 제도는 자신들의 고유한 필요에 의해서 설립되었다. 칸은 또한 주화를 발행하는 권리를 자신이 직접 행사하였다. 14세기 초까지 불가침의 영역으로 남아있던 이러한 상황들 속에서 러시아 대공들과 공작들은 군사 및 재정 부문에 있어서 자신들의 예전 권력의 일부의 하잘 것 없는 부문만을 유지하고 있었다. 각 공작에게는 소규모의 군사 수행원을 보유하고 부차적인 지방세와 토지세를 징수하도록 허가되었다. 당시에 공작의 행정이 독립적이었다고 말하기는 힘들 것이다. 대공으로 하여금 자신의 영토 내에서 자신의 책임 하에 몽골을 위한 공물과 탐가를 징수하도록 허가가 내려졌을 때, 비록 처음에는 몽골의 전권을 받은 자의 감시 하에 이루어졌지만, 이제는 상황이 바뀌었다. 분명히 대공들도 칸의 군대를 위한 병사 징집 및 역참 복무를 감독했다. 군사 및 재정 구역의 기초 체계인 찌마, 즉 천호제는 불가침의 영역으로 남았으나, 이제는 몽골의 바스칵 대신에 대공의 세금 관리(단시치키)들이 조공을 징수하였다. 수공업자들에 대한 징집은 중단된 것으로 보였다. 60년 이상을 몽골의 직접적인 통제 하에 있던 민중들은 국가에 대한 자신들의 의무 이행에 있어서 잘 훈련되어 있었고, 복종 속에 위협받고 있었기 때문에 대공들은 세금 징수에 있어서 어떤 어려움도 겪지 않았다.

비록 공작들은 단순히 칸의 권한을 위임받았기에 항상 몽골 관리들의 끊임없는 통제 하에 있었지만, 그럼에도 불구하고, 낡은 체계의 폐지는 의미 있는 중대한 결과를 초래했다. 공작들은, 설령 자신들에게는 바꿀 권한이 없는 몽골의 통치 방식을 따른다 하더라도, 다시 그들의 행정 기

---

58) jargu 용어에 관해서는 본서 3장 7절, p. 307; Smirnov, *Крымское ханство*, pp. 43-44 참조.

능을 수행하도록 허가되었다. 현실에서 그들은 각각의 찌마에게 부여된 공물의 몫을 지불하고 난 뒤에 남는 잉여분에 대해서는 자신들의 국고로 보낼 수 있으므로, 새로운 체계가 자신들에게 재정적으로 이익이 되는 것을 발견할 수 있었다. 블라디미르 대공국의 찌마의 수는 다른 어떤 공국보다도 훨씬 더 컸으므로 모스크바 대공국의 통치자들은 이러한 상황으로부터 가장 커다란 이득을 취할 수 있었다.

마마이에 대한 드미트리 돈스코이의 반란으로, 특히 토흐타미쉬의 몰락 이후에 러시아와 몽골의 관계는 러시아 영토가 상당한 자율성을 누리게 되는 새로운 국면에 접어들었다. 대공들과 공작들은 계속해서 자신들을 칸의 가신들로 인정하며 칸에게 공물을 바쳤지만(항상 정기적이지는 않았으나), 그들은 이제 칸의 실질적인 개입 없이 자신들의 내부 공국을 운영할 수 있게 되었다. 공작들은 이제 칸의 이름을 가진 고유한 화폐를 발행하기 시작했으며, 추가로 자신들의 고유한 화폐도 발행했다.[59] 그러나, 몽골 행정 체계의 기본은 바뀌지 않았는데, 왜냐하면 대공들에게도 그러한 체계가 편리하였으며, 현실성이 있었기 때문이었다. 그렇게 해서 바로 몽골 체계의 기초 위에서 14세기 말부터 16세기 초까지 세금 징수 및 군사 조직의 대공국 체계가 발전하였다.

세금 징수 체계와 관련, 공물은 여전히 재정수입의 주요 원천으로 남아 있었으며, 소하는 세금과세에 있어서 기본 단위였다. 탐가는 이제 수입되는 물품에 대한 관세의 형태로 뚜렷하게 자리 잡고 있었다. 그 외에도 지방 현지의 관세 또는 미트가 존재하고 있었다. 다양한 형태의 수수료와 요금도―그 대부분은 몽골에 의해서 설정된 것일 것이다―물품의 운송 이동 단계마다 징수되었다. 마찬가지로 가축 및 말의 판매 시에도 세금이

---

59) 몽골 지배 후기의 러시아 화폐에 관해서는 G. B. Fedorov, "Dengi moskovskogo kniazhestva vremeni Dmitriia Donskogo i Vasiliia 1,"(드미트리 돈스코이와 바실리 1세 시기의 모스크바 공국의 화폐(1359-1425)) *MIAS, 12*(1949), 144-185 참조.

부과되있는네, 가령 가죽 보유세(프리뱌즈노에), 순록세(로가보에), 말의 낙인세(빠뜨노) 등이 있었다.

징수된 모든 재정은 대공국의 국고(카즈나)에 보관되었으며, 국고관리 자(카즈나체이)에 의해서 운영되었다. 이러한 러시아어 용어들이 모두 투르크에서 차용되었다는 사실은 제도 자체가 몽골식 운영 이후에 만들어 졌다는 것을 뜻한다.

대공국의 다른 중요한 소득의 원천으로는 재판 수수료였다. 재판 행정 에서는 중요한 사건들만이 오직 대공 자신에 의해서만이 심리되었다. 대 부분의 범죄와 재판들은 그의 대리자(나메스트닉)의 권한에 있었다. 그들 가운데 가장 중요한 자는 모스크바의 "최고 대리자"(볼쇼이 나메스트닉) 였다. 각 중요 도시에도 대리자들이 있었으며, 촌락 구역마다 촌장(볼로 스텔)이 있었다. 그들 모두는 법관(티운)과 검사(도보칙)라고 하는 보좌역 들을 — 때로는 자신들의 노예들 — 보유하고 있었다. 하급 법원의 판결에 만족하지 못한 사람은 상급 법원(볼로스텔리 그리고 나메스트니키)에 상 소할 수 있었으며, 필요하다면, 그 위로 대공에게 사안을 올릴 수 있었다. 실제로 마지막 재판 과정은 대공이 궁정에 나타나는 것과 관련한 거리 및 비용으로 인하여 그렇게 쉽지는 않았다.

대공국의 국고는 앞에서 열거한 모든 관리들에게 지불할 만큼 충분한 재정을 보유하고 있지 못했기 때문에, 대공은 관리 자신들이 임명된 지방 에서 스스로 "연명(延命)"하도록 하는 방안 이외에는 다른 방안이 없었다. 이러한 "연명 체계"(코르믈레니에)의 뿌리는 키예프 시기까지 거슬러 올 라가지만,[60] 몽골 시대에 들어서만이 일반화가 되었다. 그러한 관리들,

---

[60] кормление 제도에 관해서는 『키예프 러시아』, p. 190; Kliuchevsky, *1*, 376-377; *2*, 356-361; Kliuchevsky, *Боярская Дума*, pp. 110-119; Vladimirsky-Budanov, *Обзор*, pp. 192-194; G. Lantzeff, *Siberia in the Seventeenth Century* (Berkerly, University of Califonia Press, 1943) pp. 19-24; S. B. Veselovsky, *Феодальное землевладение в северо-восточной Руси* (Moscow and Leningrad, 1947), *1*, 263-280 참조.

대리자들과 촌장들을 코르믈렌시치키라고 부르기 시작했다. 주민들이 그들에게 바쳐야할 식량의 양과 다른 물품들은 관례에 의해서 정해졌으나 후에는 법제화되었다. 대개 새로 임명된 대리자나 촌장들은 직위를 수용할 경우에 일정한 "예비금"(지참금)을 기대했다. 그 뒤로는 일 년에 세 번 (성탄절, 부활절, 그리고 성자 베드로 및 바울의 날 6월 29일) 공물(또는 대신에 금전으로)을 받았다. 그 외에도 그는 자신의 지역에서 관세와 재판수수료, 그리고 혼인 증세를 거두어들일 수 있는 권한이 주어졌으며, 자신에게 적지 않은 몫을 남겨두었다.

대개 코르믈렌시치키들은 자신들의 권력 하에 있는 자들로부터 가능한 한 많은 식량과 돈을 받으려고 노력하였다. 그런 경우에 민중들은 대공에게 청원을 하였으며, 대공은 지나치게 탐욕스런 코르믈렌시치키들을 소환하여 그를 다른 사람으로 대체할 수 있었다. 그러나 새로운 자는 전임자보다 더 혹독할 수도 있었다. 바로 이러한 원인으로 그들은 대개 길어야 2년 혹은 3년의 기간을 두고 임명하였다. 그때까지만 해도 소득을 받는 자리에 있지 않던 대공의 신하들은 자신들에게 "연명"하기를 허가하도록 끊임없는 압력을 가하였다. 대공은 휘하에 있는 모든 이들을 만족시키기 위하여 돌아가면서 직위를 맡는 순번 제도를 통치기구 내에 도입할 수밖에 없었다. 주요 대리자들이 짧은 기간의 임기를 지낼 수밖에 없는 또 다른 이유가 있었다. 대공은 그들 가운데 어느 누구도 지나친 권력을 갖기를 원하지를 않았으며, 직위를 지속적으로 보장하거나 직위를 세습시키는 등의 위험을 무릅쓰지 않았기 때문이었다.

재판 기능 이외에도 대리자들과 촌장들은 대공의 대리자들로서 일반적인 행정 권력을 각각 보유하고 있었다. 대리자들은 도시민에 대해서, 촌장들은 국가소유 영토에 거주하는 백성들에 대한 권력을 갖고 있었다. 한편, 대공의 영지, 귀족의 장원, 그리고 교회 토지 소유에 관한 업무는 그들의 권한 밖에 놓여 있었으며, 그 소유에 대해서는 대공의 집사들, 귀족들, 그리고 교회 권력이 각각 통제하고 운영하였다. 따라서 대공국의 전체 영토는 사실상 두 부분으로 나누어져 있었다. 하나는 국가 관료들이 운영하는, 또 다른 하나는 영지(장원(莊園)) 관청이 운영하는 토지였다. 당시에 대공국의 영토는 대공국의 물리력의 한 부분을 구성하고 있었기 때문에 그 행정 관청 또한 국가일반 행정 못지않게 중요했다.

모든 체제는 대공국의 궁정(드보르)을 주위로 집중되었다. 궁정을 책임지는 최고 관료를 티운 드보르스키라고 불렀으며, 간단히 드보르스키라고 불렀다. 후에 드보렛츠키(dvorets, "궁전"으로부터)는 그 직위를 일컫는데 사용되었다. 드보르스키의 기능은 매우 다양했다. 무엇보다도 그는 신하와 궁정인을 지휘하는 대공국 궁정의 최고 관료였다.[61] 그는 그들 각각에게 임무를 부여하고 그들을 유지, 관리했다. 그들 가운데 많은 이들은 복무하는 기간 동안에 그 대가로 토지를 받았다. 둘째로, 드보르스키는 판관이자 대공국의 영지에 거주하는 농민들에 대한 관리자였다. 셋째로, 그는 영지의 국고 관리자였다. 영지의 주민으로부터 거둬들인 금전은 국고의 금전(국고 관리청으로 부르는)과는 별도로 보관되었다.

대공국의 신속한 경제 발전에 따라서 푸트닉(putnik)이라고 하는 관리가 장으로 있는 푸찌(puti: 길을 뜻하는 단어의 복수형, 말 그대로 "길", "도로")라고 하는 영지 행정을 관장하는 특별한 관청들이 많이 만들어졌다. 그 관청은 드보르스키에 소속되어 있지 않고 대공 직속으로 있었다. 그 관청은 매 사냥, 마구간, 양 축사, 식량도 담당하는 관청이었다.[62] 이러한 관청의 대부분은 키예프 시기에도 존재하고 있었다. 키예프 시기에 각 영향력 있는 공작은 가계 관리들 가운데 마구간, 양 우리 등을 관리하는 관료들을 별도로 보유하고 있었다. 그러나 키예프 시기에 공작의 가계를 관리하는 관료 체제는 몽골 시대 특히 몽골 시대 이후의 모스크바 왕

[61] Kliuchevsky, *Боярская Дума*, pp. 101, 108-110; Sergeevich, *1*, 466-477.

[62] Kliuchevsky, *Боярская Дума*, pp. 102-108, 121-123.

국에서처럼 그렇게 발전되지는 못했다. 그 외에도 키예프 시기의 공작 행정에서 이러한 공작 영지에 대한 특별한 관리들은 몽골 시대만큼이나 영향력 있는 중요한 역할을 하지는 못했다.

그렇다면 질문이 발생한다. 푸찌는 몽골 시대에 조직된 것이므로 동양의 영향으로 설립된 것은 아닌지 하는 문제이다. 몽골 시대 이전에는 이러한 의미("공작 행정 관리청")로 사용된 증거가 없으므로 이런 측면에서 푸찌 용어 자체가 갖는 의미는 매우 중요하다.[63] 그렇다면, 그것은 어떤 동양의 용어로부터 온 러시아어 형인가? 이런 점에서 투르크어인 *türe* 와 *yol* 이 흥미롭다. "욜"은 러시아어 "푸찌"에 정확히 대응하는 단어로 기본 의미는 "길", "도로", "여정"이다. 그러나 그 단어는 또한 "방법", "전통", "규칙", "법"을 의미하기도 한다. "퇴레"는 "습관", "관습"을 의미하며, 또한 "관습법", "법전", "규정"을 의미하기도 한다.[64] 셀주크 족에 대한 페르시아어 이야기("셀주크-나마")의 투르크어 본에서 오구즈 투르크족의 신화의 조상은 퇴레를 "길과 기둥"(yol ve erkyan), 다시 말해서 제도와 규정으로 정의하며, 자신의 아들들에게 퇴레의 "길을" 따를 것을 명하고 있다. 그 다음 그는 왼팔과 오른팔로 군 장교들의 서열을 그리고 축하 연회에서 각각의 자리를 지정하고 있다. 그는 모든 행정 관료들은 전통 규정에 따라 투르크 씨족들 사이에서 배분되어야 한다고 덧붙인다.[65] 비록 "욜"이라는 용어가 앞에서 인용한 문맥에서 러시아어 "푸찌"의 특별한 의미로 사용되고 있지는 않지만, 그 용어의 일반적인 심리적 배경은 유사한 것으로 보인다. 그에 일치하는 아랍어 용어(페르시아어 그리고 오스만 투르크어에 차용된)는 taric("길", "방법", "위계", "관리 및 승진 서열")이다. "길"을 의미

---

[63] Sreznevsky, *2*, 1738-1739.

[64] Redhouse, p. 608; Gordlevsky, p. 53.

[65] M. T. Houtsma, ed., *Recueil des textes relatifs á l'histoire des Seldjoucides, 3* (Leyden, 1902), 204-205; cf. Gordlevsky, p. 53와 비교하라.

하는 기본적인 페르시아어는 rah이며, "모형", "규칙", "전통"을 의미하기도 한다.[66] 라시드 앗-딘의 투르크어 본에서 오구즈-칸은 "오른손의 길[rah]은 (왼손보다)높다"라고 언급한다. 이 경우 rah는 의심할 여지 없이 "관등" 또는 "관리의 서열"을 의미하고 있다.[67]

각 푸찌의 장은 행정적 기능 이외에도 자신의 소속 관청에서 일하는 사람들에 대한 재판 권한도 가지고 있었다. 대리자들 그리고 촌장들의 경우와 똑같은 이유로 푸트닉들은 대공국의 국고로부터 급여를 받지는 못했으나, 각 푸찌로부터 들어오는 소득의 일부를 몫으로 보상받았다. 어떤 경우에 푸트닉의 몫은 징수한 현물 또는 금전의 50%에 이르기도 했다. 푸트닉의 자리로 상당한 이득을 얻을 수 있는 이유로, 또한 대공국의 각 료에서 차지하는 푸트닉의 역할의 중요성으로 인하여 이 직위의 후보들은 대개 귀족들 가운데에서 선출되었다는 것은 매우 당연한 일이다. 이들을 바야르 푸트니예(귀족 푸트닉)라고 불렀다.

이제는 몽골 시대에 러시아 군 조직에 있어서 일어났던 변화들에 대해서 살펴보자. 처음에 적으로서 몽골인들과 마주쳤던, 그리고 이후에는 시간이 지나면서 그들의 가신이 되었던 러시아인들은 의심할 여지 없이 몽골의 군사 체계에 대해서 매우 강한 인상을 받았으며, 그 효율성에 대해서 놀라지 않을 수 없었다. 기억해 둘 것은 일부 러시아 공작들은 자신들의 군사들과 함께 몽골 칸들에 의해서 감행된 다양한 원정에 가담하지 않을 수 없었다는 점이다. 여기서 1277-78년에 알란 산악인들에 대항한 망구-테미르의 원정에서 로스토프 공작들의 역할과 약 100년이 지난 뒤 티무르에 대항한 토흐타미쉬의 원정에서 모스크바 및 수즈달의 공작들의 참가를 예로 드는 것으로 충분할 것이다. 이외에도 수천 명의 러시아인들은 몽골 군대에 매년은 아니더라도 정기적으로 징집되었다. 중국 원정에

---

66) Redhouse, p. 1239; Steingass, p. 565.
67) Rashid I, 23 (러시아어 번역); *VOT*, 7(1861), 29 (페르시아어 텍스트).

징집되어 그곳에 이주하였던 자들 가운데 러시아로 돌아올 기회를 가졌던 자들은 거의 없었을 테지만, 황금 오르다의 칸이 남부 러시아, 예를 들면 1298-99년 노가이에 대항한 토흐타미쉬의 원정에 징집되었던 자들 가운데 일부는 원정이 끝나자 집으로 돌아와 자신들이 본 것에 대해서 러시아 권력층에 털어 놓았다.

그렇게 해서 러시아인들은 자신의 군대에 몇 가지 몽골의 특성을 담지 않을 수가 없었다. 예를 들어서, 15세기 말과 16세기 모스크바 공국의 군대는 5개의 군사령부 편제로 몽골이 세웠던 구조를 일정하게 따르고 있었다. 이들 군사령부를 러시아어로는 폴크(polk)라고 불렀다.[68] 그 폴크는 다음과 같다. 중앙군(대 폴크, 말 그대로 대 사단), 우수영(오른 손), 좌수영(왼손), 전위영(선두 폴크), 그리고 후위영(경계 폴크) "오른손"과 "왼손"이라는 단어가 붙은 것은 투르크어로 각각 옹골(ong kol)과 손골(son kol)에 일치한다. 몽골인들과 마찬가지로 모스크바 대공국 군대에서 우수영은 좌수영보다 더 중요한 군으로 간주되었다.

러시아인들은 양쪽의 날개를 이용한 적을 포위하는 몽골의 전술에 매우 익숙해 있었다(1378년 보자 강 전투는 이에 대한 매우 훌륭한 예이다). 더구나 러시아인들은 자신들의 군대에 몽골의 갑옷들과 무기를 도입하였다. 1246년에 이미 갈리시아의 다니엘 군대는 몽골식 장비로 무장되어 있었다. 랴잔을 상대로 한 1362년의 전쟁에서 모스크바인들은 투승법을 사용하는 데 성공하였다. 16세기의 모스크바 군대의 무장도 역시 일정한 몽골의 영향이 있었음을 보여주고 있다.

키예프 시기의 러시아 군대는 기본적으로 두 가지로 구성되었다. 공작의 친위군(druzhina)과 천호장의 지휘 하에 있는 도시예비군. 농촌의 주민은 동원되지 않았으며, 원정에도 전혀 가담하지 않는 것이 관례였다. 몽

---

[68] 현대 러시아어에서 полк는 또한 "연대"를 의미한다.

골의 침입은 모든 상황을 완전히 뒤바꾸어 놓았다. 무엇보다도 자신들의 고유한 군사력의 강화를 위하여 몽골은 모든 농민에게도 예외 없이 적용되는 일반 군복무의 엄격한 제도를 만들었다. 둘째로는 러시아 도시들에 거주하는 주민들의 축소 또는 파괴로 그리고 민회 권력의 제한으로 도시 예비군 체계의 근본을 뒤흔들어 놓았다. 사령관으로서 천호장은 이제 명목상으로만 남게 되었고, 결국 그 직위는 폐지된 것으로 알려졌다.

동시에 비록 몽골의 직접적인 압력의 결과는 아니지만, 공작들의 친위군의 성격이 변했다. 키예프 시대에 친위군은 두 그룹으로 구성되었다.[69] 고위급 친위군 대원들은 결국에는 귀족계급의 중추가 되었다. 하위급 친위군 대원들은 집단적으로 고대 노르웨이어로부터 온 grid라고 알려져 있다(노르웨이어로 "집"을 의미한다). 그들은 공국의 궁정에서 부차적인 위치에 있었다. 친위군은 대체로 자유로운 동료애의 원칙을 기초로 하였다. 공작의 권력은 친위군의 구성원들, 드루쥐니키들로부터 받는 대중적인 인기뿐만 아니라 그의 질적 역량의 지도력에 의해서 유지되었다. 친위군들은 오직 자신들이 따르기를 원하는 기간 동안에만 공작을 추종했다. 군사 제도로서 친위군은 원래 그 속에서 고위급 및 하위급 군인들의 긴밀한 협력을 유지하는 통일된 그룹으로 구성되어 있었다. 12세기 후반에 분열의 과정이 시작되었으며, 두 그룹의 각각은 고유한 성격을 지닌 개별적인 편대로 분리되었다. 그 당시까지만 해도 각 뛰어난 귀족은(친위군의 고위급 대원) 자기 고유의 친위군을 구성하였다. 하위급 친위군들은 이제 공작을 추종하는 핵심 군인들이 되었다. 공작의 궁정과 마찬가지로 하위 친위군 역시 집단적으로 일컫는 것으로 알려져 있다. 친위군의 두 계층 간의 분열 과정은 몽골 시대에 들어서 더욱 속도가 빨라졌다. "친위군"이라는 용어 자체가 우선 낡은 말이 되었다. 이 시기의 문헌들은 귀족과 궁

---

69) 『키예프 러시아』, p. 138.

정을 완전히 서로 다른 그룹으로 설명하고 있다. 공작이 원정을 나갈 때, 귀족들이(귀족들의 각 하부 친위군 역시) 지원하였으나, 군사적 측면에서 무력의 주요 원천은 공작의 궁정이었다. 그러므로 몽골 시대 동안에 귀족 궁정을 러시아 군사 조직의 주춧돌로 간주해야 한다.[70] 본질적으로 궁정은 칭기즈칸 후예들의 오르두와 다르지 않았다. 당시 러시아인들이 이 두 가지 제도를 병렬적으로 대별하여 인지하고 있었다는 것을 니콘 연대기의 1426년 기록에서 읽을 수 있다. 그 해 프스코프에 대항하여 원정을 감행하고자 하는 대공 비토브트의 원조 요청에 대한 답으로 칸 울루그-마흐메드는 대공에게 자신의 오르다 군을 파견하였다. 기록자는 그 용어를 "칸의 궁정"으로 번역하고 있다.[71]

비록 공작의 궁정은 일정한 의미에서 키예프 시대 근위병의 파생물이었지만, 그것은 여러 가지 측면에서 자신의 원형과는 차이가 있었다. 궁정인은 대공의 동료들이 아니었으며, 그에게 종사하는 복무자들이었다. 그리고 귀족과는 대조적으로 그들은 복무에 귀속된 자들로, 어떤 이는 일정기간 동안, 어떤 이는 평생을 복무해야 했다.

도시 예비군의 몰락과 궁정의 발전과 관련하여 새로운 직위, 오콜리치(병참감)라는 직위가 만들어졌으며, 그 기능은 황금 오르다 군대에서 부카울의 기능과 일치하였다. 병참감은 최초로 1284년 스몰렌스크에서 언급되고 있다.[72] 당시는 대공 표도르의 지배시기로 그는 오랜 해를 칸의 궁정에서 지냈으며, 몽골의 공주와 결혼하여 대체로 그를 "친(親) 몽골인"이라고 부를 수 있다. 추정컨대 그가 몽골식의 국방 행정 조직에 따라서 병참감이란 직위를 만들었을 것이다. 모스크바에서는 이 직위가 1350-51

---

[70] 지금까지 러시아 역사문헌에서 공작 궁정의 군사적 측면이 간과되어 왔다. 이 문제에 대한 Peter Struve의 깊은 성찰에 대해서는 Struve, p. 35 참조.

[71] Nikon, *12*, 7.

[72] Sergeevich, *1*, 458.

년에 치초로,[73] 랴잔에서는 1356년에 언급되고 있다.[74] 16세기에 "병참감"이란 용어는 전혀 다른 의미를 뜻하고 있었는데, 귀족 두마의 제2등 관직의 의원이란 뜻이었다.

황금 오르다가 약화된 이후에 모스크바 대공들은, 필요할 경우, 몽골이 수립한 보편적 군역 체계를 활용 가능하게 되었다. 바로 몽골 군역 체계를 근거로 하여 드미트리 돈스코이는 군대를 동원할 수 있었으며, 그로 인하여 쿨리코프 광야에서 마마이를 물리칠 수 있었다. 그의 아들 바실리 1세는 다시 티무르의 침입에 대비하는 과정에서 일반적인 군역 체계를 활용하였다. 16세기에 군역은 수차례의 계기에 소집되었다. 당시에 요구되는 징집의 할당 쿼터는 소하를 기준 단위로 배정되었기에 포소하(posokha)라고 알려지게 되었다.

이제 러시아에 화기 도입에 대해서 언급하고자 한다. 러시아인들은 1376년 불가르 포위에서 처음으로 화기와 접하게 되었다. 도시를 함락하고 나서 러시아인들은 자신들이 포획한 불가르의 발사 화기를 모형으로 연구했을 것으로 추정된다. 그들은 그 무기에 만족하지 않고 모스크바의 방어력을 강화하기 위하여 유럽으로부터 들여온 유럽형의 포들을 보유하고 있었을 것으로 추정된다. 여하튼 1382년 토흐타미쉬가 모스크바를 침입할 당시까지 군대는 포(pushki)와 개인 화기(tiufiaki)를 보유하고 있었다. 비록 그 후에 토흐타미쉬는 속임수로 모스크바를 함락시킬 수 있었지만, 15세기에 모스크바는 모든 타타르인들의 공격을 성공적으로 막을 수 있었으며, 그런 과정에서 포는 그 유용성을 증명할 수 있었다. 개인화기와 포에 추가로 피시찰(pishchal)로 알려진 새로운 형태의 경포(輕砲)가 등장했다. 동부 러시아에서 경포는 최초로 1408년 트베르에서 언급되어 있고, 후에는 모스크바에서 언급되고 있다(1451년). 최초로 나타난 모스크바의 개

---

73) *DDG*, p. 13.

74) *AI*, *1*, No 2.

인 화기는 분명히 동양에서 유입된 것이었다. 그 용어 자체는 투르크어 tufek 에서 차용된 것이며, 그 투르크어는 다시 페르시아어에서 차용된 것이다. 페르시아어에서 tup는 "포"를 의미하며 tupang는 "소포(小砲)"를 의미한다.[75] 특히, 언급해 두고 싶은 것은 14세기 말 몽골의 통치자들은(티무르조차) 자신의 군대를 화기로 무장시키지 않았다. 아마도 불가르는 다른 중앙아시아 도시와 마찬가지로 자신들의 고유한 목적에 따라서 화기를 보유하고 있던 것으로 추정된다. 당시에 화기는 페르시아와 인도에서도 사용되고 있었기에[76] 불가르는 손쉽게 호라즘을 통하여 수입할 수 있었을 것이다. 이와 관련하여 염두에 둘 것은 모스크바의 개인화기는 유럽으로부터 수입할 수 없었는데, 왜냐하면 당시에 아직도 개인화기를 실험하는 단계에 있었고 매우 드물게 사용되었기 때문이다. 영국에서는 개인화기를 대략 1375년에 소량으로 생산하기 시작하였다("handgun"이라는 용어는 처음으로 영국문헌에 1386년에 나타난다). 독일에서 "수포"라는 용어는 1381년 아우그스부르크에서 언급되고 있다. 그들 모두는 매우 무거웠다. 1420년에서야 매우 개량된 권총(격철총의 이전단계라고 부를 수 있는)이 후스파 전쟁에서 체코인들에 의해서 사용되었다.[77]

포는 개인 화기와는 달리 러시아인들이 유럽으로부터 차용했을 것으로 추정된다. 러시아어 "포"(푸시카)와 "경포"(피시찰)는 모두 체코어에서 차용된 것이다.[78] 당시에 최초의 수입된 포는 보헤미아에서 러시아로 수입되었거나 또는 어느 경우에도 체코의 포대에 의해서 사용되었을 것이다. 15세기 중반에 화기는 동부 러시아에서 생산되었는데, 모스크바와 트베르에서 생산되었을 것이다. 당시에 가장 훌륭한 총들은 트베르에서 제작

---

75) V. Mavrodin, "O poiavlenii ognestrelnogo oruzhia na Rusi,"(「러시아에서 화포무기의 출현에 관하여」) *VLU* (1946), No 7, 72 참조.

76) *ZO*, p. 353.

77) Oman, *2*, 228-229.

78) Florensky, *2*, 325. 현대 체코어에서 puška는 "소총"을 의미한다.

되었다. 트베르産 포를 발명한 니콜라이 크레체트니코프에 대해서는 그렇게 훌륭한 기술자를 독일인 가운데에서도 찾을 수 없다고 말하고 있다 (1453년경).[79] 1475년 이반 3세는 최고 수준의 많은 이태리 기계공들과 주물공들을 초빙하였으며, 모스크바 무기 공장은 상당히 확대되었다.

4. 사회 변화

I.

몽골 시대에 동부 러시아에서 일어난 사회 계급들의 상황 변화들은 행정이나 통치에서 일어난 변화들처럼 그렇게 급진적이지는 않았으나 그에 못지않게 중요하다. 몽골 지배 전 시기에 걸쳐서 낡은 사회질서의 토대는 ―자유 사회― 처음에 치명적인 충격 없이 서서히 그리고 지속적으로 일관되게 무너져 갔다고 말할 수 있다. 이반 3세가 몽골 지배로부터의 해방을 선언하고 노브고로드를 정복했을 때, 이미 새로운 구조의 틀과 새로운 질서, 즉 복무 사회의 질서는 명백히 그 모습을 드러냈다. 이것은 특히 낡은 러시아 사회의 상위 계급, 즉 귀족들의 상황에서 보면 정말 그러하며, 어쩌면 모순적으로 보인다 할지라도, 전제군주에 대한 그들의 종속의 과정은 하위 계급들에 대한 편제 조직화 및 노예화보다도 더욱 신속하게 진행되었다.

모스크바의 귀족사회는 다양한 부류 및 계통의 요소들로 구성되었다. 14세기 및 15세기에 블라디미르 대공국의 오랜 귀족 및 씨족 가문 계열에 속해 있었던 귀족 가문들로는 부투를린 가(家), 첼랴드닌 가, 쿠투조프 가 (이 세 가계 모두 자신들이 본래 독일 계통임을 밝혔다), 모로조프 가, 벨

---

79) Rybakov, p. 603.

랴미노프 가(이들은 스칸디나비아 바랑인 계통이다), 그리고 보론초프 가가 이에 해당된다. 모스크바 귀족 가계의 상당수는 서부 러시아 출신들이었다. 이 그룹에는 플레시체에프 가(家)와 크바쉬닌 가계가 속한다. 서부 러시아인들을 제외하고 많은 리투아니아 가계 그리고 후에는 폴란드 가계가 모스크바 귀족 사회에 편입하였다. 염두에 둘 것은, 우리가 "폴란드 리투아니아 계통"이라고 할 때에는 폴란드와 리투아니아 계통의 출신들을 의미하기는 하지만 그들의 인종적인 태생이 언제나 분명한 것은 아니다. 일부 귀족들은 폴란드 계통과 섞인 서부 러시아인들이었다. 다른 귀족들은 "프러시아" 계통임을 자처하였다. 원래 발트(리투아니아) 국가였던 프러시아는 13세기말까지 완전히 독일 민족화가 진행되었기에, 이 경우 "프러시아" 출신이라는 것은 독일인이라는 것을 의미했다. 이 그룹에는 크보스토프 가(家), 로마노프 가(家)(원래는 코쉬킨 가(家)로 알려지다가 후에는 자카린 가(家)로 알려지게 된다), 그리고 쉐레메체프 가(家)가 이에 속한다.[80] 골로빈 가(家)와 코브린 가(家)는 그리스 후손들이었다. 그리고 마지막으로 모스크바의 가장 훌륭한 귀족 일부는 "타타르"(몽골 또는 투르크 계통) 출신들도 있었다. 그들 가운데 지도급 가문으로는 벨랴미노프-제르노프 가(家)(원래의 벨랴미노프 가와 혼동하지 않기를)가 있다. 사부로프 가(家)와 고두노프 가(家)는 이 계통에서 분리된 가문이다. 아르세니에프 가(家)와 바흐메체프 가(家)는 각각 14세기 말과 15세기 중반에 러시아에 정착하였다.

1450년까지 계급으로서 귀족의 위상은 새로운 귀족관료인 공작의 복무 귀족(sluzhilye kniazia)계층의 출현뿐만 아니라, 대공의 궁정을 중심으로 모여들었던 하류 궁정 귀족(dvoriane)의 견고한 성장으로 상당한 타격을 입었다.

---

[80] A. I. Sobolevsky에 따르면 Sheremetev라는 이름은 "Sarmatian"에서 기원한다.

공작 복무 귀족 세급의 형성은 연속적인 역사적 과정이었지만, 그 계급 자체로는 귀족들과 마찬가지로 다양한 계통을 지니고 있었다. 14세기와 15세기 전 기간에 걸쳐서 많은 동부 러시아의 공작들과 류릭 가(家)의 모든 후손들은 자신들의 자주권을 모스크바 대공에게 양도하거나 매각하는 것이 차라리 편하고 또는 필요한 것임을 알게 되었다. 그들 가운데에는 로스토프 가(家) 출신은 물론 니즈니 노브고로드 및 수즈달 계통의 공작들이 있었다. 그 외에도 세베리아 땅에(대부분은 오카 강 상류 유역) 공국들을 보유하고 있었던 많은 류릭코비치 가(家)는 모스크바와 리투아니아 사이에서 그 누구에게도 속하지 않은 위치에 있었기에 항상 양측으로부터의 위협에 노출되어 있었다. 그들 가운데 일부는 리투아니아 대공에게 복종할 것을 맹세하였으며, 다른 이들, 예를 들어서 오볼렌스키 가(家)는 모스크바 대공국에 복무하기로 선택했다. 여러 가지 이유로 리투아니아의 상황에 만족하지 못했던 많은 리투아니아 공작들, 게디민 가(家)(게디미노비치 家)의 후손들 역시 모스크바로 전향하였다. 그들 가운데 파트리케에프 가(家) 공작들이 있다(게디민의 아들 나리문트의 후손들). 마지막으로 바실리 2세 때에 주치 가(家) 공작들의 일부는 러시아에 복무하기로 결정했다. 만약 그들이 모스크바로 오기 전 자신들의 이름하에 카잔이나 시베리아를 지배하고 있었다면, 그들은 왕자 그리고 왕으로 알려졌을 것이다. 16세기 초 그들은 모스크바 차르에게 복무했던 공작들 가운데 가장 최고의 위치를 차지하고 있었다. 16세기와 17세기에 중량감이 덜 했던 쿠다쉐프 가(家)와 엥갈리체프 가(家) 공작들과 같은 타타르 계통의 가문들은 주치 가를 따라서 모스크바로 입성한 가문이었다. 또한 체르카스키 가(家)와 이메레친스키 가(家) 공작들과 같이 시르카시아 및 그루지아 계열의 일부 귀족들도 모스크바 대공국에 복무했다.

이반 3세 및 바실리 3세의 통치 하에 최후의 지방 공국들이 점령됨에 따라 동부 러시아의 모든 류리코비치 가(家)의 지방 대공들 및 영지 공작들 모두는 이주해 가던가 아니면 모스크바 대공에 복무하던가 하는 선택의 기로에 있었다. 그들 가운데 대부분은 모스크바 대공을 선택하였다. 1550년까지 공작 복무 관료 그룹의 형성이 모두 완결되었다. 모스크바에 정착하였던 류릭 가(家)의 러시아 공작 가문들 가운데에는 벨로제르스키 가, 돌고루코프 가, 쿠릅스키 가, 시체핀-로스토프 가, 로바노프-로스토프 가, 오볼렌스키 가, 샤훕스키 가, 슈이스키 가, 볼론스키 가 등 여러 가계가 있었다. 게디미노비치 가 가운데 골리친, 쿠라킨, 므스치슬랍스키, 트루베츠코이 등의 공작들도 중요한 사회적 지위를 차지하고 있었다.

대공국의 복무에 들어간 공작들은 귀족들이 수행하던 것과 같은 정치적 그리고 군사적 의무를 이행했다. 결국 그들은 귀족 계급의 최고층을 형성하였다. 복무에 있어서 그리고 사회적 위계에 있어서 공작과 귀족 가문들의 각 위상은 16세기 초에 직순(mestnichestvo)이 복잡한 체계에 의해 조정되었다. 그러한 체계는 차르를 위하여 만든 공식 가계도(Gosudarev rodoslovets), 그리고 국가 및 군사 직위표(Razriadnye knigi)에 근거를 두고 있었다.[81] 이러한 두 가지의 규정을 토대로 차르로부터 참모들의 선택과 군대 및 행정관청 조직에서의 최고 직위에 대한 적임자의 임명을 기다렸다. 적임자 결정을 위해서는 가계 족보의 위상과 더불어 해당 귀족 및 공작 가계 구성원들이 복무하던 이전의 직무에 관한 정보도 고려되었다. 어느 공작이나 귀족도 사회적 지위에 있어서 자신보다 낮은 직위로 간주되는 자보다 낮은 직위에서 일하기를 원하던 자는 없었을 것이다. 귀족 두마에 대해서도 차르는 관습에 따라 공작 및 귀족의 가장 높은 계급으로부터 새로운 구성원을 선택하였다. 하지만 차르는 그 그룹 내부에서 군대나 통치 기관 복무에 적합한 자보다는 두마에 복무할 자를 선택하는 것이 훨씬 덜 부담스러웠다. 차르는 두마 구성원을 최종 선택하고 그가 어떤 직

---

[81] 지방정부에 대해서는 Kliuchevsky, *2*, 149-166; A. I. Markevish, *O местничестве* (Odessa, 1879) 참조.

급에 속할 지도 결정했다. 물론 각각의 경우 그 결정에 있어서 전임자가 매우 중요한 역할을 하였다. "귀족"이라는 용어는 이제 새로운 의미, 두마의 제1등급 구성원(단어의 원래 뜻으로 공작 또는 귀족이던 중요하지 않다)이란 뜻을 얻게 되었다. 제2등급의 구성원들은 오콜니치들이었다.

직순 체계는 모스크바 공국의 정부 및 행정에서 귀족 및 공작 계급의 특권적 위상을 확인시켜주고, 그룹 전체에 대한 일정한 보증을 제공하였다. 이반 4세에 의해서 조성된 아프리치나 테러조차 귀족 사회를 흔들어 놓기는 했지만 직순을 폐지시키지는 못했다. 한편, 이제 모든 귀족들은 차르에게 복무하도록 묶여 있으므로 귀족들이 예전에 누리던 자유는 완전히 사라지게 되었다. 앞서 지적한대로, 귀족들의 자유에 대한 제한은 드미트리 돈스코이 하에서 시작되었다. 낡은 질서 속에서는 귀족들의 영지 소유에 대한 권리는 그들의 복무와는 아무런 관련이 없었다. 하지만 드미트리 돈스코이 시대부터 만약 대공이 어떤 귀족에게 반역죄를 저질렀다고 규정해 버리면, 그 귀족의 영지를 몰수할 수 있었다. 그러나 통상적으로 예전에 누리던 귀족 자유의 원칙은 여전히 인정되었으며, 15세기 전반기에 공작들 사이의 계약에서 확인할 수 있다. 이런 점에서 귀족들과 복무 공작들 사이에 뚜렷한 차이가 존재하고 있었다.

비록 사회적으로 공작은 귀족보다는 상위였지만, 실제 그들은 정치적으로 덜 자유로웠다. 공작들은 대공에게 영원한 충성을 맹세해야만 했으며, 떠나지 않을 것을 서명해야만 했다. 의무를 위반할 경우에는 그들은 자신들의 소유권을 박탈당했다. 1428년 대공 바실리 2세가 그의 숙부인 유리와 체결한 계약을 보면, 유리 공작이 자신의 복무속에 영지를 보유한 대공의 복무 공작들을 받아들이지 않기로 약속하는 독특한 조항을 발견하게 된다.[82] 공작 복무자들에 대한 권리 제한은 마찬가지로 귀족들에

---

82) *DDG*, p. 65.

대한 특권을 축소하는 선례가 되었다. 이반 3세의 통치 말기에 귀족들과 복무 공작들은 같은 배를 탄 처지가 되었다. 이반 3세는 자신의 유서에서 (1504년) 어느 복무 공작도, 어느 귀족도 자신의 아들이자 후계자를 떠나서는 안 된다는 것을 규정했다. 만약에 누군가 떠난다면, 그의 영지는 몰수되었다.[83]

이제는 17세기에 결국 통합될 수밖에 없었던 전반적인 러시아 상류사회(귀족 및 공작을 포함하여)의 구성 및 인종적 뿌리에 대해서 눈을 돌려보자. N. P. 자고스킨의 계산에 따르면, 229개의 귀족 가문은 "서유럽에서"(독일을 포함하여) 비롯된 것이며, 223개는 폴란드와 리투아니아, 156개는 "타타르" 그리고 다른 동방 계열이다. 그러한 이방인 선조의 가문과는 대조적으로 168개 가문은 류릭 가문이며, 42개 가문은 명확치 않는 "러시아" 가문이며, 97개 가문의 선조는 불분명하다.[84] 일부 소위 폴란드-리투아니아 가문은 서부 러시아 가문이 틀림없다. 그러나 여전히 러시아 가문은 뚜렷하게 소수를 차지하고 있다. 자고스킨의 숫자는 비교적 늦은 시기에 해당한다. 염두에 둘 것은 "타타르" 가문의 러시아 귀족사회로의 진입은 바실리 2세의 통치 시기 이후에 매우 증가하였다는 점이다. 서유럽 그리고 폴란드 계통의 러시아 귀족 가문의 대다수는 17세기에 이르러서야 러시아에 정착하였으며, 그들 가운데 일부는 그 시기보다 더 늦었다. 그러므로 모스크바 귀족사회의 구성에서 러시아 가문이 차지하는 비율은 몽골 시대 이후보다 그 시대에 더 높았던 것이 틀림없다.

II.

몽골 시대에 동부 러시아의 하류 귀족사회 계층은 자유 복무자(slugi

---

83) *Ibid.*, pp. 356-357.

84) Vladimirsky-Budanov, *Обзор*, p. 123, 주석 1.

volnye)와 궁정 복무 신하(slugi pod dvorskim) 두 그룹으로 구성되었다. 궁정 복무 신하는 대공국 궁정의 궁내 대신의 권력 하에 통제되었던 신하들이었다. 후에 그들을 궁정신하(dvoriane)라고 부르기 시작했다. 또한 자유 복무자 중에는 귀족 가문을 상실한 귀족의 아이들이라고 알려진 독특한 범주가 존재하고 있었다. 그 용어는 1259년의 노브고로드의 문헌에서 처음으로 나타났지만,[85] 그룹으로서 결집력을 지니고, 중요한 의미를 얻게 된 것은 15세기 전반부에 이르러서였던 것으로 보인다. 자유 복무자와 귀족의 아이들은 귀족들이 영유하던 자유를 똑같이 누리고 있었다. 그들 모두 세습영지를 소유하고 있었으며, 그 세습영지는 복무를 그만 둘 경우에도 그들에게 귀속되어 있었다. 그들의 영지는(특히 귀족 아이들의 소유는) 귀족들의 영지보다 규모가 작고, 그들의 영지 권리는 제한적이었을 것이다. 대부분의 자유 복무자는 소규모 군의 장교였을 것이다. 그들이 복무의 자유를 잃었던 시기는 귀족들이 복무의 자유를 잃었던 시기와 대략 일치하였다.

대부분의 궁정 신하("slugi pod dvorskim")들은 자유로운 사람들이었지만, 그들 가운데 일부는 원래 대공의 노예들이었다. 그들 모두는 복무에 종사해야 했다. 물론 노예는 도망칠 수도 있었으나, 법적으로 자신의 의지에 따라서 복무를 그만 둘 수는 없었다. 그들은 복무를 개시할 때에 얼마동안 일해야 하는지를 구체화할 수 있었다. 그들 가운데 많은 이들은 일생을 궁정에서 일해야만 했다. 일부는 공작의 군대(군사적 의미에서 dvor)에서 근무하였다. 다른 일부는 궁정 및 대공의 영지 운영에 있어서 다양한 업무에 종사하였다. 이 사회 그룹에서 가장 하위 계급으로는 양봉인, 정원관리, 사냥개 지기 등으로서 공작의 영지 안에서 종사하는 자들이 있었다. 많은 궁정 신하들은 대공으로부터 봉사의 대가를 받았다. 일

85) Novgorod, pp. 82, 310.

부 궁정신하들은 임시로 소규모의 토지를 보유하도록 허락되었다. 만약 그들이 대공에 대한 복무를 중단하게 되면, 토지 소유 또한 중지되었다. 여기서 모스크바 시대에서 중요한 제도인 군사 영지(pomestie)의 기원을 발견하게 된다.

하나의 사회 그룹으로서 몽골 시대의 "궁정신하"들은, 모스크바 대공국의 부(富)와 권력의 성장에 있어서 그들이 보여준 중요한 역할 때문뿐만 아니라, 이 계층이야말로 러시아 귀족사회의 핵심이자 귀족과의 갈등에서 왕이 기댈 수 있는 지주(支柱)였기에 역사가들의 특별한 관심을 끌었다. 16세기 후반기에 이반 4세가 귀족의 정치적 독자성에 종지부를 찍었을 때, 몽골 시대의 궁정 신하들의 위상은 이제 왕과 귀족 사이의 일반적 관계와 같이 전형적인 모습을 띠게 되었다. 모스크바 차르 권력의 중요한 원천은 군사 영지 체계를 통하여 군 장교들의 토지소유를 통제하는 데에 있었다.[86] 이미 앞에서 밝혔듯이, 최소한 영지 제도의 일부 뿌리는 바로 몽골 시대 대공국 궁정 신하들의 토지 보유에서 식별될 수 있는 것이다. 따라서 그 영지 체계는 오로지 몽골 시대 이후 16세기에나 뚜렷한 형태를 띠게 되었으나, 이미 몽골 시대에 잉태되었다고 부를 수 있는 것이다. 궁정귀족(즉 궁정신하 집단)의 부상은 차르가 두마에 제3등급의 의원급, 즉 "두마 궁정신하 직"(dumnyi dvorianin)을 제정하고 그 자리에 궁정신하를 임명할 수 있도록 한 16세기 중반에 분명히 모습을 드러냈다. 이로써 궁정귀족들은 차르 왕국의 최고 회의에서 목소리를 낼 수 있게 되었다. 17세기에 걸쳐서 궁정귀족의 최고층의 위상은 귀족의 위상에 가까워졌다.

---

[86] pomestie поместье제도에 대해서는 본 연구 시리즈 제4권에서 논의될 것이다. 포메스티에 관해서는 K. A. Nevolin, *Polnoe sobranie sochinenii*(『전집』)(St. Petersburg, 1857), *4*, 191-261; Kliuchevsky, *2*, 230-242; Vladimirsky-Budanov, *Обзор*, pp. 566-574; S. V. Rozhdestvensky, *Служилое землевладение в московском государстве XVI века* (St. Petersburg, 1896); Veselovsky, *Феодальное землевладение* (본장 주석 60), pp. 281-313; Eliashevich *1*, 368-377; *2*, 21-57 참조.

18세기에 이 두 세층 그룹은 합쳐지게 되었고, 그 결과 제국 러시아에서 "궁정 신하"라는 용어는 귀족 사회의 "귀족" 및 "궁정귀족"이라는 의미를 얻게 되었다.

Ⅲ.

군역은 귀족 및 상류계급의 기본 임무이자 그들의 국가에 대한 귀속의 기초가 된 반면, 도시민들과 농민들에게는 커다란 부담을 가져왔다. 그들의 주요 임무는 세금을 지불하고 국가가 요구하면 언제든지 노역을 제공하는 일이었다. 부역하는 사회 계급의(수적으로 민족 인구의 대부분을 차지했다)형성은 17세기에 걸쳐서 완성되었지만, 그 시작은 몽골 시대에서 비롯되었다. 그 형성 과정이 시작된 단계의 기본 요인은 몽골이 러시아에 부과한 보편적인 세금 징수와 군역 체계였다.

키예프 시대에는 대규모 도시의 주민들은 세금을 지불하지 않았다. 그들은 자신들의 고유한 예비군을(tysiacha, "천호") 구성하였으며, 그 안에서 징집된 병사로서가 아니라 자유로운 시민으로서 복무하였다. 몽골에 의해서 실시된 징집과 세금 부과는 민회의 권력 제한과 더불어 동부 러시아에서 도시 계급의 위상을 근본적으로 송두리째 바꿨다(노브고로드, 프스코프는 계속해서 자율성을 유지할 수 있었으며, 그 주민들은 몽골 전 기간에 걸쳐서 완전한 정치적 그리고 개인적 권리를 향유하고 있었다). 동부 러시아가 몽골로부터 해방되자 모스크바 대공은 세금 부과와 군역 제도를 폐기하지 않고 오히려 자신들의 통치를 위한 수단으로 적극 활용하였다. 그 제도는 더욱 확장되었다. 노브고로드와 프스코프는 1478년과 1510년에 각각 모스크바 대공국에 편입되고, 이 두 도시의 오래된 자유 제도는 폐기되었다.

동부 러시아 도시들의 정치적 자유의 폐기와 함께 빈자와 부자간의 경제적 격차는 새로운 의미를 얻게 되었다. 모스크바 대상(大商)의 상류층,

상인과 포목 상인들은 도시민들보다도 더 높은 지위를 지닌 소수 특권층
이 되었다. 16세기에 걸쳐서 이러한 최고층은 세 그룹으로 나뉘었다. 첫
째는 가장 부유한 도매상인이며, 둘째는 도매상인보다 덜 부유한 조합으
로 백호 상인(gostinnaia sotnia), 셋째는 포목 상인들의 조합인(sukonnaia
sotnia)이었다. 그들 모두는 직접세가 면제되었을 뿐만 아니라, 각종 강제
노역으로부터도 면제되었다. 이 세 그룹의 대상들이 획득한 특권을 대가
로 그들은 대공국의 통치에 필요한 재정과 간접세의 징수에 대해서 차르
를 지원해야만 했다.

자신의 가장 가치 있는 자유 요소를 박탈당한 도시의 부역 대중들은
두 그룹으로 나뉘었다. 하나는 소매상인과 수공업자들과 같은 "중간" 시
민(serednie), 다른 하나는 "검은" 시민(chernie liudi), 즉 소규모 수공업자
들과 반숙련 그리고 비숙련 노동자들로 구성된 "젊은" 시민들(molodshie)
이었다. 이들이 소위 "검은 백호"(chernania sotnia)를 구성하였다. 대부분
의 중간 시민, 그리고 젊은 시민들은 도시 외곽의 포사드(주거 지역)에 거
주하였다. 1550년까지 그들은 외곽 시민(포사드스키에 류지, 부역하는 중
간 및 하류 계층이라는 특정한 의미에서 "도시민")으로 알려져 있었다. 이
반 4세 때 제정된 법에서 다양한 계급의 시민들에 대한 명예 훼손의 보상
규모는 상이한 도시 그룹의 사회적 그리고 경제적 위상의 차이에 관한
적절한 개념을 제공해 주고 있다.[87] 도매상인에 대한 모욕에는 50루블,
중간 시민에 대해서는 5루블, "도시민"에 대한 보상은 1루블이면 충분했다.

혼란의 시기(1598-1613년, 스무트노에 브레먀, 역주)에 일어난 위기들에
이어 17세기에 모스크바 대공국 정부는 도시민들을 자신들의 공동체에
귀속시키려는 조치를 취하기 시작했다. 1613년 정부는 혼란의 시기에 수
도로부터 도망쳤던 도시민들이 모스크바로 돌아오도록 명을 내렸다.

---

[87] Sudebnik, 1550, art. 26, Vladimirsky-Budanov, *Хрестоматия*, *2*, 129-130.

1619년에는 다른 곳으로 이주했던 모든 도시민에 대해서 예전에 살던 모든 러시아의 도시로 돌아가도록 하는 일반 명령을 내렸다.[88] 1649년의 법전(Ulozhenie) 조항들에 따라서 모든 소속원이 영구히 귀속되게 되는 폐쇄된 그룹으로서 공동체 코뮌이 마침내 형성되었다. 정부 허락 없이 자신의 공동체를 이탈한 소속원은 시베리아로 유형을 보냈다.[89] 1658년 한 외곽에서 다른 외곽으로의 이동에 대해서는 사형에 처했다.[90]

동부 러시아의 농민들의 농노화 및 편제화의 과정은 동부 러시아 도시민들의 그 과정과 유사했다. 몽골의 세금 부과 및 군역 체계가 그 출발점이었다. 논리적인 귀결은 모스크바 대공국 정부에 의해서 이루어졌다. 여기서 유념해 둘 것은 키예프 시대에 농민 계급 주민은 군역에 동원되지 않는다는 것이 일반적인 규정이었다는 점이다. 소규모 농지소유자들(류지(liudi)와 소농인(svoezemtsy))에게는[91] 직접세(공물)가 부과되지 않았으나,[92] 국가 농민들(스메르디)에게는 부과되었다.[93] 몽골 시대에 스메르디들은 별도 그룹으로 오직 노브고로드의 땅에서만 계속 존재하고 있었다. 서부 러시아에서 "스메르디"란 용어는 리투아니아의 체제하에서는 점점 사용되지 않게 되었다. 동부 러시아에서 몽골 시대 전 기간에 걸쳐 그 용어는 전혀 사용되지 않았다. 아마도 이전의 많은 동부 및 서부의 스메르디들은 몽골인들이 실시한 "백호" 그리고 "오르다"와 같은 복무 공동체에 편입되었을 것으로 추정된다. 류지(liudi)란 용어는(적은 규모의 토지 소유자라는 의미로) 몽골 시대의 일상 언어에서 사라졌다.[94] 비록 동부 러시

---

88) Vladimirsky-Budanov, *Обзор*, p. 129.

89) 알렉세이 미하일로비치 왕의 *Соборное Уложение* (Moscow, 1907), 19장, 특히 arts. 1-11, 13, 18-20 참조.

90) Vladimirsky-Budanov, *Обзор*, p. 130.

91) Люди 와 своеземцы에 관해서는 『키예프 러시아』, pp. 143-144 참조.

92) *Ibid.*, p. 191.

93) 스메르디의 위상에 관해서는 *ibid.*, pp. 143-144 참조.

아에서 토지 소유자가 적은 규모로 존재하기는 하였지만, 그 숫자는 상당히 축소되고 있었다. 일부는 공작 궁정에 편입되었고, 다른 일부는 농민 수준으로 떨어졌다. 그러나 노브고로드와 프스코프에서 소규모 지주 계급은 전 몽골 시대에 걸쳐서 주도적인 지위를 계속 차지하고 있었다. 노브고로드에서 만약 개개인이 개별적인 토지를 소유하였다면, 소농인(svoezemtsy)이라고 불렀으며, 집단 소유의 토지에서 일하는 농민을 shabry(프스코프에서는 siabry)라고 불렀다.[95]

동부 러시아에서는 대략 14세기 중반부터 농촌 거주민들을 단순하게 "농민"(khristiane 또는 krestiane)이라고 불렀다.[96] 표트르 스트루베에 따르면, 교회가 최초로 그 용어를 도입했다.[97] 그리고 실제로 "농민"이라는 의미로 "khristiane"이라는 용어를 사용한 가장 이른 동부 러시아 문서는 키프리안 대주교가 성 콘스탄틴 수도원에 내린 증서였다(1391년). 그 증서에서는 수도원의 토지를 임차하는 경작인을 크리스챤으로 부르고 있는데, 아마도 수도원에 법적으로 종속되어 있다는 것보다는 수도원에 대한 그들의 정신적인 종속을 강조하기를 바랐던 것으로 보인다. 그 용어는 이러한 형태로 또는 "krestiane"이라는 형태로 많은 교회의 문서들 속에서 반복되어 사용하고 있으며, 곧 그 용어는 교회의 토지와 관련된 영역에서 매우 잘 쓰는 용어가 되었다. 당시까지도 수도원은 동부 러시아 영토의 상당한 부분을 소유하고 있었기 때문에, 결국에 "농민"이라는 새로운 용어는 토지의 다른 범주에도 마찬가지로 적용되기 시작하였다.[98] 1497

---

94) 몽골지배 시기의 동부 러시아의 소작농에 관해서는 Eliashevich, *1*, 247 참조.

95) siabry **сябры** 에 관해서는 『키예프 러시아』, p. 134 참조.

96) 러시아어 **христиане**(기독교인)은 "Христос"(예수)에서 왔으며; 농민 **крестьяне**은 **крест**(십자가)에서 왔다. 고대 러시아어에서 "крестьяне"는 원래 "христиане"을 뜻했다. 현대 러시아어에서는 "**земледелец** 농민"을 뜻한다.

97) Strube, pp. 78-84.

98) Eliashevich, *1*, 23.

년[99])뿐만 아니라 1550년[100])의 법전에서도 그 용어가 사용되고 있다.

교회 및 수도원의 토지 이외에도 농민들이 정착한 토지를 가리키는 세 가지 다른 범주의 용어가 있었다. 첫째로 "검은" 토지, 다시 말해서 국가에 의해서 세금이 부과되는 토지, 둘째로는 궁정 영지, 마지막으로 복무 공작과 귀족들의 장원 토지가 있었다. 몽골 지배 시대의 첫 세기에는 수도원의 토지에서 일하는 농민의 위상과 다른 범주의 토지에서 일하는 농민의 위상에는 중요한 차이가 존재하고 있었다. 앞에서 밝혔듯이, 칸은 교회 및 교회의 소유에 부과하는 세금 및 다른 부역을 면제시켜 주었다. 그러므로 수도원의 토지에서 일하는 농민들은 오직 수도원의 부역만을 이행하였으며, 국가에 대한 부역(tiaglo)은 지지 않았다. 그와는 대조적으로 다른 범주의 토지에서 일하는 농민들은 공물을 바쳤으며, 군역의 의무도 지고 있었다. 역설적이기는 하지만, 황금 오르다의 몰락과 모스크바 대공국의 권력 강화가 이루어진 후에 교회의 특권은 현저히 축소되었다. 교회는 이제 자신들의 특권을 보장받기 위해서는 대공에게 관심을 보여야만 했다. 대공이 교회에 발급한 많은 증서는 행정적으로는 불가침의 권리를 보장하기는 했지만, 교회 소유의 토지에서 일하는 농민들에 대해서는 얌 및 소하의 세금을 부과하였다. 그 결과 1500년까지 수도원의 농민의 위상은 다른 범주의 농민들의 위상과 비슷한 처지가 되었다.

국가에 대한 부역에도 불구하고 몽골 시대에 모든 범주의 농민들은 여전히 개별적으로 자유를 누리고 있었다. 더구나 당시에 동부 러시아의 농민들은 단순히 누군가가 소유한 토지를 임차한 농민이 아니라, 고유한 권리, 자신들이 경작하는 한 뼘 땅에 대한 "노동권"(trudovoe prava)을 보유하고 있었다. 그가 한 뼘 "검은" 땅을, 아니면 궁정의 또는 귀족의 토지를 일구고 있던 지에 관계없이 법적으로 그 누구도 자신의 경작지로부터 그

---

[99]) art. 57, Vladimirsky-Budanov, *Хрестоматия*, *2*, 102(христиане).

[100]) art. 88, *idem*, 2, 173(крестьяне).

를 쫓아낼 수 없었으며, 그 토지에 대한 그의 권리는, 그가 토지를 계속해서 경작하고 세금을 지불하고 있는 한 법으로 보장되었다.[101] "검은" 토지로 먹고 사는 농민들과 교회 또는 사적인 토지를 일구고 사는 농민들과의 차이는 전자의 농민들이 오로지 국가의 세금만을 지불하는 반면에 후자들은 여전히 영지의 세금을 지불할 뿐만 아니라, 때로는 관습에 따라 토지 소유자를 위해 일해야만 했다는 데에 있었다. 두 계층의 위상을 동등하게 하기 위해서는 "검은" 농민들에게 영지의 농민들보다 더 높은 세율로 세금을 지불하도록 하는 일이었다. 농민 개개인은 농업의 주기가 끝나는 시기, 다시 말해서 늦은 가을에 정산을 완전히 마친 후에 자신의 경작지를 떠나거나 다른 곳으로 이동할 권리를 가지고 있었다. 이를 위해서 검은 토지의 농민은 대개 자신 대신에 국가부역을 할 수 있는 자를 찾기만 하면 그만이었다. 15세기 중반까지 농민의 의무가 끝나는 시기로서 적합한 날은 성인(聖人) 게오르기의 날 11월 26일이었다. 1497년과 1550년의 칙령에 의해 이 날은 법제화되었다.

물론 농민의 자유로운 이동은 토지 소유자에 대한 개별적인 빚으로 인하여 꺼려질 수는 있었다. 16세기 중반에 일어난 농업 위기의 결과로 그러한 부채의 경우가 빈번하게 일어났다. 그러나 농민의 자유에 대한 가장 심각한 위협은 일부 농민들의 개별적인 채무가 아니라, 토지 소유에 대한 국가의 통제라는 새로운 정책이었다. 16세기 중반에 영지 체제의 폭넓은 도입으로 정부는 pomeshchiki(영지 농노 소유자들)에 대해서 노동력을 공급해주는 문제에 부딪히게 되어 처음에는 임시로 조치(1581년)했지만, 결국에는 농민들을 영지 소유의 토지에 귀속시키는 것 이외에 다른 대안이 없었다. 1649년 법전의 조항에 검은 토지를 제외한 모든 범주의 토지에 농노권이 항구적인 것으로 도입되었다. 검은 토지의 농민들은 이전의 자신들의

---

101) Eliashevich, *1*, 59-65.

위상을 보존하기는 했지만, 이제는 그들 각각의 공동체에 귀속되었다.

5. 종교 생활

Ⅰ.

중세 러시아에서는 중세 서구와 마찬가지로, 기독교 교회가 러시아 민족의 종교 생활에 있어서 매우 중요한 역할을 하였다. 특히, 황금 오르다에서 이슬람이 승리한 후에도 종교 영역에서 러시아에 대한 몽골의 직접적인 영향을 미치는 경우는 전혀 없었다. 하지만 몽골의 지배는 러시아 교회 및 정신문화의 발전 과정에 다양한 방식으로 간접적인 영향을 미쳤다. 몽골 침입의 최초의 충격은 러시아인의 생활 및 문화의 다른 측면들에 미친 것과 마찬가지로 러시아 교회에게도 매우 큰 고통을 안겼다. 대주교 자신을 포함하여 많은 훌륭한 성직자들이 폐허가 된 도시에서 사망하였으며, 많은 성당, 수도원, 그리고 교회들이 불태워졌거나 약탈당했다. 수많은 신도들은 살해되거나 노예로 전락하였다. 러시아 교회의 중심지 키예프는 너무 피폐화되어 여러 해 동안 종교 행정의 핵심 역할을 할 수 없었다. 여러 교구들 가운데 특히 페레야슬라브가 가장 심한 타격을 입어 그 교구는 폐쇄되었다.

교회가 다시 한 번 확고한 입지를 세울 수 있었고 점진적으로 재조직될 수 있었던 것은 오로지 망구-테미르가 러시아 교회 권력에 면제특권 칙령을 하사한 뒤였다. 여러 해가 지나면서, 러시아 교회는 일부 측면에 있어서는 몽골 침입이전보다도 더 강력한 교회가 되었다. 사실상 그리스 정교에 의해 또는 비잔틴에 의해 지도를 받는 러시아 대주교에 의해 통제된, 그리고 칸의 칙령으로 보호를 받은 몽골 시대의 러시아 교회는 러시아 역사의 그 어떤 다른 시기보다도 공국의 권력에 덜 종속되어 있었다. 사실상 러시아 대주교는 단 한 번의 경우를 제외하고 공국간의 불화 사이에 있어서 중재 역할을 해 본적이 없었다. 또한 러시아 교회가 자신 의 활동을 위한 강력한 물질적 토대를 구축할 수 있었던 것도 바로 이 시 기였다. 교회의 토지는 몽골 시대이든 혹은 러시아이든 국가 권력에 의한 개입으로부터 자유로웠기 때문에, 교회 토지에 대한 농민의 유입 증가를 촉진하였으며, 교회 농민들의 생산물이 전체 농업 생산물에서 차지하는 비율은 꾸준히 증가하고 있었다. 특히, 수도원의 경우는 정말 그러했다. 몽골 지배 첫 세기의 말까지 교회가 달성한 번영의 수준은 교회의 종교 활동에 커다란 도움이 되었다.

몽골 시대에 교회가 마주했던 임무들 가운데 가장 우선적인 것은 왕족 으로부터 일반백성에 이르기까지 악의를 품고 좌절한 사람들에 대해 정 신적으로 위로하고 도덕적 지원을 해주는 일이었다. 이 임무와 관련하여 보다 더 근본적인 임무는 러시아 민족의 기독교화를 마무리 짓는 일이었 다. 키예프 시대에 기독교는 상위 계급과 도시민들 가운데 확고하게 자리 잡고 있었다. 당시에 설립된 대부분의 수도원은 도시에 위치하고 있었다. 농촌지역에서 기독교 계층은 상당히 미약했으며, 이교도가 여전히 잔존 하여 포교하기 어려웠다. 몽골 시대에 이르러서야 동부 러시아의 농촌 주 민들은 보다 광범위하게 기독교를 받아들이게 되었다. 이것은 성직자들 의 정력적인 노력과 러시아 민족 스스로 정신적 엘리트들 가운데서 일어 난 종교적 감화의 성장으로 이루어진 것이었다. 당시의 대부분의 대주교 들은 러시아를 여행하면서 교회 행정의 오류를 교정하고, 주교와 성직자 들의 활동을 장려하기 위해 러시아를 여행하는 데 많은 시간과 노력을 할애하였다. 동부 러시아에 4개, 서부 러시아에 2개, 그리고 사라이에 1개 의 교구 등 새로운 교구가 조직되었다. 교회와 수도원의 수는, 특히 1350 년 이후에 도시와 촌락에서 꾸준히 증가하였다. 클류촙스키에 따르면, 몽 골지배의 처음 일 세기에는 30여 개의 수도원이 설립되어, 몽골 지배의 후반 일 세기보다도 대략 5배가 더 많다.[102] 새로운 수도원 운동은 기도와 정진을 위해서 뿐만 아니라, 가혹한 조건에서 힘든 일에 도전하기 위해 "야생의 세계"로, 숲 속 깊이 들어가는 승려의 길을 선택한, 뜨거운 종교적 열정을 지닌 젊은 사람들이 개별적으로 주도한 것이 특징이었다. 삶의 혹독한 조건들뿐만 아니라 몽골의 침입 및 공작간의 내란이 가져온 참화가 이 같은 정신적 삶의 발전을 가능하게 하였다.

이전의 기독교인의 은둔처가 이제 성장하는 농촌들로 둘러싸인 규모가 크고 사람이 많이 모인 부유한 수도원으로 바뀌게 되자, 원래의 은둔자들은 또는 새로운 정신으로 무장한 승려들은 악화되는 분위기를 감지하고 자신들이 세웠거나 확장했던 수도원을 떠나 숲속 깊이 또는 북쪽으로 더 멀리에 위치한 또 다른 수도원을 세웠다. 그렇게 해서 각각의 수도원은 또 다른 수도원들의 요람 역할을 하였다. 이러한 운동의 선구자로 가장 존경을 받았던 승려는 라도네쥐의 성자(聖者) 세르기우스로, 모스크바로부터 북동쪽으로 약 75킬로미터 떨어져 있는 트로이츠키 사원을 설립한 자였다. 그의 신성한 성품은 그를 한 번도 만나지 못한 자들조차 영감을 불러 일으켰으며, 다음 세대에 끼친 그의 영향은 실로 어마하다. 성자 세르기우스는 러시아 민족의 종교적 삶에 있어서 중요한 요인, 즉 믿음의 상징이 되었다.[103] 그 시대 종교적 삶에서 훌륭한 지도자들 가운데에는 벨로오제로의 키릴 성자와 백해의 솔로브키 섬에 같은 이름의 수도원을 세운 성인 조시마와 삽바티가 있었다. 그런데, 그 새로운 수도원들은 러시아 북부 지역을 식민지로 편입시키는 데 있어서 매우 중요한 역할을 하였다.[104]

---

102) V. O. Kliuchevsky, *Очерки и речи* (Moscow, 1915경), p. 210. 전체 몽골 시대에 수도원의 역할에 관해서는 Kliuchevsky, *Курс*, *2*, 260-280 참조.

103) Kliuchevsky, *Очерки и речи*, pp. 199-215.

104) V. O. Kliuchevsky, "Хозяйственная деятельность Соловецкого монастыря," *Опыты и исследования*(2d ed., Moscow, 1915년경), pp. 1-36 참조.

일부 북부의 수도원들은 핀-위구르족의 영토에 위치하고 있었으며, 그 민족들도 마찬가지로 기독교를 수용하게 되었다. 지리안(지금은 코미라고 부르는)에 대한 페름의 성인 스테판의 포교 활동은 이런 측면에 있어서 특히 생산적이었다. 타고난 인문학자인 페름의 스테판은 코미의 언어를 습득, 구사했을 뿐만 아니라, 원주민들에게 종교 문헌을 퍼뜨리기 위하여 특수한 문자를 만들어 사용했다.[105]

몽골 시대에 동부 러시아에서 종교 부활의 또 다른 중요한 측면은 교회 예술이었다. 프레스코와 아이콘 형식에서 러시아 종교 회화의 번영을 보여준 것도 이 시기이다.[106] 이러한 러시아 종교 예술의 부활에는 위대한 그리스 화가인 테오파네스가 중요한 역할을 하였는데, 그는 자신의 생과 예술을 마감할 때까지 약 30년간 러시아에 머물러 있었다. 테오파네스는 처음에 노브고로드에서, 그 후에는 모스크바에서 작품 활동을 하였다. 비록 러시아인들은 그의 걸작들과 예술성에 대해서 감탄하지만, 그를 성화 제작 분야에서 노브고로드나 모스크바 학파의 주창자라고 부르기는 어렵다. 러시아 성화 제작자들은 그의 자유로운 붓의 질감 기술을 폭넓게 받아들이기는 했지만, 개인적인 그리고 극적인 스타일을 모방하려고 하지는 않았다. 당시의 가장 위대한 러시아 아이콘 작가는 안드레이 루블료프로, 그는 유년을 트리니티 수도원에서 보낸 뒤에 그 수도원을 위해 유명한 성화 "구약의 삼신성"을 그렸다. 루블료프의 예술성은 순수한 구도의 안정성

105) 페름의 스테판 성자에 관해서는 Makari, 4, 138-149; 5, 236-240; Golubinsky, 2, 262-296 참조.

106) 몽골 시대의 러시아화에 관해서는 M. Alpatov and N. Brunov, *Geschichte der altrussischen Kunst* (Augsburg, 1932), pp. 285-346; M. Alpatov, **Андрей Рублев** (Moscow and Leningrad, 1943); N. P. Kondakov, *The Russian Icon*, E. H. Minns, trans.(Oxford, Clarendon Press, 1927); P. P. Muratov, *Les Icones russes* (Paris, 1927); D. T. Rice, *Russian Icons* (London and New York, King Penguin Books, 1947); L. Ouspensky and W. Lossky, *Der Sinn der Iconen* (Bern, Switzerland, 1952) 참조.

과 섬세한 색감의 조화에 있다. 그와 동시대인인 이탈리아의 화가 프라 안젤리코의 작품들과 그의 작품들에서 일정한 유사성이 발견된다.

그보다 덜 화려하지만, 중요성에 있어서 결코 뒤떨어지지 않는 것은 당시 종교 음악의 발전이다. 그러나 유감스럽게도 그 음악에 대해서 알려진 것은 거의 없다. 우리에게 남은 대부분의 온음계 성가 필사본은 1450년에서 1650년 사이에 이루어진 것으로 몽골 시대 이후에 해당된다.[107] 음악 악보의 원형은 비잔틴의 가수들이 11세기에 러시아로 들여온 것이다. 몽골 시대 이후에 러시아 악보와 비잔틴의 악보는 여러 가지에서 많은 차이가 있다. 알프레드 스완이 지적하듯이 "러시아 토양에서의 성장 및 러시아 환경에 대한 적응 시간 동안 종교 음악은 러시아 민속음악과 가까워졌다."[108] 몽골 시대는 분명히 종교 음악 탄생의 최종 단계임이 틀림없다. 또한, 소위 demestvenny라고 불리는 다른 종류의 종교 음악이 출현한 것도 바로 몽골 시대의 말기이다. 그 음악은 16세기에 널리 퍼지게 되었다.[109]

당시 문헌에서 종교 정신의 표현들은 무엇보다도 주교의 설교와 성직자들의 일상생활뿐만 아니라, 일부 러시아 공작들의 전기(傳記) 속에서도 찾을 수 있다. 성인의 반열에 오를 자격이 있는 공작들에 대한 전기들은 살아 있는 성자와 같은 문체로 기록되었다는 것을 느낄 수 있다.[110] 대부

---

107) 성가에 관해서는 S. Stasov, "Заметки о демественном и троестрохном пении," *собрание сочинений*(『전집』), 3. 107-128; N. Findeisen, *Очерки по истории муз ыки в Руси*(Moscow and Leningrad, 1928), 1, 97-103; A. J. Swan, "The Znamenny Chant of the Russian Church," *Musical Quarterly*, *26*(1940), 232-243, 365-380, 529-545 참조.

108) Swan, (주석 107), p. 365.

109) 성가에 관해서는 S. Stasov, (주석 107); Findeisen, (주석 107), pp. 247-251; M. S. Pekelis, ed., *История русской музыки*(Moscow and Leningrad, 1940), *1*, 85-86.

110) 몽골 시대의 러시아 성자 문헌에 관해서는 I. Nekrasov, *Зарождение национа-льной литературы в северной Руси*(Odessa, 1870); Kliuchevsky, *Жития*; A. P. Kadlubovsky, *Очерки по истории древнерусской литературы житии святых*(Warsaw, 1902); N. P. Barsukov, *Источники русской агиографии*(St. Petersburg, 1882); E. V. Petukhov, *Русская литература, древний период*(Iuriev, 1912), pp.

분 이러한 작업들의 기본 이념은 몽골의 압제는 러시아 민족이 저지른 죄에 대한 신의 징벌이며, 오직 올바른 믿음만이 러시아인들을 이러한 혹독한 상황에서 벗어나도록 이끌 수 있다는 데에 있었다. 블라디미르의 세라피온 주교의 설교(1274-75년)는 이러한 관점에서 전형적인 것이었다. 그는 무엇보다도 러시아가 겪은 고난의 책임은 러시아 민족의 역량을 자신들의 권력 투쟁에 모두 다 써버린 공작들에게 있다고 보았지만, 단지 거기에서 멈추지 않았다. 그는 잔존하는 이교도에 매어있는 일반 백성들을 비난하였으며, 러시아인들 각자가 단지 기독교의 이름만 아니라 영적으로 기독교에 귀의하고 헌신할 것을 호소하였다.[111] 몽골 지배의 처음 일세기에 생존하던 공작들 가운데 대공 야로슬라브와 그의 아들 알렉산드르 넵스키의 삶은 매우 흥미롭다. 야로슬라브의 일생에 대해서는 단편들만 남아있어 일관되지 않다. 그의 전기는 민족의 비극으로서 받아들여지며, 그 비극의 제1장의 주인공은 야로블라브이다. 서장에서는 러시아의 행복한 과거가 매우 격정적으로 묘사되고 있다. 아마도 서장 다음에는 분명히 러시아가 당한 재앙에 대해서 서술되었을 것이나, 그 부분은 분실되었다. 서장은 "러시아 영토의 죽음에 대하여"(Slovo o pogibeli zemli russkoi)라는 별도의 제목으로 기술되어 있다.[112] 그것은 초기 몽골 시대에 있어서 러시아 문학의 최고 정점에 도달한 걸작일 것이다. 알렉산드르 넵스키의 삶에 관해서는 로마가톨릭교의 십자군 원정으로부터 그리스 정교를 수호하는 데에서 보여준 장수로서의 용맹성을 강조하고 있다.[113]

93-95, 112-125; G. P. Fedotov, *Святые древней Руси*(Paris, YMCA Press, 1931) 참조.

[111] 블라디미르의 세라피온에 관해서는 Petukhov(주석 110), pp. 74-86; *idem*, **Серапион Владимирский**(St. Petersburg, 1888); M. Gorlin, "Sérapion de Vladimir, prédicateur de Kiev," *RES*, *24*(1948), 21-28 참조.

[112] M. Gorlin, "Le Dit de la ruin de la Terre Russe et de la mort du Grand-Prince Jaroslav," *RES*, *23*(1947), 1-33.

[113] 본서 3장, 주석 72 참조.

키예프 시대와 마찬가지로 몽골 시대의 성직자는 러시아 문헌들을 집성하는 데에 대단히 중요한 역할을 했다. 하지만 몽골 침입 이후에 모든 작업은 중단되었다. 비록 일부분이긴 하지만, 1240년과 1260년 사이에 기록된 유일한 문헌은 로스토프 문헌이다. 그 문헌을 편찬한 자는 로스토프 시(市)의 주교였던 키릴이었다. 키릴은, D. S. 리하쵸프가 분명하게 보여주듯이, 체르니고프의 공작 미하일의 딸이자 로스토프의 바실코 공작의 미망인 마리아 여공작으로부터 많은 도움을 받았다. 그녀의 부친 및 남편은 모두 몽골의 손에 의해서 살해되었으며, 그녀는 자선 사업과 문헌 편찬에 헌신하였다.[114] 1305년 트베르에서 한 문헌이 편찬되었다. 그 문헌 일부가 1377년 수즈달의 승려인 라우렌티에 의해서 필사되었다(소위 "라우렌티 필사본"의 저자). 15세기 모스크바에서는 트리니티 연대기(대주교 키프리안의 지도하에 편찬이 시작되어 1409년에 완성되었다)와 같이 보다 방대한 양의 역사문헌이 나타났으며, 그보다 더 의미 있는 연대기 문헌집이 대략 1428년경에 대주교인 포티우스의 감수 하에 편찬되기도 하였다. 이 문헌집은 후대의 기록을 위한 토대를 마련하였으며, 결국 16세기에 보스크레센스크와 니콘 연대기와 같은 방대한 요람들의 편찬을 가능케 하였다. 노브고로드는 14세기 전체에 걸쳐서 그리고 그 몰락에 이르기까지 자기 고유의 역사 연대기를 편찬하는 중심지였다. 당시 문헌들을 저술한 많은 러시아인들은 특히, 니콘 연대기의 편저자(編著者)들은 러시아 정세뿐만 아니라 타타르의 정세에도 매우 뛰어난 정보를 보유하고 있었다.

Ⅱ.

몽골 시대에 러시아의 문학에서는, 기록 문학이든 구전 문학이든, 모두 타타르인에 대한 이중적인 태도를 엿볼 수 있다. 한편으로는 압제자에 대

---

114) Likhachev, p. 283.

한 반항과 불만의 감정을 볼 수 있는가 하면, 또 다른 한편으로는 스텝 생활에 대한 시에서는 심리적인 기저에 흐르는 매혹을 엿볼 수 있다. 만약 푸슈킨이나 레르몬토프, 그리고 톨스토이와 같은 19세기의 많은 러시아 작가들이 코카서스와 코카서스 산악 원주민들의 그림과 같은 삶에 열정적으로 매혹을 느꼈던 것을 떠올린다면, 몽골 시대 문학의 정신과 사고 방식을 이해하는데 도움을 줄 것이다.

원한과 관련된 경향을 보면, 몽골 시대 이전의 러시아 영웅 서사시는 새로운 상황에 맞추어 새롭게 제작되었으며, 낡은 적의 이름(폴로베츠인)은 새로운 적의 이름 타타르로 대체되었다. 동시에 새로운 영웅 서사시, 역사적 전설, 노래들이 탄생하였으며 그 속에서의 주된 주제는 몽골 시대 단계에 따라 스텝 민족들에 대한 러시아의 투쟁이었다. 바투의 키예프 파괴와 노가이의 러시아 침략은 동시대의 러시아 민담의 소재 역할을 하였다.[115] 타타르인의 트베르 박해와 1327년 트베르인들의 봉기는 문헌에 기록되어 있을 뿐만 아니라, 특별한 역사적 담화의 토대를 뚜렷하게 구성하고 있다.[116] 그리고 물론, 이미 밝혔지만, 쿨리코프 평야의 전투는 다양한 애국적 일화들의 주제가 되었으며, 그 일부 편린들을 문헌 저술가들이 활용하여 후에 완전한 기록으로 남게 되었다. 여기서 고대 러시아 문학에서 구전 문학과 기록 문학이 결합하는 경우를 보게 된다. 동일한 주제로 역사적 연작에 속해 있는 "자돈시치나"는 분명히 하나의 기록 문학 작품이다.[117]

---

115) A. S. Orlov, *Древняя русская литература XI-XVI веков*(2d ed., Moscow and Leningrad, 1939), pp. 141-145; N. K. Gudzii, *История древней русской литера ту-ры*(2d ed., Moscow, 1941), pp. 225-226; R. Jakobson, "Собака Калин Царь" (본서 3장, 주석 200); D. S. Likhachev, *Национальное самосознание древней Руси* (Moscow and Leningrad, 1945), pp. 78-81.

116) 본서 3장, 주석 242 참조.

117) 본서, p. 377 참조. "Задонщины" 텍스트는 P. Simoni, ed., "Задонщина," *ANORS*, *100*, No 2; J. Frcek, *Zadonstina* (Prague, 1948) 참조.

매혹의 요소와 관련해서, 몽골 시대 이전의 영웅 서사시의 작가들은 이미 스텝의 삶과 전쟁에 대하여 특별한 매력과 시상(詩想)을 느끼고 있었다. 여전히 몽골 시대에도 그와 같은 심리적 과정이 계속되고 있다. 쿨리코프 평야의 전투에 관한 애국적 일화 속에서조차 타타르 무사의 일대일 승부 요구를 받아들인 수도승 페레스베트의 영웅적 행위를 매우 경이롭게 묘사하고 있다. 몽골 시대 이전의 러시아 영웅 서사시는 이란 및 초기 투르크 영웅시와 서로 긴밀한 요소들을 간직하고 있는 것을 부인할 수 없다.[118] 마찬가지로 몽골 시대에도 러시아 민담은 "타타르식"(몽골식 그리고 투르크식)의 시적 형상과 주제들의 영향을 받았다.[119] 러시아인들이 타타르인들의 영웅 서사시에 대해 알도록 만든 매개는 아마도 몽골군에 소집되었던 러시아 군인들이 아닌가 싶다. 그와 마찬가지로 러시아에 정착했던 타타르인들 또한 러시아 민담에 자신들의 민족에 관한 모티브들을 제공했을 것이다.

몽골어 및 투르크어로부터 또는 투르크어를 통해 페르시아어 및 아랍어로부터 차용된 단어들과 개념들로 인하여 러시아어가 풍부해 졌다는 것은 위와 같은 문화적 삼투 과정의 또 다른 한 측면을 보여주고 있다. 1450년까지 타타르(투르크)어는 모스크바 대공 바실리 2세 때의 궁정에서 유행하였으며, 이를 빌미로 수많은 그의 정적(政敵)들이 대공에게 강력히 저항하였다. 바실리 2세는 타타르인 "그리고 그들의 언술"에 대한 과도한 열애로 인하여 비난받았다.[120] 15세기, 16세기 그리고 17세기에 수많은 러시아의 귀족들이 타타르의 성을 받아들이는 것은 흔한 일이었다. 예를 들어서, 벨랴미노프 가의 일련의 구성원들이 악삭(투르크어로 "다리를 저

---

118) 『키예프 러시아』, pp. 250-251 참조.

119) V. V. Stasov, "Происхождение русских былин," *собрание сочинений*(『전집』)(St. Petersburg, 1894), *3*, 948-1260 참조.

120) Novgorod, IV, 125-126.

는”)으로 알려지게 되었으며, 그 후손들은 악사코프 가(家)로 알려지게 되었다.121) 그와 마찬가지로, 시체핀-로스토프 가의 공작 가운데 한 사람을 바흐테야르(bakhtyar는 페르시아어로 “행운이 있는”, “부유한”을 의미한다)라고 불렀다. 그가 바흐테야로프 家의 시조이며, 그 성은 18세기에 단절되었다.

몽골침입 이전까지도 일련의 투르크어들이 러시아어로 침투해 들어갔으나, 진정한 의미에서 투르크어의 유입은 몽골 시대에 시작되어 16세기와 17세기까지 계속되었다. 몽골어와 투르크어로부터(또는 투르크어를 통하여, 혹은 아랍어와 페르시아어로부터) 차용된 개념들 가운데, 운용과 재정의 영역에서 상기할 만한 단어들로는 돈(деньги), 국고(казна), 세관(таможня)을 들 수 있다. 또 다른 차용 그룹은 무역 및 상인들과 관련이 있다. 시장(базар), 가점(балаган), 식료잡화(бакалея), 이윤(барыш), 붉은 천(옷)(кумач) 등이다. 의복, 신발, 모자들을 지칭하고 있는 차용된 언어들 가운데에는 다음과 같은 단어들이 있다. 농부 겉옷(армяк), 방한 두건(башлык), 신발(башмак). 중요한 차용의 한 그룹으로 말, 말의 털색, 그리고 번식과 관련이 되어 있다는 것은 매우 당연한 일이다. 예를 들어 승용마(аргамак), 짙은 갈색의(буланый), 말떼(табун). 집안의 세간, 음료, 식품뿐만 아니라 채소와 과일, 금속, 보석 등을 의미하는 많은 러시아 어들도 투르크어로부터 직접 또는 다른 동방의 언어들로부터 투르크어를 통해서 차용된 것들이다.122)

---

121) 공작 P. Dolgorukov, *Российская родословная книга*, 4(St. Petersburg, 1857), 44, 71.

122) 동방(타타르)으로부터 유래한 러시아어어에 관해서는 F. Miklosich, “Die turkische Elemente in den sudost und osteuropeischen Sprachen,” *AWV*(Viena, 1884-90), p. 34, 35, 37, 38; L. Wanstrat, *Beitrage zur Charakterictik der Russischen Wortschatzes* (Leipzig, 1933), pp. 63-82, 97-98 참조. 또한 Menges, Praobrazensky, 그리고 Vasmer의 저작들도 참고할 수 있다. 고대 및 현대 러시아어의 동방 차용에 대한 어원사전이 캘리포니아 대학 P. A. Boodberg와 K. H. Menges(Menges,

러시아의 지적 그리고 영적 삶의 발전에 있어서 한 요인으로 그 중요성을 평가하기 어려운 것은 러시아에 살면서 기독교로 개종한 타타르인들과 그들의 후손들이 미친 영향이다. 바로 로스토프 수도원의 설립자인 황금 오르다의 표트르 왕자의 이야기는 이미 밝힌 바 있다. 다른 유사한 경우도 있었다. 15세기의 뛰어난 러시아 종교 활동가이자, 수도원을 설립한 보롭스크의 성인 파프누티는 어느 바스칵의 손자였다. 16세기 불가크라는 이름을 가진 타타르 태생의 귀족 아들은 수도승이 되었는데, 그 후이 가계(家繼)는 대대로 반드시 성직자가 나왔다. 20세기 유명한 러시아 신학자인 세르기우스 불가코프 신부가 그 후손이었다.[123] 또한 타타르 출신의 위대한 러시아 지성의 지도자로는 역사가 N. M. 카람진과 철학자 표트르 차아다예프가 있다.[124] 성으로 보면, 차아다예프는 몽골 계통이 틀림없는데, 왜냐하면 차아다이는 몽골 이름인 자가타이(자가타이)를 러시아어로 표기한 것이기 때문이다. 표트르 차아다예프는 칭기즈칸의 아들인 자가타이의 후손일 가능성이 높다.[125] "서구 지향주의자" 차아다예프가 몽골 계통이라면, "슬라브 전통주의자"인 악사코프 家(벨랴미노프家의 한 분파)가 스칸디나비아의 바랑인의 후손이라는 것은 이질적 인종 요소를 지닌 러시아의 용광로 문명에서는 흔한, 역설적인 동시에 전형적인 일이다.

p. 6 참조)에 의해서 준비되고 있다.

[123] Father Sergius Bulgakov, *Avtobiograficheskie zametki* (『자서전』)(Paris, YMCA Press, 1946), p. 15. 성직자 불가코프 가(家) 이외에도 러시아에는 또 다른 두 불가코프 귀족이 있었다. 두 가계 모두 타타르에서 기원한 것으로 한 가계는 14세기, 또 다른 가계는 16세기에서 기원한다.

[124] M. Vasmer, "Der Name Caadajev," *ZSP, 17*(1941), 340 참조.

[125] Vasmer, (주석 124), pp. 340-341. 차다예프에 관해서는 C. Quenet, *Tchaadaev et ses Lettres philosophigues* (Paris, 1931); A. Schelting, *Russland und Europa* (Bern, 1948); V. V. Zenkovsky, *История Русской философии*(Paris, YMCA Press, 1948), *1*, 157-159; N. O. Lossky, *History of Russian Philosophy* (New Jork, International Universities Press, 1951), pp. 47-51 참조.

6. 후과(後課)

Ⅰ.

동부 러시아는 칸의 권력으로부터 해방되자 몽골 침입이전보다 더욱 강력해졌다. 모든 "위대한 러시아"는 이제 모스크바 대공의 영도 하에 정치적으로 통합되었다. 이방인의 지배로부터의 독립뿐만 아니라, 내정에 대한 통치 권력을 강조하기 위하여 모스크바 대공은 자신에게 전제군주와 차르의 직위를 부여하고 군림하였다. 16세기의 후반에 가장 뛰어난 외교 사절이자 동부 유럽의 사정에 매우 밝았던 예수회 안토니오 포세비노가 모스크바 통치자들의 "오만함"은 타타르의 지배로부터 해방된 결과였다라고 말한 것은 분명히 올바른 지적이었다.[126] 두 가지 직위—"차르"와 "전제군주"라는 말은 이반 3세의 통치 후반기에는 종종 사용되었으나, 바실리 3세의 통치 시기에는 더 자주 사용되었다.[127] 이반 4세는 교회의 지지와 함께 공식적으로 차르에 올랐다(1547년). 그 뒤에 공작 크룹스키를 내쫓는 정쟁에서 이반 4세는 국가 내정에서 최고의 절대적인 지도자라는 의미로 "절대 군주"라는 단어를 사용하였다.

기억해 둘 것은 러시아인들은 "차르"라는 칭호를 처음으로 비잔틴 황제에 대해서 불렀으며, 그 후로는 몽골의 칸에 대해서 그렇게 불렀다. 이미 무너진 칸의 통치 속박으로부터 러시아가 거의 반쯤 해방되었을 때, 비잔틴 제국은 오토만 투르크에 의해 파괴되고 있었다. 교황의 후견하에 있던, 비잔틴 마지막 황제의 질녀 소피아와 결혼한 이반 3세는 비잔틴 차르의 권좌에 오를 권리를 주장할 수 있었다. 오스만과 투쟁에서 러시아의 도움을 받을 것을 기대했던 교황과 베네치아인들은 그러한 승계의 시각

---

126) V. O. Kliuchevsky, *Сказания иностранцев о московском государстве* (2d ed., Moscow, 1918), p. 83.

127) Diakonov, *Власть*, pp. 134-136.

에서 이반 3세와의 결혼이 지닌 의미를 재빨리 강조하였다. 러시아인들
도 그러한 혼사가 함축한 의미를 잘 알고 있었으나, 그 혼인에 대해서 그
다지 커다란 가치를 부여하지는 않았다.[128] 하지만, 그들은 다른 방법으
로 비잔틴의 전통을 활용하였다. 러시아의 정치사상은 러시아가 기독교
를 받아들였을 때부터 비잔틴 독트린의 영향을 받아왔다. 키예프 시대에
러시아인들은 전제군주의 이론을 정밀하게 전개시키지 못했는데, 당시
러시아의 정치 토양은 비잔틴과 너무 달랐기 때문이었다. 그 뒤에 상황은
바뀌었으며, 모스크바 공국에서는 강력한 중앙집권국가가 탄생하였으며,
러시아의 지식 계층은 이제 예전에 생각하지 못했던 비잔틴 사상의 조류
로부터 영감을 얻는 데에 관심을 돌릴 수 있었다. 16세기 모스크바의 전
제군주 이론은 많은 점에 있어서 비잔틴의 독트린을 반영했다는 것은 의
심의 여지가 없다.[129]

　게다가 모스크바인들은 이제 비잔틴 전제주의와 러시아 전제군주와의
직접적 연관을 증명해주는 역사적 증거들을 찾는 노력을 개시하였다. 수
없이 제기되었던, 역사를 가장한 다양한 반(半)역사적인 논거들 가운데에
는 성인 블라디미르가 기독교를 받아들일 때 콘스탄티노플 황제 및 총주
교에 의해서 차르로 대관되었다는 주장이 있었다. 또한 당시에 널리 퍼져
있던 또 다른 일화는 블라디미르 모노마흐 공작이 비잔틴의 황제로부터
차르의 징표들을 받았다는 것이었다. 이러한 전설에 근거하여 값비싼 보
석과 모피로 치장된 모스크바 통치자들의 왕관을 16세기에 모노마흐의
관(冠)이라고 부르게 되었다. 이러한 군주 권력을 상징하는 왕관을 모노
마흐라는 이름과 연관 지은 사람은 러시아 정세에 대한 최초의 외국인
관찰자 헤르베르쉬타인이었다.[130] 이반 4세의 유서가 모노마흐의 왕관에

---

[128] Likhachev, *Национальное самосознание древней Руси* (주석 115), p. 97.

[129] Diakonov, *Власть*; Valdenberg, *O predelakh tsarskoi vlasti* (『차르 권력의 권한
　　에 관한 고대 러시아의 이론』)(본서 4장, 주석 155).

대해서 언급되고 있는 최초의 러시아 문서이다.[131] 그 왕관은 이반 1세의 통치부터 모스크바 대공들의 보물로 보존되어 왔으며, 그들의 유서 속에서 황금의 왕관으로 언급되고 있다.[132] 아마도 우즈벡 칸이 이반 1세에게 하사한 것으로 추정된다. 그 왕관은 13세기 말 또는 14세기 초 중앙아시아 예술의 걸작이다.[133]

모스크바인들이 스스로 성인 블라디미르와 블라디미르 모노마흐의 대관에 관한 이야기들을 심각하게 믿었는지에 대해서는 말하기 어렵다. 여하튼 모스크바 왕국과 황금 오르다의 역사적 연관에 대해서 명료하게 이해하고 있었기에 모든 것을 비잔틴으로 몰아넣은 것은 아니었다. 물론 모스크바 지배자로서는 예전에 자신의 주인 직위를 갖는 다는 것은 매우 당연한 일이었다. 더구나 러시아인들이 반격을 개시하여 카잔 칸국 및 아스트라한 칸국을 정복하였을 때(각각 1552년과 1556년), 러시아 차르는 적어도 황금 오르다의 두 칸국을 승계하는 후계자임을 요구할 수 있었다. 모스크바 대공국 정부는 폴란드 왕으로부터 차르의 직위를 인정받도록 노력하는 데에 있어서 그러한 정복이 내포한 의미를 강조하였다. 1556년 폴란드 및 리투아니아 사신들에게 수교한 외교 서한은, 앞에서 밝힌 두 가지 이야기의 줄거리에 따른 비잔틴 제국에 대한 논거 외에도, 신께서 러시아 땅 외에 이반 4세에게 카잔 및 아스트라한 왕국을 하사하였으며, "카잔과 아스트라한의 왕좌는 애초부터 차르 왕조였다"는 것을 언급하고 있다.[134] 덧붙일 것은, 자기 나라의 전통과 제도에 대해서 꿰뚫고 있는 17

---

130) Gerberstein, p. 32.

131) *DDG*, p. 433.

132) *Ibid.*, p. 8.

133) A. A. Spitsyn, "К вопросу о Мономаховой шапке," *ORSA*, 8, Pt. 1(St. Petersburg, 1906), 146-184; Rybakov, pp. 642-643, 모노마흐 왕관의 그림에 대해서는 *Древ ности Российского Государства*, 2, Plates 1, 2; J. S. Martin, *A Picture History of Russia* (New Jork, Crown Publishers, 1945), p. 25.

세기의 모스크바 작가 그리고리 코토쉬킨 또한 카잔 및 아스트라한의 정복을 모스크바 대공국의 역사적 토대로 간주하였다.[135]

모스크바 대공국의 전제군주제 속에 내포된 몽골 전통의 연속성을 가리키는 중요한 측면의 하나는 바로 외교 협상의 에티켓에 관한 몽골의 영향이었다. 모스크바 공국에 도착했던 많은 유럽의 사절들은 엄격하고 불합리적인 외교 의례의 형식에 대해 불만을 터뜨렸다. 사실, 우리가 지금 16세기와 17세기의 러시아 및 유럽 외교관들이 외교 예절에 관한 상호 비방과 모욕, 요구 그리고 그에 맞선 불만들을 들여다보면, 유럽 사절들의 일부 개념은 모스크바인들에게는 물론 우리에게도 대단히 부조리한 것으로 보인다. 상호 오해의 뿌리는 유럽인들과 러시아인들은 서로 다른 상이한 규정 체계를 따르고 있었으며, 러시아의 의례는 여러 측면에 있어서 몽골의 형태를 반영한 것이라는 사실에 있다.[136]

외국 사절에 대한 주재국 정부의 의무에 관한, 그리고 주재국 정부에 대한 외국 사절의 권리에 관한 모스크바인들의 개념은 유럽인들의 개념과는 근본적으로 차이가 있었다. 모스크바인들은 대사(大使)는 통치자로부터 초청을 받은 손님이라는 몽골인의 관점과 일치하고 있었다. 통치자는 대사 및 그의 수행원들에게 음료와 식사를 제공해야 하며, 숙소와 자유로운 이동, 그리고 그에 대한 세세한 경호를 제공해야 하는 것이었다. 비록 유럽 사절들은 숙박 및 식사가 무료인데 대해 반대하지는 않았지만, 사절들의 안전에 대한 모스크바인들의 과도한 염려는 결국에 끊임없는

---

134) Diakonov, *Власть*, pp. 142-143.

135) G. Kotoshikhin, *О России в царствование Алексея Михайловича* (3d ed., St. Petersburg, 1884), p. 1.

136) N. I. Veselovsky, "Татарское влияние на посольский церемониал в московский период русской истории," *Отчет Ст.Петербургского Университета за 1910 год* (St. Petersburg, 1911), 부록, pp. 1-19. 모스크바 외교 의전 및 외교 업무의 수행방식에 관한 일반적인 서술은 V. P. Potemkin, ed., *История дипломатии*, 1 (Moscow, 1943), 235-250 참조.

경호하에 놓여있어야 했기에 여러 계기에 불만을 터트리고 저항했다. 다른 한편, 유럽을 방문해야 하는 러시아 사절들은 자신들의 이동에 대해 그리고 체류에 대해 비용을 지불해야 하는 데 대해—그것도 너무나 많이—분노하곤 했다. 몽골과 마찬가지로 러시아 외교 의례에 있어서 가장 많이 주목을 받는 부분은 상호 교환하는 선물에 있었다. 지배자들만 선물을 상호 교환했던 것이 아니라, 사절들 또한 자신들이 예방하는 통치자의 격에 걸맞은 선물을 바쳐야 했다. 몽골식의 의례를 따른 모스크바 의례는 외국 사절 가운데 그 누구도 차르의 관저에서 무기를 휴대하는 것이 금지되었다. 많은 유럽 사절들은 그들이 영빈관을 들어서기 전에 자신들의 칼을 남겨두도록 요구받는 데 대해 분노하기는 하였지만, 이 규정을 지킬 수밖에 없었다. 외국의 사절이 러시아에 도착하였을 때, 국경에서 특별관리 집사(пристав)가 그를 맞이하였다. 모스크바 의례는(타타르 의례와 마찬가지로) 사절과 집사가 말에서 동시에 내려 자신들의 지도자의 이름으로 서로의 안부를 전하는 것이 요구되었다. 그리고 나서 집사는 사절의 오른편에서 그를 수행해야 했다. 난해한 이유들로 유럽 손님들은 이 두 가지 의례 규정에 대해서 강력히 거부하는 입장을 보였으며, 비켜나갈 수 있는 가능한 모든 수단들을 찾으려고 애썼다. 그러나 대부분의 경우 불가피하게 따를 수밖에 없었다.[137]

모스크바인들이 친숙하게 된 몽골식 외교 방식은 동양의 강대국, 특히 황금 오르다를 승계한 국가들과의 관계 설정 및 협상에 많은 도움을 주었다. 어떤 의미에서는 러시아 자신이 그러한 승계 국가이었으며, 황금 오르다의 몰락 이후에 러시아의 통치자는 몽골-타타르의 영역에서도 자신의 지도력을 주장할 수 있는 권리가 부여되었던 것으로 보인다. 앞에서

---

137) 첨언하자면, 국제관계에 있어서 모스크바 의전은 피터 대제에 의해서 폐기되었다. 그 대신에 그에 의해서 서구의 규범이 실시되었다. 18세기와 19세기에 러시아 외교 의전은 서구의 그것과 동일했다.

살펴보았듯이, 소위 횡금 오르다는 실제로 백(白) 오르다였기에 이 오르다의 칸들의 후손으로서 모스크바 대공국의 차르를 이제 "백의 차르"라고 부르기 시작했다. 18세기와 19세기에 이르러서도 러시아 황제는 칼미크 인들과 부랴트 인들에게는 흰 칸(tsagan khan)이었다.[138] 러시아 차르가 곧 몽골 칸의 후계자이다라는 많은 투르크 및 몽골 종족들이 지닌 감성은 차르의 권력을 그들에게 퍼트리는 데 있어서 심리적으로 매우 유리한 환경을 조성하였다. 그리고 모스크바 대공국의 외교관들은 의식적이던 또는 무의식적이던 이러한 상황을 유리하게 활용하였다. 이런 의미에서 니콜라이 투르베츠코이 공작이 지적했듯이, 러시아인들은 칭기즈칸으로부터 자신들의 제국을 승계했다고 말할 수 있다.

II.

몽골 통치로부터 동부 러시아의 해방은 모스크바의 대공, 교회, 귀족, 고관대작, 일반 민중 – 사실상 민족 전체의 결합된 노력의 결과였다. 해방의 지난한 과정 속에서 탄생한 새로운 전제군주는 키예프 시대의 러시아인에게는 낯선 원칙들의 기초위에 세워졌다. 동부 러시아 사회의 모든 계급들은 이제 국가에 복종하였다. 일단 해방이라는 목표가 달성되면 모스크바 통치 권력은 여유를 갖게 되고, 최소한 일부 과거의 자유가 복원될 것으로 기대되었을 것이다. 그러나 실제 상황은 정반대였다. 사회 계급은 통제할 수 없을 정도로 편제 조직화가 진행되어 갔으며, 몽골 통치가 끝난 지 두 세기가 되는 약 1650년에 가장 절정에 달하였다.

이러한 역사적 파라독스의 원인은 무엇인가? 대답은 분명하다. 국제무대에서 모스크바 전제 왕정의 불안정한 위상 및 끊임없는 전쟁의 위협에 답이 있다. 모스크바 대공국의 동남부와 남부에는 여전히 타타르의 위

---

138) Khara-Davan, p. 199.

협이 존재하고 있었다. 서부에서는 모스크바와 리투아니아 사이에(1569년 이후에는 모스크바와 폴란드 사이에) 권력 투쟁이 거의 정기적인 간격을 두고 계속 일어났다. 북서부에서는 노브고로드를 병합한 후 모스크바 대공국 정부는 이전에 노브고로드인들이 수행했던 의무를 이제는 자신들이 수행해야 했다. 바로 핀란드만과 카렐리야와의 경계를 이루고 있는 영토에서 리보니아 기사단과 스웨덴의 압력을 버텨내는 것이었다. 모스크바가 황금 오르다 칸의 통치를 물리쳤지만, 그곳에는 여전히 일련의 타타르 승계 국가들이 남아 있었으며, 타타르들은 거의 매년마다 모스크바 대공국의 남부와 동부 지역의 땅을 침범하여 약탈을 자행하고 수천 명의 포로들을 계속 사로잡아 갔다. 그렇게 해서 러시아의 자원 누출은 모스크바 대공국이 몽골의 지배로부터 해방된 이후 축소되기보다는 오히려 증대되었다. 스텝 지역에는 모스크바 왕국과 타타르와의 국경이란 존재하지 않았으며, 러시아인들은 모든 전선들을 끊임없이 지켜내야만 했다. 이런 상황에서 카시모프 타타르인들과 전선의 수비병, 코사크인들이 유용하기는 했지만, 마찬가지로 매년 정규군의 병사들을 동원해야만 했다. 매우 치밀하게 고안된 방어선도 구축되었지만, 많은 경우에 있어서 타타르인들은 그러한 장애들을 뚫고 침탈해 왔다. 그런 상황에서 문제 해결의 유일한 방법은 군사력을 통해서 아니면 외교적 방법으로 스텝지역에 대한 강력한 러시아인들의 통제를 구축하는 일이었다. 지정학적인 관점에서 보면, 볼가 강을 따라 하류의 아스트라한까지 이르는 이반 4세의 공략은 중요한 진전이라고 볼 수 있는데, 스텝 지역을 두 부분으로 나누고, 각각 지역에 대해서 별도로 관리를 할 수 있었기 때문이었다. 하지만 이것은 겨우 스텝 지역의 민족들을 복속시키기 위한 러시아인들의 노력의 시작에 불과했다. 이러한 과정은 17세기와 18세기 전(全) 시기를 걸쳐서 진행되었으며, 1783년 남부지방에서 크림의 정복으로 종결되었다.

서부에서의 투쟁은 지속적이지도 않고 타타르를 담지해 가는 과정처럼 분통이 터지는 일도 아니었지만, 첨예한 위기의 시기에는 보다 강력한 그리고 보다 완벽한 무장 군대 및 막대한 군비 지출의 필요성이 제기되었기 때문에 전반적으로 적지 않은 대가가 요구되었다. 상황은 분명히 정부 통제 권력에 그 어떤 긴장 완화의 틈도 주지 못하게 비우호적이었다. 오히려 정반대로 새로운 세금이 요구되었으며, 세금 부과 체계는 자유화되기는커녕 오히려 더 가혹해졌다. 영지 체계에 근거를 둔 새로운 군대의 창설은 영지에 대한 노동력 공급 부족의 문제를 야기하였으며, 그것은 앞에서 살펴보았듯이, 결국 농노제를 낳게 되었다. 이 모든 결과, 몽골 시대 동안에 시작되었고 원래 몽골의 통치 원칙을 기초로 했던 사회 계급의 편제 조직화는 계속 심화되었으며, 모스크바 대공국 통치기에 완결되었다. 전제군주제와 농노제는 러시아 민중이 민족의 생존을 대가로 지불해야만 했던 몫이었다.

| 축약어 |

AA   *Acta Archaeologica Academiae Scientiarum Hungaricae.*

AAE   *Akty Arkheograficheskoi Ekspeditsii.*

Abaev   V. I. Abaev, *Osetinskii iasyk I folklor, I* (Moscow and Leningrad, 1949)

Ab-ul-Faraj   Gregory Ab-ul-Faraj, *Chronographia*, E. A. W. Budge, trans. 원전을 볼 것

AEM   *Archäologisch-epgraphische mitteilungen aus Österreich-ungarn.*

AHR   *American Historical Review.*

AI   *Akty istoricheskie.*

AIK   *Annales de l'Institut Kondarov.*

AIZR   *Arkhiv iuzhnoi I zapadnoi Rossii.*

AK   *Arkheologicheskaia Kommissiia, Izvestiia.*

Akanc   Grigor of Akanc, History of the Nation of the Archers, R. P. Blake and R. N. Frye, eds. and trans., *HJAS*, 12 (1949), 269-399.

Altan-Tobči   "Altan-Tobči," Galsan Gomboev, trans., *VOT*, 6 (1858).

AM   *Asia Major.*

AN   *Akademiia Nauk, Izvestiia.*

Ancient Russia   G. Vernadsky, *Ancient Russia* (New Haven, Yale University press, 1943).

Annuaire   *Annuaire de l'Institut de Philologie et d'histoire Orientales et slaves.*

ANORI   Akademiia Nauk, Otdelenie Russkogo Iazyka I Slovensnosti, *Izvestiia.*

ANORS   Akademiia Nauk, Otdelenie Russkogo Iazyka I Slovensnosti, *Sbornik.*

Antonovich, *Monogrfii*   V. B. Antonovich, *Monografii po istorii zapadnoi I iugo-zapadnoi Rusi* (Kiev, 1885).

ANZ   Akademiia nauk, *Zapiski.*

ANZI   Akademiia nauk, *Zapiski po istoriko-filologicheskomu Otdeleniiu.*

ASAW   *Abhandlungen der Sächsischen Akademie der Wissenschaften zu Leipzig* (Phil.-hist.Klasse).

ASEER   *American Slavic and East European Review.*

ASTH   *Asiatic Studies in Honour of Tôru Haneda* (Society of Oriental Research, Kyoto University, 1950).

AW Ateneum Wilenskie.

AWB Preussische Akademie der Wissenschaften, Berlin, *Sitzungsberichte* (Phil.-hist.Klasse).

AWGA Akademie [formerly: Gesellschaft] der Wissenschaften in Göttingen, *Abhandlungen* (Phil.-hist. Klasse).

AWGN Akademie [formerly: Gesellschaft] der Wissenschaften in Göttingen, *Nachrichten* (Phil.-hist. Klasse).

AWV Akademie der Wissenschaften, Vienna, *Denkschriften* (Phil.-hist.Klasse).

AZR Akty zapadnoi Rossii.

Barthold, "Edigey" W. Barthold, Otets Edigeiia, *TO, 1* (1927), 18-23.

Barthold, *Turcs* W. Barthold, *Histoire des Turcs de l'Asie centrale* (Paris, 1945).

Barthold, *Turkestan* W. Barthold, *Turkestan Down to the Mongoi Invasion* (London, 1928).

Barthold, *Ulugbek* W. Barthold, *Ulugbek i ego vremia* (Petrograd, 1918).

Baumgarten 1 N. de Baumgarten, Généalogies et marriages occidentaux des Rurikides russes du X-me au XIII-me siècle, *OC, 35* (1927).

Baumgarten 2 N. de Baumgarten, Généalogies des branches regnantes des Rurikides du XIII-me au XVI-me siècle, *OC, 94* (1934).

Belleten Türk Tarih Kurumu, *Belleten.*

Berezin I.N. Berezin, Ocherk vnutrennego ustroistva Ulusa Dzhuchieva, *VOT*, 8 (1864).

Bernshtam A. Bernshtam, *Sotsialno-Ekonomicheskii stroi orkhonoeniseiskikh Tiurok VI-VIII vekov* (Moscow and Leningrad 1946).

Blue Annals G.N. Roerich, ed., *The Blue Annals*, Pt. I (Calcutta, 1949).

Bouvat L. Bouvat, *L'Empire mongol, 2-me phase* (Paris, 1927).

Bratianu G. I. Bratianu, *Recherches sur le commerce génois dans la Mer Noire au XIII-ME siècle* (Paris, 1929).

Bretschneider E. Bretshneider, *Medieval Researches From Eastern Asiatic Sources* (London, 1888; 2d ed. 1910). 2 vols.

Browne 2 E. G. Browne, *A Literary History of Persia from Firdawsi to Sa'di* (London, T. Fisher Unwin, 1906; reprinted, Cambridge, Cambridge University Press, 1928).

Browne 3 E. G. Browne, *A History of persian Literature under Tartar Dominion* (Cambridge, Cambridge University Press, 1920).

BSOAS Bulletin of the school of Oriental and African Languages.

Buslaev F. I. Buslaev, *Sochineniia, 1-2* (St. Petersburg, 1908-10).

BVSAW Berichte über die Verhandlungen der Sächsischen Akademie der Wissenscaften *zu Leipzig* (Phil.-hist. Klasse).

BZ *Byzantinische Zeitschrift.*

CAH *Cambridge Ancient History.*

Cathay Colonel Sir Henry Yule, *Cathay and the Way Thither*, new edition by Henri Cordier(London, Hakluyt Society, 1914-16). 4 vols.

ČČH *Český Časopis Historický.*

Cessi R. Cessi, *Storia della Reublica di Venezia* (Milano, 1944). 2 vols.

Chteniia Moscow, Universitet, Obshchestvo Istorii I Drevnostei, *Chteniia.*

Cleaves, "Chancelery" F. W. Cleaves, A Chancellery Practice of the Mongols, *HJAS*, *14* (1951), 493-526.

Cleaves, Inscription I F. W. Cleaves, The Sino-Mongolian Inscription of 1362, *HJAS*, *12* (1949) 1-133.

Cleaves, Inscription II F. W. Cleaves, The sino-Mongolian Inscription of 1335, *HJAS*, *13* (1950), 1-131.

Cleaves, Inscription III F. W. Cleaves, The sino-Mongolian Inscription of 1338, *HJAS*, *14* (1951), 1-104.

Cleaves, "Mongolian Names" F. W. Cleaves, The Mongolian Names and Terms in the *History of the Nation of the Archers* by Grigor of Akanc *HJAS*, *12* (1949), 400-443.

CO *Collectanea Orientalia.*

Cordier H. Cordier, *Histoire generale de la Chine* (Paris,1920). 4 vols.

DDG S. V. Bakhrushin and L. V. Cherpnin, eds., *Dukhovnye I dogovornye gramoty velikikh i udelnykh kniazei XIV-XVI vekov* (Moscow and Leningrad, 1950).

Denzinger, Enchiridion H. Denzinger and C. Bannwart, *Enchiridion symbolorum* (14th and 15th ed. Freiburg, 1922).

Diakonov, Ocherki M. A. Diakonov, *Ocherki obshchestvennogo I gosudarstvennogo stroia drevnei Rusi* (4th ed. St. Petersburg, 1912).

Diaknonov, Vlast' M. A. Diakonov, *Vlast' moskovskikh gosudarei* (St. Petersburg, 1889).

D'ohsson M. D'ohsson, *Histoire des Mongols* (Paris, 1824). 2 vols. 이 판(초판)만을 열람할 수 있었다.

Eberhard W. Eberhard, *Chinas Geschichte* (Bern, 1948).

EI *Encyclopaedia of Islam.*

Ekzempliarsky A. V. Ekzempliarsky, *Velikie i udelnye kniazia severnoi Rusi v tatarskii period* (St. Petersburg, 1889-91). 2 vols.

Eliashevich V. B. Eliashevich, *Istoriia prava pozemelnoi sobstvennosti V Rossii, 1-2* (Paris,1948-51).

ES Brochhaus-Efron, *Entsiklopedicheskii slovar'*.

ESA *Eurasia septentrionalis antiqua.*

Escarra J. Escarra, *Le Droit chinois*(Peking and Paris, 1936).

FEQ *Far Eastern Quarterly.*

Fletcher G. Fletcher, *On the Russ Commonwealth* (London, Hakluyt society, 1856).

Florovsky of Florovsky, *Chekhi* A. *florovsky, Chekhi I vostochnye slaviane* (Prague, 1935-47), 1, 2.

Franke, "Europa" H. Franke, Europa in der ostasiatischen Geschichtsschreibung des 13. und 14. Jahrhunderts, *Saeculum,* 2 (1951), 65-75.

Franke, *Geld* H. Franke, *Geld und Wirtschaft in China unter der Mongolen Herrschaft* (Leipzig, 1949).

Franke, *Geschichte* O. Franke, *Geschichte des chinesischen Reiches, 4* (Berlin, 1948).

GA Gosudarstvenia Akademiia Istorii Materialnoi Kultury, *Izvestiia.*

Gibbon E. Gibbon, *The Decline and Fall of Roman Empire* (New York, Modern Library, n.d.). 2 vols.

GNP S. N. Valk, ed., *Gramoty Velikoro Novgoroda I Pskova* (Moscow and Leningrad, 1949).

Golubinsky E. Golubinsky, *Istoriia russkoi tserkvi* (Moscow, 1900-17). 2 vols., 각 2부.

Golubinsky, *Kanonizatsiia* E. Golubinsky, *Istoriia Kanonizatsii sviatykh v russkoi tserkvi* (2d ed. moscow, 1903).

Golubovich G. Golubovich, ed., *Biblioteca bio-bibliografica della Terra Santa e dell' Oriente Franciscano* (Quaracchi, 1906-27). 5 vols.

Golubovsky P. V. Golubovsky, *Istoriia smolenskoi zemli* (Kiev, 1895).

Gordlevsky V. Gordlevsky, *Gosudarstvo Seldzhukidov Maloi Azii* (Moscow and Leningrad, 1941).

Grekov, *Krestiane* B. D. Grekov, *Krestiane na Rusi s drevneishikh vremen do XVII veka* (Moscow and Leningrad, 1946).

Grigoriev, *Yarlyki* V. Grigoriev, *O dostovernosti yarlykov dannykh khanami Zolotoi Ordy russkomu dukhovenstvu* (Moscow, 1842).

Groot J. J. M. de Groot, *Chinesische Urkunden zur Geschichte Asiens* (Berlin and Leipzig, 1921-26), 1-2.

Grousset R. Grousset, *L'Empire Mongol* (Paris, 1941).

Grousset, *Empire des steppes* R. Grousset, *L'Empire des steppes* (Paris, 1939).

Grousset, *Extrême-Orient* R. Grousset, *Histoire de l'Extrême-Orient* (Paris, 1929). 2 vols.

Grousset, *Histoire* R. Grousset, *Histoire de l'Asie, 3* (Paris, 1922).

Grum-Grzymailo G. E. Grum-Grzymailo (Grumm-Grzhimailo), *Zapadnaia Mongoliia i* *uriankhaiskii krai* (Leningrad, 1914-30), 1,2, and 3, Pt.1, Pt.2.

Haenisch   E. Haenisch, *Die geheime Geschichte der Mongolen* (Leipzig, 1948).

Halphen   L. Halphen, *L'Essor de l'Europe, XI-XIII-me siècles* (Paris, 1932 ; 3d ed. Paris, 1948).

Herberstein   Baron S. Herberstein, *Zapiski o moskovitskikh delakh*, A. I. Malein, trans. (St. Petersburg, 1908).

HJAS   *Harvard Journal of Asiatic Studies.*

Homan   B. Hóman and Gy. Szekfu, *Magyar Történet*, 1-2 (Budapest, 1941-42).

Howorth   H. H. Howorth, *History of the Mongols* (London, Longmans, Green & Co., 1876-1927). 4 vols.

HRM   *Historica Russiae monumenta*, A. Turgenev, ed.

Hrushevsky   M. Hrushevsky (Grushevsky), *Istoriia Ukrainy-Rusi* (Kiev and Lvov, 1903-31). 9 vols.

Hyp.   Hypatian Codex (1st ed. *PSRL*, 2).

Iakinf   Iakinf (Bichurin), monk, trans., *Istoriia pervykh chetyrekh khanov iz doma chingisova* (St. Petersburg, 1829).

Ibn-Batuta   C. Defrémery and B. R. Sanguinetti, eds. and trans., *Voyages d'Ibn-Batoutah* (Paris, 1853-58). 4 vols.

IIM   Akademiia Nauk, Institut Istorii Materialnoi Kultury, *Kratkie soobscheniia.*

Ikonnikov   V. S. Ikonnikov, *Opyt russkoi istoriografii* (Kiev, 1891-1908). 2 vols.

IMT   Istoricheskii Muzei, *Trudy.*

JA   *Journal asiatique.*

JAOS   *Journal of the American Oriental Society.*

JGOE   *Jahrbücher für Geschichte Osteuropas.*

Jireček, *Bulgaria*   H. Jireček, *Geschichte der Bulgaren* (Prague, 1876).

Jireček, *Serbia*   C. Jireček, *Geschichte der Serben*, I (Gotha, 1911).

JNCB   *Journal of the North China Branch of the Royal Asiatic Society.*

JRCAS   *Journal of the Royal Central Asian Society.*

Karamzin   N. M. Karamzin, *Istoriia Gosudarstva Rossiiskogo* (6th ed. St. Petersburg, A.Smirdin, 1851-53). 12 vols.

Karamzin, *Notes*   *Primechaniia k istorii Gosudarstva Rossiiskogo* (6th ed. St. Petersburg, A Smirdin, 1852-53). 12 vols.

Khara-Davan   E. Khara-Davan, *Chingis-Khan kak Polkovodets i ego nasledie* (Belgrade, 1929).

Kievan Russia   G. Vernadsky, *Kievan Russia* (New Haven, Yale University Press, 1948).

Kliuchevsky or Kliuchevsky, *Kurs* V. O. Kliuchevsky, *Kurs russkoi istorii* (American Council of Learned Societies Reprints, Russian Series, No.14). Reproduction of the 1937 Moscow edition. 5 vols.

Kliuchevsky, *Boyarskaia Duma* V. O. Kliuchevsky, *Boyarskaia Duma drevnei Rusi* (4th ed. Moscow, 1909).

Kliuchevsky, Zhitiia V. O. Kliuchevsky, *Drevnerusskie zhitiia sviatykh kak istoricheskii istoricheskii istochnik* (Moscow, 1871).

Kolankowski L. Kolankowski, *Dzieje Wielkiego Ksiestwa Litewskiego za Jagiellonów* (Warsaw, 1930), *1.*

Kotwicz, "Formules initiales" W. Kotwicz, Formules institiales des documents mongols au XIII-me et XIV-me siecles, *RO*, 10 (1934), 131-157.

Kotwicz, "Letters" 1. W. Kotwicz, En marge des lettes des il-khans de perse, *CO*, 4 (1933).

Kotwicz, "Letters" 2. W. Kotwicz, Quelques mots encore sur les lettres des il-khans de Perse, *CO*, 10 (1936).

Kotwicz, "Mongols" W. Kotwicz, Les Mongols, promoteurs de l'idée de paix universelle au début du XIII-e siècle, *La Pologne au VII-e Congrès international des Sciences Historiques* (Warsaw, 1933), PP. 1-6 (of the reprint).

Kozin S. A. Kozin, ed. and trans., *Sokrovennoe skazanie, 1* (Moscow and Leningrad, 1941).

Krause, *Cingis Han* F. E. A. Krause, *Cingis Han* (Heidelberg, 1922).

Krause, *Geschichte* F. E. A. Krause, *Geschichte Ostasiens* (Göttingen, 1925), 1.

Krymsky, *Persia* A. Krymsky, *Istoriia Persii, ee literatury i dervishskoi teosofii* (Moscow, 1909-15). 3 vols.

Krymsky, *Turkey* A. Krymsky. *Istoriia Turechchyny* (Kiev, 1924).

Kuczyński S. M. Kuczyński, Ziemie czernihowsko-siewierskie pod rzadami Litwy, *TISU*, 33 (1936).

Kulakovsky, *Alany* Iu. Kulakovsky, *Alany po svedeniiam klassicheskikh i vizantiiskikh pisatelei* (Kiev, 1899).

Kulakovsky, *Tavrida* Iu. Kulakovsky, *Proshloe Tavridy* (2d ed. 1914).

KUO Kazan, Universitet, Obshchestvo Arkheologii, Istorii i Etnografii, *Izvestiia.*

Kurat A. N. Kurat, *Topkapi Sarayi Muzesi Arsivindeki Altin Ordu, Kurim ve Turkistan Hanlarina ait yarlik ve bitikler* (Istanbul, 1940).

La Monte J. L. La Monte, *The World of the Middle Ages* (New York, Appleton-Century-Crofts, 1949).

Latourette K. S. Latourette, *The Chinese, Their History and Culture* (New York, Macmillan, 1934). 2 vols.

Laur. Laurentian Codex of the Rusian annals.

Likhachev D. S. Likhachev, *Russkie letopisi* (Moscow and Leningrad, 1947).

Liubavsky M. K .Liubavsky, *Ocherkistorii litovsko-russkogo gosudarstva* (2d ed. Moscow, 1915).

Lopez R. Lopez, *Storia delle colonie genovese nel Mediterraneo* (Bologna, 1938).

Lot F. Lot, *L'Art militaire et les armees au Moyen Age en Europe et dans le Proche Orient.* (Paris, 1946), 2 vols.

McGovern W. M. McGovern, *The Early Empires of Central Asia* (Chapel Hill, University of North Carolina Press, 1939).

Makari Makari (Bulgakov), Metropolitan, *Istoriia russkoi tserkvi* (St. Petersburg, 1888-91). 12 vols.

MAR Arkheologicheskaia Komissiia, *Materialy po arkheologii Rossii.*

Martin H. D. Martin, *The Rise of Chingis Khan and His Conquest of North China* (Baltimore, Johns Hopkins Press, 1950).

Matthew Paris. Paris, Matthew를 볼 것.

Menges K. H. Menges, *The Oriental Elements in the Vocabulary of the Oldest Russian Epos, The Igor Tale.* Preface by R. Jakobson. Supplement to *Word*, Monograph No. I (New York, 1951).

MIAS Akademiia Nauk, Institut Istorii Materialnoi Kultury, *Materialy I issledovaniia po arkheologii SSSR.*

Miliukov, *Ocherki* P. Miliukov, *Ocherki po istorii russkoi kultury*, 1 (7th ed. Moscow, 1918).

Minns E. H. Minns, *Scythians and Greeks* (Cambridge, Cambridge University Press, 1913).

Minorsky, Caucasica III V. Minorsky, Caucasica III, The Alan capital Magas and the Mongol campaigns, *BSOAS*, 14 (1952), 221-238.

Minorsky, "Middle East" V. Minorsky, The Middle East in Western Politics in the 13th, 15th, and 17th Centuries, *JRCAS, 27* (1940), 427-461.

Minorsky, "Nasir al-Din" M. Minovy and V. Minorsky, Nasir al-Din Tusi on Finance, BSOAS, 10 (1942), 755-789.

Minorsky, *Tadhkirat* V. Minorsky, ed. and trans, *Tadhkirat al-Muluk : A Manual of Safavid Administration* (London, Luzac & Co., 1943).

Moravcsik Gy. Moravcsik, *Byzantinoturcica* (Budapest, 1942-43). 2 vols.

Mostaert, "L'Ouverture du sceau" A. Mostaert, "L'Ouverture du sceau" et les adresses chez les Ordos, *MS*, 1 (1935), 315-337.

Moszyński K. Moszyński, *Kultura ludowa Slowian*, 2, Fasc. 1-2 (Kraków, 1934-39).

MPMP Marco Polo, trans. Moule and Peliot. 원전을 볼 것.

MPYC Marco Polo, trans. Yule and Cordier. 원전을 볼 것.

MRL G. Vernadsky, trans., *Medieval Russian Laws* (New York, Columbia University Press, 1947).

MS Monumenta serica.

MSOS *Mitteilungen des Seminars für orientalische Sprachen* (Berlin).

MTB *Memoirs of the Research Department of the Toyo Bunko* (Tokyo).

Mutafchiev P. Mutafchiev, *Istoriia na bulgarskiia narod* (Sofia, 1943-44). 2 vols.

Nasonov A. N. Nasonov, *Mongoly i Rus'* (Moscow and Leningrad, 1940).

Nasonov, *Russkaia zemlia* A. N. Nasonov, *"Russkaia zemlia" i obrazovanie territorii drevnerusskogo gosudarstva* (Moscow and Leningrad, 1940).

Nikon The Patriarch Nikon Chronicle.

Nikov P. Nikov, *Tataro-bulgarski otnosheniia* (Sofia, 1921).

NORAO Russkoe Arkheologicheskoe Obshchestvo, Numizmaticheskoe Otdelenie, *Zapiski*.

Novgorod The First Novgorodian Chronicle (1950ed.).

Novgorod IV The Fourth Novgorodian Chronicle.

Novotný V. Novotný, *České dějiny, 1*, Pt. 3. (Prague, 1928).

OAK *Otchet Arkheologicheskoi Kommissii.*

OC *Orientalia christiana.*

OCP *Orientalia christiana periodica.*

OGN Akademiia Nauk, Otdelenie Gumanitarnykh Nauk, *Izvestiia*.

Oman Ch.Oman, *A History of the Art of War in the Middle Ages* (2d ed. London, Methuen & Co., 1924). 2 vols.

OO Odessa, Obshchestvo Istorii i Drevnostei, *Zapiski*.

ORSA Russkoe Arkheologicheskoe Obshchestvo, Otdelenie russkoi i slavianskoi arkheologii, *Zapiski*.

Ostrogorsky G. Ostrogorsky, *Geschichte des byzantinishen Staates* (Munich, 1940).

Palladi, "Kitaiskoe skazanie" Palladi (Kafarov), Archimandrite, trans., Starinnoe kitaiskoe skazanie o Chingishane, *VS*, 1 (1877), 149-202.

Paris, Matthew Matthew Paris, *English History*, trans. from the Latin by J. A. Giles (London, H.C.Bohn, 1852-54). 3 vols.

Pashuto V. T. Pashuto, *Ocherki po istorii galitsko-volynskoi Rusi* (Moscow, 1950).

Paszkiewicz H. Paszkiewicz, *Jagiellonowie a Moskwa, 1* (Warsaw, 1933).

Paszkiewicz *Polityka Ruska* H. Paszkiewicz, *Polityka ruska Kazimierza wielkiego* (Warsaw, 1925).

Pelliot P. Pelliot, *Notes sur l'histoire de la Horde d'Or* (Paris, 1950).

Pelliot *Campagnes* P. Pelliot and Hambis, eds. and trans., *Histoire des campagnes de Gengis Khan* (Leyden, 1951), 1.

Pelliot "Mongols et papaute" P. Pelliot, *Les Mongols et la papauté*, Pts. 1-2, ROC, *23* (1922-23), *24* (1924). 단지 이 두 부분만을 접할 수 있었다.

Plano Carpini M Ioann de Plano Carpini, *Istoriia Mongalov*, A. I. Malein, trans. (St. Petersburg, 1911).

Poliak, "Caractere colonial" A. N. Poliak, Le Caractère colonial de L'Etat Mamelouk dans ses rapports avec la Horde d'Or, *REI*, 1935, 231-248.

Poliak, "Yasa" A. N. Poliak, The Influence of Chingis-Khan's Yasa upon the General Organization of the Mameluk State, *BSOAS*, 10 (1942), 862-876.

Poppe, "Opisanie" N. Poppe, Opisanie mongolskikh 'shamanskikh' rukopisei Instituta Vostokovedeniia, *ZIV*, 1 (1932), 151-200.

PPS *Pravoslavnyi palestinskii sbornik.*

Preobrazhensky A. Preobrazhensky, *Etymological Dictionary of the Russian Language* (New York, Columbia University Press, 1951). Reproduction of the Russian edition.

Priselkov, *Yarlyki* M. D. Priselkov, *Khanskie yarlyki russkim mitropolitam* (Petrograd, 1916).

PSRL *Polnoe sobranie russkikh letopisei.*

RA *Revue archeologique.*

Radlov V. Radlov, Yarlyki Toktamysha I Temir-Kutluga, *VOZ*, 3 (1889), 1-40.

Radlov, *Versuch* W. Radloff [V. Radlov], *Versuch eines Worterbuches der Türk-Dialekte* (St. Petersburg, 1893-1911). 4 vols.

Rashid I Rashid ad-Din, Sbornik letopisei, I.N. Berezin, trans., *VOT*, 5 (1858).

Rashid 1A *Idem, VOT*, 13 (1868).

Rashid 1B *Idem, VOT*, 15 (1888).

Rashid 3 Rashid ad-Din, *Sbornik letopisei, 3*, A. A. Romaskevich, E. E. Bertels, and A. Iu. Iakubovsky, eds., A. K. Arends, trans. (Moscow and Leningrad, 1946).

Ratchnevsky P. Ratchnevsky, *Un code des Yuan* (Paris, 1937).

Redhouse J.W. Redhouse, *A Turkish and English Lexicon* (new impression, Constantinople, 1921).

REI *Revue d'études islamiques.*

RES *Revue des études slaves.*

Riasanovsky V. A. Riasanovsky, *Fundamental Principles of Mongol Law* (Tientsin, 1937).

RIB *Russkaia istoricheskaia biblioteka.*

Risch Johann de Plano Carpini, *Geschichte der Mongolen und Reisebericht*, F. Risch, trans. (Leipzig, 1930).

RO *Rocznik Orientalistyczny.*

ROC *Revue de l'Orient chretien.*

Rockhill W. W. Rockhill, ed. and trans., *The journey of William of Rubruck. . .with two accounts of the earlier journey of John of Pian de Carpine* (London, Hakluyt Society, 1900).

Rog. The Rogozhsky Chronicle (*Rogozhsky letopisets*).

Rybakov B. A. Rybakov, *Remeslo drevnei Rusi* (Moscow, 1948).

SA *Sovetskaia arkheologiia.*

Schltberger J. Buchan Telfer, ed and trans., *The Bondage and Travels of Johann Schiltberger* (London, Hakluyt Society, 1879).

Schmidt W. Schmidt, *Der Ursprung der Gottesidee*, 9, Die Asiatischen Hirtenvölker, die primären Hirtenvölker der Alt-Turken, der Alt-Turken, der Altai-und der Abakan-Tataren (Munster and Freiburg, 1949).

Secret History. Kozin (Russian trans)과 Haenisch (German trans.)를 보라.

SEER *The Slavonic and East European Review* (London).

Serebriansky, Zhittiia N. Serebriansky, *Drevnerusskie kniazheskie zhitiia* (Moscow, 1915). *Chteniia* 에서도.

Sergeevich V. I. Sergeevich, *Drevnosti russkogo prava* (St. Petersburg, 1908-11). 3 vols.

SGGD *Sobranie gosudarstvennykh gramot I dogovorov* (St, Petersburs, 1813-94). 5 vols.

Siyaset-nama B. N. Zakhoder, trans., Siyaset-nama, *Kniga o pravlenii vizira XI stoletiia Nizam al-Mulka* (Moscow and Leningrad, 1949).

Simeonov The Simeonov Chronicle (*Simeonovskaia letopis'*).

SK *Seminarium Kondarovianum* (Prague).

Smirnov, Krymskoe Khanstvo V. D. Smirnov, *Krymskoe Khanstvo pod verkhovenstvom Ottomanskoe Porty* (St. Petersburg, 1887).

Soloviev S. M. Soloviev, *Istoriia Rossii c drevneishikh vremen* (1st ed. Moscow, 1851-79). 29 vols.

Soloviev, Novgorod S. M. Soloviev, *Ob otnosheniiakh Novgoroda k velikim kniaziam* (Moscow, 1845).

Spuler or Spuler, Horde B. Spuler, *Die goldene Horde* (Leipzig, 1943).

Spuler, Iran B. Spuler, *Die Mongolen in Iran* (Leipzig, 1939).

Sreznevsky I. I. Sreznevsky, *Materialy dlia slovaria drevnerusskogo iazyka* (St. Petersburg, 1893-1912). 3 vols.

SSRP *Scriptores rerum prussicarum* (Leipzig, 1861-63), 1-2.

Stadtmüller   G. Stadtmüller, *Geschichte Südosteuropas* (München, 1950).

Steingass   F. Steingass, *A Comprehensive Persian-English Dictionary* (London, Kegan Paul, Trench, Trubner & Co., 1892; 2d impression 1930).

Struve   P. B. Struve, Nabliudeniia i issledovaniia iz oblasti khoziastvennoi zhizni i prava drevni Rusi, offprint from *Sbornik Russkogo Instituta v Prage, 1* (Prague, 1920).

TAS   *Trudy Arkheologisheskikh S'ezdov.*

Tatishchev   V. N. Tatishchev, *Istoriia rossiiskaia, 1-4* (St. Petersburg, 1768-84).

Thomsen   V. Thomsen, Altturkische Inschriften aus der Mongolei, *ZDMG, 78* (1924) 121-175.

Tiesenhausen   V. Tiesenhausen [Tizengauzen], ed. and trans., *Sbornik materialov otnosiashchikhsia k istorii Zolotoi Ordy, 1* (St. Petersburg, 1884); *2* (Moscow and Leningrad, 1941).

TISU   *Travaux de l'Institute Scientifique Ukrainien* (Warsaw).

TO   Tavricheskoe Obshchestvo Istorii, Arkheologi I Etnografii (Simferopol), *Izvestiia.*

Togan   A. Z. V. Togan, *Tarihde usul* (Istanbul, 1950).

Tolstov, Khorezm   S.P. Tolstov, Po sledam drevnekhorezmiiskoi tsivilizatsii (Moscow and Leningrad, 1948).

TP   *T'oung Pao.*

TPS   *Transactions of the Philological Society.*

Trinity   The Trinity Chronicle (*Troitskaia letopis'*), M. Priselkov's reconstruction.

UJ   *Ungarische Jahrbucher.*

Vasiliev, Goths   A. A. Vasiliev, *The Goths in the Cremea* (Cambridge, Mass., Mediaeval Academy of America, 1936).

Vasmer   M. Vasmer, *Russisches etymologisches Wörterbuch* (Heidelberg, 1950-), Not yet completed.

Veliaminov-Zernov   V. V. Veliaminov-Zernov, *Issledovanie o Kasimovskikh tsariskh I tsarevichakh* (St. Petersburg, 1863-87). 4 vols.

Vernadsky, "Juwaini"   G. Vernadsky, Juwaini's Version of Chingis-Khan's Yasa, *AIK, 11* (1939), 33-45.

Vernadsky, "Royal Serfs"   G. Vernadsky, The Royal Serfs (*Servi Regales*) of the "Ruthernian Law" and Their Origins, *Speculum, 26* (1951), 255-264.

Vernadsky, "Sarmat. Hintergrund"   G. Vernadsky, Der sarmatische Hintergrund der germanischen Völkerwanderung, *Saeculum, 2* (1951), 340-392.

Vernadsky, "Uigurs"   G. Vernadsky, Notes on the History of the Uigurs in the Late Middle age, *JAOS, 56* (1936), 453-461.

Vernadsky, "Yasa" G. Vernadsky, The Scope and Contents of Chingis-Khan's Yasa, *HJAS, 3* (1938), 337-360.

Vernadsky, "ZOEV" G. Vernadsky, Zolotaia Orda, Egipet I Visantiia v ikh vzaimootnosheniiakh v tsartstvovanie Mikhaila Paleologa, *SK, 1* (1927), 73-84.

Veselovsky N. I. Veselovsky, *Khan iz temnikov Zolotoi Ordy Nogay I ego vremia* (Petrograd, 1922).

VLU Vestnik Leningradskogo Universiteta.

Vladimirsky-Budanov, *Obzor* M. F. Vladimirsky-Budanov, *Obzor istorii russkogo prava* (7th ed. St. Petersburg and Kiev, 1915).

Vladimirtsov B. Ia. Vladimirtsov, *Obshchestvennyi stroi Mongolov* (Leningrad, 1934).

Vladimirtsov, Chingis-Khan B. Ia. Vladimirtsov, *Chingis-Khan* (Berlin-St. Petersburg-Moscow, 1922).

Voegelin E. Voegelin, The Mongol Orders of Submission to Europeans Powers, 1245-1255, *Byzantion, 15* (1941), 378-413.

Voskr. The Voskresensky Chronicle (*Voskresenskaia letopis'*).

VOT Russkoe Arkheologicheskoe Obshchestvo, Vostochnoe Otdelenie, *Trudy.*

VOZ Russkoe Arkheologicheskor Obshchestvo, Vostochnoe Otdelenie, *Zapiski.*

VS Vostochnyi sbornik, 1 (St. Petersburg, 1877).

Wassaf *Geschishte Wassaf's,* J. Hammer-Purgstall, ed. and trans. (Vienna, 1856).

Wittfogel K. Wittfogel and Fêng Chia-shêng, *History of Chinese Society: Liao* (Philadelphia, American Philosophical Society, 1949).

Wyngaert A. van den Wyngaert, *Itinera et relationes fratrum minorum saeculi XIII et XIV* (Quaracchi, 1929).

Zambaur E. Zambaur, *Manuel de généalogie et de chronologie pour l'histoire de l'Islam* (Hanovre, 1927), 2 parts and volume of tables.

ZDMG Zeitschrift der Deutschen Morgenlandischen Gsellschaft.

Zinkeisen J. W. Zinkeisen, *Geschichte des Osmanischen Reiches in Europa* (Hamburg, 1840-63). 7 vols.

ZIV Zapiski Instituta Vostokovedeniia.

ZMNP Zhurnal Ministerstva Narodnogo Prosveshcheniia.

ZO B. D. Grekov and A. Iu. Iankubovsky, *Zolotaia Orda I ee padenie* (Moscow and Leningrad, 1950).

ZOG Zeitschrift fur osteuropaische Geschichte.

ZRGO Zapiski Russkogo Geograficheskogo Obshchestva.

ZSP Zeitschrift fur slavische Philologie.

| 원 전 |
(SOURCES)*

Ⅰ. 비문(Inscriptions)

AKCHOKRAKLY, O., Staro-Krymskie i otuzskie nadpisi XIII-XV Vekov, *TO, 1*(1927), 5-17.

──────, Staro-Krymskie nadpisi, *TO, 3*(1929), 152-159.

BLOCHET, E., Les inscriptions de Samarkand, I. Le Gour-i-mir ou Tombeau de Tamerlan, *RA*, ser. 3, 30 (1897), 67-77, 202-231.

BONAPARTE, PRINCE ROLAND, *Documents de L'epoque mongole*(Paris, 1895). 접할 수 없었다.

CHAVANNES, E., Inscriptions et pieces de chancellerie chinoises de l'epoque mongole, TP, 5 (1904), 357-447 ; *6*(1905), I-42; *9*(1908), 297-425.

CLEAVES, F.W., Inscriptions I-III. 축약어를 보라.

*CLEAVES, F.W., The Sino-Mongolian Inscription of 1346, *HJAS, 15*(1952), I-123.

DEVERIA, G. Notes d'epigraphie mongole-chinoise, *JA*, ser. 9, 8 (1896), 94-128, 395-443.

HANEDA, T., Une tablette du decret sacre de l'empreur Genghis, *MTB, 8*(1936), 85-91.

KEMAL, IA., Nadpis' na portale "Mecheti Uzbeka" v gorode Staom Krymu, *TO, 1* (1927), 202-204.

KOTWICZ, W., Mongolskie nadpisi na Erdzemi-dzu, *Sbornik Muzeiia Antropologii i*

이하 *표시가 있는 문헌은 저자에게 너무 늦게 도달하게 되어 본서 준비에 반영하지 못하였다.

Etnografii, 5. Fasc. 1 (Petrograd, 1918), 205-214.

LEWICKI, M., Les Inscriptions mongoles inedites en ecriture carree, *CO, 12*(1937).

MURAYAMA, S., Uber die Inschrift auf den "Stein des Cingis," *Oriens, 3*(1950), 108-112 (tables 1-2).

ORLOV, A. S., *Bibliografiia russkikh nadpisei XI-XV vekov* (Moscow and Leningrad, 1936).

PONOMAREV, A. I. Popravki k chteniiu nadpisi Timura, *Sovetskoe Vostokovedenie, 3*(1945), 222-224.

POPPE, N. N., Karasakpaiskaia nadpis' Timura, Gosudarstvennyi Ermitazh, *Trudy Otdela Vostoka, 2*(1940), 185-187.

RYBAKOV, B. A., K bibliografii russkikh nadpisei XI-XV vekov, *Istoricheskie zapiski, 4*(1938), 250-256.

SPITSYN, A. A., Tatarskie baisy, *AK, 29*(1909), 133-134.

II. 화폐(Coins)

1. 몽골

BLAU, O., and STICKEL, J. G., Zur mohammedanischen Numismatik und Epigraphik, I. Uber einige mohammedanische Munzen, *ZDMG, 11*(1857), 443-459.

BLOCHET, E., Les Monnaies mongoles de la Collection Decourdemanche, *ROC, 11* (1906), 50-59, 113-129.

DROUIN, E., Notice sur les monnaies mongoles faisant partie des documents de l'epoque mongole publies par le prince Bonaparte, *JA*, ser. 9, 7 (1896), 486-544.

FRAHN, C. M., *Recensio numorum muhammedanorum Academiae Imperialis Scientiarum Petropolitanae* (St. Petersburg, 1826).

_____, *Uber die Munzen der Chane vom Ulus Dschutschis oder Goldenen Horde* (St. Petersburg, 1832).

GRIGORIEV, V.V., Monety Dzhuchidov, Genueztsev I Gireev, *OO, 1*(1844), 접할 수 없었다.

_____, Neskolko novykh vidov I variantov dzhuchidskikh monet, *VOT, 8* (1864), 319-354.

_____, Opisanie klada is zolotoordynskikh monet naidennogo bliz razvalin Saraya, *Zapiski St. Peterburgskogo Arkheologichesko-Numizmaticheskogo Obshchestva, 2* (1850), 1-63.

LANE-POOLE, S., *Catalogue of the Oriental Coins in the British Museum, 6* : The Coins of Mongols (London, 1881); addition to *6* in *10* (1890), 81-183.

LIKHACHEV, A. G., Novyi klad dzhuchidskikh monet, Russkoe Arkheologicheskoe Obshchestvo, *Isvestiia, 8* (1877), 37-43.

Markov, A. K., *Inventarnyi katalog musulmanskikh monet Ermitazha* (St. Petersburg, 1896).

_____, O monetakh Khana Nogaia, Moskovskoe Numizmaticheskoe Obshchestvo, *Trudy, 3* (1905). 접할 수 없었다.

_____, Serebrianaia moneta dinastii Argunidov, *Numizmaticheskii sbornik, 2* (Moscow, 1913), 319-320.

Masson, M.F., Monety klad XIV veka iz Termeza, *Bulletin de l'Universite de l'Asie Centrale, 18* (Tashkent, 1929), 53-66.

SAVELIEV, P.S., Monety Dzhuchidov, Dzhagataidov, Dzelairidov i drugie, *VOT, 3* (1858), 203-528.

_____, Spisok zolotoordynskhikh monet iz goroda Uveka, *KUO, 2* (1880), 171. 접할 수 없었다.

SORET, F., Lettre a M. le professeur H. Brockhaus sur quelques monnaies Houlaguides, *ZDMG, 16* (1862), 417-426.

_____, Neizdannye vostochnye monety, *VOT, 2* (1856), 68-112, 304-328; *4* (1859), 285-314.

TIESENHAUSEN (Tizengauzen), V. G., Numizmaticheskie novinki, *VOZ, 6* (1892), 241-257.

_____, Vostochnye monety N.P. Linevicha, *VOZ, 4* (1889), 302-312.

VASMER, R., O dvukh zolotoordynskikh mornetakh, *Zapiski Kollegii Vostokovedov, 2* (1926), 109-112.

2. 러시아

FEDOROV, G. B., Dengi Moskovskogo Kniazhestva vremeni Dmitriia Donskogo i Vasiliia I, *MIAS, 12*(1949), 144-185.

KAUFMAN, I. I., Russkii ves, ego proiskhozhdenie I razivitie, *NORAO, 1*, Fasc. 1 (1906), 93-183.

_____, Serebrianyi rubl v Rossii, *NORAO, 2*, Fasc. 1-2 (1910), 1-268.

MARKOV, A. K., O tipakh russkikh monet XV veka, *NORAO, 1*, Fasc. 4 (1910), 130-137.

ORESHNIKOV, A. V., *Russkie monety do 1547 goda* (Moscow, 1896).

TOLSTOY, COUNT I. I., Dengi velikogo kniazia Dmitriia Ivanovicha Donskogo, *NORAO, 1*, Fasc. 4 (1910), 139-154.

_____, Monety velikogo kniazia Vasiliia Dmitrievicha, *NORAO, 2*, Fasc. 3-4 (1913), 1-84.

III. 유적(Archeology)

1. 황금 오르다와 중앙아시아

BALLOD, F., *Privolzhskie Pompei* (Moscow and Petrograd, 1923).

_____, *Staryi I Novyi Saray* (Kazan, 1923).

BARTHOLD, W., Arkheologicheskie raboty v Samarkande letom 1924 goda, *GA, 4* (1925), 119-132.

_____, Novye dannye o samarkandskikh pamiatnikakh, *VOZ, 25*(1921), 83-88.

BASHKIROV, A. S., and BODANINSKY, U., Pamiatniki Krymsko-tatarskoi stariny, *Novyi vostok*, 8-9 (1925), 295-311.

BERNSHTAM, A. N., Chuiskaia dolina, *MIAS, 14*(1950), 140-141 and Plates 91-94.

BLOCHET, E., *Musulman Painting XIITH-XVIITH Century*, C.M. Binyon, trans.(불어로부터), E. Denison Ross 경(卿)의 서문과 함께(London, Methuen & Co., 1929).

BODANINSKY, U., Tatarskie movzolei "durbe" v Krymu, *TO, 1* (1927), 195-201.

BOROZDIN, I. N. Solkhat, *Novyi vostok*, 13-14 (1927), 271-301.

DENIKE, B., *Zhivopis' Irana* (Moscow, 1938).

ELISSEEV, S., and others, *Histoire univeselle des arts*.
　　　Arts musulmans-Extreme Orient (Paris, 1939). Pt.: Les Arts musulmans, by
　　　Georges Salles, pp. 54-62: "L'Art mongol et L'art timouride." Pt.: L'Art de la
　　　chine, by S. Elisseev, pp. 351-356: "L'Epoque Yuan".

GORODTSOV, V. A., Rezultaty arkheologicheskikh issledovanii na meste goroda
　　　Madzhar, TAS, 14, Pt. 3, 199. 접할 수 없었다.

IAKUBOVSKY, A. Iu., *Feodalizm na Vostoke. Stolitsa Zolotoi Ordy Saray Berke* (Leningrad,
　　　1932).

　　　――――――――――, Razvaliny Sygnaka, Gosudarstvennaia Akademiia Istorii
　　　Materialnoi Kultury, *Soobshcheniia, 2* (1930), 123-159.

　　　――――――――――, Razvaliny Urgencha, *GA, 6*, Fasc. 2 (1930).

MARKEVICH, A.I., Poezdka v Staryi Krym, *Izvestiia Tavricheskoi U chenoi Arkhivnoi
　　　Kommissii, 6* (1888).

　　　―――――――――, Staro-Krymskie drevnosti, *Izvestiia Tavricheskoi Uchenoi Arkhivnoi
　　　Kommissii, 17* (1892).

NEVOSTRUEV, K. I., O gorodishchakh Volzhsko-Bolgarskogo i Kazanskogo Tsarstv,
　　　TAS, 1 (1869). 접할 수 없었다.

PILIAVSKY, V., *Urgench i Mizdarhan* (Moscow, 1948). Reviwed by B. Nikitine, *JA,
　　　239* (1951), 255-256.

Samarkandskie mecheti, Fasc. 1, Mechet' Gur-Emir (St. Petersburg, 1905).

SMIRNOV, A. P. Bania XIV veka v Velikikh Bolgarakh, *IIM, 6* (1940), 82-88.

　　　――――――, Issledovanie gorodishcha Suvar, *SA, 4* (1937), 330-332.

　　　――――――, Suvar, *IMT, 16* (1941). 접할 수 없었다.

SMIRNOV, Ia. I., ed., *Vostochnoe serebro* (St. Petersburg, 1905). 이 사진첩의 다음
　　　숫자들은 몽골 시대에 속한다. : 173-180, 194-198, 220-225, 227-240, 242,
　　　244, 245, 297, 300, 321, 322.

SMOLIK, J., Die timuridischen Baudenkmaler in Samarkand aus der Zeit Tamerlans
　　　(Vienna, 1929). 접할 수 없었다.

SPITSYN, A.A., K voprosu o Monomakhovoi shapke, *ORSA, 8*, Pt. 1 (1906), 146-184.

_____, Tatarskie kurgany, *TO, 1*(1927), 149-153.

STASOV, V. V., *Miniatiury nekotorykh rukopisei vizantiiskikh, bolgarskikh, russkikh, dzhagataiskikh i persidskikh* (St.Petersburg, 1902).

TALITSKY, M. V., Verkhnee Prikam'e V X-XIV vekakh, *MIAS, 22*(1951), 33-96.

[TIESENHAUSEN, V.G.] Materialy dlia bibliografii musulmanskoi arkheologii. Iz bumag V. G. Tizengauzena, K. A. Inostrantsev and Ia. I Smirnov, eds., *VOZ, 16* (1906), 079-0145, 0213-0416.

TOLSTOV, *Khorezm*(축약어를 보라), pp. 154-170.

TOLSTOV, *Po sledam*(축약어를 보라), pp. 274-295.

VESELOVKY, N. I., Nadgrobnyi pamiatnik Timura V Samarkande, *TAS, 7*, Pt. 2 (1891), 67-72. 접할 수 없었다.

_____, Proizvodstvo arkheologicheskikh raskopok. Kubanskaia Oblast', *OAK*(1905-6), pp. 69-75.

Viatkin, V., Otchet o raskopkakh observatorii Ulug-Beka v 1908 i 1909 godakh, *Izvestiia Russkogo Komiteta po Izucheniiu Srednei Azii*, ser. 2, No. 1 (1912). 접할 수 없었다.

Zhukovsky, V. A., Drevnosti Zakaspiiskogo Kraina, razvaliny Starogo Merva, *MAR, 16* (1894).

2. 러시아

ALPATOV, M., and BRUNOV, N., *Geschichte der altrussischen Kunst* (Augsburg, 1932), Plates in a separate volume.

ARTSIKHOVSKY, A. V., ed., Materialy I issledovaniia po arkheologii Moskvy, Pts. 1-2, *MIAS, 7*(1947) ; 12 (1949).

_____ and RYBAKOV, B.A., Raskopki na Slavne v Novgorode Velikom *SA, 3*(1937), 179-193.

GRABAR, I., *Istoriia russkogo isrusstva* (Moscow, n.d., around 1912), *1*, 205-302, 322-330; *6*, 151-262.

KARGER, M. K., *Arkheologicheskie issledovaniia Kieva* (Kiev, 1951).

LOUKOMSKI, G. K., *L'Architecture religieuse russe, du XI-me siele au XVII-me* (Paris, 1920).

NEKRASOV, A. I., *Ocherki po istorii drevnerusskoe zodchectva XI-XVII vekov* (Moscow, 1936).

PORFIRIDOV, N. G., *Drevnii Novgorod* (Moscow and Leningrad, 1947).

RYBAKOV, 축약어를 볼 것.

SOLNTSEV, F. G., illustrator, *Drevnosti rossiiskogo gosudarstva* (Moscow, 1849-53). 6 vols.

STROKOV, A. A., Otchet ob arkheologicheskikh ravotakh v Stroi Russe v 1939 godu, *Novgorodskii istoricheskii sbornik*, B. D. Grekov, ed., 7 (1940), 19-31. *NIS* 가운데 열람할 수 있었던 유일한 책이다.

_____, Raskopki v Novgorode v 1940 godu, *IIM, 11* (1945), 65-73.

_____, and BOGUSEVICH, V. A., Predvaritelnyi otchet o raskopkakh v Novgorode v 1939 godu, *Novgorodskii istoricheskii sbornik*, 7, 3-18.

TARAKANOVA, S. A., K voprosu o krepostnykh stenakh Pskova. *IIM, 13* (1946), 77-80.

VORONIN, N. N., *Drevnerusskie goroda* (Moscow and Leningrad, 1945).

_____, *Ocherki po istorii russkogo zodchestva* (Moscow, 1934). 접할 수 없었다.

IV. 고문서(Documents)

A. 몽골 제국 및 지방 칸국의 문서

1. 칭기즈칸의 대야사

어떤 권위 있는 문헌도 전해오지 않고 있다.
그 야사 내용의 일부를 다룬 것들은 다음과 같다.

AB-UL-FARAJ, Latin trans. by Bruns and Kirsch, *1*, 449-451. English trans. by Budge, *1*, 354-355.

JUWAINI, Persian text, Mirza Muhammad, ed., pp. 16-25; 영역본은 Vernadsky, "Juwaini"

를 보라.

MAKRIZI, Al-, Expert on the Yasa, Silvestre de Sacy, ed. and trans., *Chrestomatie arabe, 2*(1826), 160-164.

   Russian trans., Berezin (축약어를 보라), pp. 409-413.

   English version, Risanovsky (축약어를 보라), pp. 83-85.

   RASHID AD-DIN, 아래를 보라.

2. 칭기즈칸의 격언(빌릭)

RASHID 1B, pp. 120-131; English trans. by Riasanovsky, pp. 86-91. 또한 Berezin (축약어에서처럼), pp. 484-487를 보라.

3. 대칸 및 지역 칸의 문서

ABEL-REMUZAT, M., Memoires sue les relations politiques des princes chretiens, et particulierement des rois de France, avec les empereurs mongols, *Memoires de l'Institute Royal de France, 6-7*(1822-24).

*CLEAVES, F.W., The Mongolian Documents in the Musee de Teheran (forthcoming in *HJAS*).

HAENISCH, E., Zu den Briefen der mongolischen Il-Khane Argun und Oljeitu an den Konig Philip den Schonen von Frankreich, *Oriens, 2*(1949), 216-235.

KOTWICZ, "LETTRES" 1, 2. 축약어를 볼 것.

*MOSTAERT, A., and CLEAVES, F.W., Trois documents mongols des Archives Secretes Vaticanes (forthcoming in *HJAS*).

PELLIOT, P., Les Documents mongols de Musee de Teheran, *Athar-e Iran, 1*(1936), 31-44.

_____, *Mongols et papaute* (축약어를 볼 것), *1*, 15-16.

VOEGELIN. 축약어를 볼 것.

4. 황금 오르다 칸의 야를릭

BEREZIN, I.N., *Khanskie Yarlyki* (Kazan, 1850-51). 3 vols. 접할 수 없었다.

_____, Tarkhannye yarlyki Krymskikh Khanov, *OO, 8* (1872). 접할 수 없었다.

_____, Yarlyki krymskikh khanov Mengli-Gireiia I Muhammed-Gireiia, *OO, 8* (1872). 접할 수 없었다.

GRIGORIEV, *Yarlyki*, 축약어를 볼 것.

GRIGORIEV, V.V., and IARTSOV, I.O., Yarlyki Tokhtamysha I Seadet-Gireiia, *OO, 1* (1844). 접할 수 없었다.

KURAT. 축약어를 볼 것.

OBOLENSKY, PRINCE M. A., ed., *Yarlyk Khana Zolotoi Ordy Tokhtamysha k polskomu koroliu Iagailu 1392-1393 g.* (Kazan, 1850). 접할 수 없었다.

PRISELKOV, *Yarlyki*. 축약어를 볼 것.

RADLOV. 축약어를 볼 것.

SAMOILOVICH, A. N., Neskolko popravok k izdaniiu i perevodu yarlykov Tokhtamysh-Khana, *TO, 1* (1927), 141-144.

_____, Neskolko popravok k yarlyku Timur-Kutluga, *AN*, 1918, pp. 1109-1122.

B. 러시아 지역 및 리투아니아 대공국 문서

1. INTERNATIONAL AND REGIONAL TREATIES; PRINCELY WILLS

BAKHRUSHIN, S. V., ed., *Dukhovnye I dogovornye gramoty kniazei velikikh i udelnykh* (Moscow, 1909).

_____ and CHEREPNIN, L.V., eds., *Dukhovnye I dogovornye gramoty velikikh I udelnykh kniazei XIV-XVI vekov* (Moscow and Leningrad, 1950).

GOETS, L. K., ed., *Deutsch-russische Handelsvertrage des Mittelaters* (Hamburg, 1916).

Sobranie gosudarstvennykh gramot i dogovorov, 1-2 (Moscow, 1813-19).

2. LAWS

The Charter of Dvina Land (1397). Old Russian text, *AAE, 1*, No.13; reprinted in Vladimirsky-Budanov, *Khristomatiia, 1*, 121-126. English trans., *MRL*, pp. 57-60.

The Charter of the City of Pskov (1397-1467). Phototypic reproduction of the MS, *Psko-vskaya Sudnaia Gramota* (St. Petersburg, 1914); first edition, N. N. Murzakevich, ed. (Odessa, 1847; reprinted, 1868); reprinted, Vladimirsky- Budanov, *Khristo-matiia, 1*, 128-162; modern Russian trans. by L. V. Cherepnin, and A. I. Iakoviev, *Istoricheskie zapiski, 6* (1940), 237-299. English trans., *MRL*, pp. 61-82.

3. DOCUMENTS OF NOVGOROD AND PSKOV

BAKHRUSHIN, S. V., ed., *Pamiatniki Velikogo Novgoroda* (Moscow, 1909).

VALK, S. N., ed., *Gramoty Velikogo Novgoroda i Pskova* (Moscow and Leningrad, 1949).

4. DOCUMENTS OF THE GRAND-DUCHY OF LITHUANIA

DANILOWICZ, I., *Skarbiec Dyplomatow* (Wilno, 1860-62), 2 vols.

DOVNAR-ZAPOLSKY, M.V., Akty litovsko-russkogo gosudarstva, *Chteniia* (1899), Pt. 4.

LITOVSKAIA METRIKA (Register of the Grand Duchy of Lithuania). 여기 목록 대부분의 문서들은 몽골 이후의 시기에 속한다. *Akty litovskou metriki*, F. I. Leontovich, ed. (Warsaw, 1896-97). 2 vols.

    Litovskaia metrika, *RIB, 20* (1903), *27* (1910), *30* (1914).

LIUBAVSKY (축약어를 볼 것), pp. 297-376.

PASZKIEWICZ, H., ed., *Regesta Lithuaniae, 1* (Warsaw, 1930). 접할 수 없었다.

PROCHASKA, A., Codex epistolaris Vitoldi, *Monumenta medii aevi historica res gesta Poloniae illustrantia, 6* (1882).

Volumina Legum, 1 (St. Petersburg, 1859). 접할 수 없었다.

5. DOCUMENTS OF MISCELLANEOUS DOCUMENTS OF THE MONGOL AND POST-MONGOL PERIODS

PAVLOV, A. S., ed., Pamiatniki drevnerusskogo kanonicheskogo prava, *RIB, 6* (1880).

PRISELKOV, M.D., and VASMET, M. Otryvki V.N. Beneshevicha po istorii russkoi tserkvi XIV veka, *ANORI, 21*, Pt. 1 (1916), 48-70.

6. COLLECTION OF MISCELLANEOUS DOCUMENTS OF THE MONGOL AND POST-MONGOL PERIODS

Akty istoricheskie (St. Petersburg, 1841-42). 5 vols.

Akty iuridicheskie (St. Petersburg, 1838).

Akty otnosiashchiesia k istorii iuzhnoi i zapadnoi Rossii (St. Petersburg, 1863-92). 15 vols.

Akty otnosiashchiesia k istorii zapadnoi Rossii (St. Petersburg, 1846-53). 5 vols.

Akty sovrannye Arkheograficeskoiu Ekspeditsieiu (St. Petersburg, 1836). 3 vols.

Arkhiv iugo-zapadnoi Rossii (Kiev). Ser. 1, 1-9 (1859-93); ser. 2, *1* (1861); ser. 3, *1-3* and 5 (1863-1902); ser. *6, 1, 2, 4, 6* (1876-1911); ser. 7, *1-2* (1866-90).

Historica Russiae monumenta, A. I. Turgenev, ed., *1* (St. Petersburg, 1841).

Russkaia Istoricheskaia Biblioteka (St. Petersburg, 1872-1927). 39 vols.

V. 연대기(Chronicles)

A. Mongol and Tibetan

1. The Secret History of the Mongols (*Monghol-un Niuca Tobca'an*; Chinese paraphrase: *Yuan Char PiShi*). Mongol text edited by E. Haenisch, *Mangchol un Niutscha Tobtscha'an* (Leipzig, 1935-39) 2 vols.; by S.A. Kozin(아래를 볼 것), pp. 203-302; by P. Pelliot(아래를 볼 것), pp. 5-120. Russian trans. by Palladi (Palladius) Kafarov, Strinnoe mongolskoe skazanie o Chingiskhane, *Trudy chlenov Rossiiskoi Dukhovnoi Missii v Pekine, 4* (1866), 23-160; by S. A. Kozin, *Sokrovennoe skazanie, 1* (Moscow and Leningrad, 1941), 79-199.

   German trans. by E. Haenisch, *Die geheime Geschichte der Mongolen* (Leipzig, 1948).

   French trans. (of sects. 1-185) by P. Pelliot, *Historie secrete des Mongols* (Paris, 1949), pp. 121-196.

   Turkish trans. by A. Temir, *Mogollarin Gizli Tarihi* (Ankara, 1948).

2. *The Blue Annals* [Tibetan], Pt. 1, G.N. Roerich, ed. and trans. (Royal Asiatic Society of Bengal, Monograph Ser., No. 7, Calcutta, 1949).

3. Altan Tobci (The Golden Epitome).

   Edited and trans. into Russian by Galsan Gomboev, *VOT,* *6*(1858), pp. 1-116 (Mongol text) and pp. 117-197 (Russian trans.)

   * Edited by F. W. Cleaves, preface by A. Mostaert (Cambridge, Harvard University Press, 1952).

4. SANANG-SECEN, *Histroy of the East Mongols.* Ed. and trans. into German by I. J. Schmidt, *Geschichte der Ost-Mongolen und ihres Furstenhauses verfasst von Ssanang Ssetsen* (St. Petersburg, 1829).

B. Chinese

1. History of Chingis-Khan's Campaigns (*Wu Ch'in Cheng Lu*). Russian trans. by Palladi (Palladius) Kafarov, Starinnoe kitaiskoe skazanie o Chingiskhane, VS, 1 (1877) 149-202. French trans. by P. Pelliot and L. Hambis, *Histoire des campagnes de Gengis Khan, 1* (Leyden, 1951).

2. History of the Yuan Dinasty (Yuan Shi). Partial Russian trans. by Iakinf (Hyacinthus) Bichurin, *Istoriia pervykh chetyrekh khanov iz doma Chingisova* (St. Petersburg, 1829); partial German trans. by F. E. A. Krause, *Cingis Han* (Heidelberg, 1922).

C. Arabic and Persian

1. IBN AL-ATHIR, *Chronicon*, C. J. Tornberg, ed., *12*(Leyden, 1853).

   Partial Russian trans. by A.A. Kunik, Vypiska iz Ibn-el-Atira o pervom nashestvii tatar ha kavkazkskie i chernomorskir strany s 1220 po 1224 god, *Uchenye Zapiski Imperatorskoi Akademii Nauk po I i III otdeleniiu, 2*, Fasc. 4 (1854), 636-668.

2. AN-NASAWI, MUHAMMAD.

Histoire du Sultan Djelal ed-Din Mankobirti, prince du Kharezm, O. Houdas, ed. and trans., *Publications de l'Ecole des Langues Orientales Vitantes*, ser. 3, *9* (1891), Arabic text; and *10*(1895), French trans.

3. Juwaini, Ala ad-Din Ata Malik, *Tarikh-i Jahan Gusha* (History of the World Conqueror), Mirza Muhammad, ed. (Leyden and London, Gibb Memorial Series, 1912).

Chapter on the Great Yasa trans. into Russian by V.F. Minorsky, Appendix I to G. Vernadsky, *O sostave Velikoi Yasy Chingis Khana* (Bruxelles, 1939), pp. 40-50; into English by G. Vernadsky, *AIK*, 11 (1939), 33-45.

Expert on Mongol Campaigns in the West, trans. by J.A. Boyle, Minorsky, Caucasica III, pp. 222-223.

4. Rashid ad-Din, Falda'llah, *Jami at-Tawarikh* (Collection of Chronicles).

Vol. *1.* Introduction and History of Chingis-Khan.

Persian text, I. N. Berezin, ed., Sbornik letopisei, istoriia Mongolov, *VOT, 7, 13, 15*(1861-88).

Russian trans., I. N. Berezin, *VOT, 5*, 13, 15.

*New Russian trans., A.A. Semenov, ed. Pt. 1, A.A. Khetagurov, trans.; Pt. 2, O.I. Smirnova, trans. (Moscow and Leningrad, 1952).

Expert on Western Campaigns, trans. into English by V.F. Minorsky, Caucasica III, pp. 224-228.

Vol. 2. History of Chingis-Khan's Successors.

Persian text, E. Blochet, ed., *Djami el-Tevatikh* (London, Gibb Memorial Series, 1911).

Partial French trans., H.J. Klaptoth, *JA*, ser. 2, *11*(1833), 335-358 and 447-470.

English version of the above, *Cathay*(축약어를 볼 것), *3*, 105-133.

Vol. 3. History of the Mongols in Persia.

Persian text, M. Quatremere, ed., *Histoire des Mongols de Perse, 1* (Paris, 1836); K. Jahn, ed., *Tarih-i-mubarak-i Gazani des Rasid al-Din. Geschichte Gazan-Hans* (London, Gibb Memorial Series, 1940).

French trans., M. Quatremere (상동).

Russian trans., A.K. Arends. 축약어를 볼 것.

5. WASSAF, 축약어를 볼 것.

6. NIZAM AD-DIN SHAMI, *Zafar-nama* (Book of Victories).

   Tauer, F., ed., *Histoire des conquetes de Tamerlan, intitule Zajarnamah* (Prague, Oriental Institute, 1937).

   Excerpts in Russian trans., Tiesenhausen, 2, 105-125; *Materialy po istorii Turkmen* (뒤 No. 11을 볼 것), *1*, 511-524.

7. Sharaf ad-Din Ali Yazdi, *Zafar-nama* (Book of Victories).

   Persian text, Mawlawi Muhammad Ilahdad, ed., *The Zajarnamah* (Calcutta, 1885-88). 2 vols.

   French trans., Petis de la Croix, F., *L'Histoire du Timur-Bec connu sous le nom du Grand Tamerlan* (Paris, 1722).

   English trans. (from the French), *The History of Timur-Bec, known by the name of Tamerlain the Great, Emperor of the Monguls and Tatars* (London, 1723). 2 vols.

   Chapters on Timur's campaign against Tokhtamysh of 1391, French trans. by M. Charmoy, Expedition de Timour-i-lenk ou Tamerlan contre Toqtamiche, *Memoires de VAcademie Imperiale des Sciences de St. Petersbourg*, ser. 6, 3 (1836), 172-243.

8. IBN-ARABSHAN, AHMAD, Life and Deeds of Timur.

   S. H. Manger, ed. and trans. (into Latin), *Ahmed Arabsiadae vitae ct rerum gestarum Timuri, qui vulgo Tamcrlancs dicitur, historia* (Leeuwarden, 1767-72).

   English trans., J. H. Sanders, *Tamerlane or Timur the Great Amir* (London, 1937). 접할 수 없었다.

   French trans. of chap. 8 (Timur's expedition against Tokhtamysh of 1391) by Charmoy (앞 No. 7을 볼 것), pp. 419-421.

9. Ibn-Khaldun, Autobiography.

   Chapter on Ibn-Khaldun's meeting with Timur in 1401, W. J. Fischel, ed. and trans., *Ibn-Khaldun and Tamerlane* (Berkeley and Los Angeles, University of California Press, 1952).

10. Tiesenhausen (Tizengauzen), V. G., ed. and trans., *Sbornik materialov otnosiashchikhsia k istorii Zolotoi Ordy: 1*, Arabic Sources (St. Petersburg, 1884); 2, Persian Sources, Romaskevich and S. L. Volin, eds. (Moscow and Leningrad, 1941).

Selected excerpts from the above listed and other Arabic and Persian writers, with Russian trans.

11. Volin, S. L., Romaskevich, A. A., and Iakubovsky, A. Iu., eds., *Materialy po istorii Turkmen i Turkmenii, 1*(Moscow and Leningrad, 1939), 469-541.
   Selection of Arabic and Persian sources bearing on the history of Central Asia in the Mongol period, in Russian translation.

12. HAYDAR DUGHLAT, MIRZA MUHAMMAD, *Tarikh-i-Rashidi.*
   English version, N. Elias, ed., E. D. Ross, trans., *A History of the Mo‑ghuls of Central Asia* (London, S. Low, Marston & Co., 1895, re-issue, 1898).

D. Armenian, Georgian, Greek, Syriac

1. ARMENIAN AND GEORGIAN

BROSSET, M. F., *Histoire de la Giorgie, 1* (St. Petersburg, 1849).

DULAURIER, E., Les Mongols d'apres les historiens armeniens, *JA*, ser. 5, *11* (1858).

GRIGOR OF AKANC, History of the Nation of the Archers, R. P. Blake and R. N. Frye, eds. and trans., HJAS, 12 (1949), 269-399.
   Russian trans. by K. Patkanov, *Istoriia Mongolov inoka Magakiia* [i.e. Grigor of Akanc] (St. Petersburg, 1871).

PATKANOV, K., *Istoriia Mongolov po armianskim istochnikam* (St. Petersburg, 1873-74). 2 vols.

[VARDAN] *Vseobshchaia istoriia Vardana Velikogo*, N. Emin, trans. (Moscow, 1861).

2. GREEK

CHALCOCONDYLES, L., *Historiarum demonstrationes.* I. Bekker, ed. (Bonn, 1843); E. Darko, ed. (Budapest, 1922-27). 2 vols.

DUKAS (DUCAS), *Historia byzantina*, I. Bekker, ed. (Bonn, 1834).

GREGORAS, NIKEPHOROS, *Historia romana*, L. Schopen and I. Bekker, eds. (Bonn, 1829, 1830, 1855). 3 vols.

Russian trans., P. Shalfeev, *Rimskaia istoriia Nikijora Grigory, 1* (St. Petersburg, 1862).

PACHYMERES, GEORGIOS, *De Michaele et Andronico Palaeologis libri XIII*. I. Bekker, ed. (Bonn, 1835). 2 vols.

Russian trans., V. N. Karpov, ed., Georgiia Pakhimera istoriia 0 Mikhaile i Andronike Paleologakh, 1 (St. Petersburg, 1862).

PHRANTZES, GEORGIOS, *Chronicon*. I. Bekker, ed. (Bonn, 1838); J. B. Papadopoulos, ed. *1* (Leipzig, 1935).

3. SYRIAC

AB-UL-FARAJ, GREGORY (Bar Hebraeus), *Chronographia*.

Latin trans., P. Bruns and G. G. Kirsch, eds. and trans. (Leipzig, 1788).

English trans., E. A. W. Budge, ed. and trans. (London, 1932).

E. Russian

The Chronography (*Khronograf*) of 1512, *PSRL, 22*, Fasc. 1 (1911).

The V. D. Ermolin Chronicle (*Ermolinskaia letopis'*), *PSRL, 23* (1910).

The Galician and Volynian Chronicle. Hypatian Codex를 보라.

The Gustynsky Monastery Chronicle (*Gustynskaia letopis'*). Published as Appendix to the Hypatian Codex, *PSRL, 2* (1843), 233-373.

The Hypatian Codex. Contains the Book of Annals (*Kievan Russia*, p. 371을 보라); the Kievan Chronicle; and the Galician and Volynian Chronicle. Published in *PSRL* and separately. *PSRL*, 2, 1st ed. 1843 (the Book of Annals은 불포함); 2d ed. 1871; Fasc. 1, 3d ed. 1923. Separately, A. Shakhmatov, ed. (1908).

The Kazan Chronicle (*Kazanskii letopiscts*), *PSRL, 19* (1903).

The Laurentian Codex. Contains the Book of Annals and the Suzdalian Chronicle. Published in *PSRL, 1*, 1st ed. 1846; 2d ed. Fasc. 1: The Book of Annals (1926); Fasc. 2: The Suzdalian Chronicle (1927); Fasc. 3: The Continuation of the Suzdalian Chronicle (1928).

The N. A. Lvov Chronicle (*Lvovskaia letopis'*), *PSRL, 20*, Pts. 1-2 (1910-14).

The Patriarch Nikon Chronicle (*Patriarshaia ili nikonovskaia letopis'*), *PSRL, 9-13* (1862-1906).

The Novgorodian Chronicles.

    The First Novgorodian Chronicle, *PSRL, 3* (1841); separately, *Novgorodskaia letopis' po sinodalnomu kharateinomu spisku* (St. Petersburg, 1888); *Novgorodskaia pervaia letopis'*, A. N. Nasonov, ed. (Moscow and Leningrad, 1950).

    English trans., R. Mitchell and N. Forbes, C. R. Beazley 서문, in *Camden Third Series*, 25 (London, 1914).

    Latin trans. of the section of the First Novgorodian Chronicle containing a narrative of the Fourth Crusade, a.d. 1204 [1950 ed., pp. 46-49; variant, pp. 240-246], C. Hopf, ed., *Chroniques greco-romanes inldites ou peu connues* (Berlin, 1873), pp. 93-98. 접할 수 없었다.

    Spanish trans., based on the Latin, Sara Isabel de Mundo, La Cuarta Cruzada segun el cronista Novgorodense, *Anales de historia antigua y medieval*, 1950 (Buenos Aires, 1951), pp. 135-141.

    The Second Novgorodian Chronicle, PSRL, 3 (1841); 2d ed. A. F. Bychkov, *Novgorodskie letopisi* (St. Petersburg, 1879).

    The Third Novgorodian Chronicle, Bychkov, 앞서 인용한 책.

    The Fourth Novgorodian Chronicle, *PSRL, 4* (1848); 2d ed. Fascs. 1-3 (1915-29).

The Pskovian Chronicles, *1*. The First Pskovian Chronicle (*Pskovskaia pervaia letopis'*), A. N. Nasonov, ed. (Moscow and Leningrad, 1941).

The Rogozhsky Library Chronicle (*Rogozhskii letopisets*), *PSRL, 75* (2d ed.), Fasc. 1 (1922).

The St. Sophia Annals (*Sofiiskii Vremennik*), P. M. Stroev, ed. (St. Petersburg, 1820). 2 vols.

The N. Simeonov Chronicle (*Simeonovskaia letopis'*), *PSRL, 18* (1913).

The Suzdalian Chronicle. Laurentian Codex를 보라.

The Synodal Printing Office Chronicle (*Tipografiskaia letopis'*), *PSRL, 24* (1921).

The Trinity Monastery Chronicle (*Troitskaia letopis'*). M. D. Priselkov에 의해 텍스트

재구성, *Troitskaia letopis'* (Moscow and Leningrad, 1950).

The Tverian Chronicle (Tverskaia letopis'), *PSRL, 15* (1863).

The Ustiugian Digest of Chronicles (*Ustiuzhskii letopisnyi svod*), K. N. Serbina, ed. (Moscow and Leningrad, 1950).

The Voskresensky Monastery Chronicle (*Voskresenskaia letopis'*) *PSRL, 7-8* (1856-59).

The West Russian Chronicles (*Zapadnorusskie letopisi*), *PSRL, 17* (1907).

VI. 여행기

AGREFENI, ARCHIMANDRITE, *Khozhdenie* (Itinerary to Jerusalem), Archimandrite Leonid, ed., *PPS, 48* (1896).

AVRAAMI, Bishop of Suzdal, *Otryvki* (Fragments of a Journey to Florence), A. Popov, *Istoriko-literaturnyi obzor drevne-russkikh polemicheskikh sochinenii protiv latinian* (Moscow, 1875), pp. 400-406. 접할 수 없었다.

[BARBARO,GIOSAFAT], *Travels to Tana and Persia by Josaja Barbara and Ambrogio Contarini*, W. Thomas, trans., Lord Stanley of Alderley, ed. (London, Hakluyt Society, 1873).

BATUTA, IBN, *Travels*. Ibn-Batuta를 볼 것(축약어).

BENEDICT THE POLE, Friar, *Relation oj Journey to Mongolia*.

Latin text, Wyngaert, pp. 134-143.

English trans., Rockhill. 축약어를 볼 것.

베네딕트 수사는 요한 플라노 카르피니 사절단의 일원이었다.

EPIFANI, Monk, *Skazanie o puti k Ierusalimu* (Tale of the Journey to Jerusalem), Archimandrite Leonid, ed., *PPS, 15* (1887).

GONZALEZ DE CLAVIJO, R., *Embajada a Tamorlan*, F. Lopez Estrada, ed. (Madrid, 1943).

Russian trans., I. I. Sreznevsky, ed. Dnevnik puteshestviia ko dvoru Timura v Samarkand v 1403-1406 godakh, *ANORS, 28* (1881).

English trans., C. R. Markham, *Narrative of the Embassy of Ruy Gonzales de Clavijo to the Court of Timur* (London, Hakluyt Society, 1859).

IGNATI OF SMOLENSK, Deacon, *Khozhdenie* (Itinerary to Jerusalem), S. V. Arseniev, ed., *PPS, 12* (1887).

JOHN OF PLANO CARPINI, *History of the Mongols and Journey to Mongolia.*

    Latin text, Wyngaert, pp. 27-130.

    English trans. (*Journey* 부분만), Rockhill. 축약어를 볼 것.

    German trans., Risch. 축약어를 볼 것.

Russian trans., D. Yazykov, *Sobranie puteshestvii k Tataram* (St. Petersburg, 1825), pp. 7-63; A. I. Malein, *Ioann de Plano Karpini, Istoriia Mongalov; Vilgelm de Rubruk, Puteshestvie v vostochnye strany* (St. Petersburg, 1911), pp. 1-62.

JULIAN, FRIAR, and Other Hungarian Missionaries, *Journey to Great Hungary.*

    Bendefy, L., ed., Fontes authentici itinera fr. Iulianii (1235-38) illustrantes, *Archivum Europae Centro-Orientalis, 3* (1937), 1-52* J. Bromberg, Zur Geographie der Reisen des Dominikaners Julian, *Finnischugrische Forschungen, 26* (1940), Anzeiger, pp. 60-73 참조.

    Anninsky, S. A., ed. and trans. (into Russian), Izvestiia Vengerskikh missionerov xiii-xiv vekov o Tatarakh i vostochnoi Evrope, *Istoricheskii Arkhiv, 3* (1940), 95-112; Russian trans., pp. 77-94.

    *Sinor, D., Un voyageur du treizieme siecle, le Dominicain Julien de Hongrie, *BSOAS, 14* (1952), 589-602.

LANNOY, GHILLEBERT DE, *Œuvres*, Ch. Potvin and J. Ch. Houzeau, eds. (Louvin, 1878), pp. 9-72.

MICHAEL, Bishop of Smolensk, and SERGIUS, ARCHIMANDRITE, Khozhenie Piminovo v Tsargrad (Bishop Pimin's Journey to Constantinople), *PSPL, 11*, 95-104.

ODORIC OF PORDENONE, Travels.

    Latin text, Wyngaert, pp. 413-495.

    English trans., H. Yule and H. Cordier, *Cathay* (축약어를 볼 것), 2.

POLO, MARCO, Travels.

    The Book of Ser Marco Polo, the Venetian, Colonel Sir Henry Yule, trans., 3d ed. revised by H. Cordier (London, J. Murray, 1903). 2 vols.

    The Description of the World, trans. and annotated by A. C. Moule and P. Pelliot (London, G. Routledge & Sons), *1* (1938).

SCHILTBERGER, HANS, Travels.

> German editions: (1) K. F. Neumann, ed., Fallmerayer and Hammer- Purgstall, commentators, *Reisen des Johannes Schiltberger aus Munchen in Europa, Asia und Afrika von 1394 bis 1427* (Munchen, 1859); (2) V. Langmantel, ed., *Hans Schiltbergers Reisebuch* (Tubingen, 1885).

> English trans., Commander J. Buchan Telfer, *The Bondage and Travels of Johann Schiltberger* (London, Hakluyt Society, 1879).

> Russian trans., F. Brun, Puteshestvie Ivana Shiltbergera, *Zapiski Novorossiiskogo Universiteta, 1* (Odessa, 1867). 접할 수 없었다.

SIMEON OF SUZDAL, HIEROMONK, *Isidorov Sobor i khozhenie ego* (Journey to the Council of Florence), A. Popov, *Obzor* (앞에 Avraami를 보라), pp. 344-359. 접할 수 없었다. *PSRL, 8*, 100-106 참조.

VARSONOFI, HIEROMONK, Khozhdenie k sviatomu gradu Ierusalimu (Itinerary to Jerusalem), S. O. Dolgov, ed., *PPS, 45* (1896).

WILLIAM OF RUBRUCK, FRIAR, Journey to Mongolia.

> Latin text, Wyngaert, pp. 164-332.

> English trans. Rockhill (축약어를 볼 것).

> German trans., F. Risch, *Wilhelm von Rubruck: Reise zu den Mongolen 1253-1255* (Leipzig, 1934).

> Russian trans., A. I. Malein (John of Plano Carpini를 볼 것), pp. 65-178.

ZOSIMA, HIERODEACON, *Xenos sirech Strannik* (Xenos i.e. Wanderer), Kh. M. Loparev, ed., PPS, 24 (1889).

| 참고문헌 |

(BASIC BIBLIOGRAPHY)

I. Handbooks

Birge, J. K., *A Guide to Turkish Area Study* (Washington, D.C., American Council of Learned Societies, 1949).

Encyclopaedia of Islam (London, Luzac & Co., 1913-36). 4 vols. Turkish ed., revised and enlarged, *Islam ansiklopedisi, I*—(Istanbul, 1940—). Not yet completed. Articles on Turkish subjects rewritten by Turkish specialists and greatly expanded.

Philips, C. H., *Handbook of Oriental History* (London, Royal Asiatic Society, 1951).

Strakhovsky, L., ed., *A Handbook of Slavic Studies* (Cambridge, Harvard University Press, 1949).

Togan, A. Zeki Velidi, Tarihde usul (Istanbul, 1950).

II. Bibliographical Outlines and Reviews

Bibliografiia Vostoka. 1, Istoriia (1917-1925), D. N. Egorov, ed. (Moscow, 1928).

Franke, H., Neuere Gesamtdarstellungen der Geschichte Chinas, *Saeculum*, 1 (1950), 318-323.

Glazer, S. S., Bibliography of Periodical Literature on the Near and Mid - dle East (reprinted from *The Middle East Journal*). 1 (1947)—

Grousset, R., *Histoire de l'Extreme-Orient, 2, Elements de bibliographic*, chap. 3, Les Mongols, 672-677.

Kerner, R. J., *Northeastern Asia, a Selected Bibliography* (Berkeley, University of California Press, 1939). 2 vols.

_____, *Slavic Europe: A Bibliography* (Cambridge, Harvard University Press, 1918).

Krause, F. E. A., Die Epoche der Mongolen, *MSOS*, 26-27 (1924), 46-49.

Library of Congress, *Monthly List of Russian Accessions* (Washington, D.C.), 1 (1948)—

Loewenthal, R., A Bibliography of Near and Middle Eastern Studies published in the Soviet Union from 1937 to 1947, *Oriens, 4* (1951), 328-344.

_____, Works on the Far East and Central Asia published in the U.S.S.R., 1937-47, *EEQ*, 8 (1948-49), 172-183.

Poppe, N., Russische Arbeiten auf dem Gebiet der Mongolistik 1914-24, *AM, 1* (1924), 676-681.

Spuler (축약어를 보라), pp. 455-525: Verzeichnis des Schrifttums.

Spuler, *Iran* (축약어를 보라), pp. 465-502: Verzeichnis des Schrifttums.

III. Historical Geography and Ethnography

Ahmad, N., *Muslim Contribution to Geography* (Lahore, 1947).

Aristov, N. A., Zametki ob etnicheskom sostave tiurkskikh piemen i narodnostei, *Zhivaia starina*, 1896, 3-4. Reviewed by W. Barthold, *VOZ, 11* (1899), 341-356.

Barthold, W., *Istoriia izucheniia Vostoka v Evrope i Rossii* (St. Petersburg, 1911; 2d ed. Leningrad, 1925).

German ed., Ramberg-Figulla, E., trans., *Die geographische und historische Erforschung des Orient* (Leipzig, 1913).

French ed., *La Dicouverte de l'Asie*, B. Nikitine, trans. and annotator (Paris, 1947).

_____, *Orta Asya Turk tarihi hakkmda dersler* (Istanbul, 1927).

German ed., 12 Vorlesungen iiber die Geschichte der Tiirken Mittelasiens, Th. Menzel, trans. (Berlin, 1935).

French ed., *Histoire des Turcs d'Asie cenlrale*, M. Donskis, trans., (Paris,

1945).

_____, Svedeniia ob Aralskom more i nizoviakh Amu-Dar'i s drevneishikh vremen do xvii veka, *Izvestiia Turkestanskogo Otdela Russkogo Geo-graficheskogo Obshchestva, 4* (1902).

German ed., H. von Foth, trans., *Nachrickten iiber den Aral-See und den unteren Lauj des Amu-Darja von den dltesten Zeiten bis zum XVII Jahrhundert* (Leipzig, 1910).

_____, Turks, Historical and Ethnografic Survey, *EI, 4,* 900-908.

Bazilevich, K. V., ed., *Atlas istorii SSSR, 1* (Moscow, 1950).

Beazley, C. R., *The Dawn of Modern Geography* (London, J. Murray), 3 (1906).

Bernshtam. 축약어를 보라.

Castren, M. A., *Ethnologische Vorlesungen iiber die altaischen Volker* (St. Petersburg, 1857).

Curtin, J., *A Journey in Southern Siberia, the Mongols, Their Religion and Their Myths* (Boston, Little, Brown & Co., 1909).

Czaplicka, M., *The Turks of Central Asia in History and at the Present Day* (Oxford, Clarendon Press, 1918). Reviewed by W. Barthold in *Zapiski Kollegii Vostokovedov,* 1, 506-511.

Grum-Grzymailo. 축약어를 보라.

Halecki, O., Geografja polityczna ziem ruskich, Polski i Litwy 1340-1569, *Sprawozdania Towarzystwa Naukowego Warszawskiego, 1-2* (1917).

Hazard, H. W., compiler, *Atlas of Islamic History* (Princeton, Princeton University Press, 1951).

IIennig, R., *Terrae incognitae*, 3-4 (Leyden, 1938-39).

Herrmann, A., *Historical and Commercial Atlas of China* (Cambridge, Mass., Harvard University Press, 1935).

Ivanovsky, A. A., Zur Anthropologie der Mongolen, *Archiv fur Anthropologie,* 24 (1896).

Katanov, N. F., Etnograficheskii obzor turetsko-tatarskikh piemen (Kazan, 1894). 열람할 수 없었다.

Kerner, R. J., *The Urge to the Sea: the Course of Russian History* (Berkeley and Los

Angeles, University of California Press, 1942).

Kervyn, L. M., *Moeurs et coutumes mongoles* (Gembloux, 1949).

Kozlov, P. K., *Mongolia i Amdo i mertvyi gorod Khara-Khoto* (Moscow and Petrograd, 1923).

_____, *Mongolia i Kam* (St. Petersburg, 1905-7). 5 vols.

Kuczynski. 축약어를 보라.

Kuznetsov, S. K., *Russkaia istoricheskaia geografiia* (Moscow, 1910).

Liubavsky, M. K., *Obrazovanie osnovnoi gosudarstvennoi territorii vcli- korusskoi narodnosti* (Leningrad, 1929).

Marquart (Markwart), J., Uber das Volkstum der Komanen, *AWGA*, N.S., 13, No. 1 (1914), 25-238.

Moravcsik. 축약어를 보라.

Nasonov, A. N., *"Russkaia zemlia" i obrazovanie territorii drevnerusskogo gosudarstva* (Moscow, 1951).

Pallas, P. S., *Sammlungen historischer Nachrichten uber die Mongolischen Volkerschaften* (St. Petersburg, 1776-1801). 2 vols.

Pelliot, P., A propos des Comans, *JA*, 11th ser., 15 (1920), 125-185.

Pypin, A. N., *Istoriia russkoi etnografii* (St. Petersburg, 1890-92). 4 vols.

Radloff, W. (Radlov, V.), *Ethnographische Ubersicht der Turkstamme Sibiriens und der Mongolei* (Leipzig, 1883). 접할 수 없었다.

Riasanovsky, V. A., *Customary Law of the Mongol Tribes* (Harbin, 1929).

Seredonin, S. M., *Russkaia istoricheskaia geografiia* (Petrograd, 1916).

Spuler, B., Mittelalterliche Grenzen in Osteuropa, I.
  Die Grenze des Grossfiirstentums Litauen im Siidosten gegen Tiirken und Tataren, *JGOE*, 6 (1941), 152-170.

Vambery, H., *Das Tiirkenvolk* (Leipzig, 1885).

Vladimirtsov. 축약어를 보라.
  French ed., M. Carsow, trans., *Le Regime social des Mongols; le fiodalisme nomade* (Paris, 1948). R. Grousset 서문.

Zamyslovsky, E., *Uchebnyi atlas po russkoi istori* (2d ed. St. Petersburg, 1887).

Zelenin, D., *Russische (ostslavische) Volkskunde* (Berlin and Leipzig, 1927).

Ⅳ. Source Study

1. Mongol and Tibetan Sources

Cleaves, F. W. Chancellery. 축약어를 보라.

The Expression *Dur-a Qocarulcaju* in the Letter of Oljeitii to Philippe le Bel, *HJAS*, 11 (1948), 441-455.

The Expression *Job Ese Bol in the Secret History of the Mongols, HJAS*, 11 (1948), 311-320.

Haenisch, E., Der Stand der Yuan-pi-schi-Forschung, *ZDMG*, 98 (1944).

Untersuchungen iiber das Yuan-ch'ao pi-shi, *ASAW*, 41, No. 4 (1931).

Kotwicz, Formules initiates. 축약어를 보라.

Laufer, B., Skizze der mongolischen Literatur, *Keleti Szemle*, 8 (1907), 165-261.

2d ed. in Russian, revised and enlarged by B. Ia. Vladimirtsov, *Ocherk mongolskoi literatury* (Leningrad, 1927). Second ed. 접할 수 없었다.

Mostaert, A., A propos du mot *sirolga de l'Histoire secrete des Mongols, HJAS, 12* (1949), 470-476.

Sur quelques passages de *l'Histoire secrete des*

Mongols, *HJAS*, 13 (1950), 285-361; 14 (1951), 329-403. 연재.

Pelliot. 축약어를 보라.

Roerich, G. N., The Author of the Hor-chos-hbyun, *Journal of the Royal Asiatic Society* (1946), 192-196.

The Blue Annals, 1, i-xxi.

Kun-mkhyen Chos-kyi hod-zer and the Origin of the Mongol Alphabet, *Journal of the Royal Asiatic Society of Bengal, Letters* (1945), 52-57.

Notes on Central Asia, Greater India Society, *Journal*, 13 (1946), 73-76.

Vladimirtsov (축약어를 보라), pp. 5-26.

2. Arabic and Persian Sources

Barthold, W., *Iran* (Tashkent, 1926).

_____, *Musulmanskii mir* (Petrograd, 1922).

—— *Turkestan* 축약어를 보라.

Blochet, E., *Introduction a l'histoire des Mongols de Fadl Allah Rashid ed-Din* (London, Gibb Memorial Series, 1910).

Brockelmann, C., *Geschichte der arabischen Literatur* (2d ed. Leyden, J. Brill, 1943-49). 2 vols.

Browne 3. 축약어를 보라.

Krymsky, *Persia* (see Abbreviations), 3, 33-80.

Martinovitch, N., Die verlorene Handschrift von Rasid ad-Din, *Artibus Asiae*, 5 (1935), 213-220.

Storey, Ch. A., *Persian Literature, a Bio-bibliographical Survey* (London, Luzac & Co., 1927-39). 2 vols., vol. 23부작.

Wustenfeld, F., Die Geschichtsschreiber der Araber, *AWGA*, 28-29 (1882-83).

3. Russian Sources

Berezhkov, N., *Litovskaia metrika kak istoricheskii istochnik, 1* (Moscow and Leningrad, 1946).

Cherepnin, L. V., *Russkie feodalnye arkhivy xiv-xv vekov* (Moscow, 1948-51). 2 vols.

Iasinsky, M. N., *Ustavnye zemskie gramoty litovsko-russkogo gosudarstva* (Kiev, 1889).

Ikonnikov, V. S., *Opyt russkoi istoriografii* (Kiev, 1891-1908). 2 vols., 각 2부.

Kochin, G. E., *Materialy dlia terminologicheskogo slovaria drevnei Rossii* (Moscow and Leningrad, 1937). 접할 수 없었다.

Leontovich, F. I., Istochniki litovsko-russkogo prava, Warsaw, Universitet, Izvestiia, 1894, Fasc. 1. 접할 수 없었다.

Likhachev, D. S., *Russkie letopisi* (Moscow and Leningrad, 1947).

Nasonov, A. N., Letopisnye pamiatniki tverskogo kniazhestva, *OGN, 1930*, 709-738, 739-772.

Priselkov, M. D.; I*storiia russkogo letopisaniia xi-xv vekov* (Leningrad, 1940).

Shakhmatov, A. A., 3 (St. Petersburg, 1908).

Tikhomirov, M. N., *Istochnikovedenie istorii SSSR s drevneishikh vremen do kontsa xvm veka* (Moscow, 1940).

Valk, S. N., *Sovetskaia arkheografiia* (Moscow and Leningrad, 1948).

V. Genealogy and Biography

1. Mongol

GENEALOGIES

Lane-Pool, S., 32(Westminster, A. Constable & Co., 1894).

Russian ed., W. Barthold, trans. and annotator, *Musulmanskie dinastii* (St. Petersburg, 1899).

Muizz al-Ansab fi Shajarat Salatin Moghul (Glorification of the Genealogies of the Mongol Sultans). Storey, 2, 298, 그리고 Tiesenhausen, 2, 29를 보라.

Excerpts in Russian trans., Tiesenhausen, 2, 41-63.

Zambaur, E., *Manuel de genealogie et de chronologie pour l'histoire de l'Islam* (Hanovre, 1927). 2 vols. 그리고 표본.

BIOGRAPHIES

Chingis-Khan

Barthold, W., Chingis-Khan, *El, 1*, 856-862.

Erdmann, F., *Temudschin der Unerschiitterliche* (Leipzig, 1862).

Fox, R., *Genghis Khan* (New York, Harcourt, Brace & Co., 1936).

Grenard, F., *Gengis-Khan* (Paris, 1935).

Grousset, R., *Le Conquirant du monde* (Paris, 1944).

Lamb, H., *Genghis Khan, the Emperor of All Men* (New York, R. M. McBride & Co., 1927).

Martin, H. D., *The Rise of Chingis Khan and His Conquest of North China* (Baltimore, Johns Hopkins Press, 1950).

Prawdin, M., *Tschingis-Chan und sein Erbe* (Stuttgart and Berlin, 1938).

Vladimirtsov, B. Ia., *Chingis-Khan* (Berlin, Petrograd, and Moscow, 1922). English ed., Prince D. S. Mirsky, trans., 2 (Boston and New York, Houghton Mifflin & Co., 1930).

Walker, C. C., *Jenghiz Khan* (London, Luzac & Co., 1939).

Nogay

Veselovsky. 축약어를 보라.

Timur (Tamerlane)

Bouvat, L., Timur Lang (Tamerlane), *El, 4,* 777-779.

Ibn-Arabshah. 원전 V, C. 8을 보라.

Lamb, H., *Tamerlane the Earth Shaker* (New York, R. M. McBride & Co., 1928).

Ulug-Beg (Ulugbek)

Barthold, W., Ulugbek i ego vremia (Petrograd, 1918).

Turkish ed. [Kurat], A. Nimet, trans., *Ulug-Bey ve zamani* (Istanbul, 1930).

2. Russian and Lithuanian

Barsukov, A. P., Obzor istochnikov i literatury russkogo rodosloviia, *ANZ,* 54 (1887), Suppl.

Baumgarten 1, 2. 축약어를 보라.

Benz, E., ed., *Russische Heiligenlegenden* (Zurich, 1953).

Dolgorukov, Prince P. V., *Rossiiskaia rodoslovnaia kniga* (St. Petersburg, 1855-57). 4 vols.

Ekzempliarsky. 축약어를 보라.

Koneczny, F., Jagiello i Witold, *Przewodnik naukowy i literacki,* 20 (1892).

Lobanov-Rostovsky, Prince A. B., *Russkaia rodoslovnaia kniga* (2d ed. St. Petersburg, 1895). 2 vols.

Prochaska, A., *Krol Wladyslaw Jagiello* (Krakow, 1908).

Puzyna, J., Korjat i Korjatowicze, *AW, 7* (1930), 425-454.

_____, Korjat i Korjatowicze oraz sprawa podolska, *AW, 11* (1936), 61-97.

Rodoslovnaia kniga kniaziei i dvorian rossiiskikh i vyezzhikh (Moscow, 1787). 2 vols. 소위 Velvet Book(Barkhatnaia kniga)을 포함하고 있다.

Russkii biograficheskii slovar'(St. Petersburg, 1896-1918). 25 vols. 계속 발간.

Smolka, S., Kiejstut i Jagiello, *Pamietnik Akademii Umiejetnosci* (Phil. and Hist. Sec.), 7 (1889).

Stadnicki, K., *Bracia Wladyslawa Jagielly* (Lwow, 1867).

—————, *Olgierd i Kiejstut* (Lwow, 1870).

—————, Synowie Gedymina (Lwow, 1881).

Vitovt, Biographies of,

Barbashev, A., *Vitovt* (St. Petersburg, 1885-91), 2 vols. Vol. 2는 접할 수 없었다.

Pfitzner, J., *Grossfürst Witold von Litauen als Staatsmann* (Prague, 1930).

Wolff, J., *Kniaziowie Litewsko-ruscy od konca czternastego wieku* (War - saw, 1895).

—————, *Rod Gedymina* (Krakow, 1886). 접할 수 없었다.

Zotov, R. V., *O kniaziakh chernigovskikh po liubetskomu sinodiku* (St. Petersburg, 1892).

| 가계도 |

아래 가계도의 목적은 각 통치 가계의 완전한 계보를 제시하기 위함이 아니라, 독자들에게 본서에서 언급된 통치자들에 대한 이해를 돕기 위해서이다.

Ⅰ. 칭기즈칸 가계

숫자는 대칸의 승계 순서이다.

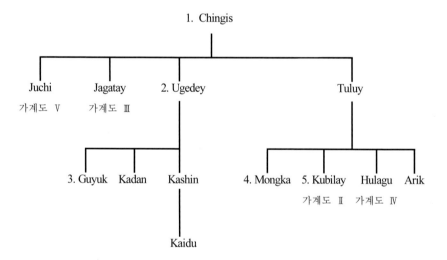

II. 쿠빌라이 가계

숫자는 대칸의 승계 순서이다.

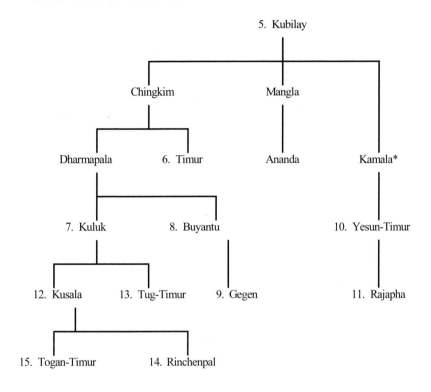

* 잠바우르에 따르면, 카말라는 칭킴의 아들이었다.

III. 자가타이 가계

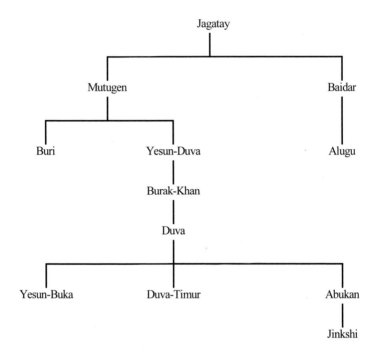

Ⅳ. 페르시아 일칸 가계

숫자는 승계 순서이다.

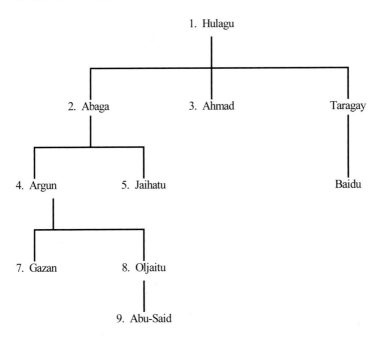

V. 주치 가계

숫자는 황금 오르다 칸의 승계순서이다.

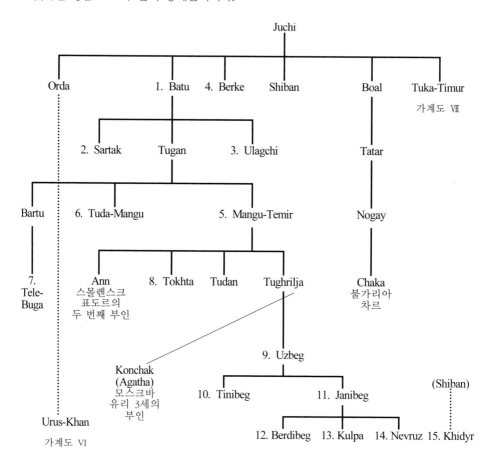

VI. 우루스칸 가계*

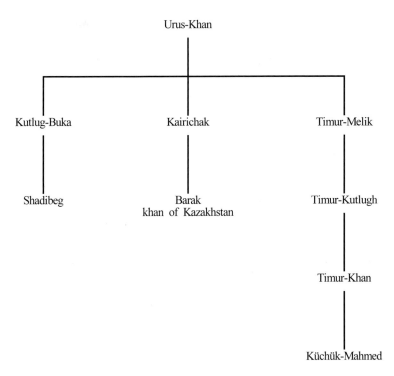

Urus-Khan

Kutlug-Buka   Kairichak   Timur-Melik

Shadibeg   Barak
                  khan of Kazakhstan   Timur-Kutlugh

                                                   Timur-Khan

                                                   Küchük-Mahmed

* 잠바우르에 따르면, 우루스칸은 오르다의 후손이고, Muizz에 따르면 투카-
티무르의 후손이다.

VII. 투카-티무르 가계

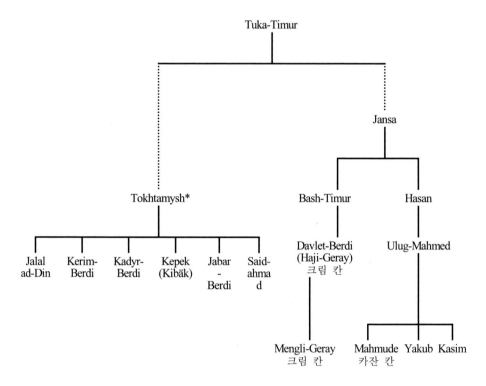

Tuka-Timur

Jansa

Tokhtamysh*

Bash-Timur   Hasan

Jalal ad-Din   Kerim-Berdi   Kadyr-Berdi   Kepek (Kibäk)   Jabar-Berdi   Said-ahmad

Davlet-Berdi (Haji-Geray) 크림 칸   Ulug-Mahmed

Mengli-Geray 크림 칸   Mahmude 카잔 칸   Yakub   Kasim

* Muizz에 따르면, 토흐타미쉬는 투카-티무르의 후손이고, 잠바우르에 따르면, 오르다의 후손이다.

VIII. 갈라시아 및 볼리냐 가계

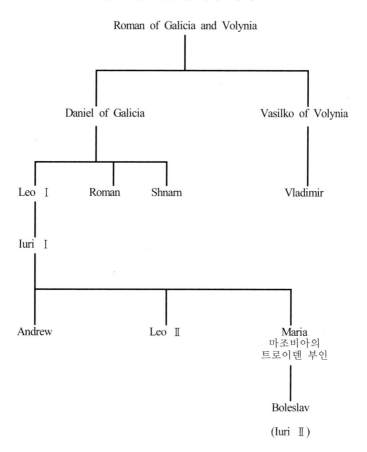

Roman of Galicia and Volynia

Daniel of Galicia

Vasilko of Volynia

Leo Ⅰ   Roman   Shnarn

Vladimir

Iuri Ⅰ

Andrew   Leo Ⅱ   Maria
마조비아의
트로이덴 부인

Boleslav

(Iuri Ⅱ)

IX. 리투아니아 게디민 가계

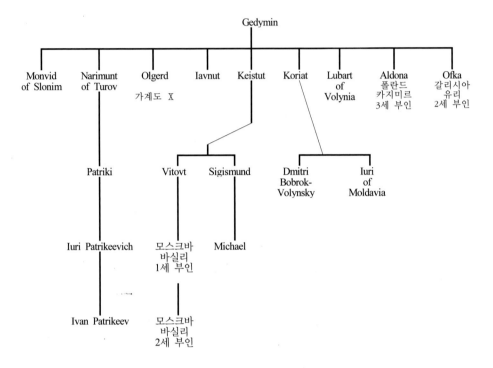

X. 리투아니아 올게르드 가계

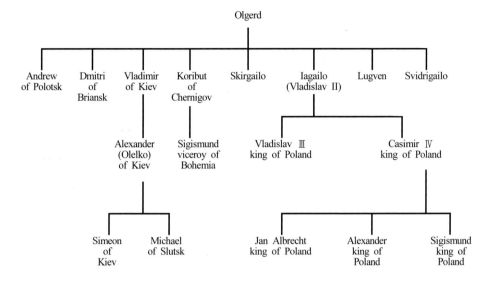

Olgerd

- Andrew of Polotsk
- Dmitri of Briansk
- Vladimir of Kiev
  - Alexander (Olelko) of Kiev
    - Simeon of Kiev
    - Michael of Slutsk
- Koribut of Chernigov
  - Sigismund viceroy of Bohemia
- Skirgailo
- Iagailo (Vladislav II)
  - Vladislav III king of Poland
  - Casimir IV king of Poland
    - Jan Albrecht king of Poland
    - Alexander king of Poland
    - Sigismund king of Poland
- Lugven
- Svidrigailo

XI. 모스크바 공국 가계

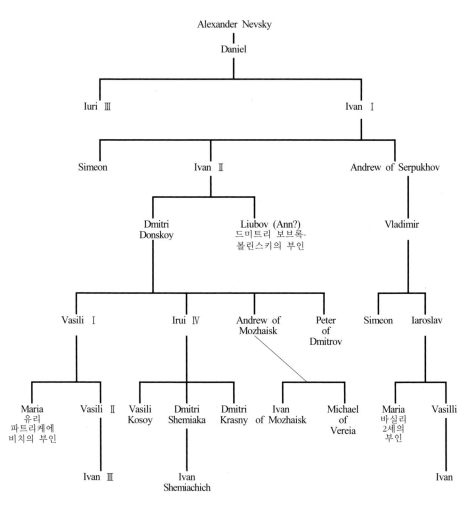

XII. 트베르 공국 가계

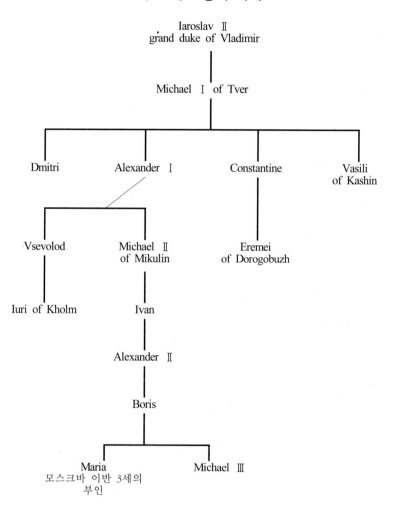

Iaroslav II
grand duke of Vladimir

Michael I of Tver

Dmitri — Alexander I — Constantine — Vasili of Kashin

Vsevolod — Michael II of Mikulin — Eremei of Dorogobuzh

Iuri of Kholm — Ivan

Alexander II

Boris

Maria
모스크바 이반 3세의
부인 — Michael III

저자소개

게오르기 블라디미로비치 베르낫스키(1887-1973)

게오르기 블라디미로비치 베르낫스키(Гео́ргий Влади́мирович Верна́дский, George Vladimirovich Vernadsky)는 1887년 8월 20일 상트-페테르부르그에서 태어났다. 그는 아버지이자 당시 지리학자로서 유명한 블라디미르 베르낫스키가 교수로 있던 모스크바 국립대 역사-어문학부에 1905년 입학했다. 1905년 혁명 이후 독일 프라이부르그의 알베르트 류드비그 대학 및 베를린 대학에서 약 2년간 유학하고 다시 모스크바 대학으로 돌아와 수학한 후 1910년 역사-어문학부를 졸업했다. 그 후 상트-페테르부르그 대학으로 옮겨 7년간 교편을 잡는 한편, 동 대학에서 「프리메이슨(Freemasonry)이 러시아 계몽주의에 미친 영향」이란 주제의 논문으로 석사학위를 받았다(1917년). 정치적으로 그는 아버지가 주요 지도자로 활약하던 카데트에 가까웠으며, 1917-18년에는 페름에서 가르치다가 키예프로 옮기고, 다시 백군을 따라 크림반도의 심페로폴로 이주, 현지 대학에서 가르쳤다. 1921년 그는 프라하로 망명, 프라하 국립카를 대학 러시아 법학부 교수로 1925년까지 재직했다. 그곳에서 그는 유라시아주의(Eurasianism, Евразийство)자인 니콜라이 트루베츠코이와 함께 러시아사에 유라시아 이론을 형성하는데 참여했다.

1927년 미국 예일 대학의 교편을 소개받아 미국으로 이민, 동 대학에서 역사학 조교수로 일하다가 1946년에 정교수로 부임하여 1956년까지 재직했다. 1973년 6월 30일 뉴헤이븐에서 사망했다.

주요 저서로는 『18-19세기 러시아 국가사 소고』(1924, 프라하), 『러시아사 기술』(1927, 프라하), 『6세기 후반부터 현재까지 유라시아 역사 경험』(1934, 베를린), 『러시아사』(1929, New Haven, 7판 인쇄), 『러시아 혁명』(1932, New York), 『러시아 정치외교사』(1936, Boston), 그리고 『러시아사 전집』(제1권 고대 러시아, 1943, 제2권 키예프 러시아, 1948, 제3권 몽골과 러시아, 1953, 제4권 근대의 여명에서, 1958, 제5권 모스크바 왕국(1547-1682, Volume 1 · 2, 1969)이 있다.

역자소개

김세웅

옮긴이 김세웅은 현재 모스크바 한국대사관 참사관이다. 러시아 블라디보스톡, 모스크바에서 그리고 헝가리, 아제르바이잔에서 근무했다. 1997년 모스크바 국립대학 러시아어문학부에서 박사학위(「1930년대 가이토 가즈다노프 소설의 장르적 특성」)를 받았다.